図説 世界文化地理大百科
キリスト教史

Henry Chadwick
ケンブリッジ大学の神学欽定講座名誉
教授，ケンブリッジ大学ピーターハウ
ス学寮長．

G. R. Evans
ケンブリッジ大学，フィッツウィリア
ム・カレッジの歴史学講師および特別
研究員．

Editor Graham Speake
Art Editor Andrew Lawson
Map Editors Nicholas Harris, Zoë Goodwin, Olive Pearson
Picture Editor Linda Proud
Design Adrian Hodgkins
Index Sandra Raphael
Production Clive Sparling

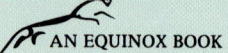
AN EQUINOX BOOK

Planned and produced by
Equinox (Oxford) Ltd, Littlegate
House, St Ebbe's Street, Oxford,
OX1 1SQ, England

Copyright © Equinox (Oxford)
Ltd, 1987

All rights reserved. No
reproduction, copy or
transmission of this publication
may be made without written
permission. No paragraph of this
publication may be reproduced,
copied or transmitted save with
written permission or in
accordance with the provisions
of the Copyright Act 1956 (as
amended). Any person who does
any unauthorized act in relation
to this publication may be liable
to criminal prosecution and civil
claims for damages.

First published 1987 by
MACMILLAN LONDON
LIMITED
4 Little Essex Street
London WC2R 3LF
and Basingstoke

口絵 「使徒たちの聖体拝領」を描いた
15世紀のフレスコ画の一部．キプロス
島，プラタニスタサの聖十字架教会にあ
る．

図説 世界文化地理大百科

キリスト教史

Atlas of the
CHRISTIAN CHURCH

ヘンリー・チャドウィック
ギリアン・エヴァンズ 編

橋口倫介 監修
渡辺愛子 訳

朝倉書店

目　　次

　8　年　表
　12　序

第 1 部　初代教会

　14　教会の誕生
　24　初代教会の拡張と組織

第 2 部　中世教会

　32　東方教会
　46　西方教会
　52　東方世界と西方世界の乖離
　59　分裂と統一
　66　教会と国家

第 3 部　聖地への巡礼者

第 4 部　改革と反動

　86　中世後期：活性化か退潮か
　92　宗教改革：揺さぶられる基盤
　103　反宗教改革
　111　戦争，和解，その後の分裂
　118　東へ西へ
　124　北アメリカの教会
　134　18世紀の教会
　140　19世紀の教会
　146　アフリカの体験
　156　アジアへの宣教
　162　東方正教会

第 5 部　キリスト教の伝統

第 6 部　今日のキリスト教世界

　196　キリスト教と世界の宗教
　202　キリスト教，共産主義，および各国の特異性
　212　キリスト教と世俗世界の現代性
　222　エキュメニカル運動(教会一致運動)

　226　執筆者リスト
　227　図版リスト
　229　参考文献
　232　監修者のことば
　233　訳者のことば
　234　地名索引
　239　索　　引

トピックス

- 20 古代ローマ時代のキリスト教徒
- 38 聖画像（イコン）と聖画像破壊主義
- 57 中世コンスタンティノープルのキリスト教徒
- 60 十字軍
- 72 中世パリのキリスト教徒
- 76 聖地巡礼
- 96 宗教改革後の多様性
- 128 19世紀のペンシルヴェニアのキリスト教徒
- 132 アメリカにおける新しいキリスト教集団
- 142 19世紀のオックスフォードのキリスト教徒
- 154 今日の南アフリカのキリスト教徒
- 172 教会の会員
- 174 教会の内部
- 176 教会の外観
- 178 教会音楽
- 180 キリスト教の教会暦
- 182 ローマの司教たち
- 184 教会と戦争
- 186 都市の教会
- 188 修道生活
- 192 キリストの像
- 200 今日のベイルートのキリスト教徒
- 204 今日のポーランドのキリスト教徒
- 208 今日のイタリアのキリスト教徒
- 216 今日のラテン・アメリカのキリスト教徒
- 221 今日のフィリピンのキリスト教徒

地図リスト

- 10 今日のキリスト教世界
- 16 パウロの宣教旅行
- 24 キリスト教の伝播
- 26 教会とローマ帝国
- 28 修道制
- 32 ユスティニアヌス帝の帝国
- 35 イスラム教の勢力圏
- 42 アトス山の修道院
- 44 修道士と宣教団
- 46 6世紀後半のカトリック教徒・異端者・蛮族
- 50 7世紀から10世紀の侵入・移動・宣教
- 56 教皇領
- 59 十字軍
- 63 トルコ人の進出・ラテン人の所領とビザンティン勢力の後退
- 64 キエフ公国ロシアのキリスト教
- 67 中世の教会と国家
- 69 修道院改革，実験的試みと発展
- 70 異端と異論
- 71 教会と学問
- 86 教会大分裂期の忠誠，1378—1417年
- 89 中世の巡礼
- 94 印刷の中心地
- 100 1560年のヨーロッパ宗教情勢
- 108 カトリック勢力回復とイエズス会の活動中心地
- 111 ドイツにおけるプロテスタント教会
- 112 フランスにおけるプロテスタント教会
- 114 ネーデルランドにおけるプロテスタント教会
- 118 宣教の旅
- 124 合衆国におけるキリスト教の伸張
- 131 アメリカの教会
- 135 17世紀末のヨーロッパ人の宗教
- 144 1851年のイングランドとウェールズにおける宗教的礼拝
- 147 アフリカへの宣教
- 152 現代アフリカにおける教会分布
- 156 宗教活動とヨーロッパ人のアジア居住
- 158 1920年までの中国と日本における宣教活動
- 161 オーストラリアとニュージーランド
- 196 キリスト教と他の世界的宗教
- 202 キリスト教と共産主義
- 218 フランスにおける日曜礼拝参加状況

年　表

	0	200	400	600	800
宣教と キリスト教化	46—62年， パウロの宣教の旅		パラディウスと パトリキウスに よるアイルラン ドの改宗	596年，大教皇グレゴリウス， アングル族・サクソン族の 改宗のためにアウグスティ ヌスを派遣 ヨークのウィルフ リッドとボニファ ティウスによるド イツの改宗	

ローマのカタコンベ出土のキリ
スト教のシンボル，200年頃

コンスタンティヌス大帝，337年没

聖ソフィア聖堂，コンスタンティノーブル
523—37年

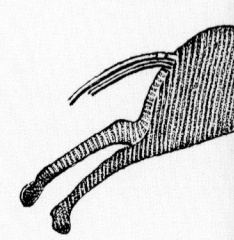

バユー司教オド，
1030—97年頃

教会会議		325年，ニケア公会議， アリウス主義を排斥 (ニケア信経)；最初 の普遍公会議 381年，コンスタ ンティノープル 公会議；第2回 普遍公会議	431年，エフェソス公会議； 第3回普遍公会議 451年，カルケドン公会議， 第4回普遍公会議 553年，コンスタンティ ノーブル公会議；第5回 普遍公会議	680年または681年， コンスタンティノーブル公 会議；第6回普遍公会議 692年，トゥルッロ会議 787年，ニケア公会議， 聖画像を再興， 第7回普遍公会議	
分派の発生と 一致への動き			北アフリカの ドナトゥス派	484—518年，アカキオス説， 東方教会とローマ教会を分裂 させる	聖画像破壊論争	
教会と国家			312年，コンスタンティ ヌス帝，ミルヴィウス橋 畔の戦いに勝つ 361—63年，背教者 ユリアヌス帝 378—95年，テオド シウス帝	410年，アラリック王による ローマ占領 527—65年，ユスティニア ヌス帝とテオドラ皇妃 皇妃の死(548年) 帝国内におけるキリス ト単性論の蔓延おわる	アラブ人がシリア・パレス ティナ・エジプトを征服	800年シャルルマー ニュの皇帝戴冠式
キリスト教の 著作家たち	新約聖書 アンティオキアのイグナ ティウス，2世紀初頭没 ユスティノス，160年頃没 タティアヌス，170年頃活躍 イレネウス，190年頃活躍 オリゲネス，185—254年 テルトゥリアヌス，190— 215年		アレクサンドリアのクレメン ス，215年以前没 ヒッポリュトス，235年頃没 キプリアヌス，カルタゴ司教，249—58年 ポワティエのヒラリウス，315—67年頃 ミラノのアンブロシウス，397年没 ヒエロニムス，347—417年 ヒッポのアウグスティヌス，354—430年	モプスエスティアの テオドロス，427年没 大教皇グレゴリウス1世， 540—604年	ベーダ，672—735年頃 アルクィン，735—804年頃 フォティオス，810—95年頃	
修道会			砂漠の聖人 パコミオス，346年没 アントニオス，357年没	ヌルシアのベネディクトゥス		911年，クリュニー 修道院創設 962年アトス山に 最初の修道院建設

	1000	1200	1400	1600	1800	2000
宣教		シトー会士，南フランスの異端者の改宗のために説教活動を始める	ドミニコ会士，南フランスおよびスペインで説教活動	イエズス会の宣教師たちによるインドと日本での宣教活動（フランシスコ・ザビエル） 新世界の改宗（1456年から1514年までの一連の教勅によって教皇からスペイン国王・ポルトガル国王に委託された任務） 1583年以降，中国の改宗（マテオ・リッチ）	プロテスタント諸派による北アメリカのキリスト教化（1607年，ヴァージニア州，ジェームズタウンの建設 1682年，クエーカー教徒のフィラデルフィア建設） アメリカ中西部植民地における，カルヴィン派のオランダ教会の大覚醒	アフリカ宣教，1840年代，ローマ・カトリック教会の宣教活動再び活発となる 1910年までにキリスト教徒の受け入れを拒む国はアフガニスタン，ネパール，ティベットのみとなる 1790年代からのバブティスト派宣教師たちによるインド伝道
図像	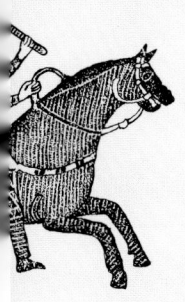		 マルティン・ルター，1483―1546年		聖ペトロ大聖堂，ローマ，1614年完成	 ノートル・ダム・デュ・オー，ロンシャン，1950―55年
公会議			1215年，第4ラテラノ公会議	1414年，コンスタンツ公会議始まる 1545年，トリエント公会議始まる		1869―70年，第1ヴァティカン公会議 1962―65年，第2ヴァティカン公会議
教会史	1054年，東西教会の分離 カタリ派とアルビ派		1309―77年，アヴィニョン教皇庁 1378―1417年，教会大分裂	宗教改革 1452年，コンスタンティノーブルの聖ソフィア聖堂でギリシア正教会とローマ教会の合同教書発布される		1910年，エディンバラで教会一致運動始まる 1964年，第2ヴァティカン公会議，教会一致に関する回勅『ウニターティス・レインテグラツィオ』を発布
政治史	1000―03年，皇帝オットー3世と教皇シルヴェステル2世 1096年，第1回十字軍 1122年，ヴォルムス協定，叙任権論争，一時的休止	1204年，第4回十字軍		1453年，トルコ，コンスタンティノーブルを占領 1479年，スペインの異端審問始まる 『領土の属する人に宗教も属す』エラストゥス主義 1555年，アウグスブルグの平和 1572年，聖バーソロミューの祝日の大虐殺 1598年，ナントの勅令(1685年廃止)	ロシア教会の改革	反エラストゥス主義 1828―29年，イギリス政府，非国教徒およびカトリック教徒に課せられた市民権上ならびに政治上の諸制約を排除
人物	カンタベリーのアンセルムス，1033―1109年	トマス・アクィナス，1274年没 ジョン・ウィクリフ，1384年没 トマス・ア・ケンピス，1380―1471年		エラスムス，1466―1536年 ルター，1483―1546年 ツヴィングリ，1484―1531年 イグナティウス・ロヨラ，1491―1556年 カルヴァン，1509―64年		ウィリアム・ウィルバーフォース，1759―1833年 ジョン・ヘンリ・ニューマン，1801―90年 カール・バルト，1886―1968年
修道会	シトー会 カルメル会	フランシスコ会 ドミニコ会		イエズス会 ウルスラ会	愛徳姉妹会 トラピスト会	マリア会 マリスト会 サレジオ会

序

　人間は自分自身とその社会を理解するために，みずからの過去を振り返る必要がある．しかも，それは必ずしも常に近い過去に限ったことではない．歴史というものは——たとえそれを回顧することによって，理想と現実がどんなにかけ離れているかをまざまざと知らされることになろうとも——ある社会がみずからを理解しようとする際の重要な鍵となる．そのようなわけで，教会史もまた，信者ばかりでなく，ある程度は，信者でない人にとっても——かれら個人を育てた文化は西洋の伝統に根ざしているのだから——自己発見のための有力な手掛りを内包している研究分野である．キリスト教徒は，なおさらのこと，自己理解のために，自分たちの共同体の長期にわたる紆余曲折についていくぶんなりとも知る必要がある．教会史のなかには激しい内紛があったし，拮抗し合いながらも豊かな経験を分かち合う多様性が見られる．

　キリスト教の伝統は，西洋社会とその価値観に根本的な影響をおよぼしてきたので，その影響について理解したい人にとっては，本書で述べられている記述は重要であろう．現在，世界の総人口の約3分の1，つまり，およそ14億3000万人がキリスト教の信者である．信者数は20世紀に入って著しく増加したが，最近は，共産主義と，唯物論者の世俗主義から強力な反撃を受けて信者数の減少が見られる地域もある．ナザレのイエスによる罪の贖いの模範をその信仰の中心に据える宗教は，政治権力や経済的繁栄や物質的欲望や野望が支配する社会とは決して相性のよいものではない．さらに，古典的形態のキリスト教は，政治権力や政治体制とは不安定な関係にあったという長い歴史がある．教会が原則としてもっていた超俗性または地上の統治権をすべて相対化してしまう志向性は，政治家にとって悩みの種であった．現在，キリスト教会は他のいかなる時期にも劣らず，教会を根絶しようとたくらむ巧妙なあるいは激しい迫害を受けやすい状態にあり，歴史家が抑圧は必ず不成功におわるものだと無造作にいい切ることはできない．世俗主義者の政府は，宗教的信念を痛めつけて消滅させるよりは，教会を自分たちの目的に従わせるほうが容易であることをはっきりと認めているからである．

　この図説世界文化地理大百科では，本文でキリスト教の伝統の少なくとも主要部分もしくは大多数のものの正確な概要を描き，地図と挿絵によって，よりわかりやすく，目に見える教会の姿を読者の眼前に提示するよう努めた．主要な伝統に焦点を絞る際に，それによって豊富で多種多様なキリスト教の他の諸形態や表現を排除したり，無視したりしないように努めた．一部の挿絵は，多様性に注目するよう慎重に配慮してある．同時に，歴史上に姿をあらわすことの少ない分派は，事実しばしば，その分派を信ずる信者が理解する以上に，姿の見える共同体の主要な伝統に依存していることが，歴史家の目から見れば，多いのである．

　キリスト教は，共同体方式で神を礼拝する．ふつう物語の形で教義を様式化して教え，その物語のなかの中心的特性によって決められた道徳律を教え込んでいく．この共同体では，指導者たちの存在よりは，かれらに課せられている役割や職務そのもののほうがはるかに重要である．かれらは，共同体内部の論争と外部からの脅威の両者に直面して，共同体の結束をはかるうえで重大な役割を果たしてきたと見られている．歴史にあらわれた信仰の諸形態は，共同体の原点に触れることによって，とくに，聖書を通して，またイエスが決めた秘跡を通して，計り知れないほど深く働き続け，信仰の継続的な刷新を可能にしてきた．たとえ信仰の遺産が細部においてきわめて複雑であっても，キリスト教徒の自己理解と礼拝様式の主要路線は，明瞭かつ単純である．

　キリスト教は逆説をかかえている．つまり，キリスト教は，近東を背景として形成され，ヘブライ人の預言を母体としている一方で，地中海のギリシア・ローマの世界，および西北ヨーロッパに大規模にひろまっていった．古代教会の宣教師によってアラブ人は無視され面目を失っていたが，イスラム教という戦闘的な宗教に改宗したかれらは，7世紀に入ると，教会を攻撃して一敗地にまみれさせた．しかもかれらはギリシア哲学やローマ法，ローマ的統治法を根拠として戦いを挑んできたのであった．古代ギリシア・ローマの世界にあって，言語と文化の問題は，権力や権威をめぐる内部抗争とともに，西方ローマに集中し，東方ギリシア世界と西方ラテン世界の2方向に分離することになった．政治的理由もしくは宗教的理由，さらにはその両者が理由であったにしろ，16世紀の宗教改革期にローマから分離した組織の大部分は，宗教改革以前の構造と行動様式を排除することによって，みずからの本質が明示されると認識してきた．しかし，そういった組織はまた，当時かれらが否定したものがしたたかに生き残っていること，とくにかれらが権威主義と感じてきたものに対する嫌悪感のなかに，自己の存在理由の一部を置いていたのである．

　当然のことながら，プロテスタント主義にはカトリックよりさらに激しい権威主義的組織が存在してきたし，今なお存在する．そしてその多種多様な集団は，きわめて細かい教義に関して特殊な自己定義をしがちである．しかもその定義は，幅広いプロテスタントの伝統のなかにある曖昧な要素がもっている不明確性に対応しようとして主として行われるのであって，西方カトリック教会もしくは東方ギリシア正教会への対応としてではないのである．20世紀後期に入って，信仰を根本的に問い直そうとするプロテスタント教会の動きが感じられる．その動きに対して，伝統的な権威をもつ組織体系(聖書正典，使徒信条と信仰告白，聖職者の存在)のいずれもが，かつての神聖さを保ちえないばかりか，むしろ時代遅れの慣習と化し，文化廃退の源となっている．しかしながら，歴史的共同体が存続していることは確かに，単なる個人主義や実用本位から生じてくる反動に対して防御壁を与えているともいえる．したがって，本書はキリスト教の根幹に見られる多様性と，中心となる継続性の両面をいくぶんなりとも描出することを意図するものである．

第1部　初代教会

THE EARLY CHURCH

教会の誕生

初代キリスト教徒とユダヤ教徒

ローマの支配下にあったユダヤは政情不穏な属州で，ここに派遣されてくる総督にすぐれた素質のものはいなかった．ティベリウス帝の治世，つまりポンティウス・ピラトゥスの総督時代，おそらく西暦30年頃，過越祭のとき，イエスとよばれる若者が十字架への磔刑という残酷な方法で処刑された．かれはたぶん33歳ぐらいだった．そうだとするとかれは，ユダヤ人を支配するためにローマ人から任命されて傀儡の王位に就いていたヘロデ大王の治世の末期に生れたということになるだろう．このヘロデはユダヤ人に嫌われていたから，マサダやヘロディオンのような難攻不落の宮殿を建設せざるをえなかった．

イエスがこの総督の命令によって処刑されたということは，総督がなにかイエスに潜在的な政治的脅威を感じたということを示している．しかしイエスに最も親しい人々にとっては，かれはもっぱら宗教的な人物であった．そして実はかれの死の原因は，かれが濡衣を着せられた治安妨害の容疑ではなく，支配者たるローマ人との不一致でもなく，むしろかれ自身と同じ民族の宗教界の指導者，とりわけ祭司長であったサドカイ派や一部のファリサイ派の人々との不一致が真の誘因であった．ファリサイ派は，モーセの律法ばかりでなく，モーセの律法の教えに基づいて律法学者たちが決めた非常に細かな規則を狂信的に厳守していた．そして神の意図が成就されるのを見たいという情熱的な関心をもっているという点で，ファリサイ派とイエスは近い立場にあった．ファリサイ派の一部はイエスの弟子に加わった．神への愛は，儀式的・道徳的きまりを細心の注意をもって守ることにその本質があるということと，儀礼的礼拝を最優先すると，それは内的霊性を害ねかねないと強調することとは別物であった．

イエスはガリラヤのナザレの農村地帯の北部からユダヤにやってきたが，そこはフィリッポ・カイサリアやガダラのような非ユダヤ人の都市によって支配されていた．そこではギリシア人が，ユダヤ人の嫌う豚のような動物を飼い，高い教養を身につけた市民は詩を創作し，哲学の著述をした．イエスは身のまわりに使徒の1団を集めたが，それは親密な仲間であり，かれらは地上に神の支配が到来したこと，つまりイエス自身の存在と教えのなかに明示されていることを証明するために，特殊な任務を帯びることになった．使徒とは布教のために派遣される人々を意味する．

イエスが教え，かつ非常に大きな嵐をよび起こしたものが何であったかを問うとすれば，その答えは驚くべきものとなる．イエスは人々に，悔い改め，毎日を最後の日のように生き，部外者や敵をも愛し，また単に姦淫・殺人・窃盗ばかりでなく，色情・憎しみ・貪欲な欲望さえも排除するようよびかけた．実際，今や新しい時代を築こうとしている神の王国においては，いかなる種類の暴力・有害な批判・富や社会的地位についていささかでも思い煩うこと，などを受け入れる余地はなかった．子供の誕生・結婚・死など，つまり得るものと失うものという人間の周期に深く関わる一般社会の価値観や優先事項のすべてがこの王国では通用しなかった．イエスが「祝福されたもの」と言明した人々は，まったく逆説的なのだが，成功者ではなく，貧しく卑しい者，心の純粋な者，正義のために迫害される者だった．

神から地上に遣わされた教師であり，あんなにも善良であった人物にとって，死は終末でしかなかったのか？かれの墓はもぬけのからであることがわかった．

最初の使徒たちはすべて敬虔なユダヤ人であった．死海のほとりに住み，クムランの洞窟のなかに死海写本を残した，禁欲的宗派であるエッセネ派のように，使徒たちは旧約聖書の表象を究明し，とくに啓示による証明（イザヤ書53章「主の僕」やダニエル書7章「人の子」）がその後につづく，苦しみを担う者としてイエスを理解した．かれらの師は，救世主，神によって「聖別された者」，ギリシア語のキリストであった．最初のうちはユダヤ教と断絶する動きはなかった．そしてまたユダヤ教のなかにも数多くの宗派がすでに存在していた．地中海世界に離散していたギリシア語を話すユダヤ人の共同体のなかに，異教の信仰に対して否定的姿勢を残しつつも，ユダヤ教の選民思想から解放された人々がいた．エルサレムではギリシア語を話す離散のユダヤ人の集団がキリスト教徒に加わった．かれらの指導者ステファノは，旧約聖書を動物の犠牲や神殿での祭儀（これらを行うのは困難ではない）に反対するものだと解釈した．このためステファノは冒瀆罪の名で石殺しの刑を受けた．そしてキリスト教徒の小集団は厳格なファリサイ派に責められ，追放されたのであった．このようにすることによって迫害者たちはそれとは知らずに教会の普遍的布教の種を異邦人の中に播くことになった．というのは追放された使徒たちはユダヤの地を出て異邦人の耳にかれらの福音を伝えたからである．

聖パウロ

キリスト教徒を迫害するファリサイ派のなかに実際キリスト教に改宗した者が1人いた．かれはキリキアのタルソス出身の離散者の1人でもあり，ローマの市民権を所有していて，いくぶんぎこちないにしても流暢なギリシア語を話した．パウロは異邦人のためのキリスト教会設立の中心的人物となった．かれが異邦人の伝道教会の一団に書き送った情熱にあふれた素晴らしい手紙を通して見ると，この人物が，その個性と業績において，使徒時代の他のキリスト教徒とはまったく違っているように見える．かれは精力的で，他に卓越し，身をすりへらしながらも，己れに託されたと確信する責務に全面的に献身した．

他のいずれの要因にもまして，二つの要因がパウロの業績を重要なものにしている．洗礼を受けて信者になる際に，異邦人は割礼の儀式を受け，安息日を守り，レビ記に記された儀式に関する律法を守るように義務づけられるという，エルサレムのキリスト教徒には自明の理であった前提を，かれは否定した．とりわけ，神は人を贖うことを目的とされるという広い見地から推論したのがこの見解であった．この見解の中心には，一神教はその唯一なる神についての知識を永久に一民族の所有にとどめてはならないというパウロの信念があった．神はユダヤ民族を選び，かれらに旧約聖書を与え，そしてその旧約聖書のなかの願望を救い主イエスという形で実現させた．そのイエスの存在意義は普遍的である．神の神聖なる英知は，イエスにおいて人間性，つまり「主の僕」の形を選び取った．この罪のない従順な男の死は，人類のために神の御前に立つ大司祭としてのイエスの捧げ物であり，この世の罪を贖う犠牲なのである．かれの死と復活は世界史の主要な基点であり，これを基点としてすべてのものが神の意図に帰することになる．信者は信仰によってかれと一つになり，洗礼によって，かれとかれの教会に受け入れられるので

聖パウロ（下）．異邦人の使徒パウロが，いかにして，人間によるどのような陰謀にも屈せず，嵐や難破にもめげず，異邦人の首都ローマにたどり着いたかを，使徒言行録は告げている．

マルタ島（右）．「二つの海が出会うところ」といわれるこの島をかれが訪れたことを示すパウロの像が立っている．そこからかれは，かれの来訪を歓迎しようと待つキリスト教徒たちのいるナポリを経て，プテオリに渡った．

異邦人の教会はしばしばパウロから受けた恩義を絵にして偲んだ．明らかに聖体を象徴するパンの籠とともに描かれている1頭の羊の絵（最下段）は，ローマのセッテ・キエーゼ街にあるコモディッラの墓で見つかった．コモディッラ夫人がその土地の所有者だった．

キリスト（右下）が使徒たちに説教している．4世紀のフレスコ画．

教会の誕生

教会の誕生

地図ラベル（北から南、西から東へ）：
- ローマ、アッピイ・フォトレス・タベルネ、フォルム、プテオリ、アプリア、ルカニア
- シチリア、シラクサ、レギウム、イオニア海、エピルス
- アフリカ
- アカイア、コリント、ケンクレアエ、アエギナ
- クレタ島、カウダ島、ラセア
- キュレネ
- リビア・スペリオル
- 地中海
- リビア・インフェリオル
- アレクサンドリア
- エジプト
- ナイル川

凡例：
聖パウロの宣教旅行
- 第1回、46–48年
- 第2回、49–52年
- 第3回、53–57年
- 第4回、59–62年
- ■ 後1世紀、キリスト教徒の共同体の所在地
- =-=- ローマ属州領域

キリスト教の広がり
- 聖パウロの第1回宣教旅行以前のキリスト教徒の共同体が見られる地域
- 後100年まで
- 後185年まで

ある．モーセ以前にはユダヤ人は成文法をもっていなかった．それゆえアブラハムの正義のよりどころは，神がかれに与えた信仰であった．ところがその当時は本質的なものであったモーセの律法も，パウロの時代の人々にとって，神の意図を世界中にひろめるには適切な表現ではなくなっていた．敬虔なユダヤ教徒が，みずからの民族を一つの世界の目的のためにとくに選ばれた民族であると信じるのは正しい．しかし今や，世界中から「招集された」共同体を通して，この目的は達成されつつあるとパウロは述べている．

律法を厳守するユダヤ教徒とそれを守らない異邦人の両者が，同一の共同体の構成員となり，毎週イエスの死を厳粛に記念し，イエスの罪の贖いと復活に参加して，ともにパンを割き，ブドウ酒を注ぐということになれば，伝統的なユダヤ民族の食物に関する律法をめぐって，緊張関係が生じるのを回避することはできなくなるだろう．パウロの苦情から判断すると，異邦人による宣教団が最初のきっかけを与える跳躍台を築いていたシリアのアンティオキアで，おそらく他の地域でもそうであろうが，妥協が成立し，それによって異邦人のキリスト教徒はユダヤ教徒の食物に関する律法を遵守することになった．この妥協はパウロも反対側の厳格主義者も好まなかったのであるが，ガラテヤや小アジアやコリントの諸教会は，しばらくのあいだ，このアンティオキアの妥協の影響を受けた．ローマに創設されたばかりのキリスト教徒の共同体に宛てて，パウロはみずからの立場を表明する長い声明書を送った．そのなかでパウロは，異邦人に対する使徒のことを考慮において，異邦人の世界の首都としてのローマの特

パウロの宣教旅行

初代教会の権威はイェルサレムにあった．そこでは主の従兄弟であるヤコブに代表される聖家族と，ペトロおよびゼベダイの子ヤコブとヨハネに率いられた12使徒たちとのあいだで権威が分かち合われていた．パウロによる異邦人への宣教が教会を変革させ，教会はイェルサレムを中心とするユダヤ教の中の一つの特殊集団から，帝国都市，とくにローマのような大都市の司教たちの指導を必要とする集団，また普遍性を求めるヨーロッパの中の一社会集団へと変化していった．ペトロもパウロもローマでネロ帝時代に殉教した．

現存するパウロの書簡は，小アジアばかりでなくヨーロッパ（フィリッピ，コリント，ローマ）の教会宛てのもので

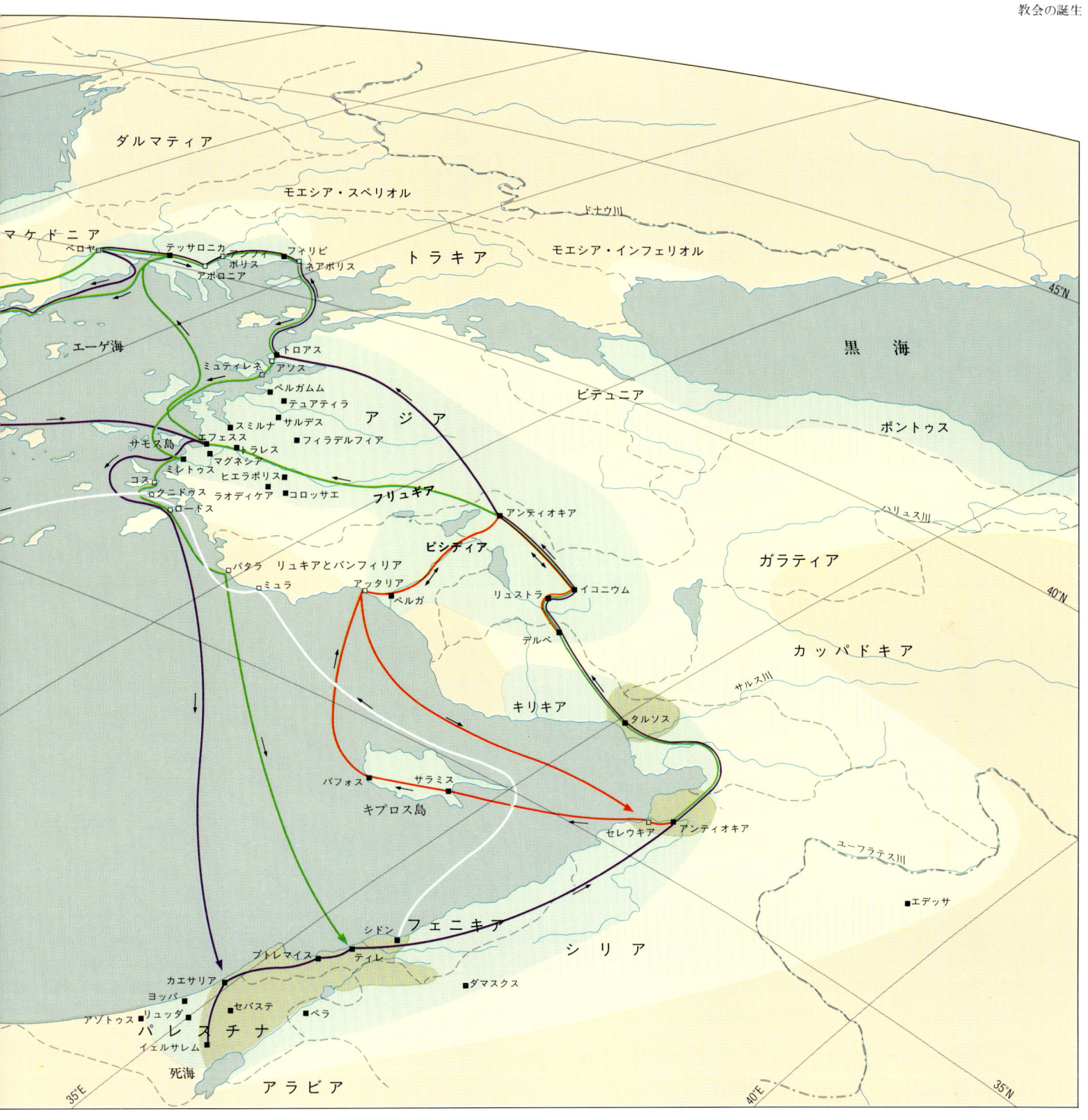

ある．小アジアを踏破したかれの活動は画期的である（使徒言行録16：9）．聖ルカは教会の地理的な広がりをめざましい勝利と見ている．ユダヤの会堂から，ギリシアの知識階級から，さらにローマの官憲からの，数多くの反対をものともせず（一部の人には支援されていたのだが），パウロはアテネの哲学者たちに教えを説いたばかりでなく（使徒言行録17章），大都市ローマそのものを相手に説教した．

殊な地位はぜひとも必要とした．

キリスト教とプラトン主義

ユダヤ教の閉鎖的な共同体の伝統の外にあった異邦人の世界では，旧約聖書の諸前提は完全に欠落していた．異邦人の世界は各地域に特有な儀式の集合体であり，すべてが互いに寛大であり，その機能は，その民族やその個人の神々をなだめるための祭礼や儀式を行うことであった．古代の儀式に共通している推進力は，生存や繁栄，豊富な収穫や配偶者に恵まれること，愛情問題や経済面での冒険に成功すること，敵から受ける魔術から，さらにはおそらく運命からも身を守ること……これらを確保する必要があった．このような目的から，占星術や魔法への信仰が社会のあらゆる階層で広まって

いた．

ギリシア・ローマの古典古代世界では，ユダヤ人がしたように，時間を7日間に分けていなかった．しかしキリスト教徒はイエスの復活を安息日の後の朝早い時間に祝い，1週間を遵守する習慣に自分たちも従った．これは占星術師たちの考えによって強化された．かれらは1週間の各曜日がそれぞれ異なる一つの惑星の不吉な力に支配されていると考えていた．西暦200年までに，キリスト教徒は太陽の日とかれらの「正義の太陽」であるイエスが復活されたことを感謝する日（eucharistia）とがたまたま一致することに特別な象徴的意義を感じはじめた．一部のキリスト教徒は1週間の各曜日に惑星の名前を用いる習慣を続けたが，より厳格な信者は，太陽の日とよばず，「主の日」（dominica, kyriakc）と呼び，週日

教会の誕生

には数字を用いた．

いい方は違うがみなが同じことをいっているのだと信じて，このように神話と宗教とを混同することが，キリスト教の宣教団が出向いた異邦人の世界のあちこちに見られた．しかし宗教的寛容もときには崩れた．融合を目指して諸派を総合することは，宗教的帝国主義と専制的支配の一表現となる可能性があった．たとえばイシス教の司祭たちは，女神イシスは実際に最高の母神であり，他のすべての宗派はイシス信仰より劣るその亜流にすぎないという主張を譲らなかった．さらに一般的には，諸派を総合することは相対論や懐疑論を表明することにほかならなかった．なぜなら，あらゆる信仰はそれを信じる者にとっては真実であるが，哲学者にとってはどれも等しく偽りであり，行政官にとっては平等に有益であるというのが当然の見解だからである．

キリスト教到来以前の500年間，ギリシア世界では，宗教的信仰は，哲学者たちの批判的討論の対象とされていた．怒ったり，自慢したりする好色漢として神々を描く神話は，プラトンを憤慨させ，このように神々を描くホメロスや他の詩人たちをプラトンはかれの理想国家から追放した．プラトンは，霊魂はこの物質世界にとどまるものではないと考えた．プラトニズムはこの世を相矛盾する価値をもつものと見なした．この世の美は，より高度な別世界の不変の美を反映しており，しかも，この世で頻繁に生じる栄枯盛衰と万物流転の動きは，この世を一つの踏み車としている．われわれが物質的欲望を積極的に抑制することによって，魂を自由にし，魂が天国に近いことを実感し，神を直観することができなければ，われわれは霊魂再生の原理によって，繰り返しこの世に回帰することを運命づけられているのである．

プラトンは宇宙を二元性をもつものと考えた．宇宙では善と霊が物質にまさって存在し，これとだいたい同様に小宇宙の規模では，人間の魂は人間の肉体にまさって存在する．その結果，悪すなわち物質は，たえず善を侵食し，苦痛を与えることになる．この方向にそって考えられた悲観的二元論は，人間が体験する不公正と惨めさを気に病む人々に一つの哲学を提供した．運命論的神話は，肉体から肉体へと繰り返し霊魂が生まれ変ることや，魂が物質に堕落すると，魂は物質にすぎない肉体への執着から抜け出せなくなると称して，この世を拒否する倫理を生み出した．

プラトンだけが魂の堕落について語ったのではなかった．創世記は，人間の状況を神の掟に背いた人間の自由意志の行為の結果として描いた．密儀宗教の世界では，祭司たちはすべての宗教と哲学を混合し，人間の運命の内的神秘を明らかにすることを要求した．このような集団は，難解な字句や神秘的な数や奇妙な名前を勝手に解釈することに魅了されて，ユダヤ教の周縁部で分裂増殖した．このような集団の支持者でもユダヤ教の掟を守っていれば，密儀宗教のもつ奇怪な空論を追及されることなく，ユダヤ教に留まることができた．

ユダヤの黙示文学は敬虔な人々に，苦難や不当な仕打ちにも神の弁明はあるもので，それゆえ人間の歴史には隠された意味があると教えた．善と悪の葛藤，つまり人間の生活のなかの主要な力である善霊と悪霊との戦いは宇宙的なものであり，その戦いのなかで善良なる神は決して万能ではなく，かれの摂理は究極的な支配力をもっていないと教えたのである．

2世紀の挑戦

プラトン哲学の形而上学と終末論とを向こう見ずに混合することから，悲観的二元論や悲観的決定論が出現した．それはさまざまの形態をとったが，一般的にはグノーシス主義というラベルを貼られてきた．キリスト教にとって，このグノーシス派の狂信的信仰はやっかいな諸問題を引きおこした．2世紀の異教徒が「大教会」とよんだキリスト教の主要組織は

主として二つの理由で，己れの周辺に存在する諸宗派を退けた．第1の理由は贖罪の概念の相違にある．キリスト教徒が罪の贖いを，神と疎遠になっている世界からの，救い主キリストによる救出として説くのに対し，グノーシス派は，かれらの罪の贖い主は唯一の神，全能の父なる創造主であるとした．したがって物質世界は万物が神から流出してくる過程でできた汚点やばつの悪いしゃっくりから生じたのではなく，物質世界にも積極的かつ善なる目的があり，この目的は罪の贖いによって排除されるのではなくて回復されるのであり，このことの帰結は確信できるとした．第2の理由はグノーシス派の運命論にある．かれらは，人が地獄に落ちるか救われるかは，人の道徳的な行為や，「自由」であるはずと思われている信仰行為や意向によるのではなく，運命によるのだと考えた．これに対して「大教会」は，人間の責任は放棄することができないものと考え，運命決定論を否定した．もっとも，この問題は教会の歴史を通じてその後もずっと論議をよんできたものである．2世紀のキリスト教徒であるローマのユスティヌスとリヨンのイレネウスは，人間の本質のなかの，理性と自由は奪うことができないと主張した．グノーシス主義者は，キリスト教をアッティス，ミトラ，イシスのような神秘主義信仰に同化させることによって，キリスト教の特異性と歴史的要因を削除しようとした．正統派は「キリスト教はキリスト教そのものであり，他の物ではない」と主張した．

グノーシス派は内部で互いに激しい敵対関係をもちながら，地中海全域でキリスト教会につきまとった．アンティオキアのサトルニオス，エジプトのバシリデス，ローマのヴァレンティノス，その他大勢がこの派の人々だった．ローマにも旧約聖書の急進的批判者であるマルキオンがきて144年に

2世紀，ローマのキリスト教徒たちは殉教した使徒たちの伝承を守る必要に気づいた．165年頃，記念廟が建てられて，オスティア街道にはパウロが，アッピア街道にはペトロとパウロが，ヴァティカンの丘の共同墓地にはペトロが祀られた（左：再建されたペトロ記念廟）．

コンスタンティヌス帝は，旧聖ペトロ聖堂（現在の建物を作るためにブラマンテによって取り壊されたもの）を建てて寄贈した．この聖堂の祭壇はペトロの墓の位置を示すために，2世紀に建てられていた埋葬所の上に造られた（左下：再建された祭壇）．

巡礼者のための通路はまわり廊下になっていた．コンスタンティヌス帝以前には，教皇は市の南にあるカリストゥスの地下墓地の特別納骨所に埋葬された（写真下）．聖ペトロ聖堂に埋葬された最初の教皇はレオ1世（461年没）だった．

破門された．かれが設立した共同体は長くつづいた．聖パウロの書簡を読んで，マルキオンはつぎの2点を見つけた．第1に，キリスト教が少しも新しいものではなくて，広義においてはユダヤ教の継続にすぎない，とする人々に対して聖パウロが反対していること，第2にエルサレム教会と12使徒は旧慣習と妥協する人々であると考える糸口を見つけたという2点であった．マルキオンはイエスがどのようにして新しいブドウ酒を新しい瓶に入れることを求めたかを読み取った．かれはキリストの真のメッセージは使徒時代には聖パウロを除いた人々には誤解されていたという結論を下した．そこで福音書と使徒書簡は大胆に加筆され，聖パウロも旧約聖書の権威を認めた妥協の人として描かれた．マルキオンの考えではこの加筆作業は本音のパウロをもってしても果たせなかったであろう仕事であった．マルキオンは寓話的解釈に頼ることを，ごまかしの逃避だとして否定した．マルキオンにとって真実は，ユダヤ教の神は劣質で復讐心に燃えた神であり，人間の行き過ぎた性的関心につきまとう不快感が証明するように，欠陥のある世界の創造者であり，モーセの律法を与えた者であり，イエスが知らせた愛に満ちた神とはまったく異なるものであるということであった．マルキオンは，かれが看破した間違いの部分をきれいに取り除いた使徒の書簡の「修正」版を作った．このような聖書の解釈は，ずっと中世後期さらにはそれ以降に至るまで，二元論の異端のなかにかなり残存した．たとえば異端的な外典文書は教会に認められた正典よりも真実に近いという考えがそうである．グノーシス派は，かれらの難解な神知学は普通の教会の礼拝で教えられる単なる信仰より高度な知識であると主張した．しかし，この知識は人が生れながらにしてもっている理性では獲得できない秘義であった．

下層階級出身の教養のない教会員に対して教会はあまりにも譲歩しすぎることを非難した2世紀の著作家たちはグノーシス派だけではなかった．早くもコリントへの第一の書簡の頃から，パウロはコリント教会内部の比較的少人数の上流階級のエリートや教養のある信者と，質素な民である地方の共同体の大多数の人間とのあいだに生じる緊張関係を処理しなければならなかった．キリスト教に対する異教徒による攻撃文書がケルソスという名前のプラトン主義者によって177年から80年頃に書かれたが，かれは神がこの世に介在すること，処女懐胎やキリストの復活という奇跡（かれは前者を子供の庶出を覆い隠す話と考え，後者を「女性のヒステリー」の結果と考えた）に対するキリスト教徒の信仰に腹を立てた．さらにケルソスにとっては，信仰に対する不合理な要求だと思えること，未信徒に対して地獄の火について説教すること，キリスト教徒の一神教と非常に古い社会慣習によって正当化されていた異教の宗派の認識が両立しえないとするキリスト教徒の信仰にも怒りを覚えた．ケルソスが非常に驚いたことに，キリスト教の伝道団は成功しつつあった．教会の成功は，知的能力やその教義の首尾一貫性やその道徳的改革や高度な倫理的要求によってではなく，教養のない人々や女性を利用することによってなされた．かれの目には，キリスト教会は本質的には下層階級の人々で構成されており，不合理な迷信を宣伝するものであった．そしてその迷信は一握りの知識人が聖書のやっかいな箇所について詭弁的に議論したり，寓話的に解釈したりすることによって，ごまかして，尊敬に値するものにしたのであった．70年後にケルソスに対する大量の反論書がオリゲネスによって書かれた．オリゲネスからみれば，キリスト教会における教養のない人間に対する教養のある人間の割合は，社会全体におけるその割合と一致していた．つまり，キリスト教会は単に社会の一つの断面図であり，そのなかにはごみ収集人が貴族より数多くいる．というのは社会にごみ収集人が貴族より多くいるからである．

ギリシアの哲学者は，かれらの道徳的勧告を教養あるエリート層にのみ伝えることに成功した．キリスト教徒が，古代社会で拒絶されていた人間つまり女性・貧しい人々・非特権階級に高度な道徳を伝えたかどうかを取りあげて問題にすることは不合理に思えた．明らかに，そのような人々はオリゲネスが正当だと考えたであろう理由でキリスト教会に入信したわけではなかった．この世の繁栄や健康をもとめて入信した者もいるし，後援してくれる人を喜ばせるためや，己れの内なる性格の変革という言葉以外の言葉で表現される奇跡的なもので感動を受けたいという意図で入信したものもいた．とはいえコンスタンティヌス大帝以前には，改宗からえられる社会的特典はほとんどなかった．

キリスト教の弁明者

一方でグノーシス派の挑戦を受け，他方で異教徒の知識人に対応する必要から，キリスト教徒はみずからの立場を明確に表現することを強いられた．かれらはまったく純朴な信仰を超えた，より高度な福音の理解が実際に存在すること，し

古代ローマ時代の
キリスト教徒

　4世紀のローマでは，キリスト教徒による礼拝や祝典の公的儀式は，市民の旧宗教の公的祝典にうまく調和していた．ローマの建国者ロムルスを祝う旧来の祭日である6月29日に，ペトロとパウロを祝う大きな祭りが，きらびやかに長々と列を連ねて執り行われた．古いものと新しいものとが，キリスト教化されたローマで肩をならべてつづけられた．歴代皇帝は信教の自由の承認を強化した．異教徒の儀式を禁止することはなかった．むしろ異教徒の儀式は皇帝の保護のもとにローマで執り行われた．ヴァレンティニアヌス帝（364-75）は，妖術もマニ教も好んではいなかったが，アウグスティヌスが383年，アフリカからローマにきたとき，そこでマニ教徒に出会うことはありうることだった．国家権力はすすんで教会の問題の仲裁をした．そしてこれは全く当然のことであった．すなわち，ローマはその市民のなかのすぐれた家柄の人々によって統治されたし，かれらは影響を与えることに慣れていた．ダマスス1世（366-84）は教皇としての遊興費の浪費を非難されたが，そういった遊興はローマの立派な上層階級の家族にキリスト教を堅苦しく感じさせないためには，かなり役立った．同様にダマスス1世は世俗世界の偉大な人間を模倣し，教会内で芸術の保護者として振舞うことができた．

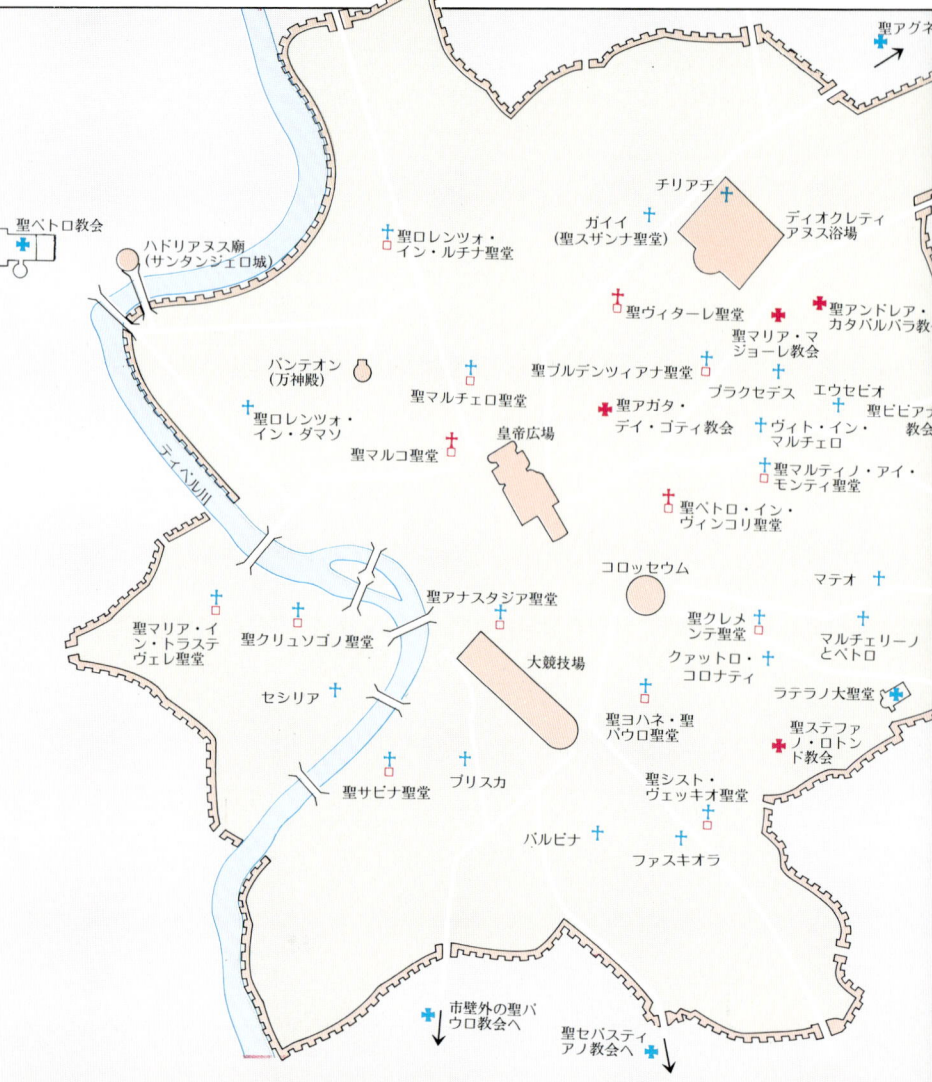

右上　牧者キリストの姿またはペトロの姿は，彫刻のなかには廉直の士として，あるいは武人として，公衆の心のなかに栄誉をかちとっていた昔の人物の姿に彫られていた．彫刻やモザイクのなかにペトロは，新しい律法を与える新しいモーセとして，あるいはキリストの軍団の指揮官として，表現されている．ヴァティカン所有の墓石ではキリストは両側に12使徒を従えた若い羊飼いとして彫られている．この墓石は375年から400年ごろのもので，ローマにある聖ロレンツォ教会の近くで発見された．羊の足の部分は復元されたものである．

上　このアダムとエバの浮き彫りのような，聖書に登場する情景は，このシラクサ出土のものと同様，石棺の装飾としても用いられた．

教会の誕生

下 ローマで殉教した祓魔師ペトロと司祭マルケリヌスを記念して4世紀に建てられた記念堂では，キリストはペトロとパウロのあいだに描かれている．下部に神の小羊が，4人の殉教者——ゴルゴニウス，ペトロ，マルケリヌス，ティブルティウス——の真中に描かれている．

タンティナ廟へ

聖ロレンツォ教会

- 古代の記念建築物
- 4世紀のキリスト教建築物
- ティトゥルス（名義小聖堂）または信徒共同体センター
- 教会
- 6世紀のキリスト教建築物
- 教会
- 後に教会となった名義小聖堂

レムの架教会

聖マルチェリーノと聖ペトロ教会

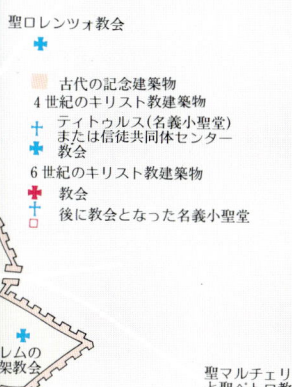

上 このキリスト信者の家族の肖像画は，ブレスキアのガラ・プラキディアの十字架に描かれている．ローマの家庭にキリスト教を受け入れるのに果した女性の役割は大きい．キリスト信者の生活をどう生きるべきかについて勧告を求められた聖ヒエロニムスは，幾人かの女性に手紙を書き送った．このなかの一人マルケラは，アヴェンティヌスの丘にあった邸宅をヘブライ語の授業に提供していた裕福な女性であった．ここでヒエロニムスは教え，みんなで祈り，詩編を歌った．

左端 355年頃から，ローマのヌメンタナ街道の近くに，王女コンスタンティナ（聖コンスタンツァ）の，エジプト斑岩を使った壮麗な石棺を納める霊廟が建てられた．1世紀後に石棺はよそに移され，洗礼聖水盤が造られた．その際，壁面に，律法を授けられているモーセと，聖ペトロに新しい掟を与えているキリストを描いたモザイクが付け加えられた．

左 霊廟の円筒形天井に残るモザイクの原画には，活気に満ちたブドウ採取の場面と，バッコス神礼拝の場面が描かれているが，それはキリスト教以前の埋葬絵画では伝統的なモティーフであった．このテーマとスタイルで，春が復活を象徴した初期キリスト教絵画でもつづいたが，バッコス神を祝う歓楽のテーマはしだいに固苦しいものに変わっていった．

かもこの高度な理解はグノーシス派の神知学の寄せ集めではないということを示す必要があった．教養があり，思想の豊かな一系列のキリスト教徒は，かれらの信仰について知性に富んだ弁明論を書いた．そしてそのなかで，かれらは異教徒の批評家とグノーシス派の異端者を相手にして，二つの戦線で戦った．160年代に殉教したユスティノスはローマの世俗の説教師だった．タティアノスは170年頃にメソポタミアで著述した．リヨンの司教であったイレネウスは180年頃に，アレクサンドリアではクレメンスが190年頃に，パレスティナのカイサリアに移ったオリゲネス（184－254）は232年頃に，カルタゴではテルトゥリアヌスが190年から215年頃に，さらにミヌキウス・フェリクスが著述した．かれらはプラトンやストア学派が熱望していた道徳的真理を具体化する真の哲学として，キリスト教を弁護する小論文を出版した．さらにかれらは護教論に併せて鋭い矛先を多神教に向け，多神教はもはや哲学的な教養を身に着けた人々の信仰を支配するものではなく，社会に対して道徳的弱さの源となるものとして，激しくこれを攻撃した．クレメンスはキリスト教を，ギリシア哲学と聖書による信仰の合流点に形成された川にたとえている．そして実際，歴史的にいえば，それはまさにキリスト教の信仰を表現しうる専門用語や慣習的方法を見出す過程において生じていたことである．

グノーシス派に対する反応がさらにすかさず小アジアの教祖的存在であったモンタノス（160－89）から出てきた．そしてかれはプリスキラとマクシミルラという2人の女子預言者とともに，新しい（フリギアの）イェルサレムにキリストによる千年支配が差し迫っているという神託を伝えた．この3人の預言者は，自分たちがまさに聖霊の代弁者であると信じ，セックス・食事・酒を徹底的に節制することと，規律を厳格に守ることを求めた．このモンタノス派の人々は，神の民すべてに預言者にならないことを望み，自分たちが預言者であることを認めることを望んだのだった．

小アジアでは，カリスマ的な「新しい預言」が分裂を生じるようになった．司教たちがその運動に熱中するのをためらったので，207年頃に新たに加わったテルトゥリアヌスは，教会が「聖なる人々」だけで成り立っていて，使徒の継承権による聖職任命の必要はないという結論を引き出すに至った．西洋ではモンタノス説は短命であったが，東方ではフリギアがその砦としてユスティニアヌス帝の時代まで残った．

グノーシス説とモンタノス説に対する反応は，キリスト教の教義について新しい考え方を促進したばかりでなく，新約聖書の正典の編集を促進した．そしてその過程の大部分は180年から200年までに完成した．聖書そのものは異端的偏向に対抗して，キリスト教の信仰のいくつかの根本的要点をあいまいでなく表現するには不十分であった．しかし2世紀の教会は，聖なる伝統の管理者であることを強く意識していた．その伝統は，聖書が主要であるものの，唯一の構成要素ではなかった．ローヌ渓谷でイレネウスは『異端反駁』を書き，創造と罪の贖いの一貫性，それゆえに旧約聖書と新約聖書双方の一貫性に対して教会が使徒時代の信仰をもっていることを主張した．そして新約聖書では，2番目のアダムとしてのキリストが，失われた人間性の回復をもたらすのである．多くのグノーシス派の分派は少なくとも聖書の一部の権威を認めたが，イレネウス（およびかれの後のテルトゥリアヌス）は，文書化された記録を解釈する教会の伝統と哲学的理由を基盤としている．聖書に向けられる異端者側の訴えに対して，権威ある聖書解説者はカトリック教会の現存する伝統であると断言する必要があった．

イレネウスとかれが指導したローヌ渓谷の教会は，小アジアの共同体と緊密な関係をもっていた．かれはモンタノス派の運動に分裂が生じたことを大いに後悔した．若い頃，かれは，たぶん162年頃（この日付についての証拠は矛盾してい

教会の誕生

るが），86歳で殉教したスミルナの司教・老ポリカルポスの薫陶を受けたことがあり，ポリカルポスがエフェソスで使徒聖ヨハネについて語ったのを思い出すことができた．かれは自分がある意味で，真の伝統の生ける化身であり，啓示と神への畏敬からなる使徒時代に属する最後の人間の1人であると感じていた．

かれの影響力は，かれの後継者がどれだけかれのおかげをこうむったかによって測ることができるが，とくにカルタゴのテルトゥリアヌスはキリスト教神学をラテン語に翻訳した最初の人物であった．ローマのヒッポリュトス（235年頃没）は旧約聖書の『注解書（ダニエル書・雅歌・格言その他）』や『復活祭表』や世界史の『年代記』や『使徒伝承』と題して教会儀式に関するきわめて貴重な知識が盛り込まれている教会組織論，とりわけ『異端反駁』を書いた．イレネウスと同様，かれはグノーシス説を，思弁哲学と見なし，聖書から生じる信仰に基づいていないと考えた．かれはグノーシス諸派がどのように古代ギリシアの哲学者を誤解することから発展してきたかを明らかにしようとした．

テルトゥリアヌスは異教徒の哲学が異端の母体であるという見解を共有していた．つまり真の信仰の証拠は，神がキリストの姿をとってみずから啓示されたことを素直に受け入れることだという見解をいだいていた．かれが書いた37冊の著作のラテン語版（かれはその何冊かのギリシア語版を出版した）が残っているが，それらは力強く，ほとばしる激流のような散文で書かれている．かれは大胆に西洋神学に関する専門用語を作り出した．西洋の神学はその用語の面でかれのおかげをこうむっている（たとえば「三位一体」，「三つの位格における一つの本質」，「二つの性質もしくは本質を有する一人の人物」としてのキリストなどである）．テルトゥリアヌスはまた「原罪」の問題を明確に概念化した．アダムの子孫に受け継がれた「出生のときから有している罪」，つまり正義と善を求めるすべての人間の努力を左右し，汚す集団的貪欲についての問題を明確に述べたのである．

クレメンスとオリゲネス

よりすぐった哲学的手段に助けられて戦われた異端に対する闘争は，再びアレクサンドリアのキリスト教徒である2人のプラトン学者クレメンスとオリゲネスの論文・著述の背景となっている．クレメンス（215年以前没）はパンテノスという名のキリスト教徒のもとで学ぶためにアレクサンドリアへやってきた．パンテノスは自由契約の教師で，ストア哲学の教育とキリスト教の信仰を結合させたことで有名であった．クレメンスの主な業績はかれの三部作に見られる．それらは（a）『改宗への勧め』，（b）『教育者』——道徳や礼儀作法の指導書で，多くの興味をそそる社会論評が盛り込まれている，（c）『論説集』——意図的に系統性をなくした作品で，読者をジグザグ形に屈折した小路を経て神に関する神秘主義者の見解をあらわす言葉へと導くように注意深く構想されている．この三部作は，信仰するという最初の行為から理解へと進み，他に気を散らせがちな熱情を抑制して，神と一致する法悦の境地に至るという3段階にわたる精神遍歴と符合するものである．クレメンスにとって自分の知的上昇は，神の存在に関する無限の謎に近づく終りのない前進である．もし神が，右手に救いの確約を，左手に留まることのない知識の進歩を差し出して，どちらかを選ぶようにいわれたら，クレメンスは左手を選択すると断言するであろう．同様に，聖書の言葉のなかに見られる神の怒りは，教育的過程を意味するものであり，それによって，外科医や学校の先生のように，神は人間に正しい道を愛することを教えている．神の「焼き尽くすような炎」は，理性を備えた被造物をその存在にふさわしいものにするために，悪を追放する．

アレクサンドリアにおけるクレメンスの後継者オリゲネス

左　ミュンヘン出土の象牙彫り（400年頃）．キリストの墓を翼のない天使が指し示しているそばに，3人のマリアが立っている．墓の壁縁に長衣を着た人物がおり，うしろにオリーブの木が見える．右側の丘には，キリストが巻物を手に，雲間から差し出された神の右手にすがって，天に昇ろうとしている．2人の使徒がその足下でお辞儀をしている．

右　ペリシテ人を敗走させるサムソンを描いたローマのラティナ街道のカタコンベのフレスコ画（4世紀）．

右下　ユニウス・バッススの石棺に彫ってある，逮捕された聖パウロ像．ユニウスは359年のローマの長官で，死の床で洗礼を受けた．

下　善き牧者の像．ミルク壺（おそらく蜂蜜も一緒に）を手にしている牧者は，新しく洗礼を受けた者によって，約束の地に入るシンボルとして受けとめられた．ローマのカリストゥスのカタコンベのなかのルキナの地下納骨堂の3世紀のフレスコ画．

は，かれのきわめて稀な博学と哲学についての専門知識によって，かれと同時代の人々を，キリスト教徒も異教徒も等しく驚かせた．かれの父親がアレクサンドリアで203年または4年に殉教したことから，かれは，教育によると同時に家庭においても，自分が属していた文化のもつ異教思想に対して，深い反感を永久的にいだくようになった．オリゲネスの数多くの著作の主要部分は，聖書に関する説教と解説から成り立っている．聖書を1冊の本として語る最初のキリスト教徒（そしてたぶん，キリスト教の聖書全体を一つの古写本から複写したものと見なしたキリスト教徒の最初の世代に属する）オリゲネスの解釈は，ヴァレンティノスその他のグノーシス派の無制限で非正統的な寓話と，すべての寓話を否定したマルキオンのような解釈とのあいだの中道を求めた．『諸原理について』のなかでかれはあらゆる厭世的二元論と決定論を否定した．不変で超然的で善なる創造主は，かれを愛するように，自由で理性を備えた人間を造った．しかし人間は神を無視して，神に対する愛情は冷めてしまった．訓練の場として，創造主はこの物質世界を造り，その世界の美しさと秩序（それは神が造りたもうた生き物の最も小さなものから最も大きなもののなかに認めることができる）によって，創造主の力と栄光が映し出された．しかし同時に，人間の真の住み家はもっと次元の高い世界にあるに違いないということを人間に悟らせるために，不安定や苦痛によって神は人間を十分に悩ませられた．オリゲネスは，プラトン哲学の伝統を信奉し，この世の悪を，誤用された自由意志による選択の結果として，もしくはこの世のさまざまな構成要素の機能の多様性によって，説明がつくものと見なした．グノーシス主義を利用したため，悪を，創造のために用いられた物質の不従順の結果であるとするプラトン哲学の概念は，かれには興味がなかった．神は物質を含むすべてのものを無から創造したという考えのほうをかれは好んだ．だから神は人間が物質主義は人間の究極の運命であると想像するのを妨げるために，現世でのやっかいなことやさらには災害をも人間に与えるのである．旧約聖書の預言者は，罪の贖いの過程を，神の言葉の託身に焦点を絞ることからはじめ，宇宙に遍在する理性がすべての物事に命令を下し，そしてその仕事は，キリストの教会の聖人の中で聖人を通して，聖霊によって継続されると考えた．

オリゲネスのなかでは，「教皇権」を認められている教会，司教，および初代教会の長老の聖性についての賛美の言葉と，実際の現実を目にして深く失望したという辛辣な表現とが混ざりあっている．にもかかわらず，教会は，神による救いの事業がこの世で継続するための手段である．そして神の浄化の炎の作用は，これから先もつづき，弱い信者がキリストによって置かれた洗礼という基礎のうえにおいた薪・干し草・切り株を燃やしてしまうのである．神の善良さは，決して絶望しない．最悪の場合にも，善意の輝きがいくらか残っている．愛は決して尽きることがない．そしてついに最後に，神は何物にも勝る貴いものとなるだろう．実際，悪魔が堕落した天使だとすれば，サタンですら，創り出された性質によって悪なのではなく，自由意志によってのみ悪となっているのである．しかも悪魔は自分の自由意志を悔い改めや霊魂の救済に向ける能力を保持しているといわねばならない．地獄の炎は確実に現実の苦しみを意味するが，もしその悪魔の苦しみを神にふさわしいものとするためには，炎の道徳的目的は単に天罰ではなく救済である．

初代教会の拡張と組織

　初代キリスト教会の結合を進めた要素の一つは，きわめて早い時期に，教会の聖職者や司牧の組織を発展させたことであった．神の民を世話してくれる牧者，礼拝や布教活動に集う会衆を指導し，規律訓練をしてくれる牧者が必要であるということは，新約聖書の文書（たとえばエフェソ書4章）のなかで数多くの証明がなされている原則である．キリストの使徒たちは，その数12名で，この数は新生イスラエルの象徴であり，教会を具体化したものであったが，かれらはキリストから，説教をするという厳粛な責任を与えられ，最後の晩餐の折，キリストの罪の贖いの犠牲の記念をつづけることを命じられた．使徒たちがその場面から立ち去るにつれて，権威の根拠は各地域で論争の問題となった．コリントでは会衆が聖職者の選出に一役買っていたので，会衆がより才能に恵まれ，より雄弁な説教師を好んだとき，もとからいる説教師を排除する民主的な権威をもっていた．ローマの教会は，当時の司牧司祭の長クレメンスの書いた抗議の手紙を送った．その中で重大な道徳的欠陥があるのでなければ，使徒の後継者の立場にあるがゆえに，典礼儀式において果たす役割のもつ聖性のゆえに，聖別された聖職者は，世俗の人間の意志によって処分されてはならないと主張した．テモテへの手紙とテトスへの手紙に，集会を司牧し，教育し，説教する司祭は，信徒から経済的援助を受ける権利を有するということが主張されている．司祭にはまた会衆教化において真正な伝統を守る特別な責任があるとされている．その後まもなくアンティオキアの司教イグナティウスが聖餐式において司教はその傍らにならぶ長老とは今や明らかに異なり，地方教会の秩序の唯一の中心となるべきで，司教に対立して執行される聖餐式には正当性がないと主張した．3世紀の終りに，テルトゥリアヌスは，「教会の司牧長以外には誰からも聖餐式を受けない」ということを，異端に対抗して，カトリック教会の特色と見なした．

教会の司牧組織

　テルトゥリアヌスはかれの著作『護教論』(39：1―6) のなかで，かれとかれの仲間のキリスト教徒はどのようにしてともに礼拝するかを述べている．かれはつぎのようにいう．「われわれはともに祈って神に近づく会合や集会に集まる．われわれは皇帝のために，皇帝の大臣や権力の座にある人々のために，この世の安定のために，地上の平和のために，（罪の贖いのための時間が与えられるように）この世の終りが延期されることを祈るのである.」

　聖書の朗読が行われるが，それは，聖書の原典から，現在に関する預言を，引き出すことを意図していた．また聖書朗読は信仰を養い，心を希望に向けて高揚させ，確信を強め，神の戒律と教えを繰り返し教え込むのである．

　説教もあり，教会共同体の構成員に対する非難も行われる．審判は罪を犯した人々に対して行われ，「神が人間を御覧になっていることを確信している人々の間では，当然そうあるべきなのだが，審判は重要性をもっている」のである．

　最後に，月に一度，教会共同体の構成員は各自，「いくらかの硬貨をもってくる．それは可能であればということだ．というのは，誰も強制されはしない．それは自発的な献金なのである.」

　キリスト教徒の多くの共同体は，キリスト教信仰の根本的確信を要約して示す必要性を感じた．新しくキリスト教徒になるものは，共同体全員の前で自分の信仰を表明し，同時に各メンバーは，自分がキリスト教徒になった時に公言した信仰を思い出した．このようにして洗礼の儀式は共同体が一つになり，その信仰を純粋かつ損われない状態に保つのに役立った．洗礼用語の正確な形は地域によって異なるが，その主要な点は非常によく似ていた．テルトゥリアヌスによれば，200年頃に洗礼を求めてローマにやってきた改宗者は，サタンと召使とすべての著作を放棄するように命じられた．そして長老が，悪霊を追い払う印として油でかれを聖別しおわると，長老はかれにつぎのように尋ねた．「あなたは全能の父なる神を信じますか．あなたは，聖霊によって宿り，処女マリアから生れ，ポンシオ・ピラトのもとにて苦しみを受け，十字架につけられ，死して葬られ，三日目に死者のうちよりよみがえり，天にのぼりて全能の父なる神の右に座し，生ける人と死せる人とを裁かんために来たりたもう神の御独り子イエス・キリストを信じますか．あなたは聖霊を信じ，聖なる普遍の教会・聖徒の交わり・からだの復活・永遠のいのちを信じますか.」

異教社会との関係

　キリスト教会は徐々にローマの上流社会，とくに女性の間に普及したが，251年に激しい衝撃を受けた．蛮族からの攻撃，内乱，貿易の不振，急激なインフレーションによって社会が不安定になり，キリスト教徒がその責任を問われた．249年から258年にかけてカルタゴの司教であったキュプリアヌスは，厳しい迫害の時代に司教の権威を保持するのに難渋した．ローマの神々に対する偶像崇拝的香りを従来かもしだし

左　1人の女性が手をあげて祈っている．スペインのタラゴナの共同墓地の墓石(400年頃)．

上　キリスト教の伝播
キリスト教の急速な伝播には教会自身でさえ驚いた．キリスト教徒の共同体は都市にあり，農村への伝播はごく緩慢であった．一部の信徒はローマ帝国を悪魔のようでかつ世俗的だと見なしたが，大部分の者は，帝国は一つの摂理的な役割を果たすものと見ていた．宣教は辺境の彼方まで進められた．アルメニアは西暦300年よりはるか以前にキリスト教を受け入れた．東部ギリシアでは（西部ではもっと緩慢だったが），教会は人口の大部分を速やかに獲得した．その成功の原因として，①普

初代教会の拡張と組織

遍的救済論を唱える人々が倫理問題に強い関心を寄せる唯一神への信仰を明言したこと，②貧者への配慮と所有物を分けあう用意があったこと，③一つの共同体のなかに結婚した者と質素な奉献生活を選ぶ苦行者を同時に受け入れたこと，④現世での赦しを約束しその後にキリストと共なる永遠の生命が約束されたこと，⑤首尾一貫した社会事業が確実に聖職者によって継承されたこと，⑥キリスト教徒の知識人たちが哲学への開かれた心と帝国を積極的に評価する姿勢と聖書への忠実とをうまく結合させる能力をもっていたこと，などがあげられる．

ていた人々とうまくやっていく能力を一体誰がもち合わせたであろうか．そして折り合いの条件は厳しいものであるべきか，それとも穏やかなものであるべきか．ローマそれ自体のなかで，この問題は意見の相違を生み出した．そして2人の競争相手，つまりコルネリウス（穏健派）とノヴァティアヌス（厳格派）が司教に選出された．ノヴァティアヌスとかれが授けるすべての秘跡を，聖ペトロの説教席が象徴となっている唯一の信仰共同体の外にあるものとして，キュプリアヌスは否定した．「教会を母としてもたない者は，神を御父としてもつことはできない」というのがその理由であった．しかし256年，新教皇ステファヌスはこの考え方に激しく反対し，秘跡は，たとえ分離派の司祭によってでも，正しく行われるならば，有効であり，また，カトリック教会以外で洗礼を受

けたものでも，伝統的に，按手によってその洗礼が認められ，二度洗礼を受けることはないと主張した．ステファヌスは異端的教会の分離派と正統的教会の分離派とのあいだには一つの差異があるという意味のことをいったが，それはモンタノス派がどちらの範疇に属するかが論じられたとき，オリゲネスがすでにその輪郭を示していたのだった．異端という語は，共同体の合意と反対の個人の選択を意味するギリシア語から派生している．殉教者ユスティノスとヒッポリュトスは，グノーシス派ばかりでなく異端者（「様態論者」）とも対立したが，様態論者は神のなかに御父と御子とを区別することをまったく認めなかった．そしてこの見解はまもなくローマの長老サベリウスの共感をえた．またもう一つのグループにとっては，御父は御子イエスを啓発すべくご自分の力と聖霊を送

初代教会の拡張と組織

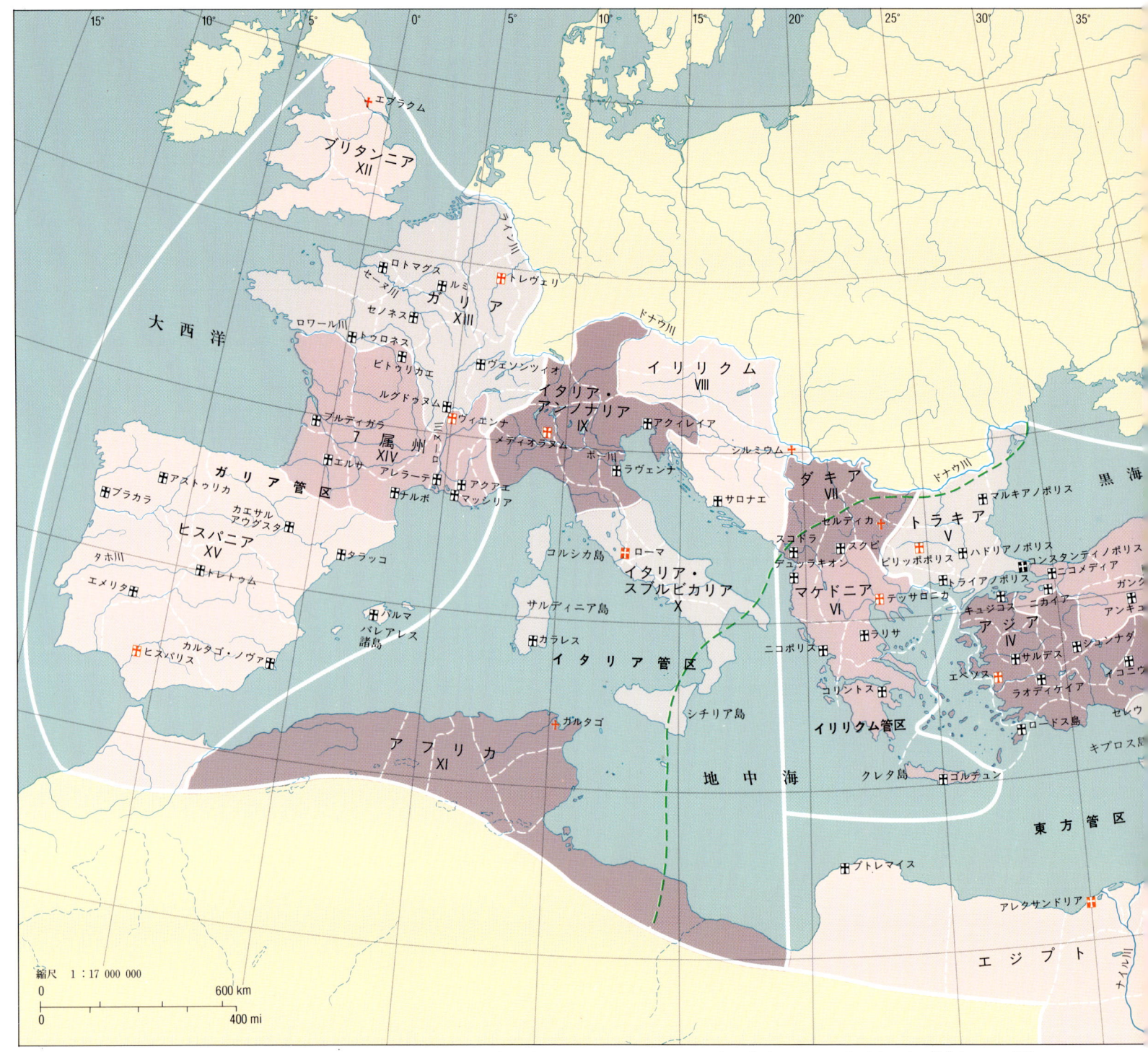

上　教会とローマ帝国

使徒たちの時代から、教会は皇帝や統治者たちのために祈りを捧げていた。なぜなら教会の宣教者たちが必要とした正義と平和の実行、安全な道路、海賊の出ない海、すぐれた法と秩序の維持は、為政者の賢明さと権力にかかっていたからである。初期の教団が都市に基盤を置いていたのと同様に、帝国の属州が教会統治機構の単位となった。1属州のなかの首席司教は（アフリカでも同様であるが）、叙品においての年長者か、あるいは一般的には大都市の司教だった。大司教区の司教たち（ローマ、330年以降のコンスタンティノープル、アンティオキア、451年以降のイェルサレム）は、いくつかの司教区のための上級裁判所を構成するようになった。それは総大司教座権とも呼ばれるもので、ローマ帝国の近衛長官（プラエフェクトゥス・プラエトリオ）がもっていた裁治権に似ていた。

リ給うたように思えた。260年代にこの見解はアンティオキアの司教サモサタのパウロスに支持されたが、その結果かれは、とくに司教にふさわしくない世俗的行為をしたとして教会会議で破門された。

180年頃、異教徒でキリスト教の批判者であるケルソスは、キリスト教徒が社会生活や知的生活にもっと参加するよう要請した。3世紀のキリスト教徒はますます社会参加をするようになったが、かれらがそうすればするほど異教社会との緊張関係が深まった。北アフリカでは、闘争的なキリスト教徒の諸集団が異教の寺院や祝祭行事を攻撃した。プロティノスの新プラトン主義の学校は、二つに分裂する方向に進み、一方はキリスト教徒との和解を歓迎したが、他方それは、とくにポルフュリオスに代表されるのだが、敵意をいだき対立した。キリスト教徒は軍隊や宮廷の上流階級のなかに浸透していた。ディオクレティアヌスはスプリトで余生を過ごして亡くなったが、その地のカトリック大聖堂がかれの陵墓である。かれはローマ帝国を軍事、政治、行政、経済の面で再編成した。宮廷占い師たちは将来について占いを立てる際、自分たちの努力がキリスト教徒軍の将校が十字を切ることによって無効にされると感じた（十字を切ることはキリスト教徒の信仰の証であり、少なくともその歴史は2世紀にさかのぼる。それはとくに洗礼によって悪を捨てることと関連している）。312年ローマ郊外のミルヴィオ橋で行われた決定的な戦いは、コンスタンティヌスを最高権力への途につかせたが、かれは「キリスト教徒の神」への祈りを捧げた後に勝利を収めたとされている。そして戦いの前に夢がコンスタンティヌスにかれの楯にキリストのモノグラム（頭文字を図案化したもの）と「この印によって征服する」という言葉を刻むよう指示したといわれている。

東方ギリシア世界と西方ラテン世界：その間隙の拡大

かれ一流の神聖なる使命感をいだいていたコンスタンティヌスは北アフリカやアレクサンドリアでのキリスト教徒が引きおこす紛争におびやかされていた。ローマ帝国によるキリ

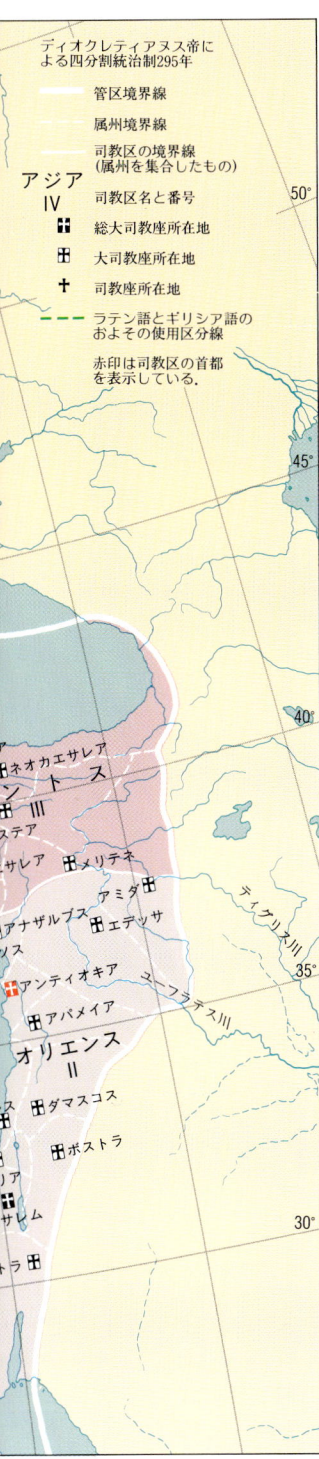

スト教徒迫害の結果，カルタゴでは迫害をサタンに対する妥協なき戦いと見なす信者と，嵐が去るまで身を潜めたいと思う人々とのあいだで教団が分裂した．緊張が分裂へと進み，一方は皇帝に認められ，支持されて，海外のカトリック教会と合流することを支持した．他方は，まもなくドナトゥスに率いられて，儀式の神聖と教会と国家の完全な分離を主張して譲らなかった．

アレクサンドリアでは，波止場地域の司祭アリウスが説教によってかれの司教を苦しめた．（しかし他の人たちは喜んだ．）「神の御子は十字架に架けられた折苦しまれたが，最高位の神御自身がそうなさることはない．それゆえ“神の御子”は，すべてのものの根源たる卓絶した御父に由来するその存在の順位においてまぎれもなく他と異なっており，御父の意志から御子は生れている」とアリウスは説教した．この結果生じた衝突が原因で，コンスタンティヌスは小アジアのニケアに 220 人の司教から成る大公会議を招集したが，この会議には，多数のギリシア諸州の代表ばかりでなく，ローマのシルヴェステルを代表とする 2 人の司祭がふくまれていた．このことによって，ニケアの宗教会議は，最初の世界的規模，もしくは「全キリスト教会の」会議となった．その信条では，アリウスの論題を否定し，御父と御子が「同一本質のもの」であると断言した．

「二者同一」という言葉の曖昧さは，半世紀にわたる論争を引きおこした．ギリシア人の司教たちは，その言葉では，御父と御子の区別を考慮に入れることができないと懸念した．328 年から 373 年にかけてアレクサンドリアの司教であったアタナシウスは，使徒信条の擁護に対して西方の支援を確保した．しかしその結果，東方ギリシアと西方ラテンのあいだの溝は深まった．4 世紀のローマ帝国の異教徒の歴史家の第一人者であるアンミアヌス・マルケリヌスは，キリスト教徒間の争いの凶暴性を辛辣に批判した．そして，このすさまじい争いはユリアヌス（皇帝在位 361 — 63）の背教行為の原因となった．対ペルシア戦争でユリアヌスが戦死したことは，かれが企てた多神論の再興にとって大打撃であった．というのは，市民の大部分はいまだに心のなかでは多神論を固守していたからである．テオドシウス 1 世（皇帝在位 378 — 95）は，アリウス論争に対して，ニケアの使徒信条の正統性に軍配を上げる決定を下し，その決定はコンスタンティノープルの公会議（381 年）において改訂された．テオドシウスは異教徒の犠牲の奉献を禁止し，神殿を閉鎖し（391 年），その神殿の多くはパルテノン神殿のように，後に教会に変えられた．ローマがアラリックの率いるゴート族によって陥落したこと（410 年）は，その当時，政治よりは感情の面で重要であった．ローマの守護神としての昔の神々に対する郷愁に駆ら

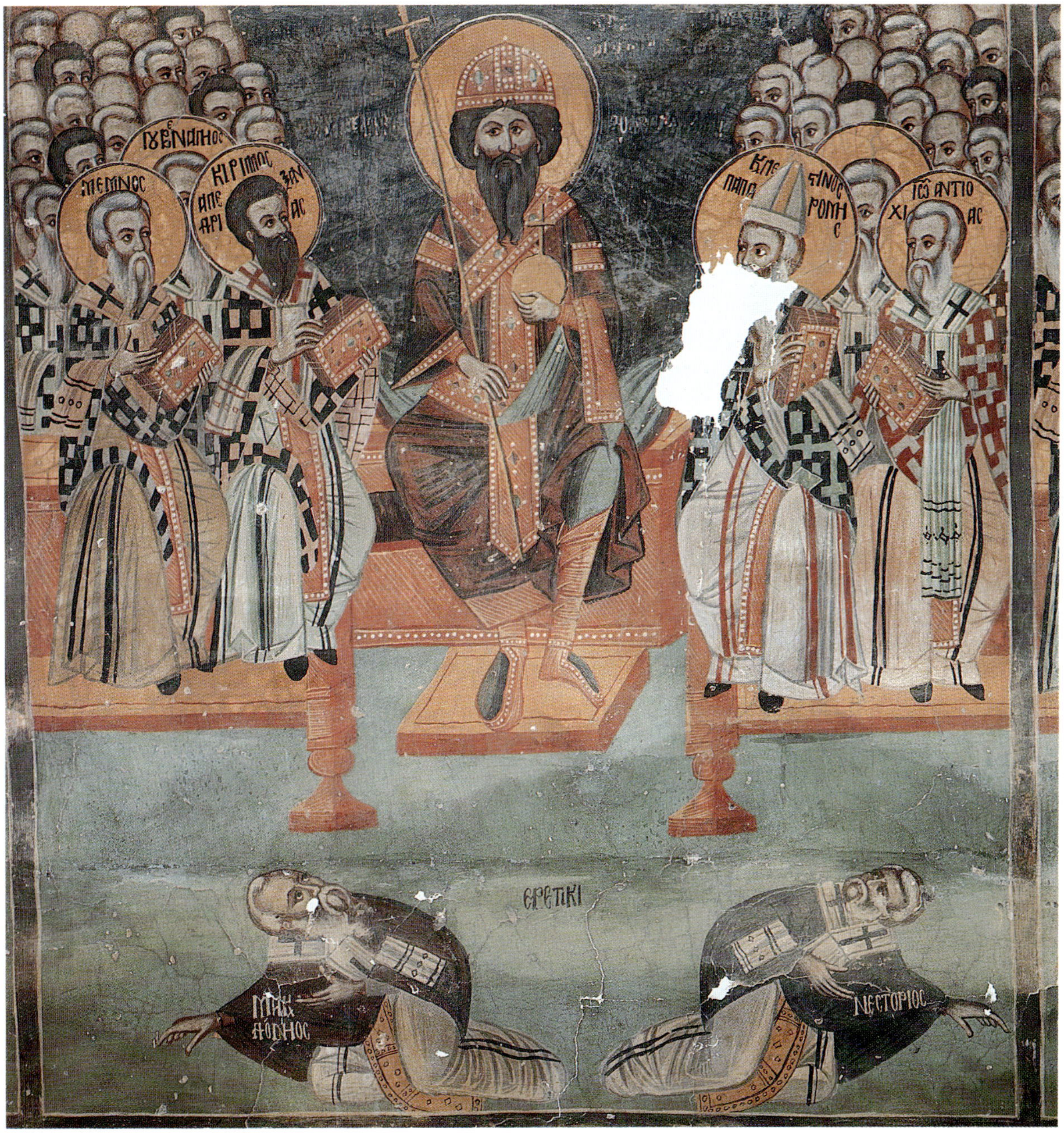

右　キプロス島のガラタにある聖ソゾメノス教会のフレスコ画．有名な画家シメオン・アクセンティが 1531 年に，ネストリオスら異端者を追放した 431 年のエフェソス公会議に臨んだ皇帝を描いたもの．司教会議はまず宗規に関する問題を決め，つぎに教義を検討し，破門された人々が強く否定した信条を肯定すべきものとして発表した．一部の問題は多くの司教区が集まった会議，あるいは普遍公会議なしには決定することができなかった．普遍公会議では多数派をなすギリシア人がローマからの代表者と話し合った．古代の七つの公会議はすべて東ローマ皇帝によって招集された．

ニケア（325 年），コンスタンティノープル（381 年に聖体に関する教義を決めた責任があった），エフェソス（431 年），カルケドン（451 年），コンスタンティノープル（553 年），コンスタンティノープル（680－81 年），ニケア（787 年にイコンに関する決定をした）．

れて，396年から430年にかけてヒッポ（現在のアルジェリアのアンナバ）の司教であったアウグスティヌスはその著『神の国』の執筆をはじめた．これは帝国主義者のイデオロギーやプラトン派の哲学に対抗するキリスト教の長期的擁護の役割を果たした．

アウグスティヌスがミラノで改宗したこと（386年）は，かれの母親モニカの導きとアンブロシウス（ミラノ司教374－97年）の有能な哲学的頭脳とが結合したことの影響によるところが大きい．アンブロシウスは皇帝が住んでいたミラノの司教になる以前は，州長官であった．（その間は受洗していなかった．）かれは教会の独立と，たとえばローマの元老院の「勝利の祭壇」を元どおりにすることを拒否することによって，キリスト教徒である皇帝が教会の独立を守る義務，とを支持高揚した．当時の教皇ダマスス（在位366－84）と親密に協力しあって，アンブロシウスはローマ帝国の権力から教会が独立することと，東方教会を西方教会が支配することを強く主張した．

アンブロシウスの頭のなかでは，教会と帝国の運命は神の摂理によってたがいに結ばれていた．テオドシウスが，テサロニケの市民に腹を立てて，その大虐殺を命じたとき，アンブロシウスはテオドシウスに罪の償いを要求した．4世紀の皇帝たちは，自分たちが法律の上に位する独裁君主であると理解していた．アンブロシウスにとっては，教会の息子としての皇帝には，自然の倫理ばかりでなく，悪魔のような多神教に対抗する真の宗教の擁護に関してのいろいろな義務があ

った．侵略してくるゴート族（375年）のなかに，かれはゴグとマゴグがローマという神の国を攻撃しているのを見た．

東方世界の分裂

信仰や道徳の問題で，教会が帝国の権力から独立することは，東方ギリシアでは西方におけるほど簡単に主張されなかった．東方ギリシアでは，あの歴史家であり，かつ学者であったカイサリアのエウセビオス（339年没）によって明確化されたが，キリスト教の政治理念が司祭であり，王であるキリスト教徒の皇帝の立場を強調した．この主張は正統派を支持すべきだという要求によってさらに制約を受けた．異端を黙認したビザンティンの皇帝は必ず激しい反撃を蒙った．

にもかかわらずコンスタンティノープルの総大司教ヨアンネス・クリュソストモス（在位398－408）が，皇帝たちにその振舞いがキリスト教徒の倫理にとって快適なものであることを要求しはじめたとき，かれは自分が宮廷の支持を失いつつあることに気づいた．アレクサンドリアの司教テオフィロス（在位385－412）は，エジプト人修道士たちの指導を受けてオリゲネスの崇拝者たちを非難したが，ヨアンネスが崇拝者たちを保護したのにいら立った．かれはコンスタンティノープルを訪れ，ヨアンネスの改革への熱意によって疎外されている多くの者の援助をえて，公会議でヨアンネス有罪との判決を獲得した．

ヨアンネスの失脚は，古い伝統によってローマの第2の都市であったアレクサンドリアと，330年に新生ローマたるべ

上　**修道制**

修道者は一人で生きる者を意味する．しかし人間は社会的な動物であり，福音書も隣人への愛を命じている．320年頃，ナイル川の流域にパコミオスは相互に助けあいながら生活する修道団体を数個所創設した．そこでは田舎の人々が協力しあうような経済的基盤をつくり，建物の周囲に壁をめぐらして聖域を守ろうとした．これに似た共同体がエジプトのワディ・ナトゥルンに，ユダヤの砂漠に，小アジアに（カエサレアのバシレイオスによって370－79年に）創設された．また北アフリカでは，ミラノやローマでこのような修道院の存在を見たアウグスティヌスによって，創設された．こういった新しい建物はふつう町から離れて作られ，やがて田舎の社会的・経済的生活を変化させた．

右　404年以降西方の皇帝たちはラヴェンナに都市要塞を建てた．教会の建物はモザイクと大理石を使った古代末期の建築物のなかでも最も壮大なものである．クラッシスの港の近くに，549年，ラヴェンナの保護聖人アポリナリスに捧げたバジリカ式聖堂が建てられた．その後陣のモザイクは御変容と勝利のうちに再来するキリストの栄光を象徴する十字架をあらわしており，モーセとエリヤ，天国の子羊がともに描かれている．

初代教会の拡張と組織

初代教会の拡張と組織

く建設されたボスフォラス海峡に臨んだビザンティウムにあるコンスタンティヌスの町との対立を暴露する，政治的に不幸な出来事であった．この両都市の対立は双方の教会にも影響を及ぼし，429年以降，この対立はイエス・キリストが神であり人間でもある在り方についてのやっかいな論争に巻き込まれた．360年代に，シリアのラオディケアのアポリナリスは，キリストには神のみことばが人間の理性的魂のかわりに宿っているので，本性は唯一であり，人間のもつ二元性はないと述べて，この問題を解決した．しかしそれによってかれは，贖い主の人性とわれわれの人性との同一性を否定するという非難を招いた．

かれは「アンティオキア学派」と対立したが，この学派の第一人者となった神学者はモプスエスティア司教のテオドロス（427年没）だった．テオドロスは救済というものを，救いの先駆者としてのキリスト（これはヘブライ人への手紙の一つの主題でもある）の神への完全無欠な従順によって達成されたものと理解した．アレクサンドリア学派はアポリナリス説を否認したが，一介の人間が，自分もその一部分であるこの世界を救うことはできないと主張した．この論争はアレクサンドリア司教のキュリロス（在位414－44）とコンスタンティノープル総大司教（在位428－31，449年頃没）でありテオドロスの弟子でもあったネストリオスとのあいだで大論争となった．

激論が戦わされたエフェソスでの第3回公会議（431年）で，ネストリオスは，キリストの位格における根本的な統一（すなわち「位格的結合」）を認めなかったかどで異端宣告を受けた．キュリロスは「結合の後の唯一の本性」といい，ネストリオスは「両性が1人の人間のなかに結合する」というのである．

この学派の解釈は，キュリロスを支持する人々にとっては不快であった．エフェソスでの2回目の会議（449年）において，この解釈は非難された．しかし449年の決定は，新しい皇帝の支配のもとにカルケドンで開催された第4回公会議（451年）でくつがえされた．

カルケドンの会議では，古典的立場——主としてアレクサンドリアのキュリロスから採った寄せ集めの語句——を保持することが合意採択されたが，キリストは「二つの本性において」知られた1個の位格だといえるという部分は省かれていた．キュリロスなら「二つの本性のなかにある」ではなく，「二つの本性をもつ」といったであろう．シリアやエジプトの多くの人々はこの表現で感情を害した．会議はネストリオス主義を批判したが，会議が採った解釈は，強い消化能力をもつ穏健なネストリオス主義者なら，良心の枠を広げて同意の署名をするかもしれないような解釈だったからである．

二つの主たる要因が西洋をこのキリスト論に関する論争という最悪の苦悩から救うのに役立ったが，この論争は一方で東方ギリシア教会を分裂によって苦しめた．ローマに幸いした要因の一つは，ローマ教皇庁公認の主導権が，教皇レオ1世（440－61）によって行使されていたが，それは地方教会会議からの嘆願を審理する高位法廷としてばかりでなく，聖ペトロの名において積極的に教義を定める権威として行使されたということだった．もう一つの要因は，西方ラテン教会には第一級の頭脳が続出したことだった．つまりポワティエのヒラリウス（315年頃－67年），ミラノのアンブロシウス，博学な修道士ヒエロニムス（347－419，386年以降ベツレヘムに居住）——かれの聖書解釈と改訂ラテン語訳聖書「ヴルガタ聖書」は高度の学識に基づく作品であった——そしてとりわけアウグスティヌスがいた．

アウグスティヌスはプラトンの弟子や批判者のなかで最も偉大な人物の1人であったが，とくに『神の国』や『三位一体論』という著作によって，知的な面でかれと同世代の人々をはるかにぬきんでていた．マニ教徒に対して，かれは理性との調和を計りつつ，権威の適切な位置を立証した（「「普遍教会の権威が私を束縛しなかったら，私は福音書を信じなかったであろう」とかれはいうのである）．ドナトゥス派に対しては，かれは真正な教会は，ただ一つの地方にのみ存在するはずではないと主張した．イギリス人修道士ペラギウスとの論争（412年以降）において，かれはキリストの内的恩寵——恩寵のみによって——がなければ人間は神を喜ばすことは不可能であると弁明した．

左 アウグスティヌス（354－430），現在のアルジェリアの丘陵地帯に本好きな田舎の少年として生れたかれは，ラテン語雄弁術の教師となり，プラトン哲学者となった．32歳のとき改宗し，ミラノのアンブロシウスより受洗した（387年）．母モニカをオスティアに葬った後アフリカに帰り（388年），司祭となり（391年），ヒッポ（現アンナバ）で司教となった（395－96年）．かれの主著はすべて396年以降に書かれた．『告白録』，『三位一体論』，『神の国』などとともに，数多くのすぐれた書簡や名説教集が残されている．西洋世界に対するかれの影響は従来も今も大きい．

下 イングランドのハンティンドン州のウォーターニュートンで見つかった，キリスト教会で使う銀の器は，アウグスティヌスの誕生とほぼ同じ頃のものと思われる．現在は大英博物館に納められている．この容器には多数の三角形の飾り板が入っていた．それは異教徒の奉納物に似ているが，キリスト教のシンボルとしても刻まれている．下の写真はその銀の器で「不肖，私ププリアヌスは主に依り頼み，つつしんで御身の聖なる祭壇をあがめ奉る」という文字が刻まれている．

第 2 部　中世教会

THE MEDIEVAL CHURCH

東方教会

ユスティニアヌスとテオドラ

ユスティニアヌス1世（在位527-65）は，神により任命されたと主張したり，自分には正しい礼拝を守らせる神聖な使命があると信じた最初のビザンティン皇帝ではなかった．コンスタンティヌス大帝の時代以降，皇帝の権威を求める徹底的な諸々の要求がなされてきていた．そして，テオドシウス1世によって，帝国の法律をキリスト教の教えに同調させる手段がすでに講じられていた．ユスティニアヌスはみずからが神の代弁者であること，さらには「地上を歩く神」ですらあることを主張した．

神の怒りを避け，みずからとみずからの帝国への神の愛顧をえることを切に願って，ユスティニアヌスは帝国の勅令をまとめ，かれの帝国の法律を体系化した．「もし余が是非とも市民法を実施しようと努力するならば——その法律の力は神が善意からわが臣民の安全のために，われわれに託されたのだから——われわれの魂の救済のために作られた聖なる教会法と神授の法律を遵守する努力をどれほどもっと熱心にはらうべきであろうか！」，「一つの帝国，一つの法律，一つの教会」というのがかれのモットーであった．

ユスティニアヌスは，キリスト教の基準である「正統性 Orthodoxy」をかれはギリシア語の orthos＝正しい，doxa＝意見，教理と理解したのだがその基準から著しく逸脱しているものを弾圧した．ユダヤ人は迫害され，異教徒でありつづける者，また単に受洗していないというだけの者も手厳しい弾圧を加えられた（異教徒の知識階級に加えられた最も著名な弾圧は，529年のアテネのアカデメイア学園の閉鎖であった）．しかし地方では，リディアのような長年キリスト教の伝統を守っている地域においてすら，為すべき仕事があった．エフェソスの名義主教であったヨハネスは，小アジア西部の山岳地帯で8万人を改宗させ，神殿を破壊し，そのかわりに多くの教会を建設したと主張した．

ユスティニアヌスもまたキリスト教の聖職者の生活と道徳を憂慮した．「聖職者の純粋性はわれわれの国家に大きな恩恵と向上をもたらし，それによって，われわれが野蛮人を征服することが容認される」という理由で，かれは聖職者にゲームをしたり劇場や競馬に行くことを禁じた．ユスティニアヌスにとっては，他のビザンティン皇帝にとっても同様であるが，教会は離れたもの，もしくは，それ独自の方針で運営されうる，完全に分離した組織ではなかった．ユスティニアヌスは教会を，事実上，国家の一部門であり，公共の福利に対する独特の重要性をもつ機能を託されたものと見なした．

ユスティニアヌスも他のどのビザンティン皇帝も，聖餐式を行ったり，聖職者の特別な責務である他の機能を遂行する権利を要求しなかった．しかしながら，ユスティニアヌスは，教会の保護者として，人を司教職や大司教職へ任命する最高級人事には，睨みをきかす影響力を行使するつもりでいた．またかれは規律，「公共の利益」そしてしばしば聖職者からの徹底的な従順を期待した．また行動が気に入らなければ，大司教ですら免職した．とりわけ，ユスティニアヌスは自分の権利および義務として，正統性を支持することを宣言した．かれは公式には常に聖職者の決定したことや権威を支持する立場をとったが，それとなくつぎのように付け加えた．「それゆえに，神の真実の教えと聖職者の権威はわれわれの第1の関心事である．」教皇ヴィギリウスのような批判者は，正統性を定義した勅令をユスティニアヌスが公布することに反対し，つぎにその勅令に盲目的に賛成するための宗教会議を招集することに反対した．これに対応して553年の公会議に対するユスティニアヌスの皇帝書簡は教義問題について皇帝が干渉した前例を丹念に列挙している．ヴィギリウスがまだ反対の姿勢を崩さないでいるとき，かれはその職務を皇帝により免職されたということを宣告されただけであった．ユスティニアヌスの権力に関する実際的な歯止めはキリスト単性論者（mono＝「一つの」，physis＝「本性」）によって最も明確に示された．キリスト単性論者は人間の姿をしたキリストは神性と人性という二つの本性を有してはいるが，唯一の，分離不可能な特性をもつのであると信じた．かれらは人間の姿をしたキリストは，神性と人性という二つの本性をもつというカルケドン公会議（451年）によって是認された公式教義を否定した．かれらはその教義はキリストのペルソナを二つに分けることになると主張した．

キリスト単性論者とカルケドン派

6世紀に，キリスト単性論者はビザンティン帝国が支配する中東地域——シリア，エジプト，小アジア東部——で幅広

下 伝言を後世に伝える彫像：皇帝や聖職者たちは権利の主張や自己の考えを表明したいときに絵を用いた．ユスティニアヌス帝のこの大型メダルは，534年から538年にかけて打ち出されたものの複製品であるが，ビザンティン帝国の西方再征服を祝うものである．ユスティニアヌスは槍をふるう戦士として示されており，勝利の女神に先導されている．実際には，ユスティニアヌスは，戦争の指揮は部下の将軍たちに任せていた．

凡例:
- ユスティニアヌス登位時の帝国 527年
- 565年までのユスティニアヌスによる再征服
- ユスティニアヌスの建築計画
  - ■ ピティア　修道院または教会
  - ■ ティムガッド　要塞
- 総主教座所在地
- 首都大主教座または大主教座所在地
- † 主教座所在地
- 宗教／宗派の地域
  - カルケドン派
  - アリウス派の少数派が混在しているカルケドン派
  - 異教の少数派が混在しているカルケドン派
  - カルケドン派の少数派と混在している単性論派

縮尺　1：13 000 000
0　　　400 km
0　　　300 mi

東方教会

右 タイムマシンとしての修道院．シナイ山にある聖カタリナ修道院は557年頃ユスティニアヌス帝によって建てられ，今日もなおギリシア正教会の修道院として使われている．ここには初期のイコンやきわめて貴重な古文書が保存されている．周囲を高い塀で囲み共同体の中心に聖堂を置くという建築様式はギリシア正教の修道院で広く使われている．

下 ユスティニアヌス帝の帝国
ユスティニアヌス帝は絶対専制的支配を試み，帝国をキリスト教国として統一しようとした．しかし実際には支配権のおよばない地域では偶像崇拝が残っていたし，激しい教義上の論争が，コンスタンティノープルに近い管区と中東管区とを分裂させた．イタリア人口の大多数はコンスタンティノープルの宗教的立場を受け入れてはいたが，ユスティニアヌス帝が即位した527年には，かれの手の届かないところにあった．イタリアは，キリスト教徒ではあったが，異端アリウス派の東ゴート族に支配されていた．ユスティニアヌス帝は，キリストの本性について聖職者間に同意を実現させることには失敗したが，帝国を拡大させることには華々しい成果を収め，この帝国を野心的な建設計画で堅持しようと努めた．皇帝はまた大きく拡大しつつあった領土に，皇帝支配の刻印を捺す手段として多くの聖堂の建築を命じた．

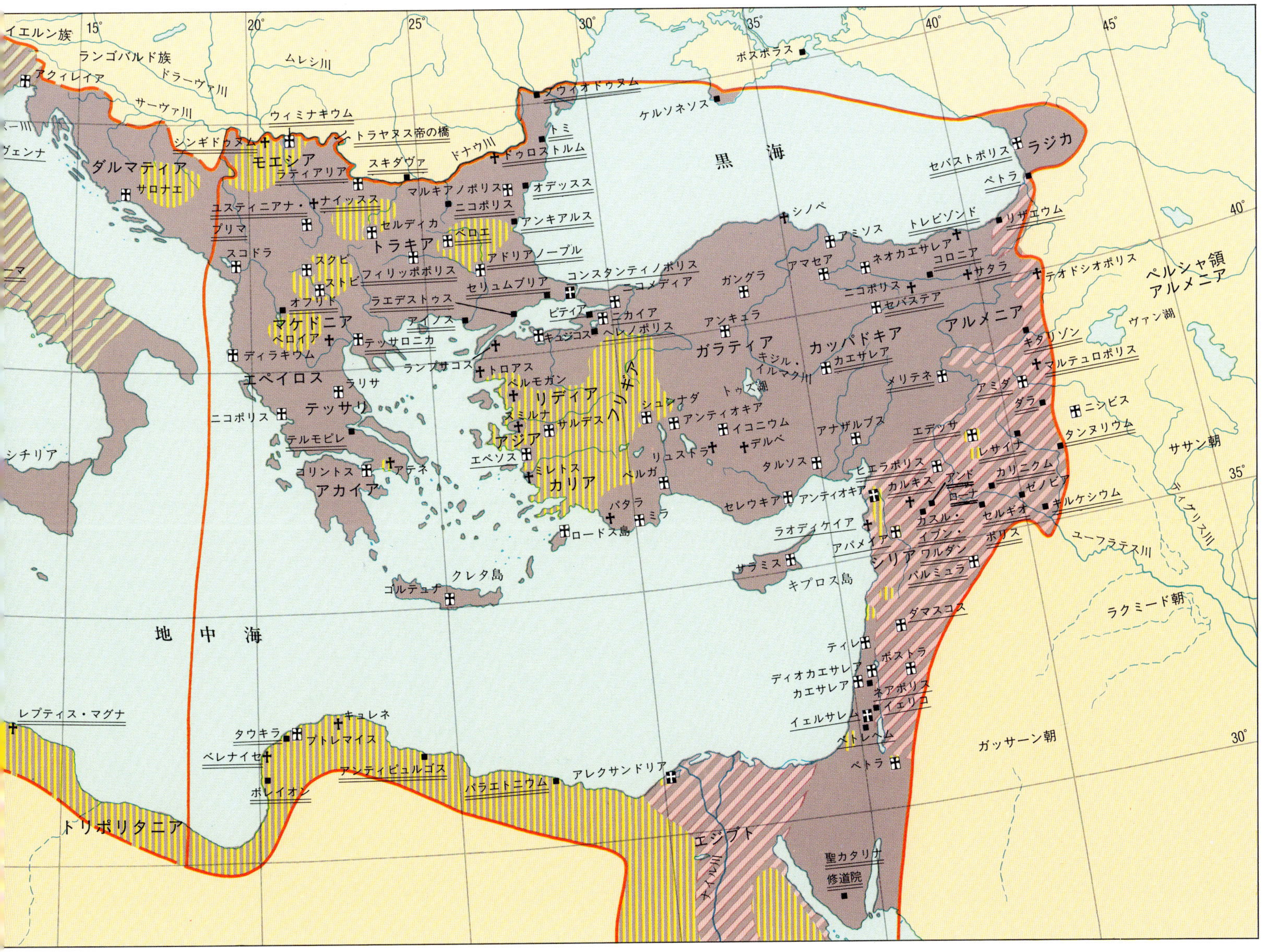

い支持をえていた．コンスタンティノーブルでは，1人の不運なシリア人修道士が烏合の衆にキリスト単性論者の指導者総主教アンティオキアのセヴェルスと間違えられた．カルケドン派である市民は，その修道士を捕え死刑に処した．他方，いくつかの地域の一般市民はカルケドン派の聖職者による聖餐式を認めるのをひどく嫌がり，ほとんど生理的嫌悪感ともいえる感情をいだいてかれらを眺めていた．

ユスティニアヌスは中間的立場にある人として，キリスト単性論者とカルケドン派を和解させようと努力した．修辞学のきらびやかさと物々しさ，皇帝にふさわしい芸術と儀礼といったものを身につけていたにもかかわらず，彼の許容量には限界があった．彼がキリスト単性論者に対して弾圧を加えようとすると，ペルシアの王コスロー1世というかれよりも強力な隣国の支配者の勢力下にあったある地域で騒動がおこり，かれはそれに直面せざるをえなかった．大都市アンティオキアは540年に一触のもとにコスローの手に落ちた．単性論者の堪忍袋の緒が切れた．540年代の初期にエジプトの単性論派の主教数名が免職になっただけで彼らは「迫害だ」と激しく抗議した．しかしユスティニアヌスは単性論者に譲歩をしようとしたとき，コンスタンティノーブルのカルケドン派の大多数の激怒を覚悟していた．そして暴徒の破壊的な力はユスティニアヌスの首都支配のもろさとともに，かれの統治初期に顕著に示された．532年，政府が課する重税と暴力を振るう傭兵に対する不満から生じた競技場での反乱が，ユスティニアヌスを王座から引きずり降ろしかねなかった．単性論者にあまりにも寛大に譲歩することは，同じような暴力行為を引きおこす可能性をはらんでいた．しかもカルケドン派市民の胃袋はナイル河畔の農民が育てた穀物で満腹状態にあったが，その農民の多数は単性論派であった．エジプトの都市部の住民も，単性論派の信仰をもつ傾向にあり，アレクサンドリアの総主教管区はイェルサレムの総主教管区と同様，単性論派であった．ユスティニアヌスの統治の晩年にはすでにシリアの単性論派は独自の組織をもった独立教会を組織しつつあった．

キリストの単性もしくは両性に関する論争が，ユスティニアヌスの死後激しくつづき，歴代皇帝の心境も不安定で，単性論派に対してその態度が寛容から迫害へとぐらついていった人たちもあった．590年代のカルケドン派は大教皇グレゴリウスからの積極的支援を求めた．一度ならずグレゴリウスは東方キリスト教徒の神学論争に加わるようにとの誘いを断わった．

キリストの神性に関する論争，もしくは東ローマ帝国の崩壊――帝国の崩壊はアラビア人が南の砂漠からなだれ込んでくる前にすでにはじまっていた――によって一般のキリスト教徒の生活がどの程度まで影響を受けたかを説明するのは困難である．5世紀，西方世界にゲルマン人が侵入してきたときのように，主教団は実際上，かれらの地方共同体の指導者として政府代表者の後任に納まることになった．さらにかれらの牧する民は，聖人や身を守ってくれる不思議なイコンを敬愛することにますます愛着を示した．その崇敬の気持は，とくに修道士によって促進されたのだが，主教たちにとっても，巡礼者に人気のある教会に自分の主教座がある場合このことはとくに大事なことであった．ユスティニアヌスは主教たちを国家の使用人と見なしていたふしがあり，俗人に対して特定のいくつかの司法権を行使することをかれらに許していたが，かれらは多くの点で事実上自治権を所有しており，自立していた．地方にある主教管区の主教たちは広大な土地を所有していたが，一方都市部では教会が土地の賃貸料と市場の使用料を吸いあげていた．都市執政官のような帝国の上級役人はしばしばほんの短期間しかその任務に就かなかった．主教たちは自分たちの仕事をいわば"自動販売機"と考えがちで，独断的な徴税または法外な料金や賄賂を取ること

によって，かれらの担当教区の信徒に科金を課した．かれらは自分たちが支配する教会共同体を改革したり，援助したりする時間も経験もほとんどなく，またそうする意図もなかった．橋や道路の修理，市場の統制といった日々の地域的問題が主教の采配に委ねられた．主教たちはしばしば誠実かつ有能であり，財力や相当数の事務職員をもっていた．多数の主教は地方出身者で，地主の家系の出であり，財産管理についてある程度の予備知識を身につけていることが多かった．おそらく，こういったことのすべてのなかで最も有益であったのは，主教は常態では一生涯自分の信徒とともに暮したという事実であった．聖別されて主教になることができるのは30歳以後だったので，主教の任期は長年つづき，1人の主教が数人の地方長官の任期をおわりまで見届けることが予想できた．このようにして主教は多かれ少なかれ，平等な条件で帝国の役人たちに対応することが可能だったのである．

すべての主教管区に聖デメトリオスや慈善家聖ヨアンネスのような人物がいたわけではないし，またアレクサンドリアやテッサロニケのように繁栄して安定した教区が多かったわけではない．慈善家聖ヨアンネスはペルシアのシリア侵略からの避難民を世話した．避難民の中には主教が大勢いた．シリアやパレスティナでは，放置されたままの人間はおそらく

上　シリアのカラアト・セマンにあるこの大きな聖堂は柱頭行者聖シメオン（390頃―459）を記念して5世紀末に建てられた．十字架型の聖堂はシメオンがその上に住んだ柱を囲んで立っている．聖者が使った柱の基底部は今でも聖堂の中央部に見られる．シメオンは30年間柱の上に住んだ．体に鎖を着け，首に鉄の首輪を巻いていたのは，柱から落ちる危険を少なくするためだったのだろう．シメオンはカルケドン公会議の正統性（訳者注：キリスト両性論）を支援した．

左　反対者すなわちキリスト単性論者側にいるコプト教会の修道が両手を上げて祈っている．この石灰岩の浮き彫りは6世紀または7世紀のもので「コプト」はアラビア語「エジプト人」の蔑称である．（p.169以下参照）

右　イスラム教の勢力圏

7世紀になると，ビザンティン帝国は3大陸にまたがり4大主教区を統括する世界帝国から，大主教区一つをもつだけの地方勢力に変わってしまった．「聖戦（ジハード）」の熱意で結ばれたアラブ人たちは，神学論争で分裂したビザンティン帝国の辺境を席捲した．キリスト単性論者はイスラム教徒の占領下で，キリスト教徒としての生活を聖堂や修道院の中で守り続けた．イスラム教徒に逆らい通した地方である小アジアに，カルケドン信条をとる人々が圧倒的に多く，かれらがキリスト両性論で統合されていたのはおそらく偶然だろう．8世紀初頭以降は，アラブ人はめったにコンスタンティノーブル征服を試みることなく，ビザンティン帝国に対して，周期的に年4回ほど奇襲をかけるに留まっていた．このような攻撃はタウルス山脈の東南にあってよく組織された基地から仕掛けられた．9・10世紀に入ると，イスラム教徒の略奪者たちはビザンティン帝国の属州におかれた人々の悲惨さをさらに深めることになった．主教座とは栄光を受けた要塞の村にも等しいものだった．属州の中にあった聖堂は，情け容赦のないイスラム教徒の襲撃にあって，組織としてはまったく弱々しいものになっていた．

きっと"聖者たち"の魅力に取りつかれたであろう．こういった聖者はしばしば"偶然に司牧者となった人"であり，人里離れた砂漠地帯や僻地の極端に禁欲的な修行者であり，かれらはまず地方の民衆の好奇心をかきたて，つぎに敬虔な信仰心を惹き出した．柱頭行者聖シメオンのような風のまにまに流浪する隠遁者たちは，5世紀にはすでに一般民衆の心を沸き立たせ，尊敬の対象となっていた．今や慎重緩慢ではあったが，改宗への新しい動向が見られた．それはあの単性論派とカルケドン派との激烈な闘いでもあった．

エフェソスのヨアンネスは，ペルシア国境に近接するティグリス川上流に臨む大都市アミダ（現ディヤルバキール）教区の聖なる男女が行った善行について語っている．かれらはペルシアの侵略とカルケドン派の圧力に勇敢に立ち向かい，自分たちが「平和なときも，迫害のなかにあっても，都市にいるときも，追放されているときも」貧しい人々に食物を与え，病める人には看護の手を差しのべた．これに対抗する陣営からは，7世紀初頭にヨアンネス・モスコスがカルケドン派の苦行者を賞賛する書物を著わして拮抗した．人に会うことさえもしないで，全く人と言葉を交わさないで長年過ごす苦行者もいた一方，単性論者と争う者もいた．たとえば，モスコスは2人の柱頭行者についての啓発的な物語を語っている．一方は単性論派で他方はカルケドン派であって，2人は10kmと離れていない所に住んでいた．かれらはたえずいがみ合っていた．この単性論者は自分の主張を文書にして継続的にカルケドン派の相手を切り崩して味方に引き入れようとした．ある日，相手のカルケドン派の男が単性論者の聖餐式のパンの一部分をくれるよう頼んだ．それを受け取るやいなや，かれはそれを煮えたぎっている大釜に投げ込んだ．パンはすぐに溶けた．つぎにかれは「正統教会の聖体」の一部を大釜に投げ込んだ．大きな釜は即座に冷え，正統な聖体は「無事で湿りもしなかった．かれはそれを今日まで保存しており，われわれがかれを訪問したとき，われわれに見せてくれた」のであった．同じような味わいでヨアンネス・モスコスは，悪臭を放ち，泥にまみれた鳩が1羽あらわれて，信心深そうに見える単性論者の苦行隠修士が不断の祈りのなかに聖句を詠唱しているその頭の上に止まっていた様子を述べている．

モスコスは他の物語のなかで単性論者たちが神から送られた亡霊に妨げられてイェルサレムの聖地での教会礼拝に出席できなくなったことについて述べている．歴代皇帝の政策が変動するために，この騒然とした状況に反目が生じた．教義としての単性論の功罪についての見解がどんなものであろうと，歴代皇帝は，ペルシアの国境周辺に住む人々との友好関

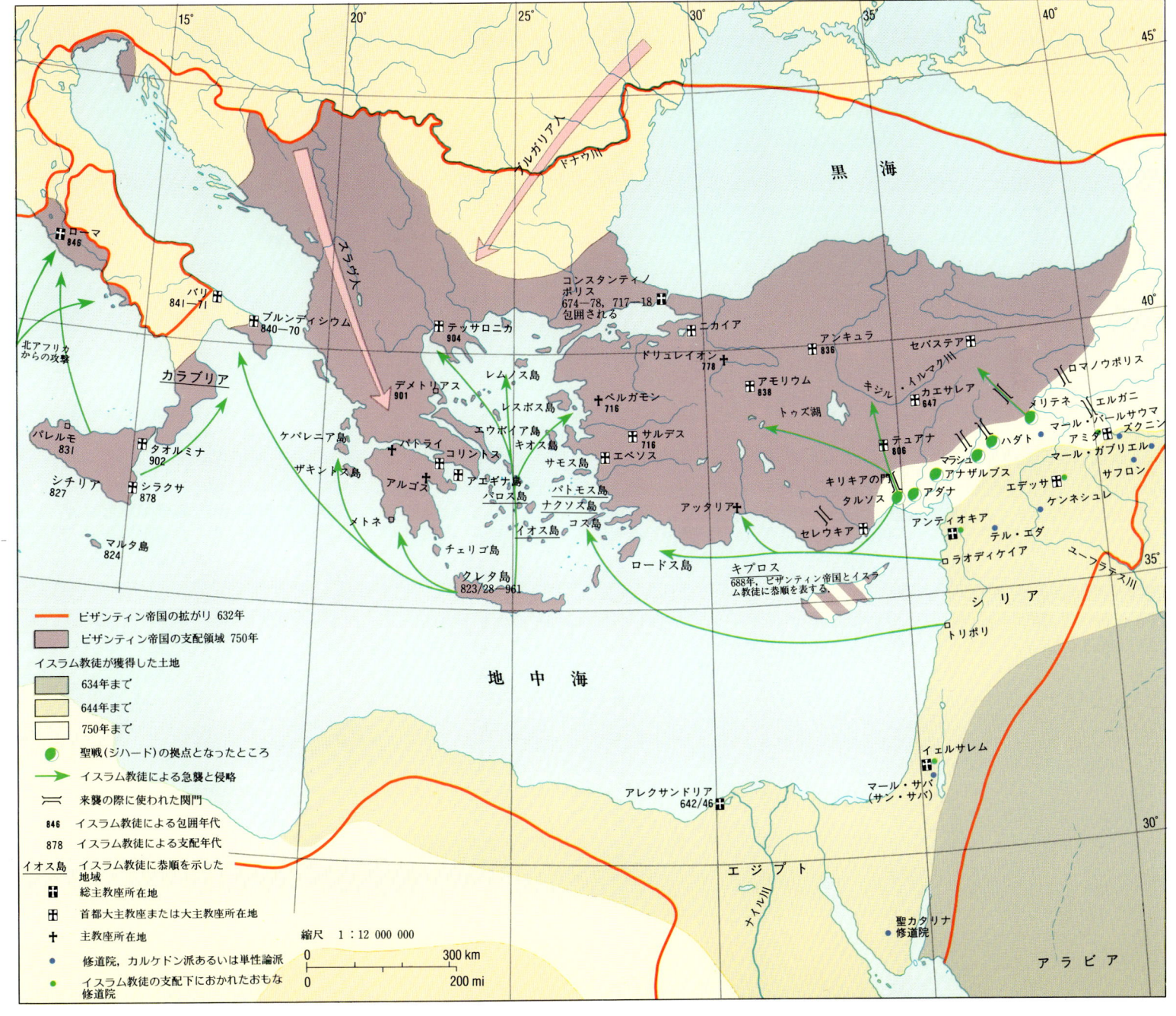

係を守ることを切望した．この時期のビザンティン皇帝はトゥル・アブディンのクァルトミンの修道院へ，教会の室内装飾業者，高価な贈物，さらには毎年補助金を送ったということが最近明らかになった．帝国の慈善行為の結果，修道士は，その地区の一般民衆にかなりの影響を及ぼすこと，皇帝の陣営を支援し，たぶんビザンティンの国境守備隊が存在することによって生じるすべての強制取り立てや徴発に耐えることを期待されていたにちがいない．

トルロス教会会議

692年のトルロス会議にはローマを除くすべての総大司教管区の代表が出席した．教皇が会議の教義基準の確認を拒否したので，この会議は完全な普遍公会議とはならなかった（この会議は第5回，第6回公会議の付録的なものなので，普通第5・第6教会会議として知られており，またこの会議は皇帝の宮殿のドーム付きの大広間（トゥルルス）で開かれたので，トルロス教会会議としても知られている）．この会議で司祭の道徳や行動に対する厳格な規則が発付された．たとえばユスティニアヌス1世によって制定された賭博禁止令が再び発せられ，その罰則は以前よりも厳しいものとなった．一部の教義規準は，西洋の慣習——たとえば教区司祭の独身制——を批判し，西洋の片意地なキリスト教徒のなかに明らかな意見の相違が認識されていることと，それを是認できないことを反映していた．信徒たちは人前で聖書の解説をすることを禁じられ，個人の家庭での礼拝堂の使用は厳しく規制されることになっていた．司祭たちは自分で書くよりも，教父たちの説教にならって説教原稿を作るよう指示を受けた．

トルロス教会会議は修道士の生活に秩序をもたらすことも企てた．この点でも会議はユスティニアヌス1世の法律を踏襲し，一方では，修道士を教会の位階制度の監督下に置こうとするさらに進んだ企てがなされた．修道士を志願する者は，隠者の生活に適性ありと審査される前に，修道士の共同住居で4年間の見習い期間（＝修練期）を経験することを義務づけられた．そして教区主教の認可が必要となった．修道士志願者は誰でもこの審査を受けねばならなかった．「それゆえ，神と一致する生涯を通しての誓願は，すでに確固たる信念に基づいたものでなければならない．しかも知識と判断力をもって決定されなければならない」のであった．したがって修練者は少なくとも10歳に達していなければならなかった．公会議はさらに，修道院に入ろうとする者の場合には「門戸開放」政策を支持した．つまり「すべてのキリスト教徒は，たとえどんな罪を犯したと認められていても，禁欲的生活を選び，日常生活の荒れ狂う嵐を避けて修道院に入り，修道士のしきたりに従って，剃髪を許される」のである．にもかかわらず，公会議の教義規準42条には，いかがわしい人物でも，いとも安易に修道服着用の権利を主張できることに対する焦慮がつぎのように示されている．「黒い衣服を着用し，髪の毛を長く伸ばし，町々を徘徊し，世俗の男女と接触を保ち，自分自身の聖職を軽んじる，いわゆる隠遁者に関して，われわれはつぎのように命じる．もしかれらが剃髪し，他の修道士のように修道服を受け入れるならば，かれらは修道院に住み，同じ修道士の仲間に加わるべきである．しかしそれができないのなら，かれらは町から完全に追放されるべきだし，人間の居なくなった場所に住むべきである……」

聖画像破壊主義とその後

トルロス会議でユスティニアヌス2世は不規則に拡散しつつある初期の公会議資料を成文化し，キリスト教徒としての生活を厳格に遵守するための規準を用意する計画だった．公会議はアラブ勢力がいくぶん衰退してしまった時期に招集されたが，会議での教義規準は，野蛮人がキリスト教徒を苦しめ，社会全般を混乱させつづけるだろうという想定のもとに作られた．その教義規準の形式は，今日でさえもおそらく正統教会の最も重要な収集であるが，それはまた数十年後に教会や帝国を揺り動かした聖画像破壊主義者による危機への前兆としても重要である．というのは，それはユスティニアヌス2世が宗教に強烈な関心を寄せ，神学上の大論争ばかりでなく，祭式や礼拝といったきわめて細部にわたる部分にも注意深い目を向けていたことを示しているからである．衰退した帝国のなかで，ユスティニアヌス2世の保護の下に，キリストの本性に関する神学上の同意が生まれはじめたときですら，聖画像の役割というような儀式形式に関する問題について意見の相違が生じたのである．

トルロス会議の教義規準は，帝国における宗教生活の秩序を確保するとともに，野蛮人が帝国にもたらす混乱を最小限に食止めようという義務感がその土台となっていた．同様な義務感は，717年から718年にかけてアラブ勢力がコンスタンティノープルを包囲攻撃したことや，テラ島（サントリニ）に近接する火山が水面下ですさまじい爆発をおこしたことを契機に強まり，レオ3世は726年に聖画像の継続使用に反対する決定をした．聖画像はいまやレオ3世にとって単なる偶像と見えはじめた．近年，聖画像を崇拝することは，神の新しい選民たるビザンティン人に対する神の怒りをまねいてきていた．それはかつて黄金の子牛がイスラエル人たちに神の怒りをまねいたのと同様であった．レオ3世は，自分の民を過ちに陥らないよう指導し，キリスト教の帝国を維持することが自分の義務だと考えた．

聖画像破壊主義者イコノクラスト（eikon＝像，klazo＝粉砕する）である皇帝たちにはビザンティン教会の弱体化した状況が有利に作用した．総主教ゲルマヌスは720年代後期にはずっと，礼拝の際に聖画像を用いることを禁止しようというレオ3世の提案を熟考した．そして結局，その提案を拒否した．しかしながら，レオ3世はゲルマヌスを罷免する宗教会議を招集することができた．そして聖画像禁止令を公布した．もちろんゲルマヌスは一部の聖職者の信念からの支持を受けていた．726年から730年のあいだに総主教ゲルマヌスは少なくとも3通の手紙を書き，ナコレイアのコンスタンティヌス，クラウディオポリスのトマス，シナダのヨアンネスといった主教たちを厳しく咎めた．これら3人の小アジア西部のフリギア出身の主教たちは「人が手で作った」物体を崇拝することに対する敵意を以前から示していた．しかし726年以前に聖画像破壊主義の聖職者たちが組織化した「党派」が存在したことの確固たる証拠はない．聖画像崇拝に反対する最初の処置はレオ3世が行ったと思われる．そしてそれらの処置に聖職者があまり抵抗しなかったことは教会に対する皇帝の力のあらわれである．実際レオ3世は「わたしは司祭であり王である」と言明していた．

教会内部における皇帝の権力は，レオ3世の息子コンスタンティノス5世（741—75年）によって最高に発揮された．かれは聖画像崇拝者（聖画像支持者）を根絶し，かつキリストや聖人や使徒を人間の姿として表現した絵画・彫刻などを物理的に破壊する際に父よりも精力的で徹底していた．皇帝は聖画像破壊主義が真の教義と一致していることを示したいと考え，丹念に構成された議論によってそれを証明しようと望んだ．かれはその主張を立証するために，教会会議を招集した．754年，帝国内の大部分の主教たちがカルケドンに近いヒエレイアでの教会会議に参集した．コンスタンティノス5世は，この会議の背後からの推進力となっていた．そして教義決定そのものは，長時間にわたる議論の後に結論に到達し，聖なる皇帝（コンスタンティノス5世）は，悪魔にそそのかされて生じた新しい偶像崇拝を滅ぼそうという気持を聖霊の働きによっていだくに至った，と言明した．コンスタンティノス5世は非常に知性豊かな人物であったので，おそらく教義決定の草案作りを監督したであろう．かれの治世は教会に

右　柱間に立つフォティオス（886年）．両手を交叉させて，おそらく否定を示しながら，年老いたフォティオスが背を丸めてかれを糾弾する人々の前に座っている．かれへの譴責はかれが総主教の座を退いた後も，かれにさらに汚名を着せようと躍起になっていた宮廷の一派によって捏造されたものだった．新皇帝レオ6世がフォティオスに引退を強制したのであった．フォティオスは教会のなかに多くの敵をもっていたが，とくに若い皇帝はかつての厳格な師フォティオスを嫌っていた．レオは自分の実弟ステファノを新総主教の座に就けた．こうして政治事情が都合よく運んでいるときには，皇帝なる者は教会のなかで，とくに人事について自分の意のままに振る舞うことができた．法典『エパナゴゲー』（p.40参照）への序文で総主教フォティオスが述べた主張もかれを救うことができず，フォティオスは修道院へ追放されてしまった．

下　テサロニケにある聖デメトリオスのバジリカ式聖堂は5世紀中頃建てられたと考えられている．この聖堂は聖人の使ったチボリウムを収蔵している．高位聖職者はそうではないとしても，町の人々はこれがかれの墓であると信じて，これに向かって祈りを捧げた．聖堂は大きく，長さは60mを越え，中世的な町の中心に立っている．聖堂の大きいことと，数多くの美術品陳列室があることは，この聖堂が建てられた頃すでに聖デメトリオス崇拝が広まっていたことを示している．地方の名士たちや都市の司教たちに奨励されて，この聖人崇拝は大変な人気となった．「聖デメトリオスの奇跡」が告げるところによれば，デメトリオスは人々の癒し人であったが，とりわけ野蛮人と戦う市民たちを守る守護の戦士であった．バルカン半島の縁にあるテサロニケの町は長期にわたって聖デメトリオスの守護を必要としていたが，聖人でさえも904年のイスラム教徒による町の略奪を防ぐことはできなかった．（地図p.35参照）

対する帝国の権力が高潮に達した時期の一つとして目立っている．754年の教義決定の条項は，聖画像を禁止したり，礼拝の秩序を維持する際の指導的役割を帝国の当局者に与えている．聖画像を作ったり，それを礼拝したり，また単に聖画像を教会や個人の家に隠しただけでも，人は誰でも「俗人であれ修道士であれ，神の掟にそむく敵，教父の教義に敵対する者，として帝国の法律の下で破門され，有罪と見なされるものとする」のであった．

ただし教会の備品を手当り次第に破壊することを避ける配慮がなされた．もし人が教会の聖器具や祭壇の聖布から聖画像を拭い消そうとするなら「その人は最も神聖でかつ神の恩恵を受けていた全キリスト教会の総主教の同意と承認，および最も敬虔でキリストを愛するわが皇帝たちの許可がなければ，そういう思い上がったことをしてはいけない．これを口実に悪魔が神の教会を辱めるといけないから……」である．ヒエレイア教会会議の直後に，コンスタンティノス5世は，すべての異端者を国家に対する反逆者として扱うという勅令を発布した．今や教会と国家はユスティニアヌス帝の「よき時代」の頃よりもさらに一層一体化していた．聖画像崇拝がニケアの第7回公会議（787年）で復活し，815年の公会議で再び禁止され，843年の公会議で最終的に復活したのは統治者の教唆によるものであった．これらすべてのUターン現象の折，とくに最初の2回のUターン現象の際には，抗議が出た．しかし皇帝の権力は教会の最高指導者たちとともに常に勝利を得た．そして教会の最高指導者層の中の頑固な方に属する聖職者を帝国は最後の手段として免職することができた．

聖画像破壊主義につづく時代もまた聖職者たちのあいだで激しい個人的論争が交わされた時代であり，その論争は表面上は以前の聖画像破壊主義者をどのように遇すべきかという問題から生じた．聖画像の擁護者は，その大多数が修道士であったが，帝国における宗教生活に指導的役割を果たすつもりであった．かれらは自分たちの個人的野心をくじき，公正感を逆撫でする教会の任命に激しく異議を唱えた．

フォティオスが学問的野心を追及しつつ，政府の役人として長年過ごした後，858年に総主教に任命されたとき，帝国政府は今や副帝バルダスがその長であった．フォティオスが非の打ちどころのない，折り紙付きの聖画像崇拝者である元役人として，正統派の修道士や他の正統派擁護者を自認する者に対して従順であると同時に容認されうる存在になることを，この帝国政府が望んだことは疑うべくもない．フォティオスは総主教としての自分の職務について高遠な見解をもっていることを立証した．一方，修道士，とくにストゥディオンの聖ヨハネス大修道院出身の修道士たちは，フォティオスが総主教として任命されたために追放された前任者イグナティオスの支援運動に集まってきた．同時代のある聖者の「伝記」によれば，ストゥディオンやその他の場所から来た修道士は「多くのグループに分かれており，かれらは『神は神の名のもとに集まる人々とともにいる』という神の約束が真実であることを如実に示すに足るほど数多いのである．そしてまた，さまざまな土地のさまざまな場所に神の名のもとに散在しているのであった．」フォティオス自身は教会の情景を次のように，修辞的ではあるが偽らずに描写している．「みずからの民のために平和を説くべきであった者がたがいに無残な戦いを行った．その民に慈善と団結の模範を示すべきだった者が憎しみを育てた．最も激しく攻撃した人間が最優秀な司祭だと考えられた．この事態全体がばかげている．高位聖職者と司祭，司祭と高位聖職者が矛を交えるのであるから．」かれらの論争は聖職叙任と罷免の妥当性をめぐって激しくつづいたが，諸問題の根底には人間性と権力が絡んでいた．

フォティオス時代の教会と国家

上述の出来事は三つの注目すべき意味合いを含んでいる．第1に，総主教や教会の上に位する皇帝の権力は広範囲にわたるものの，絶対的ではないということである．そして皇帝の権力は皇帝が置かれた政治状況や複雑な人間関係によってさまざまに変化した．皇帝はイグナティオスやフォティオスを罷免することができたし，そのような行為に対してしつこく反対する司教たちを首にすることもできた．しかしそういったことによって皇帝は評判を悪くし，その結果生じた激しい抗議のために，安定を保つにはほど遠い状態であった．

実際バシレイオス1世は867年以降，フォティオスに忠誠な主教たちをすべて教会から追放することはできなかったと思われる．

第2に皇帝の主教職や教会内の他の地位に対する影響力は修道士の監督にまではおよばなかった．修道士たちはかれらが認めない主教や他の聖職者に対して集中批判をつづけえたし，また実際にそれをやった．かれらは普段は皇帝に直接悪罵を浴びせたりはしなかった．しかしかれらが，教会法に反する免職を不正だと非難したり，新しい聖職叙任を正当と認めることを拒否したりしたことが，皇帝に累を及ぼし，皇帝による教会の聖職任命の方向を覆した．

第3の意味合いは，実践上ばかりでなく理論上からも，皇帝と主教の関係に相反性があったことである．バシレイオス1世の依頼による「古代法の改訂版」たる『エパナゴゲー』の序文の中のフォティオスの言葉は，しばしば歴史家に引用さ

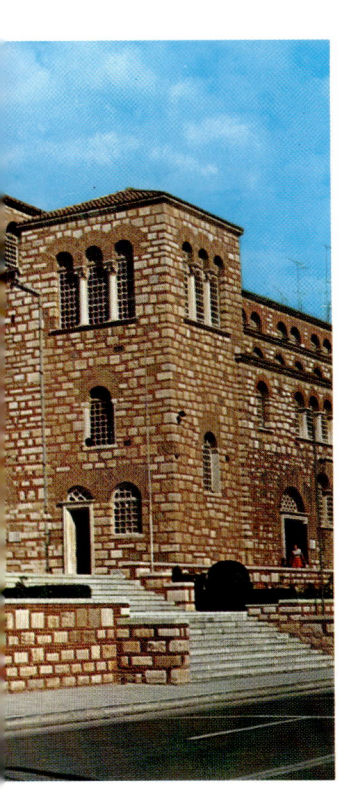

聖画像（イコン）と聖画像破壊主義

　ギリシア語 eikon（＝肖像）は「宗教的な肖像」というその限られた意味においてさえ、実物にそっくりな肖像という意味をふくんでいる．6・7世紀に、聖者や高徳な人々やかれらの肖像を崇拝する慣習がさかんになった．このように肖像崇拝が発達したことは、キリスト教が一般人のところに到達するのに成功したことを示している．この人たちは祈りのために人格性をもった目に見える焦点を求めた．しかしそれはまた異教徒の度重なる侵略の波や自然の災害にビザンティン帝国が屈服したので超自然的救済を求める気持があったことを反映している．歴代皇帝自身もいくつかの崇拝対象物を保護していた．現在残っている最も初期の聖画像のいくつかはユスティニアヌス１世の寄進によって創立されたシナイ山の聖カタリナ修道院のものである．トルロス教会会議（692年）は崇拝に関する多くの他の見解ばかりでなく、聖画像作成についても規定を定めた．ユスティニアヌス２世がつくった貨幣は肖像に対する教会会議の関心を映している．かれは貨幣にキリスト像を刻んだ最初の皇帝であった．717年から18年にかけて、アラブ人がコンスタンティノーブルを包囲した．後世の年代記作家テオファネスのようなビザンティン人は、アラブ人による包囲が失敗したのは、「全く汚れを知らぬ神の母の取りなしによる神の援助のおかげ」だとした．しかしながらアラブ人の帝国侵略はつづいた．聖画像は聖者への命綱として役立つどころか、実は神の怒りをまねいているのではな

下　聖母マリアが幼子イエスを膝に抱いたこの蠟画イコンは、おそらく６世紀か７世紀にコンスタンティノーブルで描かれた．攻撃者からコンスタンティノーブルを守る特別な守護者として処女マリアを崇拝する信心行はその頃さかんになった．

左　6世紀頃のものと思われるこのキリストの胸像はシナイの聖カタリナ修道院に置かれている．キリストの右手は祝福を与えている．左手は宝石で飾られた聖書を抱えている．キリストの容貌は明らかに人間として描かれているが，その表情は堂々とし超然としている．このイコンはキリストの神性と人性の関係がやかましく論じられている頃に描かれた．偶像破壊論者たちのイコンを拒否する心の底には，キリストの神性は絵に描いて人前に示せるものではないという信念があった．

右　この11世紀の彩飾写本には偶像破壊主義を採る聖職者たちが，槍でキリスト像を突いている様子が見られる．肖像は，絵に描かれる場合も，象牙で刻まれる場合もあった．

下　この10世紀の象牙の書字板は，もとはトリプティック（祭壇背後の3枚折り画像）の中央にあったものだった．栄光の座に上げられたキリストは，セバステの40人の殉教者の上に示されている．かれらの悶え苦しむ肉体は，氷のような水の中での死の苦しさを伝えるとともに，古代からの古典的な彫刻形式を思い出させる．

下　レオ3世(717-41)の金貨は，720年から732年のあいだに打ち出された．皇帝は十字架の印のついた王冠をかぶり皇帝用肩衣（クラミス）を着けている．かれは右の手に，これもまた十字架が上についた地球をもち，左手にはアカキアという巻物に似た袋をもっている．この袋の中には一握りの土が入っていて，両端は縛ってあるが，これは人の死すべき運命を暗示している．金貨の縁にはラテン語で「レオ陛下，永遠の皇帝に，聖寿万歳！」という銘が刻んである．裏面にはレオの息子コンスタンティノス5世が，父皇帝とよく似た王冠と服を着け，同じ象徴印をもって刻まれている．父の場合も子の場合も，敬虔と権力とが釣り合っていた．

いかと考える者もいた．つまりリアラブ人による猛攻撃は，偶像崇拝に対する神の罰である可能性があった．レオ3世自身はかれなりに聖画像崇拝はまずいのではないかとの疑念をいだいていた．このような疑念は726年にエーゲ海で巨大な海底爆発がおこったことによって具体化したようである．宮廷の青銅の門の上のキリスト像は撤去され，聖画像崇拝が正式に禁止された．これに積極的に抵抗した人々は迫害された．聖画像に関する教理上の定義（754年）は，キリストを描写するイコン画家のひきおこす「混乱」と「無駄な空想」に対する聖画像破壊主義者の異議を要約したものである．この定義は「偽りで邪悪な人物の肖像は，キリストや使徒たちや教父たちの伝統のなかになんの基盤をもたないし，またある肖像を聖別して，それを普通のものから神聖なるものに一変させるような聖なる祈りはない」と抗議した．聖画像破壊論者の目には，神聖な「似姿」または崇拝の対象となりうるものは聖体の秘跡，司教たちによって正式に聖別されてきた聖堂，そして最初のキリスト教徒の皇帝コンスタンティヌスが神から与えられた十字架だけであった．それはキリスト自身が架けられた十字架に形が似ていた．おそらく善き教会秩序に関するレオ3世やコンスタンティノス5世の主張は，軍人としてのかれらの経歴を反映していた．しかしかれらの関心事は，7世紀の教会会議の関心事——つまり司祭の行動に対する詳細な規定と実質的な礼拝の統制——と共通点が多かった．俗人が個人的に聖画像を敬慕することは弊害をたくさん産む可能性があった．もしこういった弊害を根絶しなければ，夜が昼のあとにつづくように，神の怒りが神の民の上に降りかかるだろう．聖画像の破壊と聖画像崇敬者に対する迫害は760年から775年のあいだに最も徹底的に行われたようである．聖画像崇敬は787年ニケア公会議で復活したが，帝国が8世紀初頭のそれを思い出させるような敗北や屈辱にまたもや見まわれた後，815年に再び禁止された．聖画像崇敬は最終的に843年女帝テオドラによって復活させられた．

れるのであるが，現実的な習慣や一般的に受け入れられている理論に関する陳述というよりはむしろ，修道士や皇帝，同じく主教区の下級聖職者の前で振り下ろされた鞭である（これはおそらくグレゴリウス7世の『ディクタトゥス・パペ』に匹敵するものである．pp. 66－67参照）．「皇帝は法的権威であり，すべての臣が等しく享受する神の恵みである．そして皇帝は競技で賞を授与する審判のように振る舞う．」「皇帝の前に据えられた目的は恩恵を授けることである．それゆえに皇帝は恩恵をほどこす人と呼ばれるのである．そしてかれが恩恵を授けることに飽むと，古人の言葉によれば，皇帝というものの特質や性格を偽るように見えてくる．皇帝はまず第1に神聖なる聖書のなかで記述されていることのすべてを，次に7回にわたる聖なる公会議によって制定された教義を，そしてさらに加えて，容認されているローマ法を実施し，維持することになっている．」「法の解釈に当たって皇帝は国家の慣習に注意をはらわなければならない．教会法に反して提案されるものは，従うべき原型として…認めることはできない．」

総主教の役割に関するフォティオスの記述はさらに活気と熱意をもって描写されている．「総主教の狙いは，まず第1に神から預かった人々を信心深く真面目な生活のなかで守ることである．つまり，できる限りすべての異端派を正統と教会の統一に戻すことである．」総主教の前に設定された目的は，かれにすでに委ねられた人々の魂を救済することであり，しかもかれらはキリストのために生活し，この世のために十字架につけられるべきである．」フォティオスによれば，総主教は教師であり，公正な裁判官であるべきで，「総主教は皇帝の前で真理と教会の教義の擁護のためには声を大にすべきである，臆していてはいけない」のである．「総主教のみが，昔の人々によって決定された教会法や聖なる公会議で制定された法令を説明すべきである．」「すべての霊的問題の指導は他の人はやらないで総主教に委ねられている．」

しかしながら，帝国が統一されて，強力であり，かつ皇帝が裕福で安定している限り，皇帝は教会の抱える諸問題についてさえ優位に立った．フォティオス自身，教会における皇帝の役割を認めているが，それはかれ自身が，高位聖職者ばかりでなく，「この聖職者たちと共に真の信仰とキリストの支持者である皇帝」によって総主教に選出されたことに言及したときのことであった．皇帝の神との特別な関係は，ユスティニアヌスがきわめて雄弁に主張しているのだが，いまだにビザンティン帝国のイデオロギーの中心であり，聖職者たちによって厳粛に認められていた．

東方教会には教会法の明確な組織体がなかった．立法権は主教会議や教会会議と皇帝とのあいだにあいまいに分散されていた．高位聖職者による主教会議は通常総主教によって招集されたが，皇帝が主教会議を招集することもできた．そして主教会議の発布する重要法令はしばしば皇帝によって承認された．教会が権威ある「審判官」を必要とするという事態は長くつづいた．新しい思潮が教会内部に流れはじめた12世紀においてさえ，教会法の専門家であるテオドロス・バルサモンは目付け役としての皇帝の役割をつぎのように要約している．「何人も他人から損害をこうむらないことが法の原理であるから，もし総主教自身が神聖冒瀆の罪を犯したり，正統派であることから逸脱したり，他の何らかの面で罪を犯したら，かれは教会の法律の励行者たる皇帝の審判に従わねばならない．」

フォティオスは『エパナゴゲー』の序文で9世紀の総主教の地位をもち上げすぎた一方で，「臣民の心身の平安と繁栄は，かれらの心と感情の調和および万事において皇帝と主教団が一致しているか否かにかかっている」と述べたとき，かれの所見はおおむね当を得ていた．皇帝と総主教のあいだのいかなる摩擦も，シャム双生児間で不和が猛威を振るうみたいに，長引けば双方が必ず深刻な打撃を受けた．かれらの住居は，両者のあいだにアルプス山脈があるようなドイツ皇帝とローマ教皇の場合と違って，近接していた．コンスタンティノープルは厳しい治安都市であった．おそらくきっと帝国が占有していた他のかなり大きな同じような都市でも治安は行き届いていたであろう．宗教的反対や，異端の姿勢を示すと，即刻それが発覚し，鎮圧されたことは当然ありうる．同じ要領で聖職者の不行跡は，それを矯正するのが教会の当局者の任務であったにしろ，政府の役人に睨まれたのであった．われわれはビザンティン帝国のなかでの市民や聖職者の生活が表面上は鏡のように滑らかであったことから，帝国の沈滞が「当然」もしくは「必然的なこと」であったという結論をくだすべきではない．帝国と教会の機構は常に反乱や異議や異端発生のきざしを警戒していた．帝国は一部には秩序をおもんばかることから教会問題に関心を示した．

修道会の保護と拡充

11世紀後半および12世紀に支配的地位にあったコムネノス朝は，修道会の数が増加し，修道会の土地財産が増大することを嘆きつつも，修道会を保護するという伝統を守った．アレクシオス・コムネノス1世（1081－1118）は，フィレアスの聖キュリロス修道院の援助に努めた．そして帝国の安寧とみずからの勝利のためにこの聖人に祈ってもらうことを求めた．マヌエル・コムネノス（1143－80）はこのおおまかな保護の伝統を逆転させる気配を見せた．時折法律で修道院の設立を抑制したり禁止したが効果がなかった．これは驚くに値しないことである．12世紀になると国家機構が弱体化したので，国家の修道会規制力はさらに一層減退した．すでに帝国の全盛期においても，新しい修道院の設立を禁止するニケフォロス2世の立法措置は空振りとなり，まもなく廃止された．

修道士が神に取りなしをする能力が非常に高く評価されていた事実をいかなる禁止令も変更できなかった．978年に発令されたバシレイオス2世の黄金勅書ではアトス山のラウラの修道士たちをつぎのように激賞している．「なぜなら刀や弓や軍事力ではしばしば成しとげえなかったであろうことを，祈りだけが容易にしかも鮮やかに成しとげたということを誰も疑わないからである……そして，もしただ1人の修道士の聖なる祈りがしばしば神を慰め，かれが祈り求めるものを神が惜しみなく与え給うならば，150回もしくはそれ以上の祈り（つまりラウラ修道院のすべての修道士の祈り）によってこういった事態がますます生じるだろうということを誰が疑うであろうか．それゆえ1人1人の個人にとって，とくに危機の時代の帝国にとって，善良な人々の祈りは非常に有益で，大いに役立つものである．」このような感情は，他に帝国の数多くの寄進特許状にも見られるが，それらには決まり文句ではなく少なからぬ真心がこもっていた．

アトス山の修道院数は11世紀に急増した．そしてその多くは半島に隣接する地方に広がる地所を寄進されたものであった．しかし修道院の急増はアトスに限ったことではなかった．またその主導権は常に俗人の後援者が握っていたわけでもなかった．カリスマ的な高徳な人は小さな修道院を建てたが，そこには独房のなかで独りで暮すのに，霊的見地から見て，それに値すると思われる隠修士たちのための施設があった．もっと大きな修道院をたてる修道士がほかにいて，そこではすべての修道士が共住生活…つまり修道院生活をすることになっていた．こういった修道院の経営には金がかかったし，その維持には大きな地所が必要であった．こういう事情で俗人による後援は欠くことができないものとなり，俗人の寄進によって建てられた施設に対する俗人の権利や権限を詳述するために複雑な法律上の方策が11世紀のあいだに案出された．修道士や修道院の急増は10・11世紀のビザンティン帝国全体の特徴であるようだ．

上 オルコメノスのドルミティオン教会の東北面からの眺め．874年に建てられたこの教会はテーベの西北約30kmの地にあり，中世初期のギリシアには珍しい大きな教会建築の一例である．建材は角石で近くの古い石造劇場から運んできたもの，円柱用円筒石材は美の女神カリスの神殿から運ばれたものだった．ビザンティン帝国の建築家たちは，しばしば古典時代の作品群から「引き抜き再利用」をやったが，これはまたかれらの競争相手たちが中世の西ヨーロッパでやったのと同じやり口だった．

右 カルブ・ルーゼ教会の西端の側壁．このバジリカ式聖堂はシリアでもっとも美しい教会の一つで装飾がきわめて豊富である．古典的な造形法と十字架その他のキリスト教のシンボルとがみごとに調和している．460年頃に建てられたこの聖堂の保存状態がよいのは，近づきがたい場所にあったためである．アンティオキアから一直線にほんの50kmばかり離れているだけだったが，丘陵地にあったために，1970年代になっても，険しい道を越えて到着できるのはラバに乗った人だけだった．カルブ・ルーゼの近くにはシリア北部の「廃都」のいくつかが残っている．このような町はたいてい険しくて近付き難く，ペルシア軍侵入のとき，また7世紀にアラブ人の攻撃を受けたときに，住民が町を捨てて逃げ出した後，建物はただ時が過ぎて朽ちるにまかされていたからである．

東方教会

純粋なビザンティン文化とは？

　ビザンティン人の地位が脆弱であったところから，ビザンティン人は外国人に対して常に用心深くなり，帝国に対する外国人の意向に嫌疑をかけ，その疑いはないと有利に解釈してやる気にはならなかった．この態度はビザンティン帝国自体がかなりの程度移住者で構成された国家であり，一部の人はいまだに同化していなかったという事実によって緩和されたわけではなかった．支配者階級のエリートはこの異種混合体質にほとんど気付かなかった．ミカエル3世は，キュリロスに「あなたがたはテサロニケ人である．テサロニケの人は誰でも完全なスラヴ語を話す」と指摘して，モラヴィアへ，メトディオスとともに宣教に出かけるように迫った，とまでいわれている．教養あるビザンティン人たちの他国人の文化や言語に対する見解を「おおらかなものにする」どころか，自分たちの真只中に野蛮状態が存在することが，妥協によって文化基準を低下させないようにというかれらの決意をますます堅固にした．かれらは自分たち自身の文化を守ることに専念して，周辺の同時代の文化に背を向けていた．かれらの文化自体が聖書の無定形な寄せ集めであった．すなわち聖人伝のような，教父や後代のキリスト教徒による著作，古典ギリシアの歴史家とそれにつづくギリシア語の世界史書，古典ギリシアの修辞学と種々雑多な伝承と文学，とくにホメロスの作品，ローマ帝国から引き継がれてきた法律と儀式，などの寄せ集めであった．これらのさまざまな作品をいわば一緒にならべて立てているブックエンドは，ギリシア語の「純粋性」であり，また同様に，異端や革新によって汚されなかった教会の教義が保存されていたことをも意味していた．またビザンティン人の生活文化の中心はかれらの教会儀式であって，そのなかでは正統派の神学や教えが劇的な表現で示されていた．

　ビザンティン人の目には，言語の純一性と教義の純粋性は密接に絡み合っていた．11世紀の哲学者ヨアンネス・イタロス（1025？－1082？）に関して，かれは出身がノルマン人の混血だったので，かれの発音は不完全で，かれの文章には「文法無視が臆面もなく撒き散らされていた」ということが認められていた．またイタロスは異端の罪を犯しているとされ，アンナ・コムネーナによれば，「かれは教会の教えと相容れない教義を放言した．教会のお偉方がいる前で，かれは嘲弄を続け，野卑で野蛮な他のことに耽った」のである．野蛮性，お粗末なギリシア語と，教義上の誤りの三つが並行していた．それゆえにアンナが，ドナウ河畔の反乱の指導者たちのスラヴ語名とチュルク語名をあげて，「私の歴史書の全体の調子を狂わせた」と書いたことに対してイタロスが謝罪をしたことは，ただアンナの文体に対する関心からのみ生じた問題ではなかった．

　11世紀後半のブルガリアの大主教オフリドのテオフュラクトスも同じような謝罪をしている．かれは友人への手紙のなかで，「ブルガリア人の本質は，すべての悪の養父である」と書き，地方のスラヴ語の地名の野蛮性を嘆き悲しんだ．テオフュラクトスはたぶん実際には聖クレメンスの伝記の著者であった．このスラヴ生れの宣教師の伝記のなかで，テオフュラクトスは聖職者がスラヴ語を用いることを聖霊による言語の恵みの表現だと，実際好意的に述べている．テオフュラクトスの頭のなかでは，それはおそらく野蛮人のなかに身を置く他のビザンティンの聖職者の場合もそうであったが，司牧者の立場と国家の上級官吏のそれとが戦っていた．しかしかれの内心の上級官吏の立場が勝利を収めたことはほとんど否定できない．オフリドで長年過ごした後に書かれたかれの晩年の手紙のなかでさえ，かれは現在自分が過ごしている「田舎くさい生活様式」への嫌悪感を示している．

　11世紀末までにスラヴ語の典礼文や宗教文学は既成事実となっていた．その既成事実をビザンティン人は，ブルガリ

イェリソス湾

イェリソス

アモリアニ島

アトス山の修道院

アトスはギリシア正教社会の中心だといってよかろう。ビザンティン帝国の最盛期である10世紀に建てられ、アトスは早くから外国人たちの関心の的となった。ある者は短期間滞在し、ある者は一生ここに住んだ。海から容易に近づけるにもかかわらず、この半島は孤独と峻厳の美を呈していた。スラブ人やグルジア人修道士たちはこの地にあるそれぞれの修道院に住んでギリシア語の作品を各自の母国語に翻訳した。このような修道院は同時に神学校の役割を果たし、そこで学んだ修道士たちを各自の母国に、高い水準の修道院を設けるために送り返した。ビザンティン帝国が崩壊していくにつれて、セルビア、ワラキア、およびその他のギリシア正教徒の統治者たちは、「聖なる山」の上の修道院に、寄付と援助を送ってきた。アトスは15・6世紀に入っても、そのような国際的絆を守り、霊的熱心の評判を落とさなかったし、トルコ人の支配を認め、あるスルタンには歓迎式典を催すことまでした。これと引き換えにアトスはいくつもの修道院の自治連合体としての地位を守った。

左　ディオニシウ修道院はエーゲ海の海抜75m以上の高地にある岩の上にかろうじて立っている。もちろん地上の敵からは全く安全である。14世紀末、トレビゾンドのギリシア皇帝によって建てられたディオニシウ修道院は、アトス山にある修道院のなかでも重要なものの一つである。この修道院は、聖堂の壁画が目を見張るほど素晴らしく、またすぐれた図書館には804の手書き写本と、5000冊を越える印刷本が納められている。

東方教会

アを帝国の領土として再吸収した後ですら，1018 年のときと同様に，認めざるをえなかった．しかしそれはかれらがしぶしぶ行った承認だった．その証拠にクレメンスの伝記がスラヴ語ではなくギリシア語で書かれている．これは注目すべきことである．テオフュラクトスのような良心的な宣教師にとってさえ，ギリシア語は文化の仲介者であり，文明とはギリシア文化を伝承する唯一の都市コンスタンティノーブルの活動領域を保存することであった．

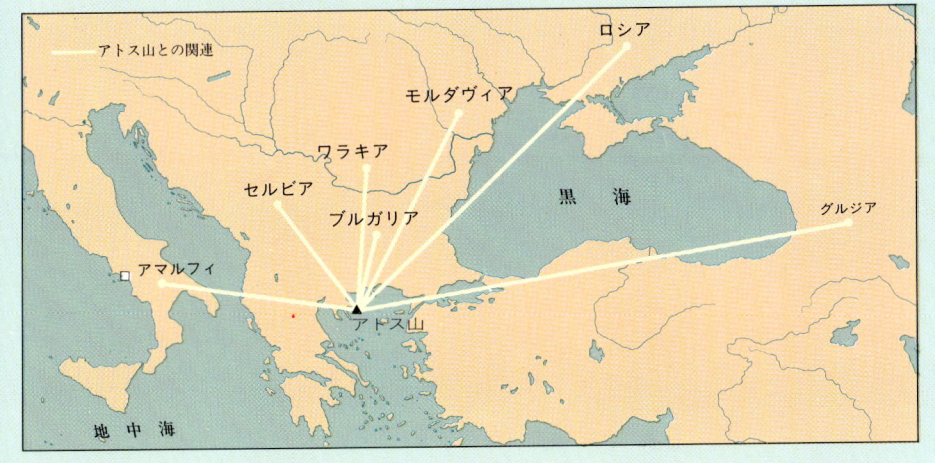

総主教フォティオスの内心にあった上級官吏意識は，さらに明白で，かれは典型的なビザンティン人であった．かれの『聖メトディオス伝』は，モラヴィアへの宣教に従事したいという気持を十分にもっていた人らしく，期待を込めて描写している．そしてかれが何かの宣教事業に実際関心を寄せていたことには疑問の余地がない．その時期には，その事業が文化の端正さや帝国の利益ともぴったり一致していた．ブルガリアのボリス王宛の手紙や，867 年頃ヴァイキングたちの住むロシアへの第 1 回目のビザンティン教会からの宣教の仕事に対してかれが誇りをもっていることがこのことを証明している．しかしかれの蔵書はビザンティン人たるかれが古代ギリシア・ローマに心酔し切っていたことを示す偉大な記念碑の一つであることを思いおこす必要がある．古典学者と古典作家の競争相手たらんとする気持がフォティオスの心中でかれを推進させている原動力だった．フォティオスにとって，知的思想や信心を表現する言語はただ一つしかなく，それはギリシア語であった．著名なチェコ人の学者ヴァリネクはアルメニアの総主教ザカリオスに宛てたフォティオスの手紙に注目している．その手紙のなかでかれは，ギリシア語が信仰を広めるために神によって選ばれた唯一の言語だとしている．すなわち「われわれの主がその御父の許へ昇天されたとき，神は預言の伝統を聖なる使徒に委ね，かれらがそれをギリシア世界に広め，そしてギリシア世界を通じてすべての異教の国々にそれを広めるよう命じた」のである．聖パウロの書簡に関するフォティオスの注釈のなかで，フォティオスは，正確に概念を伝える際の言葉の役割について論じている．ギリシア語が正確な意思伝達の手段であるとフォティオスが決めてかかっていることは，それをかれがいっていないためにそれだけ一層説得力がある．

東方教会

　ビザンティン帝国の文学作品には文化的排他主義が行きわたっている．それらの作品のなかで外国人の名前はたいてい，かれらが帝国を攻撃したり，さもなくば帝国をおびやかしたときにだけあげられるのである．攻撃・脅迫といった行為は「野蛮人」がやりそうな行為であった．こんな行為が行われたときですら，外国人がかれらの当時の現実の名前によって言及されることはめったになかった．そうでなくて，かれらは古代ローマ帝国への脅威となったかれらの先駆者の名前で美的に表現されている．このようにしてノルマン人は「ケルト人」として，北方大草原地帯の遊牧民族は「スキタイ人」として，東洋の敵は「ペルシア人」として，変名で記述されている．ドナウ川でのヴァイキングのルス族に対する軍事行動に関するある10世紀の証人の描写は，これらヴァイキングが戦った実際の軍事行動の詳細を語るというよりも，むしろ本筋からそれて，かれらの習慣や信仰の一部が，古代スキタイ人のそれに似ていることに関心を示している．用心深い人ならこういった記述はすべて，ただ単に古典の伝承を好む強い傾向を示しているにすぎないというかもしれないが，確かにこれにはそれ以上の意味がある．ビザンティン人はかれらのこの時代の出来事にかれらの儀式的・外交的儀礼もまたもっていたような「思わせ振りの」雰囲気を与えた．ある見方では，ビザンティンの知識階級にとって重大なことは何世紀ものあいだ何もおこらなかったし，また帝国の境界線，実は都市の境界線，の外ではまったく何もおこりえなかった．

　そこで公式のビザンティンのイデオロギーのなかには「使徒時代の」また「普遍救済論者の」理想が誇示されていたが，それらの理想はビザンティンの統治者が政策を決定する際に，重要な要因になったり影響を与えたりすることはなかった．優勢な文化の潮流が国の内部に向かって，宮廷や首都へと流れ込み，そして逆に古典古代のキリスト教の「あら筋」をよりどころにした．世界に挑み，外に伸びていき，野蛮人を教化したり，野蛮人の習慣をビザンティン人自身のものに移植する底力はほとんどなかった．事実「法律をもたない弱小民族」に対するビザンティン人の公的関心は，戦略上の配慮の域を越えることはめったになかった．

修道士と宣教団

ビザンティンの宮廷文化は内省的性格をもっていたが，ビザンティン諸皇帝は，キリスト教への改宗によって地上ならびに天上における神からの祝福を受けたいと望む他国の支配者たちの発意には積極的に応えた．宣教団が遠くモラヴィアや下ヴォルガの原野にまで送られた．帝国内部ではギリシアの奥地のスラヴ人たちが宣教活動という手段でビザンティン社会の中に同化されていった．修道士たちは最も献身的な宣教師だった．あるものは異教徒の改宗を目指して皇帝から派遣された．あるものはみずから決意して伝道に出かけていった．物質的な係累なしに各地を歩くことは，東方修道制の栄光であると同時に命取りとなった．遍歴伝道は戒律を解体してしまったが，しかしまた遍歴の聖者たちは人々の霊魂に訴える「随時宣教者」として働くことができた．ギリシア正教会やアルメニア教会の遍歴修道士たちは，それぞれスラヴ人の土地を通りぬけて，西方ラテン世界の奥深くまで巡歴した．

東方教会

地名・地域

- バルト海
- ロシア
- エルベ川
- オーデル川
- ヴィスワ川
- プリピャティ川
- ヴォルガ川
- プラハ
- サーザヴァ
- モラビア
- ドニエプル川
- ハザル族
- ウラディミル、"聖山"修道院
- キエフ、洞窟の修道院
- ドニエストル川
- c.860-70
- c.988
- c.920
- アラン族
- ヴィシェグラード・サン・アンドリウス
- ヴェスプレーム、神の御母の修道院
- ティハニ、洞窟の修道院
- ベンテレ（パンテレイモン）
- マジャール族
- オロズラモシュ
- マロスヴァル 洗礼者聖ヨハネ修道院
- ツムタラカン
- サーヴァ川
- ドラーヴァ川
- ヴェネツィア
- パドリローネ
- ポー川
- ヴィディン 863
- ベルグラード シルミウム、サヴァセントデメテル
- ドナウ川
- ドリストラ
- プレスラフ
- ケルソン
- 860
- c.910
- 黒海
- ナレンタン
- ラーシュ ニーシュ
- c.952
- セルビア リブリャン ブルガリア
- プリズレン c.860-80
- ソフィア
- ローマ
- グロッタフェラータ
- モンテ・カッシーノ
- スコピエ
- リラ
- フィリッポポリス
- 864-65
- 870
- コンスタンティノープル
- アルメニア
- アマルフィ
- ディラキウム
- オフリド
- プレスパ テッサロニカ
- アトス山
- オリンパス山
- バティリオン・サンタ・マリア
- ロッサーノ
- c.870-90
- ラトモス山
- キプロス島
- アンティオキア
- シチリア島
- シラクサ
- ペロポネソス
- クレタ島
- 地中海
- イェルサレム
- アレクサンドリア
- ナイル川
- 聖カタリナ修道院

45

西方教会

ローマの滅亡とキリスト教の存続

　西ローマ帝国の滅亡によって多数のキリスト教徒は，この世の終りが切迫しており，しかもそれは信仰にとって大変な緊急事態に際してやってくるという意識をいだいた．トゥールの司教グレゴリウス（540頃生誕）は，かれの時代に至るまでの『フランク人の歴史』を書いたが，そのなかでかれは「教会は異教徒に攻撃されつづけ，かつては人々の心に赤々と燃えていたキリストへの信仰は，明滅するかすかな光になってしまっている」と述べている．かれは二つのことを示す記録を残すことが最も重要であると信じた．その一つは正統派の信仰についての明確な記述であり，もう一つは，この世のはじまりにさかのぼる年代記であるが，これは近時のできごとを神の計画のなかでそれらがあるべき場所に置き，「この世の終りが近づいているにもかかわらず勇気がくじけてしまう者」を支えるためのものであった．

　信仰に対する脅威は，帝国に侵入をつづけていた蛮人たちのあいだで二つの形であらわれたようだ．アリウスを信奉している者がいたが，かれらが勝利を収めたことは，カトリッ

右　この11世紀中葉の板絵には、洗礼者ヨハネの像の両脇に手を上げている2人のフランク人の貴族が描かれている。聖ヨハネは神の小羊をかたどった絵を手にもち、それを指さしている。貴族の手は、かれらがキリスト教信仰を受け入れたことと、異教から改宗したことを示し、祝福を受けているかのようなしぐさをしている。

クのキリスト教徒の目には、正統派の信仰が曲解されたものと映ったであろう。一方、異教徒たちは、かれらが征服した土地でキリスト教を完全に絶滅させると脅迫したのである。

コンスタンティヌス帝以来、キリスト教は帝国公認の宗教であったが、その支配力は外辺地域では微力であった。帝国もキリスト教もこれまでにライン川を越えて進出したことがなかった。西方では、北部ガリア地方やイングランドやアイルランドにおいて、キリスト教に改宗する者が若干いたが、イングランドのキリスト教は、侵入してくるサクソン族がブリトン族をウェールズやストラスクライドへ追い込んでくるにつれて、深刻な苦痛を受けたようである。ガリア地方ではキリスト教徒住民は、退却することなく、その征服者の下で最初は不安定に怯えながら踏み止まった。この状況をトゥールのグレゴリウスがつぎのように記している。「父親たちは神に仕える司教を尊敬し、司教たちのいうことに耳を傾けたが、その息子たちは司教たちの言葉を聞こうとしないばかりか、かれらを迫害することすらあった。父親たちは修道院や教会を豊かにするために寄付をしたが、息子たちは修道院や教会を荒れるにまかせた。」

しかし異教徒たちは、ある場合には改宗を拒まなかった。それは、たとえば、戦争をする際に、キリスト教徒の神は、正当な戦争理由をもっている人々にとって強力な味方になってくれるということをかれらが納得できる場合である。早くも5世紀末にはフランク族の支配者クロヴィスの王妃はキリスト教徒になっていたので、「王に真の神を受け入れ、偶像を捨てるように迫ることをやめなかった」のである。しかし王妃の言葉はクロヴィスがアラマン族との戦いに巻き込まれるまで効果はなかった。この戦いでクロヴィスは大きな損害をこうむった。「王は眼前の出来事を直視して、良心の呵責にさいなまれた」のであった。クロヴィスはキリスト教の神がかれに対して立腹しているのだと信じた。かれはコンスタンティヌス帝が2世紀ほど前に行ったのと大体同じように、キリストに懇願した。かれはもし自分が戦いに勝てば、洗礼を受けますといった。勝利がつづき、王ばかりでなく3000人以上のかれの兵士も洗礼を受けた。これはおそらく496年のことである。その原動力はコンスタンティヌスの改宗をもたらしたものと同一のものであった。その政治的影響は、西方のキリスト教の存続のために、コンスタンティヌスが生き残ることが帝国内でのキリスト教の立場のために重要であったのとほぼ同じくらい重要であった。

異教徒による征服はしばしば残忍であった。しかし、改宗した異教徒の支配者たちは、かれらが採択した信仰の基盤に興味をいだいた。トゥールのグレゴリウスは、シルペリック王が570年代後半に「三位一体に関する論文を書いた」様子を述べている。シルペリック王は三位一体を唯一の神として、つまり御父は御子と同一であり、御子はまた御父と同一であり、聖霊は御父と御子と同一であると理解すべきだと述べた。かれには神が普通人のように「人」と呼ばれることは不適当だと思えた。グレゴリウス自身はシルペリック王に、王の所説はありえないことだと説明しようとした。御子のみが肉体をそなえており、それゆえ御子は御父と同一であるはずがないというのである。グレゴリウスはシルペリック王に「人」という語が、宗教的な意味で用いられていることを認識してもらいたかった。しかしシルペリックはひどく怒り、もっと賢い人間と話し合おうといった。

征服者がアリウス主義であったところでは、カトリック教徒に対するかれらの態度は時に暴力的であった。グレゴリウスはヴァンダル族の王トラサムントがいかにしてキリスト教徒への迫害をはじめたか、また「いかにして王が拷問やさまざまな形の殺害によって、強制的にスペイン全体を邪悪なアリウス主義の宗派に加わらせようとしたか」について述べている。

西方教会

おそらく征服の最も一般的な影響は、グレゴリウスがその著書『フランク人の歴史』の冒頭で言及しているものであり、それは古いローマの制度が文化的にも行政的にも衰退したということであった。ガリア地方にはローマ以来の教養人がいた。グレゴリウス自身がそうであったし、同時代の人々のなかにヴェナンティウス・フォルトゥナトゥスがいた。この人は博学なガリア人の司教で、詩人でもあった。かれは帝国のラヴェンナで教育を受け、フランク王国の宮廷でローマ文化の中心人物となった。しかしこういった人々はごくわずかで、さらに少数になりつつあった。帝国のキリスト教は、大幅にローマのキリスト教となっていたが、古い基準がこのように衰退し、文物のなかからローマの香りが消えてしまったことは、帝国のキリスト教が、教義上もしくは運営上ではなく、文化的もしくは政治的に、それまで当然のこととされていた前提を変更せざるをえなかったことを意味していた。

侵略・移住・宣教

異邦人のところに出かけていき、かれらをキリストへの信仰に改宗させようという聖パウロの決心は、キリスト教の歴史における決定的な要点の一つであった。ローマ帝国内では、ローマが存続するかぎり、信仰をさらに広めるのを助長する状況があった。キリスト教徒の兵士たちは、帝国の隅々までかれらの信仰を伝えた。帝国が崩壊し、多くのキリスト教徒が退去し、逃げ出したり、姿を消したりするにつれて、なにかもっと意図的な工夫が必要となった。600年には、ヨーロッパは現在ベルギーとなっている地域からバルカン諸国に至るまで、異教徒が支配していた。しかし、しばらくすると救済工作が効を奏して修復が行われ、修復が新しい事業となり、そして新しいものが廃墟から生まれはじめた。キリスト教は地中海の宗教からヨーロッパの宗教へとゆっくりとその姿を変えていきつつあったのである。

この変身は、時には自然にできあがったが、ある時は宣教師たちによって慎重に画策された。いくつかの事例から、征服された土地のキリスト教徒たちが、いかにして異教徒であ

左　6世紀後半のカトリック教徒・異端者・蛮族
地図は6世紀のキリスト教化されたローマ帝国のなかにアリウス派がどの程度まで浸透していたかを示している。東ゴート族やロンバルド族の侵入は、ローマ帝国のなかでも軍事戦略上もっとも弱い部分を貫通することができた。その結果、征服された部族は必ずしも、個人としてアリウス派の信仰に改宗したわけではなかったという意味で、宗教的というよりはむしろ政治的な色彩の変化が見られた。フランク王国がもう一つの問題であった。ここではケルト人の住む土地でそうであったように、キリスト教は人々の生活のなかに実際今までとは違った、献身的生き方を導入した。

西方教会

る異民族を改宗させ，かれらに聖職者組織や信徒管理の技量を教えるという利益を伝授することができたかがわかる．宣教団のなかの司教もまた部族の裁判所の長老たちと同席し，かれらが部族の慣習を成文化された法典に改め，その法典をキリスト教の共同体の必要条件に合うように変える手助けをした．

大教皇グレゴリウスは，キリスト教世界の端々の地域でキリスト教が生き残り，さらには拡がるのを確実にすることに積極的な関心を寄せた．かれは帝国から最も離れた所から買われてきた奴隷たちの福祉に司牧者としての関心の目を向けていた．ローマ教皇から任務を受けてガリアに派遣されることになっていた司祭カンディドゥスへの手紙のなかで，教皇はイングランド人の少年奴隷を買い戻すよう指示した．それはこの少年たちがその身を神に捧げ，修道院で養育されるためだった．そうしなければそのような少年たちは異教徒となり，受洗しないだろうということをグレゴリウスは考えたからである．そこで教皇はカンディドゥスに，少年たちが修道院に引き取られる前に病気になったら，すぐに洗礼を受け，魂の救済が確保されるように，かれらの傍に司祭がいつもいるようにとカンディドゥスに命じている．

この手紙を書いた翌年 596 年に，グレゴリウスは 40 人の修道士からなる一行を，イタリアからローヌ川渓谷をさかのぼり，トゥール，パリ，そしてイングランドへの旅に派遣した．グレゴリウスは一行の指導者としてアウグスティヌスを選んだ．アウグスティヌスはメッセン司教の司教館庁すなわちファミリアで訓練を受けた人物で，グレゴリウス自身がアウグスティヌスにその任務の要領を十分に示したのであった．かれはアウグスティヌスらを激励し，支援する手紙のなかで「困難な旅や人々のよこしまな言葉で君たちが挫けることがないように」と書いた．「わたしはあなたたちのすぐ側で働くことはできないが，ぜひそうしたいと願っているので，あなたたちが得る報いの喜びに一緒に与かろう」とも書いている．

イングランドの教会

教皇グレゴリウスの布教の意図は，とくに司牧にあった．かれは帝国内の異教徒たちが罪の状態に留まっていることを望まなかった．しかしその布教活動は穏やかで強引ではなかった．ベーダはかれの著書『教会史』のなかでケント王エセルベルトがアウグスティヌスの一行を友好的な心構えで受け入れた様子を描写しているが，エセルベルトがそうしたのはかれの妻ベルタがフランク人でパリのメロヴィング王家の王女であり，キリスト教徒だったからである．ベルタは宮廷に司教を配属させていたが，その司教は彼女の両親から彼女を支援する目的で送られた人物だった．アウグスティヌスとその一行は住む場所を与えられ，そこで「かれらは使徒たちを模倣した生活をしはじめた．かれらは絶えず祈りや祝日前夜祭（ヴィジル）や断食に励んでいた．かれらはできるかぎり多くの人々に生命の言葉を説いて回った．」一部の人は「質素で純潔な暮し方と天国についての教えの甘美さ」というかれらが示す手本に大いに感銘を受け，洗礼を受けた．エセルベルト王もこのようにして改宗した．

イングランドの新しい教会は，その礼拝の基盤として一つの典礼様式を必要とした．グレゴリウスはアウグスティヌスに，ガリア教会の礼拝形式やかれが知っている他のすべての形式のなかから，かれがイングランド人が用いるのに最もふさわしいと考える要素を選択してくれてはどうかと提案した．アウグスティヌスはそういった要素を徐々に導入し，「イングランド人をそれらにだんだん馴染ませる」つもりだった．キリスト教の慣習を徐々に取り入れようというこの方針は，かつての異教の寺院を教会として使用したり，ある儀式を別の儀式の代りに用いるということにまで拡張された．イングランドにある寺院を破壊すべきではないとグレゴリウスはアウグスティヌスに書き送った．「寺院内の偶像は破壊しなさい．しかし寺院は聖水で清め，寺院のなかに据えられている遺物を用いて祭壇を作りなさい．そうすれば人々はそれだけ一層喜んでそのような馴染みのある場所に足繁く通うことができるだろう．そしてかれらの心から誤謬を取り除いて，真の神を知り崇めるようになるだろう．またかれらは悪魔に捧げ物をすることに慣らされているので，奉納式の日や，遺骨がその地に納められている聖なる殉教者の誕生日のような場合には，なにか他の儀式を代用するようにしなさい．かれらにもうこれ以上悪魔に犠牲の動物を捧げることをさせないで，神の栄光を祝して食するために牛を殺し，食料としてのすべての贈物の送り主なる神に，感謝させなさい．もしかれらの外面的な信仰の逸脱についてはいくらか大目にみてやるならば，かれらは神の恩寵の内面的な慰めを受けるのがそれだけ一層容易になるだろう．というのは，かれらの頑固な頭からすべてのものを一挙に消し去ることは間違いなく不可能であるからです．」

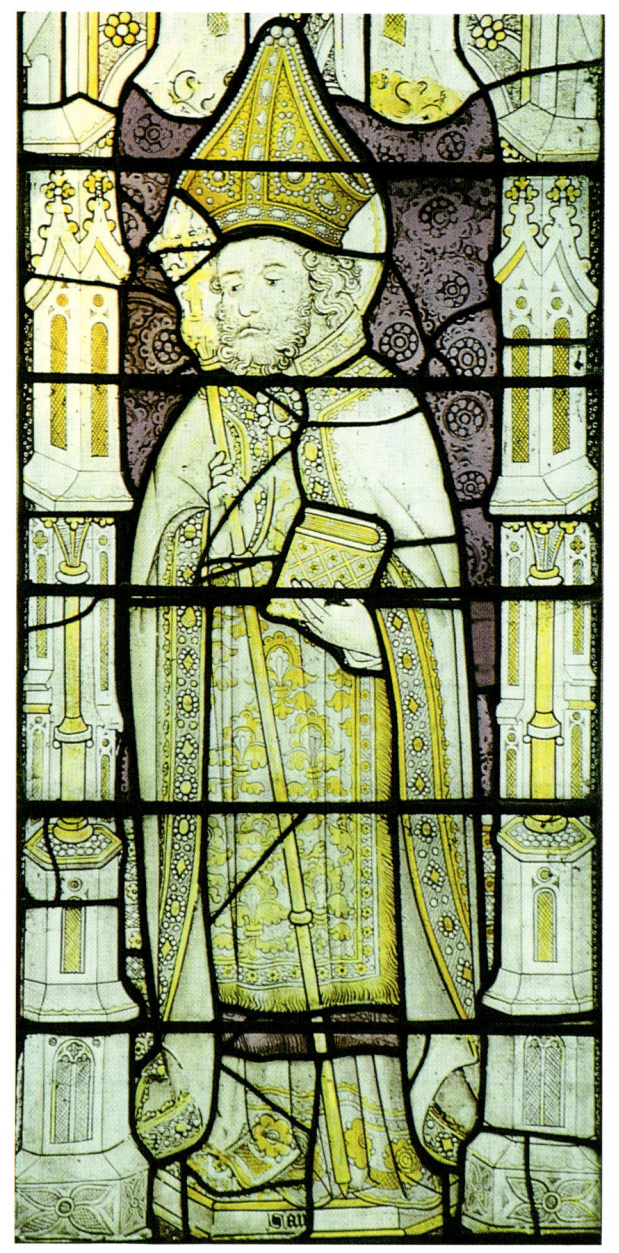

グレゴリウスはカンタベリーにあるクライストチャーチのアウグスティヌスの司教館のなかのさらに小規模な修道会に属する若い聖職者たちに，もしかれらが望むならば結婚することを許すようアウグスティヌスを励ました．この計画はイングランドのキリスト教徒がその宗教を独力で維持することができるように，司教館に住む地元出身の聖職者を通常のロ

左　15世紀がとらえたカンタベリーのアウグスティヌス（604年または605年没）像．ケント州ストウティング市にある聖マリア教会のステンドグラスに描かれている．アウグスティヌスは，アングロ・サクソン族をキリスト教徒に改宗させるために，大教皇グレゴリウスによって派遣された宣教師団を率いていた．このガラス絵のなかのかれは，中世後期の司教の祭服を身に着けた穏和な姿に描かれているが，宣教そのものはかなり勇気のいる仕事であり，精力的な開拓精神が要求された．アウグスティヌスは学者というよりは明らかに実務家であったらしいが，土地の異教的な偏見に知性と感性と常識をもってうまく対応した．

右　ケルト人のキリスト教徒たちは高度の典雅さと知的教養をもつ芸術を発展させた．リンディスファーン版福音書（696-98年頃）から抜粋したこの頁は，福音史家聖マルコを示している．かれはシンボルであるライオンを頭上にしながら執筆中である．ライオンは下の人物と同様に，述べ伝えようとしている御言葉と福音そのものとを示すためにトランペットを吹いている．象徴的意味は単純明快であるが力強く，線と野獣との組み合せはケルト的表現の特徴でもある．

上　大グレゴリウス（540-604頃）の残存しているもので，最も初期のものとして知られているこの肖像画は7世紀に描かれた．ヒエロニムス（342-420頃）が左に，ヒッポのアウグスティヌス（354-430）が中央にいる．この2人にグレゴリウスが加えられたのは初代教会がかれの著作を教父に価すると早期より認めていたことを示すものとして注目される．

西方教会

imago leonis

ŌAGI
HĀ
R

US
CUS

西方教会

西方教会

上 この素晴らしい象牙色の表紙(870年頃)は、シャルル禿頭王の祈禱書のものと思われるが、主の家に入ろうとしている詩編作者ダビデを示している。神の御手が上の雲からあらわれ、下には元気のよい軍隊がはしゃいでいる。様式・機知・図像主題は同時代のフランク人の細密画法を反映している。

左 7世紀から10世紀の侵入・移動・宣教

キリスト教宣教師団の動きは、概して北・東・南からのヨーロッパへの侵入者の動きに対応している。アイルランドからケルト人宣教師たちが、ウェールズやスコットランドやヨーロッパ本土に入ってきた。北イングランドからは宣教師たちが、低地地方とスカンディナヴィアへ入っていった。中央ヨーロッパの大修道院やその他の中心地からの宣教師たちは、侵入者たちをものともせず東へ向かった。ローマからもまた、マジャール人の土地やビザンティン領土に入ろうとする東への動きが見られた。イスラム教徒たちは南で、大体、煩わされずに放って置かれた。西側のキリスト教徒たちの努力の大半は北ヨーロッパの改宗に向けられた。

ーマ的なやり方で教育するためのものであった。

イングランドを改宗させようとしたのはアウグスティヌスだけではなかった。アイルランド出身のケルト人の修道士たちがそれよりかなり早い時期から活動をはじめていた。アイルランドは5世紀にパラディウスとパトリックによって国が改宗して以来、そのキリスト教を保持してきていた。他からの侵略を受けて妨害されることはなかったが、アイルランド人は孤立するどころかむしろコプト教会やギリシア世界と接触を保っていた。アイルランドの伝統はこの世での生活は天国への旅だという考えをとくに強調していた。イングランド北部を改宗させた修道士たちは、巡礼者の精神をもって航海に出た。そして神がかれらを上陸させた場所で説教した。

ノーサンブリアのオスワルドはアイオナのアイルランド系ケルト人の修道院で洗礼を受け、教育を受けたのであるが、635年にノーサンブリアを取り戻したとき、エイダンの指導下にあったリンディスファーン修道院は、北部に住むケルト人のキリスト教の中心地となった。エイダン自身は、その人生の多くをノーサンブリアを説教して回る旅に費した。ノーサンブリアでは人々はアイルランドの習慣に従った。つまりアイルランド式の写本彩色を真似た、後方に祭壇用の空間があるケルト式の小規模で長方形の教会は、南ヨーロッパのバジリカ式建築の教会よりも建築が容易であった。これらがずっと後のイングランドの教会建築の様式を決定した。

アウグスティヌスが率いる修道士団とケルト人のキリスト教徒との間で、復活祭の日付や聖職者の剃髪の形について緊張関係が生じた。「ローマ派」はアイルランドの聖職叙任式の正統性を認めることを快しとしなかった。7世紀中葉までに和解が必要不可欠となった。664年にオズウィ王はウィットビーで宗教会議を招集した。かれはその問題についての両者の言い分を聴き、ローマ派が正しいという結論を下し、結果的にローマ側の勝利となった。ケルトの伝統をもつ部族の修道院の司教たちは、司教区を部族によってではなく、地理的に分割する原則に基づいて選ばれた大陸出身の司教に取って代わられた。5年後にギリシア人の修道士テオドロスがローマから到着し、カンタベリーの大司教に就任した。かれはアフリカ人の修道士ハドリアヌスを連れてきたが、ハドリアヌスはカンタベリーのアウグスティヌス修道院の修道院長となった。テオドロスはイングランドを旅して回り、諸王を訪問し、司教たちを自分の支配下においた。かれは、ヨーク司教ウィルフリッドとリッチフィールド司教ケアッダの支配下にまとめられていたイングランドの司教区を再編成した。ヨークとカンタベリーという二つの司教区に区分することは735年になって初めて確立した。

ドイツの改宗

ドイツの改宗は主としてイングランドからきた宣教師たちによって達成された。ヨーク司教ウィルフリッドがかれの司教区の区分に反対の訴えをするためにローマに向けて渡航中、かれはフリースランドの海岸で難船し、そこで説教しながらその冬を過した。ノーサンブリア出身のもう一人の修道士ウィリブロードによってさらに多くの改宗が行われた。かれはこれより先にアイルランドを訪れ、そこで宣教の熱意に煽られ、この熱意によってこのアイルランド人はイングランドにやってきたのであった。そしてそこから司祭エグベルトによってヨーロッパ大陸に送られた。このエグベルトについてベーダはつぎのように評している。かれは「天の祖国に辿りつけるようにアイルランドで流浪の生活を送っている。」そしてエグベルト自身も宣教師になって神の御ことばを聞いたことのない国々の人たちに「それを伝える使徒としての仕事」を実行しようと計画していた。またベーダはつぎのようにも述べている。「ドイツには非常に多くの民族がいて、現在ブリタニアに住んでいるアングル人とサクソン人はそこの出身であり、ドイツにはいまだに異教の儀式を実行している他の多くの民族がいること」をエグベルトは知っていた。かれは「神からの啓示と介入によって」、みずから宣教にいくことはさせてもらえなかった。

ウィリブロードとかれの一行は到着すると、フランク人の主権者を訪問した。その主権者はかれらを快く受け入れ、かれらが妨害を受けずに説教できるように、王者の権限によってかれらに援助を与えた。ウィリブロードの協力者のうちにボニファティウスがいた。かれは子供の頃から修道院に身を置く献身者であったが、宣教師になるために30歳を越えてから司祭に叙任された。722年にかれはウィリブロードの許を去り、ヘッセやトゥリンギアを訪れた。その地でかれはキリスト教に非常に多くの人々を改宗させた。次にかれは教皇グレゴリウス2世に従順を誓うために、またかれが改宗に導いた者のなかから司祭を任命できるよう、かれ自身は教皇より司教位を受けるために、ローマに向けて旅立った。グレゴリウス2世やシャルル・マルテルやその息子小ペパンの保護を受けて、ボニファティウスはサクソン人やフランク人の教会へとさらに歩みをつづけ、そこで説教し、修道院を設立し、フランク人のキリスト教徒の素行がたるんでしまっているところでは改善を迫った。

754年にかれは異教徒の一団の手にかかって死亡した。かれは小ペパンの心に宣教が重要であるという考えを植え付けたが、ペパンは武力による改宗を続けた。

東方世界と西方世界の乖離

　西方世界ではローマ帝国滅亡後，大きな諸変化を調整しなければならなかった．東方世界では過去とのこのような直接的断絶は見られなかった．オフリドのテオフュラクトス（大主教1090頃—1125在位）がおそらく，多くの狂信的ではなく信仰の篤い東方の聖職者の代表的人物であろう．かれは自分が初代教会の継承者であり，しかもその直系の子孫であると認識し，また「教会」という用語を漫然と使用しているなどの点で異色である（かれはこの「教会」という言葉を大主教座，コリントのような諸民族や諸都市，についても無差別に使用している）．テオフュラクトスが何にもまして訴えているのは，積年の慣習や使徒的伝統の継承である．穏やかな調子と，全般的に謙遜と寛容を望んでいたにもかかわらず，テオフュラクトスは断固とした姿勢で初代教会の慣習と精神に従うことを主張している．敬虔なビザンティン人にとっては，初代教会は，たとえ教会が皇帝を受け入れる余地をそれまでもっていなかったにしても，わかりやすくて身近なものに思えた．あまりに明白で，われわれはしばしばこれらのものを見過しがちだが，地理的条件や言語の問題といった単純なことが，この状況の背後にあった．

　新約聖書は，教養あるビザンティン人なら誰でも理解できるギリシア語で書かれていた．また聖パウロの書簡の受取人の大部分はビザンティン世界，つまりテサロニケ，コリント，エフェソス，フィリッピ，コロサイに住んでいた．これらの場所やその他の場所は，12使徒の活動の多くの舞台となった．ビザンティン人にとって，伝統は最初の奇跡の時代やヨハネ黙示録の時代につながる命綱を意味していた．ヨハネ黙示録は聖ヨハネによってパトモス島で書かれたものであるが，この島に1088年修道士クリストドウロスが御言葉の聖ヨハネ修道院を建てた．伝統は真理への鍵を保持していた．西方世界における変化や革新が，使徒たちが馴染んでいた慣習や，全教会会議（公会議）で教父たちによって定められた教義から，人を切り離すことになった．したがって，東方のキリスト教徒にとって，西方世界に起きた変化は初代教会からの分離を意味していた．

教会における権威：東方世界と西方世界の場合

　東方世界でも西方世界でも同様に，キリスト教はまず町や都市に定着し，その後ようやく地方に根づいた．5世紀のなかばまでに，都市に住むキリスト教徒の集団が司教を長として戴き，聖職者を司教の教会家族（ファミリア）とすることが一般的になった．このファミリアはローマ貴族の家庭を模範としていた．そのなかで司教区の司祭や助祭が訓練を受けた．かれらの仕事はその都市自体と周辺の一部の領域に及んでいた．それは通常イタリアの小規模な地域，多数の都市が密集している東方の地域，都市がほとんど存在しない西方のもっと広大な地域であった．司教区が各地方で編成され，首都司教がその全体を管理することがすでに通常のこととなっていた．

　この仕組みのなかで司教たちはみずからの管轄下にある聖職者や教区民に権威を行使した．ある司教区の長が空席になると，司教をなくした聖職者，貴族，一般信徒によって新司教が選出され，関係大都市の司教がその選出を監督した．またその大都市の司教は地方の司教会議を招集し，これらの司教会議で首都司教とその部下たる司教団は，局地的に障害を引き起こしている教義の問題点や規律に関する諸問題を論議し，その後首都司教が裁定を下した．そのような裁定，つまり司教会議や教会会議の定めた「教義規準」が基準となり，教会管理の規則が決まった．

　これらの地方の単位が他の地方のキリスト教徒の単位と一体となることは最も重要なことであった．そうなれば教会は一つのままに留まり，分割されることがなかった．これは部分的にはさらに高度のレベルでの統一，つまり地方を総大司教区の管轄化に置くことによって達成された．総大司教たちは，使徒たちが説教して回ったきわめて重要な世界中の諸都市にその管区を保持していた．そういった都市は東方ではアンティオキア，イェルサレム，アレクサンドリア，西方ではローマ，さらに帝国におけるその立場から，新ローマとしての資格を与えられたコンスタンティノーブルなどであった．キリスト教徒が台頭してきた最初の数世紀のあいだ，全体会議が開催されていたが，それは統一を維持し，教義に関する諸問題について明確な公式表明に到達する助けになった．

　教会はまず第一に地方共同体の集合体として留まり自らを治めたが，統一性を維持しようとすれば中央集権化へと傾く必要が生じ，それは同時に教会のなかに中心となる唯一の権威が出現するのを助長しがちであった．西方世界では当然のことながら，ローマ司教が指導者として，つまり，西方の唯一の使徒継承の司教区の長としてあらわれた．概していえば東方の司教区の聖職者たちは，なにか特別の権威を旧帝国の首都の占有者かつ教義や教会の規律に対する長年のはっきりした権威者としてのローマ司教に認める心構えができていた．しかしかれらは皇帝によって統轄される全キリスト教会会議（公会議）を最高の組織，すなわち全教会の代表と見なした．公会議のみが教義を宣言し，教会にとってとりわけ重要な他の諸問題を調整する権限も与えられていた．これまでの七つの公会議がそれに該当し，この会議に5人の総大司教全員，あるいはかれらの代表全権大使が出席していた．787年の第7回公会議で聖画像破壊主義は否定され，異端説として排斥されていた．

　少なくとも9世紀以降，東方世界の聖職者たちは，教会を「5頭連合」とする概念に対して熱意を示した．団体として行動しながら，この5人の総主教は真の信仰を守り，重要な論争が生じたとき，再定義を申し出ることができた．この理想の提唱者のなかで傑出していたのは総主教ニケフォロス1世（806—15在位）とコンスタンティノープルのストゥディオン修道院の修道院長テオドロスであった．かれらと教義との関係は，聖画像破壊主義者による論争によって，活気のあるものとなった．そしてとくにテオドロスは，皇帝の政策に不満を感じたとき，ローマ教皇に判断を求める用意があることがわかった．しかしテオドロスですらローマ教皇を上級大司教以上のものとは見なしていなかった．しかしローマ教皇には皇帝の強制的権力が及ばなかったため，教皇の言葉にはそれだけ一層重みがあった．テオドロスは繰り返し「5人の頭をもつ教会」に言及した．この表現によってテオドロスは5人の総主教が協力して行動することを明確に述べたのである．どの総主教も真理について意見を独占しないことになっていた．

使徒継承ということ

　ニケフォロスは「団体性」に重きを置いていただけでなく五つの総主教区のすべてが「使徒時代」に起源をもつと決め

パトモス島にある要塞に似た福音史家聖ヨハネ修道院から見た周囲の村の情景．家屋は大体が現代風であるが，伝統的な建て方で建てられている．壁は白く塗られ，窓は小さい．平らな屋根はめったに降らない貴重な雨水を集めるのに役立つ．修道院は1088年クリストドウロスによって建立され，皇帝アレクシオス1世コムネノスから徴税その他の国税の完全免除を受けていた．このような特典がビザンティン帝国の終焉まで歴代の皇帝によって更新され

た．修道院は創設後まもなく図書館で有名になり，その名声は今日までつづいている．1669 年に創設された神学校も，今なお隆盛を誇っている．

承権によるかのごとく，使徒たちから管区を継承するという考え方は，東方教会にとって中心思想ではなかった．ビザンティン教会の多数の著述家たちはオリゲネスの説を信奉した．オリゲネスは本質的には聖ペトロは単に最初の「信徒」にすぎないと主張した．ペトロに倣い信仰に至ることは他の人々にも開かれている道である．そうすればこれらの人々もまた天国への鍵を手にすることが可能であろう．イタリア南部に住む 12 世紀のあるギリシア人著者はつぎのように述べた．「主はペトロとパウロに倣う人々すべてに天国の鍵を与えられる．そのため天国の門は異教徒に対しては閉ざされたままであるが，忠実な信徒は容易に近づくことができる．」他のビザンティンの著者たちは，司教はそれぞれの社会の信仰生活の指導者であり保護者であり，したがって司教職はキリストがペトロに命じた任務を継承している，と見なしていた．キリストが「ペトロを通して天国の誉れある鍵を司教たちに与えた」とするニッサのグレゴリオスの見解を，幾時代にもわたって多数のビザンティン人が共有してきた．12 世紀にメトネのニコラオスは司教制度の「恵み」について書物を著した．その恵みは，司教叙任に際してある人物に授けられると，その後は，たとえその人が司教職を辞しても，かれの許に留まるものだ，とこの著者は主張した．ニコラオスの主張は使徒伝承という概念に基づいており，この考え方によって司教制度の恵みは世代から世代へと受け継がれた．このような思想はビザンティン末期の数世紀のあいだに反響を及ぼしつづけ，勢力を増しつづけさえした．教会内の権威に関する見解の相違が長期間にわたって実際に存在したが，それは東方教会の教職位階制度はとくに緊密に組み立てられたものではなく，東方の司教の権威はローマ教皇の権威ほどすべてを包含し正確に規定されたものではなかったことを示している．西方教会では，教皇は何世紀にもわたって，教会の究極的権威でありつづけた．みずからの権威をこのように行使した教皇たちの最高峰はグレゴリウス 7 世——かれの改革については後述する——と，インノケンティウス 3 世 (1198–1216 年在位) であった．インノケンティウス 3 世は教皇権を高めるために多大の貢献をし，2 回の十字軍遠征を呼び掛け，南フランスの異端審問制度を創設し，みずからの周辺を法律家たちで固めた独裁者であった．

しかしながら中世後期に西方教会内に一つの動きが生じた．その主張は，教皇権は協議抜きでその権限を行使するのは合法でない，つまり公会議が教会行政や教義決定に未だに必要な部分だということであった．インノケンティウス自身が 1215 年の会議を召集した．その会議の宣言事項は初代公会議のそれと同等の効力をもつものであると思われていた．「公会議首位説」運動は，高位聖職者に聖職位階制度を設け，教皇の直接的権限を制限し，教皇はキリスト教共同体のみならず枢機卿団によって選出されねばならないという 11 世紀に制定された原則を補強するのに大いに役立った．この動きはある特殊な難局つまりリウルバヌス 6 世が 1378 年にかれを選出した枢機卿団の大多数によって否認されるという事態に対応してはじまった．枢機卿団は対立教皇クレメンス 7 世を選出した．この事態は，論議をかもし出す選挙に裁定を下す権能を有する行政組織が教会内に欠如していることを暴露した．この事が緊急の疑問——教会の権威はどこに存在するのか．オッカムがいうように神のすべての民に存在するのか．ローマのアエギディウスがいうように教皇に属するのか．もしくは枢機卿団にあるのか——という問題を提起した．

この論争によって膨大な著作が生み出された．ニコラウス・クザーヌス (1401–64) は公会議が普遍教会の唯一かつ適切な代表であり，全教会を支配すると述べている．公会議はその教令によって教皇を拘束するばかりか，教皇を退位させることもありうる．ジャン・ジェルソン (1363–1429) は公会議を教会のなかの最高権威と見なしている．つまり公会

込んでいた．「教会内で疑念や論争が生じるとき，そういう問題は使徒伝承の権威を戴いている高名な司教たちの同意と承認をえて，公会議によって解決され決定されることが，昔からの教会法である」のであった．これと対照的にローマ教皇権はローマそのものに加えて「使徒伝承管区」としてアンティオキアとアレクサンドリアだけを快く認めた．それはこの両都市もまたこれまで聖ペトロと密接な関係を保ってきていたからであった．

しかしながら使徒伝承という考え，つまり総主教が法定継

議は信者の組織全体を代表するものではなく，全司教団の集合体であるから，例外的な状況，たとえば教皇がみずからの行為によって教会共同体を危険にさらすときには，司教団は教皇を監督し審判することができる，とかれは信じた．教皇権との関連において，枢機卿団を俗権や司教団をも越える教会の最高統治組織にすることを求める人々がこの見解に対抗した．

教会の分裂

東方ギリシアの人にとって，新ローマ（コンスタンティノーブル）の総主教が西方の旧ローマのそれに匹敵する上訴受理権をもつ司法権を行使し，教皇のつぎに名誉ある地位を与えられることは自明の理と思えた．第4回カルケドン公会議(451年)はローマ教皇の使節団不在のままこれに関する決議案を通過させた．公会議決議第28条はコンスタンティノーブルを完全とはいかぬまでもほぼローマと同等の位置に置く妥協的な規定を提案した．「教父たちは旧ローマが帝国の首都であったため，当然旧ローマの玉座に特権を認めた．そして150人の最も信仰篤い主教たち（西暦381年第2回公会議当時）は，教父たちと同じ教えをいだき，新ローマという最も聖なる玉座に旧ローマと同等の特権を与えた．そして当然のことながら新ローマは皇帝や元老院が存在するという名誉を与えられており，旧ローマ帝国と同等の特権を享受しているのであるから，教会の問題においてもまた，現在のままで賛美され，旧ローマの次に位置すべきであると判断した．」この教令は穏やかなものであり，多くのことが不明確なままである．この教令は教皇が聖ペトロの唯一の後継者であるという教皇の要求に何ら言及していない．この決議事項は教皇レオ1世によって拒否されたが，東方教会では依然として有効であった．後にこの二つの指導的立場にある総大司教区のそれぞれの役割に関して全般的に容認できる定則を見付け出す試みがなされた．ローマと東方のあいだのアカキオスの分離（484－518年）の終焉期に「カトリック信仰は使徒座によって侵されることのないように神聖に保たれる」ということが同意された．しかし教義の保護者としての教皇の役割をこのように認識したからといって，公会議が決めた第1条の決議事項でさえ守り抜かれることはなかった．わずか1世代後に，ユスティニアヌスは教会と帝国の「一体化」を宣言し，教義に関する問題においてすら教皇が素直に応諾することを当然のこととして期待した．

最後にして紛れもなく「全キリスト教会的」な会議は787年のニケア公会議であるが，これには五つの総主教区すべての代表使節が出席し，その後批准が行われた．しかし教皇使節団は861年の会議に出席し，この会議でイグナティオスを退位させることと，フォティオスを総主教に選ぶことが確認された．ところが教皇ニコラウス1世はこの使節団を否認し，フォティオスを退位させることを公式に発表し，イグナティオスの継続在位主張を支持した．この問題は最初は教会の規則に関する問題であったが，教皇の権威の質やそれが及ぶ範囲についての論争にまで発展した．総主教フォティオスは西方教会を礼拝式における誤謬のかどで非難し，さらに西方教会が用いるニケア信条のなかに「フィリオクェ＝そして御子より」の1節を用いるのは是認できない異教的な追加物だとして責めた．フォティオスが書いた回覧書簡は，この「フィリオクェ」に特別の注意を払っており，他の東方の総主教たちに送付された．

907年，強力かつ心の曲った総主教ニコラオス(901－07年，912－25年在位)は，皇帝レオ6世が「真っ黒な瞳の」情婦ゾエとの結婚の承認を求めたが，この結婚を公然と非難した．ゾエはレオの男子相続人をすでに生んでいた．レオはゾエと正式に結婚し，その子供を嫡出子にすることを熱望した．しかしながら，これはレオの4度目の結婚となり，ニコラオスはそれの承認を拒んだ．というのは4度目はもちろん，3度目の結婚も教会法に反していたからであった．ニコラオスはある宗教関係のパンフレットにつぎのように書いた．――「立法者すなわち皇帝が，自分が作った法律が規定していることをみずから先頭にたって馬鹿にし，その命じるところを軽蔑するとしたら，皇帝が法律を守るよりもむしろ破ることを一般大衆に勧めることになるのは明白ではなかろうか．」こういうわけでレオ6世が，ローマ教皇から受け取った4度目の結婚承認の声明を最も重視し，教会の他の4総主教に支持を求めたのは不思議ではない．

レオがニコラオスに対抗して行動したのは，ローマ教皇から手に入れた結婚許可の特別免状を発出すべく代表団が旧ローマから新ローマへ到着するというニュースを入手したときだった．レオはニコラオスを追放し退位させ，教皇特使がニコラオスの退位とかれの後継者エウテュミオスの就任を確認した．にもかかわらずニコラオスは，この事件の殉教者として登場した．かれは多くの聖職者の支持を受け，912年に総主教に復位した．ビザンティン教会内のニコラオス支持者といまや退位させられたエウテュミオス支持者とのあいだの分裂は920年までつづいたが，この年に「一致の教書」が両派を厳かに和解させ，よく知られている一連の破門によって決着をみた．「聖なる総主教イグナティオス，フォティオス，ステファノス，アントニオスおよびニコラオスに反対して書かれたり，語られたことはすべて，呪われたもの！」となった．皇帝は，道徳問題に関しては教会法によって束縛されることになり，国家理由から要求されるいかなる融通性も認めてもらえなかった．

「一致の教書」はビザンティンの聖職者間の闘争を正式に終結させたが，一方で，その教書の定めた破門は，教皇権が皇帝の3度目および4度目の結婚に与えた特別免除とは矛盾していた．教皇の名前は912年にニコラオスが総主教に復位して以来，コンスタンティノーブルのジプチカ（二つ折板に記された人名簿）には掲載されていなかった．ローマノス1世レカペノスとニコラオスの両者は，ローマと正しい関係を回復することに心を砕いたようであるが，ローマノスは自分の信頼に値しない総大司教に対する均衡勢力を望み，ニコラオ

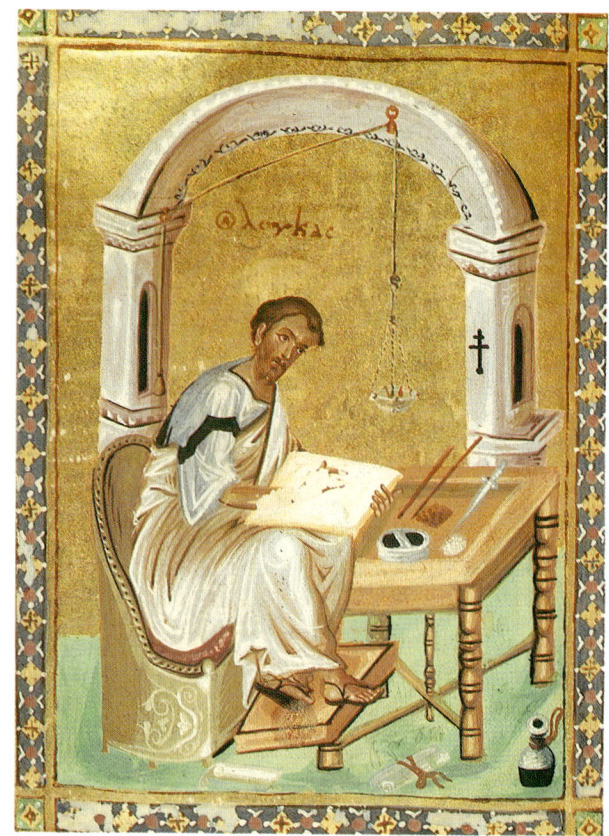

左　聖ルカがランプの光で読書している．10世紀のビザンティン聖書からとった挿絵である．様式は「写実性」を意図していない．画家は机に向かっている人物の表情をとらえることには無頓着で，聖ルカ（あるいは他の使徒たちまたは聖人たち）を，かれの名前を頭上に書くというおまけまでつけて，われわれに馴染みのある姿で描こうとしている．写本の装飾は，4福音書・詩編・教父たちの著作の中の数冊のような，ごく狭い範囲に限られている．なんの装飾もない無地の本でも大層高価であった．

下 キリストのための財布．キリストはコンスタンティノープルの聖ソフィア聖堂と皇后ゾエのあいだに坐っている．このモザイクはコンスタンティノープルの聖ソフィア聖堂のものである．ふくらんだ袋を大事そうに抱いているコンスタンティノスの両手は，1040年代にかれが聖ソフィア聖堂に献上した多額の寄進を思い出させる．かれの敬虔さと寛大さをこのように示威する必要があったのは，かれが相続権によって帝位に就いたのではなく，皇后ゾエが第3の夫としてかれを選んだ事情からだった．元のモザイクはゾエと最初の夫ロマノス3世アルギロス（在位1028–34）を描いていた．後者の姿は削り取られ，新しくコンスタンティノス9世の頭部が取ってかわった．

スは教会内に居座っている狂信的な敵に対して自分の脇を固める必要があったからであった．962年にオットー1世が「皇帝」として教皇の手から戴冠したことから，新たに混乱の種が生じたが，いったんバリを占領し，イタリアにあるビザンティン帝国領の他の部分を侵略しようとみずからの力を発揮すると，オットーはビザンティン貴族に対するかれの初期の要求を快く縮小し，かつ当時の皇帝ヨアンネス1世ツィミスケスの姪テオファノを自分の息子オットー2世の花嫁として受け入れることを喜んで表明した．後にビザンティン政府は，オットーのビザンティン領カラブリアへの侵入や，このサクソン人のローマ皇帝のローマを掌中に入れようとする試みの大きさに不安をいだいた．自分の従兄弟ブルーノを教皇に即位させることによってみずからの支配力を強化しようとするオットー3世の企てを知って，帝国政府には特別な懸念が生じたようである．

しかしながら，ビザンティンの聖職者や観念論者を主として立腹させたのは教皇と皇帝のあいだの関係であった．「コンスタンティヌスの寄進状」に基づく教皇の諸要求は，おそらくビザンティン政府や教会にほとんど何の印象も与えなかった．一方ローマ帝国の後継国家だと自負するビザンティンが「ローマ」皇帝になろうとするサクソニア人の要求を重大な脅威と受け取る必要はまずなかった．それでは，11世紀におけるビザンティンと教皇権の関係悪化の原因は一体何だったのか．その根深い原因は，教皇が司牧する管区において権利や義務に関して教皇の要求が西方世界で徹底的に拡大したことにあったのは当然である．

オットー3世，ハインリッヒ2世，およびハインリッヒ3世といった皇帝の改革の熱意によって，ローマには新しい種類の聖職者が生れた．かれらは（たいていの場合修道士として）アルプス山脈の北側で教育を受け，ロレーヌの諸修道院で，また場合によってはクリュニーの修道院でさらに厳格な規則によって鍛錬され，ローマ教皇庁に修道院生活の基準を強いることに熱心であった．かれらはローマ教皇庁内にいまだにはびこる怠慢や堕落に我慢がならなかった．教皇権とビザンティンの関係をうまく操作するには何らかの世俗的な妥協手段がそれまで必要とされてきた．しかしクリュニーの修道院長オディロンは，オットー2世のビザンティン人の妻テオファノについて，無情な筆を振い，オットー3世が未成年であるあいだ，摂政を勤めた執政官たちと対立して，テオファノとヨハネス・フィラガトゥス，「および他のおべっか使いたち」を巻き込んだ陰謀に関してそれを黒（したがって不正）であるとほのめかした．改革精神に燃えた他の聖職者は，教皇の宮廷でビザンティン政府が賄賂を使うことに不賛成の意を表明し，賄賂は教皇権に堕落を招く影響を及ぼすものと見なした．しかしながら両者が疎遠になる直接的原因は，ローマで使用されていたニケア信経に「フィリオクエ」の1句が導入されていたことであったようだ．

フィリオクエの1句に関する見解の相違

「ニケア」信経はコンスタンティノープル公会議（381年）で修正されたが，聖霊は「御父から」発出するとしている．7世紀中もしくはそれ以前のいずれかの時期に，アウグスティヌスの著述に精通していたスペイン人の聖職者たちが「また御子から」（ラテン語ではフィリオクエ）という語句を付け加えることを好むようになった．この付け加えられた1句はフランキアやゲルマニアのいくつかの地域で採り入れられ，北方の聖職者たちはそれをローマで紹介した．教皇権は積極的にはこの「フィリオクエ」の1句を支持しなかったが，860年代になると，「フィリオクエ」の1句は神学上根拠が薄弱であるとするフォティオスの主張をはねつけた．11世紀の初頭になってようやく，教皇権はニケア信条の増補版を正式に使用しはじめたようである．当時の主導権はドイツ人の聖職者たちが握っていたと思われる．この増補版は1014年，ローマにおけるハインリッヒ2世の皇帝戴冠式で，厳かに唱和された．それはおそらく1009年に教皇セルギウス4世がコンスタンティノープルへ送った信仰の宣言書のなかで，また新任の総大司教たちがかれらの同僚に送った慣例の「相互交換」書簡で用いられたであろう．

1024年になると何かが誤っているという認識が表明されるようになる．コンスタンティノープル総主教が，教皇に書簡を送り，次のような相互確認のための定型文を提案した．それは「ローマ教会が世界中で普遍教会と称され，またそう見なされているごとく，コンスタンティノープル教会は，ローマ司教（教皇）の同意のもとに，みずからの領域内で同様に普遍教会と称され，そう見なされるべし」というものであった．両者の感情を念入りに併存させたこの定型文は，ヨハ

東方世界と西方世界の乖離

ネス19世や教皇庁にとって容認可能なものであった．最も激しく反対したのは，傑出した改革者ベニーニュのギヨームであったようである．かれは教皇ヨハネスに書簡を送り，教皇がみずからの普遍的かつ分割不能な裁治権をやすやすと分割したことに対し，教皇を非難した．そこでヨハネスはこの定型文に対する同意を取り消した．このエピソードは，「フィリオクエ」に関する見解の相違が教会内の裁治権のような諸々の他の争点をまもなく再開させ，コンスタンティノーブルが当時それらの問題を糊塗しようと努力していたことを示唆している．コンスタンティノーブルの総主教が提案した定型文ならば，おそらくそれはニケア信経の「フィリオクエ」句の正当性に関して見解を異にすることに対する暗黙の同意を含んでいたのであろう．これに対する反対がローマの聖職者たちからではなく，北方の聖職者たちから生じたことは意味深い．北方の聖職者たちはこの定型文を目にしたとき，明確性と真実性に熱意を燃やし，妥協政策や長年の因習を大事にするやり方に我慢がならなかった．このような政策や因習をかれらは堕落だと考えていた．

1020年代以降ビザンティン側がローマとの一致に向けて周知の手段を講じなかったとしたら，それは相互交流が困難であった結果だという可能性はほとんどない．というのはハンガリーが完全にキリスト教に改宗し，イスラムの海賊による脅威が下火になったことから，東西間の旅は11世紀になって7世紀以来の状況より，ずっと安全になっていたからである．ビザンティン教会やビザンティン政府の指導者が，おそらくアルプス山脈を越えてくる嵐が静まり，教皇庁が和解の姿勢を取り戻すのを待つことで満足していたのである．この和解の姿勢をヨハネス19世は，妥協の定型文に対する最初の対応の際にすでにほのめかしていた．さらにビザンティン側の外交上の予測にはもう一つの要因があった．1040年代初頭に至るまで，ビザンティン帝国はイスラムからシチリアを取り戻し，南イタリアに対するビザンティン帝国の権威を強固にすることを望んでいた．ビザンティン帝国がはじめたさまざまな運動が成功を収めていたら，教皇権に圧力をかけて和解に到達させ，あるいは単に全般的協力を確保する帝国の能力は，強力に増進されたであろう．

教皇権における新しい方向

ビザンティン側が一時しのぎの処置を取ると，西方は大騒ぎした．ノルマン人の冒険家たちは——その一部は以前ロンバルディアの小君主やビザンティンの軍隊の傭兵であったが——南イタリアの至る所で土地や支配権を掌握しはじめた．ヴェネツィア，ピサ，ジェノヴァなどのイタリアの海辺都市は，イスラムの海賊に対して主導権を勝ち取りはじめ，みずからもイスラムの本拠地に襲撃を加え成功するようになった．聖職者たちは，俗人から分離した地位の保持を主張し，「教会」を社会の個別の秩序と見なし，俗人に教会の多くの任務を管理させるよりはむしろ俗人に指示を与える新たな用意があることを示した．このような変化の風が立ったことから，教皇権に新しい方向性を吹き込む突破口と組織が見つかった．ちょうどこのころ，教会改革の指導者であるトゥールのブルーノは皇帝ハインリッヒ3世によって教皇に任命された．ブルーノはレオ9世となり，すぐさま教皇庁に再び活力を与えはじめた．かれは教皇庁に自分と同じ型の特質をもつ精力的で禁欲的な北部出身の人たちを配し，修道院からだけではなく，教会全体から，あらゆる形態の聖職売買や聖物売買，および男女の内縁関係を根絶することに努めた．一定の遵守基準を教会に課すべきであり，基準を定める人物は教皇であるとした．西方では教会会議の混乱が見られ，その会議で個人的な聖職売買者や聖物売買全般が非難された．1049年にランス教会会議でクラリオンの響きのように朗々と響きわたる要求が表明された．聖職者の悪習の修正に関する12条のカノン（教会法）に加えて，この会議で定められた勅令の一つによって，教皇のみが「普遍教会の首座大司教であり，使徒の後継者」であると宣言された．この勅令に先立って「東方教会の教父たちによって正式に公布されたこの問題に関する判決」の朗読が行われた．

改革を推進する教皇権はコンスタンティノーブルの総主教と急速に非難の応酬をしあうようになったが，これは一部には教皇の要求が不快感をそそるものであり，また一部には教皇と帝国のあいだの従来の関係が親密であったことを反映している．たぶん教皇と帝国は，それぞれ相手側のあらゆる重要な変化を素早く記録したであろう．さらに11世紀なかばには，ビザンティン教会においても変化が進行したことを推測させる理由がある．

事実教皇権は，南イタリアでギリシア式典礼を守る教会や修道会に，ラテン世界の慣習を押し付けることをノルマン人が提起した機会を即刻捉えたりはしなかった．レオ9世は，後にローマはギリシア正教会に対してこれまで並々ならぬ寛容を示してきたと主張した．「ローマ市の内外にギリシア正教の修道院や教会が非常に多く見受けられるが，そのいずれもがこれまで先祖伝来の伝統や慣習を守ることを妨害されたり禁止されたことはなく，むしろそれらを守るよう勧められ，戒められた．」「御覧なさい，この地ではローマ教会があなたがたよりもどれほど思慮深く，穏健かつ寛容であることか！」という表現が上記の事情を示している．最初に行動をおこしたのは総主教ミカエル・ケルラリオス（1043-58年在位）で

教皇領

「聖ペトロの遺産」はペパン王とかれの息子シャルルマーニュの寛大な寄進によって大きくされた．軍事的援助への返礼に，シャルルマーニュは800年「皇帝」位にあげられた．皇帝は教皇とその所有物を保護するものと期待された．教皇庁はドイツのオットー1世に新しく力強い保護者を見い出した．教皇ヨハネス12世はかれに962年，皇帝冠を与えた．「教皇領」は確固とした所領というよりは権利と権力のつぎはぎ細工にすぎなかった．グレゴリウス改革運動は，教皇たちに中央イタリアの所領を強固にする時間を与えなかったので，反対者たちは教皇領内の町々に不一致の波を掻き立てることができた．とにかく市民たちはけしかけられるまでもなく抗争には慣れていた．インノケンティウス3世（1198-1216）が，まず最初にかれ自身の町ローマ市に，つづいて中央イタリア全体に，つづいてスポレト公領やアンコナの辺境伯領に秩序を回復したのは驚くべき業績だった．教皇の統率力はそれまで不完全のままであったが，ペンタポリス（5都地方）ではなおさらそうだった．しかし今やようやく教皇庁は広い範囲にわたって効果的な力を発揮する基礎をイタリアにもち，そこから豊かな収入を引き出せることになった．しかしながら，この代価として政治的抗争にますます深く巻き込まれざるをえなくなった．

東方世界と西方世界の乖離

中世コンスタンティノープルのキリスト教徒

下　聖セルギウスとバックス教会の丸天井内部．この教会はユスティニアヌス帝の命によって建立され，ディオクレティアヌス帝治下で迫害を受けて殉教した2人のシリア軍人の聖人に捧げられた．1階の柱頭の上にある台座にそって書かれたギリシア語の刻銘の一部は写真にも写っている．「他の統治者は，意味なき事業をなした人間を記念した．しかしわれらの王ユスティニアヌスは，神への敬虔を奨励すべく，すぐれた建造物セルギウス教会をもって，神に光栄を帰した…」ユスティニアヌスはシリア人の聖徒たちへの崇敬を顕示しようとした．八角形の聖堂設計図は，シリア・パレスティナに多く見られるこの聖人たちの記念聖堂の形式を多く採り入れたものである．

　中世のコンスタンティノーブルは，おそらく世界史上最もキリスト教色の濃い都市であり，修道士や修道院や教会で満ちあふれていた．居住者のすべてがギリシア正教徒であったわけではなかったし，さらにはキリスト教徒であったわけでもなかった．そこにはユダヤ人も住んでいたし，イスラム寺院が少なくとも一つは存在した．しかし「神に保護された都市」の公認の気風（エトス）は，断然キリスト教的であった．その気風は，宗教礼拝や帝室の儀式において毎月毎月称揚された．この両者は互いにからみ合った行事であった．これらの行事の多くが，宮殿や聖ソフィア聖堂の閉ざされた扉の内側で執り行われたが，他の儀式は目抜き通りで行われた．一般市民はこの公けの礼拝形態，とくに異教徒の相次ぐ攻撃の波から都市を守る特別な守護者である聖母を崇拝することを高く評価したようである．個人的な信心の程度を測ることは困難であるが，一般の人々が都市の外に住む聖者に助言を仰いだり，病気を癒してもらうために群れをなしたといわれている．

上　聖ソフィア聖堂の南向き入り口．この部分はユスティニアヌス帝によって建設された元の聖堂の一部である．壁面の色とりどりの大理石の平板は，白大理石で縁飾りがほどこされている．左側の扉を通りぬけると，聖堂の内陣と側廊に通じる．これらの真中にある「王家の扉」を通って，皇帝行列は聖堂のなかに入っていった．

右　東側から眺められる，この三つの付属聖堂は，ヨアンネス2世コムネノス（1118-43）によって建設され，全能者なるキリスト修道院として使われた．北側の教会（右端のもの）は全能者なるキリスト自身に，南側のものは神の慈悲深き御母に捧げられており，この二つの建物は聖ミカエルの埋葬小聖堂に連接されていた．ヨアンネス・コムネノスはこの小聖堂をかれの王家の埋葬地として建設したので，数人の皇帝がここに葬られている．修道院もまた，老人のための施設・ホスピス・さまざまのタイプの治療ができる部門別に分かれた大病院として残った．

あったようだ．コンスタンティノーブルのラテン教会がビザンティンの慣習を認めるべきだという総主教の要求を顧慮しなかったとき，ケルラリオスはそれらのラテン教会を閉鎖した．その頃かれは皇帝の協力を得て，聖体拝領の際にパン種を入れて発酵させたパンを使用するといったようなビザンティンの様式をアルメニア教会に押し付けることに力を注いだ．これはアルメニア人を完全に帝国に吸収しようという帝国政府の計画の一部であった．

逆説的にいえば，ローマとビザンティンの見解の相違を赤裸々に暴露したのは両者間の歩み寄りへの努力であった．教皇権はノルマン人の海賊たちを異教の侵入者と見なした．ハインリッヒ3世からこの侵入者に対抗する有効な援助を得られないとわかると，レオ9世は以前ヨハネス9世が914年から915年にかけて協力を得たのと同じ強国，つまりビザンティンに援助を求めた．ほぼ同じ頃，1052年にミカエル・ケルラリオスはオフリド大主教レオに書簡を書かせ，それをレオ9世や他の西方の高位聖職者に回覧させるよう勧めた．大主教レオはその手紙のなかで，西方の人間が秘跡のなかで，発酵させてないパン（azymes）を使用していることを激しく非難した．かれはまた「ユダヤ人のように」土曜日に断食し，絞め殺した動物の肉を食べるような他のさまざまな西方「ラテン世界」の慣習を公然と批判した．レオはかれの手紙の名宛人たちに，「あなたがたのすべてがわれわれとともに，真実かつ汚れなき信仰を通して，唯一，真実，かつ善なる牧者キリストの一群となっているために」これらの慣習を捨てるよう促した．この手紙が急送された直後に，ノルマン人はイタリアのビザンティンの軍隊と教皇庁の軍隊の双方に壊滅的打撃を与え，レオ9世を捕虜にした．コンスタンティノーブルの総主教からの臣従を求めている最中でさえ，教皇レオがまだ東方に軍事的援助を求めたということは，教皇とビザンティンのあいだで協力関係をもつ習慣が強く残っていたことの顕著な印である．1054年の初頭に，レオ9世はビザンティンに教皇使節を派遣した．この使節団はオフリドの大主教レオの小冊子に回答をし，ケルラリオスに鋭く臣従を迫り，コンスタンティノス9世モノマコスとの軍事同盟を取り決める任務を委託されていた．

相互破門の重荷

教皇使節団のなかには，教皇の第一秘書であるフンベルトゥス枢機卿やローマ教皇庁文書局長で将来教皇ステファヌス9世となるロレーヌのフレデリックのような教皇庁の最高幹部がいた．かれらの階級が高位であることは，かれらの使命が当時重要であると見なされていたことを示している．かれらが携行した豊富な文書も同じことを示している．その文書にはケルラリオスに宛てた2通の書簡と皇帝コンスタンティノスに宛てた1通の書簡が含まれていた．これらの書簡はフンベルトゥスが作成したようであるが，教皇レオがそれらの書簡を是認したのか，あるいはそれらの書簡は改革主義の姿勢をとる教皇庁の一般的意見を表明していたのか，ということには疑念をいだく理由がない．皇帝コンスタンティノスは教皇座への献身という点で，偉大な前任者コンスタンティヌス大帝と張り合うようにうるさくせがまれた——「愛する息子できわめて温和な皇帝よ，あなたの母にして聖なる教会を救援するため，また教会の威信…とあなたの支配下にある地域の教会の基本財産の回復のために，われわれとともに恥を忍んで働きなさい．」これと対照的にミカエル・ケルラリオスへの教皇レオの書簡にはケルラリオスの「横柄」と「傲慢」を非難して「足や手はまさかその上にある頭部の栄光や不名誉が自分のものであるとは考えないであろう」と書かれている．頭部は肉体と五感の上に置かれているのである．

この教皇への服従を求める呼びかけは，総主教ミカエルから冷淡にあしらわれた．総主教は確かに教皇の手とか足になることを熱望していなかった．教皇使節がコンスタンティノーブルに滞在していることから，ビザンティンの聖職者は，西方の慣習に対してさまざまな表現の敵意を示した．ストゥディオン修道院の一人の修道士が発酵しないパンを用いるラテン世界の方式を批判するパンフレットを著し，聖職者の妻帯に対するラテン教会の禁止令のような論争に新しい話題を加えた．ビザンティン世界では妻帯聖職者の存在は許されており，それは今日のギリシア正教会でもそうである．

1054年の夏，コンスタンティノーブルでは奇怪で滑稽でさえある光景が繰り広げられた．つまり一種のパンフレット合戦が始まり，非難——その多くは些細なものであったり，完全に根拠のないものであった——が投げかけられ，皇帝がギリシア正教会の聖職者を押さえつけて意見の相違を揉み消そうとしたとき，皇帝に対するいまいましさの舌打ちが聞かれた．

1054年7月16日，ずいぶん長く待った後，フンベルトゥスはかれのいわば「時限爆弾」なるものを取り出し，聖ソフィア聖堂の主祭壇にそれ，すなわち破門の大勅書を置いた．教皇使節は，みずからの宮殿にかれらを迎えたコンスタンティノス9世に「平和の接吻」を与え，その後直ちにコンスタンティノーブルの町を去った．1054年7月20日に教会会議が開催された．教皇使節の勅書を焼却することを命じるコンスタンティノス9世の命令が読み上げられ，その教皇勅書の責任者たちは逆破門された．4日後この逆破門宣告は再び読みあげられ，その腹立たしい勅書の写しが公衆の面前で焼却された．ケルラリオスによる逆破門は「この教皇勅書を作成した人々およびその立案に関して是認と助言を与えた人々」に襲いかかった．

これらの相互破門から，1054年以前にすでに認識されていた疎遠な関係は新たにより厳しいものになった．両者は将来それを通して妥協が生み出される可能性のある抜け道を残しておく方向へ数歩踏み出したが，このような配慮それ自体がかれらの行動のありうべき反動をかれらが認知していたことを示している．実際，教皇使節がミカエル・ケルラリオスとオフリドのレオおよびかれらの信奉者に対して下した破門は，皇帝の法廷で声高く朗読されたが，それにはつぎの不吉な宣告がふくまれていた．「聖なるローマ教会つまり使徒座とその聖主キリストに対する信仰を頑固に否定する者はいかなる者も破門され，カトリックのキリスト教徒とは見なされず，異教の聖体拝領主義者（prozyiymite＝パン種を入れてふくらませた聖体拝領のパンの主唱者）と見なされるであろう！」この相互破門は結局1965年になって解消された．

分裂と統一

十字軍

第1回十字軍の目的は，セルジュク・トルコに対抗するビザンティン帝国を援助し，聖地イェルサレムを解放することだった．しかしビザンティン人たちは，自分たちの帝国が十字軍士たちの真の目標ではないのかと疑った．十字軍にノルマン人が参加していたのが，ビザンティン人の懸念に油を注いだ．確かにノルマン人たちは1081年から85年にかけてビザンティウムを攻撃していたからである．第1回十字軍は皇帝アレクシオス1世コムネノスを助けて，容易に小アジア西部を挽回した．しかしビザンティン人の十字軍士への疑いは強く残っていた．コンスタンティノープルにとって不運だったのは，この都がパレスティナへの陸路にまたがる位置にあったことだった．第2回・第3回十字軍士たちが大軍に出会うと，かれらは非をビザンティン人たちに帰して責めた．第4回十字軍は聖地まで海路を取ろうとしたが，一部の指揮者の巧みな操作でコンスタンティノープルで遠征を終ってしまった．混乱し，貧しく，数少なくなった十字軍士たちは，結局コンスタンティノープルを略奪し，その聖遺物をかすめ取った．

第4回十字軍遠征(1204年)が行われ，それ以降1261年に至るまでラテン世界の様式がギリシア人に押しつけられたため，ビザンティン教会には反ラテン感情が長く尾を曳いて残った．ギリシア人は1261年にコンスタンティノープルから西欧人を追い出したが，長期間にわたって歴代皇帝は勝ち進むトルコ人を阻止しなければならず，ラテン世界からの支援なしにこれがうまくやれることはまず不可能であった．ラテン世界からの支援は，教会の統一という代償を支払うことによって手に入れることができたのであるが，それはまた，ギリシア正教会がローマ教皇の裁治権に屈服することを意味していた．西欧ラテンの「異端と高慢」に対するギリシア教会の抵抗はなだめ難いものがあり，そのため歴代皇帝が西欧に譲歩したいと望むことは無理であった．第4回十字軍遠征とその余波のおかげで，ギリシア教会は強力になり，皇帝たちの力は弱体化した．皇帝たちはそれでもなお総主教を任命したし，もし総主教たちが宮廷政治を無遠慮に批判するときにはかれらを免職する場合もあった．しかし忠実な信者や修道士が西欧の支配に対して示す態度は，皇帝が先導権を発揮する場合に決定的な障害となった．教会の威信は高まり，修道院には寄付が引き続き集まった．この時代にギリシア神学やギリシア人の霊性に関する多くの重要な著作が生れた．また絵画やモザイクは傑出した活力に満ちていた．政治生活がほとんど魅力的な面のないものとなり，皇帝や総主教がその職を辞退し，修道士になるような時代では，超世俗的な神秘主義やアトス山の聖なる大沈黙が至高の価値を有していた．ギリシア教会内の少数の実力を備えた識者たちは，西欧神学が神学上の業績を上げたことに強い感銘を受けたが，一方静寂主義者やアトス山でのヘシカスム運動において，東方ギリシアの霊性は，西欧世界のそれとは全く異なる形を取った．

総主教の権力

13世紀後半から14世紀初頭の総主教の大多数は，高い地位をえるまえに，修道士として長い修練期間を勤めあげていた．そして14世紀の総主教のうち何人かの人はもとアトス山の修道士であった．修道士出身の傑出した総主教の1人にアタナシウス1世(1289－93；1303－09)がいた．自分の支配下の聖職者に対する禁欲基準の強化に努めるに当たって，かれはアンドロニコス2世から支持を取り付けた．アンドロニコス2世は教会会議を招集し，聖職売買と他の職権乱用を禁ずる総主教の措置に逆らう聖職者を，反逆者として公然と非難した．アタナシウスは，国家や公けの政策に関する諸問題について頻繁に高圧的な調子で忠告を送ってアンドロニコス2

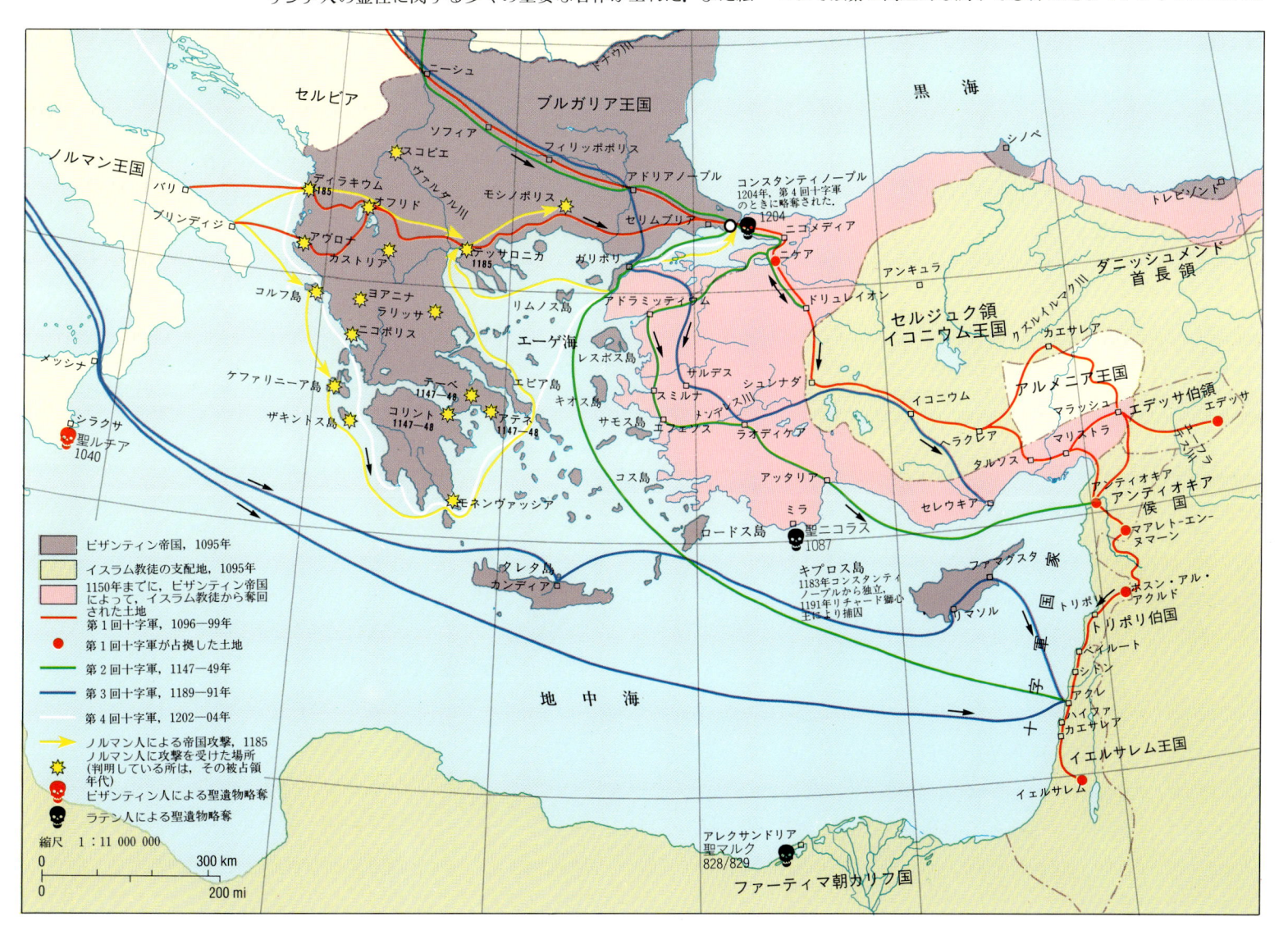

十字軍

　十字軍が隆盛を極めたのは1095年から1204年まで、つまり第1回から第4回までの時期であるが、その時代は、真の敬虔と偽りのない献身と、領土を求める貪欲や昔からの敵意に端を発する行為、しばしばこの上ない残酷、にまみれた時代であった。第1回十字軍の戦士たちには、西ヨーロッパでは相続権をもたない若者が多くふくまれていて、かれらは新天地での新しい生活を探し求めていた。かれらは西欧へもどる気はなく、実際その世紀のあいだに西欧人の共同体が聖地にしかとできあがったのであった。

　しかし、概念的には、十字軍の戦いは正当な戦争であるばかりでなく、聖なる戦いでもあった。イスラム教徒たちから聖地を奪還することは、当時、聖地は真に強烈にキリストの生涯に触れることができる場所であり、地上のエルサレムは天上のエルサレムの外面と考えられていた時代であったから、十字軍の戦いはその時代のきわめて重要な事柄であった。聖地への巡礼は何世紀ものあいだ行われてきていた。そして十字軍戦士たちは自分たち自身も巡礼者だと考えていた。かれらは肉体的な血なまぐさい戦いばかりではなく、聖なる戦いを行っているキリストの兵士であったが、かれらは天国という自分たちの家に帰る流浪者でもあった。

　高い理想主義と露骨な利己主義とが混り合って、それが十字軍の特徴をなしているが、このために十字軍が特異現象である理由が薄れるわけではない。100年以上ものあいだ、おびただしい数の人間が、自分たちは神のために仕事をし、神の国をより身近にもたらしつつあるという信念のもとに、自国内のもめごとを忘れ、想像を絶する危険と困難に満ちた遠征の途についたのであった。

下端　十字軍時代は、西ヨーロッパに石の城が建つようになったのと時を同じくし、それにともなって防備体制が新しく考案されはじめた時代でもあった。聖地にも多くの城が建てられた。狭い海岸線にそって帯状に征服して手に入れた新領地を維持するには、城が最良の手段と考えられたからである。これらの城のなかで、最も有名な城「騎士の城」がここに示されている。この城は裏切りによって陥落した。

下　第4回十字軍はヴェネツィア人から余儀なく船を借りた。その見返りにヴェネツィア人は十字軍がコンスタンティノープルを経由し、かれらの商業上の大敵手たるこの都を略奪するよう主張した。十字軍士たちは1204年にこの都を占領し、ラテン人支配を樹立したが、十字軍遠征を完結しなかった。

下　1095年、クレルモン公会議で第1回十字軍の派遣を説くウルバヌス2世。エルサレムをイスラム教徒の手から救出する仕事を引き受ける人々に、教皇はかれらの犯した罪の罰からの免除を約束した（かれは修道会の会員の出征には不賛成だった。なぜなら修道士たちは、すでに天の王国のための霊的戦いを戦いつつあったからである）。この呼び掛けへの反応は桁はずれに大きく、強烈で、今すぐにもという熱意にあふれていた。

十字軍

下 トルコ人やアラブ人の一段と優秀な手腕に十字軍たちが出会った結果として、西洋に戦闘技術が発達した。十字軍士は互角の合戦に慣れていた。かれらは重装備の馬に乗り、両手を使って剣を振り回した。サラセン人は操りやすい軽装馬と短い偃月刀を用い、疾駆する馬の背から敵に向かって切りつけることができた。リチャード王とサラディンの馬上槍試合を描いたこの中世後期の絵は両者の違いをうまく描写している。獅子心王リチャードとサラディンは、第3回十字軍の代表的人物として、めざましい英雄として人々の想像力をあおり立てた。

下 十字軍士たちは、十字軍に身を捧げようと決意したとき、「十字架を受けた」といわれていた。かれらの誓いは、かれらが聖墳墓の教会に到着したとき成就された。この写真は、教会入り口の壁に十字軍士たちが刻んだ十字架を示している。

下中央 第1回十字軍はおもに陸路を取った、東ローマ帝国領内を行軍し、そこでは一人の王女アンナ・コムネーナから野蛮な烏合の衆と呼ばれ、小アジアを通過して南下したときには赤痢に倒れた。その後の十字軍はもっと船を使った。

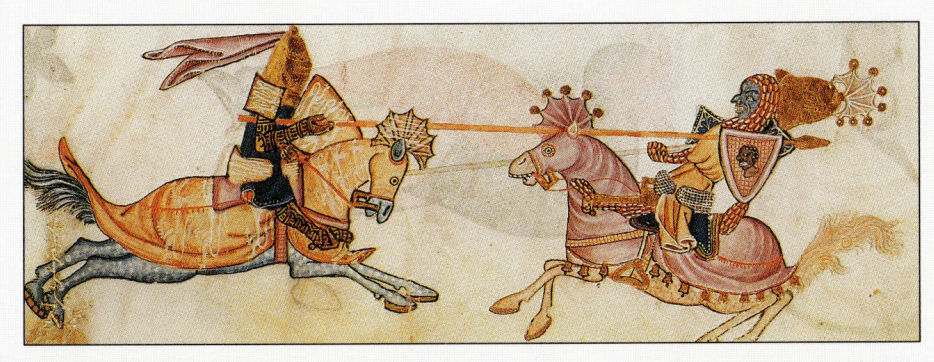

下 十字軍士たちの主たる意図は包囲作戦によってイェルサレムを陥落させることだった。かれらはアンティオキアでも、かれらの行軍中の場所でも同じ戦術を使った。それは遅々として進まず、倦怠感を誘う戦術だった。敵と同様十字軍士も疲労と飢えに悩まされた。この15世紀の再現図では、市内に入るためのさまざまの道具や仕掛けが城壁の側に置かれている様子が見える。

分裂と統一

世の骨折りに報いた．小アジアのなかのますます多くの地方がトルコの支配下に陥るにおよんで，アタナシオスはアンドロニコス2世に西方ラテン諸国に援助を依頼することを考えないよう，つぎのように警告した．「たとえ全西欧が，かりにそれが可能だとして，われわれに合流して支援してくれるとしても，武装した遠征軍によってわれわれが勝利を収め得ると考えてはなりません．それではどんな解決法があるでしょうか．それは神に向かい力の及ぶ限り悔い改めることです．そのことこそ神は忍耐強く待っておいてなのです．」アンドロニコス宛ての別の手紙のなかでアタナシウスは「事態は，いわば，確実に総主教の掌中にある」と考えている．「なぜならば，聖職は帝国の利益のためにキリスト教徒に授けられたのではなく，帝国が聖職のために授けられたのです．それゆえ帝国が神のお気に召す方法で，世俗の力の援助をえて教会を支持し，敬い，保護するならば，帝国がそれと入れ替えに神によって支えられ，守られ，高められることになるでしょう」とかれはいうのである．アタナシウスはコンスタンティノープルに侵攻してくるトルコからの避難民の福祉にもっと関心を示すよう皇帝に迫った．総主教はスープの配給所を設け，一方皇帝は役人を1人任命し，食料価格を規制させた．総主教の果たした役割は，かつての慈善家ヨアンネスなら，あたりまえのことに思えたであろう．

14世紀の総主教たちは，しばしばその役職の責任について，呑気な考え方をもっていたようである．この呑気さは中期ビザンティン時代の聖職者の伝統を受け継いで，かれらが公けの問題について声明を発表するのに妨げとはならなかっ

バロック様式の天井ではなく，コンスタンティノープルのコラ（カリイェ・カミ）修道院のモザイクである．この修道院聖堂は，当時の代表的政治家テオドロス・メトキテスによって再建され，装飾された．かれはホメロスのような6歩格の詩で書いている．「私の目的は，モザイクを使って，私たちのために主御自身がいかにして死すべき人間となりたもうたかを語ることにある．」まさに適切にこのモザイクは，キリストの系図を示している．すなわちキリストを中心に，かれの下に39人の先祖たちが丸天井の回りにかれを丸く囲んでいる．かれらの姿勢や身振りは，すべてそれぞれに個性があり，14世紀初期ビザンティン芸術の豊かさを表わしている．

た呑気なのである．アタナシウス総主教には，サンダルを履き，動物の毛で織ったシャツを着て，悪臭を撒き散らしながらコンスタンティノープルの通りを歩き回る習慣があった．自分の職務に本当は気合いが入っていない総大主教たちは，1309年にアタナシウスがしたように，平然と自分の任務の重荷を降ろし，もっぱら修道院的な生活様式を取り戻そうとしがちだった．それゆえかれらは諸皇帝の，もしくは社会の他の構成員または他の階層のいかなる人物の，行為・行動でも，それに不快を覚えたときには，忌憚なく意見を述べるのに後ろめたさをほとんど感じなかった．諸皇帝がかれらを免職せざるをえないと感じることが実に頻繁にあったが，諸皇帝は1204年以前の皇帝たちが我慢させられた以上に，さらにもっとずけずけとものをいい，さらにもっと何をしでかすかわからない，14世紀の総主教たちに耐えなければならなかった．

アルセニオス（1254—60，1261—64在位）型のもう1人の「殉教者」を自認する総主教と，もう一つの苛烈な教会分裂という不安材料が諸皇帝の前に立ちはだかった．諸皇帝はまた意欲的に総主教になる気持のある立派な聖職者や修道士を見付けることの困難を考慮に入れざるをえなかった．なぜなら就任を勧誘されても断わる者が多かったからである．

帝国の無力

統一を約束することによってローマ教皇から軍事援助を引き出すべく歴代皇帝が継続的に行ってきた画策についての架空の話は，その語調が弱まっている．皇帝が何を信じようと，何を提案しようと，それはもはや大した問題ではなかった．つまり皇帝はそれを他の人に押し付けることができそうになかったのである．絶望を感じた時期には諸皇帝はローマと協約を締結することと，さらにはその協約が対トルコ戦において与えてくれる可能性のある援助とに，護符のような意味を付与する傾向があった．他の点では厳密に正統派であったアンドロニコス2世でさえ，その晩年には，統一の問題を提起した．当時かれは自分の孫と対立する内戦に巻き込まれ，さらに迫り来るトルコの侵攻を防ぐことができなかった．ヨアンネス6世カンタクゼノスもまた，かれの治世のなかでとりわけ絶望的な状況に置かれたとき，統一の問題をもち出してきた．ヨアンネス5世パライオロゴスが，教会統一は実現可能であり，それが自分に降りかかる災難に解決をもたらしてくれると無邪気に考えていたようである．教皇宛の私信のなかでヨアンネス5世は最終的にはその身を教皇に委ねると申し出ていた．しかし統一を臣下に押し付けると，謀反をおこされる心配があるので，統一の押し付けの強行はしないのだと自認していた．

ビザンティンの廷臣や知識人のなかに，西欧に対してヨアンネスと同様の関心をもちそれを奨励する者がいく人かいた．そのなかで最も活発で，最も理路整然としていたのは，最高位聖職者デメトリオス・キュドネスであった．ドミニコ会修道士からラテン語を学んでいたかれはトマス・アクィナスの著作をギリシア語に翻訳し，西欧の思想の広さと特質を発見したときの感激を自著のなかで伝えている．キュドネスは自分の仲間の同胞に，世界がビザンティン人と無知な野蛮人たちとに分かれているという古くさい考えを捨てるように，つぎのように，力説した．「ラテン人にはすぐれた知性が見られるということ，またかれらが航海や貿易や戦争よりも高邁な事柄を思考するほどにまで知力を高めるということ，をわれわれ同胞に説得する者は以前には誰もいなかった．」しかし実際にはビザンティン教会とビザンティン人がそのような説得を受け入れることはなかった．

トルコに対する十字軍をおこすために協約の締結を熱望していたヨアンネス5世パライオロゴスが1369年にローマの聖ペトロ大聖堂でローマ・カトリック教会に受け入れられたとき，その反響は注目に値するほど小さかった．ビザンティンの聖職者は誰ひとりとしてヨアンネスに付き添ってローマに行かなかった．またヨアンネスも自分の臣下にフィリオクエに関するローマ・カトリック教会の教えや，ローマ・カトリックの宗教儀式を押し付けようとはしなかった．ヨアンネスは豊富な経験を通して，教会の方針を指示する自分の能力の限界をわきまえていた．かれ自身はヘシカスム派の神秘主義的で厳しく禁欲的な面には共鳴しかねていたのだが，ヘシカスム派の傾向をもつ総主教の続出については我慢しなければならなかった．デメトリオス・キュドネスによれば，皇帝の宮廷はかれら独自の髭と，かれら独特の神学と無知をひけらかしながら，うろつき回るヘシカスム派の修道士で満ちあ

トルコ人の進出・ラテン人の所領とビザンティン勢力の後退

ミカエル8世パライオロゴスは1261年，コンスタンティノープルを正教会のために取りもどしたが，バルカン諸国にいる競争相手の正教徒の統治者たち，南ギリシアを支配しているフランク人の軍司令官たち，またトルコ人たちとは悪戦苦闘せざるをえなかった．再編成された帝国はいくらかの領土的拡張を，とくにペロポネソス半島において実現したが，経済的弱点と宮廷での内紛がパレイオロゴス朝を悩ませ，14世紀なかばにはセルビア地方の統治者ステファン・ドゥシャンが，バルカン半島の大半を短期間ではあったが完全に掌握した．とりわけコンスタンティノープルはトルコ人に対処せねばならなかった．オスマン族は14世紀初頭にはトルコ人の1グループにすぎず，小アジア西北部の国境沿いに住む1首長国だった．オスマン族の統治者たちのキリスト教徒に対する聖戦での勝利が，小アジアにおいて，他のトルコ族の実力者たちの上に，オスマン族の勢力を伸長させるのを助けた．1354年ガリポリを占領して，かれらは急速に勢力を増した．オスマン族に対する1402年のティムール帝国側の勝利はかれらの力を分散したが，1430年代には，かれらは再び統合された．熱狂的な動員力と非の打ちどころのない戦闘技術を保持するかれらは，まもなく，各地に分散して残存していたビザンティン皇帝権力を凌駕するようになった．1453年「都市の女王」コンスタンティノープルは陥落した．

ふれていた．上品なキュドネスは他の多くの教育者や思想家がしたように，ローマ教会に合流した．かれらのうちいく人かは，たとえばキュドネスの弟子マヌエル・カレカスのようにドミニコ会の修道士になった．

しかしながら，ローマ・カトリックの影響を見せる諸皇帝や知識人たちの与えた影響はかれらが多くの著作を残したにもかかわらず，取るに足りないものだった．西欧思想に関心をいだいた知識人のうちの非常に多くの者が，はるばるローマにいったという事実は，正教会の思考様式と西欧のそれとのあいだに，守りうる中間地帯が存在しなかったことを示唆している．14世紀から15世紀にかけて，数多くのギリシア正教の聖職者がラテン教会の習慣や信条に対する激しい反対を表明した．

ビザンティン帝国の衰退と教会統一への動き

15世紀にはビザンティン帝国の軍事的・経済的状況はさらに一層悲惨なものとなった．ビザンティン帝国はいまやペロポネソス半島という付属物付きの，ボスフォラス海峡に臨む一都市国家にすぎなかった．高位聖職者や修道士が，トルコに打ちのめされた諸地域からコンスタンティノープルに大挙して入り込んできた．かれらは市民の多くから尊敬を受けることができたし，自分たちが否認している帝国の政策に対して非難の集中砲火を浴びせることができた．1430年にテサロニケがついにトルコ人の掌中に落ち，トルコのスルタンがコンスタンティノープルから定期的に貢ぎ物を取り立てたため，帝国の政策のなかに絶望的で，しばしば突飛な考え方が浸透してきた．そして皇帝の権力につながっている多数の聖職者が長らくほしいままにしてきた権勢もぐらつきはじめた．

皇帝ヨアンネス8世パライオロゴス(1425–48在位)は，西欧教会から，従来になく穏やかで懐柔的な交渉がもちかけられたことによって，統一という途方もない計画を追及する勇気をえた．西欧教会は，それ自体が教皇派と公会議運動派とに分裂しており，教皇たちと公会議派はビザンティン人を切り崩して自分の大義名分になびかせるべく威信をかけて競い合っていた．アレクシオス・コムネノスの時代以来，公会議の開催が通常，交渉に対するビザンティン側の必須条件であった．いまや会議は教皇自身によって提案されつつあり，この会議への出席のために，貧窮している皇帝とその代表団を運ぶべく艦船が派遣された．ビザンティンを援助するために西欧が派遣した大規模な遠征隊に対する人じらしの代償は実に魅力的であった．そして1437年にヨアンネス8世，高齢かつ病弱であった総主教ヨゼフ2世，その他三つの東方管区の代表者たち，およびビザンティンの高位聖職者たちが皇帝の艦船で出かけた．

それより数年前，テサロニケの大主教シメオンは，会議の開催に反対の警告をしていたのだが，会議の開催は当時すでに議論されていた．かれは次のように警告した．「会議の開催は平和をもたらすより，むしろ騒動の原因となるだろう．」そして彼自身ラテン人たちに対する手厳しい非難の声をあげた．「真の平和」は統一論者たちの願望を黙認することによってえるべきではない．真の平和は「われわれがわれわれの教父の側に立っている」ことを必要とする．つまり「われわれは教会の真の伝統的信仰に心から身を捧げたわれわれの教父の召使であると同時に弟子である．そしてわれわれは常にかれらと不可分に一体となっている」などとかれはいうのであった．ローマとの仲違いがつづいたとしても，それは正教会の信仰と教父の時代をさかのぼり，使徒の時代にまで至る伝統に逆らうよりはましだった．

シメオンの見解は過去数世紀のビザンティンの聖職者たちの見解を偲ばせるものがある．教会会議は一致よりも大混乱をもたらすというかれの予測は先見の明ありということになった．フェラーラではじまりフィレンツェでつづいた公会議に出席したビザンティンの大使節団は結局ほとんど満場一致で統一を支持する決定をくだした．マルコス・エウゲニコスを除くすべてのビザンティンの代表者は統一の決議書に署名した．そしてこの決議書は1439年7月6日にギリシア語とラテン語で公布された．コンスタンティノープルの修道士やそこに住む下級聖職者たちは何ら感銘を受けなかった．統一の決議書に同意した主教たちのなかには，自分の管区の聖職者や平信徒からの非常に激しい敵意に直面し，イタリアに逃避する者もいた．1451年には総主教グレゴリオス3世マンマス自身がイタリアに移住し，総主教の座は実質的には空位となった．

ヨアンネス8世の弟，コンスタンティノス11世(1449–53年在位)は，統一について兄と同じ幻想を追い求めたが，一方ではローマ・カトリックの信仰や儀式を，かれの主権の埒外にいる正教会の信徒たちはもちろんのこと，コンスタンティノープルの市民に対しても押し付けることはできないことを認めていた．1452年に聖ソフィア大聖堂においてコンスタンティノス11世の主導のもとに胸の痛むような儀式が執り

上 ミストラのパンタナッサ（世界の女王）修道院は1428年に創建され，今日もなお修道女たちが住んでいる．これは，南ギリシアの景観に恵まれたこのビザンティン都市の丘陵地帯に群れをなして建てられている，大小多数の修道院や教会の一つに過ぎない．これらの建造物はすべて14世紀から15世紀に建立された．これらの「宮殿」に住む「専制君主」たちはコンスタンティノープルに住む皇帝の縁者であり，皇帝に対していまだに忠実であるペロポネソス半島のこの部分を皇帝にかわって統治した．ミストラは1460年トルコ人の手に落ちた．

左 キエフ公国ロシアのキリスト教
ロシアがキリスト教に改宗したのは遅い．988年頃，ロシアの統治者キエフ公ウラディーミルがギリシア正教会に改宗し，それをかれの臣下にも強要した．主教区が設置されたが，最初は主にキエフ地方にあった．12世紀から13世紀初頭にかけて西部と東北部に新しい主教区が加わってその数が増した．それらの地方に新しい公国が興隆したことを反映している．高位聖職者は通常君主たちと深い関係をもっていた．地図は，一つの十字架形の首掛けメダルの，ロシアにおける発見分布状況を示している．片面に磔刑を，もう片面に聖母子を示すこの首掛けメダルは，通常，首から吊した鎖につけてあった．鋳型でブロンズに作られたこの首掛けメダルは，11世紀から13世紀にかけて一市場で売るために生産された．さまざまな首掛けメダルのなかの一つの形に過ぎないが，これの分布状態はキエフ公国ロシアの草の根レベルでの個人の敬虔な信仰を跡づける手段として役に立つ．

行われた．ほとんど人のいない教会のなかで，以前にフェラーラからフィレンツェに出向いたギリシア正教会のもう1人の代表者枢機卿イシドロスによって，統一の法令が読み上げられローマ教会のミサがあげられた．皇帝直属の役人の多くは出席しなかった．実質的な見地からすると，長期にわたりローマに媚びを売ったことは無駄であった．なぜなら教皇は公会議運動で悩まされた後にオスマン・トルコ帝国の力に対抗できる十字軍を発足させることができなかったからである．しかし西欧の援助がもっと効果的なものであったとしても，ビザンティンの聖職者や平信徒の大部分はそれを歓迎しなかったであろう．ラテン人に対する反感をさらけ出す最も有名な表現は，コンスタンティノス11世自身の宮廷長官のつぎのような発言に見られる．「この町の真んなかで，ローマ・カトリックの司教冠を見るよりは，トルコ人のターバンが君臨するのを見るほうがましだ.」この言葉は，1453年にコンスタンティノープルに対して最終攻撃を加えるためのトルコ軍の大砲が砲兵陣地に据え付けられる直前に，声高く述べられたのである．

トルコ支配下のキリスト教

14世紀には，コンスタンティノープルの総主教は，1204年より以前から150年以上にわたって弱体化していた，ロシアに対する権威を再主張することができた．典礼儀式の慣例は，コンスタンティノープルで総主教フィロテオス・コッキノスの下で法典化された．ほぼ即時に，それはロシアに送られたが，このなかで，他の数多くの面におけると同様，総主教の専門意見と道徳の根拠は，修道院制度とくにヘシカスム（静寂主義）と密接に結び付いていた．フィロテオス・コッキノス（1353－54年，1364－76年在位）とカリストス（1350－53年，1355－63年在位）は，総主教職のために「普遍的指導権」を求めるかれらの要求を認めさせるために大いに活躍したのだが，かれら自身もアトス山出身のヘシカスム派の修道士であった．しかしビザンティン教会のもつ霊性がいまだに示していた模範に従いうるギリシア人正教徒の領主や指導力のある地方聖職者が見つからない地域では，制度としての教会は解体した．フィロテオスは「偉大なニケア，プルサ，ニコメディア，カルケドンといった教会やキリスト教帝国の古代を飾るもの」がトルコに奪われたことを悲しんだ．

14世紀初頭の主教管区の一覧表は，非公式で雑然としてわかりにくいものであるが，その管区の数はかなり健全な状態を示しているようである．このことは，主としてラスカリス朝とパライオロゴス朝が教会のために行った復興運動と支援によってもたらされたのである．112の首都主教管区があり，しばしばわずか一つか二つの補佐（ないしは付属）主教区がそれぞれについていた．1437年に作成された一つの備忘録によると，話は違ってくる．これによると67の首都主教管区があり，その多くのものには補佐主教区が全然ついていなかった．これらの首都主教管区のうち，依然としてパライオロゴスの一族によって統治されている領土にあったのは15首都主教管区のみで，36首都主教管区はトルコ領土にあった．一部の首都主教管区はトルコの支配下で機能しつづけたものの，その司牧面での管理の質やキリスト教徒の生活全般の質が低下した証拠は豊富に存在している．

小アジアでギリシア正教を固く守ることを主張する人々にとっての生活状況は全体としては悲惨であった．イスラム教徒にとっては，生活がもっと安定していたし，税負担もずっと軽かった．実際小アジアの西部海岸地方は，農業で繁栄し，穀物・家畜・奴隷をイタリア商人とのあいだで有利に取引していた．それゆえ，キリスト教の信仰を捨ててイスラム教徒になることによって得られる物質的利益は非常に大きかった．そして以前はキリスト教だった地域が急速にイスラム化したのは，トルコ人が改宗者を勝ち取るために宗教的迫害や平和的説得を行ったことがその原因であるが，それと同じ程度にこの背教・改宗の物質的利益が原因となったのであろう．すでに1303年に総大主教アタナシオスはつぎのように嘆いている．「ある人々が，邪悪の度が過ぎて，自発的に神への敬心を捨てたばかりでなく，数え切れない多くの——浜の真砂よりもさらにもっと多くの——人々が，不承不承にそうするのだが，逆らい難い必要性から敬神の心を捨てることに駆り立てられてきた.」当時信仰の放棄がこのように明白な風潮であったことからすると，14世紀後半の小アジアにまだ多くのキリスト教徒が残っていたことはむしろ驚くべきことであり，それゆえデメトリオス・キュドネスはつぎのように報告している．「毎日洪水のようなキリスト教徒の群れが不信仰のなかに呑み込まれていってしまう.」人はビザンティン流の修辞学の誇張した表現にけちをつけるかもしれないが，小アジアにおけるキリスト教信徒の減少と教会の聖職位階制度の後退という全般的図式は紛れもないものであり，このこととビザンティン帝国の衰亡との関連は否定できない．

15世紀の前半，ギリシア正教会のヨーロッパにおける各中心部にも，同じように棄教の風潮が襲来してきたように見えた．テサロニケの総主教シメオンは，かれの共同体において高い名声と広範囲におよぶ権力を享受している高位聖職者の見本のような人物である．そしてこの中世後期の都市テサロニケにはおびただしい数の修道院があった．しかしながらシメオンもまたオスマン・トルコ人の前進に直面して，教会の立場の不安定性を現に証言している．そして，皇帝の権力に関して，かれが相変わらず政治に無関心な敬神行為をつづけていたことはそれだけ一層この問題を深刻にした．

シメオンの著作を読むと，テサロニケ自体において，多数の人々が不可避だと思うことには屈服し，トルコに降伏することに賛意をあらわしたことがわかる．1413年に，ある代表団がテサロニケをスルタン・ムサに開け渡そうとしていた．ちょうどそのとき，聖デメトリオスは自分の都市を守るために介入し，ムサを殺させた．1422年から23年にかけて，シメオン自身が市民の「多数派」と争わなければならなかったが，かれらは「自分たちが異教徒の手に…譲り渡すことに熱中していたと現実に宣告した」のであった．シメオンや他の権力者は，市民全体の福祉に関心をはらっていないと中傷された．市民はそれまでトルコの攻撃と封鎖にひどく苦しんできていた．降伏を望む人々に対する解答として総主教シメオンは，かれらの「怠惰」と「無気力」を非難し，さらに「農場の動物のように餌を与えられ，肉づきをよくするものを何一つとして欠かさないようにすれば，金銭が手に入り，人々はお偉方になれる」というかれらの願望を非難した．シメオンはトルコに屈服することにも，ヴェネツィアがテサロニケを占領することにも断固として反対したが，かれのそうした態度は世間一般の非難を浴びた．シメオンによると，人々は「私自身に対して公然と反対を示し，頻繁に大勢で集まり，わたしに反対して暴動をおこし，もしわたしがかれらの望むように行動することを拒否するなら教会を取り壊すと脅した」のであった．

テサロニケの暴徒の多くの者はおそらく積極的に背教してイスラム教徒になること熟考していたというよりはむしろ，条件付き降伏とパンを求めて騒動をおこしたのであろう．しかし厳格なギリシア正教会の価値観に対してかれらが無関心であったことは明らかである．事実最後のビザンティン人たちに降りかかった切れ目のない困難の連続は，多くの平信徒の信仰にゆさぶりをかけたようである．グレゴリオス・パラマスがトルコの捕虜となってランプサクスに捕らえられていたとき，その土地の多くの男女・子供がかれのまわりに群がってきた．確固たる信仰をもっている者もいたが，大半は「神がわれらの民族を見捨てられた理由を聞かせてくれと要求した」のであった．

教会と国家

西欧において確立された慣習

皇帝シャルルマーニュは,自分の領土内の司教代表に関して,教皇レオ3世に書簡を送ったが,シャルルマーニュの帝国では,司教は皇帝の行政官として行動し,税を徴収し,皇帝のために外交任務を遂行し,裁判官として機能した.カロリング朝の初めから終りまで,王もしくは皇帝は帝国領内と同様にイギリス・フランス・あるいはスペインにおいても,司教を任命し,かれらに土地・城・教会を賦与した.教会自体の教会会議ですら,王もしくは皇帝が会議の議長を務めた.1046年ストゥリの教会会議では,ハインリヒ3世がその議長を務めたが,この会議は2人の教皇を解任し,3人目の教皇にもその地位を放棄させ,さらに別の教皇を選出した.

このような過程を経て生れた制度は,きわめて有効に機能したが,それはまぎれもなく,主としてこの制度によって教会が国家に従属するという階級制度的位置付けが生じたからである.この位置付けに従うと,二つの権威が衝突した場合でも現実的難問の大部分の解決が可能であった.この制度は一つの権威をもう一つの権威でもって強化するには効果的な手段であった.そういった状況がつづいていたが10世紀・11世紀になると,ヨーロッパの大部分の地域で,俗人や聖職者の有力者が王や皇帝との関係において権力をもちはじめた.地方貴族が司教を創り出すこともあったし,諸王が教会の歳入を取り上げ自分のために使用したこともあった.贈収賄や聖職売買が広く一般に行われていた.

グレゴリウス7世の改革

このような状況のなかで,既存の慣習に異議を唱えようとして,1人の教皇が立ち上がった.ヒルデブラントすなわちグレゴリウス7世は,教会内部の弛緩ばかりでなく教会と国家の関係の一部のあり方も改革した人物であるが,かれは当時のこの両者の関係をまったく誤ったものと考えていた.かれは「コンスタンティヌスの寄進状」のなかで要求されているすべてのことを主張した.「コンスタンティヌスの寄進状」はカロリング朝時代に作成された文書であるが,これは皇帝コンスタンティヌスから教皇に,皇帝の権限の多くを譲渡することがその趣旨であり,西欧において政治権力を獲得しようとする教皇の熱望を正当化することを意図していた.かれは教皇庁文書局を改革するにあたり教皇庁の公文書保管所を調査し,この「寄進状」を確認し,適用範囲を拡張するための書類を発見した.

グレゴリウスは諸々の要求の一覧表を作成した(この一覧表はかれの書簡集の1冊に収められているが,それは一連のメモとしてかれの机の上に置かれていたのを,多忙な秘書が掻き集めて別の用紙に書き写したかのようなものである).これは公文書ではないが,その簡潔さと論旨からすると,おそらく公式文書よりもそれだけ一層影響力があろう.この『ディクタトゥス・パペ』にはつぎのような要求が含まれている.すなわち

ローマ教会は神のみによって創建されたこと,
教皇のみが皇帝の印璽を使用しうること,
全領主は教皇に対してだけ足に接吻すること,

コンスタンティヌスの寄進状
コンスタンティヌス帝が教皇シルヴェステルの前に膝まづいている.教皇は皇帝を祝福しつつ,王冠を手渡している.王冠は,世界を支配する霊的権威に対して,世俗の権威が献身するという象徴である.「コンスタンティヌスの寄進状」は実際はカロリング朝の偽書であるが,聖職叙任権闘争時代の議論では,中世の信仰の高揚期において,その真実性が大いに信じられた.

中世の教会と国家

地図は中世において政治的統治権と霊的裁治権が同一空間を占めていた程度を示している。たとえばブルグンド地方やセルビア・クロアティア地方のように、政治的領域が大いに論議された地方では、主に教会の司教区と同地方の政治的なそれとは異なっている。キリスト教司教区はイスラム教徒の支配下にあるスペイン南部でも存在しつづけた。

教皇が認可した判決は誰も撤回することができないこと、そしてすべての人のなかで教皇のみがその判決を撤回できること、

教皇自身は誰にも裁かれないこと、

ローマ教会はいまだかつて過ちを犯したことがないし、かつまた聖書が証言しているように今後も永久に誤謬を犯さないということ……であった。

これらの主張に対して、若い皇帝ハインリヒ4世は敵意に満ちた反発を示した。かれは未成年で即位していたが、1070年代に自分自身の権利を主張しはじめつつあった。教皇グレゴリウスはハインリヒに、司教指輪と司教杖を授ける司教叙任権を認め難いと主張した。教皇によれば「指輪や司教杖は司教の霊的権能であり、聖職者のみが、それらを授与することが許される」のであった。ハインリヒがイタリア帝国において、皇帝による司教任命権を強要することに没頭していたので、この葛藤は激烈なものとなった。ハインリヒは破門されたが、自分勝手の別の教皇を選出し、グレゴリウスの罷免を宣言した。手紙の応酬とあからさまな交戦状態がつづいた。しかしながら、ドイツ情勢によって、ハインリヒの立場が不安定なものとなった。そこでハインリヒはみずからの王位を確保するために、冬のアルプス山脈を越えてカノッサにたどりつきグレゴリウスに破門解除を懇請した。この破門によってハインリヒの家臣たちは自由にどこか他所で主君を探し求めることになったからである。グレゴリウスはハインリヒを雪のなかに長時間待たせ、和解を受け入れる前にハインリヒに、封建時代の屈辱的服従を示す形式で、自分のあぶみに接吻させた。

グレゴリウスの権力がおよぶ範囲は大きかった。「神は私に、使徒たちの長として祝福されたペトロを通じて…天国と地上でつなぎ、解く権能をお与えになった。この信仰簡条に基づき…私は皇帝ハインリヒの嫡子たるハインリヒ王に、ドイツおよびイタリアの統治を禁じる。かれは類まれなる傲慢さをもって神の教会に背いて立ち上がったのである。さらに私はすべてのキリスト教徒たちを、彼らがハインリヒ王に対

教会と国家

左　神聖ローマ帝国における国家と教会の関係は，帝国がはじめてのキリスト教国となった4世紀初期のコンスタンティヌス帝とシルヴェステル1世の関係を模範としていた．皇帝たちはエクス・ラ・シャペル（アーヘン）聖堂で，あるいはシャルルマーニュがやったようにローマで，教皇から戴冠する慣習となった．絵は皇帝フリードリヒ3世が，1452年ローマで教皇ニコラス5世から冠を受けるところを示している．これが神聖ローマ帝国皇帝がローマで戴冠した最後だった．

右　修道院改革，実験的試みと発展
修道制は，とくに東方キリスト教国では，実験期間をもってはじまった．しかし西方では6世紀以来ベネディクト戒律がほとんどすべての共同体で遵守されてきた．戒律の標準を一度ならず改革する必要があった．これらの改革のなかで最もよく知られているのは，10世紀から11世紀にかけてのクリュニーのもので，これにつづいて11世紀後半，さらに改革と実験的試みの動きがおこり，シトー会が生み出された．かれらはベネディクト戒律に従い，しかもきわめて厳格に，かつまた労働と祈りと読書のバランスを強調した．かれらは，この点でクリュニー修道院は間違っていると考えた．かれらは人々に受け入れられ，シトー会修道院は広範囲に普及した．聖堂参事会員とは，自分たちの戒律の下に生きるが，社会の中で働くことは自由な司祭たちであったが，かれらもまたその数を増し，12世紀に聖ヴィクトル修道参事会やプレモントレ修道参事会という形態を取った．

する忠誠の誓いから解放する．私はすべての人にハインリヒ王を王とし，かれに仕えることを禁ずる…私はハインリヒを破門という枷に繋ぐ．」(1076年2月) 野心をいだく臣下があるとき，またとくに有力者たちがみずからの権力の拡大を謀リ，かれらの主君の権力を衰微させる手段を探し求めているときには，このような脅し文句は空文ではなかった．そのうえグレゴリウスが1081年にメッツの司教宛の手紙のなかで指摘したように，人が臨終の際に必要としかつ聖職者でなければ与えることができないものがある．つまり「キリスト教徒である王なら誰もがその死の床で哀れな嘆願者として，地獄の牢獄から逃れることができるように……そしてみずからが犯した罪の枷から解放されて神の裁きの庭に立つことができるように，聖職者の助けを求める．聖職者はいうにおよばず，一体どんな平信徒が臨終のときに，地上の王の助けを求めるであろうか．」

俗界権力と聖界権力の論争

この論争は，1122年にウォルムス協定で大まかな運用上の取り決めに漕ぎ付けるまで，数十年つづいた．王や皇帝は各司教区ごとに不動産収入を与える権限を所有し，一方教会は聖職者としての職務収入を与える権限を保持するということで意見が一致した．カリストゥス2世は，ハインリヒ5世に「ドイツ王国に属し，ドイツ王国にいる司教と修道院長の選出は，ハインリヒ王の臨席のもとに，聖職売買の手段やいかなる暴力も用いずに執リ行われること」を容認している．それに応えて，ハインリヒ5世も「わが王国に存在するすべての教会において，教会法に基づく選挙と自由な聖職叙任を実行させてよろしい」と容認している．

この措置がこの論争に終止符を打つことは決してなかった．これに先立ついくつかの出来事が何世紀もつづいていた均衡をすでに崩してしまっていた．そして皇帝と教皇，つまり教会と国家，の相対的立場は，中世後期の一連の著述家たちが，少なからぬ不安と緊張感をいだきながら，論議するところとなった．12世紀なかばにフライジングのオットーはアウグスティヌスの『神の国』の続編を書いた．そのなかでかれはアウグスティヌスの時代以来の二つの国の歴史を検討した．かれはある重要なことが近年になって生じていたと確信した．それは帝国と教皇権のあいだで古くから機能していた一つの関係の崩壊であり，これは差し迫った破局の前兆であった．かれは1152年にフリードリヒ・バルバロッサの即位によってはじまった新しいシュタウフェン家の皇帝たちにいくらかの期待を繋いだが，さらに長い葛藤の期間がつづこう

教会と国家

教会と国家

地図の凡例

ワルド派
- 12世紀末期の発生地
- 13世紀初頭の,他の重要な拠点

カタリ派
- 12世紀後半のカタリ派異端の発生起源地
- 13世紀の重要な拠点
- 1244年以降,ラングドック地方から追放されたカタリ派の避難先

エクス　カタリ派に反論するドミニコ会の活動拠点

政治的境界線,1990年

縮尺 1:6 000 000

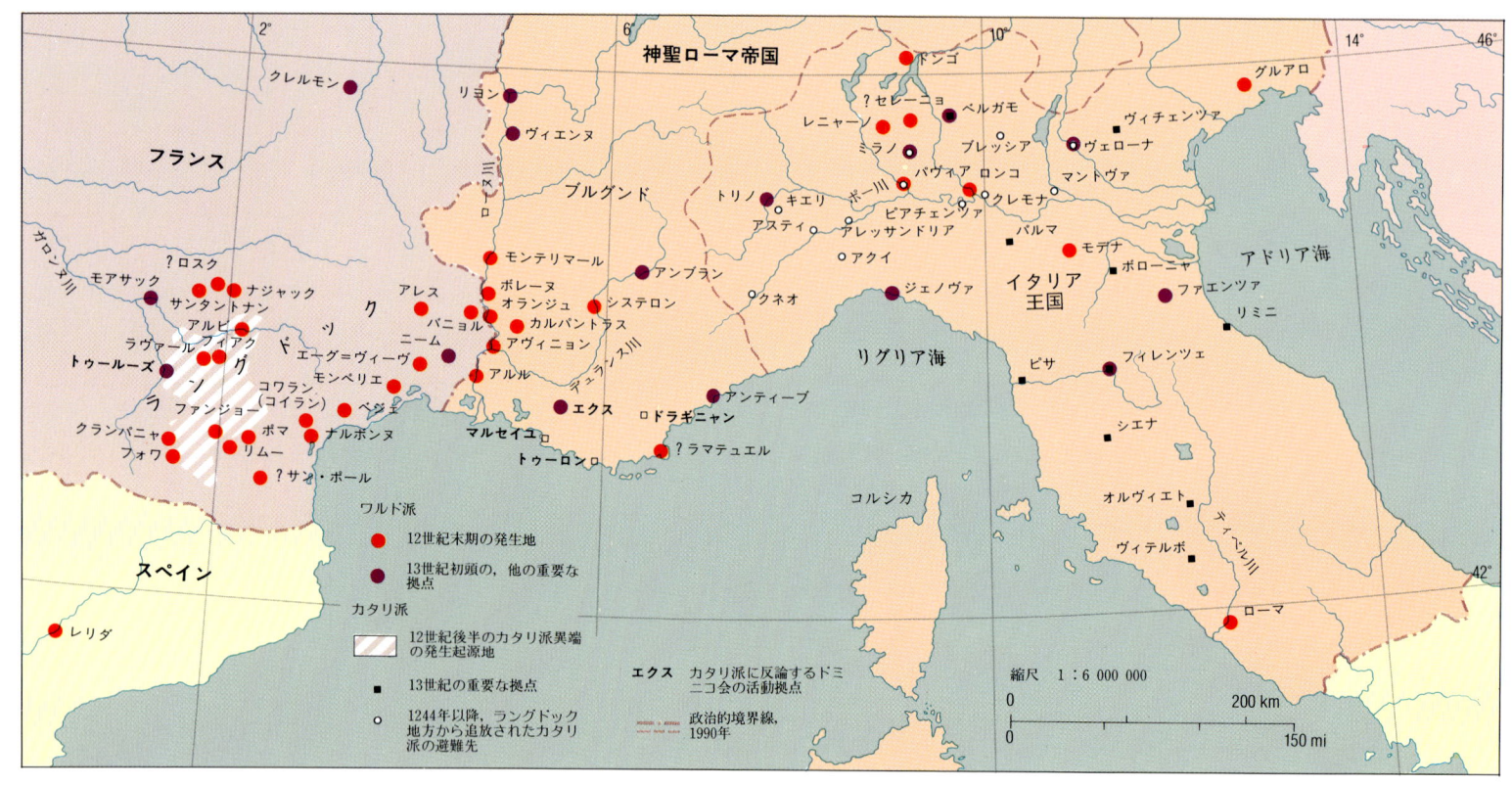

していた.フリードリヒ2世の未成年時代はインノケンティウス3世の教皇在位時期と一致していた.インノケンティウス3世は決断力と学識に富み,法律家であり,かつ法律家の擁護者でもあった.かれは皇帝の中央集権力を弱めるために,ドイツ諸侯を支持した.それに対してフリードリヒ2世は,枢機卿たちにかれら自身が「ローマ司教区を統轄する人物が法律として提示したり,公式なものとして公布する一切のものに対して…平等に参加すること」を要求する権利を有する「使徒たちの後継者」であると考えるように奨励した.長い期間のうちに,この種の動きゆえに教皇の要求は縮小され,会議制が教皇専制体制を食い止めることになった.

教会の諸要求を擁護する人々は,最初は事態を宇宙のなかの善と悪,つまり聖界と俗界,のあいだでつづいている大戦争という観点から眺め,教会と皇帝をその戦争を戦うに際しての二者一体のものと考える傾向にあった.クレルヴォーのベルナルドゥスは1120年代からヨーロッパにひろがったシトー修道会の生みの親であるが,かれの5冊の著書のなかに教皇エウゲニウス3世宛に書いた1通の書簡がふくまれている.教皇エウゲニウス3世はかつてシトー修道会の修道士で

あった.ベルナルドゥスはエウゲニウスにみずからを世界の王者であると考えるよう奨めている.使徒たちはイエスが逮捕されたとき,つぎのようにいった.「御覧ください.ここに2本の剣があります.」イエスは答えて「それで十分だ」と言われた(ルカ22章38節).この聖句に基づいて「両剣論」という教義が作られ,11世紀後半から12世紀にわたる論争のなかで新しい流行となった.ベルナルドゥスはエウゲニウスにつぎのように述べている.「2本の剣,つまり霊的な剣と物質的な剣はともに教会に属するものである.しかしながら後者は教会のために,前者は教会によって抜かれるべきである.すなわち霊的な剣は聖職者によって,物質的な剣は武人によって抜かれるべきである.ただしそれは明らかに教皇の指示や皇帝の命令を受けた場合に限る…….いざ,一撃を与えるべくあなたに委ねられている剣を執りなさい.そしてすべての人でなくとも,また多くの人でなくとも,あなたにできる範囲内の人々を,かれらの救済のために,剣で突き,手傷を負わせなさい.」(『省察録』4.3.7)(p.73へ続く)

ダンテはこの問題点を『帝政論』(3.4)に見られる比喩のなかで論じている.すなわち皇帝の権威は教会の権威に従属

上　異端と異論
地図は民衆の異端運動の,南フランス,北スペイン,北イタリアへの集中を示している.これらの地域では幾種類かの異端説が一般に広まっていた.とくに二元論(カタリ派)が盛んで,その信奉者たちは初代教会時代のグノーシス派やマニ教の教派に属していた.かれらは宇宙が二つの力すなわち善と悪とに支配されており,両者は永遠の闘争に閉じ込められていると考えていた.一方,反聖職者主義は,ワルド派や「リヨンの貧者」などの民衆のグループを燃え立たせ,かれらに秘跡を拒否し,キリスト教徒の必要事は,この世の富を拒み,キリストに従うことだと論じさせた.

右　教会と学問
教会は,直接また間接に,中世の学問の偉大なパトロンであり,司教座聖堂学校を運営し,教会に関する役所仕事には,諸大学の卒業生のなかから,最優秀の者を送り込んだ.地図は司教座聖堂と大学の所在都市とが奇しくも一致すること,ならびにヨーロッパ中に学校が普及する様子を示している.

左　ダンテの神曲を描いたこの15世紀の絵の中で,天上界の案内者であるベアトリーチェから,天文学的であると同時に霊的でもある天の国を紹介してもらっているダンテの姿が描かれている.

教会と国家

- ✠ 重要な修道院学校
- ラン □ 著名な聖堂付属学校
- 🏛 1300年以前に創設された大学
- 🏛 1301—1400年に創設された大学
- 🏛 1401—1500年に創設された大学
- 🏛 1501—1700年に創設された大学

北海
バルト海
大西洋
地中海

イギリス諸島・北欧
- アバディーン 1949
- セント・アンドルーズ 1411
- エディンバラ 1582
- グラスゴー 1451
- ジャロウ ✠
- ウェアマス ✠
- リーヴォー ✠
- □ ヨーク
- ダブリン 1591
- ピーターバロ ✠
- ケンブリッジ 1209
- オックスフォード 1190頃
- カンタベリー □
- ウプサラ 1477
- ルンド 1688
- コペンハーゲン 1478
- ケーニヒスベルク 1544

ドイツ・低地諸国
- キール 1655
- グライフスヴァルト 1456
- ロストック 1419
- フラネケル 1585
- フローニンゲン 1614
- アムステルダム 1631
- ハルデルビーク 1648
- オスナブリュック 1630
- ヘルムシュテット 1576
- マグデブルク
- ライデン 1575
- ユトレヒト 1636
- パーデルボルン 1614
- ヒルデスハイム 1409
- ヴィッテンベルク 1502
- ハーレ 1694
- ルーヴァン 1426
- ケルン 1388
- マルブルク 1527
- エルフルト 1379
- ライプチヒ
- トゥールネ
- マインツ 1476
- ギーセン 1607
- フルダ
- イェーナ 1558
- コルヴァイ
- バンベルク 1648
- プラハ 1348
- オルミュッツ 1573
- クラクフ 1364

フランス
- モンサンミシェル ✠
- カーン 1432
- ルーアン
- ボーヴェ □
- ラン □
- トリール 1473
- ヴュルツブルク 1402
- ベック ✠
- ランス □
- ヴォルムス
- シュパイエル 1385
- ハイデルベルク
- レーゲンスブルク
- トイルナウ 1635
- パリ 1150頃
- ポンタムソン 1572
- ナンシー
- メッツ
- チュービンゲン 1477
- インゴルシュタット 1459
- リンツ 1669
- ウィーン 1365
- プレスブルク 1467
- セーヌ川
- シャルトル □
- オルレアン 1235
- ストラスブール 1567
- ディリンゲン 1549
- ザルツブルク 1623
- ブダ 1389
- サヴィニ ✠
- フリュリー
- フライブルク 1457
- バーゼル 1460
- サンクト・ガレン ✠
- グラーツ 1585
- ナント 1460
- アンジェ 1337
- クレールヴォー ✠
- ドラウァ川
- ロワール川
- トゥール
- ブリュージュ
- ブザンソン 1485
- ペーチュ（フンフキルヘン）1367
- ポワティエ 1431
- シトー ✠
- ドール 1422
- クリュニー ✠
- ローヌ川
- ヴェルチェルリ 1228
- ヴィチェンツァ 1204
- トレヴィーソ 1318
- ラシェーズデュー ✠
- グルノーブル 1339
- ミラノ
- パヴィア 1361
- パドヴァ 1222
- ボルドー 1441
- トリノ 1405
- ピアチェンツァ 1248
- パルマ 1502
- ポー川
- フェラーラ 1391
- ラヴェンナ
- ガロンヌ川
- カオール 1321
- オランジュ 1365
- ヴァランス 1452
- アヴィニョン 1303
- レッジョ 1188
- ボローニャ 1200
- ウルビーノ 1564

イベリア半島
- サンティアゴ・デ・コンポステラ 1506
- オヴィエド 1604
- オルテーズ 1561
- モンペリエ 1289
- トゥールーズ 1229
- エクス 1409
- ピサ 1343
- フィレンツェ
- シエナ 1246
- ペルージャ 1308
- バレンシア 1208
- ウエスカ 1354
- ヴァリャドリド 1346
- サラゴサ 1474
- レリダ 1300
- ペルピニャン 1349
- エブロ川
- サラマンカ 1243
- アルカラ
- シグエンサ 1489
- バルセロナ 1430
- アレッツォ 1215
- ローマ 1303 ✠
- モンテカッシーノ ✠
- コインブラ 1290
- ナポリ 1224
- サレルノ 1173
- リスボン 1290
- トレド □
- ヴァレンシア
- パルマ 1483
- サルディニア島
- コルシカ島
- エヴォラ 1550
- ドウロ川
- タホ川
- グアダルキビル川
- バレアレス諸島
- カリャリ 1626
- パレルモ 1637
- メッシナ 1549
- セヴィリア 1254
- モンレアーレ
- カターニア 1434
- グラナダ 1540
- シチリア島

縮尺 1:12 000 000
0   400 km
0   300 mi

中世パリのキリスト教徒

　12世紀にパリはおそらくヨーロッパ第一の学校や大学の中心地となった．聖ジュヌヴィエーヴ大聖堂付属学校，聖ヴィクトール聖堂参事会修道院付属学校，おびただしい数の教師と名声を求めてお互いに競い合う学生たち……こういったものゆえにパリは大望をいだく若者たちにとって魅力的な場

左　パリのこの王宮の情景は，12世紀の教会と国家の関係の一端を視覚的に示している．イングランドでは，ヘンリー2世が，大司教トマス・ベケットと，法律上おのおのが有する裁治権の問題に関して争っていた．教会法廷は聖職者を裁いたが，死罪を宣告することはできなかった．聖職者でない人々は，自分たちが聖職者であると証明したい，死刑免除という聖職者特権をえたいと躍起になった．国王は，国王裁判を免れようとする自称免責者の上に厳格な処置を講じようと試みた．ここパリでは聖職者の地位は，司教団として法廷に出廷することで証明された一方，国王が裁判長として全体を主宰した．

所となった．そういった若者の多くは教会，あるいは教会の行政事務の分野で出世しようと望んでいた．13世紀にはパリはスコラ哲学を教授するための中心地となり，貧しい学生たちを受け入れるために，ソルボンヌをふくむ数多くの学寮が設立された．

パリのノートルダム大聖堂から採ったこの13世紀の浮き彫りは，学生生活を描いた連作の中の一葉で，講義する者と学生たちを示している．講義は定められたテキストに関する系統的な註解で構成されていた．13世紀には，学生

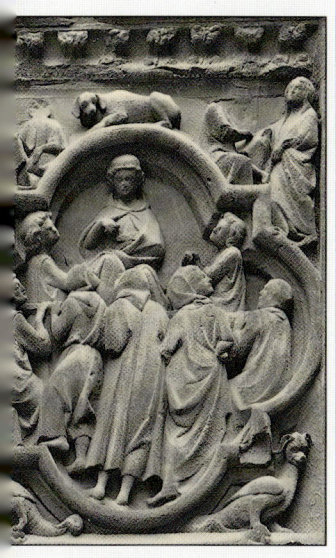

すると主張する人々はつぎのようにいう．「創世記によれば，神は二つの巨大な発光体，つまり大きい方のものと小さい方のものとを創造された．一方は昼を司るもので，もう一方は夜を司るものであった．これは聖界と俗界との二つの権力構造を示す寓話だといわれている．そこで小さな方の発光体つまり月は，太陽から光を受けない限りそれ自体は光を発しないのと同様，俗界の権力も，その権力が聖界から引き出される場合を除いては，権威をもたないという主張が出てくる．」ダンテ自身この問題に関して自分がどのような立場にあるかを完全には確信していなかった．そして中世後期の他の学者たちもそのような見解をいだき，かつてグレゴリウス7世や聖ベルナルドゥスがその見解に立って行った議論とはまったく異なった議論にその見解を役立てた．たとえばジャン・ド・パリは『国王と教皇の権威について』を著し，「コンスタンティヌスの寄進状」を排除している．その根拠は「コンスタンティヌスの寄進状」が偽物であるということではなく（偽物であることは中世の終りまでわからなかった），それが帝国のごく限られた部分にしか影響をおよぼさなかったし，民法の解説のなかに見つかりそうな理由により無効である，ということであった（第21章）．ベルナルドゥスがエウゲニウス3世に宛てた手紙のなかで展開している議論，つまり「罪を許す権限」は「不動産権：土地財産を分割する権限」より大きいという議論に関しては，ジャンはつぎのように答えている．「俗界の問題においては俗界の権力が聖界の権力よりも大きい．そしてこれらの問題においては，俗界の権力は聖界の権力に由来しているのではないから，決して聖界の権力の支配を受けるものではない．」（第5章）それどころか王権がまず先に生れた．なぜならキリスト以前には真の聖職者は存在しなかったし，また確かに王はキリスト以前に存在していたのである．」（第4章）

　教会と国家の関係という問題は，学問的な問題になったが，それは決して学問的な問題であっただけではなく，16世紀，つまり宗教改革の時期に，これもまた教会からの圧力の結果

は本屋から一度にテキストの2・3ページを賃借りすることができたが，多数の学生は講義を理解するのに役立つこの写しをもたないで，聞くだけだった．そこで教師たちは論じている文章を丹念に読んで聞かせた．

上　プラハのフス派の写本から採ったこの細密画では，画家は教会反対者に対面する教皇を描いている．尊大に三重冠を冠り，頭を下げ右足をひざまずいてかしこまっている修道士たちを従えている．

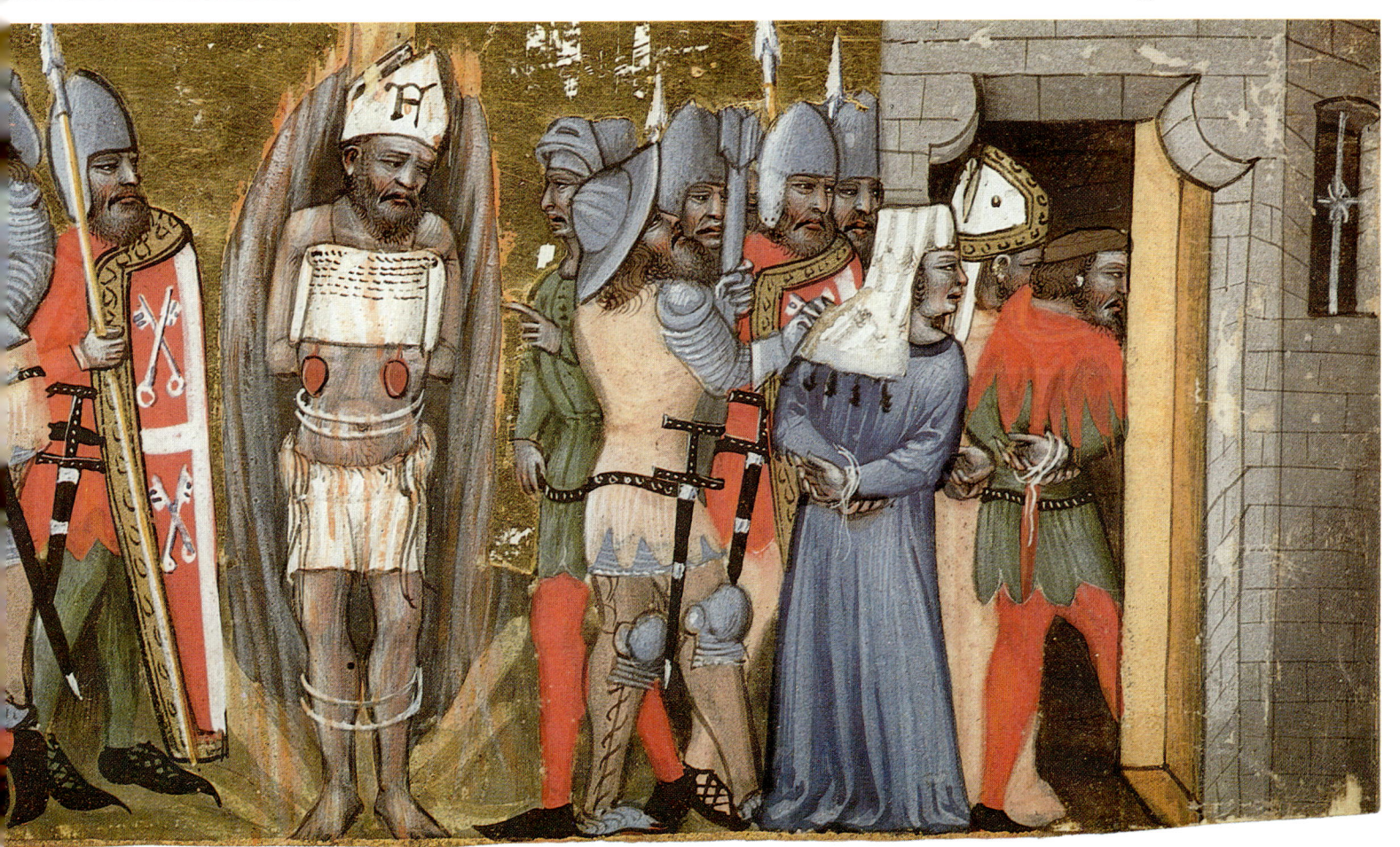

下　地上におけるキリストの代理者，教皇が異端者たちを裁いている．焚刑は異端者を火あぶりにすることである．地獄は，右側に描かれている牢獄であり，その中へ有罪宣告を受けた者たちが追い込まれようとしている．この絵はキリストから，かれの代理者たる教皇に託された権威を強調している．

教会と国家

東方世界の皇帝と総主教

コンスタンティノープルやアンティオキアでは、969年から1070年代にかけて、そこがビザンティンの支配下にあった時期に、総主教の権威に取って替わるもの、つまり皇帝の権威が手近なところに存在した。

皇帝の役割は総主教の役割と重複しており、ときには衝突することもあった。皇帝もまた神によって信仰の保護を委託されていた。そしてかれには無神論者のあいだに信仰をひろめるという特別な義務があり、「使徒たちに匹敵する者」という形容句がつけられていた。かれはまた「生きている法律」とも称せられた。したがってときには歴代皇帝がコンスタンティノープルの総主教に対抗して、ローマに判断を求めて直訴することが役に立つと考えることがあったにしても、法を定める人間は教皇であるとする西欧の概念はビザンティン人には共鳴できるものではなかった。皇帝を任命する人間は教皇であるとする西欧の概念もまた、東方世界には性の合わないものであった。「コンスタンティヌスの寄進状」は世俗や政治の領域にひろがった。その権威はキリストがかれの教会を支配する絶対的権限をペトロに与えたと教皇制擁護者が解釈したつぎの聖句に基づいていた。「あなたはペトロ（岩）である。私はこの岩の上に私の教会を建てよう。」「私は天の国の鍵をあなたに与えよう。あなたが地上でつなぐものはみな天でもつながれ、あなたが地上で解くことはみな天でも解かれる。」（マタイ16章18－19節）

コンスタンティノープル以外の総主教は誰も鍵や天国に関してそのような要求をしなかった。事実ビザンティン皇帝を任命する際のコンスタンティノープルの総主教の役割は控え目なものであった。普通は総主教が新皇帝の頭上に王冠を載せていたが、就任儀式を執り行うことに関しては総主教に独占権はなかった。同僚皇帝として僚友に王冠を載せる行為は現職の皇帝たちによって行われた。聖香油塗布はビザンティン中期には行われなかったし、王冠授与は権威の授与という重要な行為としての法的意味を獲得できなかった。さらにまた総主教は王冠を授けられた人物に、ギリシア正教を信奉していることを広く一般人に公言すること以上のいかなる明確な仕事も強制しなかった。皇帝は決して総主教の地上の代理人ではなかった。皇帝はしばしば「神から王冠をいただいた者」と称せられたし、ときにはキリスト・聖母マリア・あるいは神の手から直接戴冠しているものとして描写された。このような表現は、皇帝の権威の上昇は神の意志によるものであり、聖職者は誰一人として神の意志の特別な代理人ではないということを示していた。ニコラオス・ミュスティコスのような野心的な総主教たちでさえ、皇帝の権威の上昇は神の「計り知れない」計らいによるものであるといった。ニコラオスがローマノス・レカペノスが皇帝という権勢の地位に昇進したことをこのように体裁よくごまかしたについては、かれなりの理由があった。しかしかれが皇帝任命権を正式に要求することを避けたことには深い意味があった。オフリドのテオフュラクトスが皇帝を「宇宙の神によって王冠を授けられた者」と表現したような国家においては、総主教の権威を公式化することは容易に成しうることではなかった。

ビザンティンの皇帝支持者たちや聖職者の多くは、当時のローマの教皇擁護論者たちとは異なった言語を話していたということになる。

この9世紀後期のモザイクは、コンスタンティノープルの聖ソフィア聖堂の皇帝用の入堂扉の上にあるもので、栄光のキリストが皇帝レオ6世から神に服従する印の敬礼を受けているところを描いている。

第3部　聖地への巡礼者

TO BE A PILGRIM

聖地巡礼

巡礼の思想はキリスト教の伝統に非常に古くから存在する二つの概念に基づいている．一つは追放者としての地上における人間の霊魂は追放されて異国で暮しているが，旅をして神の家に戻るものであるという考えである．だから人生全体が天国への巡礼なのである．もう一つは，ある特定の物や場所がある意味で聖性の中心であり，そこでは霊的世界に触れることができるという信仰である．聖人の遺物が保存されている礼拝堂を訪れたり，ローマやイェルサレムといった場所を訪れることは，神に一層近づくことであった．この二つの考え方は非常に強烈だったので，中世の純朴な人々の心のなかでは地上のイェルサレムに旅することは，天上のイェルサレムつまり神の国そのものに旅することとほとんど違わなかった．巡礼に出かけることは天国に至る一つの方法であった．

最も初期の巡礼者たちの一部の人は，4世紀のエゲリアのように，ちょっとした先駆者であった．かれらはほとんど地図に載っていない聖地への道を見つけ出し，危険な道なき道を辿っていったのである．これと対照的に，11世紀またはそれ以前から，集団巡礼がどんどん流行した．真の信仰心とならんで遊山気分が見られた．これら中世のパッケージ・ツアーは娯楽的要素とおみやげが織り込みになっていた．中世後期のあるイギリスの巡礼旅行の趣きのいくぶんかが，チョーサーの『カンタベリー物語』からうかがい知ることができる．

巡礼者が訪れる礼拝堂のある特定のものは立派になり，重要になった．中世を通じてヨーロッパで最も有名な三つの巡礼地は，ローマの聖ペトロ大聖堂と，スペインのコンポステラの聖ヤコブ聖堂と，聖地においてイエスの生涯にとくにゆかりのある他の場所をふくめたイェルサレムそのものであった．12世紀の第2四半期のあいだにクレルヴォーの聖ベルナルドゥスは新設されたテンプル騎士団のために1冊の本を著した．テンプル騎士団員は，修道者としての規律の下に生活し，聖地への奉仕とその保護に身を捧げる兵士たちであった．ベルナルドゥスはかれらを聖地への「案内者付きの旅行」に伴い，聖地の一つ一つの前に立ち止まり，かれらにその意味を思い出させた．さらに他の聖堂は，たとえばカンタベリーの聖トマス・ベケットの聖堂のように，国際的に有名になった．ベケットは英国のヘンリー2世の時代に，カンタベリーの大司教であったが，教会と国家がそれぞれ所有していた裁治権に関してヘンリー王と仲違いした．王はベケットが自分の旧友であったので，かれを大司教に任命してあったのである．ベケットは大聖堂のなかで，聖なる場所（至聖所）の平和を打ち破る身の毛のよだつような惨劇のうちに，王に取り入ろうと躍起になっている男たちによって暗殺された．この事件に対する一般大衆の反応は非常な恐怖と嫌悪に満ちたものであったので，ヘンリーはみずからの王位を守るために，公けの罪滅ぼしをしなければならなかった．ベケットは聖者に列せられた．そしてこの事件はヨーロッパ中で悪名高いものになったので，至る所から巡礼者がベケットの礼拝堂を訪れるようになった．

各地の聖堂は訪れてくる巡礼者相手の商売で豊かになったので，かれらを宿泊させた教会や大聖堂には，しばしば実に壮麗なものがある．たとえばルルドでは，1883年から1901年のあいだに，洞窟の上に建てられた教会の傍らに立派なロザリオ教会が建築された．サンチャゴ・デ・コンポステラやカンタベリーでは，大聖堂の建物はその壮麗さのなかに聖堂の重要性を反映している．つまり壮麗さは聖人に対する尊敬の

左　ギリシア人の巡礼が身に着けているこの小さなメダルは，聖母子の簡素な肖像である．これが発見されたエフェソスの聖ヨハネ教会は，聖ヨハネが晩年を過ごした所だと信じられていた．トルコ人がこの地域に侵入してきた結果，パトモスの教会が聖ヨハネ崇敬の巡礼の中心地として取ってかわるまで，この教会が巡礼の重要な拠点の一つであった．エフェソスはまた聖母に捧げられた最初の教会であった．

聖地巡礼

下　巡礼の男女がここでは一緒に旅をしている．かれらの帽子には十字架の印があり，眼は慎み深く伏せられ，手は祈りの形に組まれ，胸元で合わされている．フィレンツェの聖マルティノ教会のギルランダーヨの工房から見つかった15世紀のフレスコ画である．

下　カンタベリー大聖堂の聖三位一体小聖堂に見られる，この13世紀の窓には，頭に被りもののない巡礼たちが，財布と水筒と杖をもって描かれている．この明らかに非武装の装束は見知らぬ土地を旅する巡礼者たちにとっての護符であった．この格好でおれば巡礼者たちは通常安全に通行できた．

念を表現する実に適切な方法であり，敬虔な信者から贈物や献金の形で大量に寄せられた寄進のふさわしい使途だと考えられていた．

聖堂でときどき生じた奇蹟による治癒は，巡礼の歴史のなかのもう一つの重要かつ根深い要素であった．中世においては，大修道院長もしくは司教が死亡したとき，かれらの遺骨が偶然そのような奇蹟的治療に効果をもたらすということが生じた．そうなると列聖を求める運動が勢いを増し，その聖堂は何世代にもわたって確固たる巡礼の中心地となる可能性があった．近代で最も人目を引く例は，おそらくルルドの洞窟にある泉であろう．

ルルドは地上におけるイエスの生涯や聖人たちではなく，聖母マリアにゆかりのある一群の巡礼中心地に属している．多くの場所で聖母マリアは幻の姿で（とくに子供や少女に）出現したり，聖母像（芸術的にはとくに重要ではないことがしばしばあった）が動くように見えたりした．最近アイルランドで聖マリア像が動いたという事例は，奇蹟の再現を確かめたいと思う数多くの人々を引き寄せはじめている．民衆の信仰のなかで，これらの聖母マリアに捧げられた礼拝堂が重きをなしていることは，全世界のギリシア教会とローマ教会の信仰心情のなかで，聖母マリアが慈悲と優しさの模範として，またわれわれの神の母としてとくに，崇め讃えられるべきものとして，特別な立場にあることを証明している．ギリシアではティノスの礼拝堂が，西欧のルルドとちょうど同じように，奇蹟による治癒を求める人々を引き付け，病人はその聖堂に参拝する順番を待ちながら一晩中教会の外で眠るのである．

現代世界においては，巡礼はしばしば体験者の証言という強力な要素を帯びている．すなわちそれはあらゆる場所，あらゆる年代において，キリスト教徒共同体の連帯感を教会と世界の両方に公けに示すという要素である．毎年何百万もの

聖地巡礼

巡礼者が地球を縦横に交差してあちこちからやってきて，諸聖堂の前に，いろいろな国の言葉を話す群れとなって集まる．季節におかまいなく，白くて丈の長い上着を着たアメリカ人の一群が，肩に航空会社のバッグをかけ，聖ペトロ大聖堂の広場を横切るのが見受けられる．別の団体はヴェネツィアの教区からきたことを世界に示す旗をもっている．病人の行列は，沈黙のうちに，あるいは聖歌を歌いながら，その目や心を聖なるものと折紙のついた場所に留め，粛々整然と順番を待つ．おそらくかれらは自分たちが平和と友情の証人となっていることにほとんど気付いていないであろう．しかしときどきかれらの旗印がそのことを明確に宣言していることがある（たとえば p.184 のキリスト教徒の CND の行進者を参照のこと）．

プロテスタントの一部の人たちにとっては，この世のなかで聖人や聖母マリアに聖なるものを結びつけて特定の地域に崇拝の焦点を当てるという観念は，キリストへの信仰を中心に据えることから人の気を散らすものであり，かつまた霊的なものから物質的なものへと人の心を散らすもので，受け入れ難いものである．しかしながら目に見え，手に触れることができる物や場所を，祈りに集中する一つの方法として利用することができることは，役に立つ――しかも純朴な人々に対してだけではなく――と考える一つの重要な見方が存在する．ちょうど花や風景を見て魂を神に向けて高めることができるように（ジェラルド・マンリー・ホプキンスがおそらく現代詩人の誰よりもよく理解したように），聖なる場所，聖なる物は霊的理解への足掛りとして作用しうるであろう．

このような信心の伝統と実践は非常に歴史の古いものである．パドヴァ人のガブリエレ・カポディリスタは1458年にイェルサレムに巡礼をしたが，かれは日記のなかに，福音書に見られる出来事に関連する聖なる場所で，その出来事について黙想したことを記録した．またかれは，ときにはかれがその地で唱えた祈りについても記録した．もっと公けの信心業も疎かにされていなかった．およそ5世紀ほど後に，あの詩人T・S・エリオットはリトル・ギディングというケンブリッジシャーの名もない村へ旅をした．そしてそれがかれの『四つの四重奏』の最後の部分の主題となっている．1625年にニコラス・フェラーはこの場所に，祈りと慈善事業に身を捧げる，かれの家族を基盤とした，小さな共同体を設立した．ある特定の場所を訪れる人が，そこで絶え間なく礼拝が行われているのを意識して，その人自身の祈りや黙想が深められる，その実態にエリオットは触れている．

> あなたがここにいるのは立証するためではない
> 自らを教育するためでもなく
> 好奇心を満たすためでもなく
> 報告するためでもない．あなたがここにいるのは
> 祈りが今まで有効であったこの地に
> 膝まずくためである．

神に向かって旅をするという肉体的活動は，精神がそれ自身の旅をする際に，精神にも役立ちうる．証しの行列に加わる人々，平和あるいは善業を支持して行進する人々，慈善に必要な資金調達のためにスポンサー付きの徒歩旅行に出かける人々――これらの人々はすべてこの種の巡礼活動に参加していることになるのである．

聖地巡礼

ポーランドのカルワリア・ゼブルジドウスカ。傘の下に身を屈めながら、雨のなかを行く復活祭巡礼に参加した巡礼者たち。

聖地巡礼

聖地巡礼

左　1975年，聖年のローマ．聖ペトロ大聖堂前の大広場に集まった復活祭巡礼者たち．

下　奇跡的治癒を望んでルルドに連れてこられた病人は，巡礼地の教会で癒されるという長年の伝統を信じている．ルルドは，1858年に，14歳の農家の少女ベルナデッタ・スビルーが示現を見た場所である．ベルナデッタは，岩の洞窟のなかに聖母を見，この岩から一つの泉が湧き出た．この泉の水に浸った人々は癒された．1862年までにこの地は教会によって巡礼地として認められ，それ以来，ルルドは癒しを求める人々の最大の巡礼地となっている．何百万という人が，毎年，とくに2月11日のルルドの聖母出現の祝日に，ここに集まる．

下端　枝の主日の行列が，イェルサレムのオリーブ山から降っていこうとしている．

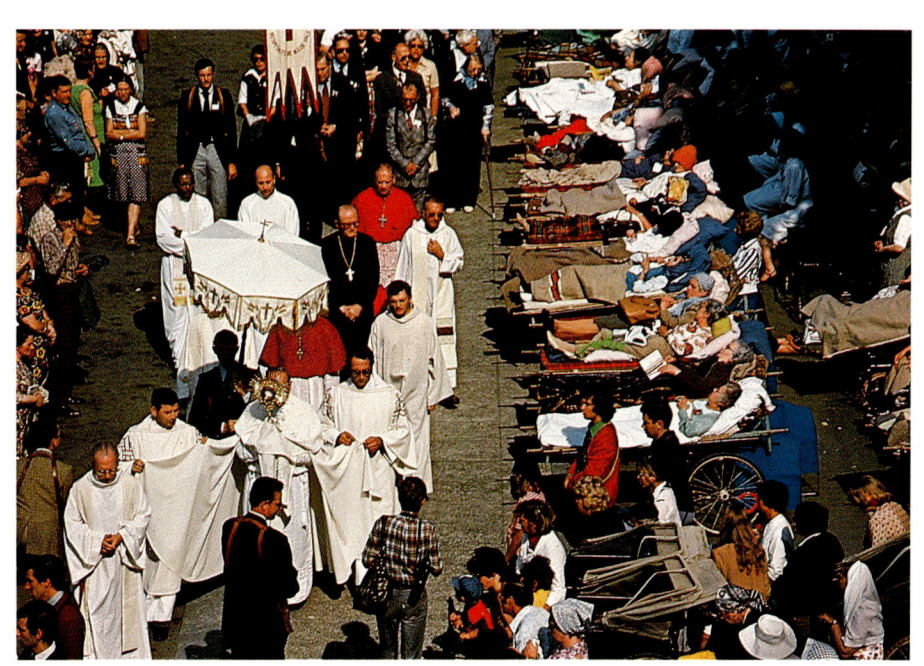

聖地巡礼

上 ロシアのスズダリ正教会の野外で、巡礼者の一団が雪のなかのミサに与かっている。

右頁 ポルトガルのファティマで1917年5月、3人の子供たちが聖母の示現を見た。聖母はかれらに6回にわたって出現された。最後のとき、聖母はみずからを「ロザリオの聖母」と名乗られた。聖母は子供たちにロザリオの祈りを毎日唱えるようにいわれ、その場所に聖母のための小聖堂を建ててくれるようにといわれた。3人のうち1人だけが成人した。彼女はカルメル会修道女となり、後に、この示現の次第を書き留めた。彼女はファティマで会った聖母からの三つのメッセージを伝えている。すなわち償いをすること、ロザリオの祈りを唱えることの大切なこと、マリアの汚れなき御心への信心を広めることである。聖母出現の場所は重要な巡礼地となった。写真には巡礼中担いできた十字架を大事そうに抱いている巡礼者が写っている。かれの顔は信仰に燃えて神々しく見える。

右 アルゼンチンのコパカバナにある聖母聖堂へ向かう巡礼者たちの行列。

聖地巡礼

次頁 ロレート聖堂も聖母に捧げられたものの一つであるが，ファティマがきわめて新しいのに対して，ロレートは古くからの巡礼地であり，今日もなお数多くの人々をひきつけている．イタリアのアンコナの近くにある聖堂は，お告げのときにマリアが住んでいたと信じられている「聖母の家」のある場所に建っている．伝説によれば，この「聖母の家」は奇跡的に天使たちによってナザレトから運ばれてきたといわれる．この話の最初の記録は1470年頃のもので，聖母マリアをたたえて大聖堂が建てられたのと同時代である．以来「ロレート」は世界中からのローマ・カトリック教徒の熱心な巡礼の中心となっている．

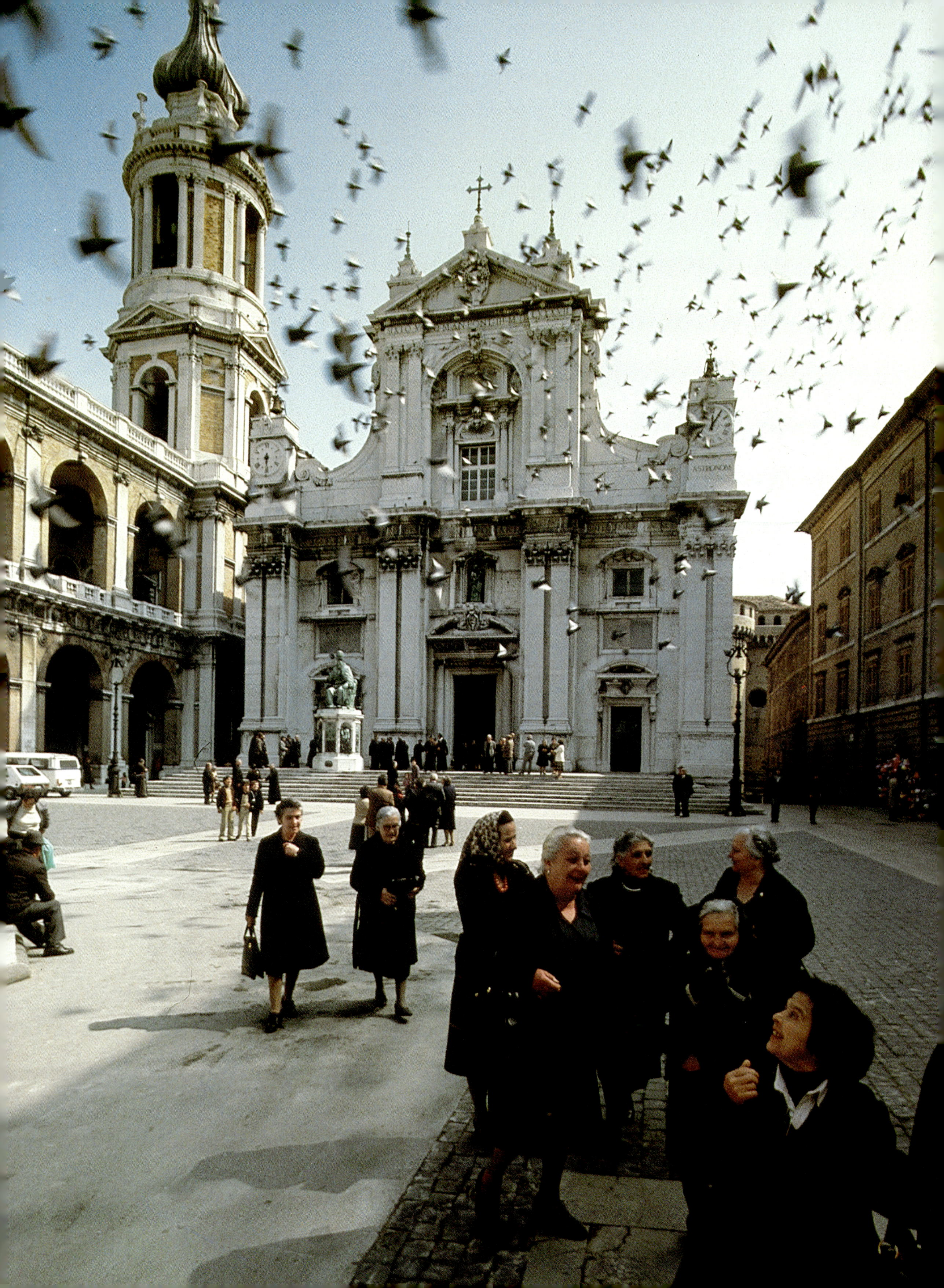

第4部　改革と反動

REFORM AND REACTION

中世後期：活性化か退潮か

　一つの時代を「改革の時代」あるいは「再生＝ルネサンスの時代」と呼ぶ場合，その直前の時代は自動的に腐敗とか衰退の時代だと思われることになろう．ルターの反逆以前の時期におけるヨーロッパの宗教は，こういうわけで常にその拙い点という見地から眺められている．しかしいかなる宗教もその欠点のみならずその積極的な内容を注目するのでなければ理解できない．そして1517年以前の時期が大きな霊的活力を有する時期だと見なしうる重要な見方がある．われわれは物の表裏を見る必要がある．

中世後期の教皇権

　まず第一に否定的側面を見てみよう．教会の最大の欠陥は教皇権のありかたであった．役人や聖職者の任命権，立法および徴税を施行するための途方もない行政網をインノケンティウス3世とかれの後継者たちがすでに完成していたのだが，ヨーロッパの宗教界の最高指導者としての教皇の威信はすでに記録的低水準にあった．1378年から1417年に至るまで二つの系列の教皇が在位して，途方にくれるヨーロッパに忠誠を要求した．そして1409年にピサ公会議が問題の解決を計ったが，結局第三の教皇選出となったに過ぎなかった．必然的に，この情勢の不安定が原因で世人の頭のなかでは教皇を重んじる気持が衰えてきた．そして分裂し腐敗した教皇権の諸問題に関する神学的考察が台頭した．全体会議が教皇の上位に立ち教皇を退位せしめうるという考え方に基づいた公会議運動がますます魅力あるものになった．そしてこの分立に終止符を打ったのは1417年のコンスタンツ公会議であった．その後の教皇は一度も，この公会議運動が教皇制に対して下そうとした解釈，つまり君主的性格の制限，を受け入れなかったが，この解釈の仕方は16世紀初頭の世人の頭の中には説得力のある力となって残った．

　教皇のこの分立から他の教訓がすでにいろいろ学び取られていた．この時代は各国政府の要求主張が増大しつつあり，世俗勢力がみずからの権限の拡大に非常に熱心な時代であった．そして多数の世俗君主たちは教皇の分立を，教皇の主張を弱体化するものとして歓迎していた．ロレンツォ・ディ・メディチだけが「醜聞を巻きおこさずにやれるならば，3人とか4人の教皇がいるほうがただ1人よりましだろう」と考えたわけではない．16世紀の世俗支配者たちにとって，プロテスタント主義の主たる魅力の一つは，宗教的権限の中心がまさにこのように分裂していて過去の教皇制よりも制御しやすい単位になっていることであった．いわゆる「キリスト教国」は分解しつつあった．

　こんな状況であったが，教皇制の最大の弱点は教皇たち自身の性格であった．15世紀にも偉大な教皇たちがいたが，ペトロの座は普遍的な霊的指導者よりもイタリアの諸侯出身の者に握られるようになった．そしてその一部の者は悪質な性格の持ち主であった．シクストゥス4世（1471—84在位）はこの意味での主要人物の一人である．かれの野望は本質的に世俗の領主のそれであった．ロレンツォ・ディ・メディチとフェラーラと，またヴェネツィアとを向こうにまわしての，一連の権力闘争のなかに閉じ込められていたが，この教皇はたくさんいる一文無しで強欲なかれの甥たちを昇進させた．そのやり方はローマの歴史の中においてすら前例を見ない規模の図々しいものであった．これらのルネサンス時代の王侯貴族出身の教皇のなかで最も悪名の高かった者は，かのスペイン人のロデリーゴ・ボルジアであった．この男はアレクサンデル6世として自分の娘の結婚式の司会をし，ヴァティカン自体のなかで若い愛妾をこれ見よがしに人に見せびらかした．マキアヴェリのいう権謀術数の典型である．かれの息子のチェーザレは1502年にヴァティカンで宴会を催し，そのおり50名の売春婦が裸踊りをやり，出席していた男たちがその女たちを奪い合った．

　こんな状態ではあったが，このような人間も，それぞれ教皇として考えてみると，拙さを償う特徴がないではなかった．金銭ずくで欲深いシクストゥス4世はヴァティカン図書館の第2番目の建設者であり，システィナ礼拝堂を建て，慈善施設や教会のためには惜しみなく擁護の手を差し伸べた．一方，アレクサンデル6世ですら1497年に教会改革案を起草するための枢機卿委員会を設立した．しかしながらこの教皇たちの美点は，特に軍人出身の教皇ユリウス2世のもとでの芸術擁護のすばらしさに見られるように，世俗的意味での美点であった．ユリウス2世のためにはラファエロがヴァティカン宮殿の装飾をほどこしたし，ミケランジェロは聖ペトロ大聖堂改造のための建築家として雇われた．この改造自体は当時の教皇たちの態度を大幅に象徴するものであった．一面から見ると，この改造は敬虔と宗教的真実を称揚する行為であり，他の一面から見ると，それは傲慢つまりキリスト教国の中心

教会大分裂期の忠誠，1378—1417年

　教皇庁の内部分裂は，その状況を利用する世俗君主たちもいることから，西方キリスト教世界を，政治的に分断してしまった．1309年から1377年まで，教皇たちはアヴィニョンに居住した．教皇庁が1377年ローマに帰還した後には，ローマの教皇に反対する「対立教皇」がここに教皇庁を保持しつづけた．最初は「クレメンス7世」，つぎは1417年のコンスタンツ公会議で廃位された「ベネディクトゥス13世」であった．この時期は「教会大分裂」として知られるようになったが，ウルバヌス6世の選挙後から始まる．後にベネディクトゥス13世となるペドロ・デ・ルナはそのとき忠誠を誓う相手を変えて，それまで敵対していた枢機卿（対立教皇クレメンス）を支持した．1394年クレメンスが亡くなったとき，分裂に終止符を打つことを約束して，「ベネディクトゥス13世」が選出された．しかし一度教皇位に就くと，かれは自己の要求を諦めようとしなかったので，かれを廃位するための試みがつぎつぎとなされた．教皇位を望むライバル間の分裂はなにも新しいことではなかったが，このエピソードは，時あたかも教皇首位権を主張することを堕落と見なす教会改革者たちから，教皇座が攻撃されているときのものであった．フランスは

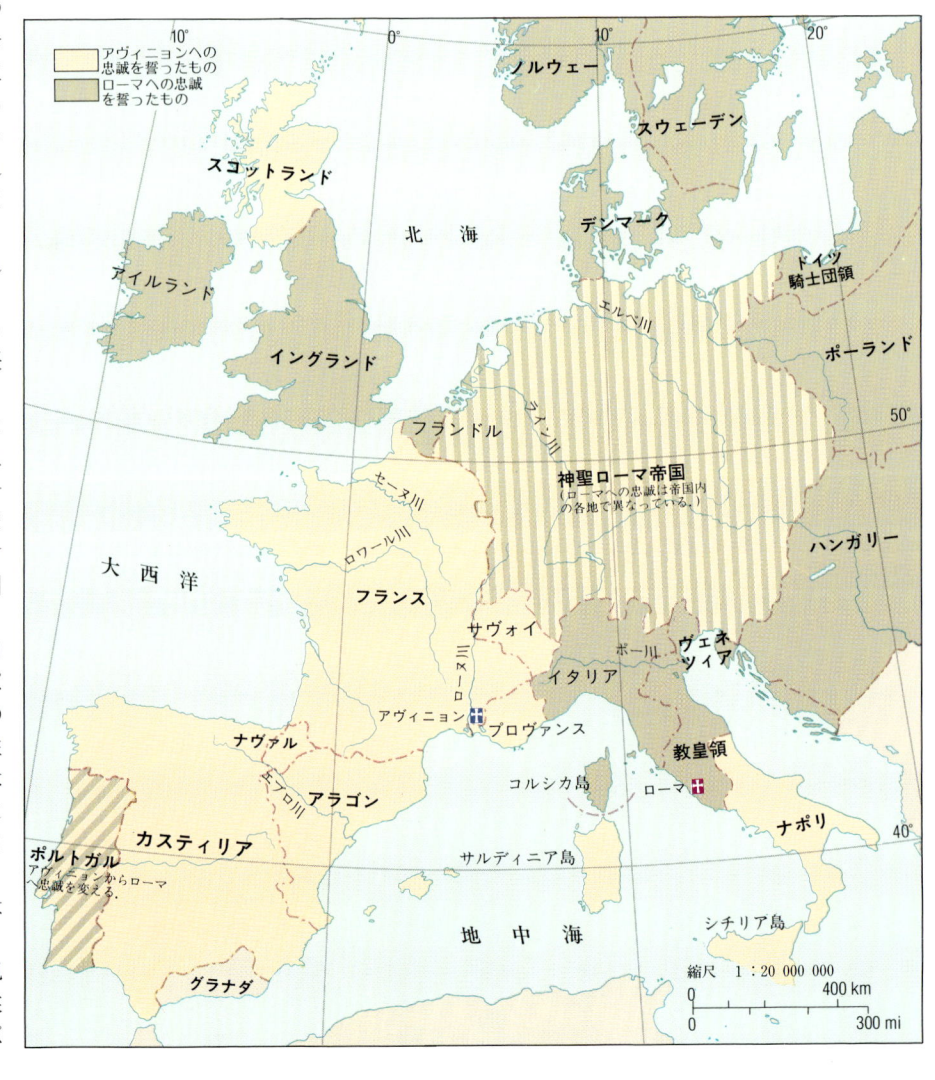

中世後期：活性化か退潮か

地理的理由でアヴィニョン教皇に忠誠を誓い，伝統的にフランスと対立関係にあったイングランドと北イタリアはローマを支持した．南イタリアとシチリアは，旧敵北イタリアへの反発から同一戦線にならんだ．ドイツ諸侯たちは，長年のしきたりどおり，教皇位要求者たちを交互に支持するというゲームを楽しんだ．

右　ピントゥリッキオの絵に敬虔な姿で描かれているロデリーゴ・ボルジア，すなわち教皇アレクサンデル6世（在位1492-1503）は，すべての教皇のなかで最も悪名高く，浪費家で女たらしで，自分の子供たちを富ませることに余念ない人物であった．改革を試みた修道士サヴォナローラを拷問にかけ，火刑に処した責任を負うアレクサンデルは，かれの部下の枢機卿の1人を殺そうとみずからが盛った毒で死亡したと信じられている．

右端　レオ10世（在位1513-21）は13歳で枢機卿になり，37歳で教皇となった．かれはロレンツォ・メディチ（大ロレンツォ）の次男として生れ，ずる賢く悪らつな政治屋であると同時に金に糸目を付けない芸術愛好家であった．かれは絶望的なまでの経済的行き詰まりから，（一時は家具を質に入れるまでになったが）ルターが95か条の論題をもちだして反対したところの免罪符を発売するに至った．一方でルターに反論する本を書いたヘンリー8世に「信仰的擁護者」の称号を与えた教皇はかれであった．その時以来歴代のイギリス国王はこの称号を用いてきた．

右　シクストゥス4世（在位1471-84）は，ルネサンス期教皇のもつ矛盾を代表している．個人的には敬虔で，すぐれた説教者であり実力ある神学者であったかれは，聖母マリアへの篤い信心で知られ，システィナ聖堂の聖歌隊を作り，多くの教会を建てた．しかしかれの豪奢は教皇座を借金難に陥らせ，かれの実家との因縁は，1人の甥を教皇ユリウス2世にしたが，聖座をイタリアの権力政治に巻き込むことになった．メロッツォ・ダ・フォルリによる，ヴァティカン図書館所蔵のこのフレスコ画のなかでは，教皇は人文主義者バルトロメオ・プラティナ（1421-81）を迎えている．プラティナの異端説さらには異教説が噂されていたにもかかわらず，教皇はかれを自分の図書館長とした．しかもなおシクストゥス4世はまたスペインの異端審問の創設者でもあった！

的礼拝殿の破壊を含む，人を啞然とさせるような尊大さと浪費の行為であった．

人間と人間の能力に信頼を置くこと，この世俗の世界に身を任せること，この世界の美しさのなかに悪魔の罠が仕掛けられているのではなく，神から賜わる善きものがあると信ずること……というような新しい考え方が生み出した上記の教皇たちはイタリアのルネサンスという文脈のなかでしか理解できない人物であった．1480年から教皇庁の業務がもはやラテン語という普遍的共通語でなくイタリア語で処理されたのは偶然でも何でもなかった．非イタリア系の観察者たちはこの傾向を非常に気にしていた．ドイツの『ローマ教皇庁の腐敗について』のような改革論文はこの事情を映し出している．トマス・モアのような信心深いカトリック信者は，教皇は教会の頭であるばかりでなくイタリアの領主でもあるから，この人に対しての忠誠は，宗教上のそれすらも，用心深く捧げるべきである，と自国の王に忠告したくらいだった．

教会の腐敗と堕落

教職位階組織の教皇以外の部分も教皇同様にお粗末だった．中世教会の構造は矛盾・不平等・非能率的だった．ヨーロッパの670の司教区のうち300以上がイタリアにあったが，一方ドイツ全域と中央ヨーロッパにはそれが90しかなかった．遠く離れた部族的なアイルランドには35の司教区があったのだが，それはイングランド・ウェールズ・スコットランドを併せたものよりも多かった．司教区の収入と資源にはひどいばらつきがあった．イングランドのウィンチェスターとフランスのルーアンの司教たちは教皇庁の記録所で1万2000フロリンと見積もられた収入をそれぞれもっていた．一方アイルランドのロスやイタリアのルヴォの司教は乞食なみの33フロリンの収入しかなかった．高貴な家柄の貴族たちは息子たちのために，比較的大きな司教区を熱心に追い求め，それらは金銭で売買された．ルドヴィコ・スフォルツァは自分の庶子である9歳の息子のためにミラノの大司教職を求めた．そしてメディチ家出身の教皇レオ10世は13歳のときに枢機卿になった．ウルジー枢機卿のような多くの高位聖職者は，国の重要な役職についていたうえに，教会での地位を数多く保持していたから，いきおいその役職のすべてを軽視していた．教皇たちと世俗の王侯たちはどちらも，司教職やその他の聖職者の地位を，自分の配下の書記官たちの労に報いるための褒賞として与えた．14・15両世紀のいろいろな時期に，バッキンガム・レスター・ノーサンプトンおよびオックスフォードの助祭長たちは，フランス人かイタリア人か，どちらかの枢機卿であった．

小教区の聖職者の下層部の水準でも，事態は少しもましではなかった．実質的には神学校は存在しなかった．そこで聖職者の養成には大学，司教座聖堂付属学校または現職の司祭の許へ見習い修業にやることに頼るしか方法がなかった．エリートたちだけが大学かその下の学校に行き，その後で世俗社会または教会管理の中枢部へ吸い込まれていった．たいていの聖職志願者は宗教儀礼に必要な典礼規定を学び，ラテン語をかじったが，それは自分自身が全然その方面の訓練を受けたことのない司祭を先達にしてのことであった．叙階式に備える試験は申し訳程度のものだった．かの15世紀の大説教家シエナの聖ベルナルディーノは天使祝詞を知っているだけで，ミサの聖体奉挙のときにすら天使祝詞を唱えた1司祭がいたことを語っていた．蓄妾の風習が広く行われていた．家一杯の子供を抱え，日曜日ごとにいい加減な典礼にしたがってミサの司式を務め，週日には自分の農園で働くので，他の教区民と何ら異なるところのない聖職者たちがヨーロッパの至るところで見られた．信者がミサに与らないことが流行した．ストラスブール司教区に属する小教区教会の4分の1が，1520年代までに常任司祭がいないという状態になった．

一方ジュネーヴ司教区では——これは確かに未開の山岳地帯であり，それゆえに多くの司教区より条件は悪かったが——この25％という数字は80％にも達していたかもしれない．しかもここではヨーロッパのあらゆる場所と同様に，聖職者は過剰状態にあった．ジュネーヴでは453の小教区に対して2000人の聖職者がいた．これらの聖職者の多くは「ミサ司式司祭」——つまり小教区に所属しない教会の祭壇や死者のためのミサ専用の付属礼拝堂に仕える礼拝堂付司祭であった．

修道院生活も教勢の一般的な衰退と軌を一つにしていた．イングランドでは安楽に平凡にということが流行した．他の場所には，イタリアとフランスの一部の地域のように，明らかに言語道断な修道会が数多く存在した．また至る所で修道士の数が減少し，本来何百人もの修道士を養うはずの収入にあぐらをかいてそれぞれ一握りの修道士たちが贅沢に暮していた．性的にふしだらなことも珍しくなかった．このような事情ではあったが，南イタリアの大修道院長のような人物に出くわした司教はおそらくほとんどいなかったであろう．この大修道院長には内縁の妻と5人の子供がおり，かれはこの6人を自分の許から手放すことを拒否した．その理由は，かれが司教に語ったところによると，かれは自分の子供たちを愛しているし，かれの侍医がかれの胆石の治療に性行為を勧めたというものであった．

状況は女子修道院ではおそらく最悪であった．修道女の大部分は裕福な家庭に生れた余分な娘たちであり，そういった家では娘が修道院に入るとき払うささやかな入会金の方が結婚の持参金より少なくてすむということがわかっていた．召命を感じていた者はほとんどいなかったし，修道女の生活の押し付けられた安逸は，中傷・俗心・そして必然的に不倫の男女関係といった堕落をまねいた．ヨーロッパの至る所で発見された幼児殉教者の遺骨の半分は実際は修道院で誕生し殺害された私生児の骨であるというのが，当時流行した冗談であった．

修道士と俗人の信仰心

もちろんこうしたすべてのことにも例外はあった．すべての修道会に「改革派」もしくは「厳格派」のグループが存在していたし，ロンドンのカルトゥジオ会修道院のような道徳的教化を実践する修道院もあった．フィレンツェ大司教アントニヌスのような高徳の司教たちもいた．全15世紀を通して公会議運動やドイツの枢機卿ニコラウス・クザーヌスやドミニコ会の修道士サヴォナローラのような人物が改革を求める声を鳴りひびかせていた．この時代は説教を切望していた時代であった．フランシスコ会やドミニコ会の修道士たちの，その土地の言語による説教は15世紀の都市生活によく見られた特徴であり，その説教によって，時には一時的で長つづきしなかったにしても，目を見張るほどの大量改宗者が生れた．サヴォナローラ，スペイン人のドミニコ会修道士聖ヴィンケンティウス・フェレリウス，フランシスコ会厳格派の修道士であるシエナの聖ベルナルディーノらは，当時数多くいた人気説教師士たちのなかの最も著名な人々である．聖ベルナルディーノは説教がミサ自体よりも重要であると説くことさえした．

中世後期の俗人の信仰について述べるには，信仰心を構成する要素という観点から，またその信仰心の奇異さや「呪術」もしくは「迷信」といった要素を強調する方法で述べれば容易であろう．それは精巧な儀式，「人生の節目の通過儀礼」，行列，巡礼，礼拝堂での徹夜の祈禱，聖遺物礼拝，諸聖人への崇敬，とりわけ死と死後の世界に対する取りつかれたような関心——これはミサと祭壇を増やすことに貢献した（そのため聖職者も人口過剰になった）——そして男も女も，自分の身内の人間もしくは自分自身が煉獄の責苦から逃れるために免罪符を手に入れることに熱心であったことなどを強調す

右　**中世の巡礼**
中世の巡礼路は無理のない旅行の安全性によって決まった．巡礼路はしばしば通商路と一致していた．商業路が巡礼路に随いていった．あるいはその逆でもある．実際的な面で両者は互いに利益を分け合っていた．聖地では異教徒から襲撃を受けたり，巡礼者目当ての追い剝ぎが出たので，12世紀の初期，旅行中の巡礼者を守り，無事に旅を続けられるようにと，テンプル騎士修道会が創設された．

下　中世の聖人崇敬は，聖人の墓，聖人の遺体の一部，「聖遺物」などに集中された．人々はこれらが信じる者に力と癒しをもたらすものと信じていた．聖遺物は聖体のように，想像しうる限り最も確実な方法で，人間生活のなかの神性という普遍的存在を確信する中世のカトリック信仰を示している．この14世紀イタリアの聖遺物箱では，聖遺物そのものはおのおのの画板の中央に顕示されている．そしてその上にはキリストの受肉と受難という二つの奥義が描かれている．この奥義から聖人たちは力を授かっていた．

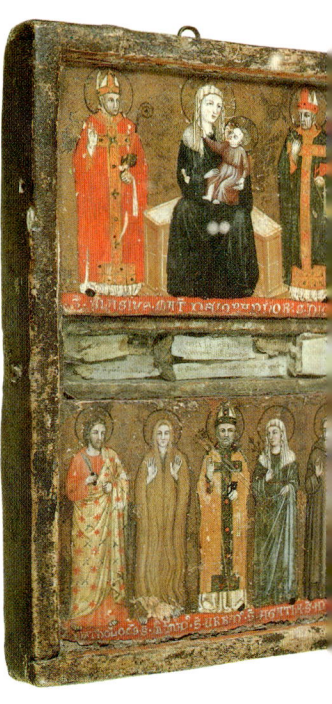

中世後期：活性化か退潮か

信心会と聖人崇拝

当時最も活力に満ちていた宗教団体は「信心会」であり、それは一人の守護の聖人や、聖母マリアやキリストの受難の光景や、あるいは栄光を受けたキリストの人性（五つの傷・尊い血・聖体拝領）に捧げられた俗人の信心会であった。こういった宗教団体は、あらゆる教区に少なくとも一つは存在した。15世紀のノフォークには900以上も存在した。これらの団体は普通俗人によって運営され、会員の葬式に参列したり、ミサの費用を支払ったり、孤児や未亡人にほどこしをしたり、貧しい人々に生活扶助を与えた。貧しい者が死者のためにする祈りは、とりわけ神に嘉みせられるものと信じられていた。このようにしてこの共同体全体は富める者と貧しい者、聖人と罪人の相互的配慮の関係に引き込まれていった。

信心会と組合（ギルド）は、他の方面においても共同体形成を促進した。とくにイタリアでは、死に瀕している人々、貧しい人々、囚人たちに対する慈善事業に関わる多くの信心会が存在した。この「一般信徒のキリスト教団体」からおびただしい数の孤児院や病院や救貧院が生れた。他の所で、ギルドが、職人と労働者を結び付けた。中世後期の多くの都市で上演された宗教劇群は商人ギルドもしくは職人組合で構成されており、平和と社会的身分序列を維持することに決定的役割を果たした。聖体の祝日のような祝祭日のギルドの行列

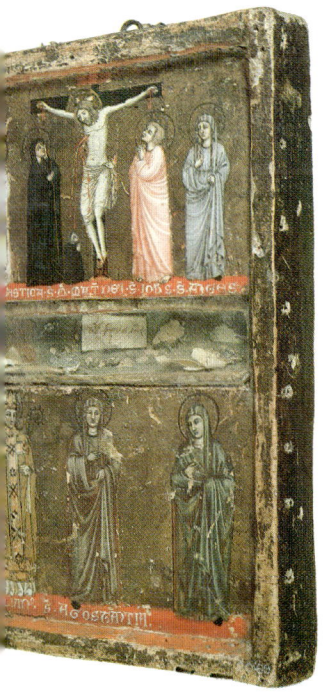

ることになるだろう。しかしこのようなことを列挙することは、中世後期の宗教の核心――つまり共同体・社会的関係・人間社会の基盤や支えとしての、聖なるものの役割への関心――を見失わせる危険がある。キリスト教は「平和の絆で結ばれて、霊による一致を保つ」ことにとくに力を入れてかかわっていた。

この共同体としての関心は、とりわけ死者の世界への強い思い込みのなかに明白に見られる。善良なキリスト教徒ですら、不完全なままで死亡すると信じられていた。それゆえすべての男・女・子供は一生涯の罪を十分に懺悔せず、また償いもしなかったことに対して煉獄で筆舌に尽くし難い責め苦を耐え忍ばなくてはならないのであった。この苦しみは、諸聖人や生きている友人や身内の者たちの祈りによって、また死者に対して捧げられるミサによって、あるいは免罪符として知られる教皇の免償力によって短縮することが可能であった。この発想は俗人の信仰心のあらゆる面に浸透していった。遺言を残す者は、自分の葬式やその死後1ヵ月目の記念日や、かれらの命日にたてられるミサのためにお金を残した。その遺族は死んだ自分の身内のもののために祈ったが、かれらは自分たちにそのときがきたら、つぎは自分たちが祈ってもらうことを期待した。

中世後期：活性化か退潮か

もこれと同じ機能を果たした．聖体が秘跡として行列中に現存することそれ自体が自治体意識のあらわれであった．フランスのプロヴァンスでは信心会が聖体の祝日の行列とミサを主催した．キリストの聖体を礼拝する祝典の後に，この宗教的社会団体の祝典がつづき，通りでパーティーやゲームやダンスが行われた．そして「この手段によってかれらはお互いに，富める者ばかりでなく貧しい者も，平和と一致と親睦を維持する」のであった．このような祝典が福音書の真の一面を表現していたということは明らかであるが，それと同時にこの歓楽はあまり感心しない結果を生じることも明らかにありえた．そして聖職にある改革者たちはその歓楽に偏見をいだいたし，歴史家たちもまた，あまりにも無造作にその考え方にしたがってきている．

諸聖人に対する崇拝も同様な関心を反映していた．普通の死者が生きている人間の祈りを必要とした場合には，生きている人間も聖なる死者の祈りを必要としたのである．あらゆるキリスト教徒は自分自身の守護の聖人をもっていて，その聖人の名前を受洗の折に霊名として頂いた．村々には共同体の守護の聖人があって，その遺物あるいは像が教区教会もしくはその地方の礼拝堂に納められていた．疫病や凶作といった社会的危機に際してはこれらの物を運んで村中を行列して回ることができたであろう．このような聖遺物や聖人像に対する崇拝は，聖なるものに地方的色彩を与えるのに役立った．すなわち聖遺物や聖人像を崇拝することによって，人間の日々の生活必須条件や人生の苦悩の永遠の意味が目に見える具体的なものとなった．この世と天国はこのような形で重要な大共同体として結ばれていた．

もちろんこのような信心業の多くは「迷信」や「呪術」に過ぎなかった．正しい影響をいくらかでも及ぼしうるように教育されていた聖職者はきわめて少数であったし，改革を目指す司教や説教師が俗人の宗教儀式のいささか怪し気な面を規制しようとすると，その試みは部外者からの干渉だとして憤慨の的となり，抵抗を受け，無視された．秘跡に対する信仰は崩れていきアニミズムへと変質した．聖水・祭壇の階段の塵，果ては盗んだ聖餐用のパンまでもが，病気を呪術で追い出すために用いられた．諸聖人に対する崇拝が増し，聖遺物が膨大な数にふくれ上ったことが，逆に聖なるものの価値の低下をまねく傾向にあった．

聖なるものに対する「慣れ」が生じたが，それは諸聖人が親しみをもって扱われたことに魅力的に反映されている．諸聖人は，「聖クロードさま，わたしの代父さま」などと呼びかけられたり，当時の日常着を身に付け百姓の顔と手をしている姿で，彫刻やガラス絵で描写されたのである．聖なるもののこれほど魅力的ではない次元がフィレンツェでのある出来事にあらわれている．この事件は，あるフィレンツェ人が賭事をする際に聖母がそれまで自分につきをもたらしてくれなかったからといって聖母の肖像画を切り裂いた事件であった．また呪術についてのつのりゆく恐怖心と結びついて，超自然的なものの偏在を信じる常軌を逸した感覚のなかにもこの感心できない次元が反映されている．ドイツで，ロザリオに対して愛情のこもった福音主義の信心を捧げることを布教してまわった中心人物であるドミニコ会修道士ヤコブ・シュプレンガーが，同時にまた当時ますます激しくなりつつあった魔女狩りの根拠となった，あの身の毛もよだつような恐しい論文『魔女たちを打つ槌』の著者の一人であったということは，中世後期の宗教のなかに相反する性質が併存することを典型的にあらわしている．

キリストの模倣とキリスト教的人文主義

ロザリオの祈りの話をすると，中世後期の人々の霊的エネルギーが集団で行う信心にのみ見られるのではない，ということが明らかになる．このことは特に北ヨーロッパの場合に当てはまっていた．そこでは福音書や信仰の神秘つまり「新しい信心」についての黙想に基づいた熱心かつ内省的な信心，がすでに生れていた．この信仰は，祈り，自己否定，実際的な慈善事業からなる簡素な生活を強調した．それは従来「良識的神秘主義」と呼ばれ，それが最高によくあらわされているのがトマス・ア・ケンピスの『キリストに倣いて』であった．1418年に出版されたこの小さな本は，中世後期のキリスト教における最も特徴的なもの——たとえば，死と最後の審判への関心，贖罪の性格，聖職や祭壇の秘跡に対する崇拝——を大幅に具体的に表現していた．しかしながらこの本には前述の傾向に反することが多く書かれていた．たとえばトマスが「聖人の遺品を訪ね，…また全く単なる人間的好奇心や新しいもの見たさから，聖人を讃えて建てられた広大な教会を眺め，聖人の聖なる遺骨に接吻するために，つぎからつぎへと違った場所へ急ぎ回る多くの人々」の態度を拒否する際に，トマスはそのような物言いをしたのである．急いで聖遺物を尋ね回るようなことは不毛であり，人は愛と献身をもって教区教会の祭壇に近づくほうがましだろうとトマスは考えた．かれは外面的形式の宗教に反対して，悔い改めと献身の内的巡礼を強力に勧めた．

トマスが勧めるのは学究的な人間の宗教であり，個人専用の部屋（中世後期のヨーロッパでは富裕階級の人間しか個人専用の部屋をもてなかったことは注目すべきだろうが）の静寂とプライヴァシーのなかで追及すべき宗教であった．この宗教はこの時代の宗教的場面のなかに大幅に存在したものに対抗して，この宗教と肩を並べて争っている一つの運動のなかに共鳴するものを見出した．その運動とはルネサンスの宗教的次元であるキリスト教人文主義運動であった．

ルネサンスは従来しばしば反宗教運動と見なされてきた．

上　行列は，現在もまだ多くの場所で行われているが，カトリック的信心を示す基本的な役割を果たしていた．行列は人生を一つの旅とみる考え方を実際に演じて見せた．行列はまたキリスト教徒の共同体がその結束・秩序・正統性を顕示し，共同体がそのなかに生活している物理的世界を聖化した．

つまりルネサンスは、古代ギリシア・ローマという異教の価値観への回帰であり、この地上の世界、その美と力、中世的信仰から見た堕落した罪人としてではなく、一切が可能である万物の霊長として人間を見る見方——こういったものに心を奪われた世界だと思われてきた．ルネサンス期の芸術は、人間の肉体、それもしばしば裸体を礼賛した．それは宮殿や都市の庁舎に、中世には大聖堂建設のためにとって置いた富と威風を惜し気もなくつぎ込んだ．事実フィレンツェにはじまった創造的エネルギーの偉大なる開花の背後に存在した人間の可能性に対するさらに積極的な見方は、キリスト教思想のなかにその根源があった．とくにオリゲネスや聖アウグスティヌスのようなキリスト教作家に見られる、新プラトン主義の伝統に関する著作や創世記の人間創造物語についての伝統的解説のなかに、その根源があった．ルネサンスの芸術はその性格において圧倒的に宗教的であった．つまり1420年から1539年のあいだにイタリアで製作された芸術作品のうち、世俗に主題を求めたものはわずか13％に過ぎなかったと算定されている．また北イタリアの諸大都市の生活の色彩を強めた凝った宗教行列や、ヴェネツィアの頭の固い支配者たちが高価な聖遺物を手に入れるために示した熱意は、かれらにとって宗教がどれだけ重要であったかを証明している．1490年代にフィレンツェにおいてサヴォナローラが行った黙示録的な説教の並々ならぬ効果もまたしかりである．そしてそのときかれはフィレンツェの実質的支配者となり、かれが改宗させた者たちのなかにはボッティチェリもいた．

エラスムスと宗教的ルネサンス

しかしルネサンスが最も直接的に宗教的な形をとったのは、とりわけ北ヨーロッパにおいてであった．そこでは文化の純粋な根源、すなわち「古典」に戻ろうとする要求が生れ、それがキリスト教を活き活きした精神から組織に変えてしまっていた膨張する儀式と、微細に過ぎる神学からキリスト教の純粋な衝動を強引に切り離そうとする欲求へとつながっていった．ドイツのヨハネス・ロイヒリン（1455—1522）やフランスのジャック・ルフェーヴル・デタープル（1455—1536）のような人たちは、古代ギリシア・ローマの古典や哲学の研究から、原語聖書の研究へと方向転換した．ロイヒリンによるヘブライ語の文法書と辞書は、旧約聖書の研究に革命をもたらしたと同時に、かれの正論はケルンのドミニコ会会員から激しい攻撃を受けた．そしてこのことは伝統主義者と人文主義者のあいだの型通りの対決となった．

デシデリウス・エラスムス（1466—1536）のなかには北方人文主義の最も特徴的な表現が見られた．エラスムスは、共同生活兄弟団すなわち「新しい信心」の布教者たちの集団によって教育され、『キリストに倣いて』の実践的かつ内面化された信仰をその新しい学問と結び付けた．聖ヒエロニムス、イレネウス、アンブロシウス、アウグスティヌスおよびその他の教父たちの著作に関するかれの出版物は、中世神学の複雑さの裏面を探り、「古典」の源泉まで戻ろうとする試みであった．とりわけかれの編集による現代ラテン語訳付きのギリシア語版新約聖書（1516年）は「キリストが語りかけ、病を癒し、死してよみがえること」を人々の目の前に再現することをもくろんでいた．エラスムスにとってはキリストは「われわれの唯一の師」…であり、「キリストの教えに比較してトマスやスコトゥスのなかに、あなたがたは一体何を見いだすつもりなのか？」といわせる存在であった．エラスムスは「農夫、仕立屋、旅行者、トルコ人」がその手に聖書をもち、農夫が耕しながら詩編を詠唱するのを聞くことを望んだ．

エラスムス自身は、オランダからパリ、イギリス、ローマ、スイスへと旅する国外追放者であり、思索に没頭する人であったので、特定の場所や共同体に固定された宗教には共感を覚えなかった．聖遺物、巡礼、修道院、教職位階制度、そして秘跡さえも、かれにとってはすべてせいぜい第二義的なものであり、しばしば真のキリスト教、すなわちイエスの精神の代用品にすぎなかった．1504年にかれが出版した『キリスト教的生活の手引き』のなかで、かれはつぎのようにいっている．「あなたがたの心のなかが汚れていれば、聖水で外側を洗い清めてもらっても、何の役に立とうか．もしあなたがたがペトロやパウロを喜ばせたいのなら、かれらに倣いなさい．わたしはあなたがたがパウロの遺骨を崇拝したからといって非難するものではない．しかしあなたがたがパウロの生き生きとした姿やかれが書簡のなかで語ったことを無視するのであれば、あなたがたの信心は理屈に合わない．あなたがたは礼拝堂の納骨堂に納められた、パウロの遺骨の小片を重大視する．だが、あなたがたは、かれの書簡を通して光り輝いているパウロの言葉をすべて敬うであろうか？」

喜劇的な作品やまじめな作品を大量に発表し、そのなかでエラスムスは修道会に対してはその貪欲さと怠惰を、教職位階制度と聖職者に対しては、その無知と不道徳を、そして教皇権そのものに対しても匿名の風刺という形で攻撃した．この教皇権に対する風刺のなかで、ユリウス2世は、軍人出身の君主を自分の後継者として認めない聖ペトロによって教皇自身が天国から閉め出されているのを知るのである．こんな宗教の代りにエラスムスは心地よい合理性を備えた宗教を提示した．かれは学問的神学を軽蔑し、その代りにキリストに倣うことを主張しかれが「新しい信心」に負うていることを示した．かれには事態を転覆させる気はなく、ただ改革したかっただけであった．歴代教皇、カンタベリー大司教ウォーラム、トマス・モアのような学者や政治家、ヘンリー8世やカール5世のような王の保護をえて、エラスムスの影響力は絶大なものとなった．学識を備えたヨーロッパ人は、エラスムスの『愚神礼賛』や『追放されたユリウス』に接して笑いに沸き返り、『キリスト教戦士の手引き』を手にしては祈り、かれが翻訳した新約聖書のなかに中世後期の宗教の教えや慣習の多くについて疑うべき理由を見いだした．公式訳（ヴルガタ訳聖書）のマタイ4章17節はイエスが「罪の償いをせよ、そして福音を信じよ．」といっているところをエラスムスは「悔い改めよ、（申し訳なく思いなさい）そして福音を信じよ．」と翻訳した．もしエラスムスの翻訳が正しければ、イエスは人間に心情と理性を改めるよう呼びかけているのであって、告解をするようにとか、償いの行為をするようにと呼びかけているのではなかった．この優雅なラテン語のなかには革命的なものがあった．

中世後期の宗教は豊かで複雑な内容をもっていた．その宗教団体の多くのもののなかに衰退が見られたのは明らかであるが、それよりさらに顕著であったのは、その宗教的活力と多様性であった．実際その宗教の均衡をきわめて不安定にしたのはほかならぬその多様性であった．教皇権はみずからの芸術的・政治的目的を追及し、それに対する資金援助を期待されていたドイツ人やイギリス人の恨みを買った．司教団や頭の新しい行政官たちは、当時人気を呼んでいた祝典行事の無秩序ぶりに、秩序と釣り合いを押し付けようとした．また南の行者たちや北の神秘家たちの個人主義的狂信に対して、疑い深く絶望に満ちた眼差しを投げかけた．司教区の聖職者は、説教する托鉢修道士たちが教区民を引き寄せ、したがって教区聖職者たちの懐に入るべき収入も一緒にもち去ったとして、かれらを非難した．各地方独特の宗教的忠誠心は、外的構造や公式の正統信仰と食い違った．人文主義者たちは教職位階制度の堕落と無知な人々の悪習を激しく非難した．領土の統合強化と裁判権の独立を追及する君主たちは、キリスト教全体にとっての頼みの綱であった従順と義務の絆を切断してしまった．この事態は火種を待っている火口付きの樽があるようなものであった．そして1517年ドイツの地方大学の一人の無名神学教授がそれに火を付けたのである．

上　後期中世の宗教評論家の中で、エラスムスは最も影響力のある人物であった．デューラーが描いたこの肖像画はエラスムスの死の10年前に描かれた．インク壺を前にペンを手に、書物に囲まれて坐っている．題名はラテン語とギリシア語で書かれている．この銅板画は事実上新しい学問の保護聖人を描いたことになった．

左　キリスト教史を通して、知識人や改革者たちは民衆信仰の行き過ぎと誤謬を快からず思ってきた．エラスムスが改革をねらって書いた皮肉に満ちた本『愚神礼賛』の中の、小ホルバインの描いた挿絵には、1人の間抜けな旅行者が聖クリストフォロスに訴えて、旅の無事の保障を願っているところが描かれている．当時一般に聖クリストフォロスの絵を見れば、その日1日は悪いことがおこらないという迷信が広く信じられていた．

宗教改革：揺さぶられる基盤

マルティン・ルター

マルティン・ルター（1453—1546）は多くの点で中世的人物である．ドイツの最も開けていない地方の一つで，農民の家系に生れたため，かれは農民の精神構造を完全に捨てることはできなかった．大学で法律を学んだ後，かれは修道生活に転向した．この転向は，激しい雷雨に見舞われ，恐怖に打ちのめされて，聖アンナに対して立てた誓いの結果であった．しかしもしかれがある意味で中世後期という具体的な驚異の世界の産物だとしても，別の意味で，かれは言葉という人間の心をなごませる個人主義的文化を具現化している．この個人主義的文化は，北方の神秘主義者たち，新しい信仰，およびエラスムスによって，いろいろな形ですでに表現されていた．この二つの要素がルターの宗教改革の特質に寄与したのである．

ルターは模範的な修道士であったため，アウグスティヌス隠修士会のなかですぐに権威ある地位へと昇進し，1511年にはヴィッテンベルクの新設大学の哲学教授となった．ここで再びかれの恐怖心が浮上してきた．公正な神の怒りの前では自分は何の価値もないという自己のなかに深く根ざした観念は，過度の償いと日々の行き過ぎた告解へとかれを駆り立てた．今なおかれの初期の肖像画に見られるように，かれは良心の咎めに責めさいなまれて，やせこけ，狂気じみた目付きの容姿となった．このような病的状態で，改悛者ルターは，秘跡に見られる神の慈悲よりも自分自身の不完全さに心を奪われてしまったのであった．人を啓発する洞察力を備えていたルターの告白聴罪師は，かれにヴィッテンベルク大学で聖書講座を引き受けるよう説得した．1513年から1518年のあいだ，ルターは詩編とそれぞれ相手の言葉で書かれたローマの信徒への手紙・ガラテアの信徒への手紙・ヘブライ人への手紙を通して，自分の姿勢を説き，講義した．この過程のな

右　クラナハはルターの全生涯を，その最後はかれが死の床にあるという一風かわった姿で頂点に達する構想で一連の印象的な宣伝用画像に描いた．この絵のなかでのルターは，改革者としての生涯の初めのところが刻まれているが，まだ剃髪して修道服を着ている．このような姿でいる場合には，ルターは頭に光輪をかぶせられ，聖霊を示す鳩が頭上に描かれた．大量に印刷されたそのようなルターの肖像はいわゆるルター神話を創り出す助けとなった．

宗教改革：揺さぶられる基盤

右　多数の人間が文盲であった時代には，視覚に訴える肖像画は教会改革の宣伝に重要であった．このすぐれた1545年作，ルター派宣教用印刷物のなかでは，「真の」プロテスタント教会が，教皇の率いる反キリスト的なローマ教会と対照をなしている．左側でルターが説教しているのを敬虔な選帝侯ヨハン・フリードリッヒが聴いている．かれは善きキリスト教徒・良き君主にふさわしく十字架を背負っている．ルター派の牧師たちは，敬虔かつ学識ある世俗人に取り囲まれて，洗礼と主の晩餐という二つの福音にかなった秘跡を執り行っている．注意してつぎの絵を見てもらいたい．第1は，聖体を拝領するものは，伝統的なやり方でひざまずいて，直接口の中に聖体を受けている．第2に牧師の一人は伝統的なカトリック式のミサ祭服を着用している．第3に，祭壇の上には十字架が置かれている．一方右側の場面では説教している修道士の耳に悪魔が嘘をささやいている（ルターに霊感を与えている聖霊と対照的である）．教皇は免罪符や偽の特赦を与えて鳴物入りの商売をしており，背後にはカトリックの儀式や慣習がさまざまに皮肉られている．天上には怒れる神がいて，火や硫黄を降り注いでいるが，聖フランシスコの聖痕に象徴されている聖人の功徳もそれをそらすには無力である．

左　ヒエロニムス・ボッシュが七つの大罪を描いた非凡な絵は，当時の人間悪の多様性と力を感じる後期中世人の感性を徹細にはっきりと描いている．文盲の人々に，教会が倫理的指導をする方法としては驚くべき例である．下から時計と反対方向に読んでいくと，怒り，誇り，肉欲，怠惰，暴飲暴食，貪欲と嫉妬が読みとれる．真中には傷ついたキリスト，悲痛の人の姿がある．後期中世の信心に常に登場するテーマは，男性にも女性にも悔悟を奨めることであった．それはわれわれの罪のために槍で貫かれてもひたすら人間を愛するキリストの寛大さと，頑な人間たちの感謝を知らぬ心とを比較対照することであった．絵の周囲には，死の床，審判，地獄，天国という四つの最後のものが書きならべられている．

かで，かれは霊的平安を見いだし，革新的神学を発展させた．

ルターの神に対する恐れは，神の正義という概念に基づいており，その概念は運命という言葉の言外に含まれる中世的意味のすべてのものを含んでいた．かれは正義に関する聖書的解釈は，むしろ神自身の善と正義を意味しており，それがキリストを通して神を信じる人々に惜しみなく与えられるということを発見した．「義人は信仰によって生かされる」という使徒聖パウロの言葉のなかに，かれは自分が探し求めていた新たな確信を見いだした．聖人というものは，もはや罪を犯さないから聖人なのではなく，己れの全信頼をキリストに置いた罪人なのであった．善行は魂の救済に何の役にも立たないのであった．神を信じること，子供のように神に依り頼むこと，それがすべてであった．キリスト教徒の生活には，道徳面での努力や善行の場があった．しかしこういった努力は，救われた人間が愛情深い神に対して捧げる感謝の答えであり，神の目から見ればすでに救済されているのだが，救済された者となろうとする努力であった．ローマ人に関するルターの講義録のなかの一節「ローマ人は常に罪人であり，常に改悛したものであり，また神とともにあって常に正しい」は，この問題に説得力を与えている．

ルターは，北方の神秘主義，聖アウグスティヌスとこの聖人についてのドイツ人の注釈者たち，ルターがそれまで訓練を受けてきた唯名論哲学，といった多くの情報源に，負うところが大きかった．しかし人間の徹底した堕落と神の前での無力をかれが主張したという点で，かれはみずからの情報源となったどの人物よりもはるかに激しかった．この問題に関してかれは1525年にエラスムスと華々しく論争を交え，袂を分かつこととなった．しかし人文主義もまたかれの思想の発展に決定的役割を果たした．なぜならばルターが聖パウロの下した解釈に到達したのはほかならぬギリシア語言語学とエラスムスの新約聖書の助けによったからであった．エラスムスと同様ルターも新約聖書は人間に「悔い改めよ」，つまり感情と理性とにおいて向きを変えろと命じているのであり，懺悔の苦行をする意味で「償いをせよ」と命じているのではないと認識していた．エラスムスと違ってルターは，もしこの認識が正しければ，そのときは償いと功徳という中世全体に通じる構造，そしてとりわけ免償の習慣は崩壊すべきだと明確に把握していた．

免償の慣習

免償は本来改悛者に要求される償いや懺悔の苦行からの特別免除であった．人は，たとえば聖地への巡礼を，貧しい人々へのほどこしあるいは教会への寄付，および巡礼ほど過酷でない何かの信心行と振り替えることを許された．神学者たちは，この概念を徐々に入念に作りあげた．キリストは人類のために無限の「功徳という宝物」を獲得してくださっていた．教皇はこの功徳を悔い改める罪人に適用することができた．そして現金は決定的な意味をもつものとなった．やがて貧しい人々へのほどこしは，教皇への支払いとなり，教皇の歳入に欠かせないものとなった．一般大衆の想像力が教義を歪めた．免償は罪を取り除くことができるばかりか，練獄で苦しむ魂にも適用することができると広く信じられ，そう教えられるようにもなった．聖遺物，礼拝堂，規定の祈りに付随する免償の数が増した．

ルターは他の知識人たちと同様，このように事態が発展することをすでに数回にわたって批判していた．しかし1517年かれはこの展開に新しい形で関心を注ぐこととなった．マグデブルグの23代目の大司教として，ブランデンブルグ侯アルブレヒトはすでにマインツの大司教とドイツの首席司教を兼任していた．この地位をえるために使われた賄賂と謝礼金は莫大で，かれは大銀行フッガー家の掌中にあった．この負債を支払うために，かれはローマの聖ペトロ大聖堂の再建に寄付した人々に，レオ10世の免罪符をドイツで発行した．この収入の半分は教皇の許に，残り半分はアルブレヒトとかれが借金している銀行家たちの許へいくことになっていた．当時の基準で判断しても，免罪符を売り歩くドミニコ会修道士のテッツェルが「押し売り」をする際に用いる早口の科白は途方もないものであった．

　あなたの金を賽銭箱に入れなさい
　真珠の門が開きます
　黙っていても，やすやすと
　入っていけます天国に．

ルターはまだ自分自身が霊的な面で飛躍を遂げたばかりであったが，免罪符のこのようなあり方を，無知な人々に仕掛けられた残酷で冒涜的な取り込み詐欺と見なした．かれは学術的論議のためにラテン語で95ヵ条からなる一組の提言を出版し，免罪符の乱用を攻撃したが，免罪符を発行する習慣そ

宗教改革：揺さぶられる基盤

のものを攻撃したわけではなかった．この『提言』はドイツ語に翻訳され，ベストセラーとなり，ルターは自分がドイツ人の噂の的になっているのに気付いた．

つづいておこった論争のなかで，かれは一連のパンフレットを出版したが，教会当局がルターと対立する行動を取ったので，このパンフレットはますます過激なものとなっていった．ルターはカトリック教会の教えとその慣行の全範囲に対して攻撃を開始した．かれの説によれば，信仰のみが価値をもち，教え説かれる御言葉を聴くことによってのみ信仰が生れるものならば，人が巡礼や聖遺物や聖人に依り頼んだり，善行や，聖職や，秘跡そのものを頼りにすることは，すべて無駄なことであった．自分の説くところとカトリック教会の伝統のあいだの大きな隔たりに直面して，ルターは教皇の首位権と公会議の不謬性をも否定した．1520年かれは教皇に激しく非難され，1521年にウォルムス国会で皇帝カール5世の前で異端の咎めに申し開きをすべく召喚された．ルターは熱意をこめて演説を行い，前言の取り消しを拒否した．その結果かれは法律上の保護を奪われ，正式に破門され，そして身を隠すこととなった．

印刷機械の役割

ルターは天賦の才に恵まれた，一般大衆に人気のある作家であった．そして中世後期はドイツ国内において，読み書きの能力が著しく発達した時代であった．史上はじめて印刷機が世の人々を説得する手段となった．1521年までにルターの著作の3分の1が100万冊にも及ぶ数で出回っていた．カール5世治世下のドイツの政治的結合は，不確かなものであり，多くの地方は，山賊同然の程度の低い地方騎士によって治められていた．これらの地方騎士は自分たちの忠誠心をかなぐり捨てる言い訳を捜すのに躍起になっていた．その忠誠心の

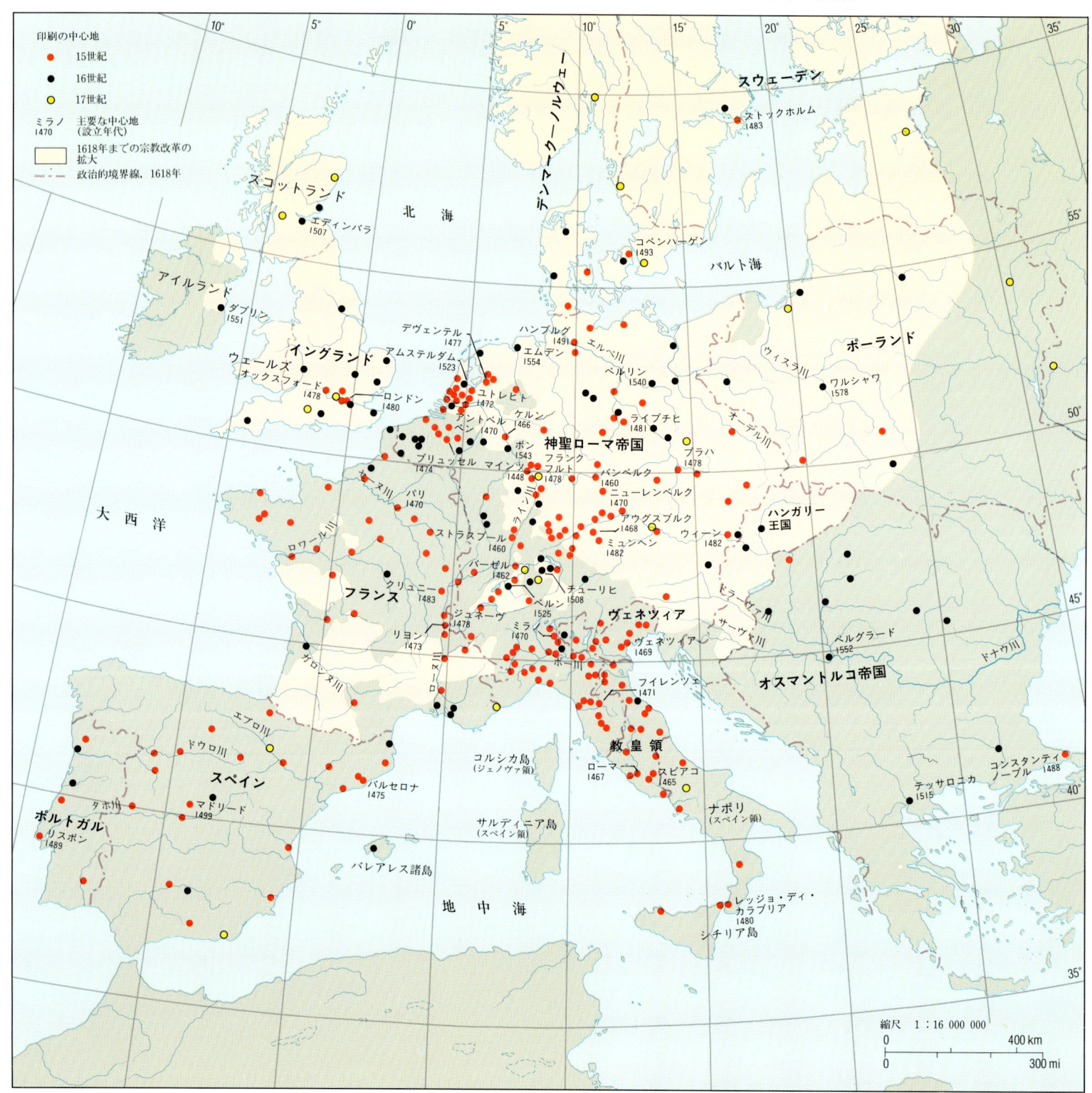

上　ルターの『ドイツ教理問答』はルター派学校の宗教教育の基本となり，ルターの反対者カトリック教徒によってさえ模倣された．使徒信経，十戒，主の祈りを標準的に基準として書かれた『教理問答』書は，カトリック，プロテスタント双方の信徒に教義を教えるのに不可欠の道具となり，キリスト教を，礼拝と倫理の組織から教義と理念の集団へと変身させるのに役立った．

左　印刷の中心地
印刷技術は，15世紀末から16世紀初めにかけて，人文主義者の思想を涵養し広める上で重要な役割を果たした．15世紀末までに，ヨーロッパの本のおよそ4分の1はヴェネツィアで印刷されていた．ついで重要なのは，パリ，リヨン，フィレンツェ，ライプツィヒ，デヴェンター，ミラノ，ストラスブール，ケルン，アウグスブルク，ニュルンベルクとバーゼルであった．イングランドはまだ大幅に海外からの本の輸入に頼っていた．このリストにあげたドイツ都市の数が，世紀の変り目ごろのドイツでめざましい印刷ブームがあったことを証明している．このブームが宗教改革を成功させるのに決定的な要素だった．

境界線は東西に向けて少しずつ削り取られつつあった．外国人に対するかれらの恨みは根強く，とりわけ教皇庁の役人たちを絶えず金銭的要求をする輩として嫌っていた．ルターの論争はこの外国人嫌いを利用した．帝国の諸都市もまた，火花を待つ小さな火薬樽であった．世の中を支配している少数の政治家と，商業ギルドと声なき非熟練労働者たちのあいだの緊張関係に悩まされて，帝国諸都市は統一への関心と聖職者への憎しみだけから互いに結束していた．聖職者たちは法律の面でも税金の面でも義務を免除されていたし，都市の外部を押えている聖職者である大領主に忠誠を誓っていた．ルターの根本思想はとりわけこの部分に根づいたのである．

ルターが中世の宗教で用いる高価な道具類を一掃したこと，全信徒が聖職者であるというかれの所信，何者もキリスト教徒の良心に法を押し付けることはできないし，もし法が福音の自由と矛盾するなら，その法は単に無視されるべきであるというかれの主張，そして学者だけのものとなってしまった神学と教会のもつ莫大な財産に対するかれの攻撃——これらは人文主義者や知識人の心に訴えるものがあった．さらにこれらは社会のピラミッドの底辺にいる人々の心にも訴えかけた．かれらはおそらくルターが意図していなかったほどの共感を覚えた．おびただしい数の挿絵入りのパンフレットや当時の片面刷りの大版紙のなかで，ルターは，抑圧された人々のために教皇や聖職者の貪欲さと戦う「巨人退治のジャック」として，一般大衆の想いのなかに入ってきた．教会が信徒に金品を要求することに対するルターの攻撃，統治者あるいは地方自治体が教会の聖職任命権をかれらみずからの手で管理してはどうかというかれの提案，修道院の財産の合併および没収についての提議——こういったことは聖職者を服従させることを熱望している都市の統治者たちの共感を呼んだ．つぎからつぎへと各都市はこの福音への賛意をはっきり表明した．

改革が猛威をふるう

説教師たちや印刷業者たちがルターの所説を全ドイツに広めるにあたって，他の神学者たちもルターに引き付けられた．ヴィッテンベルクでのルターの副官格の人物は温和な性格の人文主義者であるフィリップ・メランヒトン（1497—1560）であった．かれの『神学総覧』（1521年）は体系化された最初のプロテスタント神学であった．そしてかれは1530年の『アウグスブルク信仰告白』を起草し，それがルター派の信仰告白の基準となった．しかしルターの運動は，決して穏やかとはいえない社会的・政治的大変動の渦のなかへと押し流されようとしていた．かれがウォルムス国会以後，依然として身を隠しているあいだに，もう一人のヴィッテンベルクの教授アンドレアス・カールシュタット（1480—1541）が宗教改革を完全に牛耳ってしまった．ミサは廃止され，パンとぶどう酒による両形式の聖体拝領が導入され，オルガン演奏は聞かれなくなり，修道士と修道女は修道院から引き出され，結婚させられた．暴動に加わる学生たちは聖像や祭壇を盗みあさり，群れをなして聖職者を襲った．カールシュタットは，裸足で歩き，農民のような身なりをし，みずからを兄弟アンドレアスと称し，学問を公然と非難しはじめた．ツヴィカウからきた総大司教区の「預言者」のグループが町にあらわれ，聖霊の神秘的内在について公言し，夢や幻影について語った．

ルターは隠遁生活から姿をあらわし，慈悲と段階的な改革を力説する一連の説教によって，この嵐を静めたが，急進主義は急速に成長した．トマス・ミュンツァー（1490—1525）はザクセン人の神父で，ルターばかりでなく，中世の至福千年説や神秘主義の伝統の影響を受けていた．かれは神による直接的な示現を支持し，聖書の権威を否定した．そしてかれは教会が聖霊において生まれ変った選民によってのみ成り立つと説いた．ミュンツァーは不信心な人間に向かって剣を取り上げることはキリスト教徒の義務であると公言し，多くの正しい人々が苦しむことになる黙示録的苦闘を予見した．かれはルターが支配階級に福音を売り込んでいると信じ，かれを「安楽椅子博士」，「日和見博士」，「嘘つき博士」と呼んで非難した．アルシュテットに根拠地を設け，かれはそこで最初のドイツ語版典礼を製作した．またかれはハルマゲドン（世界の終末における善と悪との最後の大決戦）に備えて，労働者と鉱夫からなる団体を組織した．カールシュタットがかれに加わった．

1524年，抑圧され，なかば飢餓状態にあった農民たちによる一連の暴動がはじまり，かれらは農奴制の廃止から，自分たちの属する教会の牧師の選択に至るまで，権利の拡大を要求した．社会的不満が最も重要な要因であったが，この反乱の宗教面の重要性は明白であった．ルター派の絵入りの宣伝冊子には，俗物と教皇権に反対し，聖書を第一の拠り所とする者としてカラ竿を掲げる正直な農民の姿が描かれていた．今や農民の軍団が，城や修道院を焼き払って，中央ドイツや南ドイツで荒れ狂い，その修辞的イメージは恐ろしいほどの現実性をもつに至った．ミュンツァーは反乱支持の神学者として前面に登場し，農民に聖人たちの王国を建設するように「進め，進め，赦すな，信仰なき者に哀れみをかけるな．打ちのめせ」と訴えた．ルターは自分の教えが暴動に荷担したとして非難されていることにとくにひどい恐怖を感じた．『殺人者かつ略奪者たる農民の群に対する抗議』という残忍なタイトルのパンフレットのなかで，ルターはドイツ諸侯に「反乱以上に有害かつ極悪非道なものはありえないことを想いおこし，撲殺し，虐殺し，刺し殺せ…」と説き勧めた．反乱は1525年に鎮圧され，ミュンツァーは拷問にかけられ，打ち首の刑に処せられた．

ルターの福音は多くの農民のあいだで，回復不可能なまでに不信をまねいた．農民たちはルターがかれらを裏切ったと信じていた．確かにかれは宗教改革がプロテスタント諸侯に依存していることに気付いていた．これら諸侯の多くは，教会に罰金を課したり，教会を支配したいという欲望が福音伝導の熱意よりも強かった．そしてかれらのなかの誰もが，プロテスタント主義と社会の大変動は必然的に切り離せないものではなかろうかといわれても，それを深刻に受け止めようとはしなかった．

1520年代から1530年代にかけて，ルター主義もまた，その顕著な特性を示した．ルターはすでに洗礼と聖体と悔悛という三つの秘跡以外のすべての秘跡を廃止していたが，古い教会儀式の多くは，ラテン語のものでさえ，まだ残っていた．ドイツ人の神への崇拝の中心は，ルターが翻訳した聖書と，かれが収集した数多くの聖歌であった．『大教理問答書』としてルターは聖職者のために教義の基準を作成し，『小教理』として，基本原理の指導と祈禱書との素晴らしい独創的な組み合わせを作り出した．これらはすべて簡潔ですっきりとしたドイツ語の散文で表現されていた．かれは教会管理に対して大きな関心をもたなかった．司教制度は事実上消滅するにまかされ，その本質的な管理機能は聖職者と法律家による混成法廷に引き継がれ，それが君主に対する責任を負った．全般的にはシュマルカルデン同盟による相互保護組織をもっていたプロテスタントの諸侯にルターが依存したことから，かれは自分が願った以上に世俗の権力が教会内部の問題に口出しすることを許さざるをえなかった．ルターは聖職者が改革をしようとしないなら，君主がそれをやって差し支えないし，またそれをしなければならない，つまり，君主は司教代理である，と説いた．かれは霊的な裁治権と世俗の裁判権とには厳密な区別があると信じていたが，政治的現実がその区別をぼやけさせ，ルター自身も行政長官が宗教上の異議を押え込むことを正当化するようになった．これは1520年代には，ルターも悪いと非難していたことであった．

宗教改革後の多様性

　近代初期の国家はいずれも宗教的一致を切望した．なぜなら宗教的不一致は，神を怒らせ，政治の安定を脅かすと，カトリック教徒も新教徒も等しく信じていたからである．しかしながら，開かれた聖書という宗教改革の方針は，そのような一致への到達を不可能にしたし，さらには改革者たちの多くに——かれらの先輩の人文主義者たちの場合と同様に，「聖霊」の導くままに聖書を解釈するようにと指導して無学な人々に聖書を与えることが賢明であるかどうかを再考させた．1520年代なかばの農民一揆の後，ルターは無知な人間を注釈なしの原文に向かわせるときには慎重でなくてはならないと考えるに至った．そしてルターの神学校ではドイツ語の聖書は使用されず，聖書の授業は上流階級に限られ，しかもラテン語の新約聖書が教材になっていた．しかし馬小屋の戸を閉じることをやってみても，すでに逃げ出した馬を呼び戻すことはできず，宗教の多様性はヨーロッパおよび英国のプロテスタント教会の，それ以後の不変の特徴となった．ヨーロッパの大部分の国家がそのような多様性を力で押しつぶすことに失敗してようやく，共存と寛容という概念がいくらか広く通用するようになった．もっともこのような考えはすでに1520年代にエラスムスによって十分明確に述べられていた．

　反宗教改革の立場にあったカトリックの内部にさえ，相争う神学と敬虔なスタイルがしばしば落ち着かない状態のなかで共存していた．そして全ヨーロッパの宗教的厳格主義者やピューリタンたちは，福音が要求するものは何であるかについて，かれらより緩やかな，あるいはもっと自由な見解をいだく人々と真正面から向かいあって，そしてしばしば刃を交えて対立した．

下左　イングランドでも他所と同じく，宗教改革は神学的見解の相違や社会的対立によってそのエネルギーを偏向させられたり，分裂させられたりした．神学上の相違や社会身分上の対立は17世紀中葉に内戦となって爆発したが，この内戦は大部分が宗教的対立によって引きおこされた．その当時の「主の日」（日曜日）の過ごし方を描いたこの絵は，左側に信心深い人々の行動を示している．かれらは祈り，説教を聴き，聖書を黙想し，病人を見舞い，貧しい人々にほどこしをしている．これと対照的に右側の人々は暗闇のわざに励んでいる．浮かれ騒ぎ，飲み，賭事をし，肉体労働をして祭日の掟を破っている．

下　宗教的分裂はまた教義的根源をもっていた．1641年の穏健派の宗教的小冊子から採ったこの木版画では，プロテスタント主義の真の敵たち——アナバプティスト，ブラウン主義者ともいわれる会衆派教会主義者，ファミリストと教皇主義者——が，正しい宗教を象徴するはずの聖書を，毛布の上に投げ出している．

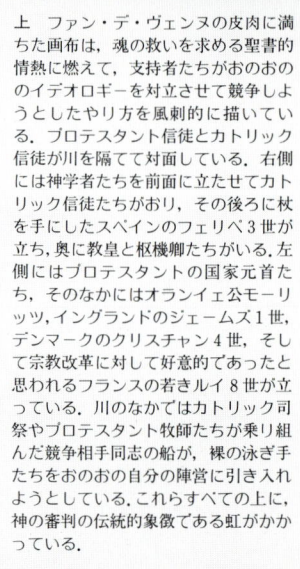

上　ファン・デ・ヴェンヌの皮肉に満ちた画布は，魂の救いを求める聖書的情熱に燃えて，支持者たちがおのおののイデオロギーを対立させて競争しようとしたやり方を風刺的に描いている．プロテスタント信徒とカトリック信徒が川を隔てて対面している．右側には神学者たちを前面に立たせてカトリック信徒たちがおり，その後ろに杖を手にしたスペインのフェリペ3世が立ち，奥に教皇と枢機卿たちがいる．左側にはプロテスタントの国家元首たち，そのなかにはオラニエ公モーリッツ，イングランドのジェームズ1世，デンマークのクリスチャン4世，そして宗教改革に対して好意的であったと思われるフランスの若きルイ8世が立っている．川のなかではカトリック司祭やプロテスタント牧師たちが乗り組んだ競争相手同志の船が，裸の泳ぎ手たちをおのおの自分の陣営に引き入れようとしている．これらすべての上に，神の審判の伝統的象徴である虹がかかっている．

ルター派（右）とカルヴィン派（左）の礼拝の様子を描いたこの2枚の絵を見ると，カルヴィン派が大切にしているカトリック教会的過去との決別を示す礼拝の様子とは対照的に，ルター派教会は教義的にも儀式の上でも保守的であることがわかる．

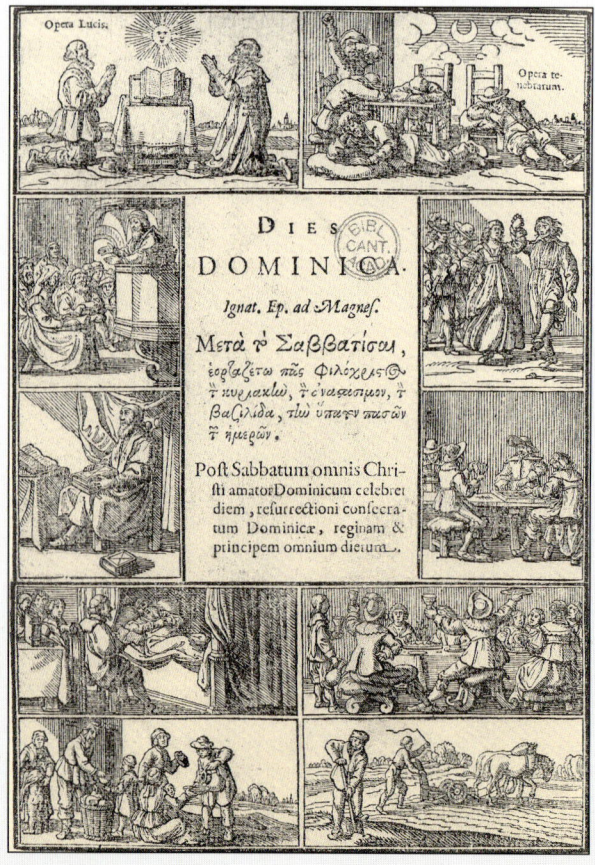

宗教改革後の多様性

ツヴィングリとスイスの宗教改革

1520年代初期から，スイス連邦の諸都市において，プロテスタント主義が明白な形をとってあらわれてきた．そしてそれがその世紀後半に，宗教改革の洗礼を受けた世界を支配することになるのであった．その創始者はフルドライヒ・ツヴィングリ(1484—1531)であり，かれは1518年からチューリヒの町の牧師であった．ツヴィングリはルターとは正反対の性格で，快活な楽天主義者で，情熱的なスイス愛国主義者であり，以前は陸軍付きの教戒師であり，少なくとも一つの恋愛沙汰の傷を背負った人物であった．エラスムスの人文主義に浸り，ツヴィングリの宗教改革は，合理主義で批判精神に満ちており，かれのスイス人としての背景である秩序・規律・共同体意識といったものに満ちあふれていた．ルターと違って，かれはカトリシズムのなかの，聖書による明白な権威付けが証明できないあらゆる面——すなわちミサ，聖職者の独身制，断食，聖人の祝日，教会音楽——を体系的に排除することに着手した．ツヴィングリが人文主義に基づいて没頭していた教訓的問題は，『聖書解説』の序論に反映されているが，この解説は，聖職者と俗人が一緒になって聖書を解釈し，討論する公開ゼミナールであった．都市議会は公衆道徳を維持するために聖職者と密接に協力し，議会は破門に関してさえ責任をもった．敬神を強化するための行政官と聖職者のあいだのこの協力は，将来スイスの宗教改革の最も特徴的かつ最も影響力の強い面の一つとなるべきものであった．

ツヴィングリはルターの神学的立場を大幅に採り入れたが，かれは神と協力する人間の能力についてルターより積極的な見解をとり，ソクラテスのように善良な異教徒なら救済されうるとさえ考えた．とくに一つの問題に関してはツヴィングリとルターは正反対の立場をとった．ルターは，全実体変化を否定する一方で，キリストはミサのなかに真に存在すると断固として主張した．ルターにとっては「これはわたしの体である」というイエスの言葉は，全くそのとうりのことを意味していた．「神がこれらの御言葉を語り給うのなら，それ以上追求しないで，ただ脱帽しなさい」というのが，かれの主張するところであった．ツヴィングリの合理主義的精神にとっては，これはとんでもない迷信であった．エラスムスのように，ツヴィングリは理性の人であり，秘跡にほんとうの意義を感じていなかった．主の晩餐は単なる象徴にすぎず，不在の神に対する記念と感謝の儀式であった．政治的緊張が高まるにつれて，この両者のような不一致は恐ろしい障害となり，これにつまずくとプロテスタント主義の存在そのものが砕けてしまいかねなかった．この問題を解決するために1529年マールブルグで一つの試みがなされた．メランヒトンはツヴィングリと会談するようにルターを説得し，円滑に事を運ぶために穏健派のストラスブールのマルティン・ブーエが同行した．しかしながらルターは会議場のテーブルの上に「これはわたしの体である」とチョークで辛辣ななぐり書きをし，会議は不成功におわった．2年後にツヴィングリはスイスのカトリック諸州との戦いで戦死し，プロテスタント主義は分裂したままであった．しかしながら世界に通じる魅力をもつ統一されたプロテスタント主義を明確に組織しようというかれの試みは，スイスのもう一つの都市で達成されることになった．

ジャン・カルヴァン

ジャン・カルヴァンは1536年ジュネーヴという騒々しい要塞都市に偶然きており，一晩そこで宿泊するつもりであった．ストラスブールで過した3年間を除いて，かれは人生の残りのすべての期間をその地に留まる運命になった．かれは人文主義者で，いろいろな言語と法律の訓練を受けており，最初の著作はセネカについての注釈であった．かれの作品を理解するために同じく重要なことは，宗教改革がすでに十分確立された時期にかれが知的成熟に達したという事実である．フランスの福音主義の人文主義者のあいだで教育を受け，かれはカトリック信仰から何の苦痛も感じずに改革派の信仰へと転向したが，その転向は二つの形態の整った信仰のうち一方を選択することであった．ルター派に反対する国王の行動が強化されたことによってフランスから追放されたカルヴァンは1536年バーゼルでプロテスタント信仰についてのかれの概説書『キリスト教綱要』の初版を出版し，気楽にもそれを国王に献呈した．かれは死ぬまでこの著作を発展させ改訂するつもりでいた．この著作が同時代の思想に及ぼした影響と実際の政治に与えた衝撃という点でこの本はその世紀のなかで最も重要な著作と見なされるに相応しい堂々たる資格を有している．

カルヴァンの神学は本質的な部分ではルターのそれと違ってはいない．カルヴァンはルターを深く尊敬していたが，かれの神学はルターの神学よりもはるかに首尾一貫した恐ろしく膨大な構想のなかに組み込まれており，その核心をなす部分で，神の主権と自由を明確に強調した．人間は神との関係においてのみみずからを知るのであり，究極的には神の意志をこの世に実現するための道具なのである．かくして人間の救霊はすでに決定されていることであり，時間が存在する前から神の意図において定められており，人間はそれに対して何もできない．「ある者には永遠の生命，またある者には永遠の断罪が，あらかじめ運命で定められている」のである．カルヴァンはこの恐ろしい教えを慰めの教義にしようと意図した．つまりわれわれが救われることは，われわれの気まぐれな本性によるのではなく，神の測り知れない意志に拠るものだとした．かれの神学はキリストの姿に焦点が絞られており，キリストとなって神は御自身を人間のなかに降らせ給うた．カルヴァンは多くのかれの信奉者ほどは運命予定説の否定的な面を強調しなかった．われわれは希望のうちに生きるべきであり，神による選択の神秘を探ろうとしたりしないで，われわれの生活を神の意志にできるかぎりよく一致させることが肝要だ，とかれは説いた．

この一致を追求してカルヴァンは教会のために詳細にわたる典型を入念に説明し，キリスト教徒の生活のあらゆる面を管理した．秩序・規律・信心深い生活がその第一目的であった．聖職者の数は4倍になった．牧師たちは説教や忠告や激励によって教会の面倒を見た．教師は聖書を解説することによって，教義の純粋性を確保した．俗人の長老たちは道徳上の規律を監督し，聖職者とともに堕落した人々を最後の手段としては破門によって罰する教会法廷あるいは教会会議を組織した．牧師補佐は財政と貧困者の面倒を見た．究明，つまり共同体内部で道徳的基準を丹念に吟味する要素は「兄弟としての友愛に満ちた忠告」と同様，ひそかに他人の様子を探ることを奨励したが，それは現代人から見ればカルヴァン派の組織の最も魅力に欠ける面の一つである．ジュネーヴの「自由派」はそれをひどく不快に思った．ジュネーヴは，司教を兼任していたその都市の世俗の領主の権威を拒否する行動の一部として，もともとすでにプロテスタントになっていた．そしてこの対立を快く絶え忍ぶことをしなかったカルヴァンは，死ぬまで，市議会を自分に協力させることを全然期待できなかった．にもかかわらずカルヴィニズムを国外できわめて影響力あるものとしたのは，全体としての共同体を「神を敬う共和国」へと変える有力な手段としてのこの「規律」であった．市民を基盤とするスイスのプロテスタンティズムをカルヴァンが活性化したことは，かれの教義の解説が厳格かつ明確であることとあいまって，カルヴァン自身の生存中に

右　カルヴィニズムは決定的にカトリック的過去と袂を分かった．教会はもはや聖にして劇的な空間ではなくなり，人々が聴きかつ学ぶ講堂となった．16世紀フランスのカルヴィニストたちの礼拝を描いたこの絵は如実にその変化を表現している．女性たちの進出にも注目した．彼女たちはフランス革命を推し進めるなかで指導的な役割を果たした．

宗教改革：揺さぶられる基盤

MPLE DE LYON, NOMME PARADIS.

宗教改革：揺さぶられる基盤

はやくも他所の改革者たちのために主要な範例となった．

ツヴィングリと同様カルヴァンも「聖書に記されていないこと」はすべて礼拝から排除した．このような理由から，ルターと同じく共同体としての歌唱に重きを置いたにもかかわらず，カルヴァンは賛美歌を禁じた．ただし聖書に韻律をつけて読むことだけは許した．ツヴィングリと同じくカルヴァンも聖体のなかにキリストの肉体が実存するというルターの信仰を否定した．もっとも彼の教えは微妙で捕らえ難く，霊的存在と「現実的」存在もしくは「有効性のある」存在を考慮に入れた．事実かれは聖体拝領は毎日もしくは少なくとも毎週行われるべきであると信じていたが，聖体拝領を受けようとしないジュネーヴの人々に月1回以上聖体を拝領するよう説得することはできなかった．

しかしながらカルヴァンが死ぬまでにはジュネーヴはその態度がよくなっていた．かれの試みの一部のもの，たとえば壁に掛けられた聖句を読みながら，酒を少量飲むことができる地方自治体経営の居酒屋をもつことのような試みは失敗におわったが，ジュネーヴの町は秩序正しく，落ち着きがあり，少なくとも表面的には敬神の雰囲気があった．貧民・病人・高齢者の世話は行き届き，犯罪や不道徳は厳しく罰せられ，カルヴァン系の大学や高等学校はジュネーヴをヨーロッパのプロテスタント主義のメッカにした．それはジョン・ノックスが「使徒の時代からこのかた地上に存在したもののなかで，最も完璧なキリストの学校」とよんだものであった．

プロテスタント主義は主として外的要因によって，ドイツの北部と東部，それに中部と東部ヨーロッパの広域にわたって，その基盤を確立することができた．カール5世は，自分自身が神によって任命されたカトリシズムの守護者だというイメージを抱いていたにもかかわらず，プロテスタントによる脅威に対処しえなかった．それは東と南にはイスラム教徒による侵略の大脅威，西にはヴァロワ朝フランスの成長があったからである．フランソワ1世はトルコ人およびドイツのプロテスタントの両者とすでに同盟を結んでおり，カールが1546年にプロテスタントのシュマルカルデン同盟を遠慮なく攻撃できるようになったときまでに，事態はすでに手遅れになっていた．1547年のヴィッテンベルクの捕囚は短期間の勝利に過ぎなかったが，カールは1555年に宗教改革の永久的存在を認める協約を締結せざるをえなかった．アウグスブルクの和約によって「領土が属する人に宗教も属す」という原則が確立され，各統治者に，自己の領土がどの宗教に従うかを決定する権利が与えられた．カルヴィニズムはその取り決めのなかにふくまれていなかった．

右 保守的なヘンリー8世のもとでは英国の宗教改革は曖昧であった．かれの後継者，少年王エドワード6世のもとではスイス型のプロテスタント主義への劇的かつ急進的な方向転換が行われた．この宣伝用の絵では，死の床にあるヘンリーが新しい命令を指し示している．エドワードはプロテスタントの顧問官たちに側面を守られつつ，教皇と修道士たちを蹂躙した．窓からは「イコノクラスム」の形で誤謬と迷信を土地から粛正し，宗教的画像を徹底的に取り壊しているさまが見える．

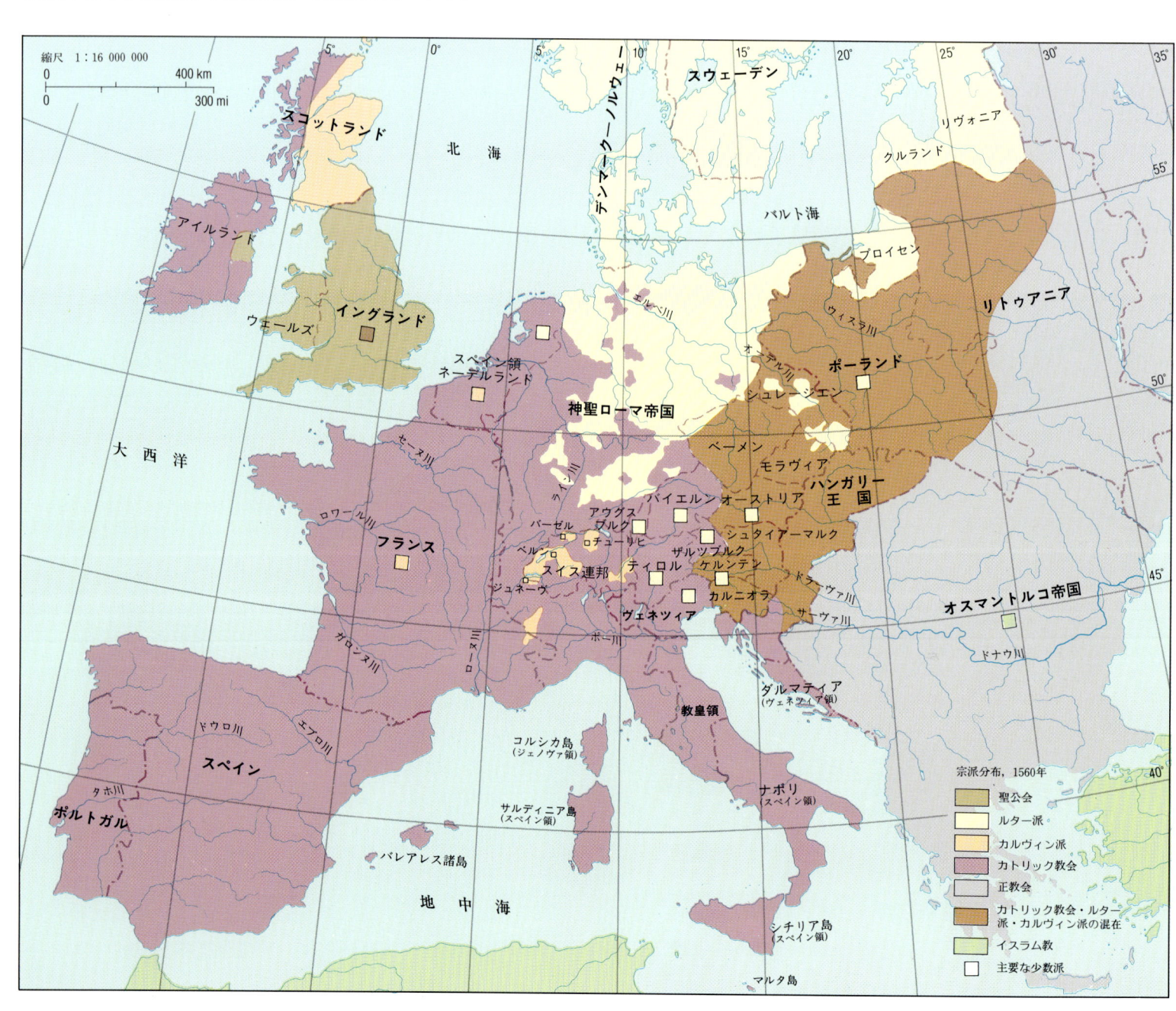

宗派分布, 1560年

- 聖公会
- ルター派
- カルヴィン派
- カトリック教会
- 正教会
- カトリック教会・ルター派・カルヴィン派の混在
- イスラム教
- 主要な少数派

ヨーロッパの他の諸地域における宗教改革

ルター主義はドイツ国外に迅速に広まって行っていた．スカンディナヴィアでは，デンマークとスウェーデンの君主政体の後楯と教会財産の没収という誘因によって，ルター主義は急激な発展を遂げた．ノルウェーでは宗教改革はデンマークの帝国主義の一手段であると見なされており——それは全く正しかったのだが——ルター主義の進出はデンマークよりはるかに遅れた．16世紀なかば以前には，プロテスタンティズムはヨーロッパ南部へはほとんど進出していかなかった．フランスには多くの人文主義者と反教権主義者が存在し，フランス語の聖書が入手でき，ルフェーブル・デタープルを長とするモーに本拠を置いた「福音派」の団体は，プロテスタンティズムの内部で達成された諸改革の多くを提唱した．しかしフランソワ1世は新教徒であるドイツ諸侯に政治的媚態を見せたが，ローマと決裂することは望んでいなかった．そして1534年アンボワーズ宮の王の寝室の扉に反カトリックを表明する貼紙が貼られるという馬鹿げた出来事がフランスのプロテスタントに対する厳しい迫害をまねくことになり，これが原因でカルヴァンはジュネーヴへと旅立ったのであった．

イタリアのプロテスタンティズムは，これよりはるかに弱体であり，一握りの知識人階層や貴族——とりわけスペイン人のホアン・バルデスの団体，枢機卿エルコレ・ゴンザガ一門，およびナポリのヴィットリア・コロンナ一門——と結びついていた．しかしバルデスの教えは，プロテスタントというよりはむしろ神秘主義的かつ静寂主義的教えであった．たいていのイタリアの改革者たちは表面上はバルデスに従いながら，自分たちの意見を他人には語らなかった．そしてそれはカルヴァンが痛烈に批判した「ニコデモ主義」であった．偉大なる例外は修道士ベルナルディーノ・オキノとピエトロ・マルティーレであり，かれらは1540年代前半にはイタリアから逃亡していた．かれらは2人ともようやくにしてイングランドに辿り着き，ピエトロ・マルティーレはオックスフォードでエドワード6世の神学欽定講座担当教授となった．

イギリス国教会の確立

イングランドの宗教改革はヨーロッパ中で最も手間取った，最も不安定なものであった．エラスムス的な人文主義はすでにイングランドに深い衝撃を与えていた．そして土着の異教的伝統であるロラード派には，以前から一部の人々をプロテスタンティズムに向かわせる傾向があった．しかしながらヘンリー8世は敬虔なカトリック教徒であり，かれがルターの主張に反対して1521年に出した『七秘跡擁護論』に対して教皇から「信仰の守護者」という称号を与えられていた．ルター派の聖書が出回り，ティンダルの英語版新約聖書が1526年に登場し，ケンブリッジのお歴々がルター派の考えを育んだが，宗教改革はヘンリー8世が男子後継者を生めないその妻アラゴン王女カタリナとの離婚を求めるまでほとんど進展しなかった．カタリナはカール5世の叔母であり，カール5世の軍隊はその少し前ローマを略奪し，教皇はかれの捕虜となっていた．この離婚願いは拒否され，ヘンリーは教会と敵対することになった．ローマとの絆は断たれ，1534年ヘンリーはみずからがイングランドにおける教会の最高首長であると宣言した．修道院に対する抑圧が次いでおこった．イングランドにおける新しい学問の最も偉大な保護者であったロチェスター司教フィッシャーを含む数人の聖職者は，ちょ

左 1560年のヨーロッパ宗教情勢
ルターは1546年に，カルヴァンは1564年に死亡した．後者の日付までにヨーロッパは深く，そして多くの人々の目には永久に，宗教によって分断されてしまっていた．ドイツの東北部は全体に，中央部は，デンマークやスカンディナヴィア諸国と同様，ほとんどがルター派となった．ルター主義はまたバイエルン各地に，あるいはハプスブルグ家支配の心臓部ケルンテンとオーストリアに根強い根拠地をえていた．ベーメン，シレジアとポーランドの大部分はルター派の共同体を保護した．チューリッヒ，バーゼル，ベルン，ジュネーヴは「改革派」または「カルヴィン派」勢力圏を形成し，スコットランドは1560年にスイス系統に基礎を置くスコットランド教会を建設した．イングランドは司教制度と多くの伝統的宗教慣行を保留して，プロテスタント諸教会のなかの特殊例であった．1560年にはその教会指導者たちは確かにまず第1にスイス教会に霊的示唆を求めていた．このゆえにカルヴィニズムはプロテスタンティズムの将来を代表して，オランダ，ハンガリー，中央および東ドイツに拡大した．アウグスブルク宗教和議（1555年）がドイツにおけるこの強力に拡大しつつある新勢力の領土支配の現実を認めなかったので，その後長くつづいた政治的不安定が生じることとなった．

宗教改革：揺さぶられる基盤

うどヘンリーの前大法官トマス・モアと同様，抵抗し，死刑に処せられた．

当初は教義の上でも礼拝様式の上でもほとんど，あるいは全く変化はなかった．そしてヘンリーはプロテスタントとカトリックを一様に迫害した．しかしカンタベリー大司教トマス・クランマーと枢密顧問官トマス・クロムウェルの支援をえて，改革案が徐々に進行していった．エドワード6世の即位によって，宗教改革は大手を振って歩けるようになり，ミサは廃止され，つづけざまに発行された2冊の英語版祈禱書（1549年と1552年）のなかでクランマーは英国教会に一つの礼拝形式を定めた．それは中世的要素を留めていたが，1552年までには基本的にスイス神学を具体化したものとなった．カタリナの娘であるメアリ女王の即位により，イングランドは再び教皇へ恭順を示すことになった．そしてメアリがカタリナの甥スペイン王フェリペと結婚したことにより，イングランドはカトリックの勢力圏にもどった．メアリと彼女の大司教・枢機卿プールは，カトリックの礼拝と教義を回復し，プロテスタントの急進派を悩ますことに専念した．クランマーを含む300人が焼き殺された．この評判の悪い運動は一貫して遂行されたものでは決してなく，また何らかの積極的説法を伴うものでもなかった．わずか6年後，メアリの異母妹でプロテスタントのエリザベスが王位を継ぐと，事態は逆転した．

エリザベス朝の解決策は，相反する感情が併存するものであった．教会が採用した教義の基準（39条項）はいくぶんかルヴァン主義的であった．どの派のものか分類するのがさらに困難であったのが祈禱書のなかの聖体に関する教えであった．しかし監督制度と中世的な教会規律は保持された．その祈禱書にはジュネーヴ人にはカトリック的と思えたものが多く含まれていた．そして聖職者たちはカトリック教会と同じ祭服を着用することを要求された．エリザベスはメアリの治世下ではスイスに逃亡していた多くの聖職者を監督職に任命することを余儀なくされた．そしてかれらはこの解決の仕方にはその場しのぎの方策が多すぎると思った．この種の不満は，教会のあらゆるレベルで生じ，深刻な不和を生じる根源となった．しかしながらメアリの治世時代の聖職者の大部分はその役職に留まった．そして教皇政治に関心を寄せる人々はほとんどいなかったものの，イングランドの南部と東部以外ではプロテスタンティズムはエリザベスの治世のおわりまで，おそらくきっと実際的な影響を与えることはほとんどなかったであろう．

再洗礼主義

改革者の多くは領土ぐるみの改革，つまりかれらの全教会をひとまとめにして改革することを追求した．再洗礼派においては，宗教改革は急進的な傾向を生み出し，地方を基盤とする教会と国家を基盤とする教会と，そのいずれが妥当であるかが問われた．人が信仰のみで救われるのならば，信じることができる成人だけが，神の選民のなかに数え入れられるという主張が生じるであろう．そうなると選ばれた者のみが教会に属する権利を求めることができ，それゆえに教会は全体としての社会から完全に遊離すると論じる人々がたくさんいた．これがミュンツァーの教えの根本であった．チューリヒで，コンラート・グレーベルが指導する一派がこのミュンツァーの論理に従い，幼児洗礼を拒否し，自分たちの町の礼拝から離脱した．ツヴィングリの合理主義神学は，事実，かれらの議論の攻撃の的となることが多かった．しかしツヴィングリはこの一派に対する悪意に満ちた迫害を正当と評価し，冷厳な気持でかれらの多くを水死させるという形で処刑した．

聖書が広く一般に手に入るようになるにつれて，この種の分離主義運動がヨーロッパ各地の都市や地方の貧困者の間に野火のごとく広まった．再洗礼派の教えには黙示録的色彩が濃いこと，またその信徒の社会的地位が低いということから，あの農民一揆を忘れえない政府は驚きあわてた．再洗礼派の説教師たちは投獄されるか，もしくは処刑された．これらの恐怖は1534年に再洗礼派がミュンスターの町の統制権を掌握したときに，その正当性が立証されたようである．カトリック教徒とルター派は逃亡し，財産の共有制が宣言された．オランダ人であるヤン・ファン・ライデンは工作をしてみずから王位につき，新しいイェルサレムを宣言し，一夫多妻制を確立した．ヤン王は16人の妻をめとったが，そのうちの1人を生意気な罪で打ち首の刑に処した．すべての不信心者に対する聖戦が宣言され，ミュンスターの町は1535年に王族の身分の司教の手に陥ち，指導者たちは拷問にかけられて死んでいった．

プロテスタントに改宗した人々のなかでも，信仰による義化の原理がプロテスタンティズムのどの形態においても十分には実現されていなかったと信じていた人々，もしくはカトリシズムにおけると同様に宗教改革のなかにおいても，かれらが認知していた形式尊重主義にとらわれない聖霊の導きによる宗教を求めた人々にとって，再洗礼主義は唯一の，もしくは首尾一貫した教派ではなく，大型雑嚢のような親しい仲間関係にすぎなかった．再洗礼主義は，ルネサンスの合理主義のみならず神秘主義と黙示録の影響を併せ受け入れていた．そして多くの再洗礼主義者たちは——とりわけ有名なのはミカエル・セルヴェトゥスとファウスト・ソッツィーニであるが——三位一体に関する伝統的教義を拒絶した．これらのグループすべての間のさまざまな相違は，それらの団体の類似点よりも重要であるが，これらのグループはみなミュンスターでの出来事によって信用されなくなった．そしてこの出来事は1世紀以上にわたり，プロテスタント主義のヨーロッパと，カトリック主義のヨーロッパと，両者を思い浮べるとき，常に人々の脳裏につきまとう事件となった．

左　宗教改革の時代は，宗教的・政治的動乱期であり，戦争がいくつもおこり戦争の風説が飛び交い，また飢饉や伝染病などの自然災害が発生したので，多くの人々は世の終りが近いことを確信した．終末論的期待は，当時の多くの人々を宗教的急進主義に駆り立てた．アルブレヒト・デューラーによって1498年に刻まれた黙示録の場面の素晴らしい連作は，ドイツの多くの人々がルターの説教の前夜に抱いた霊的・心理的危惧の念を若干伝えている．

上　クランマーの『イギリス国教会祈禱書』（1549年刊）はミサその他の公的儀式に英語を取り入れた．しかしながらこの本は，カトリック教会からいくらかの支持をえたほど伝統的な内容のものであった．とはいえデヴォンやコーンウォールのように保守的な西部では武装蜂起を引きおこしてこれに反対した．1552年には，もっとプロテスタント色の濃い本に改訂された．

反宗教改革

カトリック改革の試み

宗教改革とは主としてヨーロッパ北部における現象であった。これと並行してヨーロッパ南部のカトリック教国では，北部とほとんど同じくらい強烈な変革の動きがあり，しかもこの変革はルターの反乱以前にすでにはじまっていた。人文主義は，それ自体がカトリックの宗教的推進力が起動しはじめたことのあらわれであり，イベリア半島で際立って具体化した。スペインの首座大司教でもあった厳格な枢機卿ヒメネス・デ・シズネロ（1436—1517）の下で，いっせいに修道会改革が開始され，かれの属するフランシスコ会を皮切りに，1506年までに厳格な規律を遵守する修道会へと変身した。聖職者の水準を高めるために，かれはアルカラ大学を創立したが，それはヨーロッパ全土につぎつぎと新設された類のものの一つであった。1502年ヒメネスは7ヵ国語で書かれた聖書の校訂版，つまり『多国語訳聖書』（1514—17年に印刷）を出版するために，かれの息のかかった教授陣をアルカラ大学に送り込み，エラスムスをスペインに招聘した。エラスムスがスペインを訪れることは全然なかったものの，かれの影響はイベリア半島において人文主義的環境が出現する重要な要因となった。そしてこの環境によってスペインの聖職者はヨーロッパにおける最も啓発的な存在となった。ヒメネスはかれの指揮下にあったトレド司教管区で贖宥を説くことを禁じたが，かれはそれにもかかわらず厳正なる正統派のカトリック教徒で，1507年からは異端大審問所の裁判官であった。

聖書の原点にもどることによって再生を目指す動きはイタリアでも見られた。そしてこの時期の絵画には新しい宗教的ひたむきさを明らかに見出すことができる。たとえばラファエロのシスティナ礼拝堂の『マドンナ』（1513年）と『大公の聖母』（1505年），あるいはミケランジェロが1508年から1512年にかけてシスティナ礼拝堂の天井にほどこした装飾に見られる穏やかな崇敬の感情がそれである。これらの作品に霊感を与えたのと同じ精神が，敬虔ではあるが呑気なレオ10世の教皇在位期間中にローマに創設された『神愛礼拝会』にあらわれている。信心深い聖職者と俗人からなるこの貴族的集団は，気性の激しいナポリの司教ジョヴァンニ・ピエトロ・カラッファすなわち後のローマ教皇パウルス4世と，後に聖カイェタヌスとして列聖されたティエネ伯ガイェタノの指導を受けた。この礼拝会から清貧と使徒的聖職者生活を壮烈なまでに遵守することに自己を捧げる実験的な在俗聖職者集団であるテアティノ修道会が興った。このテアティノ修道会の修道士たちは一度も大きな集団にはならなかったが，「テアティノ」は信心生活を象徴する「通り言葉」となり，かれらは聖職にある改革者にとっての模範としての地位を獲得した。

しかしながらこれら初期のカトリック改革の試みはいずれもルターが提起した挑戦に対応しはじめることすらできなかった。レオ10世の後を継ぎ，ヴァティカンで修道生活を過ごした厳格なオランダ人ハドリアヌス6世ですら，改革をローマ教皇庁とローマという都市の浄化の観点から判断し，ドイツでおこりつつあったことの重大性を十分に把握していなかったと思える。しかしながら多くのルター派信徒を含む帝国軍隊によってローマが略奪されたことは，一つの転換期となった。1527年5月の狂乱の8日間に，北部の軍隊は婦女暴行を働き，略奪し，進軍の道すがら火を放ってローマを通過した。4000人の市民が死亡し，生き残った者はローマを捨てて逃亡した。この事件の衝撃はイタリア・ルネサンスの精神に新たな陰鬱な色合い，つまり人間の本性とローマにおける宗教的推進力の鼓動に対する新しい悲観主義をもたらした。この新たな真剣さと悲観主義が十分に定着した頃に描かれたシスティナ礼拝堂の『最後の審判』と，その上方にある天井画を比較してみると，その変化をいくらか感じとることができる。

教皇パウルス3世と霊的刷新派

この時期にヴェローナ司教ジョヴァンニ・マテオ・ジベルティ，ナポリ司教カラッファ，ヴェネツィアの平信徒ガスパロ・コンタリーニ，およびイギリスのレジナルド・プールをふくむ，改革に熱意を燃やす信徒の一団があらわれた。終始一貫して改革を主張するかれらは，ローマの雰囲気が性に合わなかった。ローマ教皇庁内部の既得権は，変革にさからうものであり，いまやだれもが必要と信じていた全体会議を招集することに教皇権が乗気でないのは明白であった。しかしながらファルネーゼすなわち教皇パウルス3世の即位がついにこの事態を変えた。1536年かれは諸々の改革を提案する委員会を設立した。この会議を牛耳ったのは改革主義者たちで，それはジベルティ司教，今や枢機卿になったコンタリーニ，カラッファ，プール，人文主義者ヤコポ・サドレナといった面々で，その年のおわりにはかれらは全員枢機卿に昇進することになっていた。1537年3月に『教会改善建白書』という題名で教皇に提出された報告書は衝撃的なものであった。この報告書は無遠慮きわまりない言葉で，教皇政治，教職位階制度，および聖職者，のそれぞれの腐敗に関して，教会の諸悪のすべてを非難していた。容赦なく細部にわたって時弊が記載され，とくに修道院が攻撃の的となった。報告書はさらに，修道院の多くを消滅させ，残るものの併合を主張していた。必然的にこの報告書はローマ教皇庁で働く聖職者によって妨害され，悲惨なことにはその写しが新聞に漏れてしまった。ルターは辛辣な論評をつけてそのドイツ語版を出版した。その結果，報告書は公表されるところとなり，報告書に盛り込まれた改革が履行される機会はつぶされてしまったが，今や改革の気運が高まっていたのは明白であった。

しかしながら改革派は悲劇的な分裂を起した。誰もが教会は堕落のどん底に沈んでおり，浄化されなければならないということに賛同した。しかしコンタリーニやプールのように，この堕落は単に教会の慣習にあるのではなく，その教義にあると確信する者も数多くいた。この人々にとっては，教会の権威と秘跡の問題に関してルターは徹底的に間違っていたが，義認論に関しては正しく，教会に古くから伝わる真の教えを呼び戻させていたのであった。かれらは，人文主義と相並んで育った，聖パウロや聖アウグスティヌスの信仰復興運動にどっぷりと浸っていたため，信仰による義認を容認したが，ルターがカトリックの伝統を否定することを容認したわけではなかった。プールが記しているように「異端者といえどもあらゆる点で異端者であるわけではない」のであった。

これらの霊的刷新派として知られる人々は，自分たちを善良で忠実なカトリック教徒であると信じていた。しかしながらかれらの立場の曖昧さは1540年代の初期に流布した信心のための小冊子『キリストの功徳』の内容からして明らかである。信仰による義認を説いているため，この小冊子は霊的刷新派に熱狂的に歓迎され，かれらのうちの1人，後にトリエント公会議でローマ教皇の特使となるモローネ枢機卿は，

反宗教改革

左　異端審問は、プロテスタントの人々から見れば、カトリシズムが有している抑圧的で残酷なもののすべてを象徴していた。1542年に創設されたローマでの異端審問は実際には多くは近親相姦罪のような道徳的違反の処罰に関するものであった。現代の歴史研究からは、教会の異端審問裁判にかけられた者は、どの世俗法廷に召喚された者よりも公平な裁判を受けたのではないかと考えられる。教皇ではなく国王によって統轄されたスペインの異端審問は、スペインにおけるユダヤ教やイスラム教からの偽改宗者を扱うために創設されたもので、異端追及よりは人種差別が中心目的であった。しかしながら異端審問は反宗教改革期のカトリシズムの「暗黒伝説」の一部となった。

ベルグェーテの絵「焚刑判決」はカタリ派の異端者たちを処罰している中世の異端審問を描いている。荘厳な儀式として行われる異端審問では、異端者はみずからの誤りを認めて償いをするか、あるいは非を認めず処刑された。異端審問には、どうしても、いばって審判席につく聖職者、辱めを与える儀式、焚刑による死というまったく因襲的に否定的な紋切り型の要素が含まれていた。

反宗教改革

上 ここに描かれている会議中のトリエント公会議は、伝染病と戦争で、しばしば中断された。また内部分裂や嫉妬、あるいはフランス王家とハプスブルグ家との長年の敵対関係が公会議についてまわった。それにもかかわらず公会議が定めた教義規定は全ヨーロッパのカトリック諸国が受け入れたもので、教会の伝統的教えを整理統合し、明確化したものであった。公会議が定めた聖職者の育成と規律、結婚などの一般信徒の生活規範は、1960年代までカトリシズムの枠組として残ることになった。

それを「むさぼるように」読み、それをかれの司教管区に配布した。今ではこの小冊子は1539年に出版された『キリスト教綱要』の第2版の言い換え文として見受けられる。

霊的刷新派と対立したのは、カラッファのような妥協を許さない人々であった。かれらもまた霊的刷新派と同様、道徳的かつ制度的改革の必要性を認めたものの、ルターに同調する動きを全くの異端として否定した。カラッファにとって、霊的刷新派はますます第5列(スパイ行為、内部攪乱などによって敵側に協力する団体)と思われるようになった。教義上の問題は討論によってではなく、あらゆる異端者を容赦なく追い詰めることによって解決されるべきだとされた。カラッファの一派は1541年に大勝利を収めた。そしてその時期にレーゲンスブルクで開かれたコンタリーニ、メランヒトン、およびブツァー間の諸会談が失敗におわった。コンタリーニはひどく幻滅を覚えてイタリアにもどり、翌年他界した。今やカラッファは思いのまま行動できた。「この害悪に対して、どのような治療法を考案すべきか?」とパウルス3世に問われて、カラッファは「諸々の過ちを鎮圧し、根絶し…、痕跡を何一つ残さない」ために異端審問を提案した。1542年7月に6人の異端審問官長の1人に任命され、かれは監獄にさし錠と鎖を自費で備え付けた。このようにして創り出された人を疑う雰囲気のなかで、霊的刷新派の指導的立場にあった2人の説教師、すなわちベルナルディーノ・オキノとペドロ・マルティルはスイスに逃亡し、プロテスタントに転向した。両者はコンタリーニとプールによって以前から保護されていたが、かれらの背信は教義上の改革への扉を閉ざしてしまった。妥協を許さないカラッファの見解は、かれがパウルス4世としてローマ教皇に即位した1555年に完全な勝利をえる

ことになった。ローマ・カトリック教会の禁書目録を導入したのはかれであり、かれが目録にふくめた最初の書物のうちの1冊はなんと『教会改善建白書』であった。

トリエント公会議

トリエント公会議が開催されたのはこのような背景のもとであった。人々は1520年代のはじめからローマ・カトリック教会の平和を回復するために公会議の招集を呼びかけてきていた。歴代皇帝は公会議首位説の思想が復活することと教皇庁に対する攻撃を恐れて、その立場を曖昧にしてきていた。今やパウルス3世は行動をおこし、1545年12月にイタリア・アルプス山麓のトリエントで公会議が開かれた。この会議は、戦争によって引きおこされた数回にわたる中断——そのうち1回は10年間にもおよんだ——のために、1562年までだらだらとつづいた。それはまた最初から論議を呼び、意見が分裂した会議であった。会議の開始時には、たった31人の司教しか出席せず、そのなかにドイツ人は1人しかいなかった。最大規模になったときですら、出席した司教はわずか270人で、ドイツ人が13人を越えることは1度もなかった。最初から教皇が不当な影響をおよぼすのではないかという恐れがあった。あるフランス人の司教はつぎのように述べている。「もし聖霊がこの会議に臨席するとしたら、きっと教皇の郵便袋に入って到来するに違いない。」もっともこの公会議以後、ヨーロッパのカトリック教国のいずれも、公会議における教義に関する系統的論述に疑問をいだかなかった。このことは記憶に留めるべきである。

皇帝には、公会議には現実の悪弊に取り組ませ、プロテスタントである臣下との教義上の論争の調停はみずからが引き受ける、とする願望があった。ローマ教皇はカトリック教義が再確認され、弊害の改善は彼自身に一任されることを望んだ。フランス国王は、この会議でドイツに平和を回復させるようないかなる成果も避けたかった。そんなことになるとフランスを攻撃しようとするカール5世の精力がフランスに向けて放出されるからであった。結果的には公会議は、論争が行われていた主要な領域すべてについて、教義上の明確な結論をもたらしたが、それは穏健派プロテスタントをもうとんじるよう意図されていた。全実体変化は、七つの秘跡、煉獄、ミサの祭儀、贖宥、聖人の取り次ぎを求める祈りと同様、再確認された。義認論という重大な論争問題に関して、公会議は、人間は恩寵によって完全に義とされ、みずからは義認に値することは何一つできないと主張する一方で、それにもかかわらず恩寵をいとも素直に迎え入れることによって恩寵に協力することができるし、またそうしなければならないと説いた。公会議はルターが唱えた神聖化と義化の区別を否定し、そしてそれとともに義認は単に付帯的なものであり、人間は義とされてもなおかつ罪人であるという見解も退けることとなった。義認という恩寵は人間を変え、その魂に信仰ばかりでなく希望と愛を吹き込み、人間のその後の善行に神を喜ばせる力を与える。そしてその力はよき報いに値するものである。この入念な信仰体系はペラギウス主義を遠ざけるのに成功したが、プロテスタントとの和解を願う霊的刷新派の希望を打ち砕いた。

この会議の教義規定によって、プロテスタントとカトリックは今や橋を架けることのできない分水界の両端で対峙することが確実となった。その規律および実践に関する綱領は、好戦的カトリックの再建に向けての青写真を提起した。公会議はよく訓練された軍隊としてのカトリック教会の未来像を全面に打ち出した。その未来像によると人的組織は小教区と司教区によって厳格に組み立てられ、信徒生活はローマ教会の規律によって規制され、その中心的原理は教職位階制度にあった。その結果司教は司教区に居住して、教えを説くべきであるとされ、定期的に司教区を巡察し、教会会議の開催を

義務づけられた．修道会は司教の管轄下に置かれることとなり，司教が教会法に基づいて巡察することを条件とした上で，修道士は司教の許可をえてはじめて説教ができるという状況になった．小教区の聖職者は聖職者の衣を身にまとい，その小教区に居住し，真面目で，謙虚で，かつ敬虔でなければならなかった．教会は維持されるべきであり，神を崇拝するには不敬不遜の言行，聖職売買および迷信が一掃されるべきであった．平信徒は説教と教理問答によって指導を受けることになった．とりわけ誠実で，信心深く，純潔で，教養のある聖職者を育成するために，あらゆる司教区で神学校が設立されることになった．

公会議はまさに，ヨーロッパに見られたプロテスタント教会の異端と戦うのと同じ程度にカトリック教会の宗教的無秩序と意識的に戦うために，はっきりと自覚してみずからを整えつつあった．その後1世紀半にわたって，聖職者たちは人々の宗教に規律正しい権威主義の枠組を押し付けようと試みることになったが，その企てはしばしば民間に普及している宗教感情および世俗政治と衝突して，それに人々を巻き込んだ．小教区は平信徒の宗教生活の中心となるべきであり，それゆえ信徒を各自の小教区から遠ざけるような宗教活動は防止するか，少なくとも制限すべしということになった．トリエント公会議によって，司教たちはすべての宗教団体への監督権を与えられ，その制限は平信徒によって運営される宗教団体やどんな種類の義務も免除された宗教団体にさえおよんだ．多くの司教は独立した宗教団体を抑圧し，それらを聖職者の支配下にある教区の宗教団体に置き換えようとした．聖遺物や聖画像に関する教令のなかで，公会議はそういったものを信心深く使用することを再確認したが，それらを取り巻いて民間に行われているその乱用，たとえば祝祭日に見られる「騒々しいお祭り騒ぎや銘酊の醜態」もしくは諸教会に見られる「異常な聖画像」を攻撃した．この教令は1570年代以降，宗教絵画の内容を統制し，「迷信，典拠不明，虚偽，無益，新奇，異例」といったものをいずれも排除するために利用された．このことは時代精神を狭めることにつながった．ヴェロネーゼのような画家たちは，福音書の場面を描く際に，聖書を文字通り解釈することから逸脱したため，異端審問にかけられる破目になった．システィナ礼拝堂の天井のミケランジェロの作品は，古典主義的人物像をふくんでいたかどで攻撃された．一方歴代皇帝がかれの作品「最後の審判」中の人物の裸体をおおうべく，襞のついた腰布を付け加えた．またこの教令によって，司教や聖職者はかれらの教会の信徒との衝突に巻き込まれた．ニコラ・バヴィヨンは17世紀に南フランスのアレの司教であったが，かれは自分の司教区内で，地元の高徳の人々の墓前で行われる半異教的儀式を撲滅しようとして20年を費やした．しかし司教区内の信者たちが，かれがもはや抵抗できなくなったとき，つまりかれの墓前で，以前とまったく同じお祭騒ぎをして祝うことによってかれの高潔さを認めた，というのがその落ちであった．

カルロ・ボロメオの聖務活動

キリスト教精神に満ちたトリエント公会議の模範は，1562年から1584年にわたってミラノの大司教であったカルロ・ボロメオの任期中の活動ぶりに見ることができる．ボロメオは教皇ピウス4世の甥に当たり，トリエント公会議の後半段階を指揮し，困難な役割を果していた．1566年ピウスの死後，かれは自分の司教区に身を落ちつけ，過去80年のあいだではじめてミラノに定住した司教となった．質素で，克己心が強く，苦行用シャツをまとい，清貧のうちに生活し，貧民のために自分の宮殿のカーテンさえ売るほどであった．ボロメオはミラノの修道院や女子修道院で見られた安易な体制に終止符を打った．規律の厳守が強要され，修道女は再び格子窓の奥に閉じ込められた．かれは聖職者のなかの怠慢で放らつな人間を一掃するために，一連の司教区会議と教区巡察を発足させ，新任司祭たちのための一連の学校や神学校を創設し，聖アンブロジウス献身会と呼ばれるテアティノ修道会のような律修修道士の団体を設立した．ボロメオが自分の身辺に集めた聖職者のうち20名以上が，みずから率先して改革を推進する司教になった．

ボロメオは，ロレトへの巡礼やトリノの聖骸布のような民間信仰のいくつかの面を歓迎し，1576年に黒死病（ペスト）が大流行していたあいだじゅう，みずから祈願の行列に加わって，聖遺物とされた聖なる釘を運んだのであったが，かれが平信徒のあいだに見出した乱脈な民間信仰のあらわれの数々に対しては容赦なく反対した．失敗におわったものの，かれは謝肉祭を禁止しようとし，司教区の山岳地方の魔女や魔術師を積極的に告発した．無知と戦うために日曜日ごとに教理問答を教える学校や宗教団体が導入され，宣教師たちが田園地方，とりわけスイスの低地へ送り込まれた．ボロメオは個人の改宗や指導の手段として告解に特別の注意をはらった．多数の独立した俗人による宗教団体に取って代わるべきものとして，かれは聖体会という教区の宗教団体を新たに開設した．典礼様式が変形することを少なくするために，かれは一定の祈禱定式文を課したが，興味深いことにそれは，かれが主たる作成者であったトリエント公会議の典礼様式ではなく，ミラノのアンブロジウス式典礼を基盤としたものであった．

これらすべてのことが反対もなく達成されたわけではなかった．ミラノのスペイン人支配者たちは信心深いカトリック

左　反宗教改革は，そのなかに清教徒（ピューリタン）的な要素を多くもっていたので，ルネサンスの人文主義者的な精神は大幅に否定された．したがってフラ・アンジェリコが葬られているドミニコ会士のサンタ・マリア・イン・ミネルヴァ教会に置かれたミケランジェロの復活のキリストの裸像は，自由で芸術愛好家のユリウス2世時代に彫刻させたもので，その後，金メッキをほどこしたブロンズの腰布を着けさせることで「慎みのある」像となった．

下　エル・グレコの絵「旧教同盟の寓話」には，ヨーロッパの宗教闘争が描かれている．フェリペ2世は，闘う教会を支援する人々の指導者である教皇とヴェネツィア総督とのあいだに，ひざまずいている．2人は，天にあらわれたイエスの聖なる御名を礼拝している．一方，フェリペ2世の背後にはプロテスタントの誤謬と邪悪を呑み込もうとして地獄が大口を開いて待ち構えている．

教徒であったが，新しい改革が国益と食い違うところではボロメオに反抗した．ボロメオは重要な聖職は，国籍のいかんにかかわらず，最も資質のすぐれた人物に与えられることに決めていた．一方スペイン人たちはスペインに忠誠を尽くす人間にのみ高位聖職を与えることに決めていた．その上，ボロメオは自分が行う諸改革を敬虔な勧告だけを武器にして追及したわけではなかった．かれは司教管区の法廷をすでに創設しており，教会法に違反した犯罪者が気がついたら逮捕されて大司教の牢獄につながれているという状況だった．聖職売買を廃止し，不道徳な聖職者を一掃しようというかれの試みは，聖職保有権や財産所有権に抵触した．ボロメオはいや応なしに司法当局をしてかれの希望に賛同せしめるべく，説教ばかりでなく破門や聖務停止の手段すら用いざるをえなかった．聖職者のほうは聖職者のほうで，かれの厳格さに恨みをいだいた．1567年にかれはみずから改革を行ったフミリアティ修道会の会員によって狙撃され傷を負った．にもかかわらずボロメオによって確立された司祭職と司教職の模範はヨーロッパを風靡した．かれの教会会議の条例と巡察項目は，かれの存命中に他の人々の模範として印刷された．

聖職者の教育

ボロメオは成功を収めたが他の所でもそれに匹敵する成功を常に収めたのではなかった．スペインとフランスの両政府はかれらの王国の宗教上の事柄に教皇の干渉がおよぶのを警戒した．そしてスペインの異端審問はそれ自体，教皇の権限ではなく王の権限行使の手段であった．両政府は教皇の大勅書や教書が王国内に流布するのを禁止したり，あるいは拒否しさえする権利を主張した．つまりフランスではトリエント公会議の教義は守られたものの，その風紀に関する法令は許可されなかった．ヨーロッパ全土において，教会と国家を互いに束縛する聖職任権，経済，法律の三者が網の目のように絡みあっていたために，トリエント公会議の決議内容を根本的に単純化する作業を容易にやりとげ，首尾一貫した勝利を収めることはできなかった．これらの困難が影響をおよぼさないところでさえ，まったくの惰性と財力不足と適任者の不十分がおそらく変革を妨げたのであろう．このことは聖職者の教育という問題において，他に類を見ぬほど顕著であった．

トリエント公会議の神学校に関する法令は確かにこの公会議の業績のうちで最も重要なものの一つであった．スペイン全域とイタリアの比較的繁栄した地域では，この法令は速やかに実施された．そして教皇庁みずからも，宗教改革に屈服してしまっていたヨーロッパの各地のために司祭を養成する布教大学を創設したり，その財政を援助することによって先鞭をつけていた．これらの大学のなかにドゥエーのイングランド人カトリック大学やローマの布教大学がふくまれていた．しかし他のところではほとんど何も行われなかった．トリエント公会議は，大聖堂，修道院その他の聖職禄および宗教団体の財源の一部を充当し，「俗権の助けを借りてでも」もてる者たちを強要することによって，神学校を設立することを規定している．これは，言うは易く行うは難して，財源の工面がついたときですら，適切な学力を備えた指導者を必ずしも確保できなかった．

イタリアの司教管区の多くでは，16世紀末以前にはトリエント公会議の諸改革はほとんど何も達成されなかった．フランスでは1620年代まで事実上何もなされなかった．しかしこのとき，聖ヴァンサン・ド・ポルは教義，倫理神学，典礼文および教会法の基礎についての一連の10日間速成コースを司祭志願者教育のために導入した．ヴァンサンの活動は，フランスの田舎の貧しい人々が改善の見込みのないほどの宗教的窮状に置かれているという認識から生じた．かれが組織した「ヴィンセンシオ宣教会」と「愛徳姉妹会」の活動は，フランス田園地方の大きな復興の一部分であった．ヴァンサンの目標は，非常に謙虚で，非の打ちどころのないトリエント公会議の信奉者になること，つまり告解と聖体拝領に規則的にあずかるという定型をすべての村に確立し，使徒信経とモーセの十戒の基礎を叩き込まれた平信徒で固めることであった．この体系を維持していくことのできる聖職者の育成というかれの仕事は，他の人々とくに聖ジャン・ウードによって継承され，17世紀末までには，フランスの聖職者は他のヨーロッパの模範となった．

聖職者を教育するためのこれらの努力は，聖職者の生活に対する認識の変化がその特徴になっている．司祭は今や儀式のために存在する人物，つまり「ミサ用司祭」たる色彩が薄くなり，教師や説教師的要素を増した存在となった．聖職者をもっと積極的に理解しようとするこの変化は，カトリック改革の最も偉大で唯一の成功物語である，イエズス会に最も顕著にあらわれている．

イグナティウス・ロヨラとイエズス会

イエズス会は新しい種類の修道会であった．このこと自体が逆説的である．というのは16世紀初期の改革を志す人々は，カトリック，プロテスタントの区別なく，修道会の数を増やさず，それを廃止することを議論していたからである．しかしイエズス会は信仰生活の新しい開花の最高の模範そのものであった．イエズス会は，修道院に閉じこもったり，世を捨てるのではなく，緊急行動をおこすことの意味と，人間とその世界を変えるために人間が神の恩寵に協力する能力をもっていることの意味を，具象的に表現した．イエズス会は，これは意味深いことであるが，一軍人，バスク地方出身の極貧の貴族イグナティウス・ロヨラ(1491頃—1556)が1521年に戦傷を負った後に回心して設立したものであった．回心後イグナティウスはよく世間に知られた中世スペイン型の騎士になり，かの托鉢修道士として聖堂から聖堂へと旅して回った．しかしマンレサの北方の洞穴において深遠かつ神秘的な体験をし，10ヵ月間におよぶ黙想の結果，高度な精神鍛錬の方法を系統立て，これを明確に体得した．この方法によってかれはキリストの生涯と情熱を体系的かつ鮮明に己の心象に喚起させ，回心に到達し，神への奉仕に生きる道を選択した．

イグナティウスは発奮して大学教育を受け，仲間を集めてかれの著作「霊操」を教えはじめた．その過程でかれは疑い深い異端審問所によって再三逮捕された．トルコ船が地中海に出没していて，聖地での説教の旅に出ることが不可能だったので，イグナティウスとかれの仲間たちは，1538年にローマに向かい，そして教皇パウルス3世に身柄をあずけることになった．1540年にかれらの組織が認可され，イグナティウスはイエズス会という新しい組織の総長になった．この会は高度に因習にとらわれない修道会で，その会員は修道服をまとわず，通例の聖務日課を唱えなかった．そしてその会則は総長および教皇に服従することを除けば，すべてにおいてきわめて柔軟であった．かれらの特別な関心事は，プロテスタントに転向したヨーロッパにも異教徒の世界にも等しく布教すること，若者を教育すること，および貧しい人々に宗教教育を授けることであった．かれらの受けた訓練は厳格で，桁はずれに長期間にわたった．イエズス会士の最初の2世代にはその世紀の最も才能に恵まれた人々の一部もふくまれていた．イグナティウスが死去したとき，イエズス会士は1000人に達していた(もっとも完全に誓願を立てていた者は33人にすぎなかった)．その後1世紀のうちに，その数は1万5000人にふくれ上がった．

カトリック改革事業においてイエズス会が中心的役割を果たしたことは，ドイツ帝国のオランダ人ペトルス・カニシウスの活動のなかに明らかにあらわれている．カニシウスは1543年にケルンでイエズス会に入会した．その地でかれはル

反宗教改革

上 イグナティウス・ロヨラ (1491頃-1556). イエスス会創立者は, 議論の余地はあろうが, 反宗教改革での最重要人物であった. 零落したスペイン貴族の家系の騎士であったかれは, 改心し, 遍歴巡礼者となり, 霊的指導者となったが, 教会の権威者たちからは, 異端の疑いで, 頻繁に投獄された.

右 ルーベンス作「カトリック教会の勝利」(1628年) は, 反宗教改革のもつ攻撃的で勝利を誇ろうとする活力を表現している. 馬車に乗っている聖なる母教会が, 捕虜を従えた凱旋将軍として描かれている. 手には聖体が奉持され, 聖体からは栄光と力が溢れ出ている. 彼女の頭上には教皇三重冠が載せられている. 左側先頭騎手をつとめる天使が天蓋の下に, 教皇の印の聖ペトロの鍵を抱えている. 誤謬は目隠しをされた囚人として引き立てられ, 教会の敵たちは馬車の車輪の下に押しつぶされている.

左 カトリック勢力回復とイエスス会の活動中心地
17世紀中葉までにプロテスタント諸教会はその勢力基盤を大幅に失っていた. 30年戦争の初期におけるハブスブルグ家の勝利は, ケルンテン, スティリア, バイエルン地方を強制的にカトリシズムへ復帰せしめた. かつては宗教的多元主義がはびこった悪い見本のようであったポーランドが, 旧教同盟に組み入れられた結果, 一元的にローマ・カトリックの国となった. こうして宗教改革は今やヨーロッパ東北部に閉じ込められるに至った. この動きの原動力の一つとなったのはイエスス会だった. 1640年, 会が作成した素晴らしい百周年祝賀記念誌『最初の1世紀の全貌』のなかには, イエスス会経営の中等学校・総合大学・単科大学・修道院などの諸施設が表にして記されている. その表から作図したこの地図は, 反宗教改革期のカトリシズムがもつ活力の生命の長さを雄弁に物語っている.

ター派陣営に加わって間のない大司教に対するカトリック側の反撃を指導した. カニシウスは速やかに宣教師かつ論客としての名声を獲得し, トリエント公会議にアウグスブルグ司教の神学顧問として参加した. 1549年からかれはドイツ帝国における宗教改革の進行を阻止する企てに巻き込まれた. プロテスタンティズムが確立されていない地域でさえも, 人文主義の思想が大きな影響力をもち, 寛大で緩やかなカトリシズムが生じていたが, これはプロテスタントの福音主義の攻撃を受けやすいものであった. カニシウスは, 1549年にバイエルン公の要請で出向いたインゴルシュタット大学で, 大学生が平然とルターやブツァーやメランヒトンを読んでいる姿を見かけた. しかも地元のカトリック神学校の学長は, ルター派の文献を収集している平信徒であった. カニシウスが1552年から働いたウィーンでは, 20年ものあいだ司祭は1人も任命されず, 周辺地域の250以上の小教区教会には司祭が不在であった.

カニシウスはこの状況全体を回復するために, 身を粉にして東奔西走の活動に突入した. かれはオランダ, ベーメン, ティロル, プロイセン, ポーランド, およびハンガリーへのイエスス会士の送り込みを交渉しそれを取り決め, ウィーン, プラハ, ミュンヘン, インスブルック, ハレ, ナイメーヘン, マインツ, トリエール, ヴュルツブルク, オスナブリュック, およびミュンスターに大学を設立した. カニシウスはたえずドイツ帝国をくまなく旅し, 大学, 大聖堂のある都市, 山あいの村々, あるいは王侯の宮廷で布教した. そこでかれは「分裂, 混乱, 暴動, 傲慢, および多種多様な行き過ぎが生じる根源」であるプロテスタンティズムの禁止の確保を要求した. かれはトリエント公会議のための, 倦むことを知らない宣伝者であり, 公会議の根本思想を広め, その教令を擁護し, プロテスタントを論駁するために, プロテスタントの書物を攻撃資料としていくつもの小包にして公会議に送り付けた. しかしカトリック側の逆襲に対するかれの最も決定的な貢献はかれが書いた3冊の教理問答書であり, その最たるものが1558年の「カトリック小教理問答」であった.

「小教理問答」では, キリストの生涯や秘跡, ローマ教会の儀式や諸聖人が, 木版彫刻によって魅力的に, かつふんだんに描かれていた. それはカトリック教義の手引書でもあり, 祈りと黙想の本でもあった. それには聖書や教父およびドイツ神秘主義に関するものが多量に書かれており, 伝統的韻文の題材が記憶に残るように脚色されていた. 後につづくすべてのカトリックの教理問答書はカニシウスの著作を模範とした. そしてその著作はかれの死までに, スコットランド低地方語やヒンズスタン語を含む15ヵ国語で, 200版を重ねた. さらにかれは, 教父に関する書物から日曜日に読まれる使徒による書簡や福音書の注釈書に至るまで, より長編の書物をつぎつぎと出版した. かれの著作はドイツおよびヨーロッパ北部の宗教史における転換期を示している. すなわちポーランドだけでも, かれが死去した年までに500人以上のイエスス会員が生れていた. カニシウスはインゴルシュタットやディレンゲンの大学をすでにカトリックの発電所に変えてしまっていたが, その一方で歴代のバイエルン公にかれがおよぼした影響の結果, 俗権と信心深い福音宣教師とが協調的行動を取るパターンが確立し, これによって, ハブスブルグ家の支配領域ではプロテスタンティズムの拡大を逆転することになった.

霊的復活と教皇権の復興

カニシウスの働きのさまざまな面は, 聖エドマンド・キャンピオンのような他のイエスス会士の業績のなかに類似のものが見られるであろう. 聖エドマンド・キャンピオンはエリ

反宗教改革

アントワーヌ・ラフレリーが描いたローマの7巡礼聖堂図は、1575年の聖年に関連して出版された多くの出版物のなかの一つである。グレゴリウス13世によって宣言されたこの聖年は教皇が霊的権威の回復に自信をもち、巡礼や免償という伝統的なカトリック教会の慣習の価値を再確認したことを表明している。グレゴリウス13世在位中の教皇座は、教皇使節団を拡大したこと、これを道具として使っての宗教的改革を試みたことと、ドイツ、イングランド、ギリシア、アルメニア、ハンガリーのために、ローマに多くの神学校と大学を設置したことで、成果を上げた。教皇はまたアヴィラのテレジアやフィリッポ・ネリのような改革者を擁護し、支援した。上記のような努力は、16世紀のはじめに教皇座が失いかけていた中央集権的力を再び取りもどすのに役立った。

ザベス朝イングランドで殉教する以前、プラハのイエズス会の大学で説教や講義を行っていた。しかしイグナティウス独特の信心がカトリック教徒の宗教感情——プロテスタント信者の場合でさえそうだったが——に与えた普遍的効果という点においては、イエズス会の影響力もまた比較的明白ではなかった。イグナティウスの「霊操」は、知性と感情を覚醒させて方向転換をなさしめ、かつ宗教的目的や決心を新たに認識させるために、宗教的イメージを鮮やかに喚起することを強調しており、信仰に関する多くの著作物が生れるもととなった。しかしその作品の多くはプロテスタント諸派によって、かれら独自の使用目的にそって改作された。

霊魂の内的生命を復活させることは、カトリシズムの攻撃精神の最も積極的な側面の一つであった。もしこの時期を異端審問と禁書目録の時代とするならば、それはまた神秘主義者の時代でもあった。スペインでは神に向かう魂の内なる旅をしたさまざまな探究者がおり、アヴィラの聖テレジアと十字架のヨハネは、そのうちの2人の最も偉大な人物であったにすぎなかった。かれらの著作およびテレジアが速やかに聖者の列に加えられたことによって、霊的生活はその時代の生活のなかで優先順位の高位を確立した。さもなければこの時代の熱情的な活動主義は方向性を失ったであろう。17世紀のフランスでは、スペインの神秘主義学派の崇高な理想がとくにジュネーヴの模範的司教サルのフランソワによって修正され、普通の人間にも理解できるようになった。かれの著作『信心生活入門』(1608年) はこの世で聖人のような生活を送ることの可能性を強調し、イグナティウスの説く瞑想および頻繁な聖体拝領に基づく、暖かく慈愛に満ちた信心を教えた。それは一般受けするという点で『キリストに倣いて』と同じ範疇に属していた。

多分カトリック改革によってもたらされた最も著しい変化は、今や教皇権が中心的地位を占めたことであった。実質的な意味でルターが教皇を救ったのであった。トリエント公会議は最初からずっと教皇の審議会であり、教皇は公会議の決定事項を公布し、それらを教理問答に盛り込み、公会議の名において新たに一貫したミサ典礼を復活させることを委託されてきていた。今や教皇は一致団結の象徴となり、そのまわりに分散していたカトリシズムの総勢力を再び結集することができたのは教皇であった。聖堂参事会や修道会あるいは俗人の宗教団体と折衝する際に司教たちを無気力にしていた免属（下級の裁治権からの自由）や諸特権の生み出す紛争を切り抜けることができたのは教皇の権威だけであった。教皇のみが、西は新世界（アメリカ大陸）に、東は古代諸文明の地およびプロテスタンティズムに制圧された諸教会の壊れた遺跡に、宣教師を派遣する努力を調整することができたのである。

16世紀末および17世紀における教皇勢力下のローマは再び聖地巡礼や宗教的熱情の中心地、すなわち1575年の聖年に巡礼者が集まってきた聖なるローマとなった。ローマの諸教会は廃墟から立ち上がり、新生カトリックのバロック様式の荘厳さのうちによみがえった。これらの教会は極彩色で、その落着きのない外郭線と、身振りを交えて話しかける聖人たちの像は、もし人が救われようとするのなら、信仰を行動に移さねばならないという公会議の教えを視覚に訴えるように具体化したものであった。また雲が描かれ、天使たちが一面に描かれた円天井は、教会の教えやその秘跡における外面的現実性をおおう薄いヴェールを突き抜けてくる、奇跡や神性が遍在することを証明していた。必然的に、このように焦点を当てることは、公会議以前の時代の広義のカトリシズムを狭め拒否することをふくんでおり、これはエラスムスの全著作を禁書目録に載せたことに象徴されている。しかし、たとえ教皇の唱えるカトリシズムが狭義のものであったにしても、それは強力でもあった。その攻撃によって宗教改革の前進は阻止され、ついで事態はカトリック優勢に逆転した。

戦争，和解，その後の分裂

16世紀には，教会を改革することは世界を変えることであった．なぜなら教会が世界そのものだったからである．宗教を取り替えることは国家の大変動もしくはその反対に国家の安定を意味した．宗教改革は，たとえばドイツの帝国領諸都市の場合のように，外部からのすべての脅威に対抗して国家を統一する一手段と見なされ，あるいはスペインの場合のように，イデオロギーと宗教の両面から見て不安定である王国の統一の溶媒となる可能性のあるものと見なされたのであろう．ルターの次の世代において，スペインの異端審問所は異端と戦うために残忍な計画を立てて，スペインの宗教のために非常に多くを約束してきたエラスムス的刷新運動を粉砕してしまった．異端審問所はスペイン王の命令によってそのようにことを進めたのであるが，王はカトリシズムのなかに神の真理を見い出したばかりでなく，イベリア半島の諸王国をごく最近に接合して一つの社会とした接着剤を見い出したのである．ヨーロッパのどこでも宗教的寛容が市民国家の安定性と両立するとは考えられていなかった．ごくわずかの孤立したエラスムス学徒の意見は，プロテスタントであれカトリックであれ，宗教的統一を求める全体的な要求のなかに打ち消されてしまった．

カトリシズムの後退と復活

16世紀中葉までには，この宗教的統一なるものはプロテスタントが握る運命にあるかのように見えた．そして宗教改革はラテン諸国を除くいたるところで勝利を収める様相を呈していた．ドイツ南部のファルツ，バーデン，ヴュルテンベルク，アンスバッハがそうであったように，ドイツの中部と北部もプロテスタントであった．「領邦教会制度の保存」として知られるアウグスブルク協定によって，教会の所領をこれ以上，プロテスタントのものとしないと規定されていたにもかかわらず，ドイツ北部の広大なパラティン伯領がプロテスタントになるのはもはや時間の問題のように見えた．バイエルン，オーストリア，ケルンテン，シュレージエンのハプスブルク家の所領にプロテスタント主義が深く浸透した．プロテ

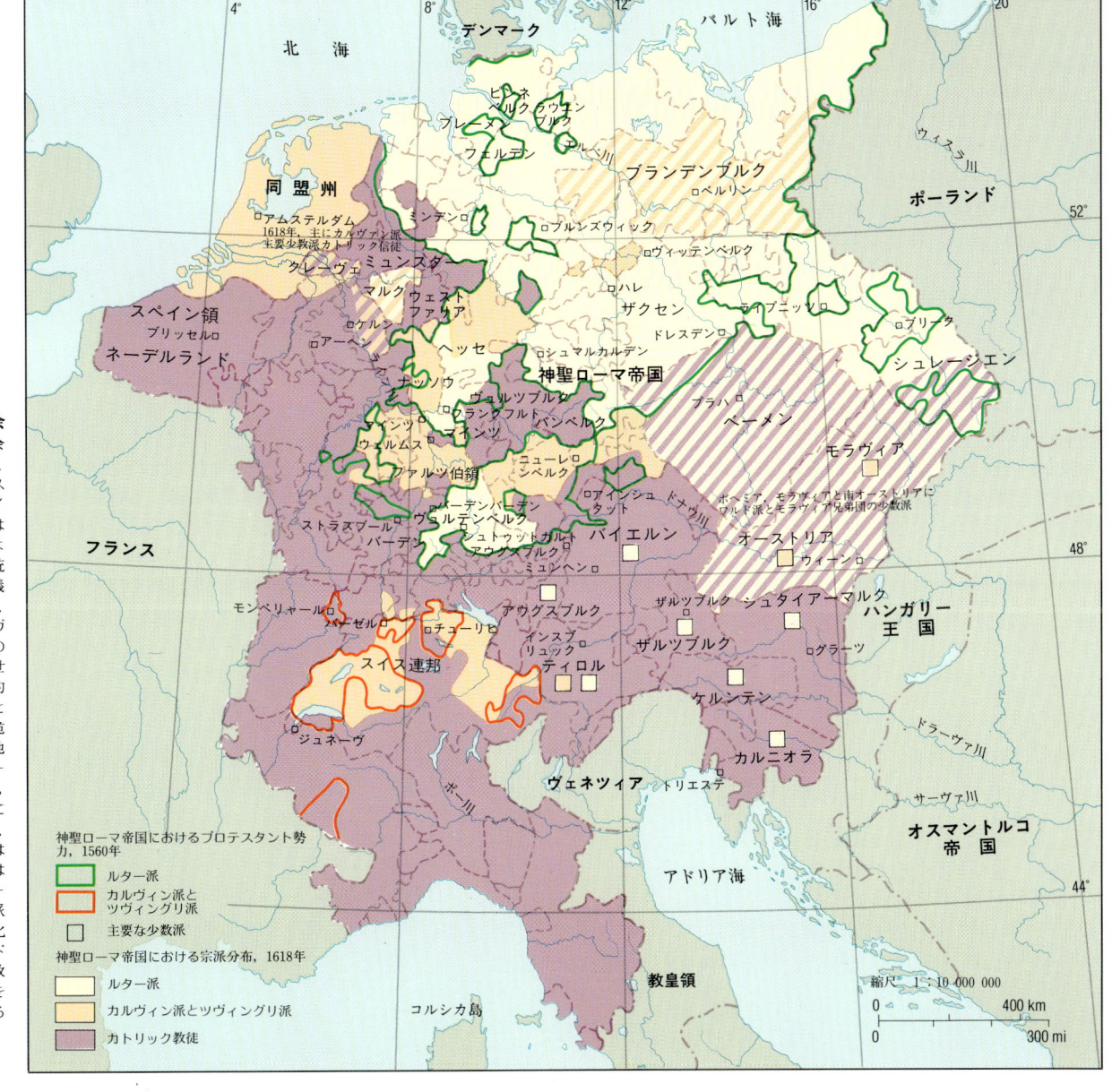

ドイツにおけるプロテスタント教会

ドイツにおけるプロテスタント教会は，はじめは，ルター派教会であった．しかし16世紀の後半に入ると，スイス型のプロテスタント教会が入り，ドイツでの有力な勢力となった．この派はカルヴァンの『キリスト教綱要』によってルター派よりもすぐれた論理的統合性を与えられており，伝統的な祭儀や信仰との妥協を闘争的に拒否した．『アウグスブルク宗教和議』は，カルヴィニズムを承認しなかったが，「領土の属する人に宗教も属す」の原則は，世俗君主に国家の宗教を支配する決定的な力を与えることになった．このことに加えて，一般にドイツの政治的に脆弱な状況が作用し，実に多様な宗教地図が描かれるに至った．バーデンバーデンは1550年代にはプロテスタント，1570年代にはカトリック，1590年代には再びルター派主義にもどっていた．プロテスタントのファルツ公国は1550年代にはルター派，1560年代にはカルヴィン派，1573年から再びルター派，そして1580年からはカルヴィン派となった．このような変動は統一強化を不可能にし，30年戦争勃発直前のドイツの宗教地図は75年におよぶ宗教混乱を暴露する，消しては書くことを繰り返した重ね書きの地図とならざるをえなかった．

戦争，和解，その後の分裂

スタント主義のなかでもルター派が大部分を占めたが，カルヴィニズムは改革された信仰のなかで最も戦闘的なものである姿をすでに示しつつあった．そして情熱的に聖戦を戦っているかのように，カトリシズムに敵対した．ポーランドとハンガリーでは，カルヴィニズムはルター派，ボヘミア兄弟団，再洗礼派と相並んで急速に発展した．

しかしながら1560年代以降プロテスタントの進展は減速しはじめた．その主たる原因はイエズス会にあった．カルヴィニズムのいかなる主張にも引けを取らないほどの教義上の明確さを備えたトリエント公会議の決定事項で武装し，イエズス会は無気力なカトリシズムの諸勢力に新しい活力を吹き込んだ．カニシウスの活動は教育を受けた説教師である聖職者ばかりでなく，熱烈なカトリック教徒の統治者の新しい世代のなかに実を結んだ．そしてこれらの統治者は，トリエント公会議の正統性を強化する責任を負わされていた．歴代のバイエルン公はカトリック改革の模範を打ち立て，インゴルシュタットの地に厳格な正統派の大学を設立し，禁書目録を実施した．精力的なイエズス会士の毅然たる態度が見られ，領主は反対派を打倒する心構えができていた．ハプスブルク家の歴代皇帝はこういったことにこれほど心をこめて熱中することはなかった．なぜならかれらの所領はさまざまな種族と言語の寄せ集めであり，そこでは宗教の多様性は譲歩と妥協によって最もうまく管理されるようであった．16世紀末までは広く普及していたカトリシズムは人文主義の立場を取り，寛容であった．異端審問も禁書目録もなかったし，トリエント公会議の決定事項が厳格に守られているところはどこにもなかった．これはとくにつぎの事情によるものである．帝国のカトリシズムに対する公約は，どんなに現実的なものでも，額面通りには果たされなかったのである．教皇権の勢力が増大していくことを帝国側はうすうす気づいていたからである．にもかかわらず，大学，学校，および印刷所の建設，修道院生活の復活という事業が進められた．16世紀末までには，すべてのハプスブルク家の所領において，カトリシズムは40年前よりも計り知れないほど強力になっていた．そしてプロテスタント信徒は，かつては後退中と考えていた敵と戦うために備えを固めつつあった．

オーストリア大公フェルディナンドが，まずベーメン王として，ついで1619年に皇帝として，選出されたことは突如として危機を引きおこした．フェルディナンドはインゴルシュタットでイエズス会士による教育を受けた人物だったが，1595年に過半数の支持を獲得するや否や，オーストリアのプロテスタンティズムを組織的に撲滅しはじめた．カルヴァン派やルター派や人文主義者たちが，過去の諸皇帝から大幅な譲歩を得るために一致団結していたベーメン地方は，その新王に反抗して反乱をおこした．それにつづく30年戦争はヨーロッパ，そしてとくにドイツ，を大虐殺の血の海に放り込んだ．フランスがハプスブルク家に敵対するプロテスタントの軍隊を快く支援したため，この大虐殺のイデオロギー上の発端はぼやけてしまった．しかしながら，その主たる犠牲者はまぎれもなくプロテスタンティズムであった．帝国の所領内では，カトリシズムは政治的忠誠心と同意語となった．1648年に戦争が終結したとき，妥協という過去のハプスブルク家の政策は一掃されてしまっていた．司祭の諸団体がオーストリア，シュレージエンおよびハンガリーのプロテスタントの中核地域にあふれ，その後詰にぴったりと兵士の集団がつづいていた．プロテスタントの教会は閉鎖され，プロテスタントによる結婚と葬儀も非合法化された．南部オーストリアでは，1652年だけでも，235人の貴族がカトリシズムに改宗し，数多くの教区で新しい信徒の数が昔の信徒数を上回った．この事情の中心となったのは修道会であった．というのはすぐれた在俗聖職者はまれにしか存在しなかったからである．ドナウ河畔のメルク修道院に見られるバロック建築の壮麗さは，カトリック復活における修道会の役割とその復活を特徴づけるはつらつとした勝利祝賀気分を証明している．

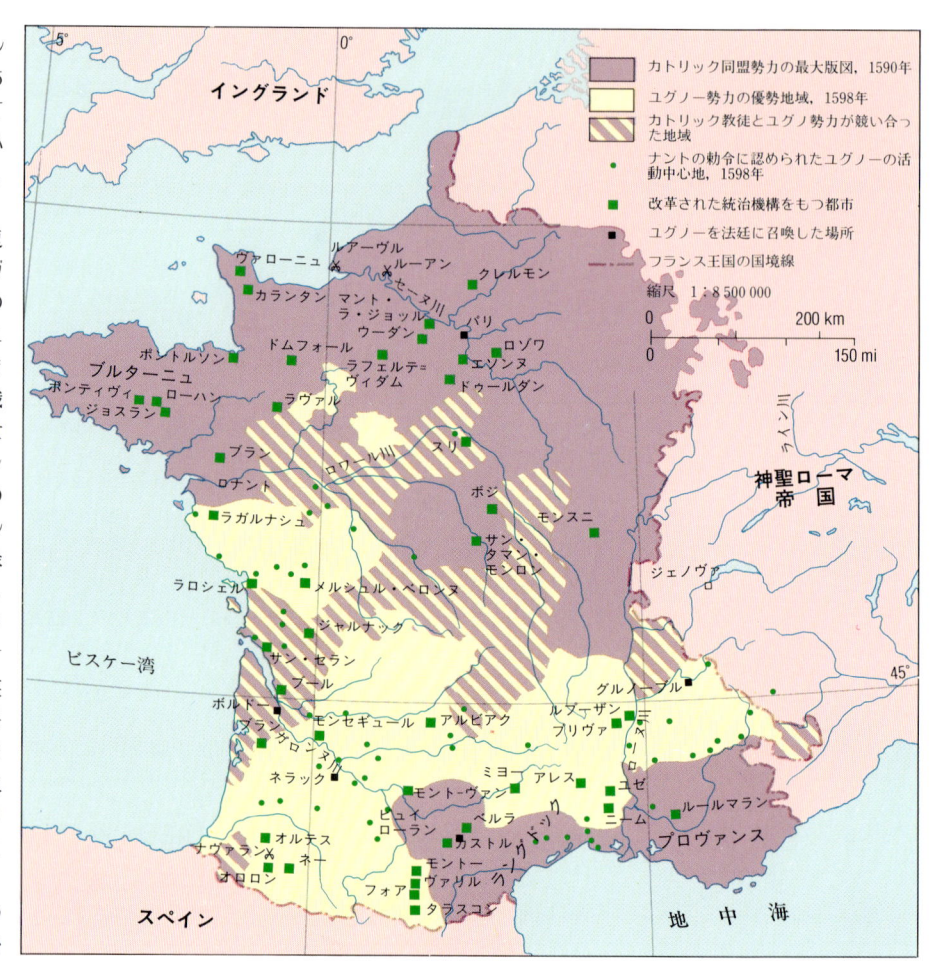

こういったすべてのことのなかで，この非情な暴力がしばしば決定的要因となったが，これだけが，決して唯一の要因ではなかった．全ヨーロッパ諸国のなかでポーランドのみが信教の自由の承認という政策を以前から展開していたが，ルター主義，カルヴィン主義およびあらゆる種類の再洗礼主義がすでにここで拠点を築いており，貴族階級は，少なくともかれらの階級内では，宗教が多様であることを，かれらが警戒怠りなく守ってきた王権の独立ということの一部と見なしていた．心からカトリックを信じる王たちが，王位を継承してきたにもかかわらず，宗教の自由はポーランド社会の特徴になり，クラカウは全ヨーロッパでソッツィーニ派の反三位一体論運動の中心地として悪名をとどろかせた．熱狂的信徒はカトリックもプロテスタントも同様に，ジュネーヴのカルヴァンの後継者が，この「良心の悪魔的な自由」とよんだものを嘆き悲しんだ．良心の悪魔的自由は強制によってではなく，上流階級がカトリシズムに復帰する緩やかな流れによって克服された．というのは貴族の子弟はすぐれたイエズス会の大学で教育され，役職の任命権という王のもつ権力がその力を振るったからである．そして国王は，西はプロテスタントのプロイセン，東はギリシア正教のロシア，に対抗する国家統一の必要性にますます迫られていた．この過程は1668年までには完成を見た．その年ポーランド議会はカトリシズムから改宗する者を死刑や財産没収によって罰することができるようにした．

フランスおよびネーデルランドにおける宗教戦争

ヨーロッパ西部では，改革された信仰がすでにフランス社会に深く浸透していた．そして16世紀中葉ごろには多数の貴族がカルヴィニズムを喜んで受けいれていた．フランスのカルヴィニズムの宗教的活力はめざましかった．そして1562年までにはフランス全土に2000もの教会が存在し，それらは長

上 フランスにおけるプロテスタント教会
ジュネーヴからフランスに派遣されたカルヴィニストの宣教師たちは，傑出した知性のもち主で，貴族層の改宗を集中的に試みた．16世紀後半の王政が脆弱であるという状況があって，この宣教方法は社会的闘争と内戦への導火線となった．戦闘的カトリック教会は，北部フランスの大部分を支配するカトリック同盟という形で自己武装した．後になって参加したブルターニュのように比較的闘争に巻き込まれずにすんだいくつかの地方はあったが，カトリック教徒とユグノーたちとの宗教戦争はフランスのほぼ全土を蹂躙した．スペインとの国境に近いナヴァル地方から北部のル・アーヴルやルーアンまで，広範囲にわたってあちこちで互角の激戦が交わされ，大包囲作戦が展開された．16世紀の終りまでには，プロテスタント勢力はフランスの半分（ロワール河の南と西）に定着するに至り，またラングドックやプロヴァンスの諸地域でも強力となった．

上　16世紀後半のフランスは宗教的内戦によって分断された．貴族層をパトロンとして成長したカルヴィニズムは，脆弱な王家を支配しようとする強力な貴族間の抗争に，理念的かつ宗教的な正当性を与えた．1572年，聖バルトロメオの祝日に，宮廷の黙認の許にパリで行われたユグノー指導者たちの虐殺は，フランス全土での同様の流血事件の引き金となり，プロテスタント信徒たちの心にカトリシズムは血を好む裏切りの宗教であるという拭いえぬ確信を刻みつけた．教皇グレゴリウス13世は虐殺の知らせを聞くと，ローマで神への感謝「テ・デウム」の祭儀を行うよう命じた．かれはこの事件を一つの証と見て，フランス王家にプロテスタント教会弾圧を最終的に委託してもよいと判断したのである．

下　プロテスタントであったナヴァル王が，フランス王アンリ4世として王位に就くことはカトリック信徒たちを恐れさせると同時に怒らせた．カトリック同盟の熱狂者たちは，かれの廃位を求めた．そこでアンリ4世はフランスをなだめるため，カトリック教会に帰順し，ナントの勅令によって，かれのかつての僚友たちに特定の都市での礼拝の自由と自己防衛の権利とを認めた．フランス王国のなかに，この写真に見られるラ・ロシェルのような要塞が存在することは，後続の国王たちにとって耐えがたいものになった．プロテスタント信徒たちの自由を侵害する動きは17世紀を通してつづけられ，1685年，ルイ14世がナントの勅令を全面的に破棄することによって完成された．

老会と教会会議とで組織されていた．ジュネーヴからの宣教団がこの発展に重要な役割をはたし，カルヴァンは王権に対抗して教会を保護しうる貴族階級に属する改宗者を慎重に探し求めた．カルヴィニズムは分裂した国家の権力闘争に容赦なく引きずり込まれたが，コンデ，コリニーおよびブルボンといった名家の保護のもとで，国家統一にとっての大きな脅威となった．フランスは内戦に突入し，その戦いのなかでユグノーたち——カルヴィニストたちはそうよばれていたのだが——はまだ未成年であったフランス王シャルル9世のもつ支配権をもう少しで奪い取るところであった．1572年8月の聖バルテルミーの祝日(24日)の大虐殺で，摂政皇后カトリーヌとギーズ家の徒党がパリにいた3000人の新教徒を殺戮したが，この大虐殺は国家的規模の大虐殺へと発展した．その結果新教徒であるナヴァル王アンリが王位を継承し，「パリは1回のミサと引き換える価値がある」と決断し，カトリシズムに改宗した．こうしてようやくフランスの苦悩は終結した．1593年のナントの勅令によって，新教徒はパリ以外の所ではかれらの慣れ親しんできた礼拝の自由が認められ，その数およそ100に上る小規模都市が王室の費用で要塞化することを許された．この「国家のなかの国家」はまさにカトリックにしろプロテスタントにしろ，あらゆる国王政府が恐れたものであった．フランスの王権は，新教徒の自由を削減せねばならず，ついに1685年に，カトリックへの改宗を強制する政策を採り，新教徒の自由を認めるナントの勅令はルイ14世の手によって全面的に廃止された．

フランスの宗教戦争の最も重要な産物の一つは，市民政治に対する改革姿勢の変化であった．カルヴァンはすでに教会と国家のそれぞれの権利と司法権を明確に区分していた．他方，教会の事業を促進する行政長官の義務を非常に重視していた．しかしカルヴァンは，専制君主的もしくは不公正な統治者に立ち向かうキリスト教徒の義務は，忍耐強く苦しみながらの服従であると主張していた．戦争という圧力のもとでは，この教えは崩れ去り，カルヴァンの後継者テオドール・

戦争，和解，その後の分裂

ド・ベーズは個々の人間によるのではなく，「身分の低い行政長官」による，領主への抵抗という理論を構築し，これを他の人々が発展させた．この理論はカルヴィニズムと他の新教徒とのあいだに一線を画すことになり，これがカルヴィニズムが他の戦闘的少数派にうける重要な要因となった．この理論のイデオロギー面での鋭い切れ味は，ネーデルランドがフェリペ2世に対しておこした反乱のなかに明らかに見られた．この反乱はその起源からして複雑であった．伝統的支配階級である貴族がその支配力をますます奪われていくことに対しての不満感，市議会の諸問題に王権が干渉することに対する議会の慣り，職人階級や都市の貧民層のいだく社会や宗教についての不平，低地地方におけるスペインの異端迫害に対する穏健派カトリック教徒の強い反感——これらすべてのことがこの反乱に一役買っていた．ネーデルランドに普及していたカルヴィニズムは，ブリューゲル描くところの1566年の大規模野外説教のなかに如実にあらわれているのだが，おそらくエラスムス主義者やネーデルランドの教養あるカトリック教徒の反聖職者主義の宗教とは，強調点だけが違っていたのであろう．しかしプロテスタントの偶像破壊主義者の暴動の後，1567年にアルバ公がはじめた残忍な宗教上の迫害は，カトリック内部の意見を分裂させた．1570年代までに，カルヴィニズムはすでに戦闘的イデオロギーとしてその姿をあらわしていた．そのイデオロギーによると，オランダやフランスの新教徒の勢力は改革派の光明とカトリックの暗黒という二つの勢力の世界中にひろがった対立の一部と見なされた．カルヴィニズムはオランダ南部では首尾よく撲滅されたが，ホラントやゼーラントといった挑戦的な都市では堅固にその防備を固めていた．

宗教の分極化と認知される差異

やがて17世紀初頭までに，ヨーロッパの宗教の分極化がすっかり進行した．プロテスタント国イングランドでは，カトリック国スペインと同様に，宗教上の逸脱者は苦しめられ，投獄され，処刑された．もっとも，イングランドには異端審問所がなかったので，非国教徒は，イエズス会士であろうと宗派心の強い新教徒であろうと，反逆罪の名目で処刑された．

この分極化が社会のあらゆる局面に拡大しつつあったと見ることには興味をそそるものがある．そしていずれが黒であり白であるかをはっきりとさせる対照表を作ってみることは容易であろう．カトリック支配のヨーロッパは階級制度を採っていた．外面的な義務を遵守し，慈善事業を行い，秘跡を通して恩寵の仲介をするというその宗教は，バロック様式，つまり聖人たちの奇跡や功績を描写した巨大な祭壇の装飾の華麗さのなかに具現されていた．カトリックが唱える宗教生活の理想は，修道士と司祭の生活であった．カトリックが権威を強調する姿勢は異端審問や，ガリレオへの有罪裁判に見られるように，思想の自由や科学的追究の自由を禁止することに反映されていた．カトリックの特徴を示している政治形態は，絶対君主政であり，スペインのフェリペ2世やフランスのルイ14世のそれであった．それとは対照的にヨーロッパの新教諸国は，個人の重要性をとくに強調し，その芸術は家庭向きのものであった．状況をこの角度から述べると，オランダの室内装飾の平和に満ちた油絵，レンブラントの絵のなかからわれわれを凝視している商人や都市の長官たちの聡明そうな皺の寄った顔などは，改革によって万人司祭説が強調されるようになったこと，そしてとくにカルヴァンがあらゆる誠実な「天職（神のお召しによる職業）」や生活形態は宗教的性格を有していると主張したこと，の具体的あらわれなのである．プロテスタント主義の特徴を政治面でとらえて表現すると，それは共和制もしくは立憲君主制である．だから思想の自由と科学の発展がおこったのは新教諸国においてである．

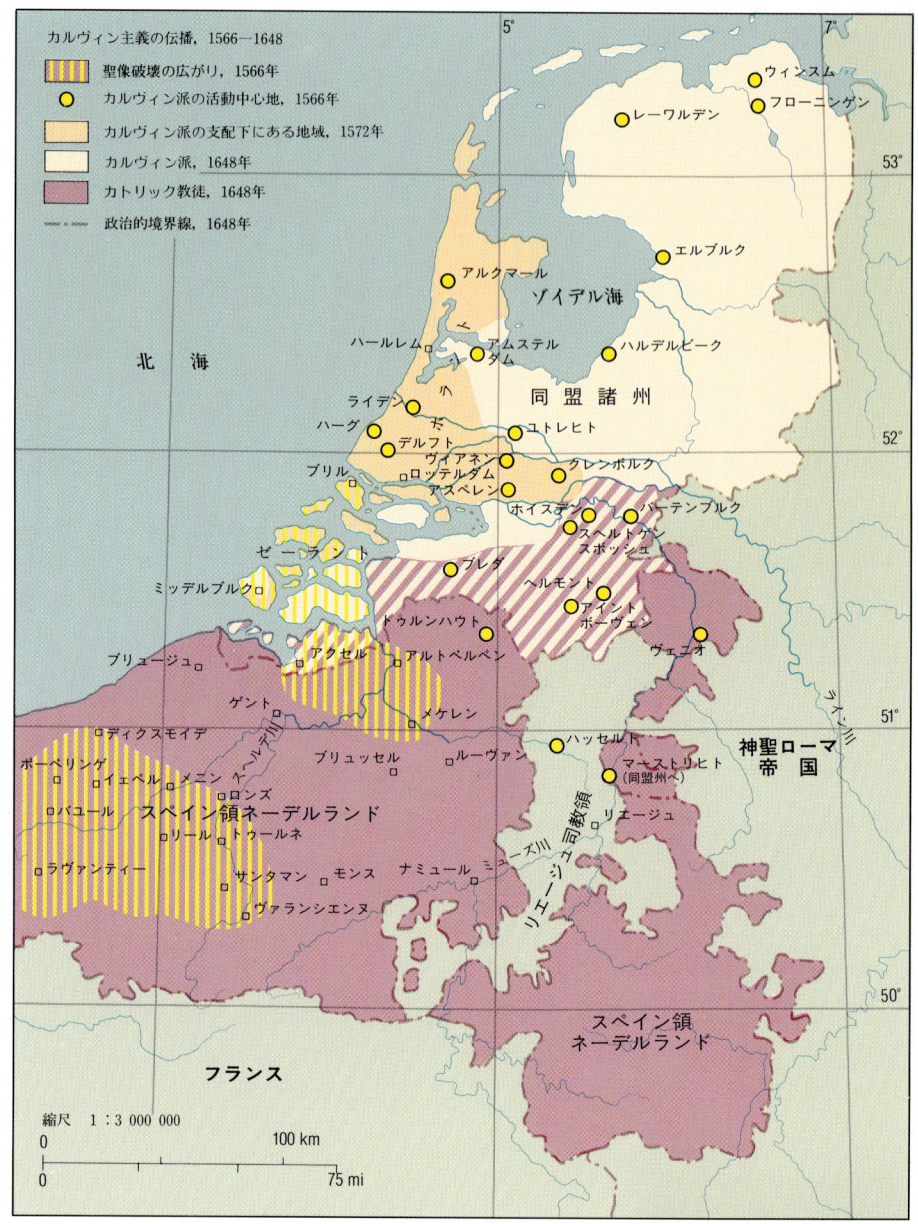

これらの対照のなかには，両者を危険なほどに誤解されやすいものにするだけの真実が存在している．たしかにカトリックとプロテスタントの礼拝と信仰の様式を識別することは可能である．反宗教改革は確実に攻撃を加え，無学な者の宗教心を洗練し，その宗教心を教会の権威に以前より一層緊密に結び付け，より一層キリスト中心的にしようと努めた．16世紀末からスペインの田舎で聖人に捧げられた聖堂が徐々に衰退し，キリストの受難の苦しみの証明として，キリストや聖母マリアに捧げられた聖堂や宗教団体がじりじりと増加してきたことから，この努力が驚くほど成功したことがわかる．にもかかわらず反宗教改革は，「現存する」信仰心の諸形態を引綱で繋ぎ止め，その方向を変えさせようと努力した．そしてカトリシズムは儀式や聖餐式を遵守し，聖書ではなく，秘跡と聖人と信心業を中心に置く宗教として留まった．それとは対照的にプロテスタントの信仰を定義する要素は俗人によること，聖書に基づくこと，教会と同じ程度に家庭に焦点を合わせることであった．原型的プロテスタント信者の姿は，牧師や司祭ではなく，神の御言葉に耳を傾け，神への賛美を歌うために自分のまわりに家族を集める一家の父親の姿である．

しかし安易な一般論には用心しなければならない．宗教においては，すべての他の生活領域における以上に，人間は保守的であり，旧来の因習が全事態を複雑にする．ここに信心深い家庭があるとしよう．「その家では，父親は，善良な妻，

戦争，和解，その後の分裂

左　ネーデルランドにおけるプロテスタント教会

オランダの反乱以前には，ルター派やアナバプティスト主義として知られるさらに急進的な信仰集団などの形で，反国教の動きがネーデルランド諸国に見られ，過酷な迫害の対象とされていた．世紀なかばから，カルヴィン主義が姿をあらわし，ますますその信者数を増し，南部諸州でとくにアントワープのような都市で最強力となった．逆説的にいえば反乱の結果は，プロテスタントに対してほとんど民衆の支持がなかった北部諸州を結集させ，カルヴィン主義に立つ反乱の強力拠点とならしめた．1618年までにプロテスタント教会は当初の南部領域で効果的に排除され，新たな連合諸州ではカルヴィン主義が押し付けられた．とはいえ，そこでは以然としてカトリック人口はきわめて堅固な地盤を残していた．

左　宗教改革が基本としたことは，ルター派のドイツ以外ではほとんどどこでも，カトリック的な「迷信」のあらゆる痕跡を教会から追放し，洗浄することだった．サエンレダムが，あるオランダ改革派教会を描いたこの絵では，集会参加者はかつては教会の中心基点であった内陣に背を向けている．かれらは宣べ伝えられる神の言葉から注意をそらせるようなものをすべて取りはらった聖堂のなかで，説教台のまわりに集まっている．

下　1560年代のスペイン統治者に対する恨みは単なる宗教的なものではなかったが，カルヴィン主義者の急進派が広々とした田舎でする説教は，オランダの反抗への支持を集めるのには不可欠の要素であった．ブリューゲルの絵「説教する洗礼者聖ヨハネ」は，1566年という危機の年に描かれたものだが，カルヴィン主義の野外説教の様子を生き生きと映し出している．

子供たち，そして使用人たちとともに食卓につく．父親は教会で聞いた説教についてかれらが何を記憶しているかを尋ね，ついて自分は何を記憶しているかをかれらに話す．かれはまた，かれらが十戒・七つの大罪・主の祈り，および使徒信経を知り，かつ理解しているかを問いただし，それらを教える．最後に父親は少量の飲み物を皆のためにもってこさせ，かれらに美しくて短い賛美歌を歌わせ，かくして家族全員で神をたたえる」のであった．しかしこれはエリザベス朝時代のイングランド，カルヴァンの時代のジュネーヴ，もしくはルターの時代のヴィッテンベルクのものではない．この引用文はオーストリアで出版された宗教改革以前の著作からの抜粋である．カトリシズムのなかでもまた，個人や家族の信心は栄えた．そして17世紀フランスおよびそれ以降における偉大な精神界の復興は，サルのフランソワの著作がその生みの親であるが，それはまさしく俗人による，個人的かつ家庭的な信心の復興であった．

さらに広範囲にわたって両宗派を比較することも必要である．専制君主に抵抗する理論を展開したのはカルヴィン派の牧師たちであったが，その教義はまた宗教改革が行われた地域，とくにイングランドで宣教師として働くイエズス会士によっても取り上げられ展開された．一方17世紀のユグノーたちは君主制への傾倒という点ではまさにカトリック教徒と同程度に熱心であった．ガリレオ裁判およびスペインやローマの異端審問の悪名の高さから，カトリシズムと科学や哲学の

面での反啓蒙主義とのあいだにはつながりがあるという考えにはなるほどとおもわせるものがあった．しかしガリレオ自身は敬虔なカトリック教徒であり，かれが沈黙を命じられたのはかれの科学的理論のためというよりもむしろかれの専門外領域である神学への介入のためであった．そしてかれの業績は，17世紀を通じて継続したイタリアの自然科学や医学の復興の一部であった．プロテスタントばかりでなくカトリックの政府も，光学・数学・天文学における実用的な工業技術の進歩を助成した．というのはこれらは物質的利益をもたらしたからである．17世紀で最も影響力をもっていた哲学者デカルトは，みずからの深遠な懐疑主義哲学を，キリスト教とカトリシズム弁護のためのこの上なく貴重な防御手段を提供するものと見なしていた．

プロテスタント内部の分裂

しかしながらプロテスタント文化とカトリック文化の真の対比に迫るためになされるべき最も重要な性格づけは，それぞれが一枚岩として相対峙しているその組織内に意見の分裂が存在したという事実である．プロテスタンティズムは教皇権と教会の権威を否定し，権威を聖書のなかの神の御言葉に置き換えた．その結果プロテスタント内部に生じた聖書解釈の多様性は，それぞれの国特有のものとなる宿命にあった．このことは単に諸教会の偏向論者——すなわち改革者たちの第一世代における再洗礼主義者および17世紀初頭のイングランドやオランダの独立教会主義者，もしくはバプティスト派——のセクト的活動という問題だけにとどまらなかった．カルヴァン主義とルター主義の両者が正統派の信仰となって硬直したように，相争う宗派や批判的な反動勢力が生じた．これらの一部のものは復興運動であり，正統性をその起源にまでよびもどすことを意図していた．1670年代にはルター主義の内部でフィリップ・シュペーナーによってはじめられた敬虔主義の運動は信仰による義認を経験的に理解することの復興を目指していた．これはルター派の正統主義においては単なる論争行為となってしまっていたものだが，シュペーナーはむしろ信者の全体的再生と再教育として，この試みを復活させるつもりであった．事実この運動は教義を新しく道徳主義的に解釈すること，特定の罪との戦いや高潔な行為の追求としてのキリスト教徒の生活を強調することであった．敬虔主義は，形式的な罪の告白・固定した教義・理屈っぽい神学を嫌い，教会の真実の姿を「目覚めた」キリスト教徒の小集団のなかにあるものとしていた．このことから敬虔主義はルター派教会全体のなかで，疑念と対立の対象となった．敬虔主義はその穏健性・押しつけがましい教義や神学に対する反感・および改革の手段としての教育への関心によって，実際，啓蒙主義を拡大するための戦力となり，つぎの世紀では伝統的正統派を融解するものとしての役割を果たした．

改革派諸教会のなかで，オランダにおけるこの運動の興隆はアルミニウス主義として知られているが，これは敬虔主義よりもさらに重要であった．アルミニウスとかれの信奉者たちは，カルヴァン派の神学にとって中心的なものになっていた予定説という教義を否定し，悪のみならず善を行うにしても人間の自由意志が働くと主張した．キリストは神に選ばれた少数派，つまり選民のためにではなく，キリストに従うことを選択したすべての人々のために死去されたのであった．ここには，カルヴァンが「計り知れない存在」だとする神に対するあの確固たる認識からの逸脱が見られる．そのかわりに人間を人間の行動をもって評価する神という認識が確立された．信仰ではなく道徳がキリスト教徒の生活の根本的焦点となった．さらに，神はすべての人間が捜し求め，見出すことができるのであるから，フーゴ・グロティウス（1583—1645）のようなアルミニウス派はみずからの妥当性を力説し，道徳・理性・および法律に関する規則を強調し，人間社会を規制することを神の秩序もしくは自然の秩序を反映することと見なした．カルヴァンが自然と恩寵のあいだに設けていた深い淵は消去され，違った種類の宗教が生れた．それは冷静で楽観的であり，神秘的なものや超自然的なものを軽く見，キリスト教をすべての時代，すべての場所に生きる人類の最善の本能に適応させた．オランダで情け容赦なく迫害されたアルミニウス主義の影響は微妙に，だが深くプロテスタントのヨーロッパに浸透し，宗教的情熱を冷やし，熱狂者の教義上の障壁を愚かなものと思わせ，諸教会の再統一を可能にした．

アルミニウス主義は宗教改革内部の根深い両面的感情の併存を浮き彫りにしていた．魂の救済はすべての人間のためのものであるのか，それとも選民のためのものであるのか？もしすべての人間のものであるとすると，説かれる福音は人間の弱さに適合するようにそれ自体を変えねばならず，その基準をあまり高いところに設けてはならないし，外面にむかう活動や儀式活動を求める人間の欲求が満たされなければならない．もし魂の救済が選民のものであるとすると，牧師の努力は根本的に信心深い人々を集め，かれらを助けてその使命を達成させることでなければならない．エリザベス朝およびスチュアート朝時代のイングランドでは，このジレンマがいわゆる「清教徒運動」の根底に横たわっていた．大部分の英国国教徒はカルヴァン主義者であったが，ピューリタンは選民の信条に従って行動し，その論理的結論に達した人々であり，国教会の組織内にとどまったが，敬虔な行為を追求した．そしてその行為ゆえにかれらは不信心な人間と区別された．信心深い家庭は日曜日の午後に集まり，聖書朗読に耳を傾けた．しばしば家庭の外では，五月祭の飾り柱や村の居酒屋の周辺で，宗教と関係のない徒輩が気楽に騒ぐ物音がした．まさしく御言葉を強調することによってプロテスタント主義は，リチャード・バクスターが「文字の読めない烏合の衆」とよんだ者たちを排斥する傾向にあった．深遠なレベルでは，改革された信仰は，一般に普及していた宗教感情や宗教文化とは反目していた．この感情や文化には改革者たちがカトリシズムのぼろ切れの部分と見なした難解で荘重なリズムや儀式の名残りが見られた．ピューリタンの世界観は，世俗的な基準と妥協することは背教であるというものであり，ピューリタンがイングランド清教徒革命のあいだのほんのわずかの期間勝利を収めた後に崩壊したことは，この非妥協的な姿勢，つまり自然と恩寵にこのように厳しく対立したことがその原因であった．

カトリシズム内部の不一致

プロテスタント教会に見られた不一致はカトリック教会内部にも反響した．なぜなら反宗教改革は単一のエネルギーよりはむしろ多数のエネルギーによって動機を与えられ，それらのエネルギーがしばしば衝突したからであった．教職位階制度はカトリシズムについてのトリエント公会議の見解にとって基本的なものであった．イエズス会のような修道会は教職位階制度の価値を衷心から容認したが，カトリック勢力再興の突撃隊としてのかれらが有するその特質そのものが，かれらをして位階制度に付随する重苦しい構造と規則を我慢ならないものと考えさせたのであった．この理由からかれらは時には宣教地域への教会規律の導入に反対した．そしてマニング枢機卿はイエズス会と長老派教会のあいだには「厚板1枚の差しかない」と考えた．1590年代に，イエズス会士ロバート・パーソンズがイングランドを再度カトリック化するための計画を起草したとき，かれは観想修道会を一掃し，修道会の収入を教育，慈善，宣教のために振り向け，随意に雇ったり解雇したりできる行動主義者の聖職者のほうがましだとして，教区司祭の不動産自由保有権を廃止すること，などを軽くやれることだと考えた．新しいカトリシズムは行動の価値を再確認した．その聖人たちは功績を立てた人物や，修道

右　彫像や祭儀を禁忌とする宗教では，読み物や書かれた言葉を利用することが魂の救いのために肝要となった．プロテスタント教会は「聖典の宗教」としてイスラム教の仲間に加わった．ヘラルト・ダウの絵は，一心に読みふけっている一老女を描いている．彼女が読んでいるのは，毎日の読み物として編纂された福音書からの抜粋であり，本文理解を助けるために挿絵が入っている．この絵はキリスト教的信心における，外的なものから内面的なものへの根本的な推移を映し出している．

下　17世紀に入るとフランスにはカトリック的な宗教的熱情の大波が押し寄せてきた．その一つの表現はヤンセン主義であり，これは聖アウグスティヌスの晩年の教えに基づく，厳格で禁則の厳しいカトリシズムの一形態であった．ヤンセン主義運動の中心は名高いポール・ロワイヤル修道院であった．ここに敬虔な男女が集まってきた．やがてこれが王権からの致命的な懐疑と敵意を喚起することになった．シャンペーニュの絵はヤンセン主義の敬虔さが要求する，現世的生活を否定する厳格な雰囲気を伝えている．この絵は彼の娘で，ポール・ロワイヤルの修道女であったカトリーヌが，修道院長アニェス・アルノー（絵のなかではひざまずいている）の祈りによって，1661年，麻痺から奇跡的に癒されたところを描いている．修道院長の後の壁の文字はその奇跡を記念として記録している．

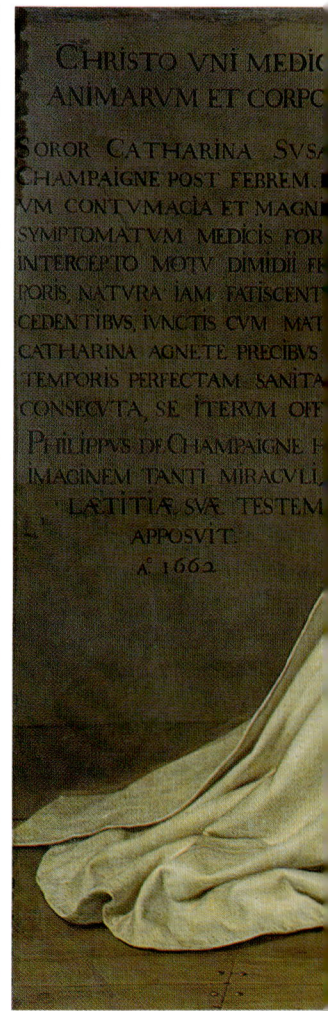

戦争，和解，その後の分裂

会・孤児院および病院の創設者や，遠隔地に出掛けた英雄的な宣教師たちであった．しかし行動のなかにではなく精神的なもののなかに神を見出す人間もいた．そして神秘主義者は自分たちが再三再四疑惑の対象となっていることに気づいた．善業や魂の救済のための秘跡の必要性を説いた教会においては，神秘主義者の心の旅路，つまり神秘主義者がいかなる種類の媒介も介さずに知ることができる神を探し求めること，は異端と思えたであろう．この相反する勢力の最も悲惨な衝突が17世紀末に生じた．当時カンブレー大司教フランソワ・フェヌロンは静寂主義の咎めを受けた．フェヌロンは「無私の愛」という信条を説いた．かれによれば神への最も完全な愛は無私となることである．キリスト教徒らしいということは神の前で受動的であり，いかなる報酬も，自分自身が求める魂の救済すらも，忘却するほど無私になることである．フェヌロンに対抗するボシュエにとって，この信条は道徳的努力を放棄し，秘跡の効用を見捨てることへと直結するものに見えた．フェヌロンは教皇が不承不承フェヌロンの見解を否定したことを躊躇なく甘受したが，この有罪判決は，カトリシズムの性格を粗野にし，精神的利己主義をキリスト信者の生活の原動力として認可するのに役立つことになった．

反宗教改革期のカトリシズム内部の最も深い不和は，ヤンセン主義者の論争のなかにその姿をあらわした．義化と恩寵に関するトリエント公会議の教えはアウグスティヌス主義の伝統の光彩を奪い取るほどにはなっていなかった．人間は罪に陥っているが，救われる人間はごく少数で，懺悔と内的改心のみが人間の堕落した状態にふさわしいと信じるカトリック教徒が多くいた．これらの見解はコルネリウス・ヤンセンの死後に出版されたかれの著作『アウグスティヌス』のなかで極端な表現で述べられた．ヤンセンはオランダ人の神学者・司教であり，カルロ・ボロメオをみずからの手本として行動していた人物である．ヤンセンの信奉者たちはポール・ロワイヤルの女子修道院周辺に集まったが，そこでのキリスト教に関する講話は，高尚でありますます有名になって具体化された．ヤンセンはあらかじめ神によって予定されている者のみが救われ，キリストは万人のために死去されたのではなく，人間は神の恩寵に自由に抵抗できるものではないと説いた．これらの見解は非難されることになったものの，この問題の最重要点ではなかった．

世俗との妥協を拒絶することを標榜したヤンセン主義者たちは秘跡を崇拝するという点では熱心なカトリック教徒であったが，かれらは罪人があまりにも安易に秘跡に近づきうることを嘆いた．かれらの見解によれば赦しはみずからの悔い改めを証明できる者のみに与えられるべきであり，聖体拝領には恐れおののきつつ進み出るべきであり，たいていの人は，聖体拝領にはたまにあずかるべきものであった．ヤンセン主義者たちはイエズス会士をひどく嫌った．というのはイエズス会の人間に関する楽天的教えは高慢に繋るものだし，イエズス会が頻繁に聖体拝領にあずかることを強調することは罪人が最も神聖なるものを汚すことを奨励することのように思われたうえに，イエズス会の赦免はあまりにも気まぐれに与えられたからであった．ヤンセン主義者の教えは人の心をふるい立たせるものを多くふくんでおり，またかれらはフランスの信仰復活運動の指導者たちと共通の領域を多くもっていたものの，このヤンセン主義者に対する非難は不可避的かつ必然的なものであった．もしかれらの見解が普及していたとしたら，ヨーロッパの田園地帯やアジア・アメリカ・およびアフリカの宣教団における大衆への福音伝道のすべての試みはその意味を奪われてしまったであろう．ヤンセン主義の司教たちは率先して一般大衆の信心を攻撃した．そして，聖ヴァンサン・ド・ポールがヤンセン主義者を「文字を読めない烏合の衆」のなかでの自分の仕事の敵と見なし，かれらの運動を非難することに努力したことには意味深いものがある．

117

東へ西へ

　新世界および極東におけるキリスト教の拡張は宗教改革以前にはじまったが，宗教改革にとっては，キリスト教の拡張は神の摂理による償いと思われるようになった．その発展，そしてそれにもましてそれが遭遇した妨害や障害は，その時代の組織化されたキリスト教の複雑さ・矛盾および弱点をくっきりと浮き彫りにした．

　1456年から1514年のあいだに発令された一連の教皇教書において，歴代教皇は，スペイン王権とポルトガル王権に，異教の諸民族を改宗させる仕事を譲渡した．その諸民族は実地踏査が進んで両王権の監督下に入りつつあったのである．1493年教皇アレクサンデル6世は世界をヴェルデ岬諸島の西と東という二つの領域に区分し，西はスペイン人が，東はポルトガル人が支配することとした．このようにしてイベリア半島の2王権に授けられた権力は，王権にとって最も貴重な特権の一つであったが，とくにスペインの場合には，有史以来最大の帝国における教会の人事と収入の完全支配が王権に許されたのである．概してスペイン王権は教会の福音宣教者および管理者としてのその役割をきわめて真剣に果した．

宣教の旅

　イベリア半島の諸王国は，初期の宣教事業をはじめるにあたって重要な役割を果たした．16世紀の圧倒的多数の福音宣教の船旅は，15世紀の先駆者たちと同様，スペインやポルトガルの港から発進した．新しい領土を教区に区分する仕事を真剣に取りあげたのは，スペイン人であった．というのも，全般的にいって，ポルトガル人は宣教というものをカトリシズムの伝播あるいは土着化としてとらえるよりも，植民地

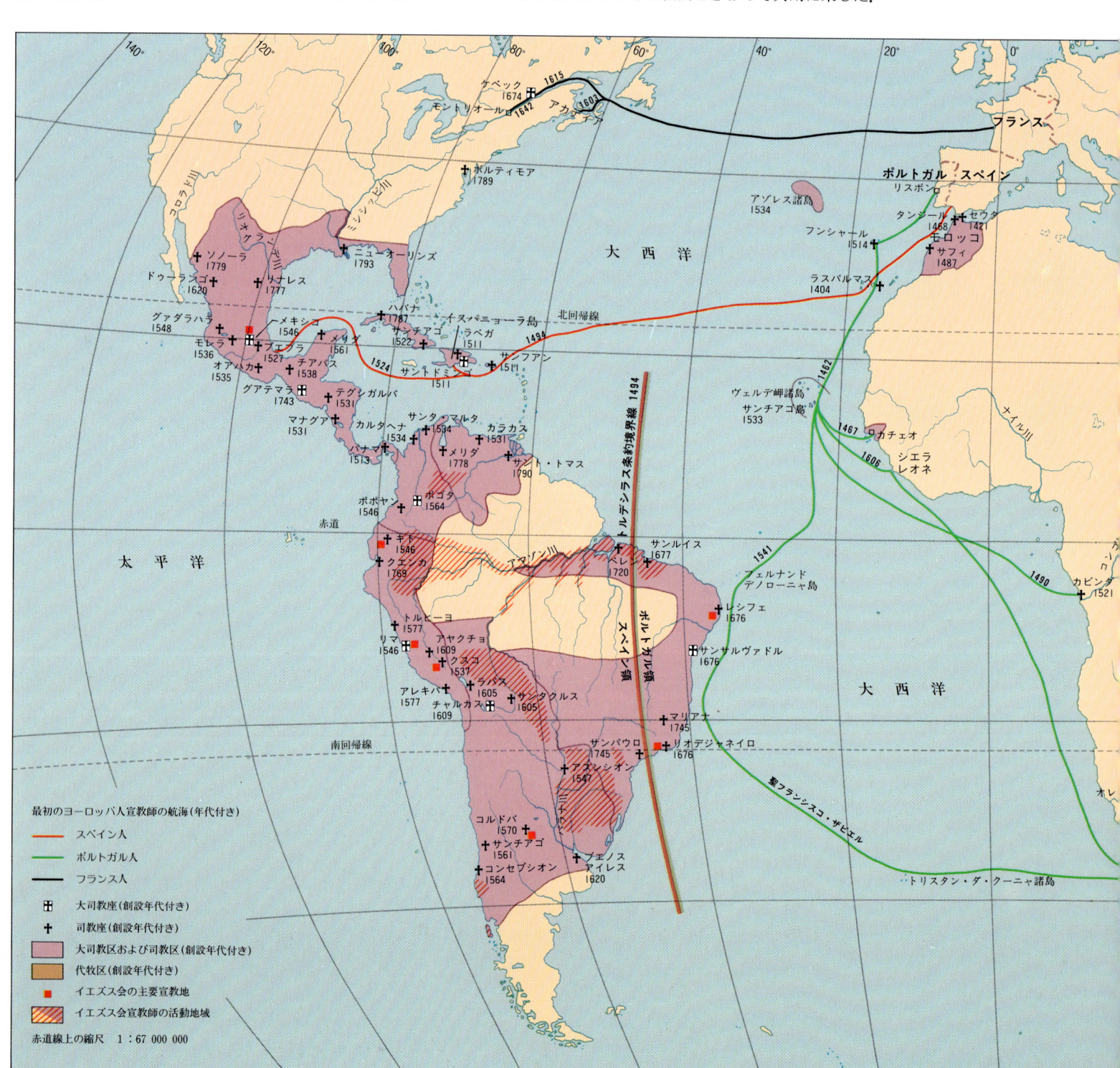

そしてスペインの領域に新しい司教管区が創設された速度と，この点に関するポルトガルの印象希薄な記録とのあいだには，著しい対照が見られる．しかしいずれの場合にも宣教師団を支配する教皇から与えられた権限は，植民地の拡大規模がまだ想像もつかないころには，反宗教改革内部の管轄権や利害関係をめぐる闘争を全世界という銀幕の上に写し出す運命にあった．そしてこの反宗教改革はすでに16世紀末のミラノではボロメオを憤慨させたり，17世紀初頭には教皇をしてヴェネツィアに対して聖務禁止令を発令させていた．

この時期における宣教はほとんど独占的にカトリック教会に見られた現象であった．プロテスタンティズムは，ヨーロッパでその政治的存在を求めて戦う一方で教育を受けた聖職者の慢性的不足に悩み，福音伝道にエネルギーを割くことがほとんどできなかった．イングランドは北米の諸民族のあいだに短期間ではあったが，試験的な布教に努め，オランダは東インド諸島に聖職者を派遣した．とはいうもののかれらは主にローマ・カトリック教会の信徒を改宗させることにおのずからその目標を制限した．カルヴィニズムは儀式や象徴主義に対して根深い敵意をいだき，御言葉の地位を何よりも高く掲げ，人間の作り出した哲学や諸伝統を拒否したが，反宗教改革後のカトリシズムの繁栄と比較すると，非ヨーロッパ文化に対してのてこ入れの役目はほとんど果たさなかった．

新スペイン領におけるスペイン人托鉢修道士

新世界におけるスペインの布教活動は縁起のよい時期にはじまった．というのは1520年代と1530年代においては，スペイン教会はヒメネスが発足させた人文主義者による改革の絶頂期にあった．コルテスはすでにカール5世にフランシスコ会の宣教師団の派遣を要請していた．そしてこの托鉢修道会が1570年代までアメリカでの福音宣教の主流となった．新スペイン領へ最初に渡った修道士たちは急進主義者で，厳格な神聖さを持ち，熱心で，聖書中心主義のカトリシズムを支

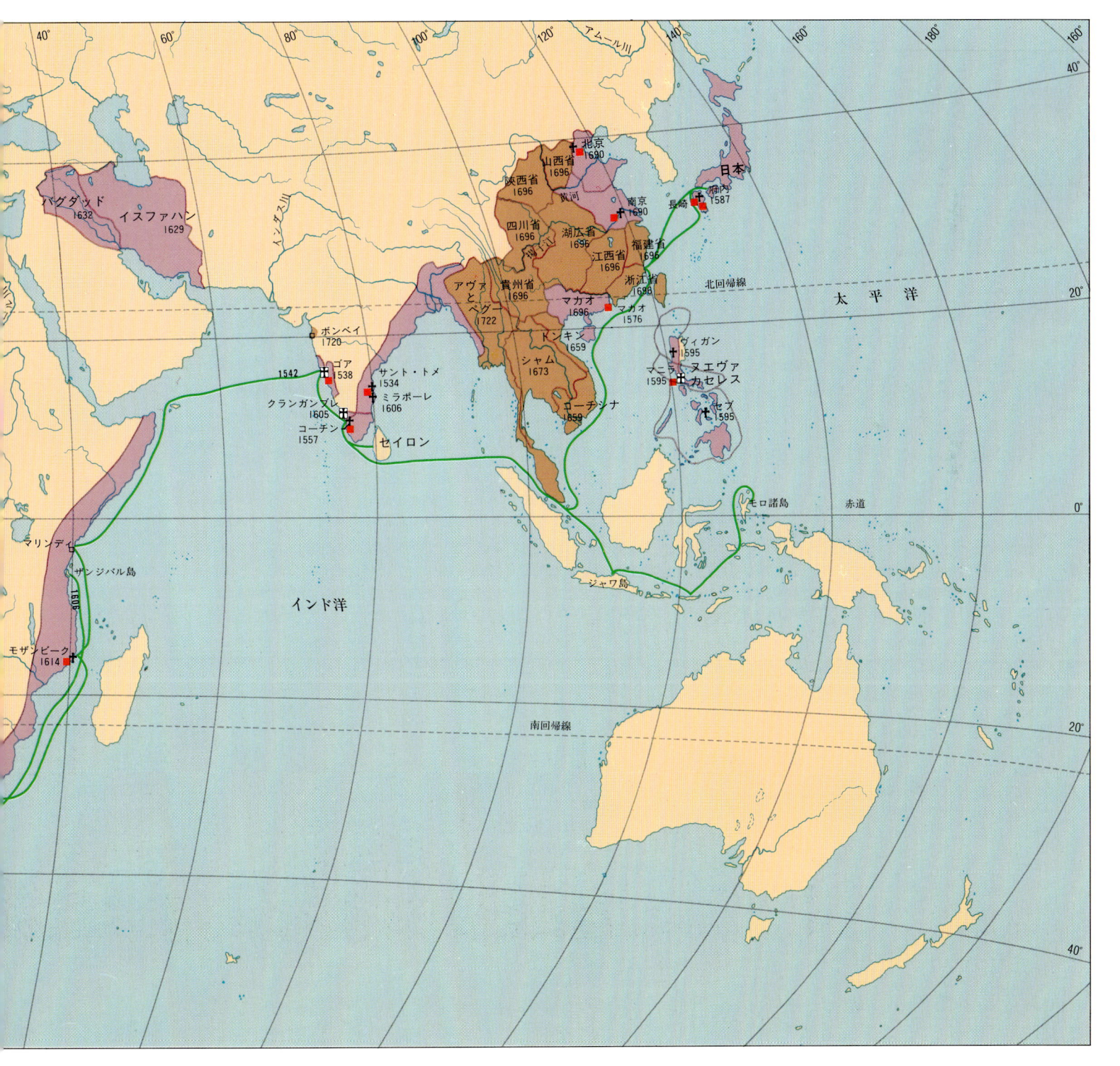

共同体付きの礼拝堂という概念でしか見ていなかったからである．しかしながら両国の王権はかれらの植民地領域内に，本国人でない宣教師が接近することを用心深く警戒していた．17世紀末までには宣教事業の障害とまで見られるようになったスペインとポルトガルの宣教事業独占を止めさせるために，教皇庁は使徒座代理区長に，両国の海外司教区内を巡察させるという処置を講じた．

左　オアハカは，スペイン人によってアメリカ大陸に作られた4番目の教区である．この教会はメキシコ征服のもつさまざまに混じり合った動機を象徴的にあらわしている．なぜなら宗教的中心として選ばれたのは，この町が豊かな金の鉱床を有していたからである．コルテスは「オアハカ峡谷の侯爵」と号した．しかしながら，司教区はいち早くもっと霊的な関心事の中心となった．そしてニュー・スペインで働くすべての修道会の修道院がそこに建設され，その結果，荘厳な装飾で飾られた教会が建てられるようになった．

上　ヨーロッパ文化と異教徒文化の相互影響作用は，ヨーロッパの影響が圧倒的だと思えるときでさえもたえず問題となった．この17世紀メキシコの十字架は伝統的な受難のシンボル——釘，いばらの冠，柱と鞭，梯子と槍，3回鳴いた雄鶏，聖体容器の聖杯とバンなど——で彫刻されている．しかし，これらの非の打ちどころないほど正統的な要素は，堂々として力強いがヨーロッパ人の感性にとっては異国的で，両面を合わせもったキリスト教としてはあいまいな物体に鋳造されてきた．

持する人々であった．その司教管区の初代司教であったフランシスコ会士ホアン・デ・スマラガは，西インド諸島に印刷機を導入した．そしてその機械で教理問答や聖職者のための教授用資料を印刷し，エラスムスの著作を大量に引用し，聖書の普及に歯止めをかけないことを唱道した．

これらの修道士たちは高度な組織をもち，メキシコやプエブラといった人口密集地に定着し，ただちに土地の言語を習得した．説教を意図的に単純化し，最小限の内容に的を絞り，不可欠の要素を高度に要約した．とくにフランシスコ会士は改宗と洗礼を急ぎ，しかる後に教理問答の学習と個人的指導を十分に行うことをねらっていた．かれらの説教は驚異的に成功を収めた．スマラガは1524年から1531年のあいだに100万人以上の改宗者が生じたと主張した．1530年代までに500万人のインディオが受洗したと主張する者もいた．これらの大量の改宗は，明らかに補強の必要があった．フランシスコ会士たちは，その人間中心主義にもかかわらず，土着宗教に執念深く反対した．かれらは土着宗教の痕跡をすべて破壊し，それの代わりに凝った儀式，行列，派手なお祭り騒ぎ，聖劇などを尊重する宗教であるカトリシズムの思考パターンと比喩的表現がそのなかに浸透した一つの文化を取り入れることに懸命になった．異教の神々の像や寺院は組織的に打ち砕かれ，一部の大規模な寺院の跡地にはキリスト教の教会が建設された．スマラガは1531年に，かれの教区内で500以上の異教寺院，2万以上の偶像が破壊されたと報告している．

ノヴァ・イスパニアの宗教的業績は，難問を一杯抱えていた．修道士たちが攻撃していた異教の宗教はインディオの社会構造に根深く織り込まれており，その宗教を取り替えることはそれに取ってかわる社会的かつ宗教的組織を創り出すことを必然的にともなっていた．したがって修道士たちはしばしばインディオたちを教会や修道院の周辺に建設された共同体に，すなわち厳密に管理されていると同時に共同の土地所有権をもつ組織体に，寄せ集める努力をした．これらの共同体は意識的にトマス・モアの『ユートピア』を模範とし，新しい出発を求める人文主義者たちの夢を具体化するものであった．これらの共同体はインディオを異教の影響から，そしてさらに重要なことに，ヨーロッパ人入植者から，切り放すことに役立った．というのもこれらヨーロッパ人入植者の堕落と奴隷を求める欲望は，新たに改宗したインディオにとっては異教に劣らぬ驚異と受けとめられていたからである．これらの共同体によって建設された巨大で入念に作られた教会は修道士たちが心に描いた慈善的神政政治を可視的に表現しようとする試みであった．

宣教師団は自分たちの改宗者を植民者から保護するための継続的な闘いに没頭していた．インディオはキリスト教を拒否した野蛮で非人間的な人種だから，スペイン人はかれらをキリスト教の支配に従わせる権利があるという見え透いた作り話によって，初期の征服者の残忍な暴力は正当化されていた．いくつかの実例によると，スペイン人は，インディオたちを虐殺したり奴隷にしたりする前に，なんのことかもわからないかれらに福音の受け入れと，スペイン王権への服従を要求する公式文を読んで聞かせるという道化芝居を行っていた．この件についてスペイン王権も教会も安易に構えていたわけではなかった．1511年にドミニコ会士アントニオ・デ・モンテシーノはイスパニョラへの移住者を，インディオに対するかれらの残虐行為のかどで，公然とつぎのように非難していた．「インディオとて人間ではないか…あなたたちはかれらを自分のように愛する義務があるのではないか．このような状況では，あなたたちはトルコ人と同様に救われる見込みがない．」ドミニコ会士でチアパスの司教バルトロメ・デ・ラス・カサスは1514年から1566年にかけて，インディオのために正義を確保するたゆまない運動に全生涯を捧げ，1542年のカール5世の「新法」成立によってインディオの奴隷化禁

止を達成させた．

しかし入植者の悪質な不法行為が布教をはばむ問題の唯一のものではなかった．おびただしい数の人間がこういった行為に関わりをもっていたので，改宗者の大部分がかれらの新しい宗教に対して示す理解は，控え目にいってもあいまいなものであり，異教の信仰や習慣がその底辺を貫流していた．したがって最もよい指導を受け，最も敬虔である土着民のほかは聖体拝領を許されないことが通例になっていた．その結果，大部分の信者が聖体拝領をしない教会が生れた．土着民の聖職者の誕生を求める初期の希望は消え去り，この目的のために1536年にトラテロルコに設立されたフランシスコ会の大学は廃止された．この世紀の中ごろまでには，修道士たち自身も自分たちの布教の効果に疑問をいだくようになり，初期の熱意は大幅に消散してしまった．ノヴァ・イスパニアの九つの司教管区という新開地も修道会・司教団・在俗聖職者のあいだの対立や裁治権と土地所有権をめぐる争いを引きおこし，これらは布教へのエネルギーを粉砕してしまった．

南米への布教活動

このような事情であったが新スペイン領の改宗は重要な成功物語であり，これにまさるものは1620年代までに200万人の改宗者を出したフィリピンのみであった．パナマの南，ペルーでは途方もない遠距離とそれにもまして土着の種族が散在していたことが障害になって前進がはばまれた．1540年代までに第1世代の注目すべき宣教修道士を生み出した改革の情熱は，宗教改革に対するスペインの異端審問という恐慌を引きおこす対応によって窒息させられてしまっていた．リマの大司教の管轄下にあったペルーの司教管区は巨大で，福音宣教は必然的に表面的なものとなった．小作人階級はキリスト教を既存の複雑な多神教への付加物として取り入れた．祝日の行列に用いられる聖人像は，綿密に調べるとインディオの神々の像であることが頻繁にあった．そして古い宗教は新しい宗教と相ならんで生き残っていた．トリエント公会議の時代には，ペルーの司教団は公認の宗教と一般大衆の宗教とのあいだの衝突に真っ向から立ち向かう立場にあったわけだが，この対立はヨーロッパにいるかれらの同志が戦ってきたいかなる対立よりもはるかに厳しいものであった．しかしこの対立に何らかの強い影響を与える人的活力も方策もなかった．ペルーで，カルロ・ボロメオの役を果たしたのは，リマの第2代大司教トリビオ・デ・モグロベッホ（1579―1606）であった．不屈の福音宣教者であったかれは，司教管区を3度目に訪問中，僻地のとあるインディオの村で死去した．一連の司教管区会議や修道会管区会議においてモグロベッホは異教信仰を統制しようと試み，3段階に分かれた教理問答集を与え，インディオが聖体拝領する権利を制限し，礼拝の際に，彫像を使用することを規制し，偶像礼拝の儀式や慣習の持続を非難した．しかしペルー教会は主としてスペイン人とスペイン化されたインディオたちの教会に留まり，わき立つような異端信仰に対しては薄いベニヤ板的存在にすぎなかった．

16世紀末にイエズス会が南米に進出してきたことによって布教活動に対する新たな熱意が生まれた．イエズス会の最も華々しい業績はパラナ川流域のグァラニ族に対する一連の布教団を1610年に創設したことであった．イエズス会はスペイン王権によって与えられた自治権をもつ地域内の一連の「居留地」（1630年までに34個所になり，総計10万人の居住者がいた）にインディオたちを寄せ集めた．奴隷を求めるポルトガルの侵入者による絶え間ない攻撃にさらされて，イエズス会はインディオたちに武装させ，1649年にはパラグアイという独立共和国を建設した．この共和国は1770年代にイエズス会が解散するまで存続した．インディオたちの「居留地」はユートピア的共同体で，広大で清潔で舗装が行き届いていた．そこでの教育は義務教育で，民主的な議会が統治し，死刑は行われなかった．そこには通貨はなく，財産はすべて共有であった．果樹・蔗糖・綿花・タバコが栽培され，インディオたちは織物の衣服を着用し，鉄を生産し，時計を組み立て，印刷機を操作した．音楽創作と聖劇にはかれらの生活のなかでの中心的役割が与えられた．インディオたちが主導権を与えられる機会はほとんどなく，司祭がインディオたちの生活を支配していたが，「居留地」はキリスト教社会を実現させる特異な試みであり，トリエント公会議後の世界における人文主義者の推進力の最も重要な残存物の一つであった．

新世界への初期の宣教団は，戦闘的なイスラム教徒と争った体験から，土着宗教をキリスト教と本質的に敵対するものとしてはじめから排斥する傾向があった．ノヴァ・イスパニアでの初代フランシスコ会士の多くはすでにグラナダの宗教的再征服にかかわっており，そこでかれらは新世界への初期宣教団と同様の，土着文化を一掃する白紙化政策を取っていたのであった．植民者の無慈悲な行為によってアステカ文明とインカ文明が滅亡したことから，キリスト教には現実的な競争相手がいなかった．しかしながら，インド・中国および日本では，ヨーロッパの宣教団はみずからの文化と同程度に洗練された文化と，野蛮だとか悪魔的だとして簡単に排除するわけにはいかない宗教組織に遭遇した．

インドにおけるポルトガル人

スペインによる征服が西洋においてそうであったように，ポルトガル人による踏査と貿易は東洋への布教の主要な手段であった．1510年からゴアに拠点を構えたポルトガル人の初期の宗教的関心は，かれら自身の共同体に担当司祭を配属し，土着のネストリウス派の「聖トマ」に従うキリスト教徒をローマ・カトリックに引き戻すことであった．1534年にゴアに司教管区が設立され，真剣な布教活動がはじまった．直ちに目を見張るばかりの成功がそれにともなった．コロマンデル海岸沿いの漁民のバラタ族はそれまで長いあいだ略奪して回るイスラム教徒の侵略者たちの餌食となっていた．バラタ族は文盲で，貧しく，組織もなく，無力であった．かれらはポルトガル人を頼みとしたが，その保護の代償は改宗であった．バラタ族全体が受洗した．何万という多数の人々が受洗したという知らせがリスボンに届き，この知らせにホアン3世は誘発されて，この布教の端緒を強固にし拡張するために宣教団を派遣した．この宣教団の長はフランシスコ・ザビエルで

両アメリカ大陸における二つの文化の出会いに含まれていた困難の一部が，アズカティトラ古写本から読み取れる．これは観察眼の鋭い1人のフランシスコ会修道士によって描かれたインディオの洗礼図である．ここではキリスト教の秘跡描写は，キリスト教的伝統とは遠くかけ離れた像によって取り囲まれている．新世界は，福音伝道者たちにインディオ文化の「改宗」の現実と福音の浸透度を評価する際の侮り難い問題を提供することになった．

あったが，かれはイグナティウスの最初の仲間の1人で，東方に向かったイエズス会の一連の宣教師たちのなかでの第1の先駆者であり最も偉大な人物であった．

ザビエルは最初すさまじい悪の巣窟であったゴアそのものへの宣教事業に放り込まれた．ゴアではポルトガル人の奴隷所有者が奴隷たちを棍棒で打ち，ロザリオの珠でその殴打の数を数えたりしていた．生かじりの改宗者が数多く浮動していた．かれらは「新しい帽子やシャツがほしくて，または絞首刑をまぬがれるために」キリスト教徒となったのであった．5ヵ月間ザビエルはゴアにある3個所の刑務所・病院・およびハンセン氏病患者のあいだで働いた．所持品は傘1本・靴修理用の皮の小片1枚という姿でコロマンデル海岸に移動していったかれは言葉の障害が自分の最大の課題であると認識していた．かれは使徒信経・十戒・主の祈り・天使祝詞とサルヴェ・レジナおよび告白の祈りを片ことのタミル語に翻訳させ，自分はそれを暗記した．つぎにかれは振鈴を鳴らして歩きながら大勢の子供を集め，かれらに祈りを繰り返して唱えることを教えた．1ヵ月間血眼になって活動した後，かれは1万人の人々に洗礼を授け，ローマにいるイグナティウスやポルトガル王に助っ人を求めつぎのような手紙を矢継ぎばやに書き送った．「陛下におかれましてはインドのすべての富を取り上げて享受する力をお持ちではあっても，この地にキリストへの信仰を広める力はお持ちではないことを私は経験によって学びました．」

日本におけるイエズス会

1549年ザビエルは日本に目を転じた．かれは日本で「完全に理性の法によって導くことができる人種」に出会えると信じていた．封建時代の日本は無秩序と地方分権の時代を経験しつつあった．そして外国人に対しては異常に開放的であった．地方領主，すなわち大名は全権力を握っており，西洋と，つまり西洋のすぐれた軍備と接触することを強く望んでいた．再び言葉の問題がフランシスコの宣教活動の妨げとなったが，日本に27ヵ月滞在して，かれは日本土着の文化や宗教を消し去り，西洋文化の道具立てをそのかわりに用いて自分の説教を行う白紙化政策が役に立たないことを理解した．日本の文化がなかなか高尚であることを認識し，かれは日本文化に基づき宣教体系を作り上げ，教養ある支配階級の心に訴えることができる高度に訓練された宣教師が必要であると実感した．

イエズス会の日本への布教活動は1世紀のあいだつづくこととなったが，その活動は驚異的な成功を収めた．数多くの大名が改宗し，1580年までに15万人のキリスト教徒が存在するに至った．イエズス会は日本人の公教要理の指導者や司祭を育成するために神学校を設立した．もっとも司教が不在のため，1601年まで叙階式は行えなかった．日本人の神学生はヨーロッパに派遣され，勉学し，援助をえた．16世紀末までには他の修道会とりわけフランシスコ会がすでに布教団を設置していた．さまざまな修道会間の競争は，つぎの世紀にこのフランシスコ会に振りかかった不幸の一因となった．歴代の天皇はキリスト教を広範囲に受け入れると日本はヨーロッパ人に征服されやすくなると信じるようになった．1620年代以降，身の毛のよだつような迫害がはじまり，ヨーロッパ人の司祭や日本人の改宗者は，釜茹でにされたり，皮膚をはがされたり，十字架にかけられたり，体に大釘を打ち込まれたりした．あるイギリス人の貿易商は目撃したことをつぎのように報告している．「都であるとき55人が殉教した．そのなかには5・6歳の子供もふくまれており，母親に抱かれたまま一緒にあぶり殺しにされた．母親たちは『イエス様，どうぞこの子供たちの魂を受け入れて下さい』と絶叫していた．偶像崇拝に立ち戻る者はほとんどいない．」1650年までに2000人のキリスト教徒が殺害され，そのうち70人がヨーロッパ人の司祭であった．キリスト教は生き残ったが，ささや かな地下組織の教会として生き残ったにすぎなかった．

中国への布教活動

布教活動に対して高度な文明社会が示す抵抗は，中国において日本の場合よりもさらに顕著であった．この中国の沿岸沖合の地（広東港外の上川島）でザビエルは1552年にすでに客死していた．中国へのイエズス会の布教活動は，ザビエルとほぼ同様に著名な人物，マテオ・リッチによってはじめられた．リッチは1571年にイエズス会に入会し，ケプラーやガリレオの友人であったクラヴィスの下で数学を学び，ロベルト・ベラルミーノの下で神学を学んだ．1582年にかれは中国布教の準備のためにマカオに派遣され，そこで中国語・哲学・歴史を学んだ．そして1583年に中国に入国することを許されたとき，中国文化を尊敬して学ぶ人物としてみずからを紹介した．かれは中国服や中国の生活様式を採り入れ，自分の清朝官吏としての地位を示すために爪を伸ばすことすらして，時計造り・画家・天文学者・地図製作者としての名声をえた．1601年にリッチは清王朝の宮廷に伺候し，説教する自由を許された．リッチの全体としての目的は福音宣教であったが，かれはあからさまに人を改宗させることはしなかった．そうではなくて，かれは二つの文化を両方に解説する者として仕事を行い，キリスト教の用語に相当する中国語を探し求め，中国の慣習のなかにできるかぎり多くのキリスト教の真理に類似するものを見出そうとした．かれは儒教の教えを多くキリスト教のなかに採り入れ，祖先崇拝のような一見宗教的に見える儀式を単なる民間儀式もしくは公的儀式として容認した．1610年にリッチが死去するときまでに，かれはわずか2000人を改宗させたにすぎなかったが，これらの改宗者には多くの学者や清朝の官吏階級がふくまれており，イエズス会の後継者たちはかれらの活動の基盤をこのリッチの業績の上に置いた．1650年までには，中国人のキリスト教徒は15万人にのぼり，アダム・シャールというイエズス会士は皇帝の宮廷で，王室おかかえの天文学者となった．

しかし中国におけるイエズス会の福音宣教の方法は他の宣教団から激しい反論をよびおこした．ドミニコ会やフランシスコ会にとって，キリスト教を中国の環境に適応させる考えそのものが異端行為，つまり異教や悪魔崇拝との妥協であり，悔い改めない人間性と恩寵とのあいだの懸隔を曖昧にするものであった．1634年に福州を行進通過したドミニコ会やフランシスコ会の修道士たちは，十字架を高く掲げ，「中国の偶像や分派は偽物であり，それによって悪魔が彼らを永遠の地獄に導く偽瞞である」と叫び，この根深い不和を集約的に示した．キリスト教徒による文化面での帝国主義に対する中国人の疑惑は増大し，ヤンセニズムの背景を構成したアウグスティヌス神学を吹き込まれてフランスの宣教師団が到着したときに，事態は一層悪化した．そしてヨーロッパ人同士の争いは，宣教という状況のなかで新たに油を注がれることになった．中国とリスボン，マドリッドおよびローマのあいだで告訴と反告訴の応酬がつづいた．この論争はフランス王やスペイン王の保護のもとに到来した宣教師団に対するポルトガル当局の敵意によって一層悪化した．清朝皇帝自身はイエズス会を支持したが，1704年に，ローマは地方文化への「適応」という慣習を最終的に有罪と見なした．

宣教に対するローマ教皇庁の政策

この「中国典礼」論争はカトリック内部改革の複雑性としばしば矛盾を生ずる特性を例証している．こういった状況は決してここだけのものではなかった．というのは他の地域でもイエズス会の宣師師団は，インドのロベルト・デ・ノビリのように，同様の方法を用いたからである．ロベルトはみずからをすべてのヨーロッパ人から絶縁し，ヒンドゥー教の教えの真の実践として，キリスト教を説くバラモン聖者となり，

東へ 西へ

バラモンより下級の階層への福音宣教を拒否した．この論争は神学論争ではなかった．イエズス会はたとえば現地人の聖職者の誕生を望んだが，この企ては，アウグスティヌス神学の問題によるのと同じ程度にイベリア半島のユダヤ教とイスラム教との対決に根ざす「血統の純粋性」という民族主義的観念によって挫折させられた．ポルトガルの教会保護権，すなわち東方世界への宣教に対する後援は，ザビエルが早い時期にすでに気づいていたように，イエズス会宣教の障害となっており，ポルトガルの国家主義と貿易利益の追求は非ポルトガル人宣教師団の自由な接近や現地出身聖職者の誕生のいずれにも不利に作用した．ローマ教皇庁はこのポルトガルの独占権を剥奪しようとし，1622年精力的な教皇庁の官房長官フランチェスコ・インゴリ指導の下に布教聖省を設立した．この機構は，ローマ教皇庁の宣教に対する積極的政策の焦点を定めた．

インゴリは東方世界におけるポルトガルの活動にきわめて批判的であり，民族主義に抵抗してインドや中国の現地人聖職者を支援し，王権が新設諸教会のための司教の任命や補充に遅延をきたすことを攻撃し，強制的改宗を公然と非難したインゴリは直接教皇に対して責任を負う「使徒座代理教区長制度」の導入によって，司教の任命に関するポルトガル王権の独占権を回避した．これは統治者が新教徒であったオランダやイングランドにおいてはじめて試みられた手法であった．初期の25年間で布教聖省は46の新宣教団を設立し，ローマに布教聖省直属の多民族を収容する神学校と印刷工場を設けた．布教聖省はポルトガルの教会保護権の土台を破壊するために1660年代からフランスの宣教師団に属する聖職者に大いに依存することになった．布教聖省は精力的ではあったものの，リスボンやマドリッドに対する王権の保護を抑制したり，現地人聖職者の問題を解決することに一度も成功しなかった．インゴリはイエズス会士を嫌った．そしてローマ教皇庁は北京のイエズス会士を支援し，ミサを捧げることや中国語で聖務日課を唱えることすら許可したが，布教聖省の宣教師団内部ではアウグスティヌス的見解をもつフランス人の聖職者の存在が大きかったため，キリスト教の現地適応は容赦なく反対され，最終的には上記のような譲歩はすべて撤回される結果となった．ラテン語と聖職者の独身生活という二つの障害が折り重なって，重要な意味をもつ非ヨーロッパ人聖職者の募集の妨げとなった．スペインやポルトガルの王権に対抗して宣教師団を支配しようとするローマ教皇庁の主張を強化するために登用されたはずのフランス人聖職者自身が，教皇権にさからってフランス教会の独立を求めることに関して，ガリカニズム的思想にますます深くのめり込んでいったことは皮肉な結果を付け加えることになる．ここでも，こんなことはよくあることだが，反宗教改革という外見上は一枚岩でできた記念柱が実際はしばしば内部的には対立するエネルギーの不安定な同盟から成り立っていたのであった．

左　東洋におけるポルトガル人の神父たちの存在は宣教という視点から見ると，純粋ならざる神の恵みであった．植民地の聖職者はみずからを宣教師であるよりは，ポルトガル人の共同体付きの指導司祭だと見ていた．かれらはロベルト・デ・ノビリのイエズス会仲間エンリコ・フェルナンデスのように，キリスト教はまさしく日本の精神風土にあわないものと考えてしばしば満足していた．ザビエルや後のリッチのような宣教師たちは，このような関わり方と思想的狭さから抜け出さねばならなかった．しかしながら，可能なところでは，かれらは植民地付属の司祭たちとは，関係が悪くなれば自分たちの仕事が妨げられるので，よい関係を保持するよう努めた．

上　ザビエルのゴア到着を理想化して描いたこの17世紀の地図の上方の人物画では，ザビエルは土地の司教から抱擁をもって迎えられている（ザビエルは実際にかれと親交を結んだ）．

右　異教徒の国の文化に対して，宣教師たちがみごとな適応を果たしたのは，マテオ・リッチ指導下の中国においてのことだった．リッチが中国服を着て扇をもつこの絵のなかではつぎのことに注目したい．十字架についての控え目な性格，これと比べるともっと目立った聖母の影像，反宗教改革期の明確なリアリズムよりは，言葉と抽象的なシンボルで飾ってある祭壇を見てほしい．中国人は，苦難と死を宗教的に生々しく描くバロック風の絵画を好まなかった．

北アメリカの教会

　アメリカ合衆国におけるキリスト教を語ることは，探検・植民地化・移住および新生活の開拓を語ることになる．15世紀もそうだが，さらにとくに16世紀には，北米大陸は新世界とともに総体的にヨーロッパ列強，とくにポルトガル・スペイン・オランダ・フランス・およびイギリスによる争奪や論争の目標となっていた．この闘争は宗教と絡んでいる部分が非常に大きかった．キリスト教は福音を北米の地に植え付けなければならなかったが，それはどの宗派の福音ということになるのか？ポルトガルとスペインは，両者ともローマ・カトリックであるが，16世紀の終りまでに中南米に大がかりな侵入を完了してしまっていた．もう一つのローマ・カトリックの強国フランスはジャック・カルティエを指揮官として1534年にセント・ローレンス湾へ侵入していた．大物のプロテスタント強国イギリスは国力増大とプロテスタントの教勢拡大のいずれにも好都合であったこれらの好機をつかむのに立ちおくれた．あの偉大な伝道者であり聖職者でもあるリチャード・ハクルートの息子とサミュエル・パーチャスは，この事態の全面的変革を計画した．ハクルートは1584年にイギリスの国王たちに「信仰の擁護者」という称号に値する行動を取るように要請し，パーチャスはこれより30年後に，自国民を信仰心よりも無気力で有名だと叱責した．しかしながら17世紀の初めまでに北アメリカのキリスト教化はヨーロッパのローマ・カトリックの国々に任せきりにすることがない状態になった．

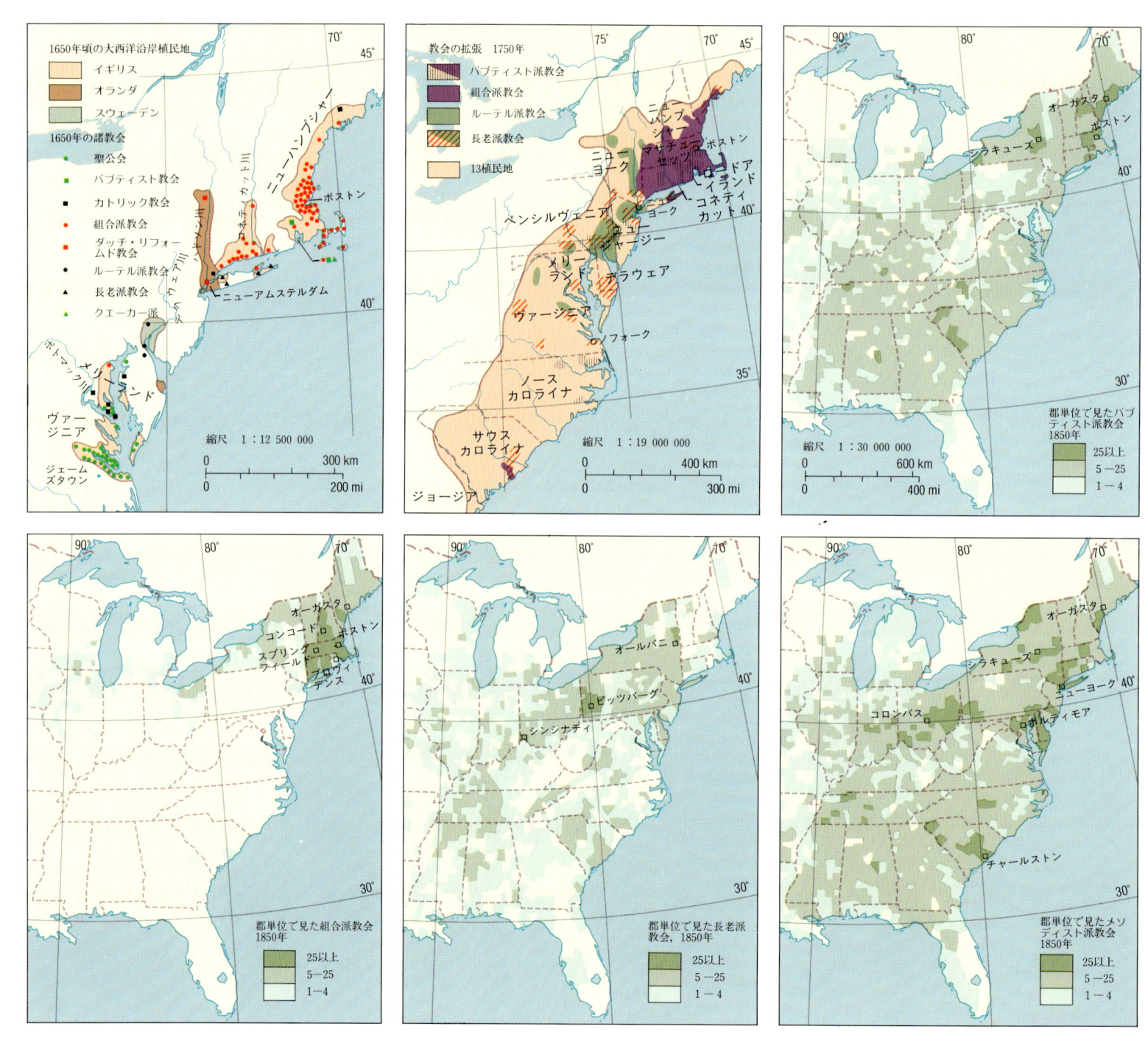

右　ジェームズタウンは17世紀初期のイギリス人入植地としては、必ずしも最良の選択ではなかったが、この地はしかと存続した。新世界のなかで、ジェームズタウンはイギリス国民とイギリス国教会の双方に、1拠点を提供した。ここから広い川々に添って、あるいはチェサピーク湾に入って、植民地はひろがっていった。ここに描かれた理想化された場面は、イギリス人同士の内輪揉めや、アメリカ現地人と到着するヨーロッパ人とのあいだにますます大きくなりつつあった不信や敵意を、いささかもほのめかしていない。ジェームズ、ヨーク、ラパハノック、ポトマックなどの川は、湾そのものに劣らず商業水路や入植路として役立った。多くの困難のなかで、川はまた教区の境界を定める決定要因ともなった。

左　合衆国におけるキリスト教の伸張
北アメリカ大陸でのキリスト教のひろがりは、入植者たちの動きを反映している。最初は圧倒的にイギリスから避難してきた清教徒（ピューリタン）、長老派、クエーカー教徒、アナバプティスト、聖公会、そしてもちろん組合派、ルター派と、ヨーロッパからきた諸改革派たちが優勢であった。なぜなら多くの者が自分たちの宗教を実践する自由を求めてアメリカにきていたので宗派別の地区区分が根強くつづけられた。

南部植民地における英国国教会主義

イギリスの最も初期の植民地化への努力は十分な成果を収めたのではなかった。そしてしばらくのあいだ、英国人が最初に定住したジェームズタウン植民地（ヴァージニア州）も予想したほど有望だとは見えなかった。飢餓・むかつくような不満・インディアンの蜂起や経済的崩壊などに耐えながら、ジェームズタウンはこのような苦難にもめげず生存を続け、この町とともに北米大陸での英国の最も人口稠密な植民地が生き残ったのである。この英国植民地で英国国教会に公的な地位を保証すべく、早くも1619年にいろいろな手が打たれた。しかしながら英国国教会の流儀を維持することはきわめて困難であった。資金難で、牧師の数は少なく、あまり多くもない住民は広い範囲に散らばっていた。ある英国の批評家が1662年に書いたもののなかで、この最後の住民のことがこと細かに述べられている。その説明によるとヴァージニアの人間は町々にではなく、いくつかの川にそって何マイルも離れて散在している農園に居を構えていた。州議会が立案制定した教区はむやみに広かったが、住民はごく少数だった。「こんな教区の家庭は、このような立地条件のなかに置かれ、お互いの家がずいぶん遠く離れているので、多くの者は『神の家』（これはこれらの家々の真只中にあるのだが）からきわめて縁遠くなっている。」（『ヴァージニアの司牧』より）この本の著者は、英国流の教区がそれらしく見えるように、地理と経済の双方の悪条件に立ち向かって、遮二無二町々を創っていくことを提案した。この人の計画はもちろん失敗に帰した。それはちょうど、北アメリカへより良質の牧師を、より潤沢に送り込むことを確実にすべく、オックスフォードとケンブリッジ両大学の信徒集団にかれが呼びかけた提案が失敗におわったのと同様だった（牧師の質と量の問題のもっと有望な解決法が1701年に見付かった。トマス・ブレイが未開地域に福音宣教のための協会を創設してくれたからである）。非常に現実的な諸問題があったにもかかわらず、英国国教会派がヴァージニアにおいて18世紀中葉までに北米大陸の他のいかなる地域におけるよりも強力になり、当時約100を数える教会をもっていた。

南部植民地の他の地域では英国国教会はその地位の向上と固定化を計った。1634年に英国系のカトリック教徒の後援のもとにメリーランドが建設された一方で、この世紀のおわりまでに英国国教会が公式にメリーランドに樹立された。そういうわけでまた英国国教会は南カロライナと北カロライナで法的恩恵を享受したのである。ただし北カロライナのほうは真の聖職者全員が絶望視していた植民地であった。英国国教徒チャールズ・ウッドメイソンが1766年にいった言葉によれば北カロライナは「放蕩・不道徳そして腐敗の泥沼のなかにある——だからどうしてこの地域に今以外のあり方がありえようか。ここの住民は浮浪人で、かれらが難民として流れ込んだすべての他の植民地から流れてきた連中だ。」ウッドメイソンの描写はひどく歪んだものだが、これは確実に北カロライナにおけるクエーカー派の大きな植民地と増大していくバプティスト派の存在を指し示していた。後に合衆国となるべき13の植民地最後のものである、1733年建設のジョージアもまた英国国教会に法的庇護を与えた。しかしそこの発展は南北カロライナにさえ遅れをとった。アメリカ独立革命の時期までに英国国教会は南部とくに最も早く植民された諸地方、つまりヴァージニア州東部の低地帯で支配的地位を占めていた。しかしながらあの革命が英国国教会の威信と魅力にひどい損傷を与えた。その結果30年ほどのうちに英国国教会は全南部のなかでの一少数派の地位に転落した。

ニューイングランドにおける組合教会派の設立

ニューイングランドにおける宗教勢力の構図は宗派の違いによる理由のみならず人口統計学上の理由から南部のそれとは驚くほど異なっている。居住地設定の形態は今や町が準拠になっていて、川の存在が標準ではなかった。各家庭はきちんとした統合を維持し、奴隷制度は控え目の、とるにたりないほどのものであった。人々の平均寿命は南部よりずっと長く、神学研究の真剣さもはるかに明白にあらわれていた。プリマス植民地やマサチューセッツ湾植民地への移住は英国のピューリタンたちが行ったもので、その人々の移住の主な動機は宗教的なものであった。こういうわけで、マサチューセッツとコネティカットの両植民地は「荒野への使命」の達成の成果であって、これは南部の植民地が一度もたどったこと

のない道行であった．組合教会主義という分離行動の旗印のもとで，すでに英国国教会と袂を分かっていたピューリタンたちと17世紀中葉までアメリカにおいて英国国教会の特徴をまだ失っていなかったキリスト教徒たちとの初期の区別が保たれ，ピューリタニズムは顕著にその純粋性を維持していた．組合教会派は，これもまた法的恩恵に浴していたのだが，学識豊かでしかも有能な牧師を豊富に送ってもらいつつ，着実に勢力を伸ばしていた．これらの牧師は初代はケンブリッジから，つづく世代にはハーヴァード（1636年より）やエール（1701年より）から補充された．1740年代の信仰復活論者的敬虔さがさん然と輝きニューイングランド人の熱情を高めた．ただしこのことは同時に公認の教会から離れたり，分離したりする結果をもたらした．アメリカ独立革命は，組合教会派から強力な支持を受けていたので，同教会の運勢を急に逆転させることは意図していなかった．これははるか遠い南部における英国国教会派に対しても同じことだった．実際，組合教会派の組織の公的性格は革命後でも，コネティカットで1818年まで，マサチューセッツで1833年まで，どうにか生き残った．

もちろんピューリタニズムの同質性が全ニューイングランドで完全に維持されたわけでは決してなかったし，上記の二つの植民地においてすらそれは維持されなかった．宗教的不同性と外聞の悪い——17世紀の西欧世界の大部分の人にはそう見えたのだが——多様性ゆえにニューイングランドで「名うての悪評」を頂戴したのがロードアイランドとブロヴィデンス植民地だった．1636年にマサチューセッツから追放されたピューリタンのロジャー・ウィリアムズはインディアンたちから土地を購入し一つの植民地建設に着手した．この植民地は，全住民が「宗教上の重要問題に関し十分な自由」を享受するという根本的な前提の上に立って「おおいに繁栄する市民国家」を維持する「生き生きとした実験」に捧げられていた．簡単にいうとバプティスト派の信徒であったウィリアムズなる人物が後に，長年バプティスト派の信徒であったジョン・クラークという人の応援を受けてロードアイランドの設立許可状を確保し，境界線を固定した．バプティスト派の信徒たちは，この植民地が，宗教的自由を思慮深く信仰することゆえに利益を受けた最初の人々であった．しかしクエーカー教徒もバプティスト派にあまり遅れることなくロードアイランド州にニューポートの町を建設し，それをニューイングランドにおけるかれらの主たる根拠地とした．すべての不平分子・不同意者・教会に所属しない人・無関心派の人間にみずからを開放しつづけることによってロードアイランドは知らず知らずのうちにニューイングランドのなかのロードアイランド以外の地域を援助して，言い換えると組合教会派の流儀を保護しかつ維持するというロードアイランド自体の努力にニューイングランドを参加させた．

中部植民地における多様性

南部とニューイングランドの中間にあって，中部の諸植民地は，ただ一つの宗教的形態ではなく，最も幅広い多様性を示していた．この多様性は宗派の様相に劣らず民族・国民性・および言語の差異に由来するものであった．オランダ人は，現在ニューヨークとして知られている地域に早くからオランダ独自の国の宗教を持ち込んだ．そして2世代もたたないうちに政治的優位に立つ英国旗に取って代わられ，オランダの旗が降ろされてしまった一方で，オランダ改革派教会はニューヨークとニュージャージーの双方の地で強力な文化的勢力でありつづけた．この勢力は実際非常に強力であって1766年にはオランダ改革派のラトガー大学が誕生した．カルヴィン派のオランダはまた1740年代のカルヴィン派によって方向づけられた信仰復興運動に心から参加した．それは18世紀の初めに中部の地域ですでに植民をはじめていた中部植民地のスコットランドとアイルランドの長老派教会の信徒たちがやったのと同じことであった．しかしながらアメリカのこの地域へ最も派手に入り込んできたのはキリスト友会（フレンド派），別名クエーカー派であった．ウィリアム・ベンの強烈な指導のもとで「ペンの森」という大きな交付地は，ひどく軽蔑され，ひどく迫害されたクエーカー教徒のみならずすべての他の宗派の異論主張者のためにも避難所となった．1682年（ジェームズタウン，ブリマスまたはニューヨークよりず

北アメリカの教会

左　ヴァージニアに入植した移民たちよりも，さらにもっと明確で明らかな宗教的動機を有していたピューリタンたちがいた湾岸植民地では，人口増加もまた確実かつ急速であった．プリマスに落ち着いた「巡礼者たち」と，ボストンを築いた「ピューリタンたち」はまもなく組合主義として知られる教派へと融合していった．この境界の地理的根拠地（マサチュセッツ，コネティカット，ニュー・ハンプシャーと後のヴァーモント）は，いわゆる「ニュー・イングランド風」とよばれるようになったものを力強く形成していった．

下　19世紀アメリカ史の大部分はおびただしい数の自発的な移民によって構成されている．移民はアパラチア山脈を越え，オハイオ川を下り，肥沃な中西部に至り，そこから一気に1840年代の後半まではるか太平洋岸に達した．この一大行進に宗教は一役を買っていた．教会を建設し，大学を創立し，たえず動いていくフロンティアを，巡回説教師・常住宣教師・とりわけあらゆる試みのなかで最も劇的な野外伝道集会などの手段をもって，追いかけていった．野外集会は娯楽と教養・友情と求愛の機会を提供した．これらすべてが，民主的な福音の傘下で力強く広められた．

っと後年）になってはじめて創設されたのであるが，フィラデルフィアは急成長をとげ，それは18世紀の中葉までにアメリカの文化的中心となり，革命と再建の進行中には政治的首都となるほどの発展ぶりを示した．

1783年のアメリカ独立革命の終結までに新生アメリカのなかで最も勢力のあった宗派はつぎのものであった．組合派教会，長老派教会，バプティスト派教会，英国国教会，ルーテル派教会，ドイツ改革派教会，オランダ改革派教会，ローマ・カトリック教会であった．上に示唆されているようにこれらの諸宗派は大西洋沿岸全体にそって均等に分布していたのではなく，それどころか意味深長な地理的特性が明白にあらわれていた．先に述べたように，組合派教会はニューイングランドを支配下に収めていた．一方長老派教会は中部の諸植民地を中心にどっしりと腰を据えていた．初期の頃ロードアイランドとペンシルヴェニアで活動したバプティスト派は1750年以降さらに強力に南部，とくに未開拓地域のなかへ進出していった．英国国教会は一つの南部の強力な基地から出発してペンシルヴェニア，ニューヨーク，それからニューイングランドにさえ入っていった．しかしそれには必ず挑戦と激しい競争がつきまとった．この当時元来ドイツ系だったルーテル派教会は，ドイツ改革派がそうであったように主としてペンシルヴェニアで繁栄した．オランダ改革派が地理的にニューヨークとニュージャージーに集中したことは従来指摘されている．一方ローマ・カトリック教会という少数派は主としてメリーランドに居住していて，ローマ・カトリックの第2の大きな集中地帯は東部ペンシルヴェニア州にあった．

革命と自由意志行動の原則

独立した国家を構成したという事実はあるが，それで宗教から見た地理上の植民地間の境界線がみな消えたわけではなかった．しかしながら，国が独立したので，宗教的征服の対象となる広漠たる新領土が確実に目前に展開することになり，すべての宗教団体が正式に平等の法的地位に置かれた．1791年には新信徒獲得の活動を行う際に，敬虔主義派と理神論者の双方が唱える原則はいかなる形態にせよ全国的な統一教会の設立に反対した．これに加えて，政治的見地からも，この統一教会達成の可能性ありとして名乗り出る教会はただの一つもなかった．こんなわけで，必要に迫られてあるいは宗教的信条から，諸教会は「自由意志行動の原則」を採用した．政府の援助なしに，しかしまた政府の妨害も受けずに，それぞれの宗派は独自の学校の建設，独自の要員の訓練と扶養，独自の文書の印刷と配布，独自の教会組織と職員配置，独自の宣教師の補充と維持を自由に行った．

これらの大きな仕事を遂行するにあたって，多数の宗派を援助したのはアメリカ聖書協会・アメリカ日曜学校組合・アメリカ小冊子協会・およびアメリカ教育協会のような19世紀初期の純粋な自由意志行動の諸協会であった．長老派教会と組合派教会は西部を野蛮状態から救い出しキリスト教へ向かわせるために1801年にかれらの資産の共同出資をするための組合設立計画に合流した．アメリカの舞台に新しく登場したメソディスト派は開けゆく西部地域に到達し，そして急速に移動していく辺境地域のために働くのがとくに巧みであった．馬で担当区域を回る牧師または旅回りの説教師が新設の

19世紀のペンシルヴェニアの
キリスト教徒

　1750年までにペンシルヴェニアは事実上全アメリカの将来像の原型となりおえていた．それは人種・宗教・文化などを異にする雑多な集団が共存し，繁栄を享受し，外国から直接の移民を受け入れて整然と富裕になっていく形態であった．初期の冒険家たちの一部の過ちを避けてウィリアム・ペンは立派なやりかたでインディアンたちを扱い，宗教上の反対意見をもつ人々を迫害することを許さず，今後の入植者に移住に伴う実費と労苦の現実に見合う補償金を与えた．英国のクエーカー教徒たちがフィラデルフィア地区（およびデラウェア川流域の諸地域）への入植の第一波の大部分を占めていた一方で，ドイツ人とスコットランド人がこの巨大な新しく，魅力ある土地へ進出してきた．この結果宗教的多様性が生れてきて，宗教的自由の重要性をこのように誇示することに不慣れな人々は衝撃を受けた．

　ヨーク郡では民族としてドイツ色が支配的であった．この民族性のなかでルーテル派は18世紀における大勢力であり，20世紀にもその状態がつづいてきている．幸いにもルイス・ミラー（1796—1882）の著書『素描と記録』を通して，われわれは一般的にはこの頃のドイツの文化生活，とくにその宗教生活を，わが目で見るごとく確認できるのである．写生帖を手にして，押え切れない好奇心に燃えて，庶民画家ミラーは旅をし，観察し，絵を描いた．エリート層に属さない，そしてまた大きな権力をもつ地位にもいない人々を追い求めてミラーはしばしばくじけそうになりつつも頑張って，細部においても大局においても，われわれを無知から救ってくれた．ミラーのおかげでわれわれは19世紀の田舎のペンシルヴェニアの宗教的多様性や特異性をそれだけよく知り，見ることができるのである．

　右　ミラーはこの絵を「ヴァージニア州クリスチャンズバーグから9マイル，新開地リヴァーから3マイル，三角路に面したある田舎の教会」の図だといっている．かれ特有の正確さをもって，かれがこの教会を訪れた日は1856年6月22日であったと記している．この地域はまたルター派の人々が多く移住していた．かれらは一般にヨーク郡から下って，メリーランド州のフレデリックとキャロル郡に南下し，ヴァージニア州のシェナンドア渓谷へと移住してきた．この移住はアパラチア山脈を越えるというよりは山脈にそって南下し，少なくとも現在クリスチャンバーグが位置しているモンゴメリー郡にまでひろがった．

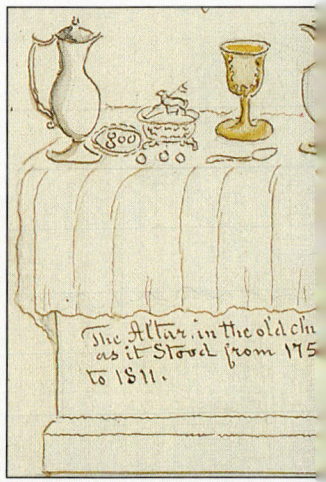

　上　ルイス・ミラーはヨークのルーテル派教会の祭壇と聖体拝領祭具を写真に撮ったかのように克明に描き残した．かれはつぎのような細部説明をしている．「聖体をいれるための，芸術的に作られた銀の箱，ワインをいれる金メッキした杯，2枚の銀皿と2本の銀のスプーンとが置かれていた．そして祭壇を覆う立派な布があった．」

　左　歌う聖歌隊．1800年代初期のルーテル派教会を描いたミラーのスケッチは音楽の重要性を強調している．音楽はルーテル派の礼拝集会のなかできわめて重大な役割を果たしていた．同じことがベトレヘムおよびその他のペンシルヴェニア共同体におけるモラヴィア兄弟団についてもいえる．スケッチの上右端を占めているオルガンは，16声をもつ「歌う聖歌隊」と同様，印象深い大きさをもっている．

　右　出生証明書．素晴らしいドイツ字体手法の例であるこの「出生と洗礼証明書」は，ドイツ語から英語への変遷が1849年までにはほとんど完了していたことを示している．ドイツ的伝統の名残りはドイツ字体ばかりでなく豊かな飾りと広く一般になじみのある芸術的な象徴使用の技巧に見られる．

あらゆる郵便馬車道路を旅して回り，町ができる前にすでにある種の司牧活動をしていた．バプティスト派は組合教会派ほど大学卒の聖職者に依存していなかったので，「農民説教者」を利用して地方の教会のない部落や河川敷で，ある程度のキリスト教伝道を保持した．

全アメリカ大陸の広大な面積は，1803年のルイジアナ買収と1846年から47年にかけてのメキシコ・アメリカ戦争以後，アメリカ合衆国民に魅力を感じさせた．このように広漠たる地域には伝道の「新しい方策」がぜひとも必要だった．野外伝道集会，信仰復活運動者による「求道者席」の設置，ローマ・カトリック神父たちの「黙想会」，神学の単純化，万人にとって十分な基準としての「聖書のみ」を信奉する思考の高揚，宗派忠誠心を鈍らせること——これらのすべてと，さらにそれ以外のものが要求された．時折新しい方策は新たな機構制度または協会を生み出した．バートン・ストウンのみならずトマスとアレグザンダー・キャンベルの指導のもとで，一つの万人救済論的衝動（使徒時代の純粋な教会を復元しようとする動き）が独自の辺境開拓者教会派を作り出した．この人々は「ディサイブル教会」とそれにつながる「ディサイブルズ・オヴ・クライスト教会」とよばれる．何の束縛も受けない，伝統のない西部はまた多くの人々に，ここではキリスト教的生活における勇敢で大胆な実験がやれることを示唆した．その実験とはシェーカー派，オナイダ共産村，オーエン派，ラップのハーモニー会派，神智論派そして——全部のなかで最も成功した——モルモン教による実験であった．西部はこういった集団のすべてを作り出したわけではなかったが，西部はこれらに定着の場を与えた．

19世紀におけるカトリック教会の発展と20世紀の正教会

諸教会が大平原地帯や太平洋岸からの資源，資金および要員に関する要求に対応するのに懸命になっているときですら，同じこれらの教会組織はみずからの活動地域である太平洋岸に，おびただしい数の移民の到来を受け入れねばならなかった．この事情はアメリカの厳しい南北戦争の後にとくに顕著であって，この戦争は福音宣教の熱意とこの国の諸教会の倫理的な問題の双方に大きな影響を与えた．19世紀の移民の入植のせいで，ローマ・カトリック教会は1780年代の少数派から1850年までに国内最大の単一宗派にまでのし上がった．その爆発的発展は（今世紀初期にはアイルランドとドイツから，後に南部および東部ヨーロッパから，移民を迎えて），「ローマ中心主義」に対する恐怖を現住民保護主義者に与え，アメリカの自由に教皇からの脅威が加わることを懸念させているときですら，カトリック内部に数々の緊張要因を創り出した．内部的にはカトリック教会の指導者たちは，民族別になっている教区に同民族の司祭や司教を求める圧力を避けて通った．外部的には，この指導者層——たとえば枢機卿ジェームズ・ギボンズ（1834−1921）——はカトリックの組織体とアメリカの自由が完全に両立し得ることをキリスト教を信じない大衆に説得する不断の努力をした．20世紀には，カトリック教徒にかけられる政治的懸念が下火になった一方で，国外からの移民の荒波が再び押し寄せてきたが，今回はヨーロッパからではなかった．カリブ海諸島のみならず中・南米からのスペイン語を話すカトリック教徒たちがアメリカのカトリック教会に新たな民族的融合を要求した．しかし民族性に対する考慮がカトリックの全組織のあり方を決定することはありえなかったし，また非ラテン・アメリカ的集団が大部分を構成していたからといって，新参者への配慮が抹消されることもなかった．

東方正教会はアメリカ大陸で「ロシア系アメリカ」の進出に早くから手をつけていたものの，18世紀のアラスカ経営の端緒を善用できなかった．しかしながら，20世紀になると外

国から相当な移民が入って来て，アメリカ合衆国のなかにロシアとギリシアの双方の典礼が，そしてそれよりも小規模宗派の典礼もまた導入されて，見られるようになり，色彩豊かな存在となった．正教会は，この国民のなかにある限りは，まだこの国の活力の本流のなかを効果的に漕ぎ抜けなければならない．正教会の飛び領土は依然として隔離され孤立しているし，教会内部に分裂があって国民の重要問題に関して統一見解を出すことができない．しかし必ずや21世紀には，正教会はかれらより先にアメリカに到達した他の多くのキリスト教集団と同じく，今よりもっと十分に同化し，もっと徹底的にアメリカの問題にかかわりをもつであろう．

宗教団体の激増

アメリカ合衆国に宗教の多様性が幅広く展開されたことはほとんど全面的に移民，つまりヨーロッパ，アフリカ，アジア，ラテン・アメリカからの移民たちの入植の結果である．時折17世紀にオランダから，また19世紀に再びオランダからやってきたように，別の時期に移民が入植してきて，既存のものとは別の宗派名が新たに生れた．しかしながら，移民受け入れを大幅に容認した後もアメリカ合衆国が宗教諸団体に対してとくに尊敬を払いつづけてきたことは認めなければならない．このように宗教団体が急増したことは一部には教会の分裂がその原因である．というのは，固定した組織がないところでは，そしてまた古い伝統のないところでは，分裂が容易におこるからである．18世紀には組合派教会が保守派と革新派に分裂し，長老派教会が旧派と新派に，バブティスト派が六原則派・セブンスデー派とカルヴァン派に分かれた．19世紀には南北戦争が，メソディスト派，長老派，およびバブティスト派（前2者は20世紀に再合体した）を南北分裂の政治的境界線に沿って分け隔ててしまった．20世紀初頭には継続的なファンダメンタリスト（根本主義者）対モダニスト（近代主義者）の討論が一連の進行をつづけ，ますます矮小化して小分派を創りだした．しかしこの分派傾向に加えて，アメリカは従来大いに実験と刷新を行う舞台でもあった．とくにかれらの奉ずる制度尊重主義を気楽に身に付けている元気一杯の人たちのあいだには新しい宗派の過剰が生れてきている．アッセンブリー・オヴ・ゴッド教団，チャーチ・オヴ・ゴッド教団，ナザレン教団，ピルグリム・ホーリネス教団，ペンテコステ派諸教会などがこのようにして生れた宗派で，それらには多くの別名があったり種類があったりする．アメリカには宗教的自由があるので，キリスト教集団の一見果てしない増加が見られ，あらゆる個人が自分だけの教会をもつとエマソンが予見した方向に向かって狂気のような突進が行われているのである．

このような事情ではあるが，20世紀になると教会一致運動が分派激増の速度を遅らせた．いろいろな種類からなる20以上の個別の教会から，アメリカのルーテル派は二つの大集団に移行をおえている．1939年にはメソディスト派が，1983年には長老派が，それぞれ南北戦争による亀裂を癒して統一を果した．しかしこの両者は，合体をしたことに加えて「類似の信仰と儀式の執行方式をもつ」他の宗派と相たずさえて，奴隷制度または人権問題と全く無関係な地域に進出していった．1962年には教会合同への大望に燃えた協議会で，大部分のプロテスタント宗派（大きな宗派ではルーテル教会とバブティスト派だけが一部の討議に参加しなかったが）を唯一の教会組織に糾合し得る「真にすべてを包含し，真に福音宣教的で，真に改革された」キリスト教会なるものが議題とされた．組織的組合に対応して聖職者間の協力もまた20世紀に成長し，それは最初の10年で形成された（また今世紀の中期に全国教会協議会として再編成された）教会連邦協議会から1942年に組織された全国福音派協議会に移行した．ローマ・カトリックとプロテスタント諸派との協力は第二ヴァティカン公会議（1962－65年）の頃から顕著に良い方向に進展して来た．にもかかわらず根深い分裂と疑心がいまだに残っており，それらは人種の別，階級の別，神学の別，政体の別，また歴史上および地理的な全くの偶然による区別などに起因している．

神を畏れる国民

宗派の分裂，分離，および激増のすべての過程のなかでアメリカの宗教について規則正しく繰り返して観察された一つの事実は，アメリカの宗教が確実に成長するということであった．教会員の数は建国当初全国民のおよそ15ないし20％であったものが200年後には60％以上になった．教会組織の資産は非常に大きくなって鋭い批判を受け，大きな財産と収入があるにもかかわらず行政がおしなべて非課税方式を打ち出していることに攻撃の鋒先が向けられた．政治家たちはほとんどいかなる宗教とも提携することができたが，宗教と無縁であればそれはみじめなことになった．教会の礼拝出席率は長年のあいだ，平均40から50％の枠内に留まってきている．これは登録者数を大きく下回っているが，西側世界の同

左 アメリカにおける宗教的移民のすべてが東部から西部へ進んだわけではない．とくにローマ・カトリック教会にとっての重要な宣教活動は，南部（とくにメキシコ）から北部（とくにテキサス，ニュー・メキシコ，アリゾナとカリフォルニア）へと進んだ．フランシスコ会士フニペロ・セラ神父（1713－84）はカリフォルニア海岸線に沿ってつぎつぎと宣教の場を設置した．この宣教線は南のサン・ディエゴからはじまり，最終的には遠く北のソノマにまで延びている．この写真に映っているサン・ルイス・レイはサン・ディエゴの北約50kmのところにある．1980年代におこったセラ神父の列聖運動は，インディオのグループなどからの反対にあった．その理由はかれの「宣教方針」はインディオたちの尊厳と本来の姿を維持するよりは破壊したからというものだった．

下 性と結婚の問題は，すべてのユートピア的試みにとってやっかいなもの，その一部のものにとっては悲惨なものとなった．シェーカー派は，この両者を禁じることによって問題解決策とした，両性を分離するのが典型で，禁欲が規則であった．フロンティア復興と野外集会がシェーカー派に新改宗者を提供しつづける限り，かれらの集団は大きくなった．南北戦争前にこの新生命の源が干上がってしまうと，シェーカー派は徐々に衰退期に入った．宗教生活が活気をなくすと，シェーカー派のなかに昔への郷愁と歴史的興味が復活したが，その多くは民芸品・家具装飾・薬草・礼拝ダンス・賛美歌に集中した．

北アメリカの教会

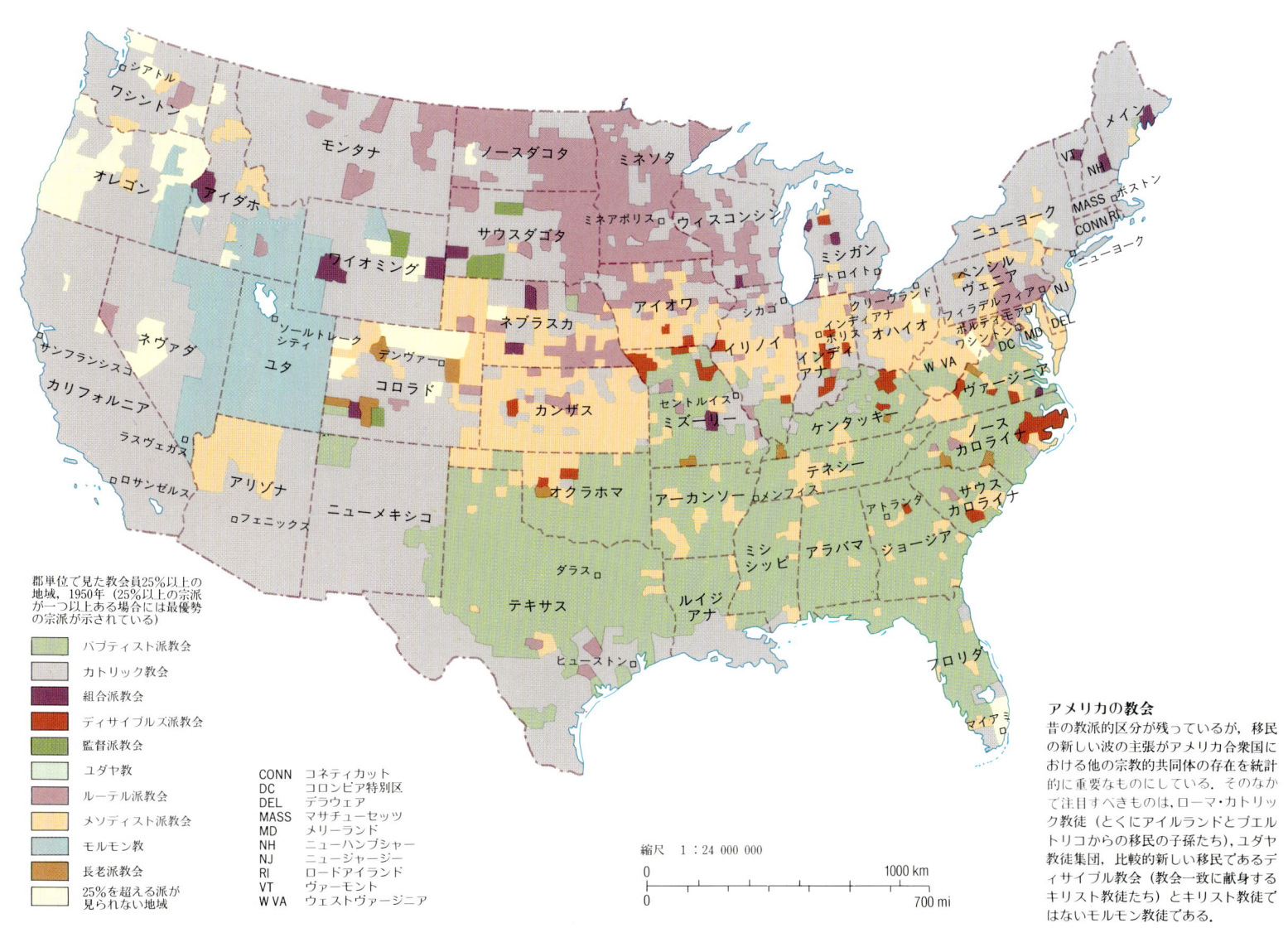

郡単位で見た教会員25％以上の地域、1950年（25％以上の宗派が一つ以上ある場合には最優勢の宗派が示されている）

- バプティスト派教会
- カトリック教会
- 組合派教会
- ディサイプルズ派教会
- 監督派教会
- ユダヤ教
- ルーテル派教会
- メソディスト派教会
- モルモン教
- 長老派教会
- 25％を超える派が見られない地域

CONN	コネティカット
DC	コロンビア特別区
DEL	デラウェア
MASS	マサチューセッツ
MD	メリーランド
NH	ニューハンプシャー
NJ	ニュージャージー
RI	ロードアイランド
VT	ヴァーモント
W VA	ウェストヴァージニア

縮尺 1:24 000 000

アメリカの教会
昔の教派的区分が残っているが、移民の新しい波の主張がアメリカ合衆国における他の宗教的共同体の存在を統計的に重要なものにしている。そのなかで注目すべきものは、ローマ・カトリック教徒（とくにアイルランドとプエルトリコからの移民の子孫たち）、ユダヤ教徒集団、比較的新しい移民であるディサイプル教会（教会一致に献身するキリスト教徒たち）とキリスト教徒ではないモルモン教徒である。

時代の国々のそれよりはずっと上回っている。そして出席率、寄付金額または会員登録者数をさらに凌駕して、驚くべきことに、全国民の大多数の者（90％以上）が——親からの引き継ぎ、情緒的好み、親類関係のいずれかの理由で——どれかの宗教集団に所属していることを表明していた。アメリカは、聖パウロ時代のアテネ人のように、「きわめて宗教心の篤い」存在だった。

しかしながら、1960年代には、古い既成宗派の成長率は水平状態を保ち、下降線をたどる宗派さえあった。このことは——すさまじく多元的な文化、新しい教会の「成功率」、東洋の諸宗教の侵入、権威主義的共産村への懐古的興味、「電子楽器を用いる教会」と他の似非教会の諸運動とが張り合ってきたこと、などと相まって——古いキリスト教諸集団を防衛体制に追いやってしまっている。この成長状況を説明するのにあまり学問的検討は必要ではなかった。これはアメリカの定型にすぎなかった。他方下降状況の方は何がまずかったのかを説明するには委員会、補助金、事例研究および敷衍的方法をあげなければならない。さらにその上に、この衰退は国内の宗教事情に悪影響を与えたのみならず、宣教努力（これはプロテスタント教会にとってはそれまで英国系アメリカ人の色彩が濃厚だったが）もまた広範囲にわたって後退した。

この「衰退」は大袈裟に誇張される可能性がある。十分に宣伝の行き届いた新興宗教の数多くのものはごく小規模で、たぶん短命であろう。大体において、大きな宗派集団はみないまだに数的に、政治的に、かつ社会的にアメリカ全域を支配している。ローマ・カトリック教会は依然としてアメリカでの最大の単一教会であり、全人口の25％ほどの人がそれに属している。最大のプロテスタント教会であるバプティスト派は、白人黒人の双方を含めて、全人口の約15％を数える。メソディスト派は約8％、ルーテル派は約5％、そして長老派は約3％を占めている。そして上位10宗派の名称を全部あげると、以下の5宗派が大きい方から順番に並ぶことになる。つまりキリスト教会派（ディサイプルズ・オヴ・クライスト教団、チャーチ・オヴ・クライスト教団）、監督派（聖公会）、東方正教会、合同教会（組合派と福音派と改革派とが合同したもの）およびモルモン教、別名、末日聖徒イエス・キリスト教会である。

上記の10集団はみなその背後にアメリカにおいて何10年もの歴史を有している一方で、植民地時代のそれとは全く異なる地位を占めている。植民初期の頃には組合派教会、聖公会、および長老派教会が先導者であったが、この3者は、ローマ・カトリック教会、バプティスト教会、およびメソディスト教会という別のトリオによって徹底的に取ってかわられる運命にあった。G・K・チェスタートンはかつてアメリカを「一つの教会の魂をもった国」と評した。どのような意味合いでその表現が、過去において当てはまり、現在もそうであり、また将来そうでありつづけるにしても、この教会が顕示する独特の図式はアメリカの歴史の流れにずっと寄りそって、広漠たるアメリカの大地の各地で変化していくのである。

アメリカにおける新しいキリスト教集団

19世紀にアメリカで生れたすべての宗教的運動を——いやそのことに関しては最後の20年間に再建されたものですら——ただ一語で満足に言いつくすことはできない．そしてまたどんな分類の仕方もただ一つでは曖昧であり，重複があり，また学問的議論の余地を残すのである．以下に述べることはアメリカのキリスト教内部の広範な多様性，注目すべき創造力の豊富さ，を例証することだけを意図している．そうしたものとして，以下の記述は示唆するだけで，網羅的なものではない．

キリスト再臨派（アドヴェンティスト）と千年王国説：
19世紀にはキリストの再臨，つまり目に見える，劇的な目前にさし迫ってくる再臨に特別な重点が置かれた．ウィリアム・ミラー（1782—1849）とかれの賛成者たちはそのような再臨の時として1843年を待ち望んだ．チャールズ・テイズ・ラッセル（1852—1916）とかれの賛成者たちはかれらの天啓の希望を1914年にかけていた．世紀の中葉までには，それとわかるほどの存在となっていたキリスト再臨待望運動（セブンスデー・アドヴェンティスト運動）は千年王国運動の最も著名な残存者となっている．一方1872年に組織的な形態を取りはじめた「エホバの証人」が1世紀足らず後に世界中の注目を集めていた．1980年代までに各集団のアメリカ人会員の数は100万人中の約3分の2を数えた．

共同体派： アメリカの歴史のなかで，その起源と目的が明らかに宗教的であった諸共同体は1830年代およびそれ以降に目覚ましく開花した．1960年代には共同体の生活のなかにもう一つの著しい実験が爆発的に行われ，これの一部はその本質において宗教的かつキリスト教的であったが，大部分はそうではなかった．初期の共同体形態の一つの代表的な例，つまりキリスト再臨信仰者合同教会（通称シェーカー派）はイギリスに起源を発したが，19世紀の初期の数十年に隆盛になった．1830年代の約6000という会員数をその絶頂としてシェーカー派はその1世紀半後には事実上絶滅してしまっていた．1960年代には多数の共同体が東洋宗教の影響を判然と示していた．ただし「ジーザス・ピープル」は異国風の考え方や慣習にさからう顕著な反応を示した．1969年にロサンゼルスではじまった「チルドレン・オヴ・ゴッド」という一つの共同社会は，洗脳，異端および特異な行動という廉で非難を受けるにおよんで，広い方面からの敵意と抵抗をまねいた．1980年代までに明らかに頂点に達してしまって，「チルドレン・オヴ・ゴッド」は現在は全国で60個の小さな居留地のなかに約500人の会員が散らばっている．

民族的集団： 民族性が共同体の輪郭を明確に定めることは従来頻繁におこったが，この民族性は神学や教会の権威よりも強力なものであった．今世紀の初期に北米先住民教会がいくつものインディアンの種族から会員を集め，その宗派の秘跡を執り行うのに薬草ピヨーテを利用して，1980年代までに約25万の会員を獲得していった．これと大体同数の会員を擁しながらポーランド系全国カトリック教会は，アメリカにおいてローマ・カトリック教会が己に対立するすべての異民族の多様性という障害を切りぬけえなかったという，最も明白な失敗の事実を提示した．他方東方正教会は民族的多様性の障害を乗り越えるのがローマ・カトリックよりはるかにつたなく，これらの民族的分派はいまだに1980年代の民族性のもつ強力な力を証明している．

根本主義者/摂理主義者の集団： この大まかな範疇に入る集団は，アメリカで数多くの団体の形であらわれているが，その多くはごく小さく，一時的な存在である．比較的よく知られている集団のなかにプリマス・ブレズレンがあり，それはイギリスに端を発したが，19世紀の中葉までにアメリカ合衆国に到達したものである．厳格に聖書中心主義であり，全員歩調をそろえて千年王国を信じているのだが，この宗派は頻繁に分裂と分離の憂き目にあってきた．現在のところ，アメリカにおけるこの集団の全分派をあわせると，約10万の会員がいる．これよりはるかに大きな一つの根本主義者集団が——これは地方教会の完全自治に関する信念を，聖書を文字通りに解釈する独自の主義に加えて主張しているのだが——アメリカ・バプティスト教会（J・R・グレーヴスのランドマーク派の継承者）であり，この集団は1980年代に100万以上の会員を有している．

ホーリネス教会： 19世紀全体を通して，多数のアメリカ人——とくにメソディスト派出身の人々——がキリスト教的完成についてのジョン・ウェズレーの教義に特別な注意をはらった．まもなく聖化と「第2の祝福」をこのように重視することはそれ独自の組織としての自己表現を必要とするように見えた．この意志表示の結果生れたのがつぎの集団である．（イ）ナザレン教団——1895年に設立され1980年代までに会員数50万に成長した．（ロ）北アメリカの自由メソディスト教会——前者よりも30年ばかり早くはじまったが，会員数は1980年に約10万にしか達していない．（ハ）黒人主導のチャーチ・オヴ・ゴッド（ホーリネス教会）——1914年に創立され，半世紀後に会員数約2万5000人となった．

新しい思潮： これは主として19世紀後半の所産である（一部はこれより先の超絶主義者運動にさかのぼる）．新しい

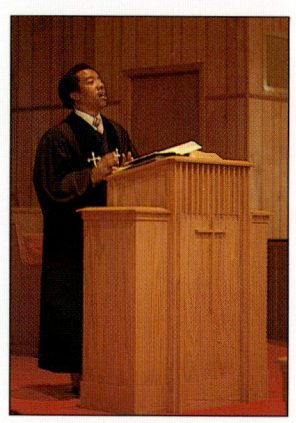

上 バプティストの復活が南部諸州では黒人の間にとくに強い．1968年までに北アメリカにおけるバプティスト派の信者は2千600万人になっていた．

右 ジーザス・ピープル派は，共同体志向の強い教派で，信徒は一度物質的所有物を処分して後，仲間と一緒に生活する．

右下 「私は彼らに触れるだけ．神がその他のことをすべてしてくださる」というオハイオ州コロンバス市に住むマイケル・ロードは，5歳のときから信仰による治癒者で，かれを礼拝する者に洗礼をほどこし，病人を癒し，礼拝式を通してかれ独自の宗派を教導している．

下 マイアミのハイチ人の共同体のメンバーたち．アメリカ合衆国では従来しばしば教会の権威よりも，人種的絆のほうが強いことがある．

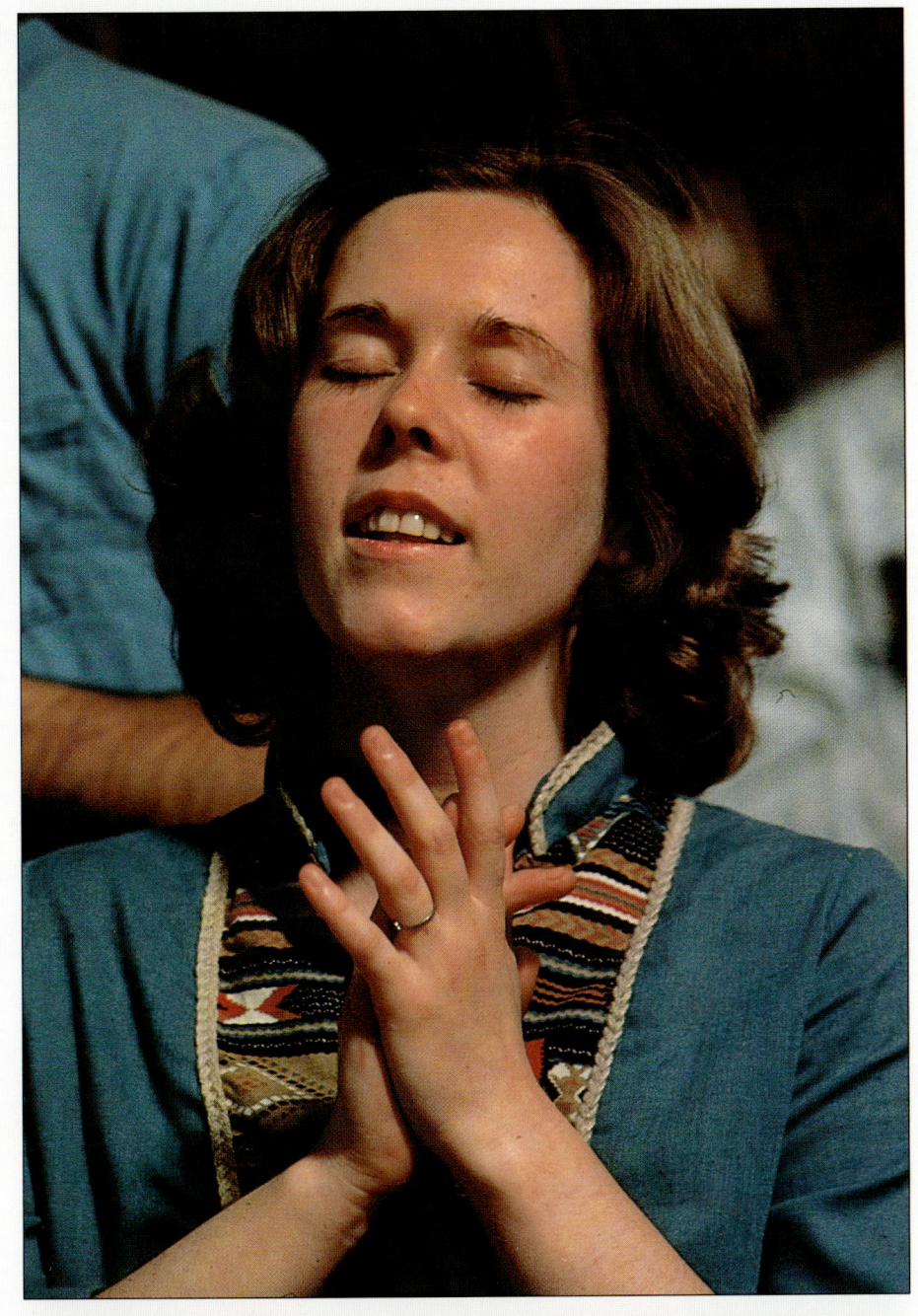

アメリカにおける新しいキリスト教集団

思潮は人間が直接に把握できる霊的力，つまりこの地球上でこの力の信奉者に健康と富と幸福とをもたらしうる力を力説した．この「霊的一致宗教」の最もよく知られた典型はつぎのようなものである．すなわち（イ）1879年にメアリー・ベイカー・エディが創設した科学者キリスト教会，（ロ）それより10年後にチャールズ・フィルモアとマートル・フィルモアが創設したユニティ・スクール・オヴ・クリスチアニティ，（ハ）1949年になってようやく正式の地位を獲得した宗教科学教会（創立者はアーネスト・S・ホームズ）である．これらの集団はいずれも会員数を公表していない．これらの宗派はみな物質より霊，否定的価値観より積極的思考，社会的心労よりも個人の福利，を優位に置くことを強調した（新しい思潮なるものの大部分がキリスト教という宗教の枠をすっかり逸脱していることはいうまでもない）．

ペンテコステ派：現在素晴らしい成功を収めているアメリカのペンテコステ派の諸教会は信仰治療，種々の異語で語ること，および一切の礼拝のなかで聖霊の直接の働きがあることを力説している．この系列の大きな集団はつぎのようなものをふくんでいる．（イ）チャーチ・オヴ・ゴッド・イン・クライスト教団――1890年代におこり，劇的な発展をとげ，1世紀足らず後には会員数がほとんど400万に達した（会員は主として黒人である）．
（ロ）アッセンブリー・オヴ・ゴッド――1914年にアーカンサス州ではじまり，半世紀ほどで会員数約200万に躍進した．
（ハ）チャーチ・オヴ・ゴッド（テネシー州クリーヴランド市）――創立は約1世紀前，R・G・スパーリングとA・J・トムリンソンという2人の名前と深く結び付いており，この派も約200万もの会員数を誇っている．

心霊派（スピリチュアリスト）：おそらくキリスト教というよりはむしろ準キリスト教である心霊運動は19世紀後半に国の大部分を風靡した．当初ニューヨーク州のロチェスターのフォックス姉妹と結び付いていたが，この運動は迅速にどの単一の指導者または特定の活動舞台をもしのぐ存在となった．種々の方法で心霊派は死後の生命の現実を確立しようとつとめたが，それは主として故人との交信を通して行われた．多数のキリスト教徒が，一方ではこれよりもっと伝統的な教会に席を置きながら心霊主義を追及した．しかしながら，結局この運動はそれ独自の諸組織をつくりだし，その一部のものは他のものよりも意識的にキリスト教的であった．1908年にロサンゼルスではじめられたユニヴァーサル・チャーチ・オヴ・ザ・マスターズは1，2世代のあいだは主として西海岸での存在であった．しかしこの集団は1960年代に全国に進出し，現在はその傘下に約300の教会を擁している．これより古い組織体である全国心霊派教会連合は多年にわたってみずからのキリスト教としての立場を論じてきたが，終局的にはキリスト教の埒外にあるという結論に達した．1980年代に会員数は5千人に近かった．

18世紀の教会

社会のなかの教会

18世紀初期のヨーロッパの最も気楽な観察者ですら教会がほとんど至る所に見受けられるという印象を免れることはまずできなかったであろう．その教会にはおびただしい種類があったのだが，所々方々の地域の教会の類似性には顕著なものがあった．建物の最も外側の目に見える標識，つまり教会自体は建築様式とは関係なく大空に威容を誇っていた．このような教会は村々の中心に陣取り，大小のたいていの町でひしめきあっていた．諸教会の鐘は耳を聾せんばかりに鳴り響き，礼拝，行列，祭が時の経過を示すのに役立ったばかりでなく，人々に慰めと同時に楽しみも供与した．カンタベリーからローマに至るまで，そしてとくに商業または工業にほとんど関係のない町々で，教会は経済生活の重要な担い手でもあった．教会は仕事を提供し，物資と人手の双方を必要とした．聖職者用の建物には営繕や修理のための職人および教会用務員や番人のような人手が必要だった．聖職者たちは食物，衣類のほかにしばしば召し使いを必要とした．さらに諸教会は，それまで長期間にわたってそうであったのだが，いまだに地主であり家屋敷の所有者であり，十分の一税，地代や家賃，諸料金からの収入を領収し，そして教会みずからが商取引や富の保全などと不可分な交渉ごとや訴訟事件に引きずり込まれる状況になっていた．大筋においては，教会の立場はこの世紀中ほとんど変化しなかった．フランスでは，1780年代には，国の人口が増加し，聖職者自体の数が低減した後でさえ，約13万を数える聖職者が国民の0.5％を占め，かれらの訴訟依頼人，債権者，借地人，物資供給者の数は上記の数字を大幅に上回っていた．教会はフランスの土地財産の10％も所有し，十分の一税だけで国全体の産物の約7ないし8％を徴収した．フランスでは穀物供給量の15から20％，スペインまたはイタリアではさらに高率のそれが教会の支配下にあった．

教会の他の諸機能は，宗教上の関心と一つの明確にキリスト教的な道徳をもっと直接的に表示するものであった．たとえば，教育の面で聖職者の担う役割はあらゆるところで非常に重要であった．英国では聖職者はオックスフォードやケンブリッジ大学を牛耳っていたし，確固たる基盤をもつ「パブリック」スクールやグラマースクールのなかではその役割を果たし，教区の諸学校で業務の監督をつづけるかたわら，キリスト教知識普及協会の諸活動に貢献した．イエズス会は至る所でローマ・カトリック教徒の上流階級の教育に対して責任を取り，ラザリスト会やキリスト教学校修士会のような他の修道会はより広範囲の平信徒層の教化に尽した．教会にはまた慈善事業の面での役割があった．これはしばしば多数のカトリック修道会の特徴になっているが，病院や孤児院を直接に提供すること，地域の慈善事業や善意の寄付行為の運営および毎日行われる貧民救済などであった．

教会と国家

上に述べたような時期に教会と社会の相互浸透が，教会と社会の相互包含と支持に移行していったが，これは両組織間

右 **17世紀末のヨーロッパ人の宗教**
地図は変化の少ない整然とした統一が保たれているという印象をすぐに与える可能性がある．ゆえに宗教生活にはたえず変動があり変化があることを頭に置いておくことが大切だ．なぜなら，上位の権威が下位にある権威を圧迫する，すなわち司教区が小教区を圧し，首都大司教座が下位の司教たちを圧し，ヴァティカンの権威が名目上すべてのカトリック教徒の上に君臨することから生じる緊張から，こういった変化はあっというまもなくおこってくる．地質学上の地殻板のように，相互に容赦なく相手の上に乗り上げようとした．政治的構図もまた押し分けて入ってきて，教会の組織と綴じ合わされた．なぜなら世俗的権威は，国境線を越境する宗教的同盟にはいつもながら心穏やかならぬものがあった．18世紀に入って，伝道手段と旅行が容易になると，たとえば敬虔主義派とメソディスト派は地理的な領域を伸ばし，新しく国際的な兄弟団を形成した．昔からの教会の中心は，富・身分・影響力の点で地盤を失った．社会的に異なる諸段階で，信仰の性格や構成要素，またこれらが変化していく速度において，驚くべき差異が見られるようになった．

18世紀の教会

地図ラベル

縮尺 1：16 000 000

国・地域名
スコットランド、アイルランド、イングランド、ノルウェー、スウェーデン、エストニア、リヴォニア、クルランド、プロイセン、西プロイセン、リトアニア、ポーランド、ヴォルイニア、ウクライナ、ガリシア、ポドリア、モルダヴィア、トランシルヴァニア、ハンガリー、オスマン・トルコ帝国、ワラキア、モンテネグロ、同盟州、ミュンスター、スペイン領ネーデルラント、神聖ローマ帝国、トリール、ヘッセン＝カッセル、ザクセン、ハーレ、ヘルンフート、ヴュルツブルク、ベーメン、モラヴィア、シュレージエン、プファルツ伯領、ヴュルテンベルク、バイエルン、オーストリア、ザルツブルク、シュタイアーマルク、ティロル、ケルンテン、カルニオラ、クロアティア、スイス連邦、サヴォイ、ミラノ、ヴェネツィア、マントヴァ、パルマ、モデナ、ジェノヴァ、ルッカ、トスカナ、教皇領、ナポリ（スペイン領）、コルシカ島（ジェノヴァ領）、サルディニア島（スペイン領）、シチリア島（スペイン領）、バレアレス諸島、スペイン、ポルトガル、フランス、ヴェネツィア領、バルト海、北海、大西洋、地中海、エブロ川、タホ川、ロワール川、セーヌ川、ライン川、ドナウ川、ポー川

凡例
ハーレ　下線は宗教活動の中心地
17世紀末の宗教分布
- 聖公会
- ルター派
- カルヴィン派
- カトリック教会
- 正教会
- カトリック教会・ルター派・カルヴィン派の混在
- イスラム教
- 主要な少数派

－－－ 1680年における政治的境界線

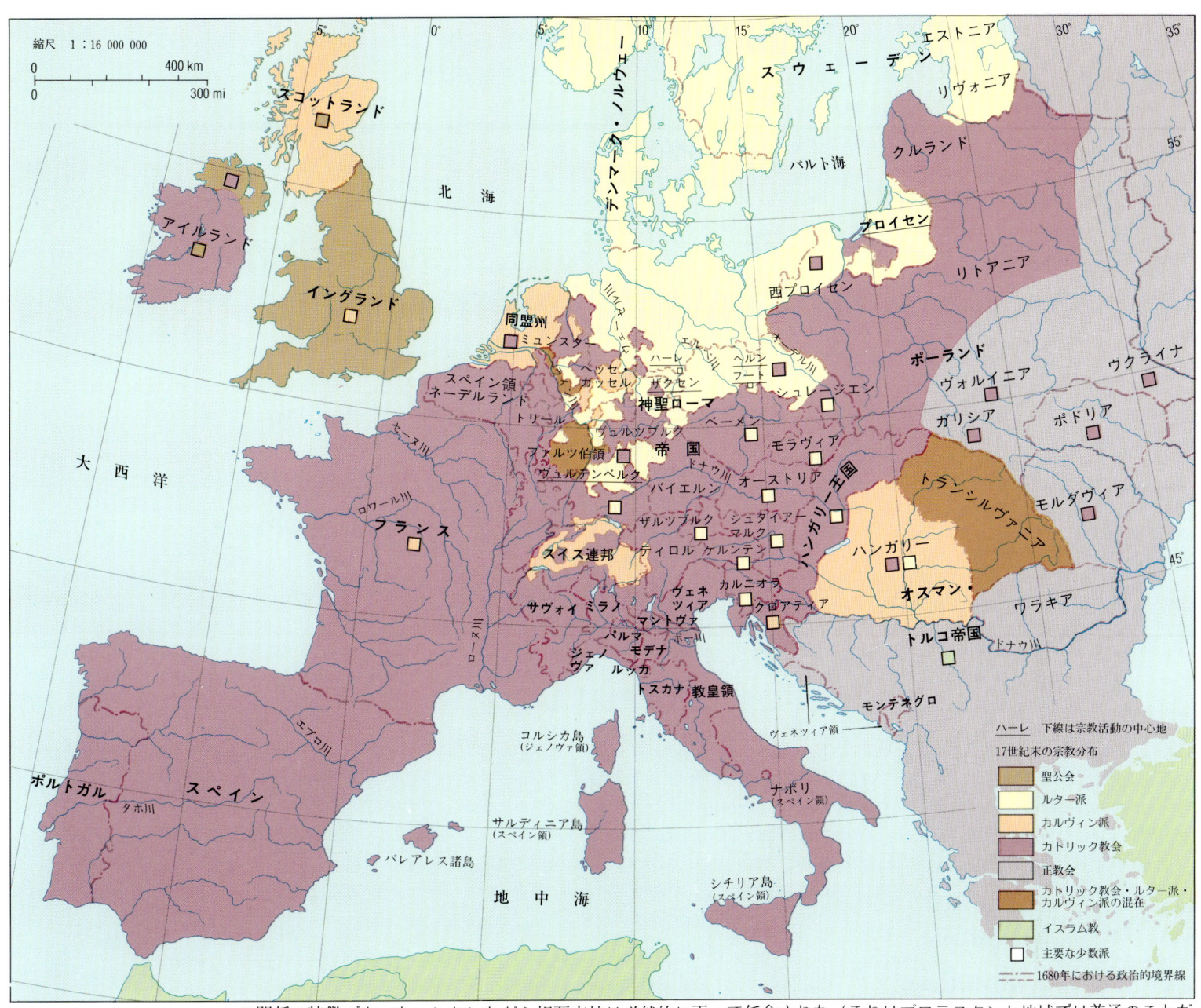

左　この祭りは，革命下のフランスで，キリスト教追放をねらったいろいろな手段が取られた後で，1794年6月8日に祝われた．しかしながらそれは一部の急進派が望み，かれらの批判者たちが恐れたような，過去からの断絶とはならなかった．非キリスト教化は大衆に関しては決して成功しなかった．一方，18世紀の理性を大切にした理神論的な考え方に表面的に調子を合わせて創り出した「最高理性」崇拝も，カトリック教会が有していた表象や表現が浸み込んだものだった．新宗教の主たる唱導者だったロベスピエールにとって「私の神は，すべての人間を平等にまた幸福に向けてお創りになった方である．虐げられる者を守り，暴君を根絶される．私の崇拝は正義と人間性とを崇拝することである．私は司祭たちのもつ権力を嫌う……この権力は人間にはめられる足枷の一つである．しかし目に見えない精神的圧迫の枷はひとり理性のみがそれを外しうる」のであった．ロベスピエールは死後の生命を信じ，人間の業に関わりをもち，道徳の根源たる人格神を信じ，無神論は人を堕落させるとしてこれを排斥した．

の関係の特徴であった．しかしながら相互支持は必然的に両者の平等な立場を生ぜしめるというものではなかった．相互支持は教会と国家双方の領域において世俗支配と平行するのが普通だった．ヨーロッパにおけるいくつかの宗教戦争が終結し，寛容の原理をある程度受け入れたにもかかわらず，既成の宗教組織は依然として人々の生活のなかの動かしがたい実体であった．フランスではローマ・カトリック教会は国家によって公式に認められた，また宗教的儀式を行うことを許された，唯一の教会であった．聖職者たちは国の他の身分階級に優先する地位を占め，独自の法廷をもち，そして広範囲な財政および行政上の特権を有していた．しかしながら重要な役職の任命は国王が支配し，国王の厚遇を受けた聖職者は世俗の仕事のなかで御礼奉公をしなければならなかった．ブリエンヌのような大司教は容易に主席大臣の地位に移ることができたし，国家は1760年代から修道会の改革とか抑制といった問題のなかで大きな役割を演じた．英国では教会が国家に従属したが，このことは1717年に主教会議が抑圧されたこと，および教会の役職任命が党略的性格を帯びていたこと，のなかに象徴的に見られる．プロイセンでは支配者たちが教会の役員を任命し，オーソドックス・ルーテル派と改革派の統合を企て，公的な説教壇での神学討論を禁じた．これらはみな教会を社会的，政治的に制御することがそのねらいであった．小教区の聖職者たちは，地方の要人や地主たちによっ

て任命された（これはプロテスタント地域では普通のことだった）者であろうが，カトリック司教区の司教によって任命された者であろうが，いずれも同時に地方行政官も兼ねていた．かれらの基本的任務，つまり教区内の出生，結婚，および死亡登録簿の保管以外に，聖職者はしばしば治安判事，道路保全監督官，人口調査と税金報告の管理人，の仕事のような世俗の業務の責任も負わされた．

教会の旧制度下の社会生活への深い関わりはこのように普遍的な範囲におよんでいた．さまざまな個人が体制改革に高い理想を掲げ，満々たるやる気を表明したが，それは教会のなかに乱脈を憤る聖職者が出現したのに事情が似ていた．しかし一般の雰囲気は常に快適ではないにしても，圧倒的に落ち着いたものであり，聖職者の大方の物の見方はきわめて功利的であったばかりでなく，非自己批判的である場合が多かった．このような状態は同時代の神学のなかに大幅に反映され，またそれによって強化されたのだが，その神学とはとくに自由主義派すなわちいみじくもスコットランド穏健派と称された宗派の神学であった．ウィリアム・ウォーバートン主教のような著述家たちは宗教信仰の根本的合理性を強調した．神の存在は，歴史的証拠と哲学的探究によって支持されるのみならず，神の力と慈悲という属性のほかに神の創造という諸事実から，推定することができた．われわれの世界はきわめて明確に組織されていたし，人間自身は神の計画のもっとも

18世紀の教会

明白な例証であった．聖書の記録によるキリスト教の啓示は，自然界を完全なものにするのに不可欠なものを与えてくれたし，神の本質に対する人間の理解を拡大した．またその啓示は，神の本質による倫理的指導によって，人間の生活状態のなかですでに明白になっているのだが，幸福と正しい行為とが別個のものでないことを確証してくれた．

キリスト教信仰に対する知的挑戦

18世紀初頭の社会的かつ知的圧力に対して，定評ある指導者や思想家たちが，このように調和的態度を見せたことは，発展をつづける常識とたえず一層合理的になっていく神学とをその基盤としていた．しかしながら多くの人にとって，これは納得のいかない妥協であった．一方から見ると，それゆえに度重なる挑戦が行われ，挑戦を行った者たちは理性と論理がさらにもっと押し進められ，キリスト教信仰のなかに残存する迷信と非合理性が情け容赦なく暴露されるべきだと感じていた．この世紀の前半に最も活発にこういった主張をしたのは理神論者たちであった．英国では，聖書と教会のようなキリスト教の権威の伝統的源泉であるものをきわめて信頼できないものとして攻撃した人物の急先鋒はアンソニー・コリンズとマシュー・ティンダルであった．初期キリスト教徒の説話の矛盾点から説きはじめて，理神論者たちは，予言や奇跡に楯つく論議を展開し，最後にはキリストの復活のようなキリスト教自体の中心的な諸事項の排斥に行きついた．理神論者たちはキリスト教ではなくて一つの自然宗教を訴えたが，かれらはこの宗教を，自然界に示す証拠と人間の不変の良心の双方から合理的に演繹することが可能で，天啓の追加を必要としないものだとしていた．

英国の理神論者たちのこういった主張に拍車をかけたのは，一部には一般の人気であり，一部にはかれらの敵対者たちがかれらの議論を真剣に取り上げたことであり，また同時にかれらのもつ反教権主義，知的傲慢，およびあどけない自信などの混合物であった．それにもかかわらず，かれらの態度はフランスの理神論者のそれと比較するとしばしば謹厳であり，あきらかに学者的であった．ヨーロッパ大陸における伝統的権威はその自己主張においてはるかにたくましく短刀直入であり，刺激されるとすぐ憤慨し，独自の立場に立って批判者に立ち向かうよりも法に訴えて対抗する傾向があった．検閲や摘発という手を用いたものの効果は上がらず，フランスの教会は批判者たちを勇気づけたにすぎなかった．自由思想家の多くの者，つまりダランベール，ディドロおよび，とりわけヴォルテールのような18世紀のフランスのあの才気あふれた民衆啓蒙家や普及本の著者たちは理神論者たちの思想を過激に表現した．かれらはキリスト教を描いた記述にぴりっとした皮肉を浴びせ，キリスト教をとんでもない迷信だとし，教会を自主的で合理的な思想のみならずすべての美徳の敵であるとこきおろした．かれらの猛攻撃には限界があった．かれらのなかに自分を無神論者だと思っている者はほんのわずかしかいなかった．多くの者がキリスト教ごときものでさえ貧困者や無学な者には十分なものだと見なす心構えだった．それでもかれらの活動の影響は教会の伝統的組織や信仰体系を潜在的にひどく破壊するものであった．その影響がいろいろな価値観を確立したことよりもむしろかれらの反教権主義があおり立てた影響の方が大きかった．

自由思想家たちの掲げた花火は，極端に理屈ぜめの批判が，かれらが本来の攻撃目標としていたものに近似した非合理主義を生み出す可能性があることを示した．デイヴィッド・ヒュームはこれとは異なった攻勢方法を提案した．かれは理屈による攻撃の限界を丹念に論証し，18世紀の弁証者たちが構築を試みたキリスト教の合理的擁護論に対して異議を唱えたのである．かれの論によれば，知識は人間の経験と認識の可能性によって制約を受ける．宗教信仰の唯一の根拠は自然界に構想，目的または意志が働いた証拠にある．しかしながら，そのような証拠があるにしても，人はさらに一歩進んで特定の特質または目的が神に由来するものだと強弁する権利を有するものではない．奇跡および特定の啓示の行為の証拠が，常にそれへの反対議論ほど納得のいくものでないと再び仮定すると，超自然的なものを本当に知ることはかようにして不可能である．ヒュームはかくして初期の楽観的理神論の批判者としての地位を若くして確立した．それは正統的な防衛の性格をもっていたからである．

プロテスタント再興の運動——モラヴィア兄弟団，メソディスト派および敬虔主義派

上記の18世紀の著述家たちの思想がどのくらい広範囲に

右 伯爵ニコラウス・フォン・ツィンツェンドルフ（1700—60）はザクセンのヘルンフートに福音主義に基づく兄弟団を建設した．ここから世界各地にモラヴィア兄弟団の伝道的共同体がひろがった．

次々頁 ジョン・ウェズレー（1703—91）はイギリス国教会の牧師の息子として生れた．短期間，福音伝道教会S.P.G.の伝道者としてジョージアにいたが，モラヴィア兄弟団の人々から深い影響を受けて，1739年以来かれの人生は福音伝道に捧げられた．毎年約1万2000 km を旅したかれは，メソディスト運動に霊の息吹を与えつづけた主唱者であった．

左　18世紀は，宗教や教会がそれまでに作りあげてきたさまざまの制度・文物に対して，理性崇拝を叫ぶ人々が反発をした時代だった．この動きは，1790年代のフランスで「理性の女神」を祭りあげるところで最高潮に達した．

下　初期の「メソディスト派の人々」は民衆のなかに入っていった．生きた宗教について，また他派が小教区教会に入ってくるのを待つ無益さについて，かれらが経験したことを民衆に知らせずにはおれないと感じた．ジョージ・ホウィットフィールドを描いたこの絵は，形式化された肖像画ではあるが，18世紀の熱心な伝道者がもっていた自負心と熱意と，同時に一般大衆の多くが楽しんでいた粗野でくだらない遊びに対するかれらの激しい慣りの様子をよくとらえている．

伝わっていったかはいまだに判然としていない．それよりもさらに一層つかめていないのがその著述家たちの与えた影響の範囲である．しかしながら，現状のすべてに対する不満の広がりは，明らかにこれらの思想とその影響のいずれをもはるかに上回っていた．合理主義者の挑戦に対応して一つの動きが，神秘主義，宗教的熱情および大衆の熱狂などの広範囲にわたる盛り上がりのなかに存在していた．これらの動きは，多数の正統派の教会人によって，合理主義者の挑戦と同じ程度に，霊的権威，聖職者の位階および道徳的修練を乱すものとして恐れられていた．いくつもの大きな宗教的再興運動が18世紀の特徴となった．それらはドイツ敬虔主義やジョン・ウェスレーのメソディスト運動などであった．これらの宗教活動は個人的宗教を求める大衆の要求を満足させ，実際に感情的希求の達成を個人の責任感と結びつけた．

17世紀末には，国家によって制御され，世俗の保護者によって支配されていたルーテル派の教会は，人々が教会に期待していた霊感を供与しえないでいた．これはとくにプロイセンではすでに明白な実態であった．ドイツの宗教生活の初期の要求を手繰り寄せて，P・J・シュペーナーと，それにもましてとくにハレの新設大学のアウグスト・フランケが，信仰による義認を個人が体験することの重要性に関するルーテル派の思考に再び焦点をあわせる活動をした．活力豊かなキリスト教への鍵は国家の強制や公開の神学討論にあるのではなく，個々人の生活の内面的発展にあったのである．この発展を補助するものは聖書自体，つまり唯一の，真の権威の源泉に注意を丹念に集中することであった．これは種々の方向に伸びていった教義であり，二つのことに到達した．その一つは静寂主義者の態度――自分自身の宗教生活の本質と自分のごく懇意な仲間のそれとに没頭する態度であり，もう一つは個人の回心――その自然なあらわれは庶民生活のなかに直接に身を投じてもっと広い社会的霊的再生を求める活動に従事することであった．意外なことではなく，この訴えが人々を動かす力は広範囲におよび，とくにプロイセンとザクセンでそうであった．貴族のみならず実業家や知的職業人の多数の者が強い影響を受け，ヴュルテンベルクのような特定の諸地域では大した数の民衆がこれに追従した．本物の信仰の自然の表現としての善業が強調されたが，それは直ちに宣教活動という方向へ進展していった．これはとりわけ1722年にニコラス・フォン・ツィンツェンドルフ伯によってヘルンフートで樹立された共同体から生れたいわゆるモラヴィア兄弟団と結びついていた．1740年代までにモラヴィア兄弟団伝道士たちは遠く南アフリカ，グリーンランドや西インド諸島にまで足跡を伸ばしていった．

これと近い関係にある諸運動が英国にもまた出現した．それはまず最初にスコットランドに反対派の形であらわれ，ついで国教会に福音派再生運動の形をとってあらわれた．18世紀の宗教的不満の中心に執拗にくすぶっていた一つの疑問点は，全教会のなかの一般信徒の役割と司祭または牧師に対するかれらの関係であった．スコットランド問題は1730年代に，急速に増大しつつあった聖職者任命者の力――好まれざる牧師たちをその受け入れを渋る教会会衆に押し付けようとする力――を凌駕して一つの頂点に達した．18世紀のスコットランドのその後の聖職者の歴史は一部には反対と不服従の反復という形態のものとなったが，それは代々の会衆がかれらがより好む長老派教会制度を維持しようとしたからであった．英国では宗教的不服従の古い形態の控え目なまたはエリート主義的性質と，不服従者の礼拝にいろいろな制限が引きつづき加えられたことがあいまって，宗教の再生が国教会の内部ではじまる道が開かれたのである．自発的に発足した諸宗教団体のなかに写しだされているこれより先のいざこざをうけて，モラヴィア派の影響のもとにジョン・ウェスレーとかれの同志ジョージ・ホウィットフィールドが1740年から90年の期間の特徴となった信仰復活の幅広い運動の先頭を切った．

ウェスレーの大きな成功の鍵はかれがキリスト教を近付きやすいものにしたことであった．神学的にはこのことは，キリスト教は個人の改宗の経験と救霊の意味を知ることに基づく希望の宗教であることを意味し，キリスト教は人々にみずからの数々の弱さをもったままで生きていくことを得せしめ，同時にある程度の信徒集会の規律を我慢できるものにしたのであった．さらに一層重要なことはウェスレーが宗教を庶民のところまで引きおろしたことであった．かれは国内をくまなく旅して回り，聴衆さえ集まれば，いつでも，またどこでも，説教をし，俗人が身分の如何を問わず牧師的役割を演ずることを強調し，高度に組織化された集会所制度を確立して，それを各巡回牧師の巡回区域の基地とした．これがウェスレー自身のような人々を惹きつけた一つのメッセージであり組織であった．ウェスレーのような人々は，既成の教会が（とくに小教区の段階で）行き当りばったりに強制をしたり手抜きをしたりすることに我慢ができなくなっていた．また同時に多数の信徒が，上流社会の神学または思いつきで行われる礼拝儀式のために，冷淡な気持ちをいだいたままに放置されていた．1770年代から組合派教会とバプティスト派は両者共に同じく自由意志による情熱に燃え，同様なやり方で下層階級のなかへ進出していった．

既成の諸教会は独自の考え方を発展させたり，キリスト教不信や不満を包容できるほど十分に慣行や慣習を改革することはできなかった．一部の教会人はキリスト教の知的防衛にはいつでも受けて立つ用意があった．たぶん英国ほどこの構えのできているところはなかったであろう．この国では寛容な合理的討議を試みる自由主義的伝統が持続されており，バトラー主教がそれの最も顕著な支持者だった．同主教の著書『宗教の類比』は能弁な理神論的議論を沈黙させるのに非常に有効であった．しかしながら，バトラーが人間の理性の限界を知っていたことは結局かれの闘争力の源泉ではありえなくなった．このことはヒュームの懐疑主義への道を開いたのみならず副監督ウィリアム・ペイリの著書『キリスト教証拠論』（1785年）に見られるもの柔らかな自信を勇気づけた．自然界における神の大いなる計画，または一般社会と聖職者社会の仕組みの双方がもつ効用のなかに神の力が働いている証拠，これらを認識しようとする際に人間が遭遇するいろいろな困難は人間の理性の不十分さからくるものだと，あまりにも安易に考えられていた．考え方の調整の必要性が，こういうわけで，一つの新しい保守主義に先を越されてしまい，その必要性は後におこったフランス革命という大変革がそれを高めたにすぎなかった．思想の風潮は上述の事情に匹敵するものがあり，それは聖職者の権威と世俗人の権威とがより一層大幅に相互依存する方向へと組織改正の形態をとった．世俗人の聖職者任命権は依然として広く残っており，いかなる専門教育も受けていない数々の聖職者が大地主の生活にあこがれた．これをなしうる聖職者たちは野山を駆け巡るスポーツを追い求める流儀の生活や農業改良を採り上げ，行政官になった．この余裕のない聖職者たちは，貧困がその理由であったにしても，人口が急速に増加しはじめていた教区のかかえる種々の困難のためであったとしても，キリスト教社会に変化を招来せしめるには不適任の人物であった．ますます多くの国教会信徒がウェスレーとかれ流の「方式偏執者たち」に背を向けていくのにつれて，ウェスレー一派の硬化をつづける発展性のない態度が1770年代に明白になってきた．宣教認可，聖職禄および叙階を拒否され，ウェスレーは1784年に，自分勝手に長老たちの叙階を開始し，かくしてメソディスト派は英国国教会から独立した．

ヨーロッパ大陸では，改革の動きが，メソディスト派の目標に近いものを目指してはいたものの，それらはいろいろな面で発展して教会と国家のあいだの絆を補強し，その結果再

18 世紀の教会

活性化された庶民的キリスト教にはマイナスになったか,あるいはまた固定した関心や惰性に打ち勝つには結局微力すぎるものでしかなかった.最初のうちは敬虔派の影響力に対する見通しはよかった.なぜならルーテル派の反対があったにもかかわらず,敬虔派はプロイセンの18世紀初頭の支配者たちの激励を受けていたからである.敬虔派の人々はかれらの経営する学校や大学における影響力ゆえに高く評価されていた.社会改良に対しては関心を示すが,制度化された教会に対してかれらが関心をもたないことから,軍と官界はかれらを喜び迎え入れ,かれらの影響力は国家のもつ諸目標の方向へと差し向けられた.かれらは一般社会生活のなかに確とした地歩を固め,急進的な改革者として人の目に映ることはなくなり,正統ルーテル派により一層接近した.かれらが世間に訴える魅力は1750年以後後退したかに見える.そしてフリードリヒ大王はかれらの後押しをしてかれらを励まし他者の上位に置くことは不必要だとはっきり感じた.敬虔派の個々人の示す模範はしばしば依然として力強いものであったが,宗教的不満の広く行きわたったあらわれとしての敬虔主義は,それまでにしばしば既成の諸教会の大衆による評価を低下させてきたのと同じ要領で杓子定規なやり方をしたので,その発展を抑えられた.

カトリック改革への運動

宗教改革者と俗界の権威者が,互いに期待をかけ合う傾向——これはプロイセンで明白にあらわれていたのだが——は,他の地域でもこれと平行してあらわれた.活性化された教区の生活と司祭職の教育向上を願って,ローマ・カトリックの改革者たちはカトリック改革のねらいとするところを再び力説した.しかしかれらはまた聖書の講読,大衆の教育と迷信の払拭,世人の理解しうる典礼純化の必要をさらに強調した.こういった目的を促進するために,かれらは宗教の基盤の変革を欲し,かれらの資質が大幅に司牧の用途に向けられることを望んだ.この点でかれらの諸目的は啓蒙運動のなかで育った世俗の改革者たちのそれらと符合した.世俗改革者たちは経済的発展と法の改正を促進するのに熱心だったが,結局聖職者の特権が前途に立ちはだかっているのを知ってあきらめるか,さもなくばもっと効率のよい統治のために聖職者の特典を削減することを切に願った.時折これは,オーストリア帝国の歴史が例証したような,一つの強力な結合体を形成した.ヤンセン主義者の助言を得て,マリア・テレジアとその息子ヨゼフ2世は聖職者の法的特権を制限し,聖職者に課税し,教育を国家の支配下に置き,司教区・教区および学校を創設し,そしてそれらの基金を寄付するために修道院に制約を加えた.ヨゼフはたとえば典礼の改革についてはもっと深入りしたかったであろうが,この時点で改革者たちの前に,地方の聖人たちや迷信に対して大衆のもつ大きな愛着心が好敵手となって立ちはだかった.このように考えてみるとカトリック改革は大部分が依然として知識人たちの個人的思い込みであったわけである.これは,初期の敬虔主義派やメソディスト派以上に,熱狂的支持よりもむしろ一般人の敵意を生み出した.

フランスでは——ここではヨーロッパのカトリック教会の最強のものが,既成の世俗権威とすでにぴったり同一のものと見られていたのだが——改革は他の地域におけるほど効果が上がらなかった.オーストリアと対照的に,フランスでは国家と聖職者の改革を強く求める人々とのあいだの関心がうまく一致することはなかった.宗教的統一を追求するなかで,ルイ14世は広く行きわたっている正統派信仰を批判する者たちに対して容赦なく反対した.そしてヤンセン主義派と関係のある著作を非難する教皇の勅書『ウニジェニトゥス』(1713年)を歓迎した.結束を促進するどころではなく,このことは深刻に教会を分断し聖職者たちを王権に対抗する政治的かつ法的な戦いのなかに巻き込んだ.これは適応または再生を促す雰囲気ではなかった.フランスの教会指導者たちはかれらの信仰を防衛する知的意欲をみずから進んで披露することは減多になかった.実際多数の指導者は問題があるとは思っていなかった.そして国家機能のなかで自分たちの地位・特権・権利をむしろ擁護するために利用した.修道会会員の召命は衰退したし,下級聖職者は地位と威厳を失い,その多くは宗教的組織から疎外され,その組織は理論上はそれが仕えていたはずの社会にますますそぐわないものになった.世俗人と俗界の諸権力は宗教改革という問題をみずからの手で取り上げるべきだという感情が必然的に高まってきた.

これらのヨーロッパにおける変革の基盤にある方向性は,キリスト教社会のなかで,平信徒の影響力を増大させる方向に向かっていた.それは国家が教会を教限し支配しつづけたこと,世俗の考え方が宗教的思考に影響を与えたこと,および聖職者たちの慣行が既成宗教への反対運動または改革運動を疎外していたことなどが原因となっていた.こういった変革の発生は,これらの変革を増進した一般人の反教権主義のように,当然のことながら無計画なものだった.宗教的熱狂を敏感に感じ取る層が広く拡大したこと,ならびに商業や知的職業に従事する教養の高い中流階級の急速な成長が加わったので,上記の変革は驚くほど突如として起こった.たとえば1759年にポルトガルではじまったイエズス会に対する抑圧の場合にもそうであって,このことを1773年に教皇は渋々ながら確認した.これほど即時的に明白になったのではなかったが,俗人の男女の活動が穏やかに浸潤していき,勢いを増していった.たとえば英国で福音宣教の再生に感銘を受けたすべての人物がウェスレーに追従したのではなかった.国教会のなかでは献身的に働く俗人たち,とくにクラパム派という綽名をもらっていた人たちが小教区の信徒生活を活性化するために既得の聖職者任命権を利用しはじめ,かれらの信仰のきわめて重要な一要素として善行に励んだ.かれらの教育活動は篤志活動団体のなかに開花し,それは他の宗派の教徒たちをひきつけた.貧困者の子弟たちのための日曜学校運動,および奴隷売買の廃止を求める運動をかれらが公約したこと,はとくに顕著な事柄であった.1790年以降はまた伝道組織の育成に精力が注がれた.非宗派主義のロンドン伝道協会(1795年)と聖公会伝道協会(1799年)の存在は再生したキリスト教が全世界的信仰であることを再び自己主張する立場をあらわしていた.

19世紀の教会

　19世紀はあまりにも頻繁に，キリスト教が逆転不能の衰退期に入った時期だと見なされている．前世紀のいろいろな社会的変革は，産業革命とフランス革命という二重の衝撃を受けて漸進的な衰微へと変貌していった崩壊の前兆的徴候だと解釈された．教会の社会に対する役割は，近代国家といったような他の組織がより強力になるにつれて，縮小した．信仰と神学的学識の基盤は科学的知識の発展によってさらに一層浸食された．キリスト教社会という概念は多くの人間がかねがねかくあるべきだと考えていた虚構としてついに衆目の前にさらし出されたが，産業都市のみならず地方の教養人や労働者層の信仰心が大幅にキリスト教から遠ざけられたことがその証拠としてあげられた．しかしながら現実はそんなに簡単に説明のつくものではない．つまり誰も疑わない「ヨーロッパ人の思考の世俗化」は「非キリスト教化」という単純な割り切り方と同一視するわけにはいかないのである．

教会と国家――調整された均衡

　たとえば教会と国家の提携関係は，改革を求める急進派と反教権主義者たちからの以前にもまさる激しい攻撃の砲火を浴びるに至った．しかしそれにもかかわらず教会と国家の繋がりは残った．教会と国家とは手を組むべきだと信じていた保守主義者たちが長期にわたって存在していたわけだが，至る所でこの両者の関係は必然的に一層実用主義的なものになった．諸教会の特権と物質的所有物は削減され，教育や社会福祉のようなかつては主として聖職者たちの縄張りのなかにあった機能を諸政府が引き継いだ．こんな事情だったが，諸教会の勢力が明らかに以前より劣勢になったにもかかわらず，教会は影響力行使の方法を数多く温存しており，たぶん以前にも増して，社会的かつ政治的な安定，道徳と秩序保全についての貢献ありとして高く評価されていた．多数の聖職者は，世俗の諸権威が行う多くのことに賛意を表さない一方で，国家の必要事項と各種統治機関の政治的必須要件は教会側にとってもまた好機となりうるものであり，それらは宗教上の競争者や他の批判者に対抗する防衛手段を提供してくれるものだということを聖職者は明瞭に理解していた．

　こういった読みはヨーロッパ中でなされていたし，フランス革命の進行中きわめて写実的に例証された．1789年から91年にはじめて教会財産を国家が自由に処分できるようになり，つづいて修道会の解散，聖職者民事基本法のもとでの国家の片腕としての教会の設立が行われた．このことのためにフランスの司祭たちは上記の基本法に快く忠誠を誓う者と，とくに教皇がその無効を宣言したことに従ってそれを拒否する者と二つの集団に分裂した．ここにおいてたえず繰り返し自己主張をする世俗の勢力に対する態度に一つの分裂がおこった．これよりもさらに待ったなしにこの分裂に拍車をかける恐怖政治とキリスト教自体を抑圧せんとするジャコバン派のキリスト教撲滅計画(1793－94年)が襲いかかった．この企てと，教会と国家を離反せしめんとするその後のいろいろな企ては，双方とも強力かつ継続的な意図を反映していたが，終局的には教皇ピオ7世とナポレオン・ボナパルトとのあいだのコンコルダート(1801年)に道を譲った．民間に普及していたカトリック再生運動を背景として，このことは「大多数のフランス人」の宗教はあまりにも重要なので教会に任せ切りにするわけにはいかないことを国家が認めたことを示していた．教会側としては，これ以上の行き過ぎから守ってもらうこと，および将来の教会の影響力行使の期待がもてることと引き換えに聖職者の財産の喪失と，したたかな国家権力の介入を渋々ながら受諾したということであった．これで一時的な力の均衡が生れたわけだが，大多数のフランス人は自分たちの都合の良い方向へこれを突き崩す腹づもりでいた．王政復古のもとで教会が楽々とその地盤を回復できたので聖職者は期待を強めた．しかしながらカトリシズムがこの政権の反動的・政治的保守主義と合体したので，教育のような問題において自己の立場を守る決意であった自由主義者たちの反教権主義が強固になったにすぎなかった．

　フランス国外では保守勢力としての宗教的関心は1830年以前にフランスと同じほど一般的なものとなっていた．英国においては政治的急進派の人間と国教反対者は，教会と国王

安息日を聖とせよ！　この寓意的なフランスの風景は，教会の教えを強く訴える目的で描かれている．日曜日は休息の日であり，宗教的な事柄を優先させるべきだという考え方が大いに脅かされつつあるという懸念が，19世紀に広がっていたことを絵に映し出している．これは産業の拡大に起因し，それに伴って間断ない労働が求められ，利潤が飽くことなく追求され，都市が発達するにつれて，数多い世俗的な娯楽が生れてきたからだと考えられた．きちんと教会に行くことは，真面目で，有徳な，とくに「尊敬できる」生活に不可欠だと考えられていた．

を支持する示威運動の攻撃の的になっていた．それで英国国教会の改革は延び延びになっていた．プロイセンでは国家との絆は，フランスの侵入に対する反抗心を奮起させるのに教会が演じた顕著な役割のゆえに，強固にされた．その結果1817年にフリードリヒ・ヴィルヘルム3世がルーテル派と改革派諸教会を結合させ，それらの上に宗教および教育の問題を所管する新しい省を設置して権威を付与した．聖職者養成訓練は統一され，聖職者の任命はベルリンに集中され，ますます貴族化していく聖職者の昔にもどった敬虔主義が奨励されたが，これらはみなこれより1世紀前のいろいろな出来事を思い出させるものであった．

反エラストゥス派の反動

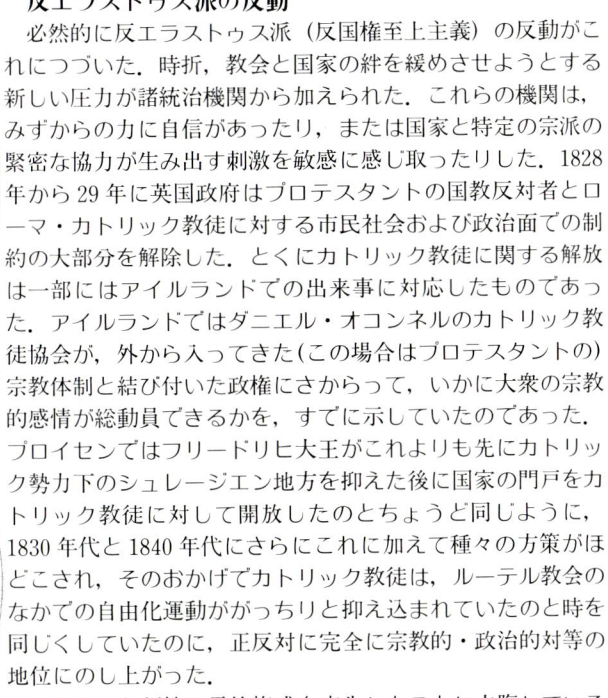

必然的に反エラストゥス派（反国権至上主義）の反動がこれにつづいた．時折，教会と国家の絆を緩めさせようとする新しい圧力が諸統治機関から加えられた．これらの機関は，みずからの力に自信があったり，または国家と特定の宗派の緊密な協力が生み出す刺激を敏感に感じ取ったりした．1828年から29年に英国政府はプロテスタントの国教反対者とローマ・カトリック教徒に対する市民社会および政治面での制約の大部分を解除した．とくにカトリック教徒に関する解放は一部にはアイルランドでの出来事に対応したものであった．アイルランドではダニエル・オコンネルのカトリック教徒協会が，外から入ってきた（この場合はプロテスタントの）宗教体制と結び付いた政権にさからって，いかに大衆の宗教的感情が総動員できるかを，すでに示していたのであった．プロイセンではフリードリヒ大王がこれよりも先にカトリック勢力下のシュレージエン地方を抑えた後に国家の門戸をカトリック教徒に対して開放したのとちょうど同じように，1830年代と1840年代にさらにこれに加えて種々の方策がほどこされ，そのおかげでカトリック教徒は，ルーテル教会のなかでの自由化運動ががっちりと抑え込まれていたのと時を同じくしていたのに，正反対に完全に宗教的・政治的対等の地位にのし上がった．

これよりも頻繁に霊的権威を喪失したことに立腹している聖職者から反動がおこった．この喪失は市民による統治と俗人支配が盛んになったために生じたことであった．スコットランドでは聖職者任命権と俗人による司祭支配に関する多年の論争が1843年のスコットランド教会の分裂に際してその頂点に達した．その折には多数の長老派の牧師とかれらが司牧している信徒が自由教会を創建すべく英国国教会から脱退していった．英国では国教会の指導者たちがホイッグ党の政府と共同で1830年代に十分の一税，出生および死亡の市民登録，聖職者の戒律，および教会財産に関する改革的法令をひとまとめにして作った．これがオックスフォード運動へのきわめて重要な背景となったのである．ジョン・キーブルとJ・H・ニューマンに率いられて，この運動は仮想の過去に対するロマンティックな郷愁と，国家の干渉が教義問題にまでも延長されることの危惧とを結びつけたのである．この運動を促進する人々は，使徒たちの後継者，つまり教会における権威の唯一の源泉としての司教および司祭の地位の復権を果たそうとした．改革と再生は教会内部から先導されるべきものであった．七月王政（1830-48年）に対する類似の反動のなかで多数のフランスのカトリック教徒ととくに聖職者がまずラムネーの，その後ルイ・ヴィヨーの教皇至上主義の支援を開始した．かれらは自己の諸問題を自由に支配でき，また再び教皇制の権力と権威の復活を受け入れる教会を欲した．

最初のうちは教皇権は，まだ教皇領を所持していて，領土支配の権利を縮小することに熱心ではなかった．自己のもつ弱みと過去の経験から教皇権は慎重に，それが可能なところでは諸行政機関とのよき関係の維持に努めた．しかしながら，ピオ9世の在位中に教会の公的方針と教皇権至上主義の論法がますます権力主義的かつ反動的になった．このようにして自由主義者や共和主義者を攻撃する機会が与えられるところでは，たとえばナポレオン3世の治世下では，こういった機会が利用された．教皇がもち出してくる要求の度合いもまたイタリアでいろいろな出来事によって高められた．イタリアでは政治的統一が行われ1870年までに教皇はヴァティカン市以外の領土を全部失った．共和主義による政府に対抗するのに外部からの影響力が強く求められた．デリンガー博士やデュパンルー司教のような人物の大まかなカトリック主義は排斥された．そして妥協を拒む教皇ピオ9世の立場が『誤謬表』（1864年）のなかで表明された．この表は「進歩，自由主義，および近代文明との合意」のいかなる可能性をも排除した．この戦術のもたらした損害はおびただしいものであった．この戦術は至る所で行政機関や一般普通人を疎外し，教会が自己内省に沈潜することを奨励し，ローマ・カトリック教徒たちが鷹揚な見通しや善意による活動を行うことを厳しく制限した．ピオ9世の後継者たちは徐々に均衡を回復しはじめたが，1870年代の文化闘争におけるビスマルクとドイツ・カトリック教徒間の軋轢や最後にはフランスの政教分離令（1905年）にまで発展した論争のような衝突を回避するに何らなすところがなかった．

この世紀の末のプロテスタント諸教会もまたしばしば闘争的な防御体制を取っていた．

ローマ・カトリック教会の場合とは違って，このことは一部のプロテスタント教会を世俗の権威と一層親密な関係にした．ドイツのプロテスタント教会は資産階級と保守主義の農業経営者から大きな支援をえて，国家主義的な国家のさらに一層強力な柱として頭角をあらわした．英国国教会は依然として体制を保持していた．それは英国国教会のもつ特権がすでに少しずつ剥ぎ取られて非国教徒たちがもはやひどい悲しみを覚えない段階に達していたことが主たる原因であった．確かに宗派間の争いは時折衰えを見せていたように思えたが，これはキリスト教一致への情熱が高まりつつあった証というよりも，改変しつつあった社会構造と政治的先入観がより大

19世紀のキリスト教徒は，権威の問題に関して，とくに司教の権威について，とりわけ教皇のもつ権威について，深い関心を寄せていた．教会内部での問題や神学上の問題ばかりでなく，政治的・道徳的・知的生活に関して，彼らの有する権威はどの程度にまで及ぶのかを問うた．フランスではフェリシテ・ロベール・ド・ラムネー（1782-1854）（上）が論争の火ぶたを切られた，かれは機関誌『未来』を編集し，教皇への反論『信者の言葉』を執筆したが，宗教的自由を求めた激しい嵐のような一生の最後には完全にカトリシズムを拒否するに至った．ミュンヘン大学の名高い教会史家であったヨハネス・イグナーツ・フォン・デリンガー（1799-1890）（最上）がローマから破門された．それはかれが，まず政治的権威ありとする教皇に反論したこと，つぎにあらゆる種類の自由主義を攻撃するヴァティカンの態度を批判したからであった．教皇の最高権威を弁護することで傑出したのは教皇ピオ9世（在位1846-78）（右）だった．かれは多くの人から見て，ほとんどの近代的思想を『謬説表（1864）』のなかで排斥することによって，イタリアにおいて教皇領がつぎつぎと失われていくのを防止しようとした．かれはまた1869年から70年にかけて，第1ヴァティカン公会議を招集し，教皇の不可謬性を明文化させた．

19世紀のオックスフォードのキリスト教徒

マンチェスター，バーミンガムまたはロンドンのような政治力・経済力の増大しつつある中心地から物理的に離れているにもかかわらず，オックスフォードは大きな文化的影響力を発揮していた．1890年代までオックスフォード大学は英国国教会の聖職者の身分にある学士号所有者たちによって支配されていた．この人々は相互協力によって，確固とした聖職者層と行政官エリート層の多数を教育してきた．オックスフォードの宗教論争は，みずからの親密な大学社会によって個々人のものとなり，拡大され，この社会よりはるかに広範囲にわたる人々の耳へ急速に伝えられていった．これは1833年から1841年まで華やかに開花した「オックスフォード運動」が引きおこした討論にとくに当てはまることであった．この運動の啓蒙的指導者たち，キーブル，フルード，ニューマンおよびピュージは英国国教会のために同教会がどんどん失いつつあるように思えた尊厳・権威および神秘性を回復させようと願っていた．とりわけアイルランドのカトリック教徒ならびに急進的な国教反対者のいだく宗教的敵意あるいは聖職者の無関心による影響を受けた俗人の政治的支配は，教会生活と教義の点で英国国教会がみずから修練を回復することによって，それを相殺する必要があった．ニューマンと他のやや行き過ぎたオックスフォード運動信奉者たちがローマ・カトリックに改宗したとき，この運動は勢力を失った．1868年以降にはじめて，グラッドストーンが英国国教会の聖職者の任命を行ったので，指導者的立場にあったオックスフォード運動の首唱者たちが聖職者の高位に就いた．

E・B・ピュージ(1800—82)(上左)は1828年から没年までヘブライ語教授であった．オックスフォード運動の支持者はピュージ派とかトラクト運動派として知られているが，その指導者の一人となったかれは，令名高くかつ議論好きな説教家であった．かれは自己否定を言明して隠遁者の生活を送ることによって運動のもつ禁欲主義を体現して見せた．個人的罪の告白を奨め，「真の存在」への信仰を唱導し，宗教上の独身を守る共同体を援助しようとするかれの考え方は，反カトリシズム志向がひろがった時代にあっては，多くの人の反感を買った．漫画家が描いた風刺画(右)は，プロテスタント信者の自己風刺に近い．かれらはオスコット・カレッジのような施設を，騙されやすく，軽率な人を罠にかけ，誘拐すらするために作られたものと見なしているかに見える．全体にあまり闘争的でなかったのがジョン・キーブル(1792—1866)で，宗教的詩作『クリスチャン・イヤー(1827)』で有名である．かれは30年間ハースレーで司牧にあたったが，一般の牧師たちの司牧責任に目をとめ，これをとくに高めることに努めた．キーブル・カレッジ(上右)はかれを記念してウィリアム・バターフィールド(1868—82)が建設したものであるが，この大学は1871年のグラッドストーン内閣の大学制定法に部分的に内包されている世俗化の方向に対して英国国教会の高い価値観を守護することを意図して建てられた．

宗教への新しく批判的な取り組み

キリスト教徒たちは近代国家の発展と折り合いをつけなければならなかった．この近代国家なるものは，しばしば一般社会のなかでのキリスト教の制度化された地位に敵意をいだく人々，あるいは，欲目に見てもせいぜい宗教的論争のなかでいずれの側の肩をもつこともぜひ避けたいと思う人々に牛耳られていたのである．こういった事情に加えて，キリスト教徒たちはまたキリスト教が知的に反啓蒙主義と手を携えていけない立場にあるとしても，神学的発展を必要ならしめる科学的かつ哲学的進歩に直面させられていた．18世紀にキリスト教の証明論が重視されたが，それは自然に対する科学的研究に相当な弾みをすでに与えていた．ほどなくとくに地質学による証明が従来受け入れられていた聖書の説話と相反していることが明白になった．科学的見解という天秤にかけてみた考え方の重点が天地創造というただ一回きりの行為やわずか4千年から6千年の歴史しかない人間世界を信じるということから，地表が緩慢な変化をつづけ，こんな短期間でなく途方もない長年月を経て，生物が相次いで地上に出現したことを信じるに至った．生物学者たちは新しい説明方法に躍起となり，発達・適応・進化という言葉でこれを表現した．1859年にチャールズ・ダーウィンが『種の起源』を出版し，この書物は，高級な生物が，神と称される造り主とは無関係に，下級の生物を祖先として発達してきた一つの進化のメカニズムを提示しているように思われた．これと時を同じくして発達した歴史学の知識がさらにいろいろな疑問をもち出しきな原因であった．国民感情のおよぼす影響はキリスト教信仰の絆よりははるかに強力なものであった．1914年にたいていの聖職者は即座に敵国を悪と決め付け，それぞれ自国の戦争努力を支持した．

ていた．それらは聖書の記事の信憑性，その記者たちの記憶や理解の正確さ，聖書のなかの各場面の登場人物の個性，とりわけイエス自身のそれなどについての疑問だった．

キリスト教神学者たちの前進の道には二重の新方針が見られた．これら神学者たちは聖書に対して批判的な取り組み方の必要を認めた．それをやるにあたってかれらは記事を文字通りに理解することから遠ざかりはじめ，聖書を基本的史実としての記録，または神の霊感による作品だと取り扱うのを止めた．神学者たちは聖書を一連の説話だと考え，その物語は聖書学者たちが自分の日常体験に結びついている形式，また人に理解してもらえる形式で，宗教的思考や理解を表現すべく企画したものと考えることの方をより好んだ．キリスト教自体は特定の既成教義を信じて疑わない受け入れ方をすることよりはむしろ個人の体験を通して理解されるべきものであった．ドイツの神学者たちが道を開いた．それはシュライアマハーやメーラーのような人たちであり，後にその著書『イエス伝』(1835年)がキリストの神性を余すところなく説きくしてセンセーションを巻きおこしたシュトラウスがあらわれた．また同時につぎのことが世に受け入れられるに至った．それはキリスト教には，とくに初代教会のそれと並んで一つの歴史があり，その歴史は聖書自体だけではなく，キリスト教が発展してきたいろいろな社会にかかわるすべての文書史料を徹底的に検討することによって，研究されるべきであるということであった．この線にそって聖書批判とその記事の年代推定はより一層科学的に宗教的に，教会史の上からもすぐれた方向に進んだ．ここでまた再びドイツの学者たちが先鞭を付けた．一方ホートやライトフットといった英国の学者たちがこの世紀の終り近くに国際的名声を博するに至った．

この神学的業績の発展と普及の過程は起伏に富んでいた．大学の水準においてすら，英国ではこの過程はかなり緩慢に進行した．ダーウィンや『評論と批評』(1860年)の筆者たちの所信に対して激しい反対論が唱えられたことがこの間の消息を物語っている．スコットランドでは教会分裂の影響で頭が一杯になっているうちに，この新しい動きの衝撃は1870年になってはじめてあらわれた．ローマ・カトリックの圏内では新しい動きに対する順応はさらに一層緩慢であった．教皇レオ13世は恒久な学問に対し外交的譲歩はしたものの，その譲歩の限界は，1907年に学問の現代化を計る神学者たちを教皇が非難したことや，また一流の人物，フランス人アルフレド・ロワジーの破門宣告をしたことに顕著にあらわれている．

福音主義的・カトリック主義的信仰復興運動

多数のキリスト教徒は，理解していたかどうかは別にして，実際，自派の神学者の著述をキリスト教批判者たちの誰の著述よりも警告的だと思った．カトリック教徒もプロテスタント信徒も，双方にとって，その仲間同士のなかで複雑でない文字通りの信仰を人の心に訴えること，頻繁に改心という形に発展する個人的宗教体験をもつこと，および信仰復興運動を通して信仰と体験の両者が循環的に更新されることなどがすべて継続性のある大きな重要性をもっていた．庶民の感情と心情は，その感傷性はいうまでもなく，キリスト教の生命を保持するにあたってこの神学上の学問と全く同じ程度に意味深いものであった．1790年代以降メソディスト派の「熱情」は英国国教会派の福音宣教運動のなかに生きつづけたのみならず，他の宗派にも伝播した．フランス革命期の不安定要素は，庶民の宗教的興奮と世のおわりについての考察を大いに刺激した．このことは時折激しくなった個人的または教会衆の宗教への取り組みを大いに助けた，と同時にまたもっと幅広い，またときどき本質において非正統的であるいろいろな運動と結びついていた．聖書の預言を現代世界に結びつけようとする企図が，たとえば風変りであるが大衆的なロバート・ブラザーズとジョアンナ・サウスコットの教えなるものを生み出した．この世紀中ずっと千年至福説信奉者的思想は数々の周期的におこる感奮の源泉として残っていた．福音宣教の信仰復興運動はとくにチャールス・フィニまたはムーディやサンキといったアメリカ人たちの影響のもとでますます組織化され職業化された活動となった．そして1880年代からたとえばケズィックにおける定期的な福音宣教会議がヨーロッパのあらゆる地域からの全宗派にわたるプロテスタント信徒を糾合した．カトリック圏内では信仰復興運動はやや異なった形態をとったが，粘り強さと範囲の広さではひけをとらなかった．1840年代以降，とくに女性のあいだで，修道会の顕著な信仰復興が見られた．フランスだけでも修道女の数が1851年に約3万7000人だったものが，50年後には16万2000人にまで膨れあがった．聖地巡礼の実施，礼拝における典礼の位置，処女マリアと他の聖人たちへの崇敬がすべて大いに高揚され，また信仰が強化され競争相手である世俗のイデオロギーは遠ざけられるであろうとの希望がもたれた．

最終的には諸教会とキリスト教の運命の盛衰は，制度と信仰が人々の日常生活の諸問題に対応する際のその成功にかかっていた．信仰復興が成功したことはキリスト教がいまだに多数の人間にきわめて強力に訴える力をもっていることをもちろん示唆していた．これに劣らず明白に，攻撃的伝道活動によって行う信仰復興が必要であったことは，内にあっては，衰えゆく宗教的熱情，外にあっては無知・無関心または敵意を証明するものであったし，またさらに増大した各地の人口にキリスト教が関連をもっていないことの証明でもあった．これらは新しい状況というほどのものではなかった．キリスト教はこれ以前に常に魔術その他いろいろな信仰が挑んでくる戦いのみならずみずからの因習化という危険と戦わなければならなかった．しかしながら19世紀を通してこの時代の人々は，かれらの時代特有ではないにしても，ある特定の諸問題をとくに強烈に意識する確たる理由をもっていた．

ヨーロッパは1790年以後に人口の大増加を経験した．この増加はまた都市の急成長と資本主義産業の拡大の双方に関連があった．いかなる地域でも教会は，うなぎ上りに増える司祭の必要数とこれらの変化に歩調をあわせるための必須財政資源を提供する能力をもちあわせなかった．その意志はあっても，教区を新設したり，寄付による基金を貧困地域に委譲する伝統的方法は不十分きわまるものであった．また長らく定着していた生活形態に，経済的変化が，不安定，貧困，および厳しい混乱をもたらしつつあった一つの時代のなかで，多数の教会が社会の安定して富裕な階級と密着しているという上記の事情に輪をかけたハンディキャップを背負わされていた．聖職者と世俗人とは，偏狭な守勢をとらないために必要な相互理解と，かれらの周辺に見られる不平等と苦難に対する同情心をしばしば欠いていた．このようにして多数の人々にとって，とくに都会地域や労働者階級のなかで，教会はますます縁遠いものとなり，キリスト教に対する無知または敵意が増し，日曜ごとに教会へいく習慣はすたれつづけた．

社会的・経済的変化に正面から立ち向かう信仰の維持を決意しているキリスト教徒たちが上記の事態に対して示した対応の仕方はいろいろだった．プロテスタントの諸地域では一つの対応は新しい分派とか教派を増やすことであった．この傾向は英国で非常に明白にあらわれ，ここではバブティスト派，組合派およびメソディスト派が1850年までに急速に英国国教会に冷遇されていた地域で，勢力を拡大した．この世紀のおわりには救世軍のような他の宗派も登場してきた．聖堂や集会所が急増したことは町々にキリスト教の物理的存在を確立することの重要性を示す例であった．英国のなかでのこういった教会側の努力がなかったら宗教に全面的に顔を背けてしまったかもしれない多数の人々に対しては，非国教徒集団が，そして（移住してきたアイルランド人には）ローマ・

上 ジョン・ヘンリー・ニューマン(1801-90)はオリエール・カレッジの特別研究員（フェロー）となり，1828年からは大学のセント・メアリ教会の教区牧師となり，オックスフォード運動の知的指導者だった．初期キリスト教徒の理想を体現するものとしての英国教会の信仰に飽き足らず，最終的に1845年ローマ・カトリック教会の信徒に転向した．

19世紀の教会

町と都市の人口
- ■ 住民 100 000 以上
- ● 住民 25 000 以上
― 1851年の州境界線

1 km²当りの住民
- 200
- 120
- 80
- 40

縮尺 1：6 000 000

1851年，宗教的設備が手近にあった人口の比率%
- 70
- 60
- 50

○ 人口に対する宗教的設備の比が50%以上の町または都市

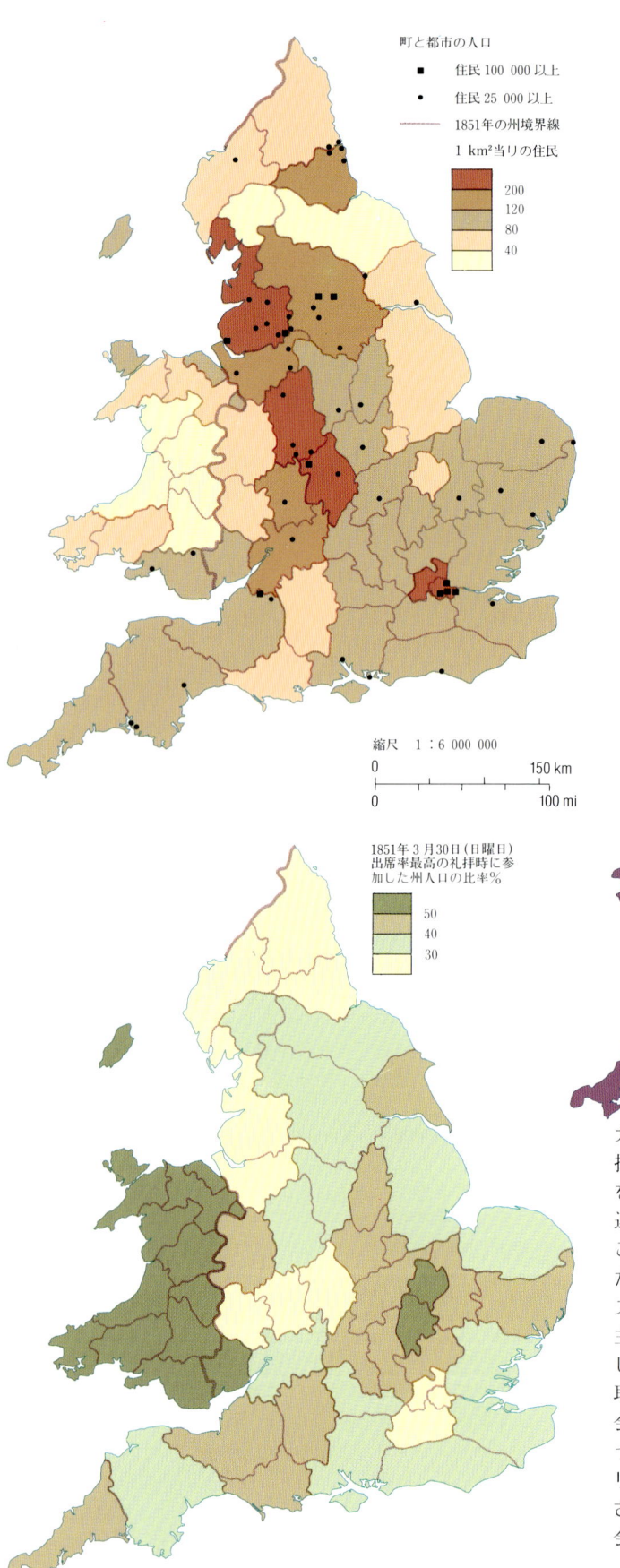

1851年3月30日(日曜日)出席率最高の礼拝時に参加した州人口の比率%
- 50
- 40
- 30

1851年のイングランドとウェールズにおける宗教的礼拝

1851年イギリス政府は宗教国勢調査を実施した．いくつかの面でこれは驚くにあたらない．政府当局はかつてなかったほどに統計を集めており，諸宗派の状況は熱心に論議されていた．しかしながら，その試みは2度と繰り返されなかった．それゆえにいくつかの重大な弱点（スコットランドの数字はとくに信頼できない）にもかかわらず，国勢調査は他と比較できない証拠源として今に残っている．同時に全国的に行われた国勢調査らしくなく，牧師たちに尋ねられた質問の解答を強制するものではなかった．しかしたいていの牧師たちは，必ずしも十分にまたは正確にではなかったにせよ，礼拝のために使われる公的場所の数，そこに用意されている座席数，そして1851年5月30日に行われた礼拝のたびごとに参加した人数を，解答した．この集計が1854年に公開されたとき，人口の何パーセントが教会に行くことができたのに行かなかったかを算定する試み，各地の教会設備がどの程度に整っているかを考察する試み，各宗派の大きさを算定し各宗派がその信者数から見て衰退しているのか発展しつつあるのかを判定する試み，がなされた．ロンドンは非常に教会設備の貧弱な場所だと見られた．英国国教会は明らかに東部と南東部で優勢であるが都市部で反対を受けており，非国教徒は一般的に考えられていたよりも全体としてはるかに強力に見えた．

カトリック側が，一つの社会に属する機会を長期にわたって提供していた．この社会のなかでは政治的・宗教的支配階級を批判することが仲間同志の友好や力強いキリスト教信仰と連結していた．戦闘的な世俗主義活動は世に知られていないことはなかったが，その訴えは依然として微力なものであった．そして英国の19世紀後期の社会主義は労働者階級のキリスト教に深く根を下ろしていた．英国国教会はひとたび社会主義の組織を分断してしまうと，みずからも宗派闘争に参加し，この世紀に，詳しくは1840年以前に失った地盤の若干を取り戻すことさえやってのけた．この事態が与えた衝撃は社会意識が継続的に存在しているというはっきりした証拠によって強化された．福音宣教の面での改革の伝統はシャフツベリ卿のような世俗人の手によってさらに一層押し進められ，さらにF・D・モリスのような聖職者の奉ずるキリスト教社会主義によって新しい諸方向へ広げられた．

ヨーロッパの他の地域でなされたキリスト教信仰の調整は英国におけるほどには効果が上がらなかった．プロテスタントが押えているドイツでは宗派主義が英国よりもはるかに出遅れていて，教会は依然として中流階層の活動領域であった．労働者階級は独自の自主的な文化と強力な社会主義運動を展開し，既成の宗教には概して無関心だった．一部のプロテスタントの信徒は自分たちの教会のなかに社会主義運動への参加意識を広げようと努めた．たとえばヨハン・ヴィーヒャー

下 ジョアンナ・サウスコット(1750—1814)はここでは「主教たちを追い出している」ところを描かれているが、デヴォンシャー州の農家の娘で、霊感をえた預言者とされ、宗教的な預言の書を書き、やがて全国的にひろがった「サウスコット派」の信徒を率いた。

下端 このドイツの絵が示しているように、キリスト教徒の生活を実践する人々の多くは、どこでも女性と児童であった。教会に行くことはしばしば退屈であり習慣にすぎなくなったが、それでもずいぶんいろいろな社会的活動の機会を与えた。

ンの内国伝道やそれより後のアドルフ・シュテッカーのキリスト教社会党は、ある特定の、英国で発展した新事情に共鳴を示したが、大した効果はあげえなかった。少なくともこの世紀の中葉には、ドイツのカトリック教徒が社会問題に従来よりはるかに真剣に取り組んだ。フランスでもまた愛徳修道女会のような新しい修道会または聖ヴィンセンシオ・ア・パウロ会のような世俗の組織がこれも同じような要領で社会問題に取り組んだ。1840年代と1870年代にはビュシェラ・トゥール・デュ・パンが新しい社会主義カトリシズムが必要だと主張した。にもかかわらずカトリックの教職位階制のもつ保守主義が、この世紀の後半に、俗界の人間が社会主義に危惧の念をいだいていることに力をえて、キリスト教を俗社会のなかへもち込もうとする試みの弱体化を真剣に計った。フランスでは英国の非国教徒の信仰に相当するものが何も存在していなかったので、中流および労働者階層の多くの者はまだ依然として共和主義と社会主義のいずれかを志向しており、一般には宗教心が乏しくまたしばしば猛烈な反聖職者感情をもっていた。

個人の選択による宗教

1914年までに日曜ごとに正式に教会へいったり、その他の宗教儀礼を遵守することは至る所で衰微してしまっていた。そして聖職者の地位は、かれらの受ける修練や奉献生活の質の向上がいろいろと計られたにもかかわらず、以前より低下してしまった。この頃には1790年代以降のどの時代よりも司祭や教会の数が多く、霊的読書用の書物が以前よりずっと広い地域で入手可能であった。それでも教育を受けた意欲的な人が教会に生涯の働き場を求めることはめったになかった。それどころかたいていの人にとって教会のみが満たしてくれる欲求はほとんどなかった。出生、結婚そしてとりわけ死亡といった事柄が発生すると、家族や友人たちが教会へやってきたし、公けの休日は大体キリスト教カレンダーの祝日として残っており、キリスト教の思想や文化は、たとえ教育自体が依然として教会と国家間の論争の中心問題であったにしても、庶民教育の大きな部分でその基盤になっていた。しかしながら、熱情と奉献意志がなければ上記のような形式とか習慣は今は無用の遺物にも等しいものになる危険があった。

神への奉献生活は確かにまだ姿を消してしまってはいなかった。20世紀の初めに宗教問題で一致する義務が衰微してしまっていたのだが、個々人の信仰と実生活の面でそれを表明することは一層緊密に結び付いていた。実際この点に、すでにおこっていた変革の中心があったのである。つまりキリスト教は個人の選択、すなわち個人の問題に急速になりつつあったし、また多くの場所ですでにそうなっていたのである。キリスト教はアイルランドやポーランドのような国々で社会のきわめて強力な基盤として生き残った。この国々では庶民の宗教と民族主義的感情が不可分に織りあわされていた。他の地域ではキリスト教は近代社会の多元性に圧倒されつつあった。政治的・社会的情勢はキリスト教の諸団体・信仰および倫理を支持するよりはむしろそれらを弱体化する傾向にあった。他の世俗団体やそれらの行動規範は個々人に服従の義務を要求して激しく教会とせり合った。個人の信仰心がより一層真心からのものとなったが、それにもかかわらず各種社会団体の全体を包含する宗教としてのキリスト教は姿を消していった。

アフリカの体験

　1790年までにアフリカの至るところで布教活動は非常な退潮を示していた．ヨーロッパの既成諸教会の特徴である「熱情の欠如」とイエズス会士への抑圧，この両者の代価をはらわされたわけである．一方では，18世紀の福音主義復活運動に没頭していたヨーロッパの人々はまだ外国伝道にほとんど関心をはらっていなかった．エチオピアの歴史的教会の会員たちとナイル川流域のコプト教徒たちを例外として，アフリカにはキリスト教徒がほとんどいなかった．いたとしても大部分が国籍離脱者である白人——入植者・兵士・商人であった．1792年（バプティスト宣教協会が組織された）と1824年（ベルリン協会が形成された）のあいだに，ヨーロッパとアメリカに大きなプロテスタントの諸社会が構成された後でさえ，地理的知識の乏しいことと，とくに西部アフリカにおいて悪質な気候と病気が猛威を振るったことで，布教活動は1840年代まで抑えられていた．

喜望峰と西アフリカへの初期宣教活動

　アフリカ人のあいだにキリスト教をひろめようとする最初の近代的企ては，このようなわけで，17世紀の中葉以降，白人の定住が十分確立されていた喜望峰で開始された．モラヴィア兄弟団がバヴィアーンスクルーフ（ゲナデンダル）でかれらの布教を復活した．かれらの後につづいたのがロンドン伝道協会で，その協会のもつ多数の宣教基地のなかで，オランダ人ヨハネス・ヴァン・デル・ケンプに率いられるベテルスドルフに在ったものや，ロバート・モファット率いるところのクルマンにおけるそれらがとくに名声を博した．西アフリカにおいては，たゆみない布教努力に先鞭をつけたのが1804年以降の英国国教会宣教会の会員たちと，1811年以降のメソディスト教徒たちであって，かれらはフリータウンの市中およびその周辺で布教活動に従事した．

　アフリカ人を改宗させることにおける初期の成功は宣教を人道主義的活動と絡ませることに大きく依存していた．シエラ・レオネでは，大西洋奴隷売買の抑圧運動に弾みがついてくるにつれて，キリスト教の呼びかけが，第一義的にはアフリカにもどってきていたかつての奴隷たちに向けて，それからアフリカの沿岸で拿捕された奴隷売買船から解放された奴隷たちのような，ますますその数が増していく奴隷たちに向けてなされた．喜望峰では，宣教基地は多数のアフリカ人に，白人支配社会の過酷な社会的・経済的条件から救い出すある程度の保護を供与した．アフリカ人の市民的・政治的権利のより大きな平等を求める宣教師の活動とグリクゥ人（アフリカ南部の原住民とヨーロッパ人との混血人種）のような土着民の共同社会に対する指導者または助言者としての宣教師の役割——この両者は頻繁に白人入植者と植民地役人とを疎外することになったが，そのかわりにおびただしい数のアフリカ人をキリスト教へ引き寄せた．

右　アフリカへの宣教
プロテスタント諸教会における福音主義の復活が近代の海外宣教活動を1790年代に誕生させたが，その活動は英国国教会宣教会，ウェズレー派とロンドン伝道協会によって開始された．しかしシエラ・レオネや喜望峰などいくつかの宣教拠点だけを例外として，1830年以降までヨーロッパ人はアフリカにはほとんど食い込んでいなかった．この地図は宣教活動の進展を年代的に示すと同時に，その地理的ひろがりをあらわしている．ローマ・カトリック教会の初期の宣教師たちが残した痕跡はごくわずかであって，影響もほとんどなかった．最初の活動の大波は1830年代と1840年代に，とりわけ西アフリカに押し寄せた．リヴィングストンの数次にわたる探検旅行の後についで，1860年代と1870年代に，東アフリカと中央アフリカに向けて宣教努力は集中された．1880年以降のヨーロッパ列強によるアフリカの領土的分割は，アフリカの至るところに宣教活動が拡大していたことを証明している．しかしこれはとくにサハラ砂漠より南が主であった．イスラム勢力が強い北アフリカでは，キリスト教徒の存在は常に大層限られたものであり，その影響力もわずかであった．しかも1860年以降東西アフリカ各地へ拡大したイスラム勢力は各派のキリスト教徒たちを深刻に悩ませた．

左　「御身の言葉は私の足を照らす光，私の小道を導く光．私は御身の命令を黄金よりも，そう，いかなる純金よりも大切にする．」バーバーの絵の縁から写し取ったこの銘文はイギリスの進展と繁栄と勢力の情況を説明しているものとして広く一般に受けとられていた．19世紀のイギリスが繁栄したのは，キリスト教徒，しかもプロテスタントで自由な国であったからだ．真の宗教と有徳の行為は摂理によって報われた．しかしながら，そのような幸運は不幸な者への果たすべき義務を内包していた．キリスト教宣教師の責務はまた国家的な義務でもあった．この絵のヴィクトリア女王のしぐさに象徴されているように，イギリスの海外発展はキリスト教文化の普及を助けるものであるという信念は強かった．このことは確かに真実であったが，一方そのような理想主義はイギリス国内の生活では疑いもなくまったく無視されていたし，ヨーロッパの海外発展と植民地支配の混沌とした過程のなかに巻き込まれた人々が体験した残酷さ・腐敗・横柄な利己主義などによってしばしば影の薄いものにされていた．

アフリカの体験

右 ジョージ・グレンフェル(1849—1906)はすぐれた才能をもってアフリカ人とその生活習慣を調査観察した．かれはまた多くの他のバプティスト教会員と同様，各地をせわしく歩く巡回福音主義の唱導者であったから，コンゴ盆地のような，ヨーロッパ人の定住や商取引と縁の遠い地域にも入っていった．

探険ルート

- リヴィングストン 1841—56年
- リヴィングストン 1858—64年
- リヴィングストン 1866—73年
- グレンフェル 1885年
- 19世紀初期のイスラム教徒優勢地域
- キリスト教存続地域 1792年
- キリスト教宣教師の進出方向
- 宣教師進出地点と進出年代
- プロテスタント宣教拠点
- ローマ・カトリック宣教拠点

プロテスタント宣教団体名：

ABC	アメリカン・ボード
BM	バーゼル伝道協会
BpMs	バプティスト伝道協会
CMS	英国教会宣教会
CSM	スコットランド教会宣教会
DRC	ダッチ・リフォームド・チャーチ
FCS	スコットランド自由教会
FFMA	フレンド派外国伝道協会
HAM	ハート・オブ・アフリカ宣教会
LIM	リヴィングストン奥地宣教会
LMS	ロンドン伝道教会
MB	モラヴィア兄弟団
MEC	メソディスト・エピスコパル教会(USA)
NAM	北アフリカ・ミッション
NMS	ノルウェー伝道会
PB	プリマス兄弟団
PCUS	米国長老派教会
PEC	米国聖公会
RMS	ライン伝道協会
SPG	英国教会福音宣布協会
UMCA	中央アフリカ・ユニヴァーシティ・ミッション
WMS	ウェスレイアン・メソディスト宣教会

ローマ・カトリック宣教団体名

F	フランシスコ会
HGF	聖霊会
SJ	イエズス会
WF	アフリカ宣教師会（白衣の神父）

縮尺 1：34 000 000

アフリカの体験

デイヴィッド・リヴィングストン医師（1813―73）はおそらくヴィクトリア時代の宣教師の英雄のなかで最も注目される人物であろう．1853年から56年にかけてのかれの勇壮なアフリカ踏破旅行ならびに鋭い地理学的観察は高い評価をえた．「合法的な」商取引とキリスト教とはともに相ならんで発展すべきである，さらに奴隷売買を禁止し，アフリカの物質的かつ霊的貧困を緩和すべきだと考えるかれの信念はひろく一般に受け入れられた．かれが行方不明となり，後にアメリカ人のジャーナリスト，ヘンリー・モートン・スタンレー（1841―1904）によって発見されたこと，またタンガニイカ湖畔のウジジで死去したことは，数多くの人々の注目を集めた．リヴィングストンの魂はアフリカに埋められているが，かれの体はウェストミンスター寺院に埋葬されている．中央アフリカ・ユニヴァーシティ・ミッションやスコットランド人のニアサランド（現マラウィ）宣教計画は直接的にかれの偉業から霊感を受けてはじめられた．

　キリスト教の普及はこのようにして外国宣教団の努力に関係しているのと同じ程度に個人の運命の浮沈とアフリカの社会情勢に常に密接に結び付いていた．キリスト教の魅力は大まかにいって依然として二重構造になっていた．貧困者・境遇の不安定な人々および寄る辺のない浮浪人たちには，キリスト教は新しい価値観と信条を一まとめにして提供した．このことはかれらの世界をもっと理解できるものにし，かれら一人ひとりに兄弟的共同体による支援のみならず世のなかの事象を取り仕切るおのれの能力についての，信頼感をもたせうる可能性があった．キリスト教についてもっとずばりと功利的な見方をした者もいた．その見方によると，キリスト教の布教はしばしば物質的または実用的利益の供与と二本立てで行われた．つまりこの利益の供与とは，もっと公正な社会の展望を示したり，教育と訓練を受けるとつぎには個人的な地位の向上と昇進が待ち受けていることの可能性をちらつかせることであった．外国人宣教師たち自身もまたアフリカ人の善意と助力に大きく依存していた．かれらはアフリカの支配者たちに，定住して教育に携わる許可を請わなければならなかった．のみならず福音宣教それ自体が，通訳者・翻訳者・仲介者・労務提供者・仲間として働いてくれる共鳴者や伝道助手たちがいなければ進展しえなかったであろう．

19世紀中葉における宣教活動の拡大

　相互作用と相互依存の多様な形態は1840年代から1870年代の教勢の拡大の第2局面のなかに十分に例証されていた．黄金海岸でのスイスのバーゼル伝道協会と英国のウェスリアン協会の活動につづいて，諸伝道協会が奥地の布教へますます思いを馳せはじめた．このように伝道の重点が移動してきたのは三つの主要な状況の展開に促されてのことだった．プロテスタントの諸伝道団，とくに英国のそれらが今やカトリックのものよりはるかに強力で，財政豊かで，尊敬されうるものであった．英国国教会宣教会は，数多くの主教と1840年代には8万ポンドという平均年収に恵まれて，1800年当時の貧乏所帯からはじまって大躍進をとげていた．ヨーロッパがアフリカと行う椰子油の取り引きが急成長するにおよんで，奴隷売買の永続的代替物として，この取り引きと伝道事業にもっと役に立つ社会的・経済的状況との両者を発展させようという希望がもちつづけられた．最後にシエラ・レオネ出身のアフリカ人改宗者たちは1830年代にかれらの郷里へ帰りはじめたが，その多くは西ナイジェリア出身のヨルバ族であった．そのすぐ後で宣教師たちにこの地へいってほしいという依頼がなされた．今やはじまったプロテスタントのナイジェリア進出と時を同じくして，カトリック宣教師による東アフリカにおける事業拡大とザンジバルにおける活動の双方がはじまった．

　この拡大していく活動と相ならんで布教作戦についての新たな一貫性のある解釈が進展してきた．この世界は神の目的を達成するよう神から命じられており，その諸目的のうちで，人々をキリスト教へ改宗させることが最優先するものであるとの信念のもとに，福音主義信奉者たちは現地人との交易を，異教徒の諸共同体の隔離を打ち壊し，福音への道を開くための第一に重要な機構だと見なすようになった．シエラ・レオネ人たちが向上してきたことは交易とキリスト教布教の両立を命じているように見えた．さらに教育を受けたアフリカ人のキリスト教徒たちの数が増加していくことは，自力で財政をまかない，みずからを管理し，究極的にはみずから布教して大きくなる土着民の教会の成長を示唆していた．こういった要領でいけば，外国宣教団の資源は段階的に新しい福音宣教のために自由に使えるようになり，そして最終的には余分なものになり，外国宣教団から土着民の教会への移行は葛藤なく完遂されるであろうという状況であった．これはヨーロッパ側の見通しであってアフリカ側の熱望と十分一致していた．

　おそらく「交易とキリスト教」のための最優秀な宣伝家はデイヴィッド・リヴィングストンであっただろう．かれの叙事詩的な探検旅行は前途に大仕事が立ちはだかっていること

を厳しく教えてくれたが，知識と将来に立ち向かう感銘を与えてくれた．多くの種類の聖職者たちがリヴィングストンの強い要請に応じて立ち上がった．中央アフリカへ進出したユニヴァーシティ・ミッションからニアサランド（マラウィ）を勢力範囲としたスコットランド人にいたるまでいろいろな連中がいた．この作戦はサミュエル・アジャイ・クロウザーが英国国教会の主教に叙階された1864年に早くも実を結んだように見えた．クロウザーは主教に叙せられた最初のアフリカ人であったのみならず，かれは自分の教区としてあの大きな商業交通路であるニジェル川を選び取った．こういった歳月が経過するうちにアフリカにおけるローマ・カトリックの諸宣教団の復活もまた見られた．聖霊会（1848年），アフリカ宣教会（1856年），そして東部における1868年に枢機卿ラヴィジェリが設立したアフリカ宣教師会（ホワイト・ファーザーズ）などがそれである．

この世紀のなかばの楽観的見方は長つづきしなかった．なぜならば布教の進展は遅く成果は不完全であったからである．西アフリカにおいてすら，宣教師たちがかれらが注入しようとしたキリスト教よりも，かれらがもち込んできた読み書きの教育と他の実用的な利益のゆえに歓迎されたことは明白であった．中央アフリカと東アフリカでは社会的・経済的組織ゆえに「交易」作戦はしばしば的はずれになった．長いあいだ，そして各宗派のもつ「交易上の特恵」とは無関係に，宣教基地は地方のアフリカ社会から孤立したままであった．改宗者と信徒はしばしば遠隔地から引き寄せられていた．かれらはいろいろな理由で自分の部族社会から絶縁された人々であり，かれらのために宣教基地がたえず働き口を提供してやった人々であった．アフリカの支配者たちは至るところで宣教師たちを敬遠したが，それは時には自信または無関心から，また時々は猜疑心によるものであった．宣教師と改宗者の活動の進展状況には浮き沈みがあったが，それは首都司教管区の支援者たちの熱情と収入のみならず，変化をつづける経済的見通しとアフリカの共同体の内部および相互の政治的力関係とに左右されていた．

他の布教作戦をとることが求められた．なかばアメリカの信仰復興運動と新しい信仰復興運動と新しい至福千年説の影響を受けて，多数の人々がアフリカの西欧化および着々と進む改宗に繋る古い宗教観を拒否した．とりわけプロテスタントの人々は，もっと単純でもっと個性的で，使徒的な取り組み方を求め，「今の世代のなかで世界のキリスト教化」を迅速に進めることの方がすぐれているとして学校や教会の建設，行政管理などを切り棄てた．また一方では，土着民の社会が危機的状況にあった場所あるいは伝統的信仰が，生態学的にまたは他の災害によって，徐々に蝕まれつつあるところでは，キリスト教がきわめて急速にひろまっていることが確認された．この結果外国の諸宣教団は，土着民の組織に取ってかわるヨーロッパ人の支配と管理という見地からアフリカの未来を眺める俗界の関係者の代表者たちと提携することになった．

影響力の争奪

こういうわけで宣教師たちは，1880年以後ヨーロッパ列強によるアフリカの領土分割を促進した衝突と緊張のなかに捲き込まれた．宣教師の人数が増していくと，かれらもまた商人たちや各国政府なみに勢力範囲の拡大を求めて争いはじめた．プロテスタントはローマ・カトリックに対抗し，福音主義信仰伝道団は，もっと古い固定したやり方で布教している宣教団に拮抗して，闘争を展開した．植民地行政官たちはヨーロッパの影響を支持する布教活動の価値をよく理解していた．自称不可知論者ですら「宣教基地のそれぞれが植民地開拓における一つの企て」であり，行政側に経済的援助がなされることを歓迎すると断言しえた．しかしながら宣教団同士の不一致は遺憾に思われていた．平和・安定および「威信」のために諸行政機構は色々な宗派個々別々に対して，次第に地域の割り当てを増幅するようになり，自己の行政支配の強化に資する場合には，他者を犠牲にして，一部の宣教師——とくに自国出身の者——を手あつく遇した．1914年までに西方キリスト教の宗派間の不和とヨーロッパの国際競争，この両者が相ならんでアフリカのなかで陣地を構えるに至った．たとえばコンゴ自由州では現地国とヴァティカンとのあいだで協定が成立した後はカトリックの宣教師たちの方が有利になり，英国およびアメリカのバプティスト派や長老派がその活動を制約された．

征服と植民地行政の漸進的確立と布教事業が大幅に，あくどく結びついていたことは，多数のアフリカ人キリスト教徒にとって服従の全過程の最後の段階にすぎなかった．19世紀中葉の宣教師たちとかれらのやり方に対する諸批判と，改宗者たちの宗教的かつ倫理的水準についてさらに厳しい検討が行われた後では，しばしば各教会の白人管理を支持し，あるいはそれを取り戻すことさえ行われ，アフリカ人平信徒たちの教会での役割が制限され，アフリカ人が聖職者または司牧者としての責任ある地位へ昇進することに限界を設けるための措置が取られた．一時はローマ・カトリックの新しい管区とか，新しい自主運営のプロテスタントの教会を作る見込みは一層稀薄になった．そしてアフリカ人による聖職制の発展は失速するように見えた．ローマ・カトリックの白人神父たちが1914年にかれらのニアンザ神学校から2名の黒人新司祭を叙階させたに過ぎなかったが，それはその神学校の開講21年後のことであった．司祭になるためには独身を守リ，ローマ・カトリックの教育を受けることが伝統的に厳しく要求されることが，上記の事情をまねいた大きな理由であったが，プロテスタント側の成果もカトリックをほんの少し上回っただけであった．

しかしながら宣教団が出先の植民地国家とますます一体化したこと，および現地よりも寛容性や同情心の乏しいヨーロッパ諸国の態度がさらに硬直したこと，が既存の教会とキリスト教共同体の内部に若干の摩擦を引きおこしたものの，このことはキリスト教自体の発展を深刻に阻害するには至らなかった．当初からキリスト教のこの発展はしばしばつつましくまたは形式張らずに進んできていた．宣教師たちはごく初期から引きつづき各地の言語や方言を学んできていたし，そういった言語の数々のものを文字に書き写し聖書の現地語訳をいろいろ提供した．それゆえに白人についてのニュースとともに，キリスト教的考え方や文書がいかなる公式の福音宣教よりも先に一般にひろまっていた．この福音宣教がひとたびはじまってしまうと，たいていのアフリカ人にとってその宣教を代表したのは伝道センターから遠く離れた，アフリカ人の伝道助手たちが運営する小さな出張伝道所であった．このようなわけでキリスト教を白人宣教師と完全に表裏一体だと考えることは全然不可能だった．ましてや植民地の支配者と結びつけて考えることはできなかった．ほとんどいつもキリスト教はアフリカ人によってかれらみずからの部族にかれら独自のやり方で布教されていた．この事実は今世紀の初頭以来キリスト教がますます急速にひろがってきたことに大きく貢献してきた．

キリスト教のこの教勢拡大にとって上と同じように重要な意味をもったのが拡大していく植民地の秩序に真っ向からさからう土着信仰のもつ欠陥であった．このことは時折図式で表示するかのように明確にあらわれた．西ナイジェリアのイジェブ人が1892年に英人と戦ったように，南タンガニイカ（タンザニア）の諸種族が1905年にドイツ人と矛を交えたが，両者とも等しく勝利を信じてのことだった．この争いのいずれの場合にも，かれらは自分たちを守護してくれなかった妖霊や呪術を放棄し集団改宗をした．征服されたことに対する憤りはあったものの，それはアフリカ人たちがかれらの征服

アフリカの体験

左　1901年頃のモンバサ．宣教師たちがこんなに大勢で野外で一同に会したことは稀であった．もち込んできたロンドンの服と同様にかれらの被っている帽子は当時の医学知識への無知をあらわすものだった．当時，フェルトや樹髄やトービー（クサネムの髄）は「太陽光線」に対して日除けの役をするものとして価値を認められるようになっていた．一人だけ写真に割り込んでいるアフリカ人に注目しよう！

右　スコットランドの長老派の宣教は，とくに西洋の技術と実用的訓練に重きを置いたことで知られていた．現地の資材と労働力を使って建てられたこの伝道会館は，ニアサランドに置かれたものにひけをとらない．このような規模とかなりの財力は，植民地の首都に置かれた伝道本部としてならまだしも，地方では伝道活動を住民から隔絶した縁遠いものとし，人々の嫉妬または敵意の対象としかねない危険を有していた．

右　モーリシャスのような複合社会では特別な困難がキリスト教徒を待ち受けていた．国民ははっきりと区分されており，経済的・文化的に厳しく等級別に分離されている．長い間かかって定着した白人の農園主たちはフランス語を話すローマ・カトリック教徒たちで，イギリス人の支配と，対抗勢力となる白人プロテスタント信者のエリートたちの入植を嫌った．アフリカからの元奴隷とその子孫たち，インドからきた移住労働者たち，そして土着の混血種族の多くをふくんだ中間階層がわずかなものを共同で分けあっていた．宗教および宗派が各地でいろいろあるのは避けられないことであった．キリスト教各派の共同体の野心あるいは自負は，自分の派が派独自の司祭をもち，聖書のメッセージを，聞き慣れた言葉ばかりでなく，解ってもらえる慣用表現で説明できること…を要求した．

者の力の宗教的源泉を共有したいという意欲の妨げにはならなかった．しかしながら伝統的な宗教もまたこれほど劇的にではないが腐食されていった．植民地支配は，それにともなってより大きな機動性と，より広い世界についての昂まりゆく意識をアフリカにもたらした．キリスト教が，物の見方と教会組織の両面で，このヨーロッパより大きな規模の社会にとって適切なものであったということが従来力説されている．反対にしばしば高度に地方化された土着信仰はいろいろな面で妥当性を欠いていたと考えられる．薬もまた宣教努力の一つの有用な補助手段として早くから認められていた．やがて薬は医学利用の伝道に，さらには専門の宣教医師に道を譲り，これによって病気や死に対する一層科学的かつ合理的な取り組み方が奨励された．こういった態度は，死後についてのキリスト教の概念と結び付いて，妖術医や霊媒の影響を減少し，呪術や妖術に対する信仰にさらに狭い制限の枠をはめていった．

アフリカ独立教会

アフリカのキリスト教の成長は，しかしながら，海外宣教団と結び付いている教会が新会員を進歩的に受け入れ，本質的に優秀な近代化志向の宗教が必勝を収めたという見方だけでは理解できない．アフリカ人は主導権と共同社会の前進を熱望していたが，宣教団主導型の諸組織はそれを助長する能力や意欲を欠いていた．アフリカ人はこれに直面して，しばしばそのような組織による支配をかなぐり捨てかれら独自の教会を樹立した．たとえばナイジェリアの初期デルタ司牧団やネイティヴ・バプティスト教会がそれらである．アフリカ・メソディスト監督教会は（それはアメリカと結び付きがあるにもかかわらず）とくに1918年以後多くの他の教会とともに南部および中央アフリカ全体にひろがって上記の事情に似た必要を満たした．このような白人支配の社会においてはアフリカ人の独立教会が従来とくに影響力をもっていた．今日では南アフリカで白人のダッチ・リフォームド教会がますます全体主義的になりつつある政権と緊密に結ばれているのだが，ここではアフリカ人の独立教会が黒人キリスト教徒の約25％に対する指導責任をもっている．

西方キリスト教の諸制度のなかに他にも欠陥があって，それがまたアフリカ人が主導権を取ることを促進した．人的かつ金銭面での布教資源の不断の不足——それは一つの意味では常に発展への最も深刻な妨害要因になっていたのだが——は

左　各地に孤立し、広範囲に分散した小教会を激励し、かれらと連絡を取ることは、わずかな数の宣教師しかいない場合に、多年にわたって問題となった。昔からのラバに引かせた荷馬車とイギリス的でない巡回制度とがここ北トランスヴァールにおいては唯一の答えであった。

下　キリスト教の伝播は文字を読む能力をひろげることと分離しえない関係にあった。宣教師たち、とくにプロテスタントの人々は、聖書に親しむことの必要性を強調した。キリスト教の文学作品はしばしば宣教師自身あるいは改宗者よりももっと容易に入手できた。アフリカ人たちはキリスト教的内容には生ぬるい反応しか示さないときでも、宣教師の教育活動は大いに歓迎した。ブラックアフリカの小学校は、20世紀にずっと入ってからもなお、ほとんど全面的に宣教会の責任にまかせられ、主としてアフリカ人のキリスト教徒によって運営された。

同時にアフリカ人にとっての好機でありえたのである。このような資源供給の困難は第一次大戦中はとくに厳しかった。宣教要員の交替が不可能になったこと、植民地政府による敵国民の抑留や追放が必要になったことのために、団体としてのキリスト者の生活を支援する全負担がしばしばアフリカ人キリスト教徒自身の上にかかってきた。多数の農村地域では、そして特に20世紀の急速に拡大しつつある町々では、アフリカ人たちはみずからの必要を満たし、その結果本当に独立しており、またそれと同じ程度に本当に分離主義者の教会とは異質な教会が誕生した。1920年代の（中央アフリカ）産銅地帯連合教会のようなものがその例である。

分離主義と独立がもついろいろな伝統は西欧のプロテスタント諸教会のなかに長い歴史を有している。アフリカの独立性の成長に今度は順番が回ってきたのはこのような基盤から、またさらにはメソディスト派のような特定の宗派という基盤から生れてきたのである。ヨーロッパにおけるがごとく、アフリカではキリスト教の独立性を刺激する要因は、制度上の不満のみならず神学および典礼上の要求のなかにあった。長期にわたってたいていの外国人宣教師は、キリスト教が必然的な条件として含む文化的変革と、キリスト教を伝統的なアフリカの宗教から引き離す大きなずれ、この両者を強調することにかかわっていた。アフリカの諸信仰についての無知と異教徒の慣習に対する軽蔑心ゆえに宣教師たちの頭のなかにはアフリカの文化・信仰などとの交流を考える余地はほとんどなかったし、植民地化が与える衝撃の破壊的または退廃的な面に対して宣教師たちは鈍感であった。必然的にアフリカ的宗教体験の大きな領域が残っており、このことについて宣教師たちと工業化をつづける諸社会の形式的な宗教とは歯車が噛み合わなかった。アフリカの独立諸教会は大まかなキリスト教の枠組のなかに伝統的な占い師の存在を許した。占い師の仕事は現在の不満の原因に対して社会に警告すること、改革や新生の方法を考案し、かつ新しい霊的一致や献身を浸透させることだった。1913年と1917年のあいだの西アフリカの預言者たち——ギャリック・ブレイドとウィリアム・ハリスの、それからコンゴのシモン・キンバングの活動経歴は、このようなアフリカ人たちがおびただしい人間を引きつけたことだけではなく、宣教師たちが自国の信仰復活運動に携わる説教師とかれらの活動に対比すべきこれらアフリカ人の活躍ぶりを黙殺しようとする傾向にあったことを例証している。これらのアフリカ人の活動を無視するどころか、大衆は感激熱狂し、黙示録的な未来像を描き、奇跡を語った。プロテスタントとローマ・カトリックの両派は、広く一般人が己を制御することを放棄し、迷信の世界へ逆戻りするのではないかとの危惧の念をいだいた。同じような要領で、アフリカ人の独立教会は降霊術による癒しを盛んにやるべし、と歓迎の意をあらわし、習慣的な歌と踊りを典礼のなかに取り入れ、巡礼や黙想の場所を設けた。これらのものは西欧教会の型にしたがっている教会からは排除されるのがきわめて普通な要素であった。

この点において宣教師たちはキリスト教の啓示についてのみずからの理解の幅を広げはじめ、かつ共鳴する柔軟性を拡大しはじめた。この努力を証明するいくつかの証拠が1914年以前に明白になった。たとえば1910年の国際エディンバラ会議の招集の動機となった討論のなかにそれが見られる。またそこで明白になった西欧キリスト教徒のもつ一つの共通目的の認識を優先して、宗派の不一致をますます押えることになったが、これはアフリカのキリスト教のなかの多様性を一層寛容に辛抱することへのきわめて重要な前奏曲となった。1930年代には土着の聖職者を育成する企ての強化が見られたが、これはひどい財源不足とアフリカのキリスト教徒が増えつづけてきたことによるものであった。大都市社会は徴募された伝道志願者の教育にますます力を入れ、そのおかげで教育する側はアフリカの社会と文化を相当よく理解するに至った。現地では聖職者たちがアフリカ人の利益代表として植民地行政機構に相談役として引き入れられたばかりでなく、多くの場合にかれらは植民地政策の批判者として台頭してきた。時折このことは世人に知られて騒々しい問題となり、ケニヤでは1920年代のJ・H・オールダムとその他の人々の演じた役割、それから1940年代のビーチャー牧師の役割、この両者が顕著なものである。しかしながらもっと頻繁に宣教団が好んで取り組んだやり方は、舞台裏の静かな影響力によって調節される協和政策であった。このような協和政策は植民地支配者たちがより好むものでもあった。この人たちは植民地以前のアフリカ当局に少しも劣らず、アフリカ社会にとってのキリスト教の実用的利益、ならびにそれと革命的に密着することの利益を高く評価し、その利益を統制しようとした。説教や教義の指導をすることに対する制限がとくにイスラム地区で厳しく課せられた。それは土地の人々の抗議がおこり、キリスト教徒たちが大いに難渋することが懸念されたからである。キリスト教徒たちは1870年代からこのかたマホメットをかれらの最大の競争相手と見なしてきた。

アフリカの体験

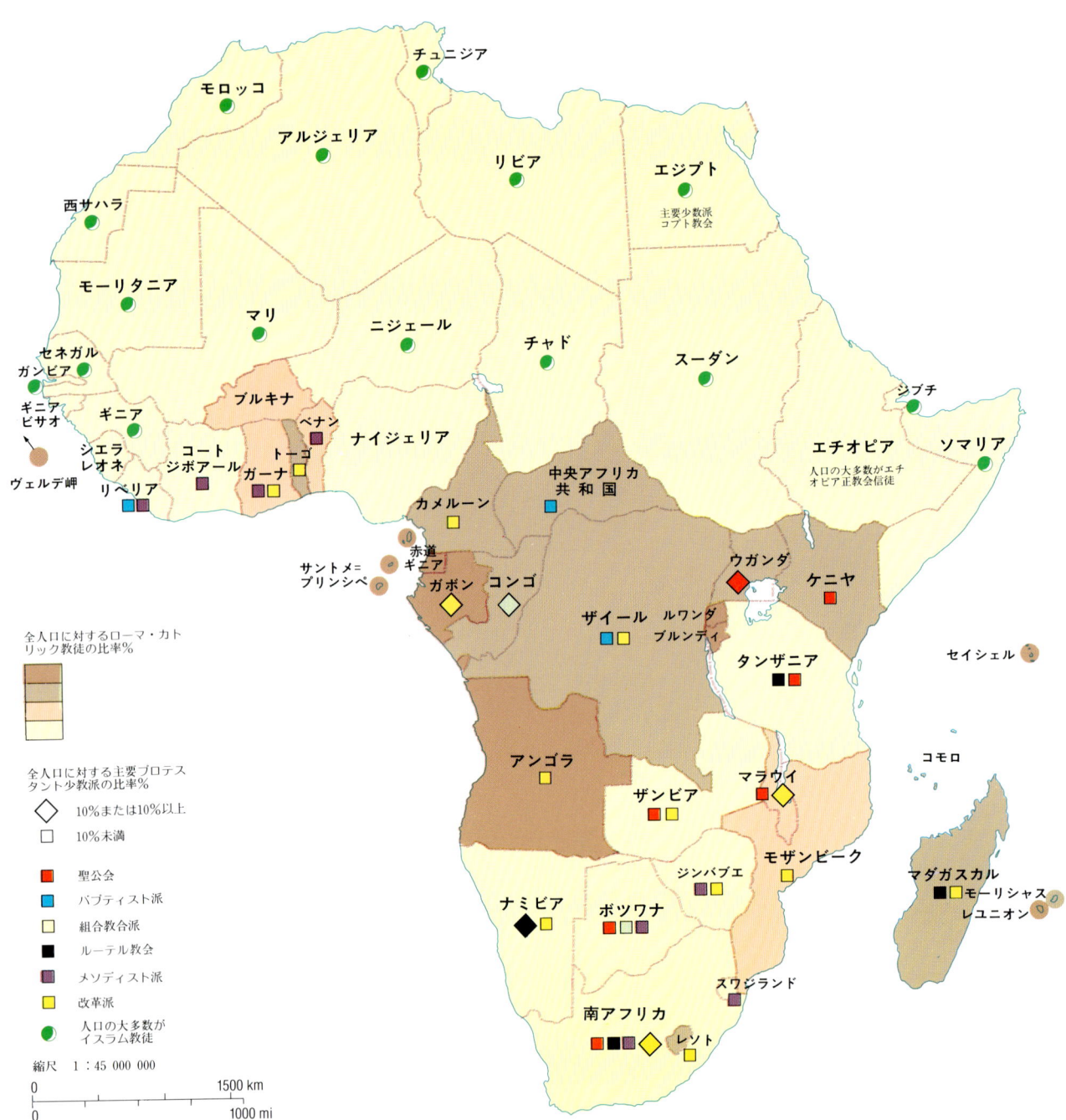

[地図凡例]

全人口に対するローマ・カトリック教徒の比率％

全人口に対する主要プロテスタント少数派の比率％
◇ 10％または10％以上
□ 10％未満

■ 聖公会
■ バプティスト派
□ 組合教合派
■ ルーテル教会
■ メソディスト派
■ 改革派
● 人口の大多数がイスラム教徒

縮尺 1：45 000 000
0　　　1500 km
0　　1000 mi

独立以来のキリスト教の拡大

しかしながら伝道諸団体もそうだが、いかなる政府も、教会・国家・社会の種々な変化とたえずつながってきたキリスト教発展の過程を制御することができなかった。まず第一に諸宣教団、それにつづいて諸教会が、教育の大きな提供者であった。教育を受けたアフリカのキリスト教徒たちは、まず教会を伝道団が牛耳っていることを問題にし、その後次第に世俗の行政機構のなかにみずからの職場を求めることが増してきた。宣教団による教育はしばしばアフリカの民族主義と独立運動の指導者たちの背後に位置しており、独立アフリカの政治家と行政官の最初の世代——たとえばカウンダやサンゴール——はキリスト教の背景をもっていた。脱植民地化運動が行われていたにもかかわらず、外国からの宣教師の数は、1925年の約1万2000から1970年代半ばの約4万人にまで増えた。アフリカのキリスト教徒は、1939年までにすでに1200万人くらいいたのだろうが、今や9千万人を越すと見積られており、そのうちの約44％がローマ・カトリック教徒である。この人数だけでも、聖職者組織と聖職者のアフリカ人化を迅速に拡大することを必要ならしめたのである。ただしこの拡大はローマ・カトリック教会のなかではきわめて困難ではあったが、この教会のなかでさえ1960年以降は急速な変化がおこってきている。これと同じ程度に、結婚・家庭・諸教会が供与する仕事の女性への開放との取り組みといった問題についてのキリスト教の指導もまた非常に意味深い社会的反響を呼んできた。

キリスト教徒はいまだにアフリカの総人口の少数派に留まっている。かれらはきわめて不均等にアフリカ中に散らばっている、そして訓練済みの教会職員といったような正式の聖職者組織は極端に不統一に配置されている。信者がとりわけ貧困者や無教養で、無数のごく小さなすぐ消えてなくなるような独立教会のなかにあって、キリスト教はときどき制度的にはガタガタで、イデオロギー的には混乱しているように見える。曖昧さと争いが相変わらず教会と行政機構の関係の特徴になっている。この現象は「マルクス主義の」モザンビークやエチオピア、キリスト教徒が外国とのつながりをもつことに批判的であるザイール、またキリスト教の伝統と倫理に関してたがいに相容れない解釈を下している南アフリカで見られるのである。同時にキリスト教の発展はアフリカ西部において継続しつつあり、その度合いはわかっていない。西アフリカ主の教会（アラドゥラ教会）のような比較的大きい独

左　現代アフリカにおける教会分布
現在の教会分布は依然として、植民地時代の過去からの形態を反映している。旧支配国は、正反対のことを公式見解としてはいるものの、宣教団は母国人であることの方を好んだし、外観からも母国の宗教が優勢であることを欲した。マダガスカルのようなフランス領土は宗派として当然ローマ・カトリックであったし、イギリス領土では、東アフリカの聖ヨゼフ外国宣教会のようにミルヒル市という明らかにイギリスに本拠を置いたカトリック修道会もありはしたが、プロテスタントが有力であった。国家主義的な排外感情はゆっくりとではあるが1918年以降希薄となり、ドイツ植民地が国際連盟の管理下に置かれると、教育への要求が高まり、アメリカ人宣教師たちが今までよりもはるかに広範囲に活動をはじめた。アフリカ独自の独立教会の分布は、個々のアフリカ社会の性格に多くがかかっているが、同様に影響を受けた。「カトリック」地域よりも「プロテスタント」地域に、あるいは白人居住者が優勢な地域に、教会の集中現象が見られる。キリスト教はまたイスラム教の存在を考慮にいれねばならなくなっている。イスラム教は今世紀に入って無視しえない影響力を発揮してきている。

アフリカの体験

左　法衣とひだ襟は大聖堂聖歌隊にふさわしいものと一般に考えられているが，ここでは，ヨーロッパの紫・赤・青などよりもさらに簡素な色のほうがよいとされてきた．聖歌隊員の役割を示す赤いリボンは英国王立教会音楽学校への所属を示す印である．ウガンダとその首都カンパラは1880年代以来キリスト教活動の中心である．ナミレンベ大聖堂の礎石は1901年に置かれ，1919年に献堂式が挙行された．その建設にはウガンダの支配者カバカとかれの閣僚たちからの金銭的寄付が大きな助けとなっていた．しかしながらキリスト教徒とウガンダの歴代支配者との関係史は穏やかさとはほど遠い．ハニントン主教(1847—85)と改宗者がムワンガ王によって1885年から86年にかけて火刑に処せられたが，これは現代でいえば，イディ・アミン大統領政府の大主教ルウムの殺害やその他の残虐行為とならぶものである．

左　ヨーロッパ世界以外の教会は，しばしば典礼や教会組織に関して新しい実験を試みる源泉となってきた．ケニヤではキクユ会議(1913年)が教派間交流を奨励して嵐を捲きおこした．

上　元来1870年代に福音派によって建設された「自由の国」は奴隷売買の根絶に努めてきた．シエラ・レオネは西アフリカにおけるキリスト教発展と常に深い関わりをもってきた．

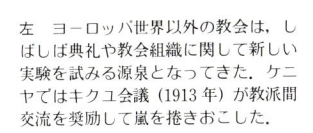

立諸教会は，もっと組織化された聖職制度や学校を発展させるにあたって古い様式にしたがっている．宣教団とつながっている諸教会は人種差別や社会的・経済的発展という問題にますます深くかかわっている．アフリカの神学および教会史の発達のなかにせよ，ウガンダの殉教記念のような出来事を通して形成されるものにせよ，アフリカにおけるキリスト教の伝統の成長は信仰を明確化し強めるのに役立っている．アフリカはこのようにしてキリスト教の諸大陸のなかで最大のものとして見ることもできる．

今日の南アフリカの
キリスト教徒

　南アフリカは深刻な人種差別の行われている社会であり，それは社会生活の多くの領域に影響を与える人種差別と隔離に基盤を置く制度をその旗印としている社会である．この制度は，政治と経済を白人が独占することをつづけるのに有効に作動している．これはとくに圧倒的大多数を占める黒人の大きな犠牲の上に成り立っている．諸教会は必然的に教会と国家との関係，および愛と自由と平等という一つの普遍的福音をこの社会に適用すること，に関する直接的かつ根本的諸問題に直面させられている．多数の白人キリスト教徒は――とくに南アフリカ生れのオランダ系白人に支配されているダッチ・リフォームド教会において――しばしば激しい保守主義を，字句に拘泥する聖書研究法と結びつけて，人種的分断は正当化されたものだと信じている．ダッチ・リフォームド教会の指導者たちは1857年に，神学の立場からは気がとがめる不安をはらいのけて，一般原則として人種別の宗教的集会を受け入れた．例外として意図されていたのだが，この人種別取り扱いが1881年に黒人専用のダッチ・リフォームド教会宣教会が設立されるにおよんで，基準方式となった．アパルトヘイトについての懸念が，シャープヴィルの虐殺(1960年)以来顕著に増大してきた．しかしながら教会からの抗議にもかかわらず一般的な前進はほとんど見られなかった．世界教会会議のなかで不安と動揺が高まってきて，1970年にはアフリカ民族会議におけるような解放運動に対する資金供与の決議が生れるに至った．モエサック博士や大主教ツツのような新しい世代の黒人教会指導者たちの担う重責は平和的な政策転換を求めて，政府に対してキリスト教からの確かな圧力をかけつづけることである．

　英国国教会（右）とローマ・カトリック教会（上）ではとくに多人種参加の礼拝を維持するよう闘ってきた．これはしばしば成功している．ヨハネスブルグの聖マリア大聖堂についてデズモンド・ツツ(1931―)はつぎのように書いている．「私はいつも，聖マリア教会に集まった子供たちのことを思うと胸が一杯になる．かれらは，もしわれわれの社会が正気で正常になりさえすれば，どんなことが可能になるかを示す指標である．ここではあらゆる人種の子供たちが祈り，遊び，学び，取っ組み合いをしていた．南アフリカではとんど唯一の現象である．そして……私は素晴らしい9時半の歌ミサで，ひざまずいていた．聖香が炊かれ，鐘が鳴り，すべてがそろったなかを，さまざまな人種の会衆が聖体を拝受するために祭壇に近づいてくるのを見守っている．唯一のパン，唯一の杯が多民族の聖職者と俗人奉仕者のチームによって捧げられる．多人種の聖歌隊・侍者たち・世話係たち……このすべてがアパルトヘイト（人種隔離）に狂った南アフリカで行われつつある……この現実が過去50年にわたって，聖マリア教会の素晴らしい証人の役目を果たしてきたのである．」

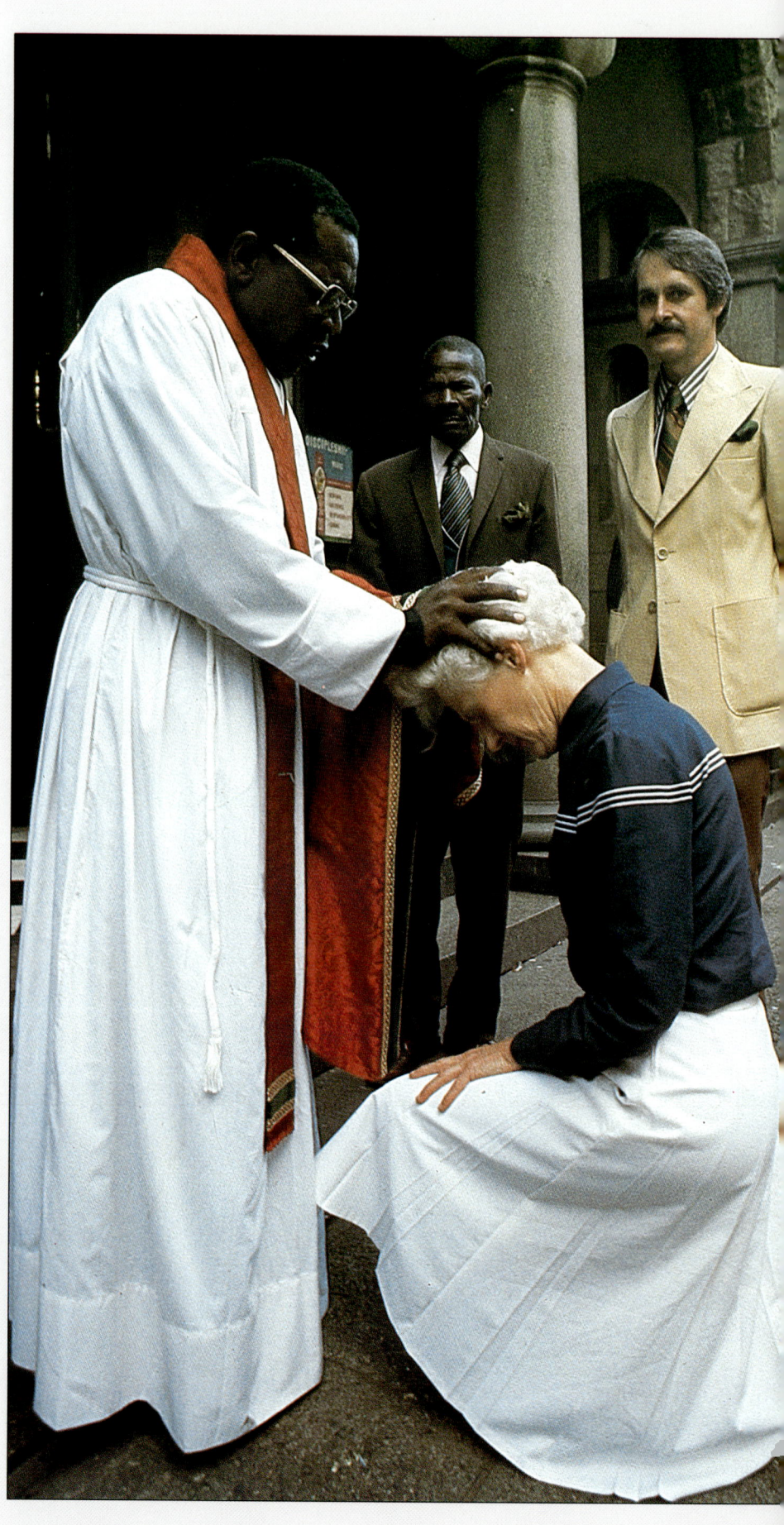

今日の南アフリカのキリスト教徒

「キリスト教徒の最終的な忠誠と従順は神に対するものであって……政治体制に対するものではない。もしある特定の法律が福音書の命ずる線にそわないものならば、キリスト教徒は平和的手段を尽くしてその法の撤回へ向けて世論を喚起していくべきである。キリスト教は……大衆に対して社会的責任をもっている。われわれは公けの選択をすべきである。多数の人々は、キリスト教徒は中立であれ、教会は中立に留まるべきだと考えている。しかし今われわれが南アフリカで直面しているような不正義と抑圧の現状に遭って、反対する立場を選択しないことは、実際には権力者・搾取者・抑圧者の側に荷担することを選ぶことになるのである。」

(D・M・ツツ、1978年)

ダッチ・リフォームド教会は全体で約1400万の白人信徒を擁している。社会のあらゆる階層に強い地盤を有しており、アフリカーンス語を話す共同体に宗教的テコ入れをする役割は、イギリスの帝国主義的支配を体験することによって、大きく増大した。教会の路線からはみ出す信徒は厳しい制裁を受け、1963年、優秀なDRC指導者であったバイエルス・ナウデ博士は、人種隔離と正しい社会のあり方をキリスト者の視点から、多人種間で、宗派を超えて論議する機会を養おうとして「キリスト教研究所」を設立した。自分の教会から追放され、かれとかれの研究所はやがて、1976年から77年にかけて、アフリカに不穏の波が高くなったとき、活動を禁止された。

合同ライン宣教教会が多くのなかの一つとして、1829年に活動を開始した。ステレンボッシュは二つの伝道拠点のうちの一つである。その美しい教会(上)は今でも町の共用地に立っているが、1978年に完全に改修されたものである。一方、宣教教会の仕事は1943年にダッチ・リフォームド教会によって引き継がれた。アフリカのキリスト教信徒数は1200万から1300万であろうが、そのおよそ3分の1はアフリカ黒人が指導する分派教会(左)に属する。これらの教会は、とりわけその規模がさまざまで実に多様である。しかしだいたい二つの主たる範疇に入れて考えることができる。「エチオピア」系の教会は、かれらの母体となる教会で行われてきた慣習や思想を保持している。一方「シオニスト」運動系の教会はキリスト教的理念とアフリカ的伝統との融合を試みる。たとえば霊的治癒の実施や夢を使っての預言や夢解きに注意を向けている。個人の信仰への効果には限界があり、これらは一般的に改革への苦闘のなかで取るに足らない現象と見なされている。

アジアへの宣教

19世紀初頭の宗教分布
- 仏教
- 仏教と儒教
- 仏教と神道
- イスラム教
- ヒンドゥー教
- キリスト教
- アニミズム信仰

1830年までのヨーロッパ領土
- イギリス
- オランダ
- ポルトガル
- スペイン
- フランス
- デンマーク

下　現地人の司教叙品式はパプア・ニューギニアの教会における従来の外国人宣教師の役割が今や徐々に下降線をたどろうとしていることを示している．ローマ・カトリック教徒のあいだでは，1885年の宣教師到着以来，カプチン会，モンフォール修道会と聖心布教会がとくに重要な働きをしてきた．

縮尺　1:50 000 000

アジアへの宣教

キリスト教をこばむ宣教地

19世紀初頭のアジア全域に散在していたヨーロッパ人の大部分の者にとって、キリスト教を支持することや布教することはほとんど重要な意味をもっていなかった。このことはアジア社会でかれらが広く一般に優先権を享受していたことをいくぶん反映していた。ナポレオン戦争のあいだから1815年まで、ヨーロッパ人たちの植民地領土の安全保障・貿易の保護と拡張——かれらは平和時でもこれらに夢中になっていたのだが——はしばしば以前にも増して急を要することとなった。しかしながらキリスト教宣教に関するこの関心の欠如は、それが当時流行の懐疑主義によって増進されたときですら、かれらの慎重さを示す一つの証拠でもあった。安全保障と貿易は武力によっても勝ち取ることができたわけだが、これらはアジアの人々との協力と衝突の回避によって最もうまく維持されるものだった。多数の博学なヨーロッパ人がアジアの諸国家や文化に対してひどく批判的になりつつあったものの、キリスト教への転向を強引に奨励して「保守的な」ヒンドゥー教徒や「熱狂的な」イスラム教徒の神経を逆撫ですることは意味なしとする人がいまだに大勢を占めていた。

このことは最もはっきりとインドに当てはまることだった。イギリスは東インド会社を通してこの亜大陸の大きな諸地域を管理していたが、宣教師たちは1813年以前にはインド領内での宣教を許されていなかった。インドにおけるポルトガルとフランスの居留地は、18世紀のカトリック宣教活動への妨害によって深刻な影響を受けていた。四つあったポルトガルの司教管区に、現に信徒たちがいるのに、司教不在ということが頻繁におこった。辛うじてトランクェバルとセランポールのデンマーク人居住区において福音宣教が公的に奨励されており、少なくともインド南部においてはキリスト教知識普及英国協会の援助をえて、ルーテル派の宣教師たちが相当数の改宗者を獲得した。

アジアの他の地域ではキリスト教定着の見通しはインドの場合よりも一層端的に非ヨーロッパ人の統治者たちの意志に左右され、そして一般的にはインドの場合よりもさらに制約が厳しかった。日本では長崎に近い出島に許されたごく小さなオランダの足がかりがあっただけで、中国では西洋人の居留は広東とポルトガルの植民地マカオにおける交易に制限されていた。日本と中国の両国においてキリスト教は非合法化されていたうえに初期のローマ・カトリックの活動の痕跡を根絶させることに過酷な迫害が大きな役割を果してきていた。セイロンとジャワおよびインドネシアの各地におけるオランダのカルヴィン派の宣教は、非常に盛大になったことは一度もなく、1800年までに顕著に衰微してしまっていた。かれらの宣教努力の大部分は、かれらに先行して布教活動をしていたカトリック教会の業績を帳消しにすることに注がれたが、これはアンボイナ以外の地では大体成果の上がらない活動におわった。セイロンにおいてはスペイン支配下のフィリピンやベトナムの諸地域と同様、強力なカトリックの諸共同体が引き続き存在した。しかしながら、南部および東部アジアの残余の地域では、いかなる形態のキリスト教も完全にゼロではないにしても実質的には存在していなかった。

このような事情は、高まりゆく戦略上および商業上の関心と衰退をつづける宣教活動の双方から生じてきた一方で、それはまたヨーロッパ人による福音宣教の規模の貧弱さに由来することも若干あった。この規模は18世紀はじめの活動の絶頂期にあった頃ですら貧弱であった。しかしながら、このキリスト教の伸び悩みは、上記の諸事情よりもはるかに大幅に、アジアのいろいろな社会の長年にわたる他のものを受け付けない不浸透性を映し出していた。アジアの諸社会はヨーロッパ世界のものと同じく独特の宗教的発展の長い歴史を有していた。イスラム教・仏教・儒教・ヒンドゥー教・神道および道教の信仰がそれぞれ深く人の心に浸み込んでいて、それらはしばしば、おびただしい数の社会的関係、共同体社会のしきたりや仕組み、および教養の伝統のなかで混じり合った。これらのものをしのぐことは困難であって、とくにたいていのプロテスタントの伝道者が好んだ一人ひとりを切り崩す手法による改宗勧誘は勝ち目が薄かった。カトリックの典礼をアジアの諸社会で有力な宗教的慣習に適応させる試みは事実上その廃止を宣告された。それは1740年代にローマ教皇が中国およびインドのマラバール地方の典礼に対して同様の趣旨の布告を行ったことに起因しているのだが、それ以来ずっとキリスト教が定着する機会はさらに一層制約されてきていたのだった。

このような事情にもかかわらず、19世紀と20世紀の初期のアジアでは、アフリカの場合と同様に、キリスト教活動の大きな発展が見られたが、これは1790年代にはじまったものであった。バプティスト派宣教師のかの有名な人物群、ウィリアム・ケアリ、ジョシュア・マーシュマンとウィリアム・ウォードがカルカッタのイギリス本部から遠くないセランポールの地を活動の根拠地と定めた。そしてかれらの布教は居留地外の遠い地域まで影響をおよぼした。東インド会社自身も英本国での福音伝道の復興に触れないわけにはいかなかった。東インド会社の役人たちは伝道活動を見て見ぬ振りをしはじめ、会社所属の牧師のなかにはそれに同調する者さえいた。広東ではロバート・モリスンがみずからの福音伝道をはじめ、同会社の通訳を勤めるかたわら最初の中国語聖書作りを手がけた。1813年の会社規則改定によって宣教師たちは会社の勢力範囲内での活動を、許可をえた上で、行うことを許された。1833年にはかれらは自由に各地を巡回することを許された。1840年代からのカトリック宣教の復活は全アジア地域に顕著な影響をおよぼし、1910年までにアフガニスタン、

左 宗教活動とヨーロッパ人のアジア居住
宣教師たちに課せられた任務の大きさを考えると、アジアの改宗を目指して1790年代に船出したこれら少数のヨーロッパ人宣教師たちを正当に評価することはおそらく今でもむずかしい。シドニ・スミス師(1771—1845)のような同時代人もまた、かれら宣教師たちのような「途方もない気違いを海外へ送り出せば、かれらが国からいなくなることだろう」と皮肉っている、「こられのような気違いがヒンドゥー教徒たちがわれわれに忠告してくれるよりはましなことになるだろう」と皮肉っている。かれらの明らかな無謀さはかれらがもっていた神学を理解することによってのみ説明することができよう。かれらの神学は、アジアとの距離的な隔たり、アジアの巨大な人口、そしてアジアに深く根を下ろしている世界的大宗教を恐るるに足らずとするものであった。イギリス最初の宣教師ウィリアム・ケアリ(1761—1834)はその神学をつぎのように書いている。「これはわれわれが、救い主の福音によって追及を促されているばかりでなく、人間としての追究を奨励されている目標なのである。だから、その目標のなかにふくまれている良心的行動に取り組めばそれは、われわれが恩寵の導きに従っていること、宇宙を慈悲で満たし、真実の博愛で包む『霊』の協働者となれることの最も強力な証明の一つになるだろう。」

右 巡礼は従来から世界の大宗教にとって、常に象徴的であると同時に実際的な重要性をもってきた。ガンジス川に臨むベナレスがヒンドゥー教徒を引きつけたとまったく同じように、インド人のキリスト教徒たちにとって、特別な重要性をもつ場所は、マドラスの近くのミラポーレで、聖トマス廟がふくまれている。インドのキリスト教徒は、大部分が南部に集中しており、しばしば、巡礼者に対して伝統的に差し出される布施をありがたく思うほど貧しい人々である。

アジアへの宣教

ネパール，チベットだけが依然として宣教師たちに門戸を閉ざす国であった．宣教師たちの上記の努力はある程度成功した．それはキリスト教徒の古い共同社会を復興させることと新しい改宗者を作り出すことの二点におけるものであった．このような成果もあったが，それでも，ひどい無関心ときわめて強烈な敵意が依然としてキリスト教に対する特徴的なアジアの反応であった．その結果，アジアのキリスト教徒たちは，アフリカのキリスト教徒のそれに比すべき社会的地位とそれに見合う重要性を今までに獲得したことはまずなかったし，またアフリカなみの社会的・政治的刺激を他に与えたこともない．

インドにおける着実な発展

インドでは土着の制度と社会の改革に対する行政側の高まりゆく関心に並行して，福音伝道者たちはインド固有の宗教や倫理を非難し，改宗を求める情熱を燃やした．教会員と世俗の役人たちとのあいだの衝突と相互会議は，他のあらゆる地域におけると同様，インドにも存続した．それにもかかわらず政府の介入が深まり，シンド，パンジャブ地方およびアウドがイギリスの支配下に入ったように，宣教活動の範囲が大きくなり，聖職者の位階制が各地に確立された．布教活動はインド南部と西部に迅速に手を広げ，それよりやや遅れて中央および北部へ入り込んでいった．たとえば聖公会宣教協会は1852年にアムリッツァーに，1855年にペシャワールに達したにすぎなかった．聖公会主教管区が1814年にカルカッタに，そして1835年にマドラスに確立された．またローマ・カトリック教会が1886年にインドとセイロンにかれらの位階制をついに組織した．宣教方針もまたこの世紀の前半に幅広くなった．初期のころには，村々の宣教学校を仲介にして各地の言語で説教したり教えたりすることに重点が置かれた．しかしながらかのスコットランド長老派のアレクサンダー・ダフの影響を受けて，1830年以後には高等教育の発展が従来よりはるかに注目され，その教育の意図はインドの知的エリートを惹き寄せ，土着の諸宗教を頂上の部分から侵食していくことにあった．

宣教師たちのこうした努力の規模を誇大評価しないことは大切なことである．1851年までにインドで活動していたプロテスタントの伝道教会が19あり，それらはおそらく2億あった人口に対して約400の任命を受けた宣教師を提供していた．この宣教活動の結果は上記の状況を上回らないくらいの印象のものだった．同じ1851年にプロテスタント諸派による改宗者は9万1000人と称せられ，その大部分は南部諸地域における収穫であった．上層カーストの人間をキリスト教へと切り崩すどころか，宣教師団の教育方針はヒンドゥーとイスラム双方の信仰の改革と復興に刺激を与えた．キリスト教徒は西洋流の教育を受ける者のなかで常にごく微弱な少数派であった．とくに政府の財政援助を受けて，学校が1850年代から急速に成長したのがその理由であった．ボンベイ管区では，キリスト教徒は1880年代の初期には，大学生人口のわずか1.9％，中・高の学校では生徒の8.9％を占めていたにすぎない．

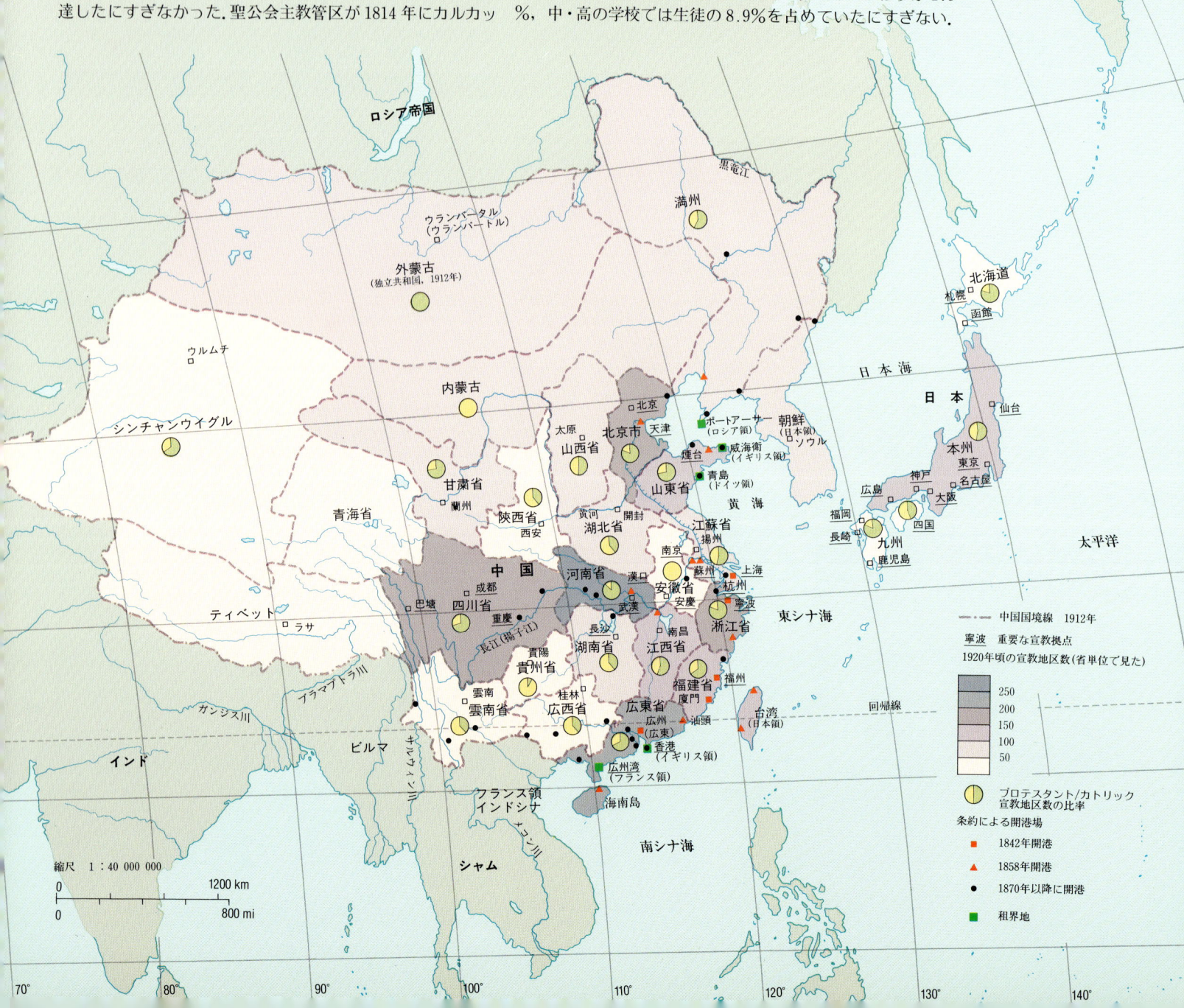

上 ジェームズ・ハドソン・テイラー（1832－1905）は中国内地宣教会を組織した（1865年）．この伝道会は，当時活動していた諸伝道会がもっていた熱心さ，官僚的制度，中央集権体制を真底から嫌う人々の思いを具体的に体現しようとするものだった．この会は超教派的であり，中国の必要に向けて作られた．この会の宣教師たちはできるかぎり中国人の生活習慣に倣い，素早く各地を巡回することによって福音を伝えることを要求された．しかしその巡回の旅はぜいたくで永住を目指す宣教拠点を作ることではなかった．

左 1920年までの中国と日本における宣教活動
極東でのキリスト教活動の一大拡張期が1880年代から1890年代にかけて訪れた．これは世界的な福音主義復興運動に刺激されたもので，ケジック会議や学生奉仕活動志願運動などと軌を一にするものだった．宣教師たちの自信の一源泉は歴史と歴史に介入する神は自分たちの味方であるという確信にあった．ウィリアム・キャスルズ（1858－1925）はかの有名な「ケンブリッジ七人男」の1人であったが，1885年中国に向けてイギリスを離れ，中国に到着してすぐこうぎった．「この中国人の群衆を目のあたりにして，私の心は高まり神に向かう．神はその力を高くあげ，われわれのもとに来て，この場所を福音の高波で素早く洗ってくださるように！そうならないわけがない！自然の高潮がおこる，この全域をすっぽり覆い尽くすように，恩寵の高波で覆うなら，そうならないわけがない．」1911年の辛亥革命がはじまった頃，西部教会の主教であったものが再びこう書いている．「神がこの動乱を使って神の御国をひろげ，教会を発展させてくださることは，当然ありうることだと考えることができますように！と願った．太平天国の乱と義和団の一源泉は歴史と歴史に介入する神はそれぞれに偶像崇拝を取り壊し，旧体制を揺さぶり，神の王国を設立するための準備をする方向に動いていたではないか．この新しい動乱も，そのような神の御業を大いに進めるものとなろう．」

1870年以後のキリスト教の発展は，こういった状況下にもかかわらず，以前よりは見るべきものがあった．布教方法に対する批判が高まり，業績が上がらないので宣教師たちはかれらが従来最大の影響力をもっていた諸集団，つまりヒンドゥー社会の下層階級およびイスラム教とヒンドゥー教信仰の勢力が最も微弱であった諸地域の住民に再び注意を集中した．キリスト教に対して自治体全体が動くことはこの時期に一応広く見られた現象であった．ルーテル派・スコットランド長老派・イエズス会などがみなすでにビハールおよびチョタナグプールの山岳民族のあいだで堅実な成功を収めていた．マドラス管区のテルグ地域とパンジャブ地方のシアルコートでは全地域の集団改宗がおこった．このような変化を助長したのは，キリスト教の教えをもっとぴったりとインド人の生活状態に密着させようとする企てが復活したこと，ならびに民衆のかかえている借金，農耕地の不足，さらに頻発した飢饉という危機的問題の両者であった．この二者の展開に直接結び付いて，キリスト教の福祉活動の進展が見られた．これは住民に教育を与えたばかりでなく，かかえた借金・失業・病気の問題にまで取り組んだ．1881年から——この年には417,372名と記録されていたのだが——インドのプロテスタント信徒数は1911年には160万にまで増加した．この総計の数字はローマ・カトリック教徒のそれと非常に似かよったものであった．

たいていのインドのキリスト教徒が低いカーストの出身であるという性格は20世紀中ずっとつづき，いくつもの重要な影響をおよぼした．信者の出身階層が低いことがインドの他の社会的集団がキリスト教信仰に対してもつ嫌悪感を増大してきたことはほとんど疑いを入れる余地がない．社会的地位と財政基盤を欠いているために，インド人司祭をもつことと教会の自立経営が二つとも遅れたのである．聖公会は1912年にやっとインド人主教を1名任命し，カトリックも1923年に同様な状況になった．そして宣教師たちは西洋流の教会の形態へ依然として非常に強い執着をもっていた．少数派である立場ゆえに，キリスト教徒たちはインド国政のなかできわめて慎重な役割を演ずる傾向にあった．なぜならかれらはいまだに主たる国家主義の政党に対して不信感をもっていたし，かれらみずからの将来について危惧の念をいだいていたからであった．しかしながら一つの地域つまり教会連合管轄下の地域で，インド諸教会が一つの重要な模範を示した．すなわち1947年にプロテスタントの五つの宗派から南インド教会が創設されるとともに監督教会と他宗派の諸教会がはじめて合流したのである．

中国における成功とその逆転

極東における「滅びゆく無数の」異教徒の救霊を求める福音宣教的関心があったにもかかわらず，中国および日本におけるキリスト教の再発展は19世紀中葉になってはじめて可能になった．イギリスの香港獲得と1842年南京条約が第一次アヘン戦争を終結させて，貿易業者のみならずいわゆる5条約港における宣教事業のために道が開かれた．宣教師側はさらに幅広い機会をたえず要求したが，西洋諸国政府は中国とさらにもう一戦を交えた後に機会をやっと確保してくれる．天津条約（1858年）と北京条約（1860年）により条約港の数は増し，宣教師たちは中国内部に入り込み，かつ宗教目的のための地所の購入を許可された．宣教師たちは速やかにこれらの突破口をしかと押えた．30年経つとプロテスタントの宣教師の数は81名から1269名にまで増え，これがまた倍増して1900年までに2818名になった．ローマ・カトリックの司祭は1890年に639名だったものが1900年までに883名となり，このほかに多数の修道会員とくに修道女が加わった．

武力で強要された条約締結の後尾について中国にやってきたために，宣教師たちの評判は悪かったが，かれらの伝えた教えは早くから影響をおよぼした．1850年から64年の太平天国の乱は清朝の権威を激しく揺さぶったが，この反乱ゆえに新参者の宗教キリスト教が乱れた中国の現況に重大な圧力をかけるためには，充実したキリスト教的霊感による着想が求められた．それゆえにたいていの中国人が外国人に対していだいている伝統的な敵意は，いよいよ宣教師に集中され，宣教師は多くの中国人にとってかれらが今までに知った唯一の外来人であった．たとえば，中国内陸伝道団による巡回福音伝道——この伝道団は1865年に創立され，その会員たちは中国人なみの生活を営み，他のヨーロッパ人の影響との接触をいっさい断ち切るように努力したのだが——は中国人との関係改善にほとんど成果を上げえなかった．たいていの宣教師はかれらの条約による権利を非常に強力に主張し，たとえば中国の祖先崇拝の習慣を公然と軽蔑し，かれらが導いた改宗者を過保護に扱っだりした．こういったことはみなその地の住民の怒りを買うやり方で行われ，中国の役人たちや地主階級の権威を徐々に侵食していった．1860年以後反外国抗議と文学が勢力をえてきた．知識人は西洋的思考のなかに見られるキリスト教に対する批判を取り上げ，また作家たちはキリスト教信仰と典礼を，中国人に不快感を与える表現で描写した．そして大衆の暴力が天津大虐殺（1870年）のような諸事件となって爆発した．抗議はついにその頂点に達して1900年の義和団事件が発生したが，それより以前の小さい諸事件の場合と同様，落ち着く先は鎮圧・報復的強奪・ヨーロッパ列強の命令による賠償金の支払いということだった．

中国人の敵対行為は姿を消さなかったものの，義和団員の抑圧，清朝権威の最終的崩壊および共和国の先触れとなった1911年の革命が，キリスト教が発展し比較的成功を収めた一時期を示した．1920年代の初期までキリスト教の社会事業，教育事業，およびキリスト教徒の数が，迅速に増えた．多数の中国人が西洋流の教育を受けること，あるいはキリスト教信仰をもつことが個人の栄達と強国としての安定した，近代化された中国の再構築への一つの道だと思った．この考え方に応じて，さらに多くの改宗者が中国社会の最下層の集団以外の集団から引き寄せられた．この様相は短命におわった．というのは聖書の用語と神学上の概念を中国人に理解できる訳し方で訳すことがいつまでたっても困難であることと相ならんで，キリスト教は中国の根本的諸問題と依然として結び付かなかった．宣教師の3分の2と中国人のキリスト教伝道士の3分の1が大都市に居住していた．しかし中国人の94％が農村の住民であり，それゆえ宣教師たちが田舎の事情改善の根本問題と本当に取り組むことは決してなかったのである．

中国の荒れ狂う国内情勢のなかにあって宣教師たちが教会の支配権を中国人に譲り渡すことを渋ったのは理解できることだが，中国側はこれを外国人支配の継続を示す証拠として憤慨した．これに加えて，キリスト教と宣教師はいずれも，各地の軍司令官とか督軍に反抗して全国統一を目論む国家主義指導者たちにとって助けになる存在ではなかった．キリスト教徒に対する国家主義指導者たちの態度は，時折友好的であった一方，一般に没交渉の域を出ないものであった．とくに1924年から1927年までの都市における広範囲にわたる反外国勢力暴動を背景にしてそういう態度であった．1920年代の中期以降に行われた聖職者と経済の諸問題に対する宣教政策の調整は，20年間にわたって国民軍と共産軍との内乱あるいは日本軍との交戦によって荒廃させられた一つの国家に対しては大いに的外れのものであった．この二つの戦争は中国自体も破壊したのだが，キリスト教の企図をすさまじく破壊したのであった．そして1945年から49年という年月は復興を果たすためには短すぎた．共産主義者たちが1949年に中国を引き継いだときにはキリスト教徒は最も多くて470万くらいしかいなかった．かれらはすぐに生活の便宜を奪われる羽目になり，棄教を促す重圧にあえいだ．

アジアへの宣教

制約された日本における福音宣教

　日本では宣教の働きかけは中国の場合と似たような形態を取ったが，もっと緩慢に小さな規模で行われた．西洋の宣教師たちが1859年に東京・函館・長崎で居住は許されたものの，キリスト教は依然として禁教の状態であった．1873年に試験的に信教の自由が付与されたが，1889年に明治憲法が制定されてはじめて信教の自由は保証されたのである．そのときまでに約450名のプロテスタントの宣教師が布教活動をしていた．しかし宣教師たちが国の内部へ入っていく旅はいまだに制限されていて，1899年になってやっと宣教師たちの住居が外人居留地に限って認められた．このように制約が引きつづいたことは，日本帝国政府が中国（当時の支那）の政府と比べてはるかに強力であったし，また西洋諸国に，とくに1905年の日露戦争の勝利の後は，尊敬を強要していたことを示している．このように日本政府は，天皇の地位への崇敬と国粋的感情の高揚のために，キリスト教布教とキリスト教的教育を制限することを常になしえたのである．これはとくに1930年代に顕著になり，政府が1940年から41年に全プロテスタント集団を一つに合併させ日本キリスト教団を作るにおよんでその動きの頂点に達した．これに反対した集団は解散させられた．

　日本のキリスト教は，中国のキリスト教をさらに上回って依然として都会での宗教であった．そしてこの二国のいずれにおいても，インドにおいて経験された集団改宗の動きは見られなかった．プロテスタントもカトリックもどちらも武士階級の役職者を対象にして多大の宣教努力を重ねたが，かれらの運命は1867年の王政復古によって深刻な逆転をくらった．改宗者は出たものの，この人たちにとってすら西洋流の指導・典礼および宗派主義が常に不満の原因になっていた．1870年代に札幌農学校のような新設の組織のなかに起源を発する改宗者の小さな諸「隊」の一部のものは判然と日本的神学と組織を公式化しようと努めた．かれらの活動は1900年までに内村の「無教会主義」キリスト教なるものを育て上げた．無教会派の信奉者たちは，個人が神を直接に体験することと清教徒的倫理とを結び合わせ，小さな孤立した聖書研究会の会員制を通して発展した．西洋流の組織的かつ教義的累積物がこのように拒否され，後に他の独立した運動がこれに追従した．たとえば1945年に日本敗北後の困難な時期における東京の「イエス之御霊教会教団」がそれである．もっと庶民的でこれほど気取っていない水準では，「神の幕屋教会」が伝統的な庶民宗教および呪術とキリスト教ペンテコステ派の慣習とをなんとか工夫して混ぜ合わせてしまっている．

　上述のような独立した教会の存在は日本のキリスト教，少なくともプロテスタント系のキリスト教のなかのある活力を例証している．しかしながら日本の文化教養の大部分が保有している根本的に宗教離れの気質と家庭的または社会的絆が固いこと，この両者がキリスト教が確実に発展する余地をほとんど残してくれていない．ただし時折大きな個人的危機が人を訪れたり，社会の大変動がおこったりする時期はまた別である．1950年以来日本が経済的かつ政治的に回復してきたためにキリスト教のこれ以上の発展に歯止めがかかり，現在キリスト教徒であることを明言する者の総数は全人口の辛うじて1%と推定されている．

オーストラリアとニュージーランドにおける自発的参加の宗教

　オーストラリアとニュージーランドでは，キリスト教は（オーストラリア原住民とマオリ族の双方が宣教師たちの注目を引き付けたものの）宣教事業や国家による押しつけではなく，ヨーロッパからみずからの信仰をもち込んできた個々の入植者や役人たちの自発的努力によって確立された．ボタニー湾に囚人の流刑地を作ることが第一義的に頭にあって，1785年当時の英国政府は，宗教的制度・造営物または（本国から）送られてくる犯罪人のための指導や教育はいうまでもなく，政府みずからが派遣する役人たちのための専従牧師のことすらほとんど考慮に入れていなかった．英政府のこれに関連した無関心は1820年代の中葉までつづき，そのころに政府は英国国教会派の教会一つの経営支持のために流刑地の土地の7分の1を基本財産として付与された教会兼学校の組合を創設した．しかしながらそのときまでに自由移民が，刑期をおえた囚人たちに加わって，英国独自の宗派の多様性を改造してしまっていた．スコットランド系長老派信徒とアイルランド系カトリック教徒とがとくに多数であり，かれらは英国国教会派のいかなる体制をも忌み嫌い，とくにこの新しい天地ですべての宗派が聖職者と基本財産の双方を欠いているころにはそうであった．1836年にニューサウスウェールズ州が大宗派に対する国庫からの助成金問題を可決し，それが他の植民地でもしばらくのあいだ模倣された．しかし1871年までにそれは一般的に廃止され，宗教的篤志活動に頼るほうがよしとされ，国からの援助は俗界の教育に対するものだけとなった．1840年から英国の一植民地であったニュージーランドでは，同じ原則が1877年に採用された．ただしクライストチャーチ（英国国教会派）とオタゴ（長老派）に宗派の模範的共同社会を設立する企画は早くからあった．

　教会と国家がこのように早くから分離したことは一部には宗派心の強烈さを写し出していたが，それよりもさらに植民地社会の世俗的・自由民主的・物質的気質を見せつけたのであった．多数の入植者はいかなる種類の組織化された宗教にも敵意を抱く英国社会の種々の地域からきていた．また一部の入植者は現地における刺激や設備の不足ゆえに無関心になった．宗教的な重要目的に惜しみなく金を支出することは絶対にオーストラシアンの特徴ではなかった．英国国教会派とローマ・カトリック教徒はかれらの位階制度を樹立し，他の宗派は国家補助が行われていた年月のあいだにかれらの地位を固めた．しかしその後はその立場を維持するのが困難であった．社会福祉や外国伝道に対する援助はいろいろな面で熱心に行われた．しかし「道徳的向上」を含むこれらの運動と関連してしばしば連想され，オーストラリアの人々には「カタバン」として知られている狂信的な清教徒たちは，英帝国により近いところでは一般にそうであったが，それよりもなお一層軽く評価されていた．

　キリスト教的生活の最も論争の的となる局面の一部はローマ・カトリック教徒の存在であった．かれらは常に総人口の大きな部分を占めつづけていた．圧倒的にアイルランド系で

上　浦上天主堂は，建設当初，極東で最大のキリスト教聖堂であった．長崎にできた60ばかりの小教区教会の一つであったが，1945年原子爆弾で破壊され，1959年に再建された．1946年にできた日本国憲法は完全な宗教の自由を認めるものであったから，新しく全国カトリック中央協議会もでき，これが中心となってローマ・カトリック教会の再建が急速に行われた．信徒数は1946年の10万8000人から，1973年には35万8000人に増加している．

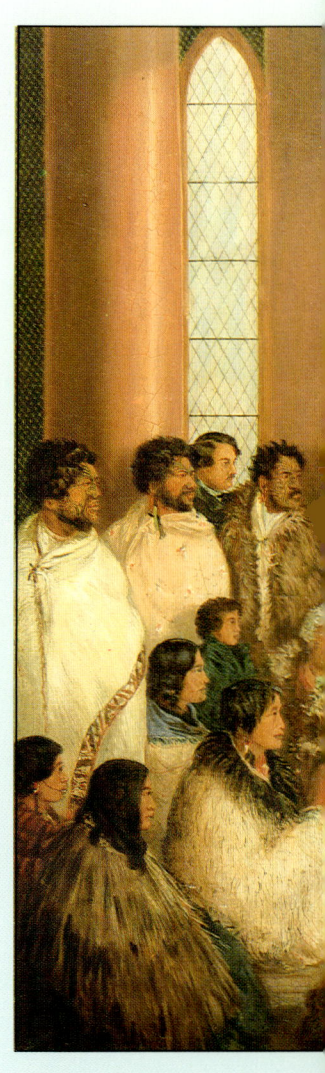

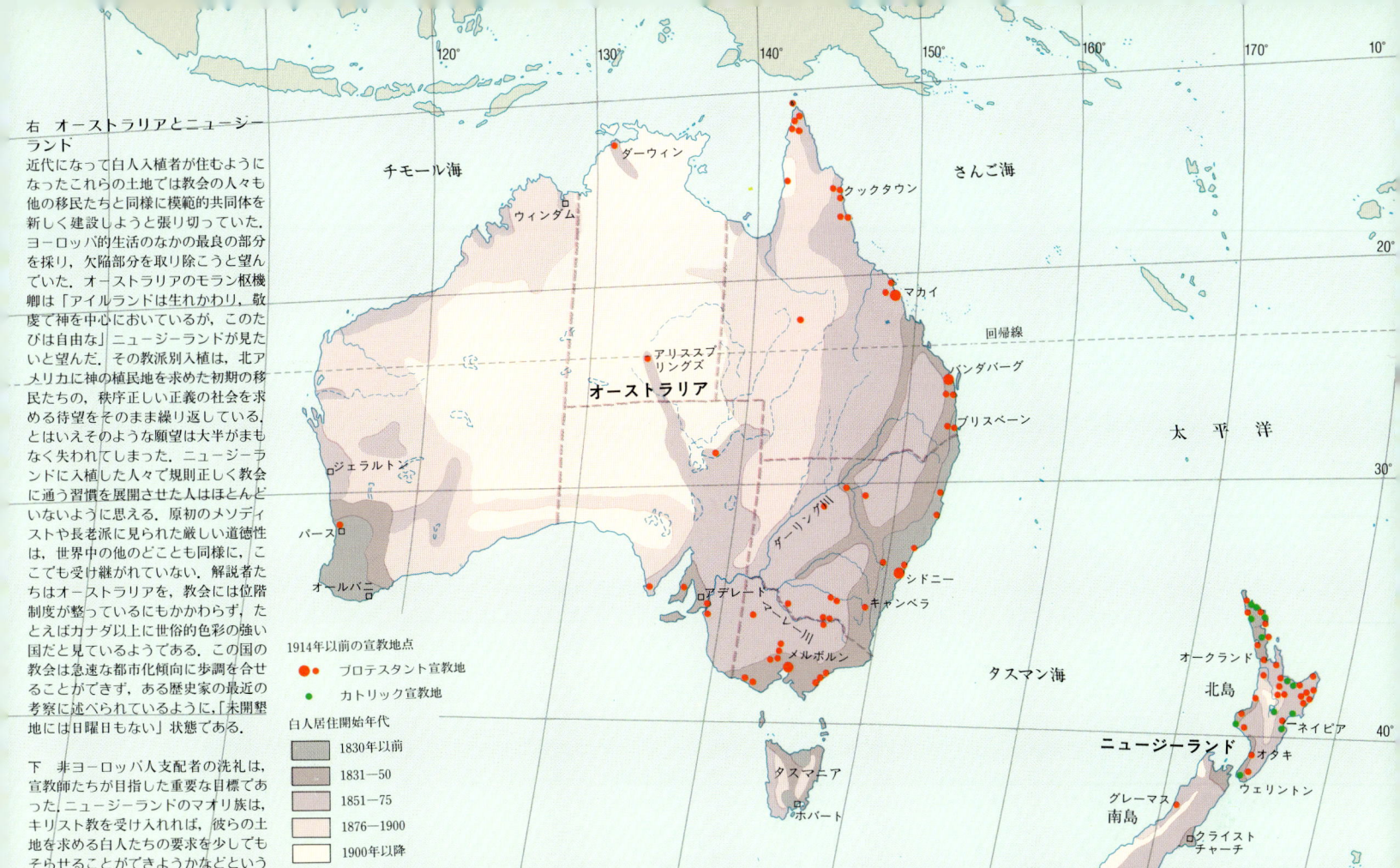

右 オーストラリアとニュージーランド

近代になって白人入植者が住むようになったこれらの土地では教会の人々も他の移民たちと同様に模範的共同体を新しく建設しようと張り切っていた．ヨーロッパ的生活のなかの最良の部分を採り，欠陥部分を取り除こうと望んでいた．オーストラリアのモラン枢機卿は「アイルランドは生れかわり，敬虔で神を中心においているが，このたびは自由な」ニュージーランドが見たいと望んだ．その教派別入植は，北アメリカに神の植民地を求めた初期の移民たちの，秩序正しい正義の社会を求める待望をそのまま繰り返している，とはいえそのような願望は大半がまもなく失われてしまった．ニュージーランドに入植した人々で規則正しく教会に通う習慣を展開させた人はほとんどいないように思える．原初のメソディストや長老派に見られた厳しい道徳性は，世界中の他のどことも同様に，ここでも受け継がれていない．解説者たちはオーストラリアを，教会には位階制度が整っているにもかかわらず，たとえばカナダ以上に世俗的色彩の強い国だと見ているようである．この国の教会は急速な都市化傾向に歩調を合せることができず，ある歴史家の最近の考察に述べられているように，「未開聖地には日曜日もない」状態である．

下 非ヨーロッパ人支配者の洗礼は，宣教師たちが目指した重要な目標であった．ニュージーランドのマオリ族は，キリスト教を受け入れれば，彼らの土地を求める白人たちの要求を少しでもそらせることができようかなどという空しい望みをいだくことなく，快く宣教師たちに応えた．

1914年以前の宣教地点
● プロテスタント宣教地
● カトリック宣教地

白人居住開始年代
1830年以前
1831–50
1851–75
1876–1900
1900年以降

縮尺 1：45 000 000

あって（1940年以降のヨーロッパの亡命者の流入までは）主として労働者の階層の人々であり，猛烈にお国風を尊ぶオーストラリアのカトリック教徒たちは，かれらを組織化するためにはじめに送られてきた離郷者の英国人たちを嫌悪した．1860年代から1930年代までアイルランドで募集された聖職者が教会の体制を整えた．カトリック的教育を擁護する必要からかれらは常時政治に介入した．そして多数のカトリック教徒はかれらの種々の要求貫徹のために1890年代から教会を当時台頭しつつあった労働党と提携させた．ヨーロッパ型のキリスト教から逸脱しているので，分派心と階層とお国振りがこのように一つに連結したことは，保守的なプロテスタント派の敵愾心を大いに煽った．とくに第一次世界大戦中にカトリック教徒が徴兵に反対したことに関してそうであった．カトリック教会の社会的要素が幅を広めていったことと，教皇ピオ11世の「カトリック・アクション」という社会的活動促進の運動方針に支援されて，社会に開かれたカトリシズムが1940年代に一種の社会再統合を促進した．カトリック労働問題研究会運動の会員たちが諸労働組合のなかで伸長しつつある共産主義の影響に対抗する一つの闘争を先導した．そして最終的に1954年にオーストラリアの労働組合を分断した．多数のカトリック教徒はそこで労働組合の世俗社会主義に背を向けた．一般にはカトリック教徒の政治的活動は以前よりはるかに直接的ではなくなった．

東方正教会

　1453年という年は帝国の崩壊よりはむしろ一つの幻想の終焉がその特徴であった．しかしながら一部の正教会はコンスタンティノープルの奪回という「大計画」を今もなおいだいている．15世紀中葉までに正教会信者の圧倒的多数の者がトルコの支配下で生活するようになっていた．多くの面で，トルコのスルタンが都をコンスタンティノープルに定めたことは，ビザンティン教会をさらに一層の混乱・会員組織の分解・経済力の低下から救ってくれた．コンスタンティノープルの総主教は他の東方教会大主教たちの轍を踏みかねなかったほどの状況であった．政治的・行政的組織としてはエルサレム，アンティオキアおよびとくにアレクサンドリアは弱体であって，エルサレムのみが若干の財政的資力を有していた．ただし正教会に属するキリスト教徒の相当数は依然としてパレスティナと北部シリアに在住し，その大部分はアラビア語を話し，アラビア語の典礼を用いていた．しかしギリシア語は依然としてこれらの総主教区の公式典礼用語であり，このことがギリシア語を語る聖職者階級と田舎の村人たちとのあいだに高い障壁を作っていた．コンスタンティノープル総主教区は数世代後には東方正教会の信者としてとどまった人々からさえも同じように孤立したかもしれない状態であったし，信者たちはトルコ語を話すようになったかもしれなかった．ただしこの事態には至らなかった．というのはオスマントルコのスルタン・メフメット2世がこの総主教区をかれの保護下に置き，正教徒の国民に対する責任を取らしめたからであった．コンスタンティノープルという総主教区は"ethnarch"(ethnos=国民, arch=権威)とよばれていた．そして16世紀にオスマン・トルコ人がシリア・パレスティナおよびエジプトを征服したとき，コンスタンティノープルの総主教の影響力は，理論上はそうでなかったものの，実際上はアンティオキア，イェルサレムおよびアレクサンドリアの総主教たちを任命することにまでおよんだ．これはなぜかといえばスルタンに顔がきいたのはこの総主教だったからである．1484年に早くも東方の四つの総主教区の全体会議がコンスタンティノープルで開催され，フィレンツェの会議を非難し，ローマ教会からの改宗者（トルコ人の占領下にあってラテン典礼が行われていた地域のギリシア系住民が主であった）を正教会へ受け入れるに必要な手段を講じた．

スルタンと総主教

　オスマントルコのスルタンたちは多くの点で全盛期のビザンティン帝国の「普遍性をもった」皇帝たちを偲ばせるものをもっていた．コンスタンティノープルの征服者であるメフメット2世は征服の翌日聖ソフィア大聖堂に行き祈りを捧げたとき，上記両者の相違点を鋭く意識した．かれはその教会をモスクに変え，「今より後，余の首都はイスタンブールなり」と宣言した．イスタンブール（ギリシア語のeis ten polinからきた「都市のなか」の意）が世界帝国に相応しい中心地であるというかれの信念は同時代の幾人ものギリシア人学者の共鳴をえた．たとえばゲオルギオス・トラペズンティオス（1395—1484）はメフメットについてつぎのように書いている．「かれがローマ人の皇帝であることは何人とも疑わない．帝政の座を掌中に握っている人物は正当な帝王であり，またコンスタンティノープルはローマ帝国の中心である．」この征服者の第一の関心事は治安維持にあった．イスラム教の究極の普及を望んでいたが，かれはイスラム教の伝統にしたがって聖書を聖なる書と見なし，キリスト教徒を「聖書の民」と見なした．こういうわけでキリスト教徒たちは寛大に扱われるべきだが，一段下の市民に格下げすべきだとされた．これはオスマントルコ人たちが，小アジアとバルカン諸国の征服を徐々に果たすあいだ，常にやりつづけてきたことであった．

　総主教の座が空席になったという事実につけ入るどころか，メフメット2世はグレゴリオス3世マンマスがイタリアへ逃亡したことによって生じた空白を埋めたのである．メフメットは経験豊かな聖職者兼行政官たるゲンナディオス・スコラリオスを選び1454年1月に厳かに儀式を挙行してかれを任命し，かれの役職に相応しい祭服，牧杖，胸飾りに付ける金の十字架をかれに手渡し，つぎのようにいった．「幸運に恵まれる総主教たれ．われわれの友情を確信し，そなたの先任者の総主教たちが享受したすべての特権を保持せよ．」この総主教とかれの開催する教会会議はいまやメフメットの許可をえて，主教任命の監督権を再び主張した．総主教裁判所は聖職者たちに対して司法権を行使した．そして教会法廷または聖職者「上級裁判官」がすでに14世紀に正教会平信徒に対して行使していた広範囲の司法権が組織化された．道徳や宗教にかかわる民事訴訟，たとえば結婚に関する諸問題・遺言書・遺産相続などに関するものは教会法廷で裁かれることになった．こうなった代りに，この新しい秩序を支持するために，教会の霊的権威を行使することができた．こういう事情でアルメニアの総主教（カトリコス）とユダヤのラビの長もメフメット2世によってイスタンブールに住むよう連れてこられた．この両者はそれぞれ自分の教会の民の長となることになった．

　一つの組織団体としてのこの総主教区は1453年以前の無政府状態が停止したことから利益をえた．このころまで，この総主教区は敵意の波高いトルコという海のなかの一孤島のようなものであった．すでに1400年までに少なくとも八つの首都大主教区と主教区をトラキアとマケドニアで放棄せざるをえなかった．たとえばアドリアノーブルは長期間，常駐の首都大主教を奪われていた．ある15世紀の作家はつぎのように嘆いている．「アドリアノーブルのわが国民の大多数のものがこっそり逃げ出して，その日暮らしの生き物になりさがってしまい，人間的幸せだけを願っている．」1454年には首都大主教たちに対する中央権力の締め付けが行われたが，それは総主教区にはスルタンの後盾があったからである．総主教区はまた最上層部の行政役職を満たすために多数の正教徒の人員を利用することができた．なぜかというとメフメットがイスタンブールへ多数のキリスト教徒，とくに商人を連れてきて，免税の利点を与えてかれらに商取引の再開を奨励し，かつかれらに住居を提供した．かれらは征服者の軍隊に屈服したので，アドリアノーブルや他の地域から——1461年以後にトレビゾンドから，1463年以後にモレア（旧名ペロポネソス）半島のアルゴスから，1475年以後にはカッファから，——移送された．当時のある西洋人がつぎのように書いている．「短期間のあいだにこれらの新渡来者はすばらしい家屋や教会を建ててしまった．」この人々の数は16世紀中にふくれ上がり，帝国の最後の数世紀のコンスタンティノープルの貧弱な人口をはるかに凌駕していた．最も裕福な家の多くは総主教区本部の近く，つまりイスタンブールのフェナー（ファナリ）地区に豪壮な邸宅を構えて住んでいた．これらの豪商たちはその地区の名にちなんで「ファナリオット」として知ら

壁に描かれた聖画．16世紀はじめモルダヴィアの教会ではかれらの聖堂の外壁を，聖書や身近な過去に取材した画面で埋めるようになった．ここに見えるフモール修道院のフレスコ画は，1453年のコンスタンティノーブルの包囲攻略を題材としている．こうあってほしいという思いとトルコ人への憎悪とが一緒になって，画家はトルコ人の敗退を描かせている．キリスト教はワラキア草原とモルダヴィア丘陵に長いあいだ信徒たちを有してきたが，14世紀に入ってようやくこの地方に組織的な教会が姿を見せるようになった．ビザンティンの総主教座から二つの首都主教座が認可され，アトス山から霊感を受けた修道院が，最新の祈りと神秘主義思想を，この地に広めた．17世紀末まで教会儀式は，教会スラヴ語で行われていた．これは9世紀にビザンティンからきた宣教師たちによってスラヴ人のために作られた文字言語であった．しかしこれは，ラテン語からきた言語を使っている一般の人々にはわからないので，上のフモールの写真のような壁画が多くを語ることになった．コンスタンティノープル総主教はトルコ人がルーマニアに対して支配権をもっている期間中，権限を行使することができた．現代のルーマニア正教会は，ブカレストに居住するかれらの大主教によって統轄されている．

れていた．かれらはビザンティンの高貴な家系の後裔であると偽証して肩をいからせかれらが用いるギリシア語を誇りとし，大聖堂の上級職を牛耳ろうとした．17世紀にはファナリオットはかれらの関心をモルダヴィアとワラキアの両公国にまで延ばした．そして個々のファナリオットはその地で諸侯となり，ギリシア人を昇進させて正教会の位階に入れ，ギリシアの学問を奨励した．ファナリオットのなかにはギリシア語を話す人々の帝国の再興つまりビザンティウムの人々の夢の改訂版ともいうべき「大計画」をいだく者さえいた．

総主教ゲンナディオスとメフメット2世の関係は友好的であった．しかしながら，総主教とスルタンとの協調関係は短命であった．メフメットの後継者たちは概して正教会の信仰に対してかれほどの共感を示さなかった．そしてシリア，エジプトおよびアラビアの征服者であるセリム1世(1512-20)はすべてのキリスト教徒を強制的にイスラム教に改宗させることを意図した．正教会のミッレト（オスマン帝国において公認された非イスラム宗教自治体）の首長の地位が重要であったから，メフメット2世はみずから総主教が主催する教会会議の影響力を強めることによって，総主教の両翼を短く刈り取った．この教会会議なるものは無記名投票で総主教を罷免する権限をすでにもっていたのである．総主教の命令は教会会議の同意をえたときにのみ拘束力をもつということがいまや公けに布告された．教会会議からのこういった要求があれば有力な総主教でも不具者同然にしてしまうことができた．そしてトルコの権威筋は，教会会議を構成する首都大主教と最上級の総主教区役員のうちで，教会会議での投票の方向を一転させるに足るだけの人員を容易に買収することができた．逆に聖職者たちは自分たち自身のための諸特権や，総主教の役職さえも，ふんだんに賄賂を使って入手しようとつと

めた．

オスマントルコ宮廷における堕落と官職任命権

オスマントルコ宮廷それ自体が通常諸党派から成り立っており，おのおのがスルタンまたはかれの側近の大宰相あるいはスルタンの母親に，影響力を求めてしのぎを削っていた．総主教は，国の一機関のようなものとして，このようにオスマントルコ政府がそれによって作動していた網の目のような仕組みと駆け引きのなかに組み込まれるに至った．15世紀後半から総主教の役職にありつこうとする人物はオスマン帝国政府に金を支払い，役職を手に入れるための一般相場はたえず上昇していったが，金さえ出せばどうにかなるというものでもなかった．教会会議のなかで重んじられている聖職者たちは気に入らない人物たちの任命を妨害することができた．アトス山が依然として道徳的権威と土地財産をもっていたので，この山は17世紀まで総主教に対して相当な影響力を保持していた．(好ましくない事情がいろいろとあったわけだが)とりわけスルタンの意志がきまぐれな場合があった．少数のスルタン，たとえばスレイマン大帝(1520-66)は総主教区の最上級役員のなかに秩序と永続性を希求したので，かれの治世中は総主教職を長年にわたって保有することが許された．エレミアス1世の在職21年間のごときがその例である．しかし総主教職獲得のための賄賂が転がり込んでくるので，総主教の在位機関が短いほうがはるかに多かった．幾人もの総主教が繰り返し罷免されては復職した．しかし「回転ドア」が賄賂と教会内のたえまない党派争いによってグルグル回されると，それは必然的に教会の全構造の質に悪影響をおよぼした．17世紀までに，総主教候補者たちは莫大な金を注ぎ込んでようやく目的を達する可能性が出てくるという始末になっていた．この巨額の金の工面をするのに候補者たちはごく近くの便利な土地にいるファナリオットの金満家の家系に援助をもとめねばならなかった．これらの富豪たちは総主教区の行政を牛耳っていたが，自分たち自身は聖職についていなかった．かれらは首都大主教またはさらに上級を狙う低階層の人々のパトロンである方を好んだ．時にはかれらは敬神の念によって心を動かされてパトロンとなり，さらにもっと頻繁に物質的考慮によって動機づけられてパトロンとなった．総主教や上級聖職者たちは17世紀および18世紀にはあらゆる意味でこれらパトロンの恩顧を受けていた．教会の資産は，スルタンの宮廷における陰謀に要する費用，ファナリオットからの借金の返済，受けた恩顧に対する返礼などに湯水のごとく使われた．聖職者の不正推挙は事実上制度化された．そして16世紀以降はたいていの総主教は取るに足りない人物だった．

いろいろな特権はもっていたものの，偉大なる正教会は二流の国民からなる社会を率いていたということも意識しておかねばならない．イスラム教からキリスト教への改宗は死刑をもって罰せられた．理論的にはまたイスラム法によれば，キリスト教徒に背教を迫ってイスラム教に改宗させることはできないことになっていた．しかし実際問題としてはこの手の改宗は広範囲に行われており，また殉教も珍しくはなかった．いろいろな派のイスラム苦行派修道者が正教徒の田舎の人間たちのなかで活発に転向者を生み出していた．たぶんこれらのイスラム修道僧のなかで最も大きな成功を収めたのはベクターシュ教団であったであろう．この人々のかもし出した法悦の境地，示した奇跡または野生的な踊りは，飲酒や男女間の自由な社交に対する非イスラム的寛容と結びつけられた．かれらの折衷主義の慣習は数多くの普通の農民たちにとって受け入れやすく，かつ魅力的にさえ思えた．この小作農たちの信仰にはおそらくきっと呪術や非公認の儀式を受け入れる余地が以前からあったのであろう．トルコ政府はベクターシュ教団に対する監視の続行に努め，時折かれらを迫害し

たが，かれらの布教師たちが各地を回ることを阻止できなかった．事実16世紀末までにベクターシュ教団はスルタンの直接指揮下の護衛兵団であるイェニチェリと密接に結びついていた．イェニチェリ自体は正教会に対する明らかな公的圧力である．なぜならかれらは大部分キリスト教徒の両親から生れ，幼い頃に捕らえられ，割礼をほどこされ，イスラム教徒として育てられ，イェニチェリの各連隊に奴隷として編入された人々だったからである．

16世紀と17世紀を通して正教会からイスラム教への転向がじわじわと浸み出る出血のように間断なくつづいた．非イスラム教徒はいずれも厳しい法的不利益を被った．なぜならイスラム教徒を一人でも含む事件はみなイスラム法廷での審理が必要であり，これらの法廷ではイスラムのカーディー（裁判官）が裁決を下した．キリスト教徒の証言は，これらの法廷では，キリスト教徒の遺言書が論争点になっている場合以外は，無効であった．だから意欲的で裕福な方に属するキリスト教徒たちはイスラム教徒になることによってかれらの財産や将来の展望を「確保」したい気持にさせられた．キリスト教徒たちに対して権利や特典を与えるスルタンの法令はかれらキリスト教徒たちの後継者たちに対しても拘束力があるものと思われていた．しかしこれらの法令は，それらがイスラム法に違反すると判明する場合には無効を宣言することができた．そして16世紀には教会がいまだにモスクへの転換を余儀なくされていた．教会の所有物がじわじわと失われ，それに対する適切な法的保護が欠如しており，総主教区の運営費とオスマントルコの好意をえるための買収金の費用がかさみ，これが原因で17世紀には教会は極貧と債務のなかに追い込められていた．17世紀後半にトルコ支配の土地を訪れた一人のイギリス人ポール・リコー卿はもとは正教会の教会であったものの「悲惨な」状態についてつぎの言葉を述べている．「善良なるキリスト教徒たちが曝されている圧迫と軽蔑，そして聖職者たちのなかの貧困に起因する諸教会のなかの無知」このイギリス人はつぎのように叫んでいるのだが，ここに見られた「奇跡」は「これほどの大きな反対勢力のなかにあっても，これほどの圧制を被ってもまだキリスト教信仰を堂々と公に宣言することが行われている」ということであった．

セルビア・ブルガリア・アルバニア

ギリシア語を話す人々のほかにも，東ヨーロッパには他の正教会の種族がいた——とくにセルビア人とブルガリア人であった．かれらの教会の諸組織がコンスタンティノーブルの「世界総主教」の管轄下に置かれたが，これは明らかにメフメット2世の命によるものであった．セルビアとブルガリアの教会はおのおのペーチとテルノヴォの首都大主教の支配下にあってある程度の自治を保っていた．これらのスラヴ系の聖職者たちとコンスタンティノーブルの総主教との関係はよくなかった．総主教がギリシア人を首都大主教位や他の高位に任命すると強烈な反対がおこった．セルビア人をなだめるためにオスマントルコ政府は1557年にペーチにおいてセルビア人による総主教管区の再編成を許可し，この管区は1766年までつづいた．ブルガリア人たちはそのような特権を与えられなかった．正教徒であるこれらスラヴ人はギリシア語を話す聖職者たちがオスマントルコ政府当局とのあいだで行う協力や策謀に怒りを覚えたが，これはかれらの自国とコンスタンティノーブルの双方で行われた．かれらの憤慨は昂じてオスマントルコ人とかれらのギリシア人の手先を排除しようという望みに発展し，かれらの独立戦争を戦う際にギリシア人との連携はできなくなった．しかし実際には，農業地区のセルビアとブルガリアの正教徒たちの生活状態はギリシアの田舎の奥地の正教徒たちのそれと比べて際立って悪いということはなかった．キリスト教徒としての生活様式は両者相似

しており，神に対する礼拝は依然として聖なる典礼を軸にして回転し，司祭が秘跡を執り行った．

ギリシア語を話す地域とバルカン半島の他の地域との一つの相違は，後者には重要な辺境地帯があって，そこにはトルコの兵士たちとその家族が大勢居住していた，という事実であった．そのような地帯でイタリアに面しているのがアルバニアであった．多数のトルコ人がそこで軍務に服した見返りとして土地を下賜され，土着のアルバニア人の多数の者がイスラム教徒となり，トルコ軍の兵として従軍した．アルバニアにおけるイスラム教の大勢力は16・17の両世紀にスラヴ語を話す正教徒たちの住む近隣諸地域に影響を与えた．コソヴォ平原のような地域は徐々にイスラム化されたが，正教会の信仰は1530年ごろにはまだこの辺りに普及していた．このころのある旅行者がつぎのように記録している．「ほとんどあらゆる村に教会が一つあり，司祭が1人いて，その人は聖パウロが確立した儀式を時折司り，その礼拝のために全共同体がこの司祭とその妻子の一生涯の生活を支えている…」これより一世紀後にローマ・カトリックの一聖職者がセルビアのいろいろな地方について「多数の正教徒がイスラム教徒に宗旨替えをしてしまっているが，それはキリスト教の信者に課せられる重税を免れるためである」という所見を述べている．18世紀の後期までに正教会の信仰はコソヴォ地域ではほとんど好古家の興味の対象にすぎなくなってしまっていた．一旅行者がつぎの記録を残している．「セルビアとアルバニアのほとんどすべての村々に教会の遺跡があり，こんな遺跡が二つまたはそれ以上ある村もある．」この人は当時イスラムであった村々に多数の教会遺跡があるのに気づいたのである．このような状態ではあったが，山の多い田舎の方のかなり広い地域は依然としてキリスト教であった．ただし信徒の信仰と典礼はしばしばでたらめで，正規の訓練を受けた聖職者による監督が欠如していた．社会的・経済的地位の向上を熱望する個々の人間はイスラム教徒になる傾向にあった．

上　リラの聖ヨハネ修道院．ヨハネはブルガリアの廷臣だったが，安逸の生活を捨て，リラ山脈の山奥へ隠遁した．かれは孤独を求め，長年にわたって樫の樹の空洞に住んだ．しかし正教会の多くの聖人の場合と同様，かれの生活形態が有名になり信奉者を惹きつけ，晩年のかれは弟子たちのために共住生活形態の修道院を建てた．ブルガリアでは，国がキリスト教に改宗するとそのすぐ後に修道院制が栄え，リラのような修道院が簡素な生活と学問と芸術の中心となった．ブルガリアは独立国家で，ブルガリア人の大主教を擁し，コンスタンティノーブルの総主教には名目上の忠誠義務をもつにすぎなかった．しかしながら正教会世界の宗教思想をともにし，ヘシカスムとして知られている14世紀の宗教運動では，ブルガリアの修道院が主要な役割を演じた．その後，トルコ人の軛の下に置かれた数世紀の長いあいだ，修道院はブルガリア的文学と国民としての誇りを保つのを助けた．

東方正教会

タタール人とツァーのもとでのロシア教会

ロシアにおける正教会信仰はこの種の抑圧を経験しなくてもよかった．それでもオスマントルコ帝国の領土内の正教会の諸教会とまだ十分には探究されていないロシアの諸教会のあいだには，いくつかの類似点がある．なぜならロシアはすでに外国人（タタール人）による占領を経験しており，またそれより少し早い時代に，つまり13世紀半ばから15世紀前半にいたるまで，専制君主制を経験していたからである．ロシアにおける教会は神を信じないタタールの統治基準の正統性を認めることを強制されてきていた．しかしその見返りとしてロシアは都市を保有し，法廷をもつことを認可され，多くの面でロシア教会は強力な新しい保護者をもつことから利益をえたのである．ロシアの教会がタタール人に強調したその度合いは，コンスタンティノープルのギリシア人の総主教とそれのもっともひどい場合よりもさらに一層露骨であった．すなわち全教会のなかでタタール人の汗（カン）の幸せのために祈りが捧げられたくらいであった．

コンスタンティノープルの総主教一行は，(フィレンツェの会議で）ローマとの結合に同意したことによって，正教会を見限ったと思われていた．そこで1448年にロシアの主教会議で全ロシアの新しい首都大主教が選出された．その5年後にビザンティン帝国の皇帝と総主教は，トルコ人の手にかかって，ロシア側から見て当然の報いを受けた．ロシアの教会はコンスタンティノープルから分離独立した総主教管区になることを即座には主張しなかった．1589年にその地位をやっと手に入れ，しかもそれは他の正教会の全主教管区の同意をえてのことであった．しかしながら，一部のロシアの聖職者は16世紀の初頭にそのような地位向上への道をすでに整備していた．そのころかれらはモスクワ公国の支配者を「ツァー」として歓呼のうちに迎え，モスクワを古代ローマとビザンティンに次ぐ「第三のローマ」として喜んで受け入れた．こういった聖職者は少数であり，またその考え方は，いろいろな含みがあったので，モスクワの政治家たちには徐々にしか評価されなかった．

右　玉ねぎ型の丸屋根が誇らかにそびえ立っている．「聖バシレイオス教会」として世に広く知られているが，この大聖堂は正確には「取り次ぎ者なる聖母」の教会とよばれる．イワン雷帝が1552年10月1日，取り次ぎ者なる聖母の祝日にヴォルガ河畔のタタール人の町カザンを攻略したのを記念して建立した．よく知られたほうの名前は，福者バシレイオスに由来する．聖なる愚者といわれた人でこの教会の壁のなかに埋葬されている．伝説によれば，イワン雷帝は，これほどの傑作を他に二つと作らないようにと，設計者の目を潰させたといわれている．イワンは確かにデザインには徹底した興味をいだいていた．ちょっと見ると，オリエント的幻想の奔出に打たれるが，教会は用意周到で均整のとれた基礎案に基づいて建てられており，基調に赤レンガを用い，細部が白レンガで整えられている．畝のある丸屋根を含めて，それはまさに絢爛たる装飾である．明るい色彩に目がくらみ，立ちすくむ思いがする．ナポレオンは，1812年モスクワから退却する前に聖バシレイオス教会を爆破するよう命じたが，かれの命令は実行されなかった．

それにもかかわらずモスクワを「第三のローマ」ととらえる概念は重大な意味をもっており，とくにそれが宣伝された状況ゆえに，またロシア教会がその後発展していった方向のゆえに，大きな意味がある．15世紀末に数多くの苦行僧が主教管区や修道院の大きな富，俗界とのかかわり合い，莫大な土地財産を非難した．これらの「非所有者たち」は教会は地上の王侯に屈従すべきではなく，また修道者は地上の財産には用はないはずだと主張した．修道院の土地所有を擁護する人々は，かれらの先導者ヴォロコラームスクのイオーシフなみに，つぎのように主張した．「修道院が所有している村々を取りあげられたら，立派な身分の高い人が聖職につくことができるだろうか．人から尊ばれるほどの修道僧がいなければ，首都大主教座，総主教座，主教座，その他の栄誉ある役職につく候補者をわれわれはどこで見つけることになるだろうか．またもし尊敬されうる高潔な修道僧がいなかったら，信仰自体がその基盤を弱められるであろう．」

ツァー・バジル3世（1505—33）は結局教会にその領地財産と，それらに対する広範囲の管轄権を引きつづき保有させることを決意した．この見返りとして教会はかれの専制的権力の行使を是認し，ツァーが世俗の問題においては生きた法律であり，かれの臣下の福祉に関して神に対してのみ責任を負うと教えた．つまり何人も正当にはツァーに反対できなかったのである．ギリシア人たちがメフメット2世と総主教ゲナンディオスとのあいだに結ばれたと思っていた種類の「契約」は存在しなかったし，実際問題として教会は支配者に抑制を加えることはできなかった．首都大主教フィリップ1世がイワン雷帝のやった残虐行為と無法な殺戮に対して抗議をしたとき，フィリップ1世は人里離れた修道院へ送られ，後に殺害された．17世紀なかばにモスクワの総主教ニコンが若きツァー・アレクセイの以前の家庭教師としての自分の影響力にものをいわそうとし，世俗の力を押えて教会の力が最高位にあると宣言した．しかし一度アレクセイの反感を買うと，かれは傲岸な迫力ある人物であったが，骨抜きにされ，最終的には罷免された．

ニコンとピョートル大帝の改革

若い頃のニコンは教会改革を意図し，聖職者の教育ならびに道徳の基準の向上を計った．かれは不規則的な慣習と何世紀にもわたってロシアの教会に忍び込んできていた宗教のなかの意味不明の，あるいは内容が誤っている文章を情け容赦なく排除した．かれはまたギリシア正教会に正しい典礼と規範の原理と，典礼書や他の宗教的著作の正しい原文を求めた．ビザンティン様式から逸脱し，西ヨーロッパの影響を示しているイコンは教会や個人の家の壁面からはずされた．詳細にわたる規定が，たとえば特定の祈りを唱えるあいだに片膝を折る回数について設けられ，また十字架の印はそれまで2本の指でやるのが慣習になっていたのを指3本を使って行うことになった．

こういった改革は国家権力をその背景にしていた．ツァーは礼拝のなかに秩序をもたらし，かつ教会の典礼を理解しやすくすることの必要性を正しく評価していた．ロシア流の典礼の昔ながらの伝統のなかにいかなる変化をもたらすことにも反対という痛烈な反対の声が教区の聖職者，修道士，および多数の平信徒から上がってきた．これらの伝統主義者たちは「旧信派」とか「古儀式派」として知られていた．この人たちは2本の指でなく3本の指を使って十字架の印をすることのような変革からは永遠の呪いが生じると恐れた．その論争は，「分離」として知られているのだが，正教会のなかで典礼やシンボルがいかに重要なものであったかをわれわれに思い出させてくれる．正教会の会衆の圧倒的大多数は純朴な農民だったのである．これら農家の人たちにとっては魂の救済は書物の内容を理解することよりも聖なる儀式を注意深く遵守することを通してあずかることであった．「分離」が見られたことはまた，キリスト教の礼拝がロシア社会の一般民衆のなかに十分深く根を下ろしていた一方で，その礼拝の儀式は過去何世紀かを経るうちにずいぶん「ロシア化」されており，また庶民のレベルでは信者が以前よりも幅広く，普遍的になっている正教会の一員であるという意識をほとんどもっていなかった，ということを示している．国家は「急進派」の教会改革に対する気違いじみた反対を解体した．こういった信徒のなかには礼拝儀式にいろいろ変更を加えると異端になるから，自分の魂を救済する最も確実な方法として死を選択するものがたくさんいた．修道士たちは改革反対の最前線にいて，そのやり方にはイコノクラスムおよびローマとの提携に関する論争におけるビザンティン教会の修道士たちを偲ばせるものがあった．一部の古儀式派は焼身自殺を選び，数多くの者がはるか北方の人里離れた荒野やシベリアへ逃れていった．そしてその地でかれらの礼拝式を継続した．これは物質尊重の思考に勝る，古い伝統のある，神への礼拝への注目すべき一例である．

このような事情があったにもかかわらず，ツァーの意志と権力はロシアの住民の圧倒的多数の者に新しい儀式を押し付けることに成功した．1666年から77年の教会会議はツァーによるロシアの教会の支配をすでに確認していた．上級聖職者たちはツァーに対して恭順の態度を取っていた．そして新任の総主教ヨアキムはつぎのようにいった．「皇帝陛下がどのような命令をお下しになろうとも，わたしはすべての点でそれに服従する覚悟がございます．」教会会議においてニコンが総主教としての自己の地位の優位を主張したが，それはつぎの断固たる宣言によって反撃された．「主たる皇帝は，教義以外のすべての事柄において，聖職者および高位聖職者をふくむ全臣民を支配する権利を有しているのである．」教会の組織はこのようにして皇帝の指示に従順であった．

ピョートル大帝がロシアにおける教会の改革を再編成し，この教会から免税その他の特権を剥奪すべくいろいろな方策を講じたとき，これに対する抗議の声はほとんどあがらなかった．大帝が取った措置のうちで最も急進的であったのは1718年に総主教座の廃止に踏み切ったことであった．この総主教座は18年間すでに空席のままになっていたのであった．1721年にピョートルは教会大学の設置を宣言した．「この大学は後記の規定に従って全ロシア教会における一切の教会組織の問題の管理権限を有するものとする．」その大学は，時を移さず「聖宗務院」と命名し直されたのだが，これは国家権力の一部分であり，その果たすべき機能は教会の管理と改革の双方であった．このことはユスティニアヌスだったら，全面的には是認しないだろうが，理解したであろう．

ピョートル大帝のねらいの一つは修道士と修道女の数を減らすことであり，もう一つは教会と男子修道院の膨大な歳入の一部を国家が自由に使えるようにすることであった．ピョートルはまた下級聖職者の質の向上を計った．というのはロシアと同様にバルカン半島でもそうであったのだが，司祭が結婚し，その息子たちが必ず父親の跡を継いで聖職者になり，かれらの共同体に密着したが，このゆえに中央によるかれらの監督がはなはだしくやりにくくなった．ピョートルの死の40年後に教会の所有地はすっかり国有に移管された．教会は1918年までずっとピョートルの教会管理規定の原則によって支配された．この規定が掲げた標語は国家にとっての効用ということであった．

正教会における信仰と儀式

こういった状況のなかで教義に関する重大な意味をもつ論争はなかったし，また教義からの逸脱行為もなかった．このことはトルコに抑圧されていた数世紀間の教会生活の非理知的な特質によるところが大である．神学の問題に関する考察

「親愛なる父」皇帝ニコライ2世は東部戦線の兵士たちに1枚のイコンを示している。ピョートル大帝はかれの宮廷から教会祭礼を取り除き、西洋から世俗的思想や儀式を移入した。にもかかわらず皇帝の善性や皇帝と神との特別なつながりについて、民衆の信心は強く残っていた。19世紀の「正教会・独裁制・国家」という公式の信条は、「キリスト教・皇帝・ロシア人とは相互に組み合された存在だ」と信ずる国民的信条を追認した。アレクサンドル2世が1881年に暗殺されたとき、ペテルスブルグの「流された血」のちょうど真上に「救い主」教会が建てられた。そして皇帝の伝記『解放者なる皇帝・殉教者なる皇帝』があらわれた。「皇帝がお与えくださる」と昔の人々は言い習わしていたが、1905年冬宮へ行進した労働者たちは、ニコライへの請願をこめて、「御身と御身の民とを隔てる城壁を完全に破壊し、民らとともに御国を統治されよ」と繰り返した。彼らは祈りを唱和し、イコンを掲げて進んだが、その多くが皇帝軍の銃火に掃討された。

がなされたことはきわめてわずかであり、書かれたものはさらに少量であった。そして教育関係の映像物の欠如がこの状況を継続させた。テサロニケとコンスタンティノープル自体のようなごく少数の地にしか、ギリシア正教徒の高等教育のための基盤が固く基金が豊富な学問研究所はなかった。神学的討議に関心や才能を示した例外的な正教聖職者はたいていイオニア諸島やキオスのようなイタリアに押えられていた島々、またはヴェネツィアとか西方の他の場所とかで教育を受けたのであった。西洋の著作に頼って学ぶ者もいた。プロテスタント諸教会との関係はきわめて良好なものがあった。それというのも正教会の司祭たちが教皇権に対していだく敵意は依然として強烈であったからである。1650年代にウクライナ地方でポーランドのカトリック教徒が正教徒を迫害したのをみずから観察したことを思いめぐらして、アレッポの助祭長パウロはつぎのように書いている。「神よ、トルコ人の帝国を永続させたまえ。なぜならばかれらは租税を課し、かれらが統治する臣民がキリスト教徒、ナザレ人、ユダヤ人、サマリア人のいずれであるかを問わず、宗教問題に立ち入らなかったからです。」ローマ教会に対抗する議論のためにプロテスタント的思考に目を向ける際に、正教徒の神学者たちはプロテスタント思想を吸収しそれを伝達する傾向があった。このようなわけで総主教キュリロス・ルーカリスはジュネーヴで印刷されたかれの『信仰告白』（厳粛な信仰宣言）のなかで予定説と信仰のみによる義認論に関してカルヴィニスト的思想を提示した。

ロシアにおけると同様、正教を信ずるバルカン諸国でもそうであったのだが、小教区の司祭とかれの村落共同体のあいだには親近感の強い絆があった。しばしば司祭はあらゆる意味で村人と同じ言語を語る土地の人間であり、かれ自身もある程度農作業に従事していた。誕生・死および盛んな繁殖と豊かな収穫といった人間の大きな関心事が、異教の古代からの風習にその起源をもついろいろな慣習——たとえば結婚式のおりの花冠の使用、墓に貨幣（三途の川の渡し守カローンに渡すオボロース銀貨）を入れること、葬式の食事など——を引きつづき遵守させた。各地方の聖人なるものがたくさん存在していて、それらは個人の保護者とか共同体の「味方」とさえ見なされていた。共同体はこれら聖人たちの祝日を祝い、かれらの聖画像やテサロニケの聖デメトリオスやコンスタンティノープルの保護者たる「ブラケルナエの神の母」のいわば素朴なそっくりさんを敬った。このように尊敬される人たちは「新殉教者」、つまりトルコ人と衝突して殺された正教徒のキリスト教徒、が加わることによって時折その数が増した。聖人たちは年中行事の祭りによって敬慕され、これらはバルカン諸国における大衆のキリスト教の最も活発な表現の一つであった。地方の会衆に対して上から規律が効果的に押し付けられた証拠はあまり見つからない。教区主教たちはその資質において大幅に個人差があったが、資力欠乏のゆえにほとんどいつも不利な条件を背負っていた。このような悪い事情が招来する弊害や無秩序がいろいろあったが、地方の小教区は大いに自己規制をやっているように見えていた。正教徒の諸地域を通じて伸びていたおそらく最も意義深い拘束力のある靱帯は本書の概説の数々の初期の段階で触れた個人個人である。それは聖職者であり、とくにアトス山の修道士たちであった。

アトス山

アトス山はトルコ統治権があることを早くから受け入れていた。そしてその見返りに自治修道院連合としてのみずからの地位を認めてもらう命令書を受け取っていた。これらのトルコの命令書でさえもアトス山のことを「夜となく昼となく神の名があがめられる地」また「貧困者と旅人の避難所」として述べている。15世紀と16世紀のあいだに多量の建築作業が行われ、最もみごとな壁画のいくつかが仕上げられた。たとえば1535年ごろ大ラウラ修道院の中央聖堂のなかに描かれた、あの偉大なクレタ島出身の画家テオファネスによる壁画がそれである。16世紀中葉には新しい修道院が一つ創設されさえした。その名はスタヴロニキタであって、長く捨てられていた同名の修道院の敷地跡に建てられた。この修道院の建設資金はコンスタンティノープルの総主教エレミアス1世によって用意され、かれは定期的にこの聖なる山に杖を曳いた。16世紀と17世紀の何人もの総主教がアトス山との緊密なつながりをもっていて贈物をしたり、時にはそこで余生を送ったり、そこから教養があり節操のある修道士を抜擢して主教に昇進させたりした。17世紀にアトス山修道士たちの諸国行脚は増えたのだが、それは浄財集めの必要にかられたからであった。かれらが訪れた土地のなかでトルコ人に財産を取りあげられなかった所は重税と勝手気ままな賦課の圧政下に置かれていた。しかしこの浄財集めの遍路はまた修道士が聖遺物を衆人に見せたり身をもって究極の敬虔の例を正教徒の平信徒に顕示する機会でもあった。1734年にワラキアの領主がフィロテオの修道院に対して年間手当を支給した。それに対する見返りの条件はそこに保管されている聖遺物の一つ、聖ヨアンネス・クリュソストモスの右手を、祝福の恵みを授けるために、公国へ年に1回届けることであった。

聖遺物や奇跡をよぶ聖画像をそのように定期的に展示することになって、支配層のみならず一般人もアトス山の修道士と接するようになり、またかれらはそう信じていたのだが、神なるものの顕示に触れたのであった。かれらは正教会信徒のなかに総主教を中心とする組織機構がめったに提供できな

東方正教会

い一体感を灯しつづけた．アトス山の修道士やその他の修道院中心地，たとえばパトモス島，キオスとメテオラのネアモネ修道院の修道士たちは，バルカン半島や小アジアの正教会信徒のなかで，よりつつましいにしても同じような役割を演じた．ここの諸国行脚の修道士は頼まれた人々のために祈りを捧げたり，説教をしたり，時に聖画像や聖遺物を見せたりしながら，郡部のほうを巡回した．これら修道士たちは一般人から大いに尊敬されていた．

このように修道士たちはアトス山系統の修道院の多数のものが17世紀末以降ずっと深刻な財政的苦境に陥っていても行脚をつづけていた．アトス山自体では修道士の教育水準が低調になり，そして18世紀中葉にここに高等教育機関を設けて事態を救済しようとした企ては成功しなかった．修道士と司祭の無知は18世紀と19世紀の旅行談のなかのほとんど決まり文句になっている話題である．修道士が書籍や学問に対して無関心であったことについての最も真に迫った描写の一つはロバート・カーソンの書いたものであるが，かれは1837年に写本を探し求めてアトスへ旅したのであった．いくつもある修道院の図書館の一つのなかでかれが見つけた「きわめて古い時代のアンシャル書体のギリシア文字で書かれた紙片一枚」を所望したところ，修道院長はつぎのように快くいってくれた．「お安い御用です．でも何のためにご入用なんですか．私の召使がそんな紙はわたしの家にあるジャムの瓶や保存食品の入れ物の蓋にするのに役立つかもしれないといってましたよ．ああ，遠慮なさらないで，もっとお取りください．」そしてその修道院長ともあろう人が，いとも簡単に，運の悪い一冊の分厚い四つ折り版の『使徒言行録』の写本をわしづかみにし，ナイフを一丁取り上げて1インチほどの厚さに紙を切り取ってくれた！修道士たちの「無学」はいくぶんかは意図的に生み出されたものであった．つまり信仰の最重要部分を理解することにとって余分である知識は無駄であり，危険であるとすら考えられていたのである．しかし一部のアトス山の修道士たちは霊性に関係のある「内的」学問には引きつづきしっかりと励んでいた．一方かれらはビザンティン修道制が常に不信感をもっていた「外的」学問は敬遠していた．

ギリシアの独立戦争とギリシア正教会の離脱

コンスタンティノープル総主教がオスマン帝国の支配と緊密に手を結んでいたことは必然的に「トルコの軛」を振り解こうとする連中からの非難をまねいた．幅広い社会的かつ文化的亀裂が正教会の平信徒およびかれらの教区司祭たちと，総主教とかれの輩下の上級聖職者とのあいだに大きく口を開けていた．後者の多くのものはファナリオットであって，オスマン帝国政府に頻繁に出入りし，西洋（「ラテン」）思想を追及する趣味をもつ都会風に垢抜けした文化人であると同時に，断固たるギリシア語擁護派であった．ファナリオットたちとコンスタンティノープル総主教たちは——オスマントルコ支配下の，つまりアレクサンドリア，イェルサレム，アンティオキアとバルカン諸国のなかの，他の総主教たちや教会の位階制度の最高役員の多数の者をギリシア語を話す人々のために確保すべく——スルタンたちに対してかれらの影響力を活用していた．多数のファナリオットたちがボスフォロスにギリシア帝国を樹立すること（「大計画」）を希望していた．そしてファナリオットたちは1821年にモルダヴィアとワラキアの両公国に反乱を引き起こす媒介者となった．同じ年にコンスタンティノープル総主教グレゴリオス5世はかれが主宰する主教会議の上級聖職者たちの数名とともに殺された．しかしこの人々の死は総主教座の威信を示すのには何の役にも立たなかった．反乱に対するこの処刑の反応は相反感情，そしてむしろ正式非難の反応となってあらわれた．その後の独立戦争の英雄としてあらわれたのは地方の聖職者と修道士であった．ペロポネソス半島の主教たちはこの戦争のなかで

上 キプロス島でのギリシア正教会のお告げの祝日．聖人たちの祝日や他の宗教的祭日は，地方共同体の全体をあげて祝われる．一般信徒が彼らの司祭とともに「教会」を作りあげていくというのがギリシア正教会の中心的な形態である．比較的大きな集団では，これらの催しは注意深く組織される．イコンや聖遺物などが荘厳な儀式として，通りから通りへと運ばれ，時々は護衛の儀杖兵が付き従った．現代においてもなおこのような祭りにはしばしば音楽や踊りで賑う縁日が開かれる．

右 2人でウゾーを！ギリシア正教会の司祭は，とくに田舎では，信徒たちの友人であり，隣人である．学校で信徒の子供たちを教えた後など，信徒たちとともに休息し，今年の収穫を語り合う．あるいはかれ自身の小さな菜園の世話をする．

上右 常に聖なるロシア．祭日にイコンを掲げて行列することはロシアでも行われる．ニキタ・フルシチョフは嘆いた．「民衆はしきたり通りにしか動かず，まったく正反対の証拠があるにもかかわらず神を信じている．」第二次大戦中，ロシア正教会は，そのいくつかの教会を再開することが許された．そのお返しとして，聖職者たちは侵入者たちに反対する愛国者たるべきことを要求された．1950年代に入ると，フルシチョフは宗教寛容政策を引っ込めたが，弾圧は今ではいくぶん弱まっている．

東方正教会

下 アルメニアの聖職者たちが、ベツレヘムで彼らのクリスマス祭儀を行っている。イェルサレムの近くにアルメニア人居住区がある。アルメニア人は300年頃キリスト教を受け入れた。彼らはカルケドン公会議(451年)(前出 p.32参照)によって公布されたキリストの神性に関する定義を拒否したので、ビザンティン正教会の眼から見た「異端者」とされた。アルメニア教会はエチミアジン(現在ソヴィエト領アルメニア)に住むようになったカトリコス(=アルメニア使徒教会の首長)によって14世紀以来指導されている。アルメニア人は多くの弾圧にもめげず、かれらの教義・教会・アルファベットを保持しつづけている。

最下段 ワディ・ナトゥルンに残っている四つのコプト教会修道院の一つに住む修道士。ここはファラオの時代から聖なる場所であり、修道士たちは1600年以上もここに住んできた。エジプトにはおそらく500万から600万人のコプト正教会信徒がおり、多数の政府要人も知的職業につく人々もふくまれている。

顕著な役割を演じた．古い歴史をもつパトラスの首都大主教ゲルマノスが率先して北部ペロポネソス半島における反乱の開戦を布告した．キオス島のネアモネ修道院の修道士たちは，その騒乱に引き込まれた．そして現在なおこの修道院に保管されている，体から切断された頭蓋骨は，1822年この島でおこった暴動に対するトルコ側の残忍な抑圧を偲ばせる．約2万5000人がそこで虐殺された．その後の数次にわたる反乱においても修道士たちや教区司祭の目立った参加が見られ，それはしばしばかれらを死に至らしめた．たとえば1866年のクレタ島での蜂起の際も，レティムノン近くのアルカディの修道院が土地の農民たちの最後の砦となった．トルコ軍に降服することを潔しとせず，大修院長ガブリエルは火薬樽に火を放って，味方の勇敢な防衛者もろとも敵の軍勢を粉々に吹き飛ばす方を選んだ．

1828年以降ギリシアが独立国家として出現した時，その国家の指導者たちがかれらの教会であるギリシア正教会を，当時なおコンスタンティノープルにいてオスマントルコ帝国の支配下にあったコンスタンティノープルの総主教に，従属させないと決めたが，それは，驚くにはあたらない．1833年，プロテスタントを信奉する若き国王オットー1世はギリシア正教会を独立自治教会とする布告を出した．この状況を総主教座は渋々ながら17年後に承認した．ギリシア正教会の教会憲法はドイツのプロテスタント系教会の線に基づいて作られ，国家によって厳しく監督されており，国家の「監督官」が教会会議の場に臨席した．アテネと全ギリシアの総主教がこれら諸教会会議の議長を務めた．教会憲法における根本的変化は1967年に生じただけで，そのとき軍事政権の法令によって，教会は国家から従来より大幅な独立を容認された．ギリシア正教会は長期にわたって国家の支援から利益をえ，国立学校における教育内容を監督する大きな権限をえていた．一方で「生命の兄弟団」のような運動は各派のネットワークを創成し，教養ある俗人信徒の敬虔な感情を組織化した．農村レベルでは司祭たちはかれらの村の共同体に生活基盤を置いた，所帯もちの司祭たちであった．今日でも聖なる祭儀を行い，自分の畑のオリーヴの木を剪定し，村の居酒屋の外で噛みタバコを噛むパパス（司祭）の姿は，かれが司牧する民衆の大多数の者と大して変わらないのである．

総主教権の衰微

新生ギリシア王国は，当初はペロポネソス半島，アッティカ，コリント湾北部地方からなるごく小さな国であった．だから正教徒のギリシア人の大多数はオスマントルコの支配下の生活をつづけ，コンスタンティノープル総主教をいただくギリシア正教徒集団は相変わらず大きく，満足さえしていた．キングレイクは1830年代につぎのような観察をしている．「立憲国家の境界線を越えて，旧トルコ政府領土への移住を行うことによって，国民は正教徒たちが概してトルコ人の軛の下であえぐことの方をよしとすることを示していたように思われる．」しかし1821年のでき事を二度と繰り返さないために，オスマントルコ政府の総主教座に対する監視の目は厳しさを加え，総主教座の威信はさらに低下した．これに加えてギリシア語を話す人々とスラヴ系の人々のあいだの共感部分が根本的に欠落し，アトス山における双方の修道院のあいだでの反目感情はこのことを反映していた．

オスマントルコ支配が崩壊するにつれて，独立への頭角をあらわしたいろいろなバルカン諸国は，かれらが嫌っていたコンスタンティノープル総主教座への忠誠を取り下げた．1879年にセルビア教会が自治独立教会となり，その1年後にセルビアが国家としての独立を達成した．

1920年から22年にかけて五つの分散していたセルビア人の主教区がベオグラードに住むセルビア人の総主教の下に再統合された．ブルガリア正教会は，ギリシア正教会の当局者筋がスラヴ語での礼拝を認めないことをひどく憤慨した．1870年にスルタン自身が別個に分離した教会組織を求めるブルガリア人の要求に応じた．これに対する総主教の反応は速やかにブルガリア人たちを破門することであった．この教会分裂は独立国家ブルガリアが成立してから後も長く1945年までつづいた．ルーマニアでもまた国家の独立は総主教座に権威の喪失という苦痛を与えた．1885年総主教座はルーマニア正教会の自治独立を認めることを余儀なくされたが，この独立はその20年も前からルーマニア人自身が宣言していたものであった．

総主教座がオスマントルコのスルタンから長期にわたって恩顧を受けてきたことが，今や報復として跳ね返ってきていた．ギリシア対トルコ戦争でのギリシア側の決定的敗戦から後，小アジアに住んでいたギリシア人はほとんど皆すべて1922年にギリシアに移住させられ，ギリシアにおける教会は初めてギリシア正教会信徒が明瞭に大多数を占める教会になった．総主教座教会の信徒はイスタンブールに住む正教徒市民だけになった．総主教アテナゴラス1世（1948—72）という非凡な人物が，かつての「神に守られている町」に残存している教会やキリスト教徒の権利を守るために若干のことをやった．しかしコンスタンティノープルが正教会の総主教たちのあいだにまだ保持していた光栄ある首位権はいまや大層空虚なものになった．正教信仰の中心はギリシアの土地にすでに移っており，さらに遠くはるか北アメリカとオーストラリアに移っていた．ギリシア人，ブルガリア人，ロシア人の多くの共同体とセルビア系アメリカ人との相互間に見られる複雑な関係は，未解決のままである．またこれら諸教会の地位・所属・裁治権をめぐる緊張感が高揚していた．ギリシア正教会は新世界におけるその活力によってばかりでなく，1960年代・1970年代の東アフリカにおけるギリシア正教会の布教成功によって，いまだに人を動かさずには置かない魅力を有しているのではなかろうか．

第5部　キリスト教の伝統

THE CHRISTIAN TRADITION

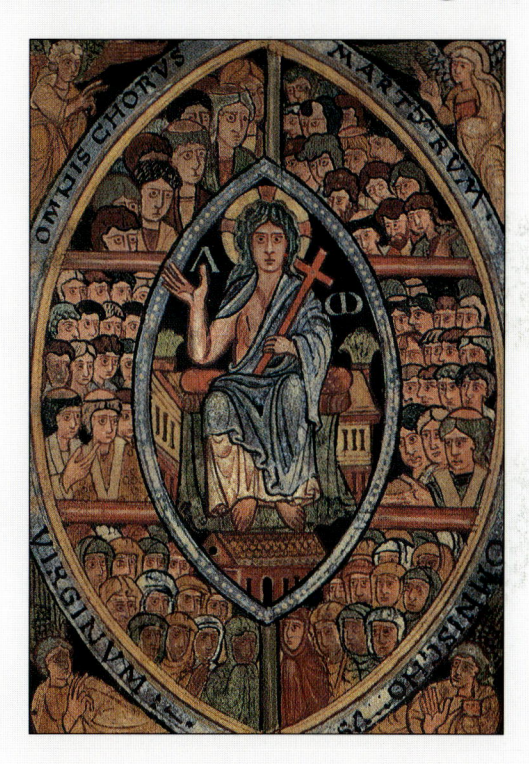

教会の会員

洗礼 イエスはヨルダン川で洗礼者ヨハネによって洗礼を授けられた．その折聖霊が鳩のようにイエスの上に降り「これはわたしの愛する子，わたしの心に適う者」という声が天から聞こえたその様子が福音書に記されている．イエスの弟子たちは教会の最も初期の頃から洗礼を授けていた．それには目には見えないが心の内部で霊的におこっていることの，目に見える外的な印として，常に水が用いられ，また常に父と子と聖霊の名において行われた．洗礼はキリストに属し，キリストの体である教会の一員になること，罪とその結果を洗い去ること，また新しい生命のはじまりの標識であり印章である．

堅信 子供たちが幼児洗礼を受けるキリスト教の共同体のなかでは，その子らが信仰を宣言し自分で悪を捨てる約束ができる年齢に達すると，堅信という儀式が行われる．堅信の段階に達する前に，(堅信は信徒の年齢を問わず行えるので，成人の場合も同様)子供たちはキリスト者としての信仰について指導を受ける．その志願者が全キリスト教社会の一員となる印として，司教が堅信式を司式する．司教は志願者の頭に両手を置いて按手する．

聖体拝領（聖餐式） キリスト教会の信徒たちはキリスト自身が制定した記念を祝うために，教えられていたとおりに集まることを当初から守っていた．最後の晩餐でキリストは弟子たちと食事をし，パンを取り，感謝を捧げた後，それを割り，弟子たちに与えていった．「取って食べなさい．これはあなたがたに与えられるわたしの体である．」同じように夕食後キリストはブドウ酒の入った杯を取っていった．「みな，これを飲みなさい．これはわたしの新しい契約の血であり，罪が許されるようにあなたがたのために，また多くの人のために，与えられるものである．」キリストは弟子たちに「記念としてこれを行う」ようにいった．この聖体拝領（聖餐式）または主の晩餐またはユーカリストまたはミサ——いろいろなキリスト教共同体がこのように呼んでいるのだが——はあらゆる場所で，キリストによる償いの秘跡としてキリスト教徒たちによって等しく行われている．

聖職叙任（叙品・叙階） キリストの弟子たちはみな初代キリスト教共同体の当然の指導者になった．キリストを裏切ってすでに自殺していたイスカリオテのユダのかわりに他の人物が一人加わった．この共同体は聖霊の指導を求めて祈り，その助けをえて自分たちの行動を決定した．当時確立された指導原理はそれ以後ずっと共同体の指導者を見付け出す過程のなかに引き継がれている．この特別の責任を取る使命をもつ個人は神自身によるのみならず神の民によって「召し出される」のである．実際問題として，このことは今日，適材を選び，訓練をほどこし，最終的には聖霊の役割のみならず人間の側の役割をも強調する聖職叙任（叙品・叙階）の儀式で集結するという過程として遵守されている．初期の何世紀かのあいだには，このやり方はしばしば有望な若者を文字どおり強制連行し，強引に聖職者に仕立て上げることであった．叙階された司祭（牧師）は共同体が行う神への感謝と祈りの中心として行動することができ，また聖体拝領（聖餐式）を司式し，悔い改める者に神の許しを宣言する資格がある．

最上段 洗礼式用の水を入れるために用いられた聖水容器はイエスの洗礼を示している．イエスの頭上には聖父と聖霊が刻まれ，洗礼者ヨハネがイエスの頭に手をのせている．

上 この「パテナ」（聖体を置く皿）はイエスが弟子たちに最初にパンを与え，つぎにブドウ酒をわたしているところを示している．

右 「告白所」で，告白する人がひざまずいている．告白を聴く司祭からは告白者が見えないので，告白をする人は信頼をもって恥かしがることなく告白できる．

下　ストラを左肩からたすき状に掛けている助祭たちは，今，司祭職に叙品されようとしている．かれらは1年間，小教区教会で司牧者として奉仕してきたが，司祭にあげられるまでは，聖体祭儀を司式したり大罪を犯した人に罪の赦しを与えることは許されない．

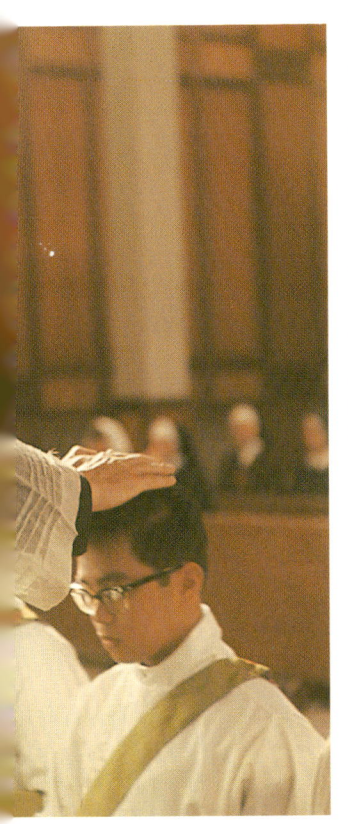

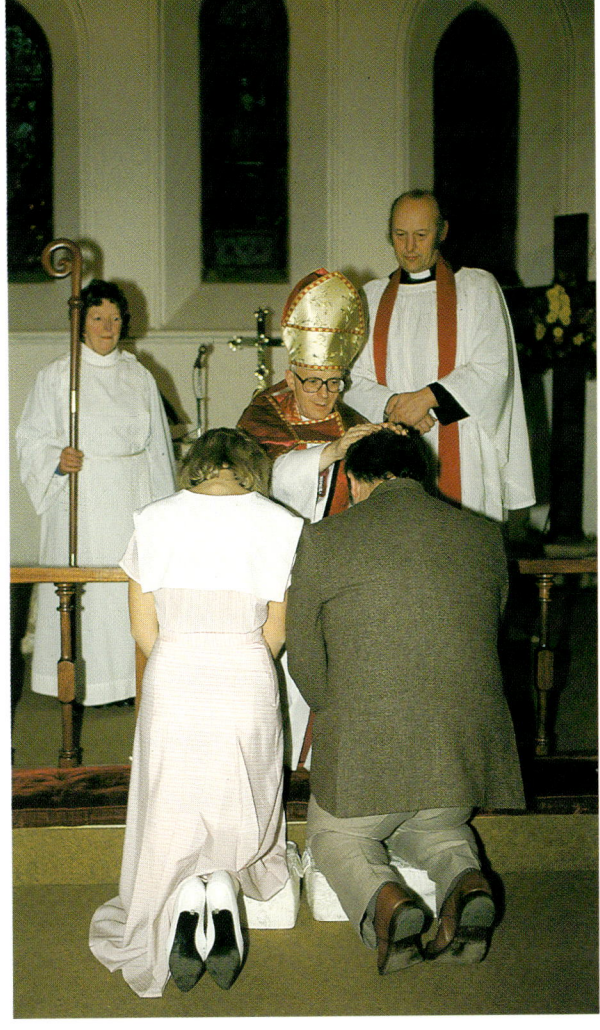

左　堅信式を執行する司教が，堅信志願者に按手しているところ．

下左　ギリシア正教会で結婚式が行われている．

下右　一人の従軍司祭が，戦場で死を迎えようとしている兵士に，安らかに神の御許に行けるよう祈っている．

婚　姻　結婚は神によって定められた一つの慣行として，また教会とその信徒たちの結合の表象または映像として，教会によって祝われる（教会はキリストの花嫁である）．結婚は家族ができる第一段階であり，その家族のなかに小教会が存在することになる．

告　白　キリスト教信徒は洗礼によって罪を洗い清められた後にも何度も何度も罪に陥る．罪を犯すとその信徒は神および共同体との信頼関係をみずから断ち切ることになる．西洋ではカロリング時代から己の罪をきちんと司祭に告白する習慣が確立されるに至った．このように悔い改める人は自分の衷心からの悔悟の気持ちを表明することができたし，また司祭によって課せられた償いの罰をへりくだって受け入れると，その信徒は罪の免除，つまり神から赦されたことの再保証を受け取ったのである．ローマ・カトリック教会によるこの告白の実施は今日もこのやり方でつづいている．ただしアメリカ合衆国および他の地域では，南ヨーロッパにおけるほど良心的にしっかりと行われているわけではない．たいていのプロテスタント系の信徒は16世紀の宗教改革者たちの取り上げた線にしたがっている．つまり必要なことは自分の罪を神に向かって告白すれば事足りるとする．

塗　油　病状がひどく悪化し，とくに死期が迫ってくるときに，キリスト教信徒は教会の信徒の集まりから霊的慰めを受けることがある．病人は自分の霊を神に委ね，罪を悔い改め司祭はかれに罪の赦しを与え，聖香油でかれを清める．この慣習はローマ・カトリック教会ではきわめて古い歴史をもっているが，プロテスタントの教会では必ずしもそれを正式には固守していない．しかし数多くのプロテスタント信徒たちが従来自分の罪を打ち明ける正規の牧師をもつことに慰めを見出している．

教会の内部

　以下のページに見られる教会の内部設備は，西方教会のローマ・カトリック教会と一部の英国聖公会の聖堂建築の典型的なものである．多数の聖公会の聖堂およびプロテスタント教会の大部分の教会の付属設備ははるかにもっと単純であるが，重要なものは必ず備えられている．洗礼用の洗礼盤，聖体を安置する机または祭壇，説教用の台，それから通常聖書朗読台がある．これらは礼拝の最も重要な行為，秘跡の聖役，および御言葉の聖務を示している．

　東方正教会ではイコノスタシスつまり聖像壁が大層重要な特徴になっている．会衆一同はそこで祈りをし，恭しく聖画に接吻する．今日では西方教会では通常座席が設けてある．ただし昔は会衆は立ったままであったし，また礼拝の儀式の最中に聖堂内を歩き回ることすら通常のことであった．

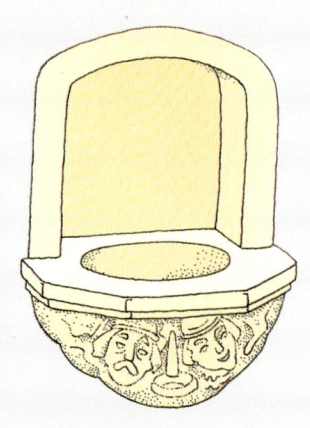

上　聖水器は小さな容器で，聖水を入れ聖堂の入り口の近くに置かれている．入ってくる人は，自分に少量の水を振りかける．これは古代ローマ時代の習慣を受け継いだものらしい．古代ローマでは建物の入り口の広間あるいは控えの間に噴水が作られており，入ってきた人は身を洗うことができた．この作法は世の汚れを洗い捨てて，新たな心で神に近づくことを象徴している．

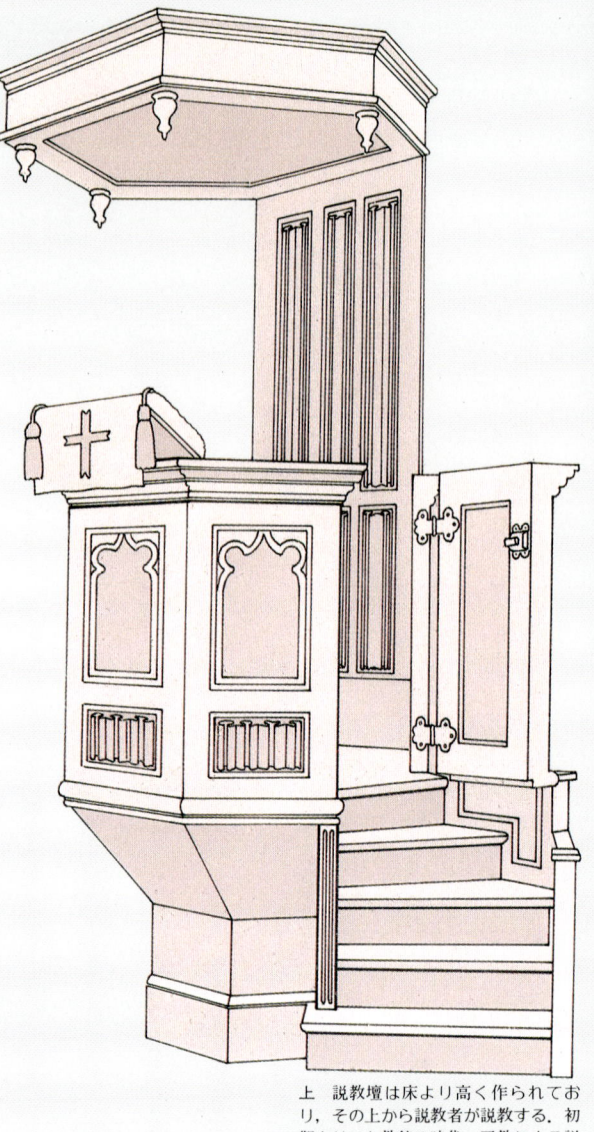

左　教会の壁には聖櫃（せいひつ）という棚がはめこまれている．ここには聖体祭儀で使われる聖具をしまったり，聖遺物や祭式用の本を入れたりする．一部の英国国教会の聖堂では，奉献されたパンとブドウ酒が，聖餐式にくることのできない病人にもっていくために収められている．聖体ランプ（左図）は聖体がその聖櫃のなかに納められていることを示すために灯される．

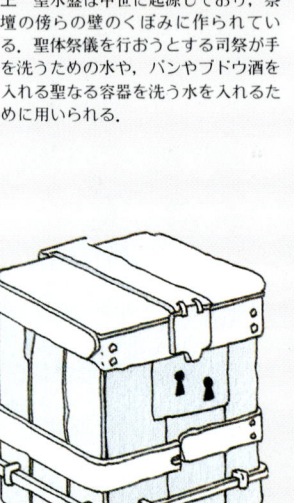

上　説教壇は床より高く作られており，その上から説教者が説教する．初期キリスト教徒の時代，司教による説教は通常司教席，すなわち内陣の司教高座からなされた．説教壇は中世から使われるようになった．

上　聖水盤は中世に起源しており，祭壇の傍らの壁のくぼみに作られている．聖体祭儀を行おうとする司祭が手を洗うための水や，パンやブドウ酒を入れる聖なる容器を洗う水を入れるために用いられる．

上　献金箱：貧しい人々のための献金，あるいは今日ではしばしば聖堂建築維持のための基金を入れる．これは敬虔の心からなされるまったく自由な捧げ物である．

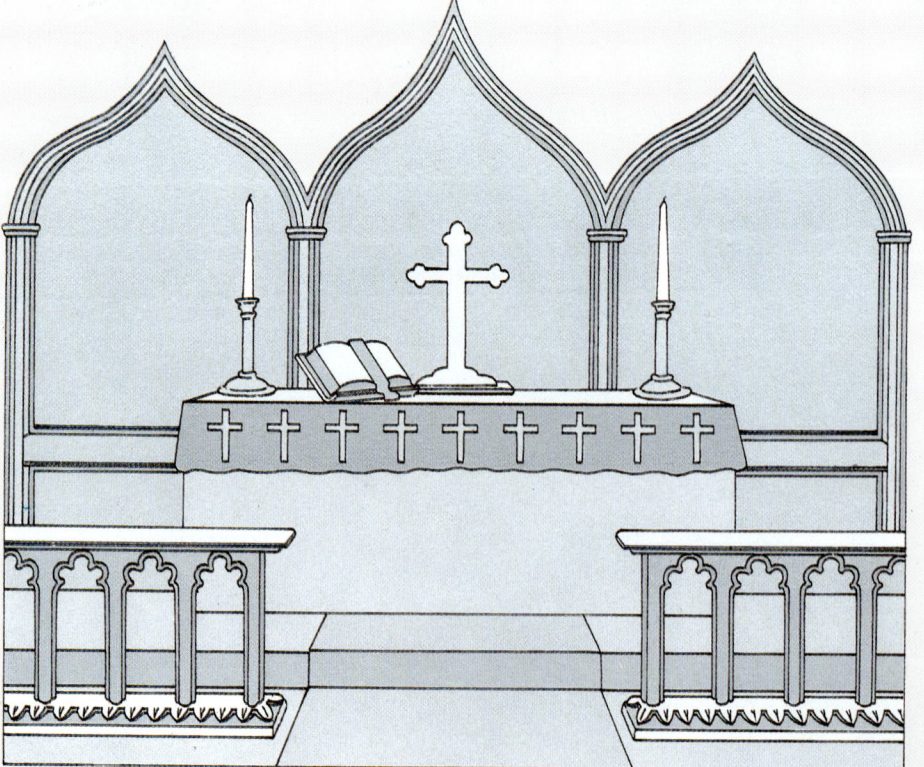

右　この祭壇は，その背後に空白の画面すなわち壁飾りを置くための空間をもっている．祭壇の背景はキリスト教的な表象を描くとか，立派な壁掛けをつくるとか，簡素なカーテンを掛けるとかに使われる．とくに豪華な例はスペインのブルゴスとか，銅細工や宝石を使ったヴェネツィアの聖マルコ聖堂である．祭壇の前には聖体拝領台があり，会衆は聖体を拝領するためにここまで近づいてきて，ひざまずく．

教会の内部

下　司教座聖堂（カテドラル）は司教区を治める司教がかれの座，すなわち司教高座（カテドラ）を有している教会をいう．それは通常地方の小教区教会よりも大きく荘重である．この西方教会の司教座聖堂の基礎図面は十字架の基本形をしている．教会身廊は建物の長さに縦に走っている（これはおそらくラテン語の"船"に由来しており，教会を船と見なし，多くの魂を載せて浮世の海から無事に神の許に運ぶものを象徴したのであろう）．横に走っているのが翼廊である．他の部分は世紀が重なるにつれて，つぎつぎに付け加えられてきたものである．たとえば，回廊は修道士や司祭が入ってくるためのもの，また聖母礼拝堂は聖母マリアに捧げられた小聖堂である．

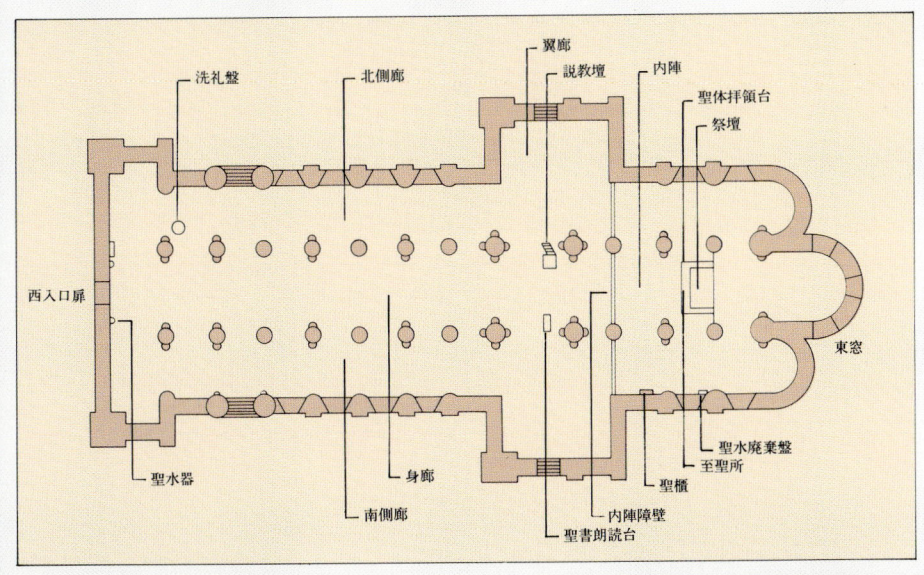

下　聖書朗読台は，しばしば福音史家聖ヨハネの標章である鷲によって支えられているが，祭式のあいだに読まれる朗読部分を開いた聖書を置くために使われる．伝統的に朝課や晩禱には旧約・新約聖書から，教訓書が読まれる．聖饗式では，朗読は新約書簡と福音書から読まれる．

右　洗礼盤は洗礼式で使われる水が入れてあり，ときどきはその水がきれいに保てるように覆いが掛かっている．初代教会の洗礼は，普通全身を水に浸したから，洗礼盤は洗礼志願者がそのなかに立てるように大きな水盤になっていた．しかし，4世紀以降，西洋では幼児洗礼が一般的な形式になったから，洗礼盤は地上より高いが，小さな水盤のほうが便利になった．

上　内陣正面の仕切り壁は，聖歌隊が坐る区域の前方に建てられ，その区域を会衆が集まる聖堂の主要部分から隔てている．この名称は梁を支える十字架型の柱あるいはその上の十字架像に由来している．

教会の外観

キリスト教の教会建築は従来多様な形態を取っている．最も初期の聖堂は庶民の家屋にすぎなかった．より大きな建物が必要になってくると，ときどきは異教徒の寺院を接収して聖堂とした．ローマ帝国の一部の新築教会ですらその様式はこの異教建築の名残リを留めている．東方では今まで常に装飾を教会内部に集中する傾向があった．西方では従来身廊が設計構想の中心になる目立った部分であり，横袖になる部分つまり「翼廊」が基底部の十字架の印になっており，内部と外部に装飾がほどこされている．昔の教会では単一の聖堂のなかに建築上の多様性がしばしば見られ，中世と18世紀の記念物が相並んで置かれていたりする．この多様性は時に美的見地からはつじつまの合わないものがあるが，それにもかかわらず共同体のなかにおける信仰がつづいてきたことと，後につづく世代が神の家になんらかの奉献をしたいと願ってきたことの証となっている．教会建築は常に神に栄光を帰するようつとめてきたし，その目的のために意匠または奇抜な着想の点でしばしば極端に走りすぎた．そしてまたたいていの人間が貧困で狭い家屋のなかに住んでいた時期に聖堂は贅沢で巨大な大建築物であった．しかしながら，この絵に見られるように，小さくて慎み深いといえるほど単純素朴なものもある．

下 ここに見えるエスキモー教会はカナダの北西部にあるもので地域的伝統の家屋「イグルー」の形を模している．屋根上の十字架と入リ口の上の聖母像で，この建物の用途を明示しようとしているが，その他の点では外側は一般的な気候条件の厳しさに相応しい形に合せてある．この地方ではローマ・カトリック教会の宣教師が19世紀中頃から積極的に活動してきた．

右 南オーストリアのドルミティ山脈のなかの小さな教会．同じように小さな教会あるいは聖堂がヨーロッパのいくつもの部分で，主な巡礼路にそって，人里離れたところや山中に建てられた．大きな教会や宿泊施設を備えている大きな巡礼宿泊地から遠く離れた地方ではこのように簡素な建物が，心ある篤志家や聖職者の手で建てられ，旅に疲れた旅人たちの避難所となってきた．

左 丸天井と横縞装飾のシエナ大聖堂は技術的可能性を極限まで追及しようとしたぜいたくさと熱情を反映している．これは中世盛期の建築物に見られる特色でもある．1196年にロマネスク様式ではじめられた構造は，まもなく新しいゴシック様式に合うよう修正された．14世紀に入ると，広く新しい大聖堂を丸天井の南側に建てる計画に入れかわり，そのときまでにできあがっていた身廊は翼廊に変わった．しかし1348年に大流行したペスト・経済的衰退・政治的不安定のため，シエナ人は壮大な建築計画を諦めることを余儀なくされた．そのかわりに現在見るような，もっと簡素な聖堂を完成することになった．右側手前に見える屋根は，そのとき諦めた大聖堂の建設中の列柱を覆うために，作られたものである．

教会の外観

上右　アメリカ・ロサンゼルス市の「ガラスの教会」は，天に向かって飛翔しようとする中世の建築技術概念を，現代的手段を用いて，表現しようとしている．

右　キエフにあるこのロシア正教会の大聖堂がもつ「玉ねぎ型」丸天井は，この地域の特色である．

右端　ドイツにあるこの現代的な巡礼教会は，中世の巡礼集合地がそうであったように，数多くの巡礼者の要求を満たしている．デザインはこの機能を反映している．

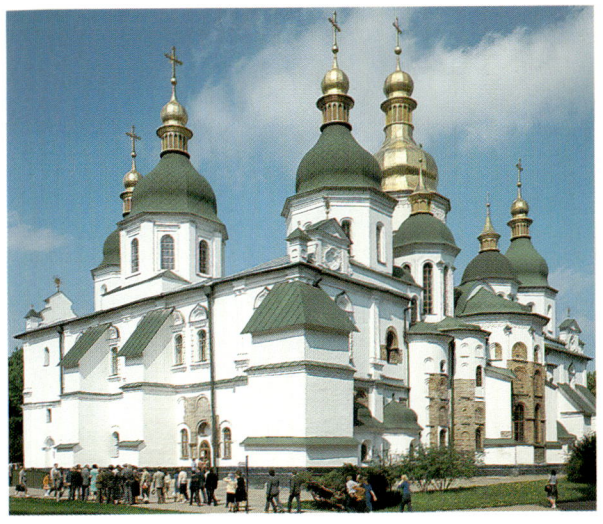

教会音楽

上 初期のキリスト教会の儀式で，楽器は禁じられていた．しかし中世までにオルガンが受け入れられ，これをもつ経済的ゆとりのある教会では，使われるようになった．13世紀の『ラトランド詩編』は，オルガンをダビデ王が演奏し，一人の召使が足で風袋を踏んでいる様子を描いている．オルガンの上には特別の儀式に使う鐘が一組，左にはもう一人の楽人がシンフォニアを演奏している．この楽器はオルガンをもたない教会で使われたのかも知れない．

右 『キリストの生涯の鑑』の15世紀写本のなかに，小さな教会の外で行われている聖体行列が描かれている．一人の司祭が聖体を奉持し，その前に聖職者たちが，その後に会衆がいる．おそらくかれらは聖体賛歌『パンジェ・リングア』を歌っているのであろう．この曲はこの祝日のために聖トマス・アクィナスが作曲した．

教会の最も初期の音楽は賛美歌と詩編のためのものであった．そしてミサや聖務日課が発展するにつれてそれらのいろいろな部分を唱える旋律が徐々に加わってきた．これらの旋律は教皇グレゴリウス1世を偲んでグレゴリオ聖歌と呼ばれる，単旋律形式のものであった．この旋律の構成はこの教皇の治世(590－604年)があったから生れたのである．一方他宗派の典礼様式はビザンティウムのそれのように，引きつづき独自の音楽的な伝統を維持している．

9世紀から後に，対位法の発達の跡をたどることができ，対位法のなかでは2部またはそれ以上の音声部が一緒に歌われる．それはやがて非常に複雑になったので，宗教改革の際にマルティン・ルターはコラールとして知られる単純な旋律の賛美歌を自分の教会音楽の特色とした．これは全会衆が歌うことができた．

このとき以来キリスト教の宗派が増加したので，音楽的に際立った特色はごくわずかしか選り出せない．その特色とはたとえば，ブラエトリウス，シュッツ，バッハ，ブラームス，レーガーによるルーテル派のコラール，パーセル，ヘンデル，パリー，スタンフォードによる英国聖公会の交唱賛美歌，パレストリーナ，モンテヴェルディ，ハイドン，モーツァルト，ベートーヴェンによるローマ・カトリック教会のミサ曲などである．

今日の状勢は非常に複雑であり，大衆的な形態の音楽の方向へ向かう顕著な傾向が見られる．しかしいろいろな教派の多数の教会が各自の典礼にふさわしいすべての時期のための音楽を用いており，いまでも神の栄光に捧げるすばらしい新しい作品を創り出すことを奨励している．

上 小さな村の行列(上左)とは対照的に，ここにわれわれが見るのはジェンティーレ・ベルリーニ(1429－1507)が描いたヴェネツィアの町の行事『サン・マルコ広場の十字架行列』(1496年)である．前面に見える聖十字架の聖遺物の前を，聖マルコ大聖堂の聖歌隊員が，ハープ・レベック・リュートなどを演奏する楽員たちと一緒に歩いている．絵の右手には，トランペット・サックバット・ショームなど，全会衆の歌うのをまとめるほどに大きな音を出す楽器の一群が見える．これは特別の合奏で演奏する柔らかい音色のグループといい対照をなしている．

左 聖マルコ大聖堂でよく演奏された方法，すなわち多声部をもつ歌や楽器演奏の様式で，それぞれのグループが別個の張り出し席から演奏した．この様式がドイツにひろまり，ここではミヒャエル・プレトリウス(1571－1621)の書『楽器の劇場』の表紙絵にその様子が描かれている．プレトリウス自身はかれのもう一つの書『ムサルム・シオニアルム』(1606/7年)のなかですでにこの様式を用いていた．三部の音声部が見えるが，それぞれに一人の指揮者がいて，左手にいる指揮者は明らかに同時に歌っている．各部がそれぞれ一台のオルガンをもち，左手の部はヴァイオリン族の楽器，右手の部はコルネット，下段の部はサックバットで伴奏してもらっている．

教会音楽

左 典型的な19世紀英国国教会の聖歌隊が,トマス・ウェブスターの絵『村の教会』のなかに描き出されている.かれ自身もチャペル・ローヤルの合唱団員だった.さまざまな年代の聖歌隊員の真中に指揮者がいる.オルガンがないかわりに,クラリネット・バスーン・チェロの弾き手たちがつとめている.このような楽器は今でもなおお田舎の教会では,過去の思い出の種として見ることができる.トマス・ハーディの『緑の木陰』のなかに生き生きと描かれている場面をほうふつとさせる.ウェブスターのこの絵のなかに,ハーディの本では大役を務めるセルパンが含まれていないのは残念である.セルパンは過去三世紀の大部分にわたって教会で大いに使われてきた楽器である.

上 ウェブスターの絵とは対照的に,この写真のネブラスカ州ステイブルトンのカトリック教会では祭壇の近くで,二人の女性が歌っている.かれらはギターで伴奏をつけながら歌い,その音楽は明らかに宗教的なものである.このように演奏されるとき,ギターはその音色の豊かさで典礼に役立つが,もしあまりにも世俗的世界を思い出させるような弾き方で演奏すると,ギターの使用は小教区のなかに摩擦を生じさせる可能性がある.

キリスト教の教会暦

　西暦2000年間のこの暦は一般に祝われているキリスト教会の1年の主たる祝日と季節を示している．この暦の構造はその起源が最もよくそれを説明している．日常生活の経験が混沌とつづくことのなかに，特定の時代（特定の場所に対しても同様）に特別な重要性を付与することによって人間は生活のための秩序と意味を見出している．季節の循環，365・1/4日という太陽年，29・1/2日の太陰月が自然の枠組を作っている．古いローマの暦は1月1日を元日とする太陽年に基づいている．旧約聖書の暦は太陰暦で，第1番目の月（ニサン）が春にあった．太陰暦の12ヵ月は太陽暦の365日に11日ほど不足しているので，2年ないしは3年ごとに13番目の月を追加しなければならなかった．ローマの太陽年もまた4年目ごとの年，つまり「閏年」には2月に1日を加えねばならなかった．

　キリスト教会の暦は，太陽暦（祝日は固定されている）と太陰暦（祝日は移動可能）とを合併した．この暦は福音書の物語からはじまっている．つまりイエスは金曜日（「用意日」）に十字架に付けられ，日曜日（新約聖書のなかで「週のはじめの日」または「主の日」と呼ばれている）に墓からあげられた．毎週行われる聖体祭儀はまず第一に，復活を記念するものであり，それはキリストの受難に対する神による救いを解釈する鍵として重要である．キリスト教徒が日曜日に執着することは，4世紀までに，ユダヤ教が土曜日を安息日としている姿を若干受け継ごうとしたからであり，これが1週間という単位を作り出したのである．この単位はギリシア・ローマ社会には知られていなかったもので，やがて地中海世界での標準的な単位となった．これは天文学者たちの計算によって補強された．かれらの計算によれば，各1日は太陽・月・火星・水星・木星・金星・土星の順序で惑星によって支配された．教会は惑星の名称に対して反対したが，ほんの部分的にしか成功しなかった．この惑星の各名称に英国人やドイツ人のような北方からの蛮族たちは依然として執着をもっていた．

　イエスは過ぎ越しの祭の日またはその翌日に死んだ．「われわれの過ぎ越しなるキリストは，われわれのために犠牲となった」と聖パウロがいった．それでキリストの受難は毎週だけでなく毎年記念日をもっている．長い論争のすえにこの祝日はユダヤ教の過ぎ越しの日にではなく春分の日（3月21日）の後の満月の後の週の，またはそれまでの，日曜日と定められた．この幅広い原則を決めるには，太陽暦の年と太陰暦の年とを調和させるべく天文学の専門的知識を必要とした．数多くのキリスト教の算定者たちがいろいろな周期に基づく計算表を作り出した．こういった計算を支配する原理を理解した司教はいままでにほとんどいなかった．しかし時折これらの相異なる計算法が，東方ギリシア教会と西方ラテン教会とのあいだの管轄権あるいは分岐点のような他の問題に関する論争の武器として利用された．ローマに住んでいたドナウ川のデルタ地方出身の修道士ディオニュシウス・エクシグウス（西暦525年）の作った復活祭の計算表はまず第一にキリストの誕生からの日数を数え，いまのわれわれの「西暦紀元」を創設した．他の年代学者たちは時を移さず，ディオニュシウスが受肉の日付（いまだにつづいている論争）を正しく計算したかどうか疑わしいといい出した．しかしベーダ

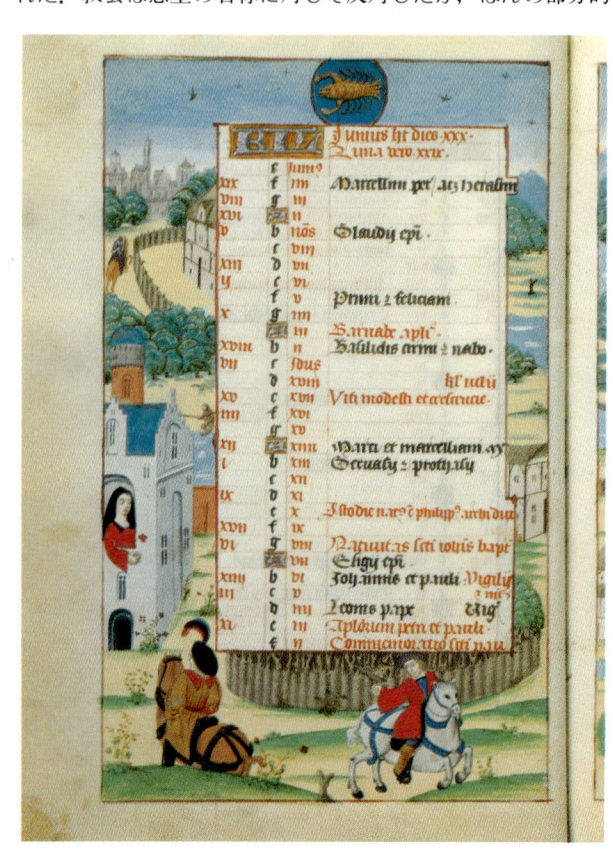

	1月		2月		3月		4月		5月		6月
1		1		1		1		1		1	主の昇天
2		2	主の奉献	2		2		2		2	
3		3		3		3		3	聖十字架発見	3	
4		4		4		4		4		4	
5		5		5		5		5		5	
6	主の公現	6		6		6		6		6	
7		7		7		7		7		7	
8		8		8	灰の水曜日	8		8		8	
9		9		9		9	受難の主日	9		9	
10		10		10		10		10		10	
11		11		11		11		11		11	聖霊降臨
12		12		12		12		12		12	
13		13		13		13		13		13	
14		14		14		14		14		14	
15		15		15		15		15		15	
16		16		16		16	枝の主日	16		16	
17		17		17		17		17		17	
18		18		18		18		18		18	
19		19		19		19		19		19	
20		20	七旬節	20		20	聖木曜日	20		20	
21		21		21		21	聖金曜日	21		21	
22		22		22		22	聖土曜日	22		22	キリスト
23		23		23		23	復活の主日	23		23	
24		24		24		24		24		24	洗礼者聖
25	聖パウロの回心	25		25	神のお告げ	25		25		25	
26		26		26		26		26		26	
27		27		27		27	福音記者聖マルコ	27		27	
28		28		28		28		28		28	
29		29		29		29		29		29	使徒ペトロ 聖パウロ
30				30		30	正教会での復活祭	30		30	
31				31				31			

左　6月を示す中世のカレンダー．おそらく1500年頃フランドルで作られた『フィルミアンのニコラスの暦』からの抜粋である．

右　枝の主日，ローマの聖ペトロ大聖堂広場に向かう枝の行列．

キリスト教の教会暦

キリスト教暦 紀元2000年

移動旬節と移動祝祭日：
- 待降節
- 四旬節
- 復活節

固定旬節と固定祝祭日：
- 降誕の祭日
- 公現の祭日
- 福音記者聖ルカ

復活主日

枝の主日

7月	8月	9月	10月	11月	12月	
	1	1	1	1 諸聖人	1	
の訪問	2	2	2	2 死者の日	2	
	3	3	3	3	3	待降節第1主日
	4	4	4 アッシジの聖フランシスコ	4	4	
	5	5	5	5	5	
	6 主の変容	6	6	6	6	
	7	7	7	7	7	
	8	8 聖マリアの誕生	8	8	8	無原罪の聖マリア
	9	9	9	9	9	
	10	10	10	10	10	
	11	11	11	11	11	
	12	12	12	12	12	
	13	13	13	13	13	
	14	14 十字架称賛	14	14	14	
	15 聖母の被昇天	15	15	15	15	
	16	16	16	16	16	
	17	17	17	17	17	
	18	18	18 福音記者聖ルカ	18	18	
	19	19	19	19	19	
	20	20	20	20	20	
	21	21 使徒・福音記者聖マタイ	21	21	21	
	22	22	22	22	22	
	23	23	23	23	23	
	24 使徒聖バルトロマイ	24	24	24	24	
聖ヤコブ	25	25	25	25	25	主の降誕
	26	26	26	26	26	最初の殉教者聖ステファノ
	27	27	27	27	27	使徒・福音記者聖ヨハネ
	28	28	28	28	28	
	29	29 大天使聖ミカエル	29	29	29	
	30	30	30	30	30	
	31		31		31	

による擁護論がディオニュシウス説の正しさを保証した．ベーダは英国にあるすべての教会にローマ・カトリック教会の示す日に復活祭を執り行わせることを切望した．

復活祭の日付に左右される移動祝日がある．50日後の聖霊降臨，その10日前のキリストの昇天，復活祭の前の準備の断食，これは最初は枝の主日からはじまる「聖週間」の7日間だったが，その後40日になり，その期間中司教は洗礼志願者と，聖木曜日に共同体への復帰の準備をしている改悛者とに，問答方式で教義を教えた．洗礼は初代教会では復活祭または聖霊降臨の前夜不寝の業が行われるときに授けられた．特色としてあげると，夕方（午後6時）から夕方（創世記1：5）までつづく聖書の1日という考え方は，ユダヤ教の会堂での勤行以来つづけられた．

信心深いユダヤ人たちは週2回（月曜日と木曜日——ルカ18：12）断食を行い，キリスト教徒たちは水曜日と金曜日，つまりキリストが裏切られた日とキリストの磔刑の日，に断食を行った．しかし水曜日の断食がなくなって，その2日は西洋の習慣のなかでしばしば行列のなかで唱えられる連禱の行事の日として残った．小斎（肉と肉製品を摂らない）と祈りもまた復活の前のみならずクリスマス前の待降節に普通一般に行われた．

キリストの降誕は，ほぼ西暦300年までに，12月25日つまり冬至の日に祝われるようになった．東方においては1月6日がキリストの洗礼のみならず受肉の祝日として祝われた．4世紀に西方教会は1月6日の祝日を受け入れ，そのギリシア名「エピファニ」（神の出現）を継承した．この日はベツレヘムへきた3人の賢者と結び付けられるに至った．キリストの誕生が12月25日と定められたことから，3月25日（5世紀から）の受胎告知という記念日が生まれた．そして6月24日の洗礼者ヨハネの誕生（ルカ1：35）は競争相手である異教徒が夏至を祝う習慣を引き出した．

他の祝日も生れてきた．8月6日にはキリストの変容を，9月14日には十字架を，そして処女マリアのためには8月15日（彼女が聖人の仲間入りすることを祝って「永眠」つまり「被昇天」，9月8日（誕生），12月8日（受胎）をそれぞれ祝う祝日がさだめられた．そしてまた使徒たちの栄誉（たとえばペテロとパウロ，6月29日），それから殉教者たち（例：ステファノ12月26日）——これには11世紀ポーランドのスタニスラウス，12世紀イングランドのカンタベリーのトマス・ベケット，ケルンのウルスラ，スウェーデンのブリジッタその他が含まれている——が祝日の対象になっている．時折聖人たちは非常に人気が高まったので，当局は，1570年と1969年にローマ・カトリック教会でやったように，聖人たちの祝祭日を取り止めたり，暦から外したりしなければならなかった．宗教改革の影響を受けた諸教会のうちイングランドとスウェーデンの教会だけが聖人の日を保持している．12月25日は元来異教徒のものだとして長いあいだピューリタンはこれを守らなかった．

アイルランド人が祝うパトリック，フランス系カナダ人が祝うアンナは別として，マリアはローマ・カトリック教会，東方正教会，および英国国教会の多くのなかで彼女の息子キリスト以外には他に例のない模範的な人物として崇められている．彼女は彼女自身ではなく彼女が生んだ子供ゆえに尊ばれている．

ローマの司教たち

伝統的には，ローマの最初の司教は使徒ペトロであった．キリストはペトロを教会の基礎を置くことにする「岩」(ヨハネ 1：35—42) と称した．ローマの司教座は常にこの事情を特別に尊重した．そしてローマ帝国の頭としてローマという都市は西洋におけるキリスト教共同体の自然な中心をなしていた．ローマはキリスト教王国の至る所で挑戦を受けない最高権威を保持していたわけではない．ローマが首位権を主張することは中世全体を通して東方では論争の対象になり，今でも東方教会のキリスト教徒はそれを認めていない．ローマの司教たちは政治情勢の都合でローマ皇帝たちに対する妥協点を見出すことを余儀なくされた．コンスタンティヌスとシルヴェステル 1 世ははじめてキリスト教帝国をまとめあげた．シャルルマーニュは教皇ハドリアヌスとの特別な関係を樹立することによって，コンスタンティヌス型のやり方を自分の解釈にしたがって復活しようとした．シルヴェステル 2 世 (999—1003) は，自分とオットー 3 世が世のおわりと考えられていた紀元千年を，第二のコンスタンティヌスおよびシルヴェステルとして迎えるようにと，自分の教皇名を選んだ．しかしながらこの世はおわらなかった．そしてシルヴェステルの死後ほどなく力の均衡が変わった．グレゴリウス 7 世 (1073—85) は教皇を世界最高の権威者とし世俗の支配者たちを教皇の従属者たらしめる改革を強要した．教皇が権力の絶頂に立つことを主張したことが中世の後半に深刻な腐敗をまねき，宗教改革をもたらしたさまざまな怒りの火に油を注ぐことになった．

64頃まで	聖ペトロ	514—23	ホルミスダス	827—44	グレゴリウス4世
	リヌス	523—26	ヨハネス1世	844—47	セルギウス2世
	アナクレトゥス	526—30	フェリクス4世(3世)	847—55	レオ4世
96頃在位	クレメンス1世	530—32	ボニファティウス2世	855—58	ベネディクトゥス3世
	エヴァリストゥス	533—35	ヨハネス2世	858—67	ニコラウス1世
	アレクサンデル1世	535—36	アガピトゥス1世	867—72	ハドリアヌス2世
117—27頃	シクストゥス1世	536—37	シルヴェリウス	872—82	ヨハネス8世
127—37頃	テレスフォルス	537—55	ヴィギリウス	882—84	マリヌス1世
137—40頃	ヒギヌス	556—61	ペラギウス1世	884—85	ハドリアヌス3世
140—54頃	ピウス1世	561—74	ヨハネス3世	885—91	ステファヌス5世(6世)
154—66頃	アニケトゥス	575—79	ベネディクトゥス1世	891—96	フォルモッスス
166—75頃	ソテル	579—90	ペラギウス2世	896	ボニファティウス6世
175—89	エレウテリウス	590—604	グレゴリウス1世	896—97	ステファヌス6世(7世)
189—98	ヴィクトル1世	604—06	サビニアヌス	897	ロマヌス
198—217	ゼフィリヌス	607	ボニファティウス3世	897	テオドルス2世
217—22	カリストゥス1世	608—15	ボニファティウス4世	898—900	ヨハネス9世
222—30	ウルバヌス1世	615—18	デウスデディトゥス	900—03	ベネディクトゥス4世
230—35	ポンティアヌス		(別称アデオダトゥス1世)	903	レオ5世
235—36	アンテルス	619—25	ボニファティウス5世	904—11	セルギウス3世
236—50	ファビアヌス	625—38	ホノリウス1世	911—13	アナスタシウス3世
251—53	コルネリウス	640	セヴェリヌス	913—14	ランド
253—54	ルキウス1世	640—42	ヨハネス4世	914—28	ヨハネス10世
254—57	ステファヌス1世	642—49	テオドルス1世	928	レオ6世
257—58	シクストゥス2世	649—55	マルティヌス1世	928—31	ステファヌス7世(8世)
259—68	ディオニシウス	654—57	エウゲニウス1世	931—35	ヨハネス11世
269—74	フェリクス1世	657—72	ヴィタリアヌス	936—39	レオ7世
275—83	エウティキアヌス	672—76	アデオダトゥス2世	939—42	ステファヌス8世(9世)
283—96	カイウス	676—78	ドヌス	942—46	マリヌス2世
296—304	マルケリヌス	678—81	アガト	946—55	アガピトゥス2世
308—09	マルケルス1世	682—83	レオ2世	955—64	ヨハネス12世
310	エウセビウス	684—85	ベネディクトゥス2世	963—65	レオ8世
311—14	ミルティアデス	685—86	ヨハネス5世	964—66	ベネディクトゥス5世
314—35	シルヴェステル1世	686—87	コノン	965—72	ヨハネス13世
336	マルクス	687—701	セルギウス1世	973—74	ベネディクトゥス6世
337—52	ユリウス1世	701—05	ヨハネス6世	974—83	ベネディクトゥス7世
352—66	リベリウス	705—07	ヨハネス7世	983—84	ヨハネス14世
366—84	ダマスス1世	708	シシニウス	985—96	ヨハネス15世
384—99	シリキウス	708—15	コンスタンティヌス	996—99	グレゴリウス5世
399—401	アナスタシウス1世	715—31	グレゴリウス2世	999—1003	シルヴェステル2世
402—17	インノケンティウス1世	731—41	グレゴリウス3世	1003	ヨハネス17世
417—18	ゾシムス	741—52	ザカリアス	1004—09	ヨハネス18世
418—22	ボニファティウス1世	752	ステファヌス2世	1009—12	セルギウス4世
422—32	ケレスティヌス1世	752—57	ステファヌス2世(3世)	1012—24	ベネディクトゥス8世
432—40	シクストゥス3世	757—67	パウルス1世	1024—32	ヨハネス19世
440—61	レオ1世	768—72	ステファヌス3世(4世)	1032—44	ベネディクトゥス9世
461—68	ヒラリウス	772—95	ハドリアヌス1世	1045	シルヴェステル3世
468—83	シンプリキウス	795—816	レオ3世	1045	ベネディクトゥス9世
483—92	フェリクス3世(2世)	816—17	ステファヌス4世(5世)	1045—46	グレゴリウス6世
492—96	ゲラシウス1世	817—24	パスカリス1世	1046—47	クレメンス2世
496—98	アナスタシウス2世	824—27	エウゲニウス2世	1047—48	ベネディクトゥス9世
498—514	シンマクス	827	ヴァレンティヌス	1048	ダマスス2世

ローマの司教たち

1048—54	レオ9世	1389—1404	ボニファティウス9世	1831—46	グレゴリウス16世
1055—57	ヴィクトル2世	1404—06	インノケンティウス7世	1846—78	ピウス9世
1057—58	ステファヌス10世	1406—15	グレゴリウス12世	1878—1903	レオ13世
1059—61	ニコラウス2世	1417—31	マルティヌス5世	1903—14	ピウス10世
1061—73	アレクサンデル2世	1431—47	エウゲニウス4世	1914—22	ベネディクトゥス15世
1073—85	グレゴリウス7世	1447—55	ニコラウス5世	1922—39	ピウス11世
1086—87	ヴィクトル3世	1455—58	カリストゥス3世	1939—58	ピウス12世
1088—99	ウルバヌス2世	1458—64	ピウス2世	1958—63	ヨハネス23世
1099—1118	パスカリス2世	1464—71	パウルス2世	1963—78	パウルス6世
1118—19	ゲラシウス2世	1471—84	シクストゥス4世	1978	ヨハネ・パウルス1世
1119—24	カリストゥス2世	1484—92	インノケンティウス8世	1978—	ヨハネ・パウルス2世
1124—30	ホノリウス2世	1492—1503	アレクサンデル6世		
1130—43	インノケンティウス2世	1503	ピウス3世	対立教皇	
1143—44	ケレスティヌス2世	1503—13	ユリウス2世	217—235頃	ヒッポリュトス
1144—45	ルキウス2世	1513—21	レオ10世	251	ノヴァティアヌス
1145—53	エウゲニウス3世	1522—23	ハドリアヌス6世	355—65	フェリクス2世
1153—54	アナスタシウス4世	1523—34	クレメンス7世	366—67	ウルシヌス
1154—59	ハドリアヌス4世	1534—49	パウルス3世	418—18	エウラリウス
1159—81	アレクサンデル3世	1550—55	ユリウス3世	498, 501—05	ラウレンティウス
1181—85	ルキウス3世	1555	マルケルス2世	530	ディオスコロス
1185—87	ウルバヌス3世	1555—59	パウルス4世	687	テオドルス
1187	グレゴリウス8世	1559—65	ピウス4世	687	パスカリス
1187—91	クレメンス3世	1566—72	ピウス5世	767—69	コンスタンティヌス
1191—98	ケレスティヌス3世	1572—85	グレゴリウス13世	768	フィリップス
1198—1216	インノケンティウス3世	1585—90	シクストゥス5世	844	ヨハネス
1216—27	ホノリウス3世	1590	ウルバヌス7世	855	アナスタシウス
1227—41	グレゴリウス9世	1590—91	グレゴリウス14世	903—04	クリストフォルス
1241	ケレスティヌス4世	1591	インノケンティウス9世	974, 984—85	ボニファティウス7世
1243—54	インノケンティウス4世	1592—1605	クレメンス8世	997—98	ヨハネス16世
1254—61	アレクサンデル4世	1605	レオ11世	1012	グレゴリウス
1261—64	ウルバヌス4世	1605—21	パウルス5世	1058—59	ベネディクトゥス10世
1265—68	クレメンス4世	1621—23	グレゴリウス15世	1061—72	ホノリウス2世
1271—76	グレゴリウス10世	1623—44	ウルバヌス8世	1080, 1084—1100	クレメンス3世
1276	インノケンティウス5世	1644—55	インノケンティウス10世	1100—02	テオドリクス
1276	ハドリアヌス5世	1655—67	アレキサンデル7世	1102	アルベルトゥス
1276—77	ヨハネス21世	1667—69	クレメンス9世	1105—11	シルヴェステル4世
1277—80	ニコラウス3世	1670—76	クレメンス10世	1118—21	グレゴリウス8世
1281—85	マルティヌス4世	1676—89	インノケンティウス11世	1124	ケレスティヌス2世
1285—87	ホノリウス4世	1689—91	アレキサンデル8世	1130—38	アナクレトゥス2世
1288—92	ニコラウス4世	1691—1700	インノケンティウス12世	1138, 1159—64	ヴィクトル4世
1294	ケレスティヌス5世	1700—21	クレメンス11世	1164—68	パスカリス3世
1294—1303	ボニファティウス8世	1721—24	インノケンティウス13世	1168—78	カリストゥス3世
1303—04	ベネディクトゥス11世	1724—30	ベネディクトゥス13世	1179—80	インノケンティウス3世
1305—14	クレメンス5世	1730—40	クレメンス12世	1328—30	ニコラウス5世
1316—34	ヨハネス22世	1740—58	ベネディクトゥス14世	1378—94	クレメンス7世
1334—42	ベネディクトゥス12世	1758—69	クレメンス13世	1394—1423	ベネディクトゥス13世
1342—52	クレメンス6世	1769—74	クレメンス14世	1409—10	アレクサンデル5世
1352—62	インノケンティウス6世	1775—99	ピウス6世	1410—15	ヨハネス23世
1362—70	ウルバヌス5世	1800—23	ピウス7世	1423—29	クレメンス8世
1370—78	グレゴリウス11世	1823—29	レオ12世	1425—30	ベネディクトゥス14世
1378—89	ウルバヌス6世	1829—30	ピウス8世	1439—49	フェリクス5世

最下段 ユリウス2世（1503—13）はシクストゥス4世の甥にあたる．おじはかれを枢機卿の位に就け，外交的使命を与えて世に送り出した．かれはインノケンティウス8世の選挙をめぐる政治工作に暗躍し，政敵ロドリゴ・ボルジアがアレクサンデル6世として教皇に選出されるにおよび，ローマを脱出した．1503年にローマに帰還した後，かれ自身が教皇となった．かれは，ローマが堕落している当時の，なによりもまず軍事的・政治的リーダーであったが，同時にルネサンス芸術の主要なパトロンでもあった．

下 ヨハネ23世（1958—63）はその聖性の偉大さで知られた教皇である．

左端 聖ペトロ．伝統的に最初のローマ司教とされる．6世紀または7世紀の肖像画でローマのヴァティカン博物館にある．

左 インノケンティウス3世（1198—1216）．ヌルシアのベネディクトゥスの隠遁場所とされるスビアコの「聖なる洞窟」の壁画．法学者であり改革者であったインノケンティウスはこの洞窟を囲んで修道院を建てさせた．

右 ピウス7世（1800—23）は政治性があり，ナポレオン戦争当時の教皇庁で，その重責を担った．かれはまた芸術と学問の擁護者でもあった．

教会と戦争

　教会は今まで一度も戦争の問題について取るべき立場を確定しえなかった．信仰のために戦う「キリストの兵士」というイメージはごく初期の時代から見ることができる．20世紀に至るまでたいていの社会は（そして多数のものは今でもそうであるが）必然的に軍事社会であって，そのなかでは軍人という職業が高く評価され，軍人は国家のために価値ある仕事をするものと一般人に感じられていた．にもかかわらず血を流すことはキリスト教的行為だと思われたことは一度もない．ヒッポの聖アウグスティヌスは侵略によってこうむった損害を回復するための「正しい戦争」と利権や支配権を求める戦争との区別を確立しようと努めた．十字軍遠征の折に聖戦つまり神が後盾となり，神に奉仕すべく乗り出した戦争という考え方は西洋では広く受け入れられたが，東方では絶対に認められなかった．反イスラムの十字軍については強烈な支持が訴えられたが，唱導者の論点にはしばしば弱いところがあり，西洋の人間がこの従軍要請に応じた感激もときどきは宗教的熱情よりはむしろそれぞれの地域の政治的考慮のほうにより大きな関係があった可能性がある．国際法に関するルネサンス時代の討論は「正しい戦争」という問題を再び提起した．この問題は先にヒッポのアウグスティヌスの頭を悩ませたものだった．新世界におけるスペインの征服者たちがやった植民地戦争の道義性は16世紀のサラマンカの神学者フランシスコ・デ・ビトリアのような学者たちの思考を煽った．この修士フランシスコは土着の民族を武力征服することを，異教徒の誤りを打ち砕くキリスト教の公正ということで，ごく単純に正当化するわけにはいかないと理解した．今日では軍隊には従軍司祭（牧師）がいて，兵士たちの霊的面倒を見ることがその主たる任務になっている．西洋の先進国の多数の近代のキリスト教信徒は平和主義者であり，戦争反対の運動を行い，核軍縮に賛成の論陣を張っている．しかし他の地域では——たとえば北アイルランドでは——キリスト教共同社会のあいだで戦争が継続しており，プロテスタントとカトリックの信者の双方が自分たちこそアイルランドのみならず神のためになんとか戦いつづけている者と本気で信じている．

上　リッダの聖ゲオルギウスは最近ローマ・カトリック教会の典礼からその祝日を削除されたが，何世紀にもわたって，罪（サタン）を表象する竜（ドラゴン）と戦うキリストの騎士として，崇敬されてきた．これはエチオピアの絵に描かれたものである．かれのようなキリスト教徒の武人の原形は，黙示録のなかに述べられている天の戦いで「大竜」に対して戦う大天使ミカエルである．ゲオルギウスは騎士たちの価値を人の胸に訴えた人物として，イングランド，ポルトガル，アラゴンの保護聖人となった．

下　18世紀末頃のギルレー（1758—1815）のこの漫画は，ヨーク大主教が，植民地に対して裁治権の拡張を要求する高位聖職者たちの軍団を率いている様子を描いている．かれらが己れの富と権力を増大するために戦っているというのが，漫画家のいいたいところである．

下右　20世紀のキリスト教徒たちのグループは平和運動を先導してきた．ここでは核廃絶運動を支持して，オックスフォードシャーを行進している．行進参加者は，キリスト教徒としての，運動への献身をあらわす旗やポスターを掲げて歩いている．

下　第二次大戦中，ロンドンのウォータールーにある聖ヨハネ教会．爆撃を受け屋根を吹きとばされたままに，聖体が顕示されている．戦争の終結と同時にいち早く修復された聖ヨハネ教会は，1951年イギリスの勝利を祝う教会として使われ，国が戦争の惨害から回復を遂げたことを象徴する教会として残っている．他のところでは，爆撃で損害を受けた教会が，意図的に，被害を受けたままにしておかれ，後の世代に戦争によって引きおこされる破壊への証言者として残されているものがある．コヴェントリーでは昔の大聖堂の壁の残骸が，戦後の建物の隣に立っている．

教会と戦争

下　サンサルバドルの兵士たちが，巡視に出る時間待ちのひとときを，キリストの画像の両側に坐って待機している．絵はローマ・カトリック教会で広く一般に流布している「イエスの聖心」の信心業に使われているものである．兵士たちの戦闘準備ができていることを思うと，教会の典礼が神の愛を傷つけた人間の過ちを償いたいという願いに焦点を合わせているのは，なんとも皮肉である．さらに意識しないところでの皮肉は，キリストの聖心（心臓）をあらわにした聖画が，一人の人間の胸に一枚の標的を置いて，銃撃隊にまさに処刑されようとする人物であるとの印象を与えていることである．

都市の教会

キリスト教がはじまったローマ帝国の都市社会では、キリスト教は奴隷たちのなかに、そして——やがて——より裕福で有力な人々のなかで栄えた。「それぞれの場にふさわしい教会」は人口の中心がある場所に存在する必要があった。ローマの世界には上流社会向けの説教師というものがいたそうである。この人々のなかにあのブリタニアのペラギウスがいて、この人の説を聖アウグスティヌスが攻撃したのである。その説は、人間は自分のなかの罪を克服するためにはしっかり努力しさえすればよいというものであった。ローマ帝国のおわりから中世の後半に至るまで都市は北ヨーロッパの経済的・社会的生活に付随する一つの特徴となっていた。イタリアにだけいくらか古い型に似た生活形態が残っていた。他では活動の中心が村の共同体や修道院がそれに仕えていた広大な個人の地所へと移っていった。都市が12世紀から北ヨーロッパで重要な存在になっていくにつれて、はっきりと発言する世俗人の声が聞かれるようになった。かれらはこんなに多くの聖職者が必要なのか、こんなに聖職者が権勢を振るう必要があるのかと問いただした。このような異論をもつ人がヨーロッパ中にあらわれ、たいてい同じような不平を鳴らした。托鉢修道会のフランシスコ会、ドミニコ会がそのような問いかけに答えることを企てた。13世紀の初期からかれらは説教活動を都市に集中した。都市にも大学ができてきたので、かれらはさらに強力に都市での説教や指導に力を注いだ。それでしばしば田舎の教会は聖職者が非常に手薄になり、適正な教育を受けていない助任司祭たちの曖昧な指導をいやおうなしに受けさせられた。ヘンリー8世のころのイングランドにおける修道院の解体は後に他の地域でもおこるようになった変革の口火となった。貧困者の面倒を見る教会の伝統的責任は長期にわたって主として修道院の分担になっていたが、修道院はもはや以前のように援助の手を差し伸べる能力はなかった。救済的または福祉的援助を与えるいろいろな実験が緩やかな速度ながら試みられた。教会は全世界の都市貧困者の救済事業に心を労し実際的活動をする一勢力となり、今までそう努力してきた。宣教者たちは魂のみならず体を看護し癒してきたのである。

上段 二つの「騎士」修道会、すなわち聖ヨハネ騎士修道会と神殿騎士修道会が十字軍時代から聖地で、一方で修道生活をし、他方で実際に兵士として奉仕活動をするようになった。かれらは休息のときに、あるいは戦闘準備をしながら聖務日課を唱え、自分たちを文字どおりキリストの兵士と見なしていた。

下段 教会は6世紀以来、学校を経営してきた。これはイタリアの幼い子供たちのための学校で、修道女たちが先生である。同じような例が今日もローマ・カトリック教会がある各地で見られる。学校では徳育と知育の均衡が強調され、礼拝は団体生活のなかで規則正しい役割を果たしている。

都市の教会

左　町のギルドは商業組合や職人組合の原形で、両方とも組合員の資格と基準についてはいたって防御的であった(「クローズドショップ」方針は多少とも一般的にいきわたっていた)．ギルドの親方は7年間の修業をおえて遍歴職人となった若い徒弟の仕事を判定した．裕福な大商人・中商人・職人たちは、この写真に見るフィレンツェのように、豪華な装飾の聖堂を寄進することによって、自分たちの富と成功を誇示することを好んだ．

下　ここに示されている教会は、共同体生活の中心として示されている．市場取引、家事一般、子供たちの遊びが教会の周囲で行われる．修道女たちや聖職者も町の人々と交流する．教会の出入りは、自分の家の出入りと同じぐらい自然なことである．ブリューゲルの絵はこの様子を詳しく描いたものであるが、このような交流が謝肉祭と四旬節のあいだに醸し出す緊張を映している．

左　ここでは一人の説教者が中世オックスフォードの野外で大群衆に話しかけている．画家は注意深く、俗人と修道士と司祭とが入り混じった聴衆を描き出している．このような説教は人口の大集中が見られる町や都市においてのみ有効であった．説教は意図的に人々を教育するものであると同時に、気晴らしとしてたいへん人気があった．

上　救世軍は都市貧民の社会的・霊的必要に組織をあげて対応しようとするプロテスタントの最初の試みであった．楽隊に合わせて歌う賛美歌、軍隊式の制服、明確で簡単なメッセージはかれらの極め付きの特徴であり、社会から見捨てられた人々の尊敬と信頼を受けている．

修道生活

　最も広い意味での修道院制度は神を求めて現世から己を確実に引き離しておく種々の方法を包含している．最初の修道士たちは極力この世から遠ざかって砂漠で生活した．単独に（隠者として）または時折食事や礼拝のために集まるだけのまばらに組織された共同体を作ってその生活をした．これらの「砂漠の聖者」に秩序と組織を与えた最初の大人物はパコミオスであった．隠遁生活の伝統は東方では強力につづいた．西洋では修道士が共同社会のなかで住むことのほうが普通であった．この生活で最も強力な影響を与えたのは6世紀ヌルシアの聖ベネディクトゥスの戒律であった．かれのイタリア系修道院から，この戒律がひろがって，12世紀までにヨーロッパ中の修道生活の基礎としてとり入れられた．かれは実用的な諸規定をあてがい，均衡のとれた生活形式，とりわけ修道院で院長が能率よく経営をやっていくことを可能ならしめる管理体制を提示した．ベネディクト会系の修道院では修道士または修道女は清貧・貞潔・従順の誓いを立て，「定住」を実行した．この理想（常に実現されたわけではない）はかれが誓願を立てた修道院のなかで一生涯生活することであった．つぎに大きな発展が12世紀と13世紀に見られた．このころは観想生活が正規の修道参事会員（司祭たちは一つの規則のもとに生活していた）によって，その後托鉢修道士たちによって，共同体のなかで活動作業と相ならんで重視された．かれらがなしえた宣教の仕事はもっと近代になって非常に多数の「活動的な」修道会のなかで医療・看護・教育の分野で発展した．こういったもののかたわらで観想修道会の人々は世界中の人のためにかれらの祈りの生活をつづけてきた．

　修道院制度の歴史のなかに熱狂的な改革や実験の時期が今までいくつかあった．これらの時期には新設の修道会が急激に増えた．修道生活の質の向上を目指すこれらの運動の共通のテーマは使徒的生活，つまり使徒たちが営んだ単純で聖なる「使徒的」生活へ戻るという強い衝動であった．11世紀末

下　イスラエルのマール・サバ修道院．東方教会あるいは正教会の修道制は従来西洋の修道制とは異なる形態を有している．初期のエジプト砂漠の教父たちの隠遁生活は，西方教会のそれよりもはるかに中心的なものとされてきていた．多数の正教会修道院では，個々の修道士たち全員に，かれらがおのおののやりかたで個別の庵室に住み，礼拝や食事に集まるときにときたま顔を合わせるだけの生き方を許している．

上　中世では東西両教会の修道院はともに，当時の写本づくりの大半を引き受けていた．これは写本づくりが行われている絵である．

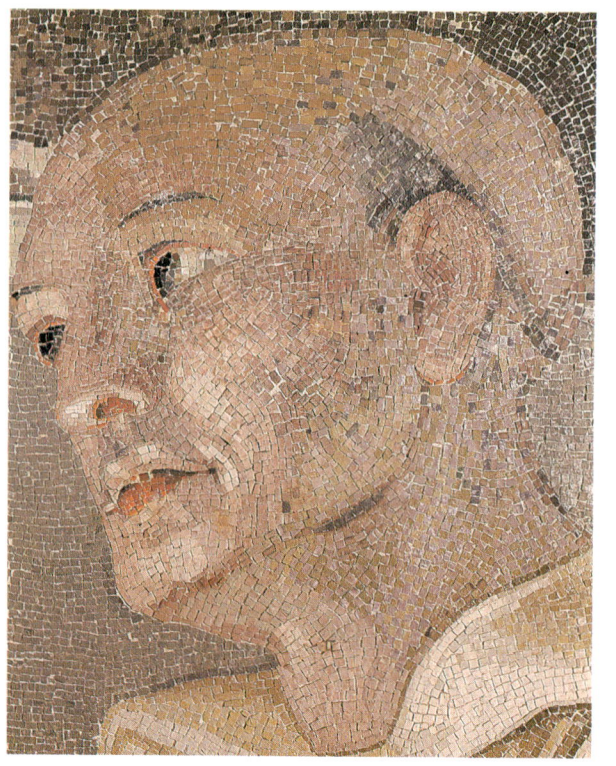

右　クレルヴォーのベルナルドゥスは説教師として比類ない弁舌をもっていた．かれが12世紀の初めシトー会に入会したときから，多数の入会志願者を惹きつけた．シトー会士たちは禁欲的な簡素と厳しい戒律の生活をし，ベネディクト会士たちがときどき陥っていた金銭と土地の贈与という陥穽を避けようとした．

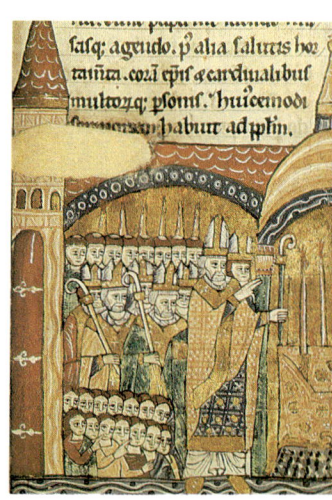

上　クリュニー修道院は1000年以前にベネディクト修道制の改革を先導した．その成功は「クリュニー的」修道院を各地に広げ，そこでは典礼が時間をかけて丹念に行われた．12世紀初めになるとクリュニー自体に改革が必要だと多数の人に考えられるようになり，かわってシトー会が若者たちを自分たちの方へ惹きつけるようになった．この絵は1095年教皇ウルバヌス2世によるクリュニー修道院の献堂式を

修道生活

下　アッシジの聖フランシスコは13世紀のはじめ巡回説教者の会を創設した．かれは清貧と謙遜においてキリストに倣う「使徒的生活」のもつ単純さに心をひかれた．この肖像画は修道会創立後まだ日も浅い頃のかれの深い霊性を強調している．

下右　ヌルシアのベネディクトゥスは，西洋の修道制発達史上の大切な時期に指導的な役割を果たした修道士であった．かれの戒律は同時代人によるものに似ているし，それに近い時代の人々によるもの（とくに『師の戒律』として知られている無名人が書いた規則）と似ているが，修道生活の日常の細部にわたって均整のとれたよき指導書として広く受容されうるものになった．それは西洋のほとんどすべての共同体で数世紀にわたって使われる戒律となった．

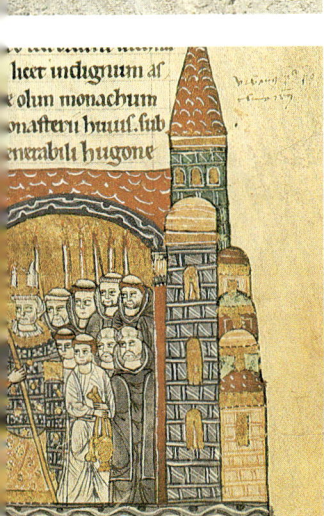

下　修道生活における女性の伝統も長い．聖ヒエロニムスは4世紀から5世紀にかけて，自宅にありながら禁欲的戒律を守っていた婦人たちに指導の手紙を書き送った．カロリング時代の修道院長たちはしばしばかなりの教養のもち主であった．これらの若い女性たちは，志願期につづいて修練期という一定期間を過ごした後に，キリストの花嫁としてかれらの誓願を立てた．

示している．

修道生活

から13世紀にかけての時期，また16世紀と19世紀は，修道会が増えた時期のなかで最も実り多いものであった．これらの修道会のなかで新たに主流をなしたものは宗教生活の雛形である「観想的」なものと「活動的」なものの中間をとったものであった．この両者の相違は強調の置き方の相違であって，少なくともカッシアヌス（360頃—435）のころから修道会の創始者たちによって論じられたジレンマについていろいろ解決法があることを写し出している．実社会から隠遁し静かに精神を集中して神の前に生きる生活に心を寄せる人は日常生活の必要事も「精神集中を妨げる気散じ」と考える．修道者は自分たちが神に献身することが当然実社会の実際的利益になり，そのためにこそかれらは現在のように実社会から解放されているのだと考える．この修道院的理想は従来多くの教派のキリスト教信徒の心に訴えるところがあった．以下に西洋の修道会のいくつかを選んで注釈を付しておく．

アウグスティヌス隠修士会　この会は教皇アレクサンデル4世が1256年に作った．その目的はいくつかのイタリアの修道会を一つに集合させることであった．かれらは聖アウグスティヌスの戒律にしたがい，ますます都市で働きはじめた．ルターはこの会の修道院の一つに属していた．

ベネディクト会　ヌルシアのベネディクトゥスが6世紀の末近くにモンテ・カッシーノで一つの修道院の院長になった．かれの戒律は12世紀までほとんど普遍的に採用されたものとなった．かれは修道生活のなかの労働・読書・祈り・礼拝の均衡に，そして定住と清貧・貞潔・従順に重点を置いた．

修道参事会　中世初期の司教座聖堂に仕えていた司祭は一つの修道規則に身を託すことを奨励されていた．それはベネディクト会の戒律ほど行動を制約するものではなく，かれらに生活の規則正しさを与える生活規則であった．12世紀には他の修道参事会，プレモントレ修道参事会とサン・ヴィクトル律修修道会の会員が司祭として地方の共同体に奉仕した．

カプチン会　カプチン会はフランシスコ会の16世紀初期の一分派で，かれらはフランシスコ会の理想の原始的素朴さへ立ち戻ることを希求していた．この会が誕生したので他のフランシスコ会の人々は憤慨したが，この会は宣教師として教会にとってすぐれて有用な存在となった．

カルメル会　カルメル会は12世紀にパレスチナではじまった．この地でかれらはエリヤへさかのぼってカルメル山で伝統的隠遁生活をつづけることを要求した．十字軍の時期がおわった後，かれらはヨーロッパに移動し，そこで広い範囲にひろがった．

コンヴェントゥアル会　コンヴェントゥアル会はフランシスコ会の一派であった．かれらは清貧がきわめて重要であるという考え方に反対した．これは清貧という問題に関して13世紀とその後長期にわたる論争の行われたときのことであった．

ドミニコ会 ドミニコ会は13世紀のはじめのころ，南フランスとスペインで異教徒に対抗して働く説教師の会として創設された．

フランシスコ会 フランシスコ会はドミニコ会と同じ時期に創設された．これもまた説教師の会であったが，使徒たちがやったように質素で貧しい旅回リの生活を送り，人々を神の国へ導くという理想を掲げていた．

イエズス会 1530年代にイグナティウス・ロヨラによって創設された軍隊的組織をもち，従順に大きな重点を置いていた．かれらは学者および宣教師として重きをなした．

マリア会 マリアニストまたはボルドーのマリア会は教育事業によって一般のなまぬるい信仰に活を入れるべく1817年に設立された．会員には司祭と修道士がいた．

マリスト会 マリスト修道会，マリア会とも呼ばれるこの会は1824年に布教ならびに教育を使命として創立された．かれらは聖母に特別な信心を寄せており，イエズス会の規則に基づく会則にしたがっている．

フランシスコ修道士会 別名小さき兄弟会は15世紀創立の会．フランシスコ会の理想を受け継いでいて極端に禁欲を重んずる伝統がある．

サレジオ会 別名サレジオの聖フランシスコ会は1859年に創立された．会の目的は司祭たることを目指し，教育者として働く若者たちの召命を育成することである．

愛徳姉妹会 聖ヴァンサン・ド・ポールが17世紀のはじめに創設した会．貧困者のために社会で働く修道女会の元祖である．

トラピスト会 トラピスト修道会は厳格に規則を守る改革された厳律シトー会である．かれらは不断の沈黙と不履行を許さない禁欲生活とを守る．会の名はラ・トラップ大修道院に由来しており，この大修道院からかれらの生活規則ははじまった．

ウルスラ会 1535年に創設されたウルスラ会はローマ・カトリック教会のなかで最も古い女子教育修道女会である．

キリストの像

　キリスト教芸術のなかでのキリストの肖像画はかれが信徒に向かっていわんとすることを伝えるべく描かれている．ごく古い石棺では，周囲に弟子たちが立っており，キリストが座った姿勢で教えている姿が見られる．それは門弟たちを従えた哲学者たちの同時代の肖像画をモデルにしたものである．東方ギリシア教会の芸術のなかでは全能の支配者，つまり万物を掌中に把握している全能者としてキリストが描かれているのが特徴である．キリストは正面から描かれ，髭を生やし，頭髪はやや長く，しばしば片手には福音書をもち，もう一方の手を祝福の形で上げて，至高の権威ある玉座に座っている．要するにキリストは人類を愛する人であり，救い主なのである．ローマの聖ペトロ大聖堂の宝庫のなかのユニウス・バッスス（西暦359年）の石棺の場合のような他の肖像画は若い髭のない人物としてキリストを描いている．西洋ではキリストの磔刑は，母とともにいる幼児としてかれを描く生誕の絵とともに，キリストの生涯の最も親しまれた場面となった．

　このような絵の作者の意図は必ずしも人物を自然のままに描くことではなくて，なんとかして人間の形を通して，神が存在し，そしてそれが人間のなかに内在すること，つまり神人としての神の化身の神秘を伝えることであった．

　カルワリオの丘へいく途中「ヴェロニカ」がキリストに差し出したタオルだと思われる布に深い尊敬がはらわれ，また不思議な容貌を写し出しているトリノの聖骸布も大切にされている．

下　この17世紀の木製のキリスト像頭部は，エクアドルのキトの十字架像のものであるが，茨の冠と痛みと悲しみの影を宿した顔を示している．

下端　十字架を担うキリスト像．コルドバの一修道院にあるスペイン風の教会にある．その姿に相応しい服を着せようとする試みはなされていない．ただ美しい服と輝く後光とは対照的に頭は苦悩を表現し，聖書に記録されているような弱さを表現している．

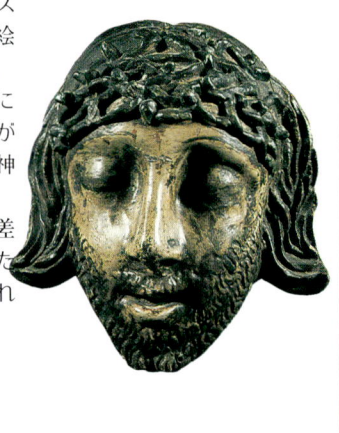

キリストの像

下 コンスタンティノーブルで見られる、ビザンティンの栄光に輝くキリストは、かれの民を祝福する荘重で威厳のある姿を示している。厳粛にして超然とした様子は東方教会のキリスト像の特色であるが、これはキリストの神性を強調する正教会の神学に基づいている。それは苦悩する人類とキリストとの同一性を強調する西方キリスト教美術とは反対の傾向である。ビザンティン教会のモザイクは一般的に堅固な位階的構成によって、創造主としてのキリストは中央天井に描かれ、全被造物を見下ろし、下方の壁に描かれたかれの地上での生活を超越している。

下 ハイチの首都ポルトープランスのタクシーは、ロバに乗ってイェルサレムに入城するイエスを色彩豊かな西インド的描写で描き出している。枝の主日の行列は聖書の記述に細かな部分まで忠実に、シュロの葉と服を道路に敷いて再現される。しかしこの画家は吠えている犬をユーモアのタッチで描き、場面を生き生きとしたものにしている。キリストは絵のなかからまっすぐに見物人たちをじっと見つめ、見る人にかれを受け入れる気があるのかと問いかけている。

上 残酷なしかし力強い7世紀ドイツのキリスト像。キリストをフランク族の戦士として刻んだラインラント出土のこの像は、新しく改宗した民族が、かれら自身がそれまでの生活で大事にしてきた観念とキリスト教とを関連させる必要があったことを強調している。同じように、古イングランドの詩は、しばしばキリストを戦士隊長とし、キリストの弟子たちを戦闘部隊、十字架刑を戦闘として捉えている。

左 トゥールーズ司教座聖堂の、威厳に満ちたロマネスク様式のキリスト像は「平和があなたたちとともに」と書かれた伝説上の書物を手に、コンスタンティノーブルのビザンティン様式のキリスト像（前頁）と同じ動作で祝福を与えている。中央に座ったキリストのまわりには四人の福音史家の姿が刻まれている。鷲は聖ヨハネ、人は聖マタイ、ライオンは聖マルコ、そして牛が聖ルカである。

上 小さくて簡素な、11世紀ロマネスク様式の象牙十字架像は、頭部・手・足が強調されている。眼の表情から、この像はキリストの内面を表現している印象を与える。

次頁 デッラ・ロッビアの繊細な表情のキリストの顔（1500年頃）は、中世後期に発達してきたキリストの人間性の十全性を、新しく意識しはじめた神学を反映している。

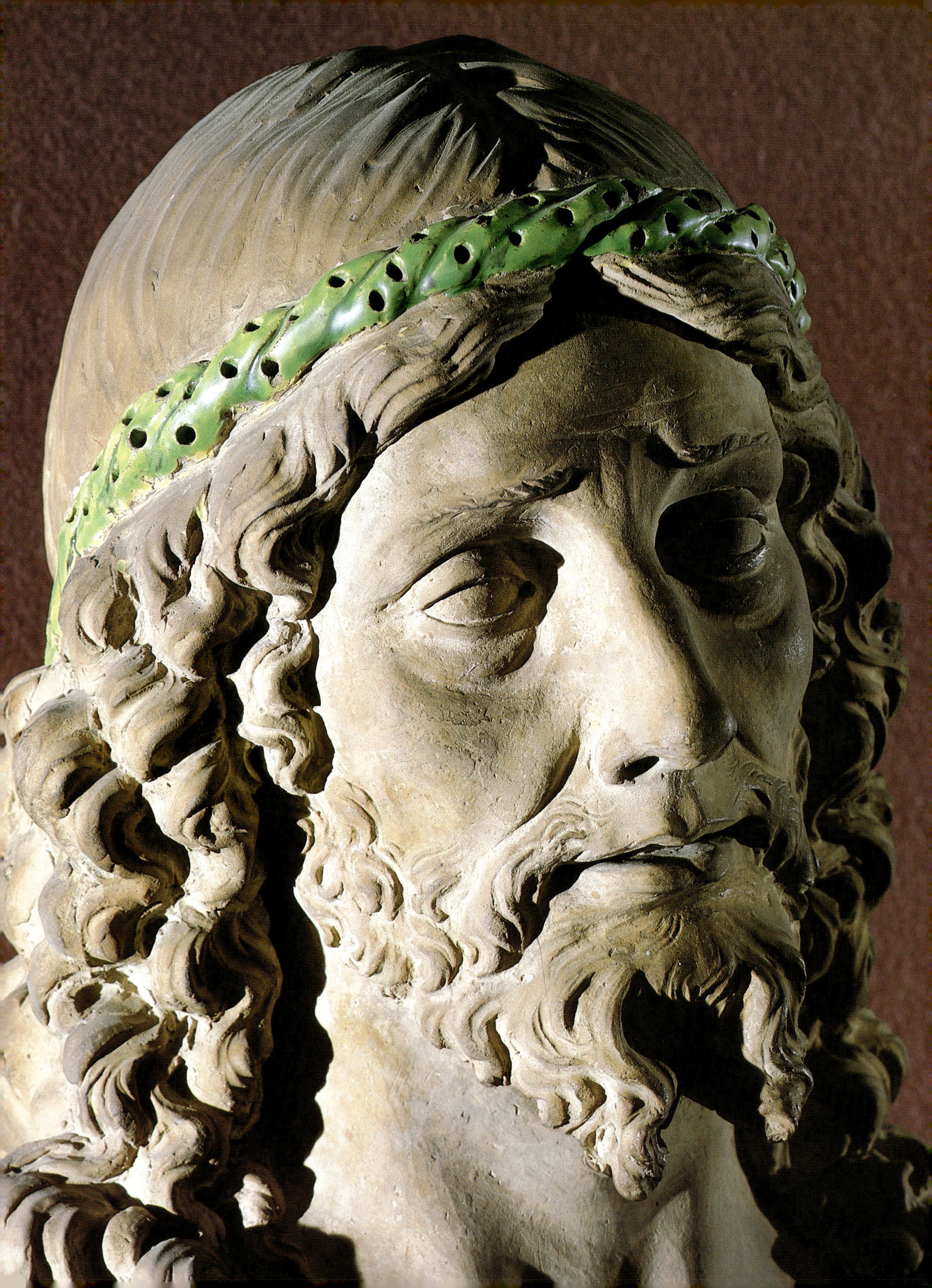

第6部　今日のキリスト教世界

THE CHRISTIAN WORLD TODAY

キリスト教と他の世界の宗教

　キリスト教徒は，全能であり，目に見えるものと見えないもののすべての良き創造者である一つの神を信じている．この一神を信じる信仰——ユダヤ教とイスラム教はこの信仰を共有しているが，他の世界的宗教はそうではない——は二重の反応を引きおこすのである．つまり一方では，一神教は現世の成功，有利な配偶者や豊作，商売の繁栄，子供たちの親孝行……などを願う民族とか種族の宗教，地域および地方だけの祭儀，いわゆる自然崇拝などに対して，強く反対する立場を取っている．この立場で一神教は多神教との妥協に対して厳しく不寛容であり，またそうありうるのである．前述した3大一神教はみな妥協をゆるさない厳しい要求をする宗教だ，とその信者たちは感じ取っている．それゆえにかれらの道徳律はこの要求に快く従うという観念に支配されている．他方，一神教は地域的なあるいは一時的なはかないものにすぎないものはどんなものでもそれを即座に相対的な地位に引き下ろし，それゆえに，たとえばキリスト教世界を，ヨーロッパと同一視したり，あるいは西洋的価値観と同一視することに対して，声を大にして停止号令をかけるのである．古代ユダヤ教の閉鎖された綿密な批判のなかで使徒パウロは，神は全地球の神ではないのか，と問うている．こんなわけで「神について知りうる事柄」（ローマの信徒への手紙1章19節）はみなこの世に存在し，それらは創造の光に照らされて，すべての人間が接近しうるものであり，この能力は，新約聖書の福音が実現するとキリスト教徒が信じている普遍的な能力である．これは要するにキリスト教徒でない人々の宗教的希求心が否定的に判断されるのではないということである．

ユダヤ教およびイスラム教との初期の接触

　当初から教会はユダヤ教と論争をしていた．ユダヤ教側では，保守的な連中は，一部の同胞ユダヤ人が，ナザレのイエスこそ古くから預言されていた救い主の出現だと確信して，万人救済の呼びかけをしていることを憤慨していた．ある時期にキリスト教徒たちは神の民のなかの異邦人の信徒たちは割礼を守る必要はないという決定をしていたのである．安息日とユダヤの伝統的祝祭日，キリスト教とユダヤ教の関係は——混同される傾向があるが，キリスト教徒とユダヤ人の関係と同じくらい明瞭に違うのだが——やっかいで微妙なものにされていた．ギリシアおよびローマの世界では，キリスト教徒たちは同時に多神教と偶像崇拝に接触しており，このことは微妙な良心のあり方に関する諸問題を引き起こしていた．一歩一歩と教会は古代社会を攻略していったが，とくにコンスタンティヌス大帝の改宗（312年）の後と4世紀のおわりまでに，政府は異教の寺院を閉鎖し，多神教の信仰を禁止しつつあった．そしてこのことは，自分たちの地方の神々がキリスト教の神より劣ったものであるという譲歩はできるものの，現世での繁栄を味わうためにはかれらの神々の怒りをなだめる必要があると思っていた多数の生き残りの異教徒たちの怒りをまねいた．

　キリスト教が勢力争いを挑んだ古代宗教のなかでユダヤ教だけが今日も事実上存続している．地中海世界とインド亜大陸とのあいだの接触は少数の冒険心豊かな商人に限られていた．キリスト教指導者アレクサンドリアのクレメンスは仏陀の存在をすでに聞いていた．8世紀には仏陀の伝記が『バルラアムとヨアサフの物語』を作ろうというキリスト教徒的目的のために取りあげられたが，古代および中世初期には思想的見解の交流はほとんど行われなかった．初期のキリスト教伝道団がインド，とくにマラバル海岸地方に派遣され，それはすぐに使徒トマスの名前と結びつけられたが，神学上のあるいは哲学的な討論が両者のあいだで行われたという文献はない．14世紀にはアトス山のギリシア修道士たちが驚くほどヨガに似た祈りの手法を用いたが，インドの影響を受けていた証拠は見当たらない．

　7世紀には「神の意志への服従（＝イスラム）」というムハマッド（マホメット）の新しい宗教の衝撃が強烈な軍事的熱意をアラビア半島の種族たちに与えた．かれらはすでに東ローマ帝国の脆弱さを看破しており，この帝国は自分の東方の敵は当然ペルシアにあると思っていた．アラビア人（別名サラセン人）はパレスティナに怒濤のごとく流れ込み，イェルサレム（638年）と，総主教によってかれらに売り渡されたアレクサンドリア（641年）を占領した．かれらは情け容赦なく北アフリカの豊かなローマ諸州をよぎって移動し，ついにはジブラルタル海峡を越えスペインに侵入した．フランク人の力がかろうじてかれらの進撃を732年にポワティエで食い止めた．こうしてキリスト教が長期にわたって支配的勢力をもっていた有力な属州がいくつも奪われたので，キリスト教信者たちは人間の歴史のなかにおける神の摂理を疑い，痛烈な質問を発した．イスラム教はキリスト教の異端的一形態を取り入れたものであって，たとえばイエスの十字架上のはりつけの現実性を否定したものの，イエスをムハマッドのために道を準備した神の預言者であると断言した．アラブの諸軍隊はヨーロッパに対して巨大な軍事的驚異を示したし，イスラム教の学者たちはイデオロギーの上から相手をおびやかした．キリスト教徒の聖書のように，かれらもコーランという聖なる書物をもっていた．かれらは一神教徒であった．かれらはイエスとその母マリア，旧約聖書の預言者たち，および使徒たちを高く評価した．しかしかれらによればムハマッドは神の全権大使として遣わされた者である．つまり「アラーの神以外に神は存在せず，またムハマッドはアラーの預言者である．」イスラム教はアラビヤを越えて遠くアフリカ内陸部，トルコ，ペルシア，パキスタンにひろがっていった．またオスマン・トルコ帝国はイスラム教徒の飛び領地をヨーロッパの諸所に残し，それらはいまだにバルカン半島に存在している．しかしながらアラビヤはイスラム教徒の心臓部であったし，その後もそうであり，メッカへの巡礼はあらゆる敬虔なイスラム教徒の夢であり義務なのである．イスラム教は自分たちにこそ普遍性があるとする権利主張と一種のアラブ帝国主義との双方を代表してきたのである．

　キリスト教世界とイスラム教徒との接触は当初軍事的かつ商業的なものであったが，その後冷たい共存と互いに相手を改宗させようと努力する関係に変わっていった．軍事的脅威は十字軍の行動を即発する刺激となり，この十字軍作戦のなかで，ヨーロッパはキリスト教の聖地奪回という宗教的目的を保持して，イスラム教アラブ人を撃退しようとした．

　アラブ人たちは数学および科学に関する古代ギリシア語の本を読み，こういった書物のアラビヤ語訳からのラテン語訳を通して，とくにトレドとコルドバにおいて，ギリシアの科学が中世の西洋に伝わってきた．

　12世紀の学者アヴェロエスの堂々たる知性はキリスト教神学に大きな影響を与えた．ただかれの仲間のアラブ人はほとんどかれの真価を認めなかった．

主要宗教の分布概略

- キリスト教
- イスラム教
- 仏教
- 仏教，儒教と道教
- 仏教と神道
- ヒンドゥー教
- シーク教
- ユダヤ教
- アニミズム信仰
- □ 重要な少数派

上　キリスト教と他の世界的宗教
キリスト教の世界中への伝播は，これを海外へ運んだ国々の政治的・経済的成功を反映している．ローマ帝国は最果ての辺境までキリスト教を伝えた．スペインとポルトガルの征服者たちは16世紀のいわゆる新世界に，イギリス商人たちは極東に，キリスト教をもたらした．しかしまたキリスト教の伝播は宣教師の熱心な活動の足跡をも記している．たとえば19世紀のアフリカがその例である．キリスト教は数多くの異文化のなかに吸収されてきたが，他のどの宗教との混交によっても，決してその本質がぼやけたことはない．キリスト教徒たちは地図が示しているように，世界のさまざまな地域で，他の世界的大宗教の信徒たちと肩をならべて住んでいる．信徒数はおおよその数にすぎないが，地図は大宗教の現代世界への広範な分布を示している．

キリスト教と他の世界の宗教

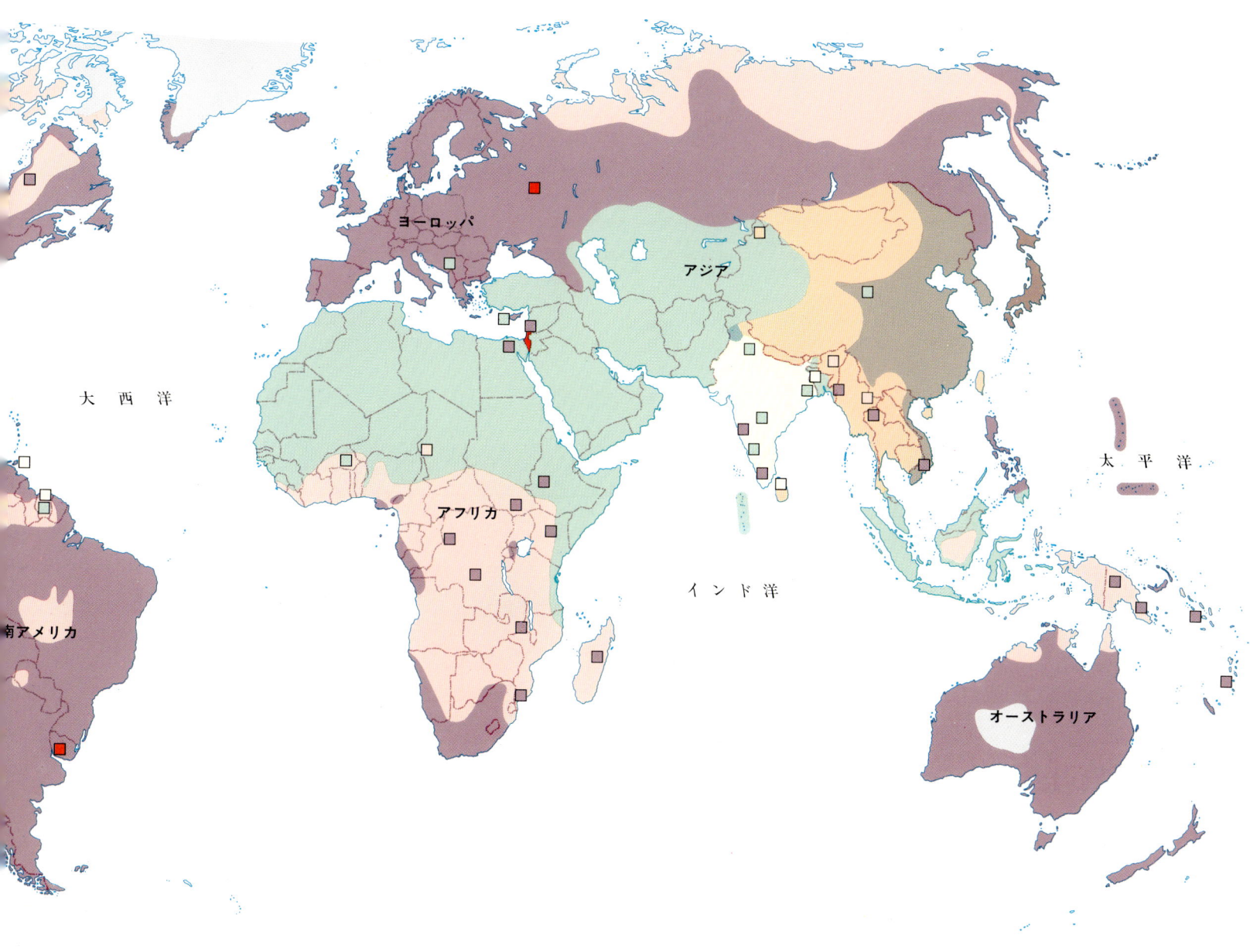

右 ロサンゼルスにあるこの建物には，キリスト教徒とユダヤ教徒の双方が礼拝に集まる．かれらが，一緒に礼拝することはないが，建物を友好的に，たがいに尊敬をはらいつつ，共同で使用している．

キリスト教と他の世界の宗教

　今日世界中に約4億のイスラム教徒がいる．イスラム教にはほとんどその出発点からいろいろな宗派や学派があった．基本的信仰箇条が単純であるゆえにイスラム教は人種や皮膚の色の違いを克服してきたし，しばしばキリスト教より大きな成功を収めている．けれどもアラブの統一は従来決して容易ではなかった．近代西洋の世俗精神がトルコやアラブ諸国に深く浸透してしまっており，それゆえにイスラム教の主義や価値観を保存することは強烈な対西洋的反動ということになってしまっている．そしてイスラム教は西洋を，政治的敵とも，イスラム教の信仰心を土台からくつがえす魔性を帯びた存在とも，見なしてきた．このような事情にもかかわらず，イスラム教の伝統的様相が変えられることを欲し，さらに実際それがもっとキリスト教に似たものになってほしいと思っているきわめて思慮深く教養の高いイスラム教徒が今日大勢いるのである．

インドと日本におけるキリスト教

　ルネサンス時代の偉大なヨーロッパの探検家たちは貿易航路を拓いただけでなく，聖フランシスコ・ザビエルとイエズス会士というあの偉大なカトリック宣教団のために道を開き，インドのゴアおよび極東に達したのである．インドにおいては，キリスト教伝道者たちはローマ帝国の場合と驚くばかりに類似した宗教的事情に直面した．インドの宗教はその大きな包容力のなかに，聖なる牛や物神，多神教的でかつ性的な豊饒神崇拝，および寺院売春を包含し，それと並んでクリシュナ・ヴィシュヌ（バクティ）神に愛情をこめて身をゆだねるという言葉のなかに個人的で敬虔な深い信仰が見られる．禁欲主義の苦行と扇情的商売の許可が並び行われている．手短かにいうと，ヒンドゥー教には，キリスト教が強く希求するものに近い，いろいろな面があり，また一神教が排除せざるをえない他の面もある．

　日本の神道に対してキリスト教が示す反応はこれと事情が似ている．つまり，神道は家系と国家を表現する宗教的手段であり，自然の力，とくに太陽および太陽ほどではないが月を神格化する．神道もまた西洋人を驚かせるほどに性的なことにひどく寛容である．西洋人は，日本人が情欲を外にあらわすことには非常に控え目なことに注目しているからそう思うのである．日本の国家主義の表現として神道は天皇崇拝を中心に掲げたのである．1945年になされた天皇の人間宣言は天皇崇拝をおわらせたわけだが，国民の考え方は変わっていない．日本は従来キリスト教の福音の種を播くには面倒な土壌なのである．

他の文化や宗教に対するキリスト教の対応

　上記のいくつかの世界の宗教とキリスト教の関係は，たとえば，『使徒言行録』17章または『ローマの信徒への手紙』1－2章にある使徒パウロを研究すれば判明する．パウロは布教の念願に対してはきわめて積極的であり，被造物にすぎないものをなんでも神格化することに対して消極的であり，また迷信，民間宗教，および動物崇拝に対し消極的であった．

キリスト教と他の世界の宗教

積極性と消極性がこのように混淆していることは，世の中でのこの問題に対する神学的取り組み方にいろいろ相違があることでわかる．他宗教を積極的に評価する度合は，今ではどこの国へでも楽に行けることによって高まってきた．(今日の旅行案内業者の優秀さの程度は，訪れている国の人間と客がほんとうに接触しないように守っていくその会社の腕前によってしばしば判断されるのだが）他宗教の積極的評価はわけても宗教の心理学的かつ社会学的研究から刺激を受けてきた．19世紀の初期にシュライアマハーは宗教を，教義として信仰を頭のなかでまたは口頭で明確に述べるより先に，その宗教に絶対的に帰依し，それを畏敬し崇拝する感覚，だと定義した．今世紀に，ルドルフ・オットーは聖なるもの，あるいは霊的なものに対する概念を人類の普遍的な経験だと書いたのだが，この概念に対して，いろいろな宗教がいろいろな文化環境のなかで，さまざまな礼拝形態を与えている．宗教的体験のこの第一義的な基礎事実はウィリアム・ジェイムズ（1901年）によってもまた大いに強調されたのであるが，それは感じることが頭で考えることに先立つものであることを当然のことだとしての話であった．宗教に対するこの理性的でない捉え方はカール・ユングによってさらにずっと広げられた．1901年にはエルンスト・トレルチが，キリスト教徒はかれらの信仰が最終的なものであるとか絶対的なものであるとかいうことを止めてほしいと主張し，またかれはキリスト教を人類の知的進歩のなかで今までに到達した最高の地位にあるものと認める物差の目盛りで，いろいろな世界の宗教的価値を測ってほしいといった．20世紀のプロテスタントの人たちは他の諸宗教の「失敗」について語る19世紀のやり方に不満を覚え，むしろその諸宗教の成した「貢献」のほうを語りたがった．

大きな宣教会議が1910年にエディンバラで，1928年にイェルサレムで，1938年にタムバラムで開催された．エディンバラでの支配的特徴は他の諸宗教と対面しながらも依然としてキリスト教に自信をもっていることであった．これはおそらく1914年8月以前のヨーロッパのもつ一般的な科学技術的かつ文化的な面の自信を潜在意識的に反映したものであったであろう．1910年における主たる問題はキリスト教諸教会の分裂状態のなかにあった．それは，たとえば1人のインド人をいかにして信仰に導き入れ受洗させうるかということであった．このインド人は相争う13のキリスト教の宗派に顔を付き合わせているからである．1910年のエディンバラ会議はそれゆえ教会一致（エキュメニカル）運動を促進する刺激を与えたのである．

イェルサレム（1928年）においては世界の諸宗教が世俗主義に対抗して共同戦線を張ることと，キリスト教が仏教徒とヒンドゥー教徒から提起される質問に対してなすべき解答の仕方についての話し合いが行われた．他方では，当時ドイツで教鞭を取っていたスイスの神学者カール・バルトによってトレルチの相対論が猛烈に攻撃された．バルトにとっては本物の信仰は天啓と恩寵の賜物であり，人間が探究によって発見するものではない，すなわちわれわれはキリストを通して神に到達するのであって，その逆ではないのである．オランダの神学者ヘンドリク・クラーメルも同様に，キリスト者がキリストを通しての天啓を肯定するのでなければかれらは全人類に対して神の真実を語る一切の権利を放棄することになる，と主張した．福音は「万人にとって真実であるか，さもなくば全く真実でないか」のいずれかになるわけである．

1938年までに第3回世界宣教会議は世界平和に対して高まりゆく脅威，かつまた世界のいくつかの地域で増大しつつある反キリスト教意識に関して憂慮していた．インドで開かれたので，この会議は東洋における西洋の勢力とインドにおける英国の支配力の頼りなさに対して敏感であった．キリスト教の福音が外国の占領勢力と同一視されるとしたら，この福音のインド人に対する迫力が弱められるだろうと考えられた．このようなわけで社会的圧力とかヴェールをかけた威圧とかいうものはあってはならないのであった．

こういった事情のなかで，いわずとも問題になることは，自分の目的のためにギリシア・ローマの文化的遺産を吸収し，かつほとんど2000年以上にわたってヨーロッパの精神構造を形成したキリスト教が，他の文化を吸収するために，自分がもつこの古典的遺産や形而上学的体系から十分自分を切り離すことができるか否か，ということであった．近年インドにはキリスト教とヒンドゥー教の共通の要素を結びつけようとする「アシュラム」が創設された．ペンテコステ派は躊躇なくかれら独自のアフリカ音楽とリズムを作ってきた．このようなことをすると明らかに物の中核と外側の殻とを混同する危険が生ずる．アフリカでは教会は踊ることを崇める場所を設けたが，この踊りなるものはヨーロッパのキリスト教が従来不思議な気持をもって恐れてきた人間の活力の一表現である．しかし全歴史を通じてキリスト教徒は物の外側の形には無関心で，キリスト教の信仰と生活の実質を第一義的に尊重する傾向を示してきた．

左　この16世紀の地図は，クランガノルにあるポルトガル人居住区を示している．ここではいくつもの教会がモスクとならんで立っている．キリスト教とイスラム教がたった一つの共同体のなかで共存繁栄している．

下　スリランカでは仏教徒の仏塔（パゴダ）と，その後ろにダッチ・リフォームド教会が見られる．この国では，東部で仏教がキリスト教とならんで生き残っている．

今日のベイルートの
キリスト教徒

　1975年の内乱の勃発以来ベイルートは中近東の政治的・宗教的分裂を鏡のように映し出してきた．この地域の商業および観光の中心であるために，ベイルートは戦争地域に変貌し，そこには砲撃の音，車にしかけた爆弾，狙撃，街路を狂気のように走り抜ける救急車のサイレンなどに慣れきっている民間人がいまだに居住しているのである．住民が立ち退いていなくなっている市の中心部は，二つの居住民団に挟まれた致命的な傷口のような形で横たわっている．その居住民団とは，かつてベイルートの繁栄した西部地域であった部分で，住民の大部分がイスラム教徒であった集団と，もう一つは東部地区のキリスト教徒の集団である．近年行われた殺人と誘拐のために西部ベイルートはさらに一層完全にイスラム教徒地区になり，東部ベイルートは以前よりも一層堅固なキリスト教徒地区となってきた．闘争的シーア派イスラム教の復活と南方からの避難民の流入が西部ベイルートの顔を変えてしまった一方，キリスト教徒民兵のなかの激しい分裂がベイルート市の東部地区住民にとって新しい脅威となっている．長期にわたって住民はバリケードを築いて狙撃から身を守ってきたし，いわゆるグリーン・ライン付近の街路に沿って，港からもってきたコンテナを倒立させて遮蔽物にしてきた．いまやこの地域ではその社会のなかからおこる，意見を異にする者が引きおこす，暴動の脅威がある．

今日のベイルートのキリスト教徒

左　1本の十字架が，ベイルート攻略戦の廃墟の近くにあるキリスト教徒居住区の存在を宣言している．当世風だった街路が粉砕され，戦闘の残骸が取り散らされたままである．ここでは，この十字架がキリスト教徒たちの，妥協を拒む意志と家に留まる決意とを表明する象徴となっている．この人々はファランジスト党の民兵に保護を求めている．ファランジスト軍はピエール・ジェマイエルとかれの息子ベシール（1982年大統領に選挙された直後暗殺された）によって編成された．ジェマイエル一族は，他のレバノンに住むキリスト教徒の大多数がそうであるようにマロン派カトリックである．マロン派カトリック教徒は礼拝様式と伝承では東方典礼のキリスト教徒であるが，12世紀以来ローマ聖座に属している．軍人のなかの一部のマロン派カトリック教徒は，自分たちが現代の十字軍兵士であり，イスラム教徒の侵略に対抗するキリスト教徒の前哨基地を守備しているのだと考えている．

上　ラテン典礼によるミサがフランシスコ会士たちによって捧げられている．レバノンのキリスト教徒たちと西洋カトリック教会のあいだには多くの歴史的絆が結ばれている．マロン派カトリック教徒たちのあいだではフランス語が今でも上流社会の言葉であり，東ベイルートにはイエズス会経営のセント・ヨゼフ大学が学位取得のための講座をフランス語で開講している．したがってきわめて当然のことだが，レバノンのキリスト教徒たちは，近年フランスに亡命している．

左　マロン派カトリックの司祭がファランジスト軍兵士たちとともにベシール・ジェマイエルの葬儀ミサに参列している．マロン派カトリック教徒が必ずしもみな軍人なのではない．かれらの総主教ナシュララ・スフェイールはとくにかれの教団のなかの過激派を宥める努力をしてきた．レバノンのキリスト教徒には，相当数のギリシア正教会，ギリシア・カトリック教会，アルメニア正教会，アルメニア・カトリック教会，シリア正教会，シリア・カトリック教会とプロテスタント諸教会の信徒たちがいる．これらのキリスト教徒の共同体はレバノンの政治的闘争に関して，それぞれ異なった政治的立場をとっている．ギリシア正教会は伝統的に左翼支持であり，一方アルメニア正教会は「積極的中立」政策を推し進めてきている．

左端　このマロン派信徒の花嫁は結婚式を，明るい日差し・お祝い気分・スマートな車・美しいリボンという典型的なレバノン式で祝っている．近年の苦悩をしばし忘れることのできる一瞬であろう．レバノンでは，すべての結婚式は教会の規則またはモスクの戒律に従って執り行われる．聖職者を介さない民事結婚は許されず，キリスト教徒とイスラム教徒との婚姻もありえない．もしキリスト教徒とイスラム教徒が結婚したいときは，法的義務を片付けるために，いったん出国しなければならない．

201

キリスト教，共産主義，および各国の特異性

1917年以来ロシアにおいてキリスト教は，いかに生き残ったか

当初から1917年のロシア革命はキリスト教に対して敵意を示していた．この革命は，宗教とは社会主義の前進につれて姿を消すはずの阿片や幻想に過ぎないという理論をカール・マルクスから受け継いでいた．ロシアでは皇帝たちとロシア正教会とは，何世紀にもわたって圧政を行う相棒だった．ロマノフ家は一掃され，教会も王室の後を追って消滅するものと期待されていた．このことは「歴史の一法則」であると考えられた．

しかしながらレーニンは「必然的におこる」過程を助長することに反対しないで，一連のドラコン流の厳しい法令を出して「教会と国家の分離」を強要した．このために教会は実際問題として全財産と既得権の大部分を失うことになった．レーニンは農夫や労働者を「迷信」の残滓から解放するために強力な運動を開始した．「科学的無神論」が国家のイデオロギーとなり，幼児期から大学に至るまで教え込まれた．こういったことを妨害した者は手厳しく扱われた．1917年から1923年のあいだに1200名以上のロシア正教会の司祭と28名の主教が処刑された．

レーニンの後継者スターリンはかつてグルジアのある神学校で学んだことがあった．1928年にかれは「宗教協会」に関する一つの法律を導入し，その法律は今日でも依然として効力を保っている．それは1945年以降，他の共産主義諸国のために模範の雛形を提供した．この法律によれば，教会は全職員が登録され，職員の任命はすべて監督を受け，諸活動は国家から賃貸される教会の建物のなかに限られ，「宣教」を熱心にしないという条件を満たす場合にのみ存続しうる．あらゆる共産主義国に「宗務省」またはそれに相当する省が置かれ，その任務は教会を従順で扱いやすいものにしておくことである．

1920年代と1930年代にはスターリンの定めたこの法律はロシア正教会のなかで論争の対象になった．一部の者は悪の力と妥協すべきではないし，またロシアはまさにキリストの受難を再び身をもって体験しつつあるのだといった．つまりロシアは他日みずからの復活の栄光を受けるだろうという考え方であった．また正教会は祖国と運命をともにすべきであり，また過去における己れの傲慢に対して正当な罰を受けつつあるのだと主張した人々もいた．しかしソヴィエト国家に対する忠誠をそのように表明したことが，果たしてどのくらい本音であったかを知ることは決して容易ではなかった．脅しと麻薬が，ありとあらゆる陳述を強要するために，すでに用いられつつあった．社会の雰囲気は不信と心配とで不健康なものになっていった．

ロシア人が，1941年から1945年にかけての「偉大なる愛国戦争」と称する戦争は，東方正教会の状況を根本的に変えてしまった．スターリンは国民の士気を高め，ナチスの侵入に抵抗する意志を強固にさせるための援助を必要とした．教会

左 キリスト教と共産主義
この地図は今からちょうど1000年前に，東ヨーロッパを改宗させた福音化の二つの波の跡を映し出している．西側からは，ラテン語を話すベネディクト会士たちが出かけていった．プラハがかれらの東進の準備基地だった．コンスタンティノーブルからは，宣教師たちがブルガリアやルーマニアを経て北へ向かった．この二波は南ポーランドとユーゴスラビアで合流した．

9世紀の聖キュリロスと聖メトディオスはギリシア人修道士であったが，ローマ教皇の祝福を受けて宣教に出発したという点で珍しい存在である（キュリロスはキリル文字を考案した功績で知られている）．東と西，ギリシア正教会とローマ・カトリック教会は，1054年までたがいに十全な交流関係にあった．教皇ヨハネ・パウロ2世は「ヨーロッパの霊的一致」を再現することを夢見ている．1979年にはグニエズノでこの夢を語った．

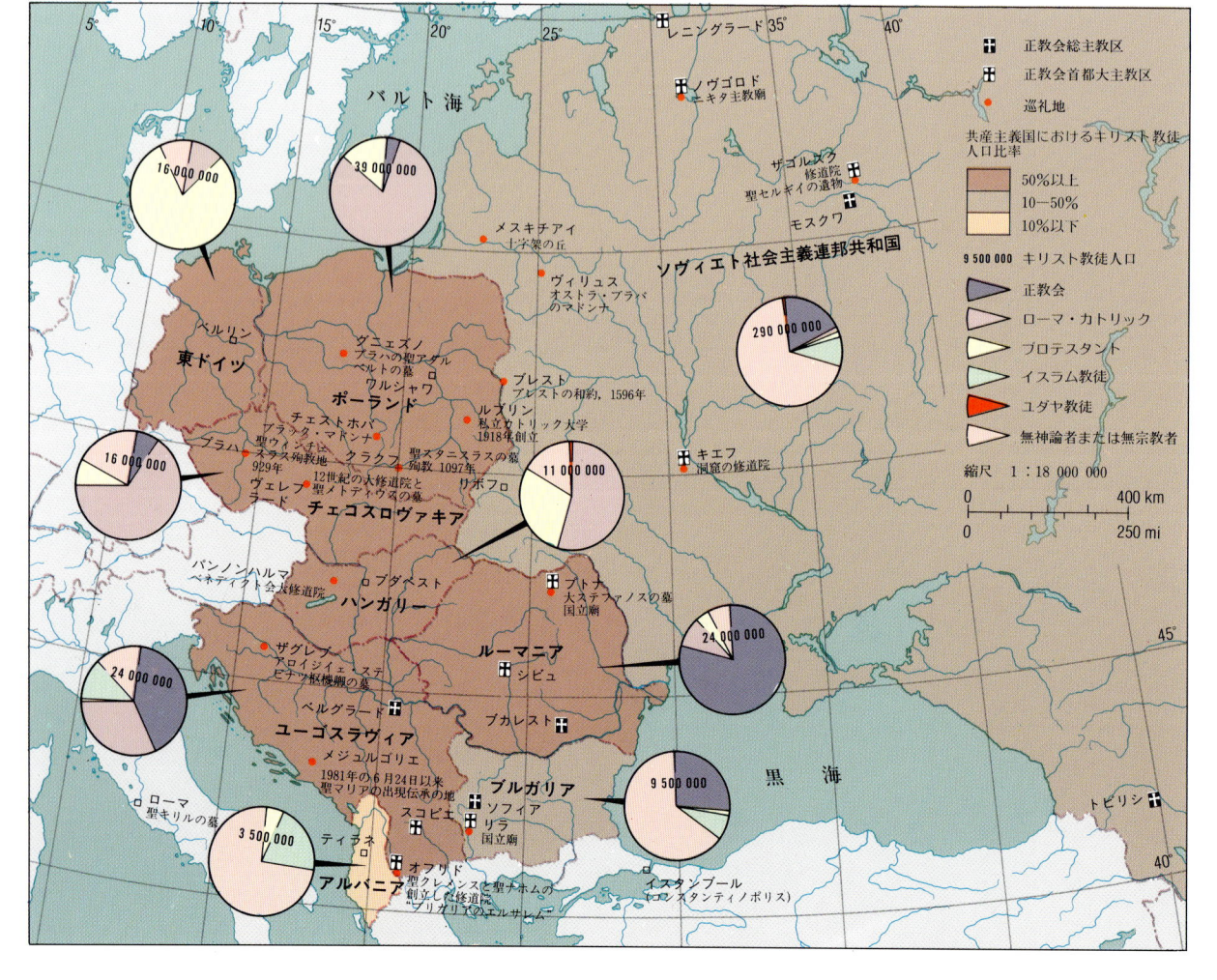

上　創立者である聖人の祝日を祝う聖セルギイ修道院．ここには聖人の聖遺物が保存されている．ザゴルスクはまた神学校であると同時に，モスクワ総主教座の本拠地であり，教派を超えて訪れる人々のための公開名所でもある．しかし外見というものは人を誤らせる．1914年のロシアには1025もの修道院があったが，今ではたった16しか存在しない．

はいまやさきに迫害を受けたのと同じ程度に徹底的に締め上げられた．1943年にスターリンと会見した後に，首都主教セルギイはロシア教会の指導者たる，モスクワ総主教に選出された．かれの前任者たちはみなすでに亡くなっていた．総主教の邸宅は未舗装の通りの丸太小屋から旧ドイツ大使館の堂々たる環境に移された．このことはスターリンが大戦後のモスクワ総主教管区のためになすべき仕事をもっていたからであった．ロシア正教会の信徒の人口が大きな率を占めている国々，とりわけルーマニアとブルガリアはいまやロシアの勢力範囲に陥ってしまっていた．モスクワ総主教座は「宗教的自由」がソヴィエト連邦のなかに存在するとはっきり表明し，また信徒たちに，服従することによって，生き残る術を教えた．ウクライナではもっと厳しい方策が必要だった．400万の「東方帰一教徒」（東方正教会の典礼を保持しながらもローマ教皇に帰属している人々）が強制的にロシア正教会の信徒に改宗させられた．国際的な方面ではモスクワ総主教座はジュネーヴにおける世界宗教会議に参加し，その会議でこの総主教座は平和・軍縮・および国家解放運動に関する与党の線を支持するものと当てにされていた．

しかしながらこの卑屈な態度を取ったことに対して総主教座は感謝を受けることはなかった．1960年代にフルシチョフの勢力下で，さらにもう一度宗教迫害の波が押し寄せ，反宗教宣伝が促進された．残存の63の修道院（革命前には1000以上あった）が半数に減らされた．小説家でノーベル賞受賞者であるアレクサンドル・ソルジェニーツィンが1972年にピメン総主教宛「公開書簡」のなかでつぎのように異議を申し立てた．「ロシア教会は遠く離れたアジアやアフリカにおけるいかなる悪質なことがらに関しても憂慮を表明するが，一方この国の内部においてはいろいろな不公正に関して一切黙して語らない……教会は無神論者によって独裁的に支配されている……これは過去2000年のあいだ一度も見られたことのない情景である．」

ソ連国家公安委員会（KGB）の前長官ユーリー・アンドロポフがその任にあった短い期間中に，キリスト教徒に対する「イデオロギー闘争を強化」しようとする企てが再び行われた．「教会と国家の分離」に違反する犯罪を禁止するソヴィエト刑法の第142条は，個人のアパートにおける祈禱や聖書研究の集会を抑圧し，両親以外のどんな人物による子供の宗教指導も禁止するために，利用された．これらの諸方策はロシアにおこってきている宗教の復活に対する一つの反応であった．地下に潜り，また無登録で，キリスト教徒の小さな集団がひそかに集会をつづけてきている．かれらは東方正教会系のキリスト教徒のほかに，ウクライナおよびリトアニアのローマ・カトリック信徒のみならず，バプティスト派信徒およびメノナイト信徒をも含んでいる．

ポーランドのカトリック教会とポーランド人の教皇

1945年以後に確立された「人民民主主義」のなかにソヴィエト型の立法と支配が急速に強引に持ち込まれた．しかし歴史的かつ社会学的要素は多様化の方向へ向かった．

共産主義に抵抗して成功した最も顕著な例はポーランドに見られる．ポーランドのカトリック信徒は全国民人口の93パーセントを構成しており，これはかなり多数のユダヤ人と少数派であるポーランド正教会信徒がいた戦前よりも高い率を示している．1946年以降ひと握りのモスクワ仕込みの人間がポーランド人に外国の，しかも不評判な信仰箇条を押し付けた．しかしかれらは聖職者と信徒とのあいだにいかなる楔も打ち込むことができなかった．これより以前に2000人以上の司祭がナチスによって銃殺され，あるいは収容所で死亡していた．1966年にポーランドは建国1000年祭を祝った．そしてこのことは昔，教会と国家が，王の受洗を媒介として一緒に誕生していたという事情を劇的なものにした．このようにし

今日のポーランドの キリスト教徒

　1000年以上にわたってポーランドにおけるローマ・カトリック教会は，みずからを，敵の包囲網のなかにある，キリスト教を信奉する西洋の前哨基地としてきた．ポーランドがロシア・オーストリアおよびドイツという強力な隣国に切り刻まれた19世紀全体を通して，カトリック教会は国の魂を具体的に表現していた．二つの大戦の狭間の短い20年間の独立状態を終えた後，教会は再び，ナチスの占領期間中，国民の抵抗の意志を強固にした．共産主義化されたポーランドでは，教会は最初は迫害されたものの，不安定な共存をし，時折協力するという状態に徐々に移行してきた．教会はロシア人の共産主義者に対応する必要がおこらないように，ポーランド人の共産主義者と話し合いをしている．教会は，いまだに，国民の良心として行動しており，連帯の誕生を，ポーランド国民に深く根ざしているキリスト教徒の価値観（協力的であること，働くことの尊厳）の一つの表現だと見ていた．体制側の反宗教的宣伝は，教育とマスメディアを完全に統制した．にもかかわらず，それは全くの失敗におわっている．それどころか，宗教の復活が見られている．このことは教皇ヨハネ・パウロ2世がポーランドと信仰との絆を万人に知らしめたことと無関係ではない．

上　イェジ・ポピェウシュコ神父の葬儀．1984年11月3日．ポピェウシュコ神父は祖国のため，「連帯」支持の熱烈な説教活動をした．そのために公安警察はかれを誘拐し，惨殺することによって事態を処理できると考えた．国民はこれに強く憤激し，殺害者たちを法廷に引き出した．かれの葬儀は「連帯」の示威行動となった．

左　教皇ヨハネ・パウロ2世の2回目のポーランド訪問（1983年）．戒厳令が依然としてしかれていた．第3回目の旅は1987年に計画された．教皇は自分が教皇に選出されたことは，ポーランドの数多くの苦しむ人々に対する神からの慰めのしるしの一部であると考えている．多くのポーランド人もかれと同意見である．

右上　グダニスクにある造船労働者のための聖ブリギッタ教会．教会に集まった人々は，1983年，レフ・ワレサ逮捕の知らせを聞いた．活動的なワレサは長くは投獄されなかったが，「連帯」は公式に非合法と宣言された．1986年9月，残りの政治犯も釈放され，ワレサとその仲間たちは労働者組合運動における「多元主義」を実践しはじめた．

右　グダニスクのレーニン造船所の門を，ストライキ実施中の労働者が閉鎖している．門に掛かった絵は，チェンストホヴァの黒聖母像の模写イコンである．事情はわからないが，この聖母像イコンは東方から伝えられた．1655年にはスウェーデンのプロテスタント軍隊によって刃物の切り傷を入れられた．国に危機が訪れると，国全体がヤスナゴラ（輝く山）の黒聖母に捧げられた．

キリスト教，共産主義，および各国の特異性

て教会は，国民の意識と伝統および外国による圧迫に対する抵抗を形でもって表現したのであった．教会のこの動きに対して社会主義の先陣を承っていると自認する共産党の主張はついに一度も切り込む機会をもちえなかった．

共産党の主張の空虚さは1978年10月にポーランド人の教皇がはからずも選出されたことによって暴露された．教皇は時を移さず祖国訪問の勝利の旅にでかけ，これは「誰が本当にポーランドを支配しているのか」という問題に対する事実上の国民投票となった．連帯，つまり自主管理労働組合の結成は教皇の訪問が創り出した自信の一所産であった．しかしながらそれは危険をはらんだ新事態であった．その伝播力が東ヨーロッパ全域において感じられはじめた．それで体制側はそれを圧迫しなければならなかった．1983年6月の戒厳令下における教皇ヨハネ・パウロ2世の二度目のポーランド訪問は前回の時よりさらに厳しい制約を受けた．教皇は「精神的勝利」はすでにわがほうのものであるという自信をもって，ポーランドのカトリック教徒に困難な長期戦に対応する備えをさせた．

チェコスロヴァキアとハンガリー

チェコスロヴァキアは隣国ポーランドのような宗教的統一を一度も経験したことがなかった．ローマ・カトリック教徒は，とくにスロヴァキアにおいて支配的であったが，チェコスロヴァキア・フス教会とチェコ兄弟団福音教会のほうが国の伝統を具現していると主張するのによりすぐれた資格をもっていた．1415年に異端のかどでヤン・フスを焚刑に処したことは絶対に忘れられてはいなかった．スターリン主義の期間中にカトリック教会は非常に厳しい抑制を受けたが，それは半ばは，その首領たるピオ12世が「大西洋同盟の教皇」だとみなされていたからであった．しかもかれは他国の人間だったのである．プロテスタント教徒たちは体制側と仲良くやることができた．あの偉大な神学者ヤン・フロマートカは共産主義はかならずしも反宗教ではなく，またこの主義を自由と正義を求める人間の闘争の一部と見なしうると信じていた．キリスト教平和会議として知られている国際エキュメニズム運動の共産党版が1958年にプラハで設立された．第1回の「キリスト教徒対マルクス主義者の対話」が行われたのはチェコスロヴァキアにおいてであった．この対話では何れの側も相手から学ぶところがあると確信した．こういった会合は1968年のドプチェクの「プラハの春」のための知的基盤を整えた．しかしその希望はすぐに切り崩された．1968年以後，新スターリン主義的やり方がすべての教会を扱うのに復活した．

ローマ・カトリック信徒はハンガリー全人口のちょうど70％を超えて(650万)いる．そして改革派教会（カルヴァン派）には200万人，また他に50万のルーテル派の信徒がいた．ローマ・カトリック教会は統計の数字上からは強力であったが，社会的勢力は弱かった．カトリック教会は反宗教改革の期間にオーストリアによるハンガリー抑圧に協力していたのだった．二つの大戦のあいだには，教会はみずからが大地主であったので，ファシストのホルティ政権を支持していた．このために教会は戦後共産主義者にとって格好の攻撃目標となった．

1949年に枢機卿ヨゼフ・ミンツェンティに対する見世物公判が上記の軋轢を全世界の人々の眼前にさらけだした．明らかに頭が混乱し，かつ薬を飲まされていた枢機卿は機密漏洩・諜報・および政府転覆計画の罪状明らかなりとされ，無期懲役に処せられた．しかし1956年の暴動の最中にかれは脱獄し，それにつづく16年を志願囚人として，ブタペストのアメリカ大使館で過ごした．ミンツェンティを説得して1971年に永久の亡命生活に入らせるのにはたくみな駆引が必要だった．かれの国外退去のおかげで教会対国家の関係は好転した．

キリスト教，共産主義，および各国の特異性

そしてかれの後継者ラズロ・レカイは，ミンツェンティが喧嘩越しで振る舞っていた状況のなかで，柔軟な対応を示してきている．信徒の教会出席数は不確かであるが，多く見積もっても郡部のほうで人口の15％を少しも上回っていないし，大都市では辛うじて3％という低い数字を示している．ハンガリーにおける「世俗化」と「消費主義」は過去のいかなる迫害よりも大きな打撃を教会に与えた．

ルーマニアとブルガリア

トルコの支配下にあった400年のあいだ，国民の精神を生き生きと保ったのは東方正教会であったという点でこの両国は似ている．この両国が遅まきながら独立したのは（ルーマニアは1859年に，ブルガリアは1878年に）ロシアの援助のおかげであった．しかし，共産主義のもとでこの両国の運命は，悪い面でも良い面でも，お互いに非常に異なったものになっている．

ルーマニアでは教会は不可避なるものに頭を下げ，無神論が学校で宗教教育に取って変わることに妥協した．しかしこれに対する見返りもあった．聖職者の給料は一部国庫負担となり，かれらの兵役は免除され，教会法は民法の一部と認められた．東ヨーロッパにおいてユニークなものであったこの仕組みは，主として1952年から1958年のかれの死に至るまで大統領を勤めたペト・グローザの作り出したものだった．この人は共産主義者たることと敬虔なキリスト教徒たることを結合させたのだった．

グローザの死はフルシチョフがソ連において反宗教運動を復活させたことと時を同じくした．このことはルーマニアの東方正教会がいまや迫害されはじめたことの理由の説明になるかもしれない．修道院生活に対して攻撃がなされた．40歳以下の修道女および50歳以下の修道士は立てた誓願を放棄させられ，体制側のいう「もっと社会的に有用な仕事」に就かされた．ところがニコライ・チャウシェスク大統領のもとで，ソ連に正面から立ち向かって国の独立と団結を主張しなければならない必要が教会と国家とを再び一層緊密に結びつけた．

ブルガリアはルーマニアの場合よりももっと陰鬱な様相を示した．1950年代に政府は，教会がコンスタンティノーブルの総主教にたいして憤慨していることを巧妙に利用した．東方正教会の名目上の長であるこの総主教はさきに「総主教」の肩書きをブルガリアの教会指導者に譲ることを拒んでいたのである．

このようなわけで，国民感覚の一表現として，総主教の権限を取り戻すことが共産主義の外交政策の目的の一つになった．この総主教位の奪還は1953年に達成され，1961年に正教会全体のなかで認められた．しかし，この大いに象徴的な業績に対して払われた代価は大きかった．キリスト教の信仰の何たるかを知らない若者たちがあらわれ，教会への出席率が低下し，修道院が民間伝承を奇妙に伝えるだけの実例と見なされるに至った．ある社会学者の説によると，アルバニアが例外であるだけで，ブルガリアは世界中で最も完全に宗教離れをさせられた国である．

東ドイツ

東ドイツ，もっと正確には，ドイツ民主主義共和国は，その人口の大部分がルーテル派信徒であったという点で，本稿で考察されているすべての他の国々と異なっている．ルターと結びついている土地の大部分は東ドイツの地域内にあり，1983年に，政府は教会と合同してルター生誕400年祭を祝った．福音（またはルーテル）教会は社会のなかに十分統合されていて，2000以上の病院，診療所，保育所，および身体障害者のための施設を経営している．この奉仕の特権を与えられていることと交換に，教会は政府の諸政策を文句なし支持す

キリスト教，共産主義，および各国の特異性

上 ルーマニアのイエウにおける野外典礼．教会と民族慣習とのつながりは，政権側も切り放せない．ルーマニアには依然として122の正教会修道院がある．

左 ブルガリアのバチコヴォ修道院は，おもに観光客のために維持されている．しかしトルコ人の支配を受けていた400年のあいだ，国家としての生命線を維持するのに，修道士たちは決定的な役割を果たした．19世紀ブルガリアの国家再建を可能とし，1878年の独立達成の端緒となったのはヒリャンダリゥーの修道士パイシであった．

ることを期待されている．このことを教会はいわゆる「批判的結束」の精神でやっている．時折，預言者が出てきて教会の指導者たちを，妥協の結果無気力になっていると非難した．

ローマ・カトリック教徒は130万人（人口の約8％）いて，自分たちだけで集まる傾向がある．教会はみな，国家に対する忠誠の誓いである青年祝別式による重圧のもとに置かれており，この誓いは堅信の秘跡に取って変わるものと意図されている．このために相矛盾する二重信念に従う行動を余儀なくされることが多い．

1917年から現在までは歴史の全体像のなかでは長い期間ではない．しかしこの時期は，宗教は人間の精神のなかに深い根をもつこと，また宗教はマルクスが予言したように消えてなくなりそうなものではないこと，を示唆するに足るだけの長さのある時期である．このことはミハイル・ゴルバチョフの今までよりも一層実用本位な政権のなかでも認められてきている．このゴルバチョフ政権はそのやり方が「従来の政権よりおおらか」というのではないが，「もっと頭のある」ものである．「宗教上の意見を異にするもの」に対して引きつづき圧力が加えられてきたし，またテレビ放送の撤回が強制されたことも何回かあったけれども，新しい（従来は秘密の）立法が諸教会に一層大きな法的認知を与え，説教者たちに一層大きな移住の自由を与える兆しもまた若干ある．しかしこのことは1988年にロシアにおけるキリスト教千年祝賀祭が行われるまでのあいだ，教会や説教者をおとなしくさせておくために計画されているのかもしれない．この祝賀祭での重点は遠い昔の教会の文化的役割をたたえることに置かれている．体制側はありとあらゆる努力をして，この動きがポーランドから近隣のリトアニア，スロヴァキア，およびウクライナまで感染し，広がることを避けようとしている．衰滅するどころか，ソ連と東ヨーロッパにおける宗教はいくつかの点で，宗教離れした西洋におけるよりも健全である．2世紀の金言が再発見されている．「殉教者の血は教会の種子である．」

今日のイタリアの
キリスト教徒

　イタリアの田舎の人達にとってはカトリック信仰は強く地域的でありうる．そしてしばしば昔の小作農の習慣や儀式と溶け合っていることもありうる．そういうわけで，このような習慣や儀式にキリスト教の性格という刻印を押すことが聖職者の仕事となる．イタリアの国民は，戦争，専制政治，旱魃，地震をふくむ数多くの災害をこうむり，それらからなんとか生き永らえてきた．かれらは当然のことながら自分たちが神に接近していると感じ，また自分たちがもつ最もすぐれた味方，すなわち諸聖人，とくにマリアとの固い連帯を強く意識している．かれらの大昔からの伝統や色彩豊かな儀式は，人生の無数の危険とはかなさの彼方の安定を与える「千歳の岩」への連結環だと感じられている．

　庶民のあいだに広まっているイタリアの宗教は，主として地方の守護の聖人や教会のみならず，キリスト教暦による大きな祭儀を中心にして行われる．その祭儀とはクリスマス，公現祭（3人の賢者にキリストが自己の姿をあらわした記念日），四旬節，灰の主日，聖週間，受難日，復活祭，昇天の祭日，聖霊降臨祭，聖体の祝日（13世紀にはじめられた聖体という賜物に対する感謝の日で，元来は三位一体の主日後の木曜日であったが，現在では一般にその後の日曜日に祝われている）である．絵具で色彩ったキリストあるいは諸聖人の像が，たとえばイェルサレムへのキリストの勝利の入場あるいはゴルゴタへの悲しみの道行きをあらわす行列のなかで奉持される．人々はしばしば白または色鮮やかな衣類を身にまとう．大きなかがり火や花火がお祝いの喜びと危険を増大させる可能性がある．

右および次頁右下　アブルッツィ州とラツィオ州との州境にあるヴァレビエトラ峡谷の近くのアウトーレ山に，少なくとも過去5世紀にわたって巡礼者たちは行列して，山中1200mの高さにある三位一体小聖堂までの苦しい道をたどりつづけてきた．そこでかれらは，とくに三位一体の主日と7月26日の聖アンナの祝日に，神への賛美を捧げ，古いフレスコ画を仰いできた．小聖堂は約15mの幅の小洞窟のなかにあるが，いくつかの異なる部分に区分されている．洞窟の外には1860年頃に新古典主義様式の教会が建てられた．巡礼者たちは賛美歌を歌い，壁画保存のためにはよくないのだが，右の手のひらで聖堂の壁に触れていく．通常日には巡礼者たちは使徒信経を唱えながら7回壁のまわりを回る信心業を行う．しかし前述の2大祝日には何百人もの人が集まってくるので一回しか壁回りの行はできない．群衆整理のための特別対策が必要になるほどである．

下　葬儀の日，ヴェネツィアの入江の美しくも悲しい水の上を走っていくランチが霊柩車である．サンミケーレ島にある墓地には，無名の人からイゴール・ストラヴィンスキーのような偉人まで，亡くなった人々の永遠の住居がある．

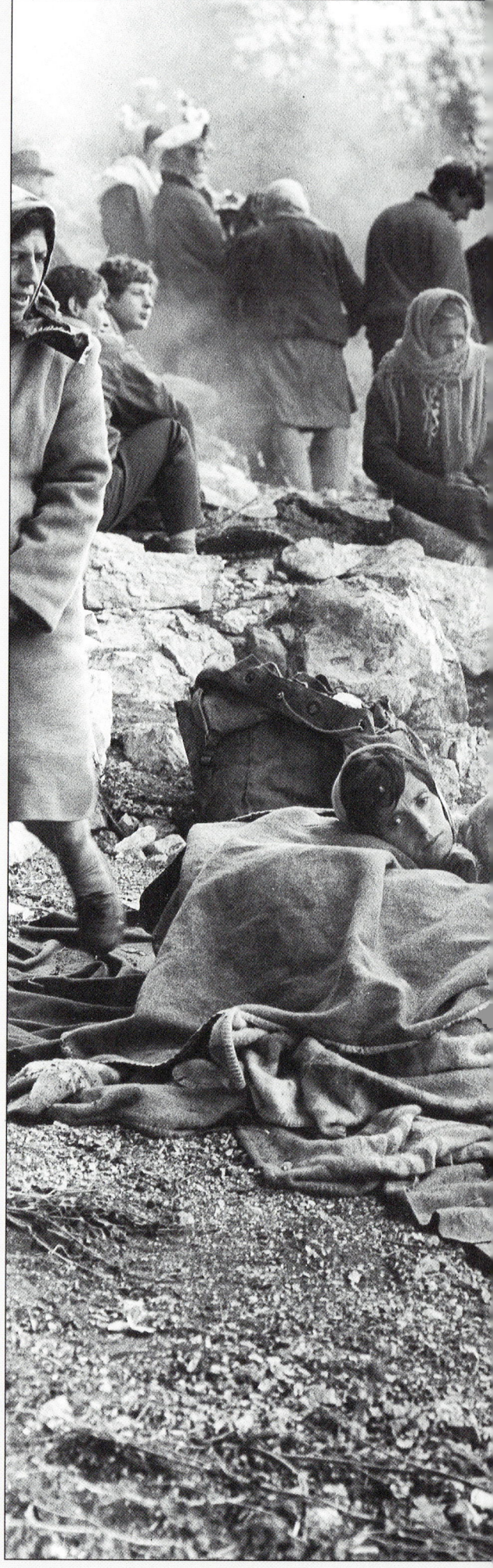

今日のイタリアのキリスト教徒

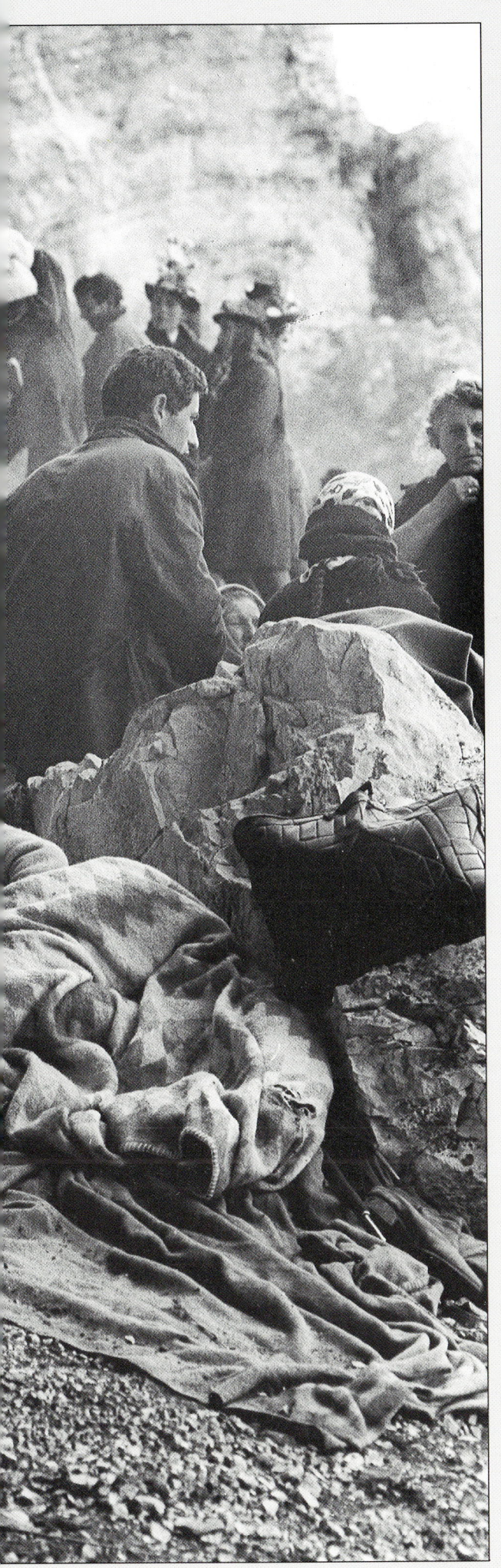

下 グッビオの守護聖人は聖ウバルドである。5月15日、この聖人の祝日には、聖人像が、他に聖ゲオルギウス像、聖アントニオス像とともに、巨大なローソクに先導されて、厳粛な儀式を作って町の通りや市の周囲を運ばれる。これらの像を垂直に建てるのは、至難の技なのであるが、複雑な儀式によって執り行われる。この儀式は12世紀、競争相手の町々との戦いに、グッビオの町が勝利したことにさかのぼるものである。

次頁 聖体(キリストの体)への感謝の日は、色彩豊かな行列で祝われる。群衆は街路にならび、最後にはベネディクション(聖体降福式)が行われる。ベルガモ市に近いガンディノでは、俗人の宗教団体がかれら独自の鮮やかな絹の長衣と記章を付けて、家々には布地や花を飾り、人々は大事な市民祭に集まってくる。

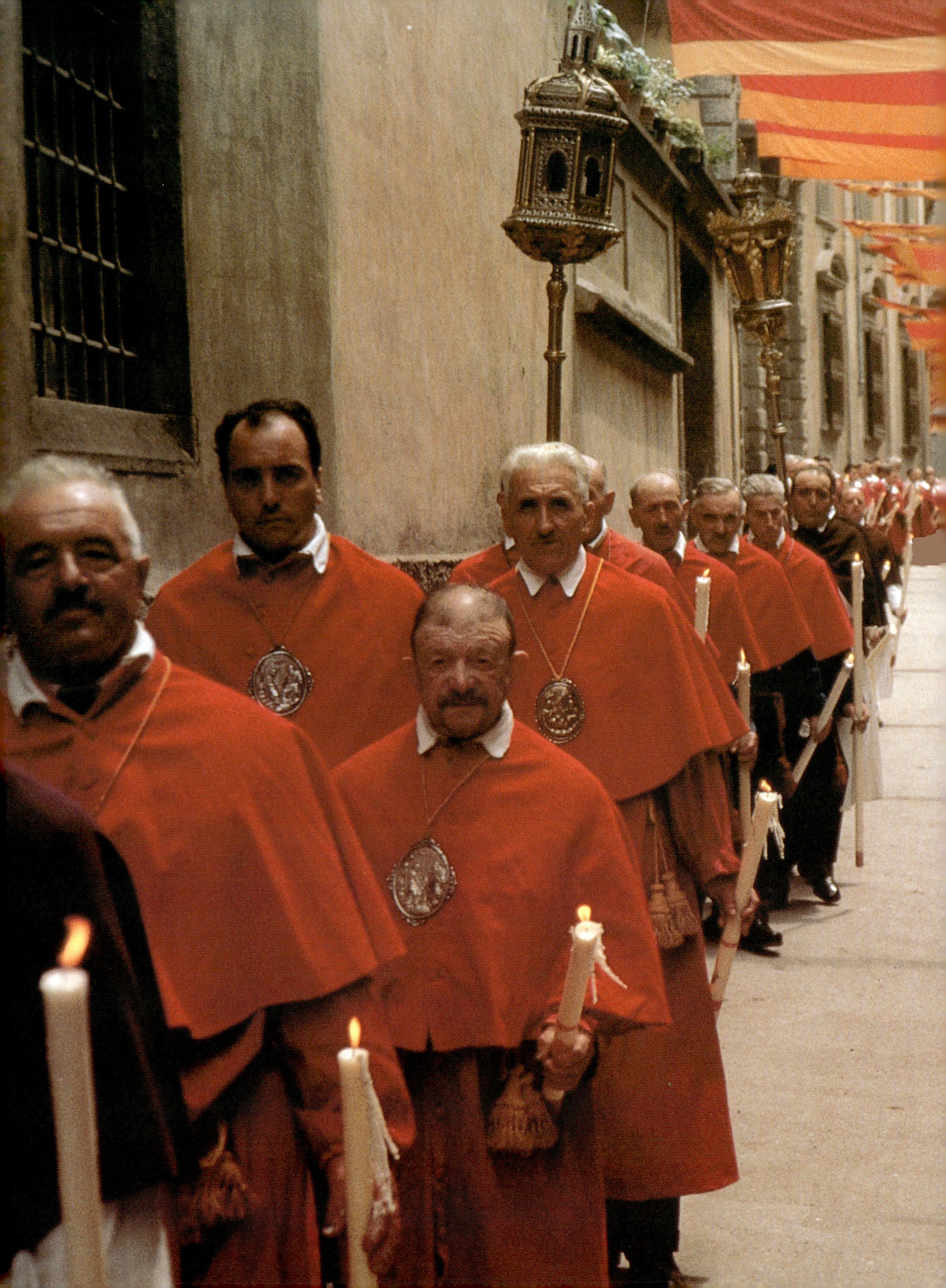

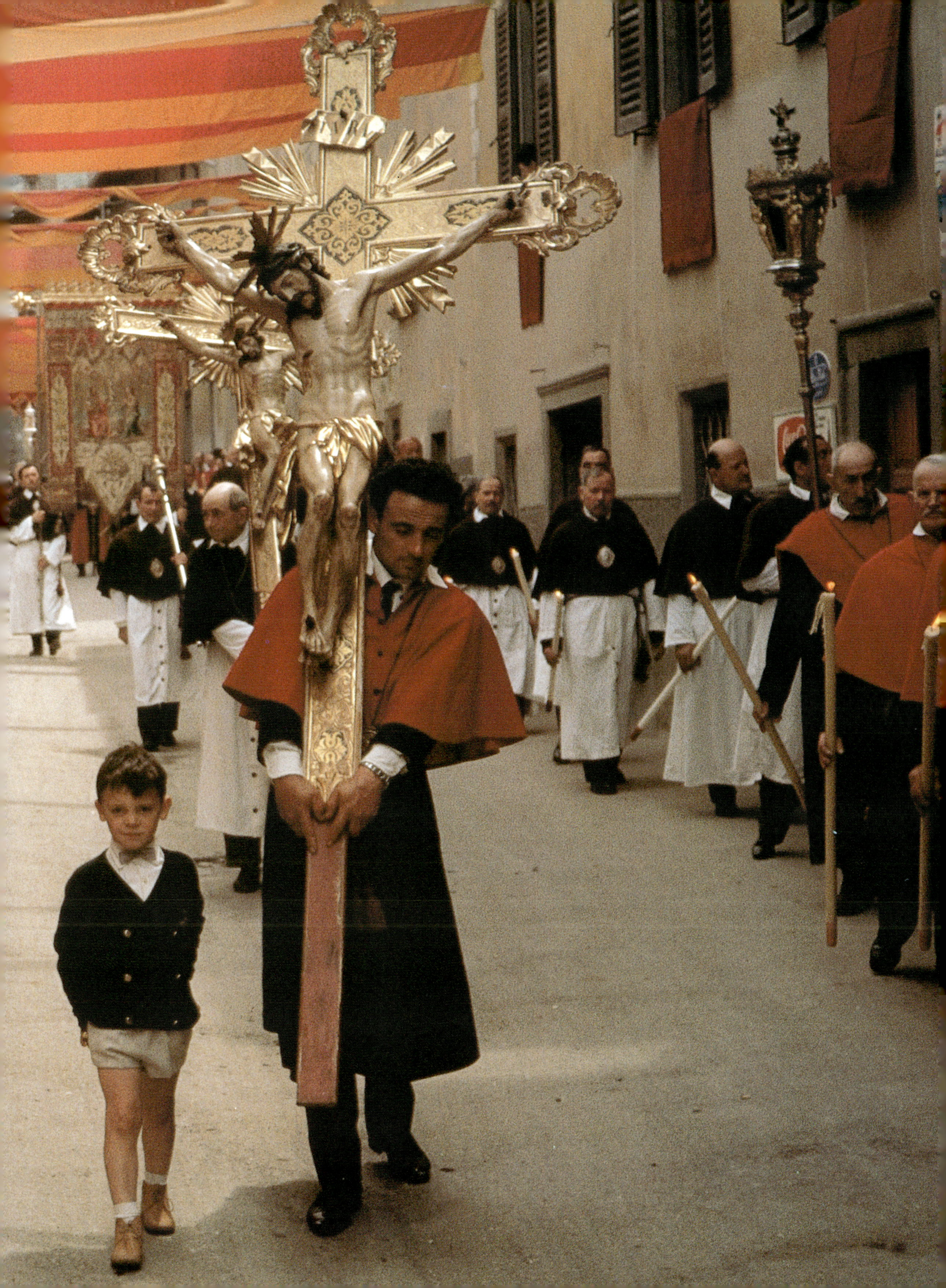

キリスト教と世俗世界の現代性

教団組織としての強さと弱さ

第二次大戦直後に諸教会はたいてい，少なくとも東ヨーロッパの外では，強化の時期を経験した．だから20世紀の中葉における，この面での強さと弱さの横顔から描写をはじめるのが適切であろう．

ローマ・カトリック勢力は，南中央ヨーロッパの中枢，つまりカトリックの勢力の強いスイス，オーストリアとフランス（中央高地をふくむ）の山岳部，南部ドイツ，ヴェネト州，クロアティアおよびスロヴェニアから光を放っていた．信仰の要塞が外縁部に三つあった．つまり東北スロヴァキア，ポーランド，およびリトアニアに一つ，西北パドカレ県フランドル，南部オランダと旧ファルツ公国に一つ，西南部には北イベリア半島，特に北ポルトガルとバスク地方に一つというわけであった．またブルターニュ地方とアイルランドにそれぞれ外殻孤立地帯があった．弱さのある，または秩序が乱れ，迷信的かつ中途半端なカトリック信仰をもついろいろな地域が南部ポルトガルとスペインおよび南部イタリアに拡散していた．東方正教会の世界ではカトリック勢力はギリシアとルーマニアに集中され，ソ連に残っていたような相対的な力は最も西に位置する諸地域とウクライナに見受けられた．東方正教会勢力は微力であり，または南部ユーゴスラヴィアおよびブルガリアにおいてはその勢力は組織的に弱体化されつつあった．北ヨーロッパのプロテスタント勢力はどうかというと，宗教はすでに教団全体として弱体化していた．この成り行きと，だらけた宗教心とは，だいたい両立する性質のものだからである．ただしこれには部分的な例外があって，それらはオランダにおける新カルヴィン派の厳正さをもついくつかの特定の信仰の要塞とアルスター（北アイルランド），ウェールズ，スコットランドおよび西ノルウェーのような外縁部だけであった．キリスト教を信奉するヨーロッパ全体を通して世俗性の中心地はロンドン，バーミンガム，アムステルダム，ストックホルム，コペンハーゲン，ハンブルグ，ベルリン，パリ盆地，「共産化」したエミリオ・トスカニア，プラハ，ティトグラードおよびソフィアであった．

北アメリカに関する限り，プロテスタント各派が制度的に上記の地域よりはるかに活発であり，実際にその勢力は拡大しつつあった．全体の特長を述べるとすれば，アパラチア山脈，ロッキー山脈，および太平洋沿岸の地域において，すべての教会の勢力が比較的劣勢であるということになるであろう．アメリカのカトリック信仰は都市で支配的に優勢であり，大西洋側の中部地域と東部の中心地域に集中されていた．一方福音主義的信仰は農村地域や南部の小さな町などで最も強力であった．民俗的なカトリシズムはメキシコなどではじまり，中南米全域にくまなく行き渡った．いくつかの国々，たとえばブラジルは南ヨーロッパの秩序のない，いい換えると迷信的な宗教に近寄っていった．

民族性と宗教

教団としての強さと弱さのこういった形は筆者が独断的に述べているのではない．一般概念がすでに確立していて，それらは近代産業主義の全期間を通じて，広く当てはまる．宗教的慣習は，都市集中の度合いが大きくなり，ある地域がおしなべて労働者階級によって占められる度合いが増すにつれて，衰えてくる．それはまた産業活動の活性化につれて微力になる．つまり「重」工業は宗教的組織集団の活力を阻害する．実際，個人的かつ共同社会的結び付きにその基盤が置かれているので，宗教的組織集団は，一般的に組織が大きくなると悪影響を受ける．つまり土地に対する個人的愛着のない大型農業，膨大な官僚制度，巨大都市的集中などによって悪影響を受けるのである．社会的かつ地理的な変動性および迅速な変化もまた組織集団としての宗教に対する執着心をむしばむのである．

他の条件が等しければ，生活が安定しているとき，お互いの関係が個人的なものであるとき，お互いへの依存が世襲的な温情によるとき，人々がたとえば郊外に住居とか農園をもっていたりしてその地域社会に定着しているときなどに，宗教を保持する心は育成される．民族が宗教に依りすがる心は，外部から圧迫されたり，脅迫されたりすることに対しておこる愛国運動（または自国のなかに入り込んでくる他民族の飛び領土）が宗教によってその立場を明らかにするとき，強められる．時折この種族的団結はもっと明確に言語がその境界線となる．カタロニアの諸地方にその例が見られるが，きわめて頻繁に文化的防衛が言語および宗教をめぐって同時に組織される．これには多くの例が見られる．すなわちケベック，フランドル，クロアティア，スロヴァキア，リトアニア，ポーランド，アイルランド，バスク地方，ブルターニュ，ルーマニア，「ウェールズ語を話す」ウェールズ地方である．宗教，言語，および種族間のこの種の関係のやや弱い形態のものが特定の地方のなかに，しばしばではあるが常にというわけではなく，比較的未発達の状態で見出され，そのような地方は，

上　メーヨー州のクロウ・パトリックに到着した人々．聖パトリックの祝日3月17日は四旬節中であるから，一部の巡礼者たちは，3日から4日をかけて，四旬節中の償いの業として膝でいざってこの山に登る．修道士たちによって形づくられたアイルランドのキリスト教は，禁欲的で厳格であった．1840年代のジャガイモ飢饉より後は，この一面はもっとローマ的なものに改められた．

右　フランスのプロテスタント信者の伝承記憶には1572年8月25日の「聖バルテルミーの虐殺」はいまだに生々しく残っている．敗残の少数者としてのかれらの生きる権利（および100の要塞都市を保持する権利）は1598年ナントの勅令によって承認された．この勅令は1685年ルイ14世によって無効とされた．それはユグノーたちが亡命するか，またはここに見られるようにひそかに人目を忍んで集会をしなければならないということを意味していた．

世俗化された文化的中心地からの脅威に逆らって，その地方に特異な性格と言語体系を大切に守っている．たとえば西ノルウェー，北ユットランド，西イングランド，ラングドック地方のいくつかの部分などがそれである．実に，アメリカの南部ですらこの種の地方独特の宗教性を示す例と見なしうるのである．

種族性と宗教はまたアルメニア人やユダヤ人の場合のように，国民が他所へ移されるとき，あるいは他国への集団移住が受け入れ側の文化のなかに全面的に吸収されるという脅威をはらむ場合，互いに補強し合うことになる．こういった例は枚挙に暇がない．たとえばプレストン，リヴァプールおよびグラスゴー，あるいはニューヨークやボストンにおけるアイルランド人，シカゴにおけるポーランド人やギリシア人，イングランド北部やイングランド中部諸州における回教徒やシーク教徒などがそれである．時によっては，この事情は結果的に宗教的結合の回復をまねき，ミズーリ宗教会議のルーテル主義のように祖国において失われて以来の宗教的保守主義さえも生み出すのである．

明らかに，宗教が移民たちによって運ばれ，または補強されるその要領は，政治的権力，社会的階級，および宗教が祖国において互いにかかわりあっていたそのかかわり方にいくぶん依存している．アメリカ合衆国における「スペイン系の人々」は，かれらの出身が教会が特権階級と提携している文化を有する地域である場合，しばしばアメリカの教会のなかには受け入れられないのである．19世紀末のニューヨークのアイルランド人とドイツ人は宗教に対して非常に異なる態度を採ったが，前者は愛国的にカトリックであり，後者はしばしば宗教に対して無関心であった．こういうわけで，われわれは今や，こういった権力，階級，および宗教の重大なあり方を，それらが特定の身分集団，知識人階層，および国家機構に影響を与えるその状況に応じて，考察せざるをえないのである．

多様化する政治および社会の様式

今ここでは，17世紀英国の諸革命，フランス革命，およびロシア革命の影響をいまだに受けている諸文化の区分をすることから書きはじめる必要がある．引きつづいておこったこれらの革命はいずれも時代が下るにつれて，保守的宗教に対しては不寛容の度合いを深め，イデオロギーとしては一切を包容すると同時に無神論である度合いを加えてきた．英国の場合には，革命は大金持ち中心という臭みのある宗教的枠組のなかに依然として残ったし，フランスとロシアの場合には宗教は俗界のユートピア的理想主義に変形された．

この三つの革命全部が残した社会的結果は今日もわれわれのなかに残っている．英国の革命はアングロ・サクソンの世界全体，とくにイギリス連邦のなかの白人が構成している部分に活力を吹き込んでいる．この革命は1776年にアメリカで，啓蒙主義に由来するいろいろな要素と入りまじって決定的な形態を与えられた．この革命の原動力は個人主義となり，また「プロテスタント的倫理」となった．フランス革命はドイツ語を話す知識人層に影響を与えたのみならず全ラテン世界に浸透していった．当然の帰結であろうが，このことは教会と反教権派——とくに知識人層や時には自由主義的な知的職業人のなかに集中している人々——のあいだに大幅な対立をまねいた．反宗教改革が革命につづき，そしてまたその逆がおこり，社会のなかの闘争がとくに教育と修道院に集中された．フランス革命から生れた俗界の知識人層から本質的な活力を与えられたロシア革命はこれよりもさらに一段階進んだ過程をとった．それは「プロレタリア」というユートピア神話の背後に隠れている武力闘争的な中流階級のイデオロギーで武装していた．それは組織としての教会との対立を深めたのみならず俗人による「宗教的」独占体制を確立した．しかもこれは以前にはローマ・カトリック教会と結び付いていた「国教信奉心」と国家の圧力という媒介力のすべてによって助けられてのことだった．これらの媒介力はまた第二次大戦後は東部ヨーロッパ全域に移されていった．

しかしながら，上記のものほど全地球的ではないがこの形態に準ずるものが認められる．少なくともその四つの型がプロテスタントの世界に存在し，簡単にいうとつぎのようなものである．(1)アメリカ，(2)英国，(3)ドイツおよびスカンディナヴィア，(4)オランダ（そしてある意味では南アフリカ）のものである．これらの型はプロテスタント信条のあの二つの基本的形態，つまり確立された「民衆の教会」と「自由意志による連合」に対して，それぞれが異なる関係を示している．国家および国民性との明白な結び付きを絶縁した自由意志による連合なるものが出現したことは，社会的分化が生じる過程，あるいは機能を分化していく過程のなかできわめて重大な局面である．これは最終的にできあがる分派にとっては最大の関心事であろう．

アメリカ合衆国では国家と教会との直接の結び付きは1830年までに解消してしまっていた．一方では，元来自由意志による連合として組織された宗教団体，とりわけバプティスト教会とメソディスト教会が存在した．他方では，ある時点で創始された教会や大多数の人が通う教会があった．長老教会，英国国教会，ローマ・カトリック教会などがそれであった．これらの教会は，それまで進化発展して自由意志による連合の形態へと変身してきていたか，あるいはアメリカに上陸すると急速にこの連合の形態に入っていった．当時のアメリカは民族的にも宗教的にもすでに複数的存在から成り立っていた．以前の多数受容主義の諸教会はいまだに大幅にそれぞれの民族的支持者の面倒をみていた（アイルランド，ギリシア，ポーランドなど）．一方では自由意志による連合体が規模と数の両面で急速にふくれあがり，あれこれの社会的圧力に対応して無数の形態を創り出した．このことは社会改革の促進者たちを勇気づけて戦闘的な世俗イデオロギーを採択させる可能性のあるような宗教と国家の一体化をぶち壊させ，社会の特権階級と（たとえば）英国国教会，ローマ・カトリックまたはルーテル教会などの慣行との直接的結び付きを粉砕せしめた．このことはまた新しく大集団化しつつある

キリスト教と世俗世界の現代性

左　教皇パウロ6世は、1963年7月の教皇選挙後まもなくアメリカ合衆国初のローマ・カトリック教徒の大統領ジョン・F・ケネディに会った。会見は教皇ヨハネ23世とのあいだに計画されていたのだが、教皇の死で実現しなかった。しかもケネディは同年11月22日、暗殺された。この写真は一つの新しい時代を幻想させる思い出の一コマを捉えている。すなわち「世界最高の力をもつ男」と「世界の司牧者」とが共同作業をしたかも知れないという時代の到来への幻想である。皮肉にも右側の二重顎の人物は、教会と国家を分離することは不道徳だと信じる、頑迷なアルフレード・オッタヴィアーニ枢機卿である。これにつづく出来事は、非カトリック教徒の大統領ロナルド・レーガンにとって、ヴァティカンとの関係は外交的なものにとどめることのほうが容易であったことを示している。

社会集団群を導いて宗教的慣行を遠ざからしめる可能性があった。国家は一つの絆を保持していたが、それは誤りやすい、社会と妥協している教会とではなく、一種のユートピア的アメリカニズムが形作っているものとの絆であった。それは「国民によってつくられた宗教に似たもの」のもつ儀式、国家に寄せる願望とそれを述べるときの美しい言葉のなかにいくぶんか具象化されている。

さらに二つの面が注目に値する。世俗化は宗教の枠組のなかにその姿をあらわしたが、それはまず第一に、19世紀のニュー・イングランドにおけるごとく、教義を分解して超絶主義または倫理的かつ人道主義的感性に変えることにより出現し、次いで20世紀には主流をなすプロテスタントの諸教団の大部分のなかに残っていた制御転輸器を取り外すことによって、出現したのであった。このことのために宗教的保守主義は、それぞれ方針は非常に異なっているが、どちらも民主党と結び付いている主な二つの形態で残った。その一方はローマ・カトリック教会で、他方は福音主義的（第一義的に）バプティスト派であった。ローマ・カトリック教徒は社会的階層の低いところから布教をはじめ、民主的な政策を採用して、宗教的保守主義と政治的保守主義、宗教と特権階級とのあいだのそれぞれの絆を断ち切った。このことは実に全アングロ・サクソン系人種の勢力範囲、つまりカナダ、オーストラリア、南アメリカ、ニュージーランドおよび英国本土においてカトリック教徒の社会的地位が低いことの一つの結果であった。

福音主義派の人々はある程度ローマ・カトリック教徒とは逆の方向へ進んでいった。英本国および白人支配優勢の英連邦におけるのみならず19世紀のアメリカで社会的勢力があったが、かれらは1880年から1920年のあいだに危機に落ち込み、その後勢力が沈滞した。かれらは、自由主義化された、いい換えると穏健で世俗的な首都圏のエリートたちから自分たちが軽視されているのを知った。そこでかれらは小さな町、地方の田園地帯および社会的地位の低い人々の集団などのなかに不釣り合いなほどに集中的に集まることになった。しかしながら、以下に示されるように、この人々は一つの下部組織をなんとか再建した。1960年代に入って、いったん勝利をおさめた自由主義が、それ自体の教会基盤をひとたび腐食し始めるや、この下部組織が作動してこの人々が、新しい力をもって、再び浮上するのを可能にした。

英国の型はアメリカ型の一変形である。確立された教会の構造は、王権と祭壇とのあいだ、地主権力と国教会宗旨とのあいだの直接の絆のおかげで残存した。任意集団はアメリカにおけるほど自由には発展しなかった。こういった集団は発展途上にある田舎の特定の諸地域、鉱夫、漁夫、商店経営者、小規模産業経営者、「恥ずかしからぬ労働者階級」などの社会的自意識と結び付くに至った。この自意識は元来自由党と結び付いていたので、その結果はさらにもう一つの力が政治的保守主義を宗教そのものから引き離すのを助けた（宗教と政党、とくに1880年から第一次大戦間の非国教徒や自由党とのあいだの非常に強い絆は、1920年代以降、なかば階級にその基盤を置く提携態勢の前に後退した）。

このようにして全アングロ・サクソン系世界では、自由主義と「進歩」はある程度部分的に宗教と手を組みながら、またたいていのローマ・カトリックの国々で必然的におこる集団的な聖職者突き上げ運動も受けないで、発展することができた。しかしながら、英本国ですでに確立されている宗教と政治の結び付きを維持するということは、宗教的儀礼の遵守程度が社会階層が下へ下がるごとに下降し、それが中流の下の部分と労働者階級との分岐点できわめて顕著な落差を示している事実にいかに対応するかということを意味していた。白人支配の英連邦はアメリカ型と英本国型の中間に位置している。英連邦では英本国と比べると任意集団の原理がより大きく発展しており、そこでは国教会の権勢が低下し、少数派のローマ・カトリック教会がさらに輪を広げ、そしてやや高度の水準の礼拝が行われている。スカンディナヴィア（および北ドイツ）型は庶民教会の原理を強調するものであり、任意集団の役割を減少させている。この結果として、新たに自意識をもつに至ったそれぞれの集団が特権階級の宗教的儀礼から切り離されることになり、「古い」中流階級と地主階級だけが既成教会との接触をつづけることになった。しかしなが

下　教会と国家、あるいは祭壇と王座との提携関係は、国王戴冠式の場合は明白に顕示される。エリザベス1世の時代以来、国王は「イングランド教会の最高統治者」という称号を主張してきた。しかし現国王はまたイギリス国教会教徒でない国民しかも神を信じない国民の女王でもあるところから、この称号をもつ役割を強調してはいない。戴冠式とか国王の結婚式という一大行事のときにのみ、国教会制度の仕組みが盛装で演じられる。そしてカンタベリー大主教があたかも「一つの国家に一つの教会」があるかのように司式するのである。しかしこのやり方も変わりつつあり、最近数回の王族の結婚式では当然のこととして、エキュメニカルな参列方式が採られた。

らルーテル派の諸教会はローマ・カトリック教会のもつ神政政治的で国際性のある主張を元来欠いていたから，「一個人の内面的な確信」を宗教と簡単に同一視したり，または聖句を読むことに限定した宗教的儀礼に参加することを宗教と見なすに至った．国家を支配するようになった社会民主主義の新しいエリートたちは，宗教に関しては無関心だった．しかしながら，19世紀末葉および20世紀初頭に宗教的保守主義者と社会民主主義とのあいだにたびたび衝突が見られたが，反聖職者主義は比較的鳴りをしずめていた．ドイツでは，実は，相当大きな敵愾心が見られ，労働者階級のみならず中流階級をうとんじた王座，貴族階級，祭壇（宗教家）の3者間の同盟によって，さまざまな国家教会の衰微が促進された．このようにして北ドイツという大きな平原が非常に組織的活力の低い地域となり，今も宗教的対立および一般的な意見不一致に対する迫害の禁止が，新しい政治的エリートたちの教会参加を疎外し，労働者階級が宗教的礼拝に与かる度合いは非常に低下した．1930年代は最大の緊張の時期であった．

オランダ型は注目に値する．なぜならそれは宗教的孤立集団を作る際の原則を実際に実演してみせており，それにはいろいろな宗教団体がある程度地方別に集中して固まっていることがプラスになっている．多様な宗教的下部文化集団と，とくにローマ・カトリック教徒たちは，包括的な孤立集団を構成して自衛に努めてきた．この孤立集団こそ，過去においてもそうであったが，社会主義者たちが今もなお作ろうとしているものである．その結果としてこれらの下部文化集団は包容力豊かな生活を組織し，かつ社会的分派形成をはばむことに成功した．かれらはまた自分たちの仲間のなかで競い合ったし，自由主義を奉ずる大都市のエリートたちに逆らい（また時には協力して）変容していく種々の同盟に参加した．圧倒的な社会的能力のある組織はなにも組織されなかったが，自由主義のエリートたちは，常に部分的に疎外されていたカトリック教徒少数派の勢力と対立していた．その少数派は文化的防衛と社会的発展に向けて総動員をかけていたのである．この情勢から生じるいろいろな反響が現在ドイツに見られる．ここでは南部と西部ドイツのカトリック信仰が文化と政治の両面の防衛網を張り廻らした．これは「国家におんぶされた」プロテスタントのエリートたちと地方に住むカトリックのエリートたちとの勢力均衡を基盤としている．アメリカにおいてさえ地方のカトリック・エリートとカトリックの全国信徒がすべての大都市に同じような文化的かつ政治的防衛組織を確立した．

南アフリカでは，英人のエリートたちに対抗するために，いったん追放された南アフリカ生れのオランダ系白人によって孤立集団の文化的防衛が利用された．この結果として宗教団体の活動が特殊化してきている．一つの保守的アフリカーナのカルヴィン派が最終的に国家の支配権を握り，メソディスト派，分離主義派のアフリカでの諸団体およびローマ・カトリック教徒のような任意集団が黒人の他集団に混じって不釣り合いな形で集結した．アルスターにおけるカルヴィン派のエリート地区（レバノンのキリスト教エリートのマロン派地区のように）も同様な行動を採ってきたが，それはかれらと結び付いている種族の飛び領地のもっと好戦的な一般人によって支持され，また他のものよりも高く評価されさえしたからであった．孤立集団主義が採用されるところはどこでも，宗教的一体感は強くなる．南アフリカとアルスターの双方において，ローマ・カトリックとカルヴィン派集団の組織活力はそれぞれ高まっている．そして英国国教派とメソディスト派のような中間に位する集団の宗教儀礼ですら普通より高まっている．政治論争は宗教的魅力と対立する要素をいつもはらんでいる．

ローマ・カトリック的形態も上と同じ原理を呈示しているが，軍事的実力をもった世俗側の自由主義者エリートに対して，教会側のエリートたちと結び付いた教権主義的要素がにらみ合うという現実から影響を受けている．国際的なカトリック教会がもつ神権政治的な野心はたえずこの対立を深め，ついにそれはフランスで1870年と1905年のあいだの激戦となり，国家と教会は袂を分かった．スペインにおいてはその闘争は続行し，革命と反革命の勢力争いが1世紀を経過して絶頂に達し，1930年代の内乱にまで発展した．これに並行した対立がメキシコの革命のなかを一貫して流れた．イタリア自体においても1860年代以降，教皇の権力が自由主義や国粋主義の諸勢力と相対峙した．これらのラテン系諸国では，中流階級に対して影響力のある世俗的な自由主義と好戦的な世俗のフリーメーソンばかりでなく，闘争的な非宗教的無政府主義，無政府サンディカリズムおよび共産主義が従来この国の特徴となっている．

これらの敵対行動の厳しい悪性進行過程は20世紀のなかば以来，いくぶん縒りが戻ってきたが，いずれにしても敵対行動が比較的急性でなかったり，長期的でなかったところには特定の例外がある．たとえばベルギー，オーストリア，およびポルトガルがそれである．すでに示したように，ポーランドとエールは，カトリック教会が民族を総動員させて外国による政治的統御に立ち向かわせたという点で例外的な存在である．

現今の南部および中央アフリカもまた，闘争的な世俗エリート（自由主義者であると社会主義者であるとを問わず）と「強権主義的」分子（とくに聖職者のエリートと提携している軍部および巨大事業主）とのあいだに存在する古典的対立の部分的な例外となっている．南アメリカの近代の発展は，主としてヴァティカンを中心とした「要塞のごときカトリック教会」と，世俗のエリートとの白熱した戦いが鎮静した後におこった．これ以前に，カトリック主義はスペインの独裁的統治を支持したために，比較的新しいクリオール人のエリートたちからやや疎遠になるという経験をしていた．確かに世界の一部の国には，アルゼンチンにおけるように，一種の保守的同盟が残っている．とくにブラジルとチリおよびニカラグア，フィリピン，エルサルバドルでは，教会の聖職位階制度の大きな部分を構成する人々が，過激な中流集団と右翼の独裁政権に楯突いて排除された人たちのなかで真に人気のあった人々に従来から加担してきた．ただし万一権力が手に入ると，こういった同盟関係はおそらくきっと崩壊するであろうし，緊張の諸兆候がすでにニカラグアにあらわれはじめている．一つの国，つまりキューバでは，教会が社会的かつ政治的権力からまったく排除された．この追放は教会が以前にスペインの支配勢力，外国の聖職者，および社会的特権階級と提携していたために一層容易に行われた．ヴェネズエラとウルグァイでは，過激な中流階級との歴史的衝突をした後，また広範囲にわたる都会化の効果があらわれた後に，教会は再び浮上して，現在落ち着いてはいるものの，弱い立場に置かれている．

東部ヨーロッパにおける世俗のエリートたちによる全支配力の強化はそれに先立つ歴史的・政治的形態次第で効果を発揮したり，しなかったりする．教会がハンガリーにおけるように特権をもつ大地主の集団とがっちり手を握り合っているとしたら，またはブルガリアにおけるように，ある種の君主制容認のファッシズムと結び付いていた場合には，教会の権力と影響力に対する攻撃は比較的厳しくないのである．ハンガリーとブルガリアにおいては国の工業化と国の敵意とが結び付いて組織的宗教を手厳しく弱体化してきた．東ヨーロッパとエストニアではルーテル派はすでに勢力が弱まっていたし，宗教は今やルーテル派の活動家と党派心の強い熱心派という活気のある少数派のなかに主として見られる状況である．チェック人の住む諸地区では，自由主義に基づく，ヤン・フスの信奉者たちの教会に対する敵意が，1625年以後にかれ

今日のラテン・アメリカのキリスト教徒

　2000年までに世界のカトリック教徒の半数以上がラテン・アメリカに在住することになろう．このことからラテン・アメリカの宗教的な戦略上の重要性が生れ，教皇の数次にわたる訪問が実現したのである．しかしながらラテン・アメリカにおける大衆の宗教は変化しつつある．1968年コロンビアのメデインにおけるラテン・アメリカ司教会議以来，「解放の神学」なるものが同大陸の27ヵ国に広がってきている．ヴァティカンによって若干の疑念をもって扱われてはいるが，その神学の代表者たちはそれがラテン・アメリカでカトリック信仰がはじまったころに遡るものだと主張しており，その当時司教は強硬非情な軍人たちに抵抗する貧者の唯一の擁護者だった．イエズス会によるパラグァイの「インディオ保護居住地区＝レダクシオン」（映画「ミッション」の中に登場した）は教会が被圧迫者を守ったもう一つのやり方を例証している．イエスの母マリアに対する崇敬はいまだに解放のもう一つの伝統的な姿である．なぜならマグニフィカト（マリアの賛歌）のなかでマリアは「権力を振るう者はその座から降ろされ，見捨てられた人は高められる」と歌っているからである．ラテン・アメリカで数次にわたって出現した折に，マリアは各種のインディオの言語で語ったといわれている．それゆえにきわめて伝統的に見えることがきわめて革命的である可能性があるのである．

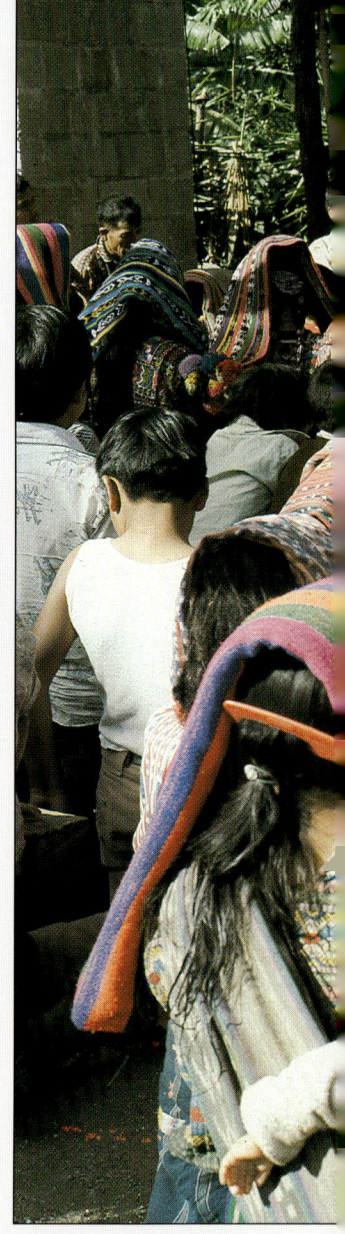

　下　グァテマラの復活祭．人間が一人，木に吊されている．あっと息を呑む光景である．教会への迫害は，一部の人たちをして「キリストはここではまだ復活していない」といわしめるに至っている．インディオは人口の57％を占め，その他は混血の末裔たちである．63％は文盲，労働力の34％は職なしである．集団殺戮は人民の暴動を防止する対策の一部である．

　右　もう一つの牧歌的風景：1人のアメリカ人司祭「ヤンキー」が純朴な心のインディオたちのためにミサを捧げている．現在までに，この司祭はグァテマラから追放されてしまっているであろうし，1万人を越える在俗の伝道士たちが殺害されている．なぜなら，政府がアメリカの財政的援助による福音教会派の「小分派」のほうが組しやすいと見ているからである．かれらは政治的な要求をしないで個人的救いの慰めをもたらそうとするからである．

　上　ブラジル東北部のジャネイロのある教会で見られる奉納物．癒されたことへの感謝として捧げられた．アフリカを起源とする5000万人の黒人を相手にブラジルのカトリック教会は，かれらのもつ部族信仰と魔術信仰との混交宗教と戦わねばならなかった．

　右　200万人のアイマラ族インディオたちは，夏は日光に焦がされ，冬は寒さに凍らされながら，ペルーの高原地帯に住んでいる．亡くなった親族の霊魂のために祈ることは聖人たちとの交わりを表現する一つの方法である．

　右端　グァテマラのチチカステナンゴにある聖トマス教会に向かう日曜日の朝の行列である．ラテン・アメリカにおけるキリスト教は押し付けたとは考えられていない．人々に好感をもたれており，宗教的であると同時に人間的願望を満たすものである．

らに改宗が強要されて以来，ローマ・カトリック教会の外国的性格という感覚と結び付いて，共産主義のエリートの仕事をよりやりやすいものにした．他方では，ルーマニアにおけるように，国粋的共産主義のエリートなら——民族的かつ宗教的な他集団に対抗して，かつまた外部からのロシアの脅威に対抗して自国の堅固さと歴史的独自性を表明する一つの方法として——聖職位階制度と手を結ぶことを時宜をえたことと思いかねないような事情になっている．

ロシア自体の国内では，ウクライナ，グルジア，およびアルメニアの国家公認教会を収用し，それを制御するための企てが行われ，なかば成功してきている．このように国家公認教会を内部から組織的に切り崩すことができ，そして民間伝承的要素には国の主体性を求めることに協力するようにその装いを凝らしめることができる．このような事情にもかかわらず，特色のある国民的文化と歴史上重要な宗教とのあいだの一つの結びつきが依然として残っている．このことに関していえば，この結びつきは偉大なるロシア人自身のなかでいまだに強力である．ただしそれは，大規模な国家企業の庇護のもとでも統合しきれずに，宗教は末端に押しやられてしまっており，科学技術と行政の波状攻撃ですさまじいまでに微力になってしまった．また一方宗教の社会的諸機能は巨大な網の目のように張りめぐらされた世俗の儀礼によってなかば取ってかわられてしまっている．

長期的分派形成と1960年代の分裂腐敗

世俗の中心陣営と宗教的外縁構造との対立，および教権主義エリートと結んだ聖職者エリートと世俗のイデオロギーで武装したエリートとの対立は，宗教と階級との関係，宗教と民族性との関係，に関する見解の対立を伴って，しのぎを削った．これらの複雑な闘争をふくむ，もつれた全過程を通して，長期にわたる分派形成の過程がつづいている．この分派形成過程は1960年代に高度の段階に達するにつれて劇的な結果を生じた．社会がばらばらに分割され複雑に機能するにつれて，宗教は，結束した社会の網状組織の中心としての立場を失い，一層特殊化された役割のほうへ移行していくのである．プロテスタントの社会では，教会と国家を分離する過程において，自由意志によってつぎつぎに構成される宗教上の任意集団の出現が一つの重要因子となっている．同様にして，これらの集団と結び付いている経済・福祉・教育関係の網状組織がだんだんと世俗機関によって引き継がれる．同様の諸過程——それらは教会を国家から引き離すことと，福祉・経済・および教育機能の部分的喪失を含むものであるが——はローマ・カトリック教会を奉じている諸社会でおこっている．ただしそれらは従来示唆されているように，より大きな暴力，あらゆる方面におけるイデオロギーの結集，および教会が政治と労働組合のなかに明らかに巻き込まれることをともなっているのである．

公民権または経済上の不公正または少数種族の下位文化の流動化といったような社会的諸問題を，たとえば英国，デンマーク，スイスにおけるように，関連させて逐次的に扱うことができるならば，この過程は平穏のうちに進行するであろう．上記の諸問題があまりにも急速に続発したり，あるいはドイツやロシアのように敗戦によって突然に悪化させられるような場合には，この過程は暴力的なものになり，全体主義的支配の時期が招来される可能性があるだろう．従来示唆されてきたように，分派形成の過程は上述したような種々の型で捉えることができる．スカンディナヴィアと英国の文化のなかでは分派形成が，教会を国家の象徴として残しておこうとする考え方をいまだに正当なものとしておくべく作動してきた．一方で分派形成の動きは，社会の実質的部分を徐々にしかし大きく侵食し，教会の機能を徹底的に縮小させた．オランダ，アルスター，南アフリカ，およびレバノンにおいて

キリスト教と世俗世界の現代性

は分派形成は，しっかりと編成された孤立集団のなかの多様な形態の既存組織によって抑制されてきた．

分派形成のごく最近の出現は三つの段階で最もうまく処理されている．この三つとは発達したプロテスタント世界と，発達したカトリック世界と，発展途上のカトリック世界である．しかしながら，一つの世界的組織が顕著に出現するにつれて，このように社会の発達段階が違ったらきわめて異色なものが作られたであろうと思われる諸過程が，かえって一層似通ったものになってしまい，相互に入り組んでいく様子がうかがわれる．

まず第一に，発達したカトリック世界を取り上げてみると，第二ヴァティカン公会議が開催されたとき，多くの未解決の緊張状態がそのなかにもち込まれていた．それが互いに連鎖反応を強め，1960年代と1970年代の種々の経済的・社会的変化に教会として取り組んでいこうとする分派が生じた．たとえばこれらの変化には，加速度的につぎつぎと「開かれていく」多元主義がふくまれていた．とくにこの多元主義は顕著な若者文化（一つならず複数の文化）のなかで，個人のしつけや規律を腐食する自由と裕福，および多くの宗教団体の根底を成すとともに今もなお残っているあの社会的絆と相互援助を，根こそぎくつがえすような多元主義であった．

変化を示す一つの指標はローマ・カトリック教会が組織としてこれに加わることが急速に減少したことである．とくにこの減少は，北アメリカすなわちアングロ・サクソン系世界——イングランド，アメリカ合衆国，オーストラリア，カナダ（すなわちケベック）といったような——従来教会が組織として参加する度合いが高かった地域に顕著であった．孤立集団の壁がある程度存在していた他の諸地域においては，とりわけオランダ，フランドル，ドイツにおいては，問題に対する防衛方法に，間隙が生じてきた．組織としての参加が著しく減り，それとともにきわめて頻繁に，カトリック教徒の諸連合や諸集団に対する支持が落ち込んだ．これに加えて，組織全体のもつ威信と組織に対してはらわれる敬意が減少した．フランドルのような忠実な要塞においてすらそうであった．オランダにおけるように，保守的な司祭任命配置を行うことによって陣地を挽回しようとする計画は激しい抵抗と阻外を生ぜしめた．

カトリック教会が関与し，明白な集団行動を取ったり，組合活動をすることは全ヨーロッパで下火になった．1945年以来きわめて顕著であった「キリスト教的民主主義」の勢力が目に見えて弱体化した．かつてはカトリックの道徳的指導に対して穏やかな態度を示していたスペインとイタリアの政府が一層中立的構えを見せ，道徳的選択と個人流儀の双方の多元主義をますます採り入れた．世俗化の長女ともいうべきフランスでは教会の関与程度がプロテスタント教会の水準に近づきはじめた．そしてスイス，たとえばジュネーヴではカトリック教徒とプロテスタント教徒の関与と道徳的形態はかろうじて識別できる程度になった．カトリックが支配するヨーロッパ全域を通じて，古い政治形態から手を引いたことに対比すべきものとして，聖職者たちの多くが社会主義的または進歩的「生き方」の諸形態を採り入れた．

開発途上のカトリック社会ではキリスト教民主主義の跡を引き継いだのは解放の神学という一面であった．それはしばしば「国家安全保障」体制をとる国々と対峙するものとなった．この事情から結果として生じた闘争では，国家が聖なる領域や宗教儀礼あるいは宗教家などを冒瀆することで反撃し，そのために国家自体の正統性が宗教によって支持されるという体制が弱められることになった．ラテン・アメリカのカトリック教会は，それまでずっと，聖人たちや神々に対する地方独自の祭儀（これらの一部は司祭の支配のおよばないところにあった）からもっと筋の通ったさまざまの神学にまでおよんでいた（国教廃止論はそれらのなかの最も新しいあらわれに過ぎなかった）．しかしさまざまな展開が組織の結束とすべてを包括する共同社会の絆の分解を例証することになった．たとえばヴェネズエラとウルグァイにおいては，宗教に無関心な世俗性をもつ地域があらわれた．他の国々，とくにブラジルでは降神術的・悪魔信仰的・かつ治療祈禱的崇拝の顕著な復活が見られ，これが中流階級にさえ影響を与えた．おそらくすべてのなかで最も深い意味をもつものはプロテスタントの宗派，とりわけペンテコステ派の大幅な勢力拡大であったが，同時にエホバの証人，モルモン教徒およびおびただしく多数の核分裂的集団が情熱と友情と「強力な支援」を人生の危急事態のために提供した．ブラジルとチリではプロテスタントの派閥心の強い諸集団が増大して全人口の10人中1人を数えるに至った．ニカラグアとエルサルバドルにお

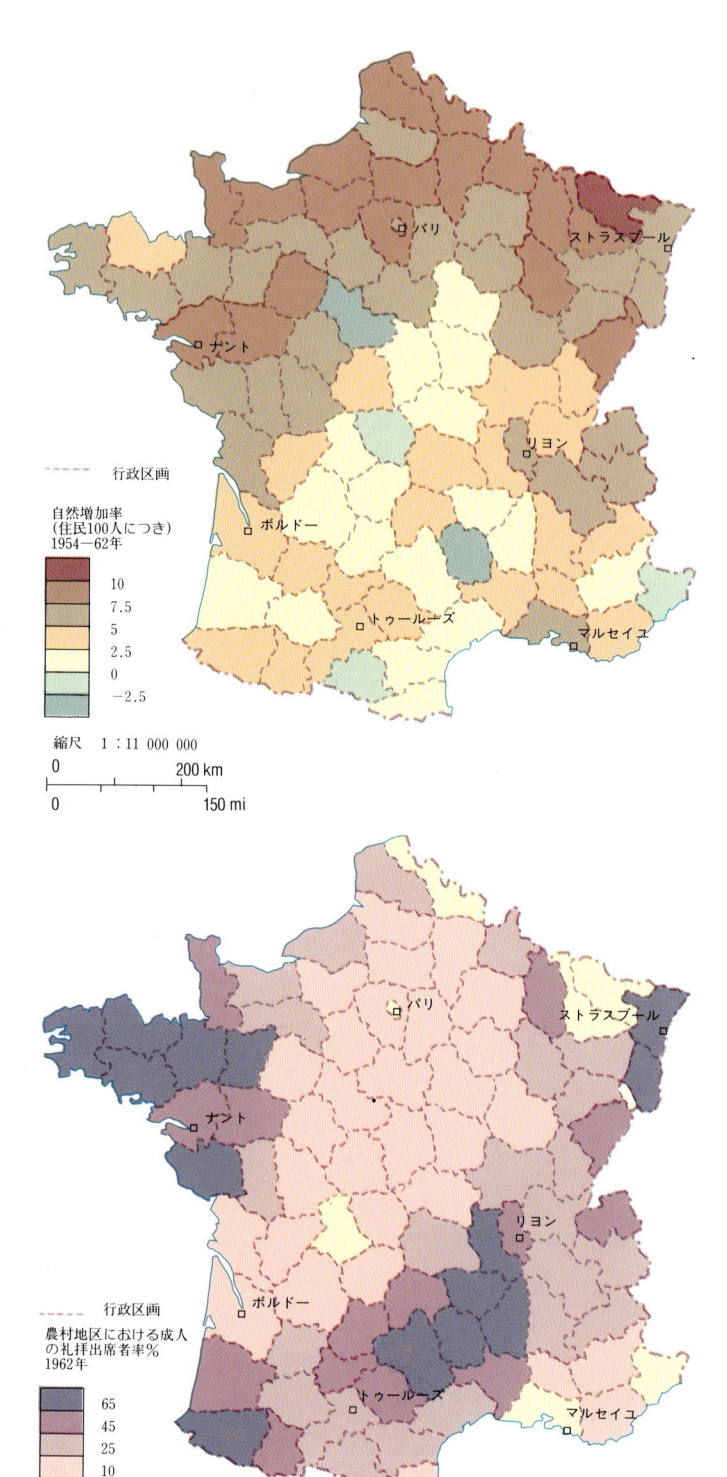

キリスト教と世俗世界の現代性

右　アイルランド人のポップ・スターであるボブ・ジェルドフは 1984 年 10 月，エチオピアでの飢餓状況の報道にショックを受け，ポップ界の社会的良心を目覚めさせることを，かれの使命とした．ウェンブリー・スタジアムと 1985 年 7 月フィラデルフィアにおけるライヴ・コンサートは大成功を収め，飢餓の犠牲者のために莫大な援助金を集めた．ジェルドフは，アフリカ人政治家には堕落を，欧州議会には余剰食料買上げ政策の醜聞を説いた．1986 年かれはノーベル平和賞候補に上げられた．ジェルドフをめぐるこの現象は，若い人々のあいだに，これまで発揮の糸口がつけられていなかった共感や連帯感の貯えがあることを示す例として，ときどき取りあげられた．

左　フランスにおける日曜礼拝参加状況

教会活動参加状況を示すこの地図はいくつかの異なる問題を提示している．ローマ・カトリック教会を国教とする国々では，ミサに参列する人々の数について言及し，かれらをキリスト教を実践しているキリスト教徒とよんで信頼できる数表を作ることができる．初期の数世紀のあいだ，数表は健康人で自力で教会にいくことができる人々のほとんど全員が教会通いをしていたことを物語るであろう．世界の他の地域では，多くのキリスト教徒が日曜日には決まって教会の礼拝に参加はするが，1 年に 2, 3 回しか聖体拝領をしない．他の世俗化の進んだ西洋諸国では，敬虔なキリスト教徒たちのなかでさえ，毎日曜日教会へいくわけではない人々がおり，日曜日は家族そろってなにかのんびりと遊ぶことをやりながら過ごす人々がいる．日曜礼拝参加状況を示す地図は，キリスト教徒の数を間違って表示することにもなりかねない．フランスにおける自然人口増加の数表と教会に行く人々の数表とを比較すると，人口が急速に多くなっている地域では教会参加は最も著しい退行現象を示しているか，またはその逆である．イザンベール，テールノワールの報告による．

いてはこの比率はたぶんこれと似たようなものであったし，グァテマラではこれよりもさらに高いものであった．世界中のほとんどいかなる開発途上のカトリック国にも必ず任意集団の形成というプロテスタント主義の発展の概念つまり分派形成が見られるのである．

　先進国のプロテスタント世界では教会の団結がこれほど失われることはなかったが，アメリカ合衆国や英国における聖公会のようなかなり安定していた諸団体がきわめて鋭い下降線をたどった．しかしながら，これよりもっと意味深長であったのは多数の若者がプロテスタント後退後に個人主義的な無政府主義を採り入れたことである．その事情はアムステルダムからロサンゼルスおよびメルボルンに至るまで等しく見い出される．これと時を同じくして，自己の人間性を表現できる職業に就く人々と金儲けに終始する中流階級とのあいだの敵対意識は顕著に増大した．郊外に住み，ある程度教会へもいくという精神構造は今や，電子工学的手段を駆使する人々からの激しい圧迫に曝されるに至った．種々の教育機関は特定の一宗教の信仰に執着することや道徳的指示を支持することからますます後退し，信仰の多様性やイデオロギーの多様性を求める方向を選択した．これらの教育機関は自己完成という目標を掲げ，団結心を促進する組織を設立したり，それにかかわりあうことにも，いっさい反対の立場を取った．この道徳的混乱状態のなかで多数の教会人が個人の自由の闘士として踊り出た．あるいは少なくとも古い保守的束縛からみずからを解き放った．

　上記のような動きに対する反動は避けられなかった．それ

219

はいろいろな形であらわれた．ローマはそれが可能である所では教会法規を復活させた．分裂を促す自由主義的信仰心のなかからじりじりと福音主義が出現しはじめた．強力な圧力団体が姿をあらわし，伝統的道義を支持した．それらの団体はアメリカの「モラル・マジョリティ」，英国の「英国ヴュワーズ・アンド・リッスナーズ協会」，「英国光りの祭典協会」などであった．キリスト教的価値観を表に打ち出している諸宗派がスカンディナヴィアで気勢をあげた．そして1960年代の崩れて漂うガラクタ小集団は，いろいろな宗派を構成して厳格主義の小規模の改革運動を展開した．このような小宗派はカリフォルニアからフィンランドに至るまで活動の範囲を広げ，ますます強烈にカトリック勢力の強いヨーロッパを侵食しつつある．

われわれが特定の一般的な特徴をあげて結論を下すなら，1960年代にはじまった非常に広範囲にわたる組織の分解を指摘することができる．ただしその退潮は1970年代の末期にある程度底をついたのである．それにもかかわらず伝統的教会の支配をしばしば受けない共同社会の宗教集団の姿は依然として人気があった．英国であれば，このことはカリスマ的な集団と家庭集会の形態，エルサルバドルであれば拡大をつづけるプロテスタントの熱烈な礼拝形態，南部ヨーロッパであれば「生活共同体」の形態，東ドイツとハンガリーであれば非合法活動主義者の細胞的小集団の形態をとった可能性がある．

伝統的諸教会自体が，既成教会に取って代わろうとするこのような新宗教的文化から，また「代替」の形態全体から，数多くのモチーフを借用しようとした．一方教会の専門機関はみなそれに対して黙殺という政治的批判の形式を採った．これらの傾向は残存している新試行支持者たちの当然の好みとしばしば食い違い，聖職者の位階制度と一般キリスト教信徒との距離を広げた．とりわけ伝統的諸教会はそれぞれと関係の深い国家に対して，あるいはそれぞれの教会のもつ歴史的アイデンティティーに対して，いっさいの自派一辺倒主義の愛着を断とうとした．教会一致運動（エキュメニズム）はこのあらわれの一部であり，それは人間愛と相互支援のために集結することへ近づく新しい機会である．

世界宗教会議は，すべてそういった特殊な忠実さと伝統を溶解する注目すべき溶解剤であった．またこの会議は批判的政治形態を求める教会討論会を生み出した．それはまたヨーロッパのかつてのキリスト教の中核地帯であった地域の一般のキリスト教徒のもっていた先入観より，第三世界の態度のほうをより頻繁に反映させた．

このような傾向がすべて持続するならば，その暁には分派形成過程の時期はおわりを迎えるであろう．つまり，宗教が国家・国民・地方の自然な共同体から分離し，相互経済支援や個人の福祉や教育などの網状組織から分離する，さらにはいわゆる「性格」と明確な道徳的特性を創造することからさえ分離する——といったような時期の終息は，ほとんど目に見えているといえよう．

ロサンゼルスのガーデン・グローヴ共同社会のドライヴ・イン礼拝所である．そこでは「未来がすでに到来している」といわれる．しかし「エレクトロニック教会」は基金集めと治癒実現を主張して今やアメリカの宗教のなかでさらに一層決定的な存在になっていることは，論議すべきところである．「道徳的多数派教会」の指導者であるジェリー・ファルウェルはさらに極端な右翼のテレビ福音宣教師たちに道を譲った．しかもそのうちの一人は大統領候補である．

今日のフィリピンのキリスト教徒

かのスペインの探検家フェルディナンド・マゼランは1521年にセブ市に十字架を打ち建てた．このようにしてフィリピンは極東におけるカトリック教会の揺籃となり，中国および日本への出入口となった．フィリピン人口の5300万人の80％以上がローマ・カトリック教徒である．アジアの他の国でこれほどキリスト教勢力の強い国はない．

教会は，とくにベトナム（アジアでフィリピンに比すべき唯一の国）が共産主義者たちの掌中に落ちた後，アジアに対するフィリピンの重要性を認めてきた．カトリックのラジオ・ヴェリタスは規則正しく中国向け放送を行っていて，同国にはその聴取者が多数いる．教皇パウロ6世は1970年にフィリピンを訪問した（そこでは気の狂ったブラジルの画家が教皇の暗殺を企てた）．教皇ヨハネ・パウロ2世は1981年同国を訪れ，フェルディナンド・マルコス大統領に改革を強く迫り，さもなくば……という態度を示した．マニラの大司教ハイメ・シン枢機卿に率いられて，教会は当初マルコスに対して「批判的結束」の態度をとっていたが，1985年のおわり近くには徹底的な「弾劾」に移行した．マルコス打倒を招来せしめた「人民の力」の顕示は教会によって支持，いなそれどころか，鼓舞された．

フィリピンはアジアおよび太平洋のかなたのラテン・アメリカの諸隣邦に対してきわめて重大な問題を提起している．それは一つの社会を暴力を用いずに，マルクス主義に頼ることなく，より大きな正義と友愛の方向へ変形させうるかどうか，という問題である．ゲリラ軍やイスラム教を信奉する少数派との和解が国家の基盤たりうるであろうか．

下　フィリピン人はスペインの反宗教改革的で，バロック時代型の信心，とくにスペイン人好みの派手な路上行列を受け継いだ．この絵では聖母像と聖人たちの像が御輿に載せられてルクバンの街路を運ばれている．

下　フィリピンの宗教は公けの場で感情的に表現される平明なものであり，行き過ぎる傾向がある．ここブラカン州のバオンボンでは受難劇の一場面が演じられている．キリストの役を演じているのは女性である．フィリピン人はスペイン人的な宗教を受け継いだが，スペイン的な男性的たくましさはもっていない．

右下　バオンボンでの受難劇の別場面では，聖金曜日にキリスト教徒たちが鞭打ちを実演している．このようにしてかれらはキリストの受難に与り，そしてまたキリストの栄光にも与かりうると信じている．

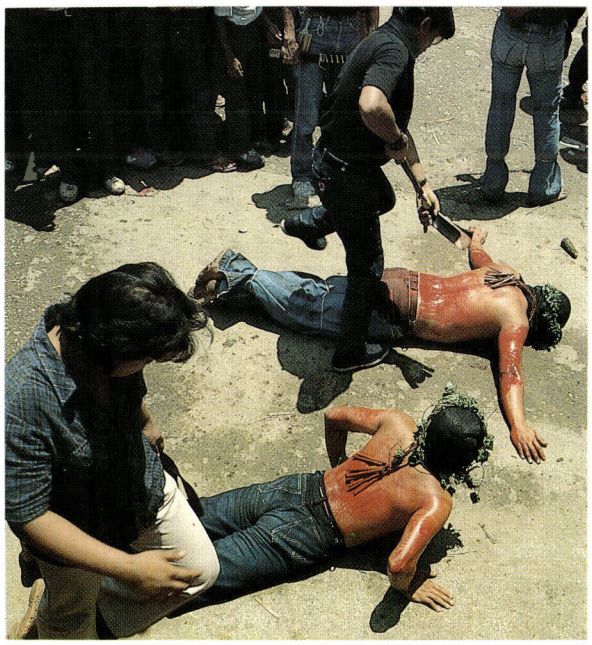

エキュメニカル運動
（教会一致運動）

歴史的分離過程

キリスト教信者たちは一人の主，一つの信仰，一つの洗礼を等しく享受しているが，同じ信心の状態に留まることが並外れて困難であることを体験してきた．そしてかれらの不和が世界に対するキリスト者としての証言力をひどく微力なものにしてしまっている．これらの分裂から四つの型があらわれている．

(1)「前カルケドン派」あるいは「単性論派」の諸教会——アルメニア教会，シリア正教会（ヤコブ派），コプト教会，エチオピア教会——がこの系統に属し，それらは聖書と最初の三回の公会議の権威は容認するが，第四回のカルケドン公会議（451年）によるキリスト論の定義は容認していない．近代においてはかれらと他の伝統的諸教会（ローマ・カトリック教会，東方正教会，英国聖公会）とのあいだに友好的接触が行われてきた．

(2) ローマ・カトリック教会とギリシア正教会との分裂．この分裂の神経中枢はローマ側がつぎのことを主張しているところにある．ペトロの後継者としてのローマ司教は唯一無二の普遍的教会に属する全教会に対して主権的支配と指導の権限を行使する権利と義務を有し，また各地の全司教はかれらの管轄権をローマの司教（教皇）から授かる，というものである．東方正教会はみずからが全キリスト教の母体であると意識しているので，この主張を認めていない．西方ローマ教会は，コンスタンティノープル公会議（381年）で定められたエキュメニカルな信仰箇条のなかの，聖霊の発出に関する条項に，勝手に公認されていない「フィリオクエ＝そして御子より」を加えたことによって，指導者としての権限を喪失したと考えている．中世においてはこの件と修道制に関する小さな諸問題，たとえば聖職者の独身生活に関して緊張が破壊点に達した．1054年に取りかわされた相互破門は1965年教皇パウロ6世と教会一致運動に理解ある総主教アテナゴラスによって取り消されたが，問題は依然として残っている．正教の説く普遍的教会の典型は，歴史的に意義深い古代からの総大司教管区（ローマ，コンスタンティノープル，アレクサンドリア，アンティオキア，イェルサレム）におけるかれらの主教たちによって指導される各地の教会の聖体拝領による一致の姿であり，それぞれの総大司教管区はその地域のなかで等しい支配権をもつが，等しいもの同士のなかでローマにその筆頭の立場を認めている．ローマ・カトリック教会の眼から見ると，正教会の唱える典型は，普遍性をあいまいにする国家主義に対して，各地方の教会を，微力なものにしてしまっている．上記の二大集団は互いに不完全な霊的交渉をもち，それぞれが相手方の秘跡や聖職者の位階を認めつつも，実際問題としては依然として互いに独立している．

(3) 伝統主義の諸教会は宗教改革の際ローマから離れたが，程度の差はあるものの「古典的」な教会生活の形態を大幅に保存している．聖公会，ルーテル派，長老教会（「改革後の」），組合教会，メソディスト派などがそれである．

(4) 宗教改革のなかの伝統排除の一翼を担うもの，特に洗礼を公けの印とし，また洗礼を心のなかの信仰の誓約だと見なすバプティスト派ならびにペンテコステ派（アッセンブリー・オブ・ゴッド）は，整然とした礼拝様式・理詰めの神学・堅苦しい典礼形式を大事にする伝統的教会を，聖霊の自由な動きや昂揚を堰き止める．

300年にわたって真剣な努力を重ねたものの，単性論を主張する教会をカルケドン派と和解させるには至らなかった．中世における東方ギリシア正教会と西方ラテン教会とのあいだのエキュメニカルな動きは和解（1274年のリヨン，1439年のフィレンツェ）を達成したが短命で，これらの紙面上の和解からは何の効果も生み出せなかった．なぜなら第四回十字軍がコンスタンティノープルを略奪（1204年）した後，東方においてラテン人の支配が行われ，好ましからぬ記憶が残っていたために，ギリシア人はラテン教会に親近感をもちえなかったのである．東方正教会の国々のなかにあって，完全にローマ・カトリックと同じ信仰を有している東方帰一教会と称せられるキリスト教徒たちは正教会派の国民教会といまだに微妙な関係を保持している．宗教改革の際には友情の破綻が非常に厳しい流血をともなうものだったので，20世紀になってやっとその傷を癒そうとする企てが正式に奨励されるようになった．

諸教会の世界会議

近代におけるエキュメニズムの運動は，古いヨーロッパの宗教分裂がアジアやアフリカへそのまま輸出されると当惑を引きおこすことを，西洋のプロテスタント宣教師たちが実感したことから出発した．エディンバラにおける世界宣教会議（1910年）がアメリカ人ジョン・ローリ・モット（1865—1955）によって能率よく指導されて一点に結集する過程を取り始めた．一連の会議が二つの分野，「生活と実践」と「信仰と職制」，で発展した（1925年にストックホルム，1927年にローザンヌ，1937年およびその後エディンバラとオックスフォード）．これらの会合にはアジアやアフリカからの多数の代表が出席した．1937年にエキュメニカルな研究のために公開討論会が開催され，意図しない重複と競り合いを避けるべく中央事務局を作る提案がなされた．霊感によって導かれた選択によってオランダの神学者W・A・ヴィセルト・ホーフト（1900— ）が総幹事に任命された．この理想像はアムステルダム（1948年）において現実となり，その折諸教会の世界教会協議会（WCC）がジュネーヴに事務所を置いて正式に構成された．参

全キリスト教会の一致が最初に崩れたのはカルケドン公会議（451年）後だった．そして再び1054年に西方教会と東方教会が分裂した．16世紀の宗教改革運動は分裂の度を深める方向に向かった．細分化していく過程は，19世紀のおわりに，再統合の動きが出てくるまでつづいた．

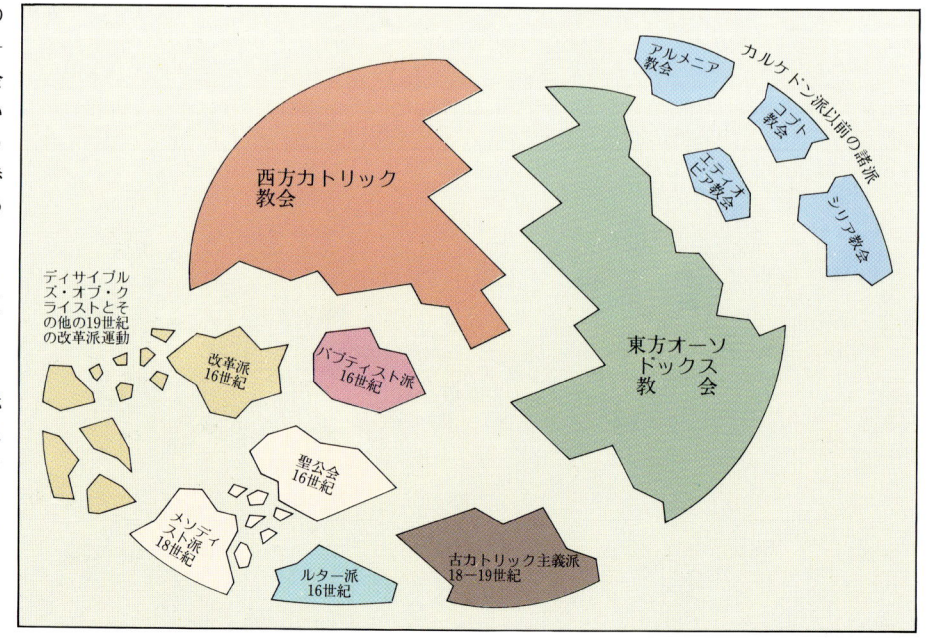

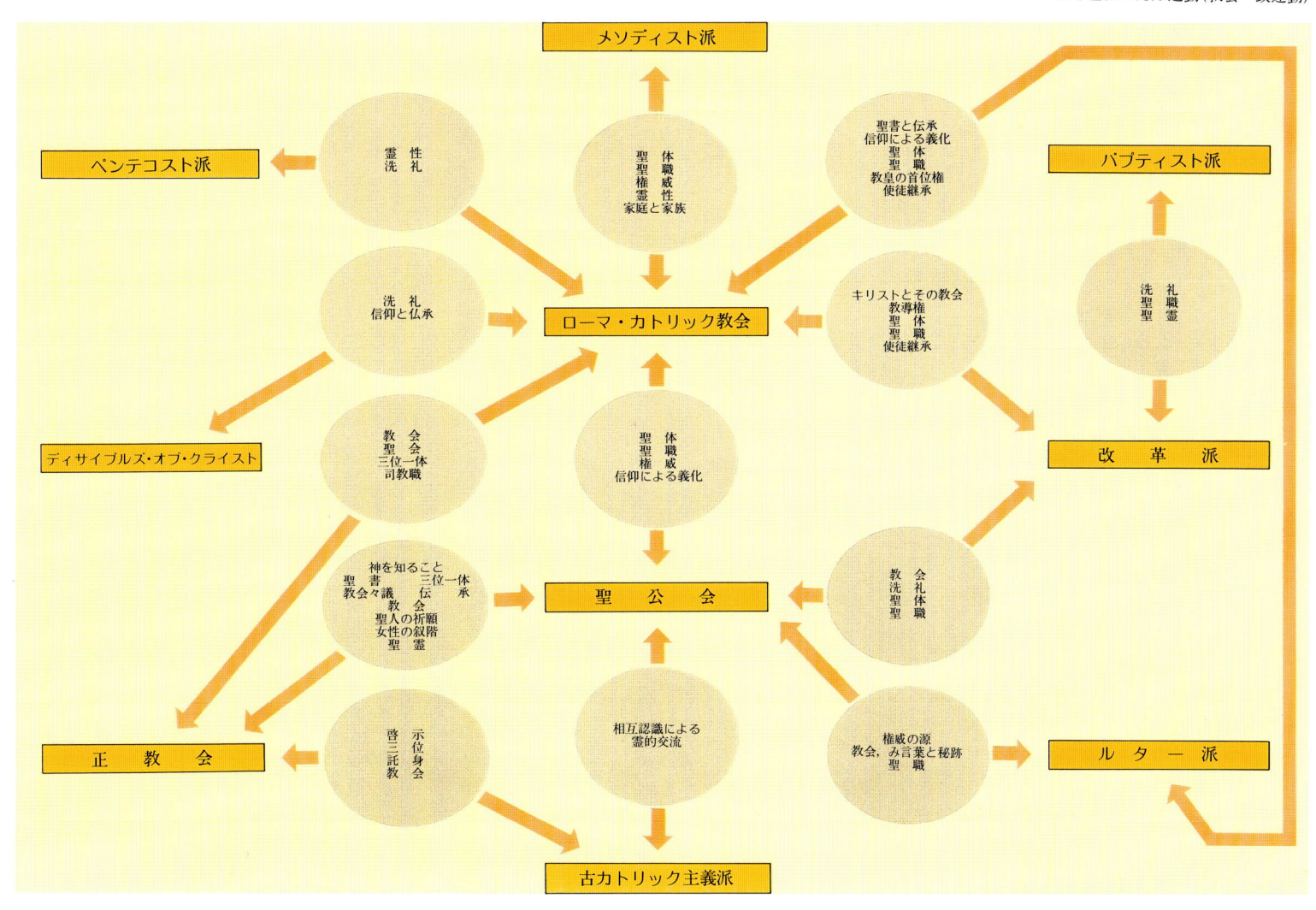

エキュメニカル運動（教会一致運動）

上 図表は，いかにキリスト教諸派がこの数十年間に会合をもち，それぞれの過去の相違点を討議し，解きほぐそうとしてきたかを示している．かれらがともに考察しようと取りあげた論題は，結局かれらがたがいに伝統的に賛同しかねるといいつづけてきた分野にそのまま落ち着いたが，もう少し積極的な面からいうと，宗教団体として各派が歴史的に最も大切にしてきたものに関して，相互に相手を深く配慮するところで決定がなされた．

下 ギリシア語の「オイクメネ」が，世界教会会議によって使われたシンボルの十字架と船の上に冠せられている．「世界」を意味するオイクメネは，英語での「教会一致＝エキュメニズム」をわれわれに指示している．

加教会はキリストの神性と聖三位一体を信仰宣言とした．創設以来ずっとWCCは互いの神学的理解の促進のみならず社会的かつ政治的諸問題──平和と軍備制限，人種（1937年の会議はナチスの反ユダヤ思想に対してきっぱりと反対を表明した），信教の自由，亡命者および不公正によって圧迫されている人々に対する援助──に関心を寄せてきた．WCCはまた一般信徒による信徒使徒職の遂行の研究を育て，また諸教会を助けて，西洋の婦人たちの女性解放運動に対して建設的に対処するよう指導してきた．

プロテスタントの環境に生れたので，WCCを作り出した運動は当初から，プロテスタント諸教会の認識──使徒伝承という形態のなかで継続的に整然とした司牧を行うことに力点を置かない──を前提条件としていた．しかし聖公会派と非聖公会派の双方にとって聖体拝領を共通に行うことの困難が1910年に感じられた．1925年から正教会がエキュメニカルな運動に参加したが，それは重い意味のあることであった．それ以降は，教会をプロテスタント流におおらかに理解することを基盤として，エキュメニカルな問題に対する解決策をプロテスタント側が提案することは，WCCにおいて困難になった．

今世紀の初頭からローマ・カトリック教徒のいろいろな集団が1月18日から25日のあいだ，全キリスト教徒の統合を希求する祈禱週間をもっていたが，WCCに対するローマ教皇庁の公式態度は冷淡なものであった．教皇回勅『モラトリウム・アニモス』（1928年）はマリーヌにおける聖公会とローマ・カトリック教会との非公式会談（1925－26年）に反対して，エキュメニカルな討議とあらゆる共同祈禱会を，無関心主義を含蓄する可能性があるとして，禁止した．しかし1937年に『引き裂かれたキリスト教徒』の著者ドミニコ会士イー

ヴ・コンガールがローマ・カトリック側の考え方に新しい方向を与えた．雰囲気はほんの少しずつではあるが変わった．1948年に教皇庁が全ローマ・カトリックの神学者に対してアムステルダムにおけるWCCの会合に出席しないように警告を発した．このことがあったものの，若干の者はこの時期にオランダで休暇をとってこの会合に参加した．1950年にはローマ聖省は態度を和らげ，集会と主の祈りに限っての共同礼拝を許した．フランスではエキュメニカルな精神が旺盛だった．リヨンの大修道院長クテュリエ（1881－1953）が開拓的な仕事を行い，ドンブのトラピスト大修道院でカトリックとプロテスタントの信者の一集団が集められ，それにつづいてパリのイスティナ・センターでドミニコ会士たちが同様な働きをした．1960年にはヴァティカンのキリスト教一致事務局が，ベーア枢機卿（1881－1968）を長として，ついでウィレブランツ枢機卿（1909－ ）のもとに設置された．1961年に5名のローマ・カトリックのオブザーヴァーがニュー・デリーで開かれたWCCの大会に派遣された．

第二ヴァティカン公会議とその余波

1964年11月21日に第二ヴァティカン公会議がエキュメニズム（教会一致）に関する教令『ウニタティス・レディンテグラチオ』を発布した．1928年の回勅の無関心姿勢にこれほど縁遠いものはおよそありえなかったであろう．この重大な教令は，この公会議の他の構成部門における重点変更とともにローマ・カトリック世界を啞然とさせた．この教令は正教会を有効な秘跡をもつ姉妹教会と認め，宗教改革から生れた諸教団を，「主における兄弟」と認めた．なぜならば改革派は，その聖職者の位階制に欠陥があるために聖体秘儀の十全性を欠いているとはいえ，聖体拝領を聖霊によって救われる方法

として用いている点でカトリック教会に近いからである．公会議ではプロテスタント信徒が聖書を尊重することは高く評価されている．しかしプロテスタント信徒が，聖書の教会に対する関係，および道徳上の諸問題（たぶん産児制限や賭博のことをいっている）に関してカトリックとは違った見解をもっており，権威をもって教導する教会という考え方をもっていないことが懸念されている．この点について聖公会は，「カトリック的伝統や慣行を継承している諸教団の中でも特別な立場にある」と認められている．ローマ・カトリック教会の教義上の立場が十分には示されていない対話には反対であるという警告は，すべての教義が必ずしもみな中心的なものではない，つまり種々の真理にも上下の等級があるという譲歩によって十分バランスのとれたものになっている．これと同様に「主要点の統一」はいかなる意味においても——典礼においても，また神が啓示した真理を神学的に精密に構築することにおいても——「正統なる多様性」を除外するものではない．とりわけ上記の教令は心情の変化を要求し，かつその対話のなかで相手方のいい分を誤り伝えたりすることを絶対にしないことを求めるものである．第二ヴァティカン公会議以来カトリックと聖公会，東方正教会諸派，ルーテル派およびメソディスト派との顕著な相互的対話が公的に確立されてきた．第一次聖公会＝ローマ・カトリック国際委員会（ARCIC）が1982年にその報告を提出した．その書類が公表されると，それにつづいてラツィンガー枢機卿（1927— ）を長とする聖省つまり教理省から痛烈に否定的な批判（しかし否定的な評決でないことは明白）が下された．このような状況にもかかわらず教皇ヨハネ・パウロ2世がカンタベリーで（1982年聖霊降

上 1962年に第二ヴァティカン公会議が開催され，世界中から2600人のローマ・カトリック教会の司教たちが集まった．ここでは教皇ヨハネ23世が公会議を開会しようとしている．92年ぶりに開かれたこの公会議は教会生活のなかに新しい時代の到来を告げるものであって，礼拝の諸形式に一連の変化をもたらした．この会議の最も重要な成果の一つは，教会一致への努力を改めて明言したことだった．

臨の祝日）礼拝に出席し，カンタベリー大主教ラムジ（1921―）と共同声明を出した後，ARCICが再び結成された．また1982年にWCCの信仰と職制委員会がリマで集会をもち，洗礼・聖体・聖職に関する重大声明に同意した．この声明の全体の形式はARCICの報告と共通点が多い．アメリカ合衆国とドイツにおいてなされたルーテル派とローマ・カトリック教会の数次にわたる会談もまた，高度に微妙な分野において予期せぬ親善関係が生れたことを示した．

エキュメニカルな運動は批判的な反対を受けずにすんなりとうまく進行したのではない．ローマが普遍的権限を主張することは東方正教会や聖公会の人々の心に依然としていろいろな懸念をいだかせている．聖公会派の一部の管区が女性を司祭職に受け入れる決定をしたことは対話の進展を求めるローマと正教会の情熱に水をさした．プロテスタント側ではエキュメニズムの運動は二つの相対立する陣営から強烈な否定的批判を受けてきた．その両陣営とはつぎの二つである．

（a）とくにアメリカだけではなく，聖書的解釈に絶対に誤りがないことが信者認定の物差しになるあらゆる地域の超保守的な諸集団

（b）超自由主義の，またはユニテリアン派の，団体．この人々に対してはエキュメニズムは歓迎されない信仰告白更新ということになる．とりわけエキュメニズムは聖書ならびに教会の生きている伝統のなかにキリスト教の権威ある古典的な形態が存在し，それによって現在の教会が評価されるべきである，という本質的に非自由主義的な考えに立ち戻ることになるのである．

曲折を重ねた逆流があったにもかかわらず，ローマ・カトリック教会の参加と第二ヴァティカン公会議以来，エキュメニズムの進展には大きな弾みがついている．この運動には確かに，プロテスタント側に，宗教改革の時代に突出した国家主義がキリストの教会の基礎的な仕事をあいまいにし，それを妨害する可能性があるという反転しがたい認識を強く与えている．ローマ・カトリック側では，第二ヴァティカン公会議の教令は宗教改革に加わった諸教会のもつ真にキリスト教的な性格をまぎれもなく承認していることを打ち出している．この教令は，上記の教会に属している人々がそこに属しているがゆえに罪を犯している，ということにはならないことをわざわざ表明しているばかりでなく，さらに一歩進んで，分裂がおこってしまった事実にはローマ・カトリック側にも若干の責任があることを認めている．過去の遺産には教会文書と信仰告白がふくまれており，その一部はこれ以外のものは受け入れないと言葉で表明されていた．これらのことは次の印象を容易に人に与える．すなわちエキュメニズムは聖職者同士の外交の一コマであって，そこではエリートの神学者たちが個人的なクラブに加入し，かつて一般信徒の男女がその主義ゆえにわが身を危険にさらしたその主義を気楽に放棄するリポートを書くのである．対話に参加するものが論駁的かつ分裂を生ぜしめる決まり文句を背後にまわし，どのような積極的確認事項を互いに守ろうとしているかを訊ねることを許されるならば，合意は原則的に可能であろう．

右 カンタベリー大主教マイケル・ラムジ博士が1966年ローマを訪問した際，教皇パウロ6世は自分の指輪をかれに与えている．二人の指導者はともに祈祷式に参加し，おのおのの教会がキリスト教の一致を求めて「真剣な対話」を行うことを誓い合った．

執筆者リスト

アラン・アモス　ケンブリッジのウエスコット・ハウス校の副学長．ベイルートに関する部分を寄稿．

ヘンリー・チャドウィック　オックスフォード大学クライスト・チャーチ・カレッジで一時学部長をつとめ，ケンブリッジ大学の神学欽定講座名誉教授となり，現在はケンブリッジ大学ピーターハウス学寮長．初代教会，教会一致運動，今日のイタリアの項を執筆．

プリシラ・チャドウィック　ロンドン，ヒリングトンにあるラムジー大主教記念聖公会立総合中等学校校長．キリスト教と他宗教との対話の項を執筆．

エアモン・ダフィ　ケンブリッジ大学，マグダレン・カレッジの神学講師および特別研究員．中世後期・宗教改革・反宗教改革および戦争・和解・その後の分裂の項を執筆．

ギリアン・エヴァンズ　ケンブリッジ大学，フィッツウィリアム・カレッジの歴史学講師および特別研究員．中世の東方正教会の項を執筆．

エドウィン・ゴースタッド　カリフォルニア大学，リヴァーサイド校の歴史学教授．北アメリカの教会の項を執筆．

ピーター・ヘブルスウェイト　『キリスト教徒とマルキシストの対話とその彼方』(1977年)，『ヨハネス23世，公会議の教皇』(1984年)など著書多数．ポーランド・ラテンアメリカ・フィリピンに関するトピックス，およびキリスト教・共産主義および各国の特異性の項を執筆．

デイヴィッド・マーティン　ロンドン大学，社会科学部の社会学教授．キリスト教と世俗世界の現代性の項を執筆．

アンドルー・ポーター　ロンドン大学，キングズ・カレッジの歴史学助手．18世紀の教会，19世紀の教会，アフリカの体験，アジアへの宣教の項を執筆．

メアリ・レムナント　ロンドンの王立音楽大学講師．教会音楽の項を寄稿．

ジョナサン・シェパード　ケンブリッジ大学，歴史学講師．中世東方正教会および諸正教会の項を執筆．

図版リスト

略記：t＝上図, tl＝上段左図, tr＝上段右図, c＝中図, b＝下図, 等．
BBC HPL＝BBC Hulton Picture Library; RH＝Robert Harding Picture Library; SH＝Stnia Halliday, Weston Turville, Bucks.
図版の出所地名が表記されていないものは、ロンドンを意味している．

見返しの図：Carte des chemins de S.Jacques de Compostelle: Camino Frances de Santiago de Compostela, 1648.

頁
2–6. Details from the Communion of the Apostles, Church of the Holy Cross, Platanistasa, Cyprus: SH.
8–9. Drawings: John Fuller, Cambridge.
13. St Paul: Leonard von Matt, Buochs, Switzerland.
14–15b. Sheep and bread: André Held, Ecublens, Switzerland.
15t. Malta: Ann Bolt.
15b. Christ teaching: André Held.
18t. Reconstructions: Dick Barnard, Milverton, Somerset.
18–19. Papal chamber, catacomb of Callistus, Rome: Zefa/Konrad Helbig.
20t. Plan: John Brennan, Oxford.
20l. Adam and Eve, ivory: Scala, Florence.
20–21. Christ the shepherd, sarcophagus: Scala.
20bc. Santa Costanza mausoleum, Rome: Scala.
20br. Vintage scene mosaic Santa Costanza, Rome: Scala.
21c. Christ between St Peter and St Paul, Crypt of St Peter and St Marcellinus, Rome, 4th century: SH.
21b. Portrait of Christian family: Scala.
22t. Three women at the tomb, ivory: SH (National Museum, Munich).
22b Good shepherd, Lucina Crypt, catacomb of Callistus, Rome, 3rd century: SH.
23t. Samson routing Philistines, catacomb of the Via Latina, Rome, 4th century: SH.
23b. Junius Bassus sarcophagus, Vatican: RH.
24. Orant figure from Tarragona, Spain: Foto MAS, Barcelona.
27. Third ecumenical council held at Ephesus, mural by Symeon Axenti, 1513, church of St Sozomenos, Galata, Cyprus: SH.
29. S. Apollinare in Classe, Ravenna: Scala.
30t. St Augustine by Pacino di Buonaguida, Accademia, Florence, 14th century: Art and Architecture Library.
30b. Water Newton silver bowl: British Museum.
31. Statue from Chartres cathedral: Equinox Archive.
32. Justinian coin: SH (Bibliothèque Nationale, Paris).
33. St Catherine's Monastery, Sinai: Werner Braun, Jerusalem.
34t. Qalaat Seman Monastery, Syria: SH.
34c. Coptic monk, 6th–7th century: Courtesy of the Byzantine Photograph Collection © 1986 Dumbarton Oaks, Trustees of Harvard University, Washington DC 20007.
36. Basilica of St Demetrius, Thessalonica: Nikos Kontos, Athens.
37. The judgment of Photius: SH (National Library, Madrid).
38l. Virgin and child, St Catherine's, Sinai: Jerusalem Publishing House.
38r. Icon of Christ, St Catherine's, Sinai: Jerusalem Publishing House.
39b. Forty martyrs, ivory: Staatliche Museen Preussischer Kulturbesitz, Berlin.
39t. Iconoclastic debate: British Library, Add. MS. 19352, f.27v.
41t. Church of the Dormition, Orchomenos: Graham Speake, Oxford.
41b. Syrian monastery at Qalb Louzeh: Jason Wood, Lancaster.
42. Dionysiou Monastery, Mount Athos: Zefa/Konrad Helbig.
47. Two Frankish noblemen accepting Christianity, c. 1040: Hirmer Verlag, Munich.
48t. St Augustine, St Mary's, Stowting, 15th century: SH.
48b. Gregory I, 7th century: Museo Civico, Brescia.
49. Lindisfarne Gospels, f.93b, St Mark; Phaidon Archive (British Library).
51. The psalmist David enters the house of the Lord, ivory cover from prayer book of Charles the Bald, c. 870, Schweizer Landesmuseum, Zürich: Equinox Archive.
52–53. Patmos: Zefa.
54. St Luke: British Library, Add. MS. 28815.
55. Mosaic of Christ, Constantine and Zoe, St Sophia, Constantinople, 12th century: SH.
57tr. Sts Sergius and Bacchus, Constantinople; Agenzia Titus, Turin.
57b. Monastery of Christ Pantocrator, Constantinople: By courtesy of Electa Editrice, Milan.
57cl. St Sophia narthex, Constantinople: By courtesy of Electa Editrice, Milan.
60t. Constantinople: British Library, Add. MS. 42130, f.164.
60bl. Pope Urban II preaching the First Crusade, Livres des Passages d'Outremer, 15th century: SH.
60–61. Krak des Chevaliers: Aerofilms.
61tl. Richard and Saladin: British Library, Add. MS. 42130, f. 82.
61tr. Crusader crosses, Holy Sepulcher, Jerusalem: SH.
61cr. Ship of war: British Library, Add. MS. 42130, f.161v.
61br. Siege of Jerusalem, 15th-century MS., British Library: Michael Holford.
62. The genealogy of Christ, cupola, south dome of Kariye Cami, Constantinople: SH.
64–65. Monastery of the Pantanassa, Mistra: Graham Speake.
66. Donation of Constantine, SS Quattro Coronati, Rome, 13th century: Scala.
68. Coronation of Emperor Frederick III by Pope Nicholas V, 1452, Flemish Master: Germanisches Nationalmuseum, Nuremberg.
70. Dante's *Divine Comedy*, 15th century, Sienese: British Library YT/36, f. 131.
72l. King's court, Séance de la cour des pairs, procès de Robert d'Artois, Bibliothèque Nationale, Paris: Equinox Archive.
72t. Relief from south porch of the cathedral of Notre Dame, Paris, showing a lecture at Paris University, 13th century: Alinari S.p.A., Florence.
72tr. Plan: Inkwell, Bicester, Oxford.
73t. Hussite caricature of pope: Knihovna Narodniho Muzea, Prague.
72–73. The pope judging heretics: Staatliche Museen der Stiftung Preussischer Kulturbesitz, Berlin, Min. 4215.
74. Coronation of emperor of Constantinople, St Sophia: Magnum, Paris/Erich Lessing © 1986.
75. Pilgrim: Bodleian Library, Oxford, MS. Laud. Misc. 93, f.89.
76t. Pilgrim medallion from St John's basilica, Ephesus: SH.
76–77. Allegory of the Pilgrims by Domenico Ghirlandaio, San Martino dei Buonomini, Florence: SH.
77t. Pilgrim window, Trinity Chapel, Canterbury Cathedral: SH.
78–79. Easter pilgrimage, Kalwaria Zebrzydowska, Poland: Magnum.
80–81. St Peter's Square, Rome, Holy Year 1975: RH.
81t. Lourdes: Magnum/Bruno Barbey.
81b. Palm Sunday procession, Jerusalem: SH (Jane Taylor).
82t. Outdoor service at Souzdel: Magnum/Fred Mayer.
82b. Procession to Notre Dame de Copacabana, Argentina: Magnum/Rene Burri.
83. Pilgrims at Fatima, Portugal: Magnum/Bruno Barbey.
84. Piazza, Loreto: Pepi Meriso, Bergamo.
85. Emperor and Antipope: Vatican Library, Vat. Reg. Lat. 580.
87b. Sixtus IV and Platina by Melozzo da Forli, Vatican Art Gallery: Scala.
87tl. Alexander Borgia by Pinturicchio, App. Borgia, Sala dei misteri della Fede, Vatican: Scala.
87tr. Leo X with Cardinals Giulio de Medici and Luigi de Rossi by Raphael, Uffizi, Florence: Phaidon Archive.
88–89 Reliquary by the Master of Montefallo, 14th century, Umbrian: Michael Holford (Victoria and Albert Museum).
90–91. Procession: Fotomas Index (British Library).
90b. From *In Praise of Folly*, marginal drawing by Holbein: Kupferstichkabinett, Öffentliche Kunstsammlung, Basel.
91. Erasmus by Dürer: Phaidon Archive.
92. Seven Deadly Sins by Bosch: Foto MAS (Prado).
93tl. Luther as a monk by Lucas Cranach, 1520: Phaidon Archive.
93tr. Luther preaching by Lucas Cranach: Kupferstichkabinett, Staatliche Museen Preussischer Kulturbesitz, Berlin.
95. Luther's German Catechism, 1529: Equinox Archive.
96br. *Limoges* by Pierre Viret, Louvre: Service de documentation photographique, Réunion des musées nationaux.
96c. Anabaptists: Fotomas Index (British Library).
96bl. Dies Dominica: Eamon Duffy, Cambridge.
96–97. *Fishing for Souls* by A. van der Venne: Rijksmuseum, Amsterdam.
97b. Altar frontal from Torslunde Church: National Museum, Copenhagen.
98–99 Calvinist congregation, attributed to Jean Perrissin, Temple de Lyon, nommé paradis: Bibliothèque Publique et Universitaire, Geneva.
101. Henry VIII triumphing over the pope; National Portrait Gallery, London.
102tl. *Four Horsemen of the Apocalypse* by Dürer: Phaidon Archive (British Museum).
102r. Cranmer's *Book of Common Prayer,* 1549: Equinox Archive.
104. *Auto de fé celebrado por la inquisicion francesa en Albi durante la cruzada contra los catars,* by Pedro Berruguete: Foto MAS (Prado, Madrid).
104–05. Council of Trent: Fotomas Index (British Museum).
106t. Risen Christ by Michelangelo, Santa Maria sopra Minerva, Rome: Phaidon Archive.
106–07b. *The Allegory of the Holy League* by El Greco: Phaidon Archive (National Gallery, London).
109t. Ignatius Loyola: Foto MAS.
109b. *The Triumph of the Catholic Church* by Rubens: Phaidon Archive (Prado, Madrid).
110. *Le Sette Chiese* by A. Lafrery: Kunstbibliothek mit Museum für Architektur, Modebild und Grafik Design, Staatliche Museen Preussischer Kulturbesitz, West Berlin.
113t. St Bartholomew's Day Massacre: André Held (Musée Cantonal des Beaux Arts, Lausanne).
113b. Fortifications at La Rochelle: Zefa/Kerth Klaus.
115t. *St Odolophus's Church* by Saenredam: Rijksmuseum.
114–15b. *St John the Baptist Preaching* by Pieter Brueghel the Elder: Museum of Fine Arts, Budapest.
117t. Old woman reading lectionary by Gerard Dou: Rijksmuseum.
116–17. Mère Agnes Arnauld and Catherine de Ste Suzanne by Champaigne: Giraudon, Paris.
120tl. Oaxaca, Mexico: Zefa/G. Heil.
120tr. Crucifix, Institut des Beaux Arts, Mexico: Giraudon, Paris.
121b. Baptism of Indians, from Codex Azcatitla: SH (Bibliothèque Nationale, Paris).
122t. Portuguese priest, Goa: British Library, Sloane MS. 197, f.56v.
122–23. Arrival of St Francis Xavier at Goa by Doningos de Gunha: Michael Holford (Museu Nacional de Arte Antiga, Lisbon).
123b. Matteo Ricci: BBC HPL.
125t. Landing at Jamestown: BBC HPL/Bettman.
126t. Pilgrim Fathers by G. H. Boughton: BBC HPL.
127b. Methodist camp meeting, 1819, aquatint: Library of Congress, Washington.
128–29. Paintings by Lewis Miller: Historical Society of York County, Pennsylvania.
130t. Mission San Luis Rey: Mirielle Vautier, Paris.
130b. Shakers, Lebanon, New York: BBC HPL.
132t. Baptist preacher: Richard and Sally Greenhill.
132b. Haitian community: Magnum/Abbas.
133t. Jesus People: Frank Spooner Pictures.
133b. Baptism: Frank Spooner Pictures.
134b. *Feast of the Supreme Being* by De Machy: Jean-Loup Charmet (Musée Carnavelet, Paris).
136t. A procession of the Goddess Reason: SH (Bibliothèque Nationale, Paris).
136c. Whitefield preaching in Moorfields: BBC HPL.
137. Count Nicholas von Zinzendorf: Mansell Collection.
138–39. Wesley preaching in Old Cripplegate Church: Fotomas Index.
140. *Sunday*, French lithograph: Jean-Loup Charmet, Paris.

227

141bl. Félicité Robert de La Mennais: Bibliothèque Nationale, Paris.
141tl. Johann Ignaz von Döllinger: Mary Evans Picture Library.
141tr. Pope Pius IX: Scala (Museo del Risorgimento, Milan).
142tl. E. B. Pusey: BBC HPL.
142tr. Keble College, Oxford: Linda Proud, Oxford.
142bl. Boys netting converts: Oscott College, Sutton Coldfield.
142br. John Henry Newman: By permission of the Warden and Fellows of Keble College, Oxford.
145b. *Drei Frauen in der Kirche* by Liebl: Hamburger Kunsthalle, Germany.
145t. Joanna Southcott: Mary Evans Picture Library.
146. Queen Victoria presenting Bible: National Portrait Gallery, London.
147. George Grenfell: Bodleian Library, Oxford.
148. David Livingstone: Council for World Mission (School of Oriental and African Studies).
150t. Group of missionaries, Mombasa, c.1901; 150c. African, Mauritian, Creole and Indian Priests; 151t. Scotch Mission Station, Blantyre; 151c. African deacon on trek; 151b. Primary reading class, G.E.A.: All photographs by courtesy of The Royal Commonwealth Society, London.
152–53. Cathedral choir, Uganda; Magnum/Chris Steele Perkins.
153b. Roman Catholic bishops at Kisumu, Kenya: RH/David Lomax.
153r. Sierra Leone: Magnum/Jean Gaumy.
154l. Sunday morning mass near Pretoria; Magnum/A. Venzango.
154r. Black priest blessing white woman, Johannesburg: Abbas Magnum.
155tl. Enthronement of Archbishop Tutu, Cape Town Cathedral: Frank Spooner Pictures.
155tr. Dutch Reformed Church, Worcester, Cape Province: Magnum/Berry.
155bl. Baptism in Lake: Magnum/Berry.
155br. Rhenish Mission church, Stellenbosch: Graham Speake.
156. Village church, Papua New Guinea; Zega/Dr D. Holdsworth.
157. Christian pilgrim, India: Magnum/Ian Berry.
159. J. Hudson Taylor: Overseas Missionary Fellowship, Sevenoaks, Kent.
160. Urakami Catholic Church, Nagasaki: AGE Fotostock, Barcelona.
160–61. Baptism of the Maori chief, Te Puni, Otaki Church, New Zealand, by Charles Decimus Barraud, 1853: Rex Nan Kivell Collection (NK 1103), National Library of Australia, Canberra.
163. Painted church of Moldavia: Romanian National Tourist Office.
164. Rila Monastery, Bulgaria: Zefa.
165. St Basil's Cathedral, Moscow: Zefa/L. Hrdlicka.
166–67. Tsar Nicholas II holding icon before soldiers: Popperfoto.
168t. Cypriot church: SH.
168b. Greek priest: Magnum/Rene Burri.
169tl. Russian Orthodox church: Magnum/Fred Mayer.
169tr. Armenian church, Israel, Christmas: Magnum/Micha Bar.
169b. Coptic church in Egypt; Magnum/Alex Webb.
171. Christ in Majesty from the Athelstan Psalter: British Library, MS. Cott.Galba A VIII, f.21.

172t. Bronze font showing baptism: Foto Marburg.
172c. Riha Paten, Constantinople, 565–78 AD: Courtesy of the Byzantine Photograph Collection © Dumbarton Oaks, Trustees of Harvard University, Washington DC 20007.
172b. Confession: David Richardson, Coventry.
172–73. Ordination, Vatican: Magnum/Eve Arnold.
172–73b. Russian Orthodox wedding: Magnum/Fred Mayer.
173tr. Confirmation: David Richardson, Coventry.
173br. Last rites: Magnum/Robert Capa.
174–75 Illustrations of interior of church: Dick Barnard, Milverton, Somerset.
175tl. Plan of church: Inkwell, Bicester, Oxford.
176t. Canadian church: Magnum/Taconis.
176b. Siena Cathedral: Zefa.
176–77. Dolomite church: Zefa.
177tr. Crystal Cathedral: Mirielle Vautier.
177bl. St Sophia, Kiev: Zefa.
177br. Pilgrim church, Neviges, Germany: Zefa.
178tl. David and church instruments: British Library, Add. MS.62925, f.97v.
178tr. Singers in procession: National Library of Scotland, MS. 18.1.7, f.149v (Collection Mary Remnant).
178br. Title-page of *Theatrum Instrumentorum* by Michael Praetorius: Collection Mary Remnant.
178–79t. *Procession of the Cross in St Mark's Square* by Gentile Bellini: Scala (Accademia, Venice).
179b. *A Village Choir* by Thomas Webster: Bridgeman Art Library (Forbes Magazine Collection, New York).
179cr. Modern music in Catholic church, USA: Sally and Richard Greenhill.
180. Medieval calendar, from the Hours of Nicolas von Firmian, Flanders, c. 1500: Sotheby's 10 Sept. 1980.
181. Palm Sunday procession, Rome: Impact/Mark Cator.
182bl. St Peter: Leonard von Matt.
182br. Innocent III: Scala (Subiaco).
183bl. Pius VII by Davide: Giraudon (Louvre).
183br. Julius II by Raphael, Uffizi, Florence: Phaidon Archive.
183tr. Bust of John XXIII by Giacomo Manzu, Vatican City, modern religious art collection: Scala.
184t. St George, Ethiopian painting: RH (British Library).
184r. Bombed church: Magnum.
184bl. Church militant cartoon: Equinox Archive.
184br. Christian CND: Andes Press Agency.
185. Salvadorian soldiers and icon: Magnum.
186tr. Tabernacle by Orcagna, Orsanmichele, Florence: Scala.
186c. Hospitallers prepare to defend Rhodes against Turks, 15th-century MS.: SH (Bibliothèque Nationale, Paris).
186b. *At the Nun's School* by G. Pennasilco: Galleria d'Arte Moderna, Milan.
187t. The fight between Carnival and Lent by Pieter Brueghel the Elder, Kunsthistorisches Museum, Vienna: Phaidon Archive.
187c. Salvation Army in 19th century: Salvation Army.
187bl. Lecture at New College, Oxford: Fotomas Index (British Library).
188–89l. Mar Saba: SH.
188cb. St Bernard, St Peter's, Rome: RH.
188bl. Monk at desk: Fotomas Index (British Library).
189b. Consecration of Abbey of Cluny by Pope Urban II, 1095: SH (Bibliothèque Nationale, Paris, MS. Lat. 17716, f. 91).
189l. St Francis by Cimabue, Assisi: SH.

189tr. St Benedict, Subiaco: Scala.
189br. Young nuns taking their vows: Magnum/Eve Arnold.
190–91 All pictures: Frank Monaco/Rex Features.
192c. Head of Christ, 17th century: Mirielle Vautier (Collection Olga Fisch).
192bl. Cristo de los Toreros, Convento de San Cayetano, Cordoba: AGE Fotostock *4-RMT-32015-0*.
192–93 Mosaic from St Sophia, Constantinople: Zefa *544.9-5*.
193tl. Taxi, Port-au-Prince; Mirielle Vautier.
193tr. German stele from Niederdollendorf: Rheinisches Landesmuseum, Bonn.
193r. Christ crucified, 1063, Monasterio de Carrizo, Leon: AGE Fotostock *4-JBZ-51487-0*.
193l. Christ in Majesty, St Sernin, Toulouse, c. 1090: Leonard von Matt.
194. Terracotta bust of Christ by Giovanni della Robbia, c. 1500: Victoria and Albert Museum.
195. Ronchamp, church by Le Corbusier: Zefa.
197. Church and synagogue, USA: Zefa.
198. Mosque in Christian settlement: British Library, Sloane MS. 197.
199. Buddhist dagoba and Dutch Reformed church, Sri Lanka: AGE Fotostock, Barcelona.
200b. Wedding: Magnum/Raymond Depardon.
200–01t. Cross in street: Magnum/Abbas.
201t. Inside church: Magnum/Raymond Depardon.
201b. Priest with phalanx of soldiers at Gemayel's funeral: Magnum/Abbas.
202–03. Zagorsk monastery and shrine, Russia: RH.
204t. Funeral of Father Popieluszko: Frank Spooner Pictures.
204b. John Paul II and crowd: Photo Source.
205t. Poles praying: Frank Spooner Pictures.
205b. Picket and icon: Photo Source.
206–07. Backovo Monastery, Bulgaria: Zefa/Dr Hans Kramarz.
207t. Mass in Ieud, Romania: Magnum/Mark Riboud.
208bl. Venetian funeral: Pepi Meriso, Bergamo.
208–09, 209b Pilgrims at Monte Autore: Pepi Meriso.
209t. Raising of the candles, St Ubaldo's Day, Gubbio: Pepi Meriso.
210–11. Procession of Carmines at Corpus Domini, Gandino: Pepi Meriso.
212–13t. Pilgrimage to Croagh Patrick, Ireland: RH.
213b. Huguenots: RH.
214t. J.F. Kennedy and Pope Paul VI: Popperfoto.
214b. Coronation of Elizabeth II: Popperfoto.
216c. Judas, Passion play, Guatemala: Magnum/Gilles Peress.
216l. Ex-votos, Brazil: Mirielle Vautier.
216b. Prayer for the dead, Peru: Magnum/Sebastio Salgado.
216–17t. US missionary celebrating mass, Guatemala: AGE Fotostock.
217b. Procession, Chichicastenango: P. Chadwick.
219. Live Aid concert, London: Frank Spooner Pictures.
220. Drive-in church, Los Angeles: Magnum/Paul Fusco.
221tr. Saints carried through the streets of Lucban, Philippines: Magnum/Philip Jones Griffiths.
221bl/r. Crucifixion and Good Friday flagellants, Paombong, Bulacan Province, Philippines: RH.
222–23. Illustrations: Inkwell, Bicester, Oxford.
224. Vatican Council II: Popperfoto.
225. Archbishop Ramsey and Pope Paul VI in Rome, 1966: Popperfoto.

参考文献

初代教会
J. Beckwith, *Early Christian and Byzantine Art.* Harmondsworth 1970.
L. Bieler, *The Life and Legend of St Patrick.* Dublin 1949.
G. Bonner, *St Augustine of Hippo, Life and Controversies.* 2nd ed. Norwich 1986.
P. Brown, *Augustine of Hippo.* London 1967.
—— *The Cult of the Saints.* London 1981.
H. Chadwick, *The Early Church.* 2nd ed. Harmondsworth 1986.
—— *Early Christian Thought and the Classical Tradition.* Oxford 1966.
—— *Origen contra Celsum.* 3rd. ed. Cambridge 1980.
—— *Augustine.* Oxford 1986.
O. Chadwick, *John Cassian.* 2nd ed. Cambridge 1968.
D.J. Chitty, *The Desert a City.* Oxford 1966.
L. Duchesne, *The Early History of the Church,* 3 vols. London 1924 (French original 1907).
W.H.C. Frend, *The Donatist Church.* 2nd ed. Oxford 1985.
A. Grabar, *The Beginnings of Christian Art,* London 1967.
—— *Christian Iconography. A Study of its Origins.* London 1969.
R.M.Grant, *Augustine to Constantine.* London 1971.
—— *Eusebius as Historian,* Oxford 1980.
—— *Early Christianity and Society.* New York 1977.
A. Grillmeier, *Christ in Christian Tradition.* 2nd ed. London 1975.
L. Hertling and E. Kirschbaum, *The Roman Catacombs and their Martyrs.* London 1960 (German original, Vienna 1950).
E.D. Hunt, *Holy Land Pilgrimage in the Later Roman Empire.* Oxford 1982.
J.A. Jungmann, *The Early Liturgy to the Time of Gregory the Great.* London and Notre Dame, Ind. 1962.
J.N.D. Kelly, *Early Christian Creeds.* London 1972.
—— *Early Christian Doctrines.* 5th ed. London 1977.
——*Jerome.* London 1975.
R. Krautheimer, *Early Christian and Byzantine Architecture.* 3rd ed. Harmondsworth 1979.
R. Lane Fox, *Pagans and Christians.* London 1986.
H. Lietzmann, *The Beginnings of Christianity; The Founding of the Church Universal; From Constantine to Julian; The Era of the Church Fathers.* English tr. reissued London 1986 (German original 1932–42).
R.A. Markus, *Saeculum, History and Society in the Theology of St Augustine.* Cambridge 1970.
K.S. Painter, *The Water Newton Early Christian Silver.* London 1977.
J. Pelikan, *The Emergence of the Catholic Tradition.* Chicago, Ill. and London 1971.
P. Rousseau, *Authority and the Church in the Age of Jerome and Cassian.* Oxford 1978.
—— *Pachomius.* Berkeley, Ca. 1985.
K. Rudolph, *Gnosis.* London 1983.
M. Simon, *Verus Israel.* English tr. Oxford 1985 (French original 1948).
J.M.C. Toynbee and J. Ward-Perkins, *The Shrine of St Peter and the Vatican Excavations.* London 1957.
F. van der Meer, *Early Christian Art.* London 1967.
F. van der Meer and C. Mohrmann, *Atlas of the Early Christian World.* London 1972.
H. von Campenhausen, *The Origin of the Christian Bible.* London 1970.
—— *Ecclesiastical Power and Spiritual Authority.* London 1965.
—— *Fathers of the Greek Church.* London 1964.
—— *Fathers of the Latin Church.* London 1964.

東方教会
P. Brown, *The World of Late Antiquity.* London 1971.
R. Browning, *Justinian and Theodora.* 2nd ed. London 1987.
A. Bryer and J. Herrin (eds.), *Iconoclasm.* Birmingham 1977.
A. Cameron, *Continuity and Change in 6th-Century Byzantium.* London 1982.
R. Cormack, *Writing in Gold. Byzantine Society and its Icons.* London 1985.
J.V.A. Fine, *The Early Medieval Balkans.* Ann Arbor, Mich. 1983.
J. Galey, *Sinai and the Monastery of St Catherine.* Cairo 1985.
J.M. Hussey, *The Orthodox Church in the Byzantine Empire.* Oxford 1986.
D. Obolensky, *The Byzantine Commonwealth.* London 1974.
L. Rodley, *Cave Monasteries of Byzantine Cappadocia.* Cambridge 1985.
S. Runciman, *The Byzantine Theocracy.* Cambridge 1977.
P. Whitting (ed.), *Byzantium. An Introduction.* 2nd ed. London 1981.

西方教会
D. Ayerst and A.S.T. Fisher (eds.), *Records of Christianity.* Vol. 2. Oxford 1977.
T. Burns, *The Ostrogoths: Kingship and Society.* Wiesbaden 1980.
T. Hodgkin, *Italy and her Invaders 376–814.* Rept. New York 1967.
D. Knowles, *Christian Monasticism.* London 1969.
P Llewellyn, *Rome in the Dark Ages.* London 1971.
P. Riché, *Education and Culture in the Barbarian West.* Columbia, Ohio 1976.
R.W. Southern, *The Making of the Middle Ages.* London 1953.
—— *Western Society and the Church in the Middle Ages.* London 1970.
J. Pelikan, *The Christian Tradition.* Vol. 3. Chicago, Ill. 1978.
W. Ullmann, *The Growth of Papal Government in the Middle Ages.* London 1955.
J.M. Wallace-Hadrill, *The Barbarian West.* Rev. ed. New York 1962
G. Wickham, *Early Mediaeval Italy.* London 1981.

東方世界と西方世界の乖離
M. Angold, *The Byzantine Empire, 1025–1204.* London 1984.
C.M. Brand, *Byzantium Confronts the West, 1180–1204.* Cambridge, Mass. 1968.
G. Every, *The Byzantine Patriarchate, 451–1204.* 2nd ed. London 1962.
J. Godfrey, *1204: The Unholy Crusade.* Oxford 1980.
J. Meyendorff, *Orthodoxy and Catholicity.* New York 1965.
S. Runciman, *A History of the Crusades.* 3 vols. Cambridge 1951–54.
—— *The Eastern Schism.* Oxford 1955.
K.M. Setton (ed.), *A History of the Crusades.* Vol. 1. Madison, Wis. 1955.
P. Sherrard, *The Greek East and the Latin West.* Oxford 1959.

分裂と統一
G.P. Fedotov, *The Russian Religious Mind.* 2 vols. Cambridge, Mass. 1946–66.
—— *A Treasury of Russian Spirituality.* London 1950.
D.J. Geanokoplos, *Emperor Michael Palaeologus and the West: A Study in Byzantine–Latin Relations.* Cambridge, Mass. 1959.
J. Meyendorff, *A Study of Gregory Palamas.* London 1964.
—— *Byzantium and the Rise of Russia; A Study of Byzantine–Russian Relations in the Fourteenth Century.* Cambridge 1981.
—— *Byzantine Theology.* 2nd ed. London 1983.
D.M. Nicol, *Church and Society in the Last Centuries of Byzantium.* Cambridge 1979
—— *The End of the Byzantine Empire.* London 1979.
P. Sherrard, *Athos. The Mountain of Silence.* London 1960.
S. Runciman, *The Fall of Constantinople.* Cambridge 1965.
—— *Mistra: Byzantine Capital of the Peloponnese.* London 1980.
D. Talbot Rice, *Byzantine Art.* London 1968.
P.A. Underwood (ed.), *The Kariye Djami.* 4 vols. London 1967–75.
C. Walter, *Art and Ritual of the Byzantine Church.* London 1982.

教会と国家
G. Barraclough, *The Mediaeval Papacy.* London 1968.
R.L. Benson and G. Constable, *Renaissance and Renewal in the Twelfth Century.* Cambridge, Mass. 1982.
M.D. Chenu, *Nature, Man and Society in the Twelfth Century.* Chicago, Ill. 1968.
S.C. Ferruolo, *The Origins of the University.* Stanford, Ca. 1985.
E. Kantorowicz, *The King's Two Bodies.* Princeton, N.J. 1957.
J. Leclercq, *The Love of Learning and the Desire for God.* Fordham 1974.
G. Leff, *The Dissolution of the Mediaeval Outlook.* New York 1976.
B. Smalley, *The Study of the Bible in the Middle Ages.* 3rd ed. Oxford 1983.
J. Sumption, *Pilgrimage.* London 1974.
(and see also Knowles, Southern and Ullmann, above)

中世後期
M. Bainton, *Erasmus of Christendom.* New York 1969.
J. Bossy, *Christianity in the West 1400–1700.* Oxford 1985.
R. Finucane, *Miracles and Pilgrims.* London 1977.
D. Hay, *The Church in Italy in the Fifteenth Century.* Cambridge 1977.
J. Huizinga, *The Waning of the Middle Ages.* Harmondsworth 1955.
R. Kieckhefer, *European Witch Trials 1300–1500.* London 1976.
I. Origo, *The World of San Bernardino.* London 1963.
S. Ozment (ed.), *The Reformation in Medieval Perspective.* Chicago, Ill. 1971.
P. Partner, *Renaissance Rome.* Berkeley, Ca. 1976.
T.F. Tentler, *Sin and Confession on the Eve of the Reformation.* Princeton, N.J. 1977.
K. Thomas, *Religion and the Decline of Magic.* London 1971.
C. Trinkaus and H. Oberman (eds.), *The Pursuit of Holiness in Late Medieval and Renaissance Religion.* Leiden 1974.
D. Weinstein and R.M. Bell, *Saints and Society.* Chicago, Ill. 1982.

宗教改革
R.M. Bainton, *Here I Stand. A Life of Martin Luther.* New York 1950.
O. Chadwick, *The Reformation.* London 1964.
A.G. Dickens, *Reformation and Society in 16th Century Europe.* London 1966.
—— *The German Nation and Martin Luther.* London 1974.
—— *The English Reformation.* London 1964.
H.J. Grimm, *The Reformation Era 1500–1650.* London 1973.
W. Monter, *Calvin's Geneva.* New York 1967.
S. Ozment, *The Reformation in the Cities.* New Haven, Conn. 1975.
T.H.L. Parker, *John Calvin.* London 1975.
G.R. Potter, *Zwingli.* Cambridge 1976.
E.G. Rupp, *Luther's Progress to the Diet of Worms.* London 1951.
——*Patterns of Reformation.* London 1969.
R. Scribner, *For the Sake of Simple Folk: Popular Propaganda for the German Reformation.* Cambridge 1981.
—— *The German Reformation.* London 1986.
G.H. Williams, *The Radical Reformation.* London 1962.

反宗教改革
J. Brodrick, *The Origin of the Jesuits.* London 1940.
—— *The Progress of the Jesuits.* London 1946.
W. Christian, *Local Religion in Sixteenth Century Spain.* Princeton, N.J. 1981.
J. Delumeau, *Catholicism between Luther and Voltaire.* London 1977.
A.G. Dickens, *The Counter Reformation.* London 1968.
D. Evennett, *The Spirit of the Counter Reformation.* Cambridge 1968.
D. Fenlon, *Heresy and Obedience in Tridentine Italy.* Cambridge 1972.
F. Haskell, *Patrons and Painters.* New Haven, Conn. 1980.
H. Jedin, *Crisis and Closure of the Council of Trent.* London 1967.
M. Mullett, *The Counter Reformation.* London 1985.
A.D. Wright, *The Counter Reformation.* London 1982.

参考文献

戦争，和解，その後の分裂
P. Benedict, *Rouen during the Wars of Religion*. Cambridge 1981.
W.J. Bouwsma, *Venice and the Defence of Republican Liberty: Renaissance Values in the Age of the Counter Reformation*. Berkeley, Ca. 1968.
P. Collinson, *The Religion of Protestants*. Oxford 1982.
P.M. Crew, *Calvinist Preaching and Iconoclasm in the Netherlands*. Cambridge 1978.
N.Z. Davis, *Society and Culture in Early Modern France*. London 1975.
R.J.W. Evans, *The Making of the Habsburg Monarchy*. Oxford 1979.
H. Kamen, *The Rise of Toleration*. London 1967.
W. Monter, *Ritual, Myth and Magic in Early Modern Europe*. Brighton 1983.
M. Prestwich, *International Calvinism*. Oxford 1986.
(and see also Delumeau and Wright, above)

東へ西へ
C. Boxer, *The Christian Century in Japan*. London 1951.
—— *The Portuguese Sea-Borne Empire*. London 1969.
—— *The Church Militant and Iberian Expansion*. Baltimore, Md. 1978.
V. Cronin, *The Wise Man from the West*. London 1955.
—— *A Pearl to India*. London 1959.
G.H. Dunne, *Generation of Giants, the Jesuits in China*. London 1969.
J.H. Elliott, *Imperial Spain*. London 1963.
J. Gernet, *China and the Christian Impact*. Cambridge 1984.
S. Neill, *A History of Christianity in India*. 2 vols. Cambridge 1984–85.
R. Ricard, *The Spiritual Conquest of Mexico*. Berkeley, Ca. 1966.

北アメリカの教会
S.E. Ahlstrom, *A Religious History of the American People*. New Haven, Conn. 1972.
C.L. Albanese, *America: Religion and Religions*. Belmont, Ca. 1981.
J.W. Carroll et al., *Religion in America: 1950 to the Present*. San Francisco, Ca. 1979.
M. Douglas and S.M. Tipton, *Religion and America: Spirituality in a Secular Age*. Boston, Ma. 1983.
Gallup Report, *Religion in America, Fifty Years: 1935–85*. Princeton, N.J. 1985.
E.S. Gaustad, *Historical Atlas of Religion in America*. Rev. ed. New York 1976.
R.T. Handy, *A History of the Churches in the United States and Canada*. New York 1977.
W.S. Hudson, *Religion in America*. 3rd ed. New York 1981.
M.E. Marty, *Pilgrims in Their Own Land: 500 Years of Religion in America*. Boston, Ma. 1984.
J.G. Melton, *The Encyclopedia of American Religions*. Wilmington, N.C. 1978.
J.M. Mulder and J.F. Wilson (eds.), *Religion in American History: Interpretive Essays*. Englewood Cliffs, N.J. 1978.
M.A. Noll et al. (eds.), *Eerdsman's Handbook to Christianity in America*. Grand Rapids, Mich. 1983.
I.I. Zaretsky and M.P. Leone, *Religious Movements in Contemporary America*. Princeton, N.J. 1974.

18世紀の教会
W.J. Callahan and D. Higgs (eds.), *Church and Society in Catholic Europe of the Eighteenth Century*. Cambridge 1979.
O. Chadwick, *The Popes and the European Revolution*. Oxford 1981.
G. Cragg, *The Church and the Age of Reason 1648–1789*. The Pelican History of the Church. Vol. 4. Harmondsworth 1960.
A.D. Gilbert, *Religion and Society in Industrial England. Church, Chapel and Social Change, 1740–1914*. London 1976.
N. Hampson, *The Enlightenment*. The Pelican History of European Thought. Vol. 4. Harmondsworth 1968.
J. McManners, *French Ecclesiastical Society under the Ancien Regime*. Manchester 1960.
—— *Death and the Enlightenment. Changing Attitudes to Death in Eighteenth-Century France*. Oxford 1981.
K.S. Pinson, *Pietism as a Factor in the Rise of German Nationalism*. New York 1967.
R. Porter and M. Teich (eds.), *The Enlightenment in National Context*. Cambridge 1981.
N. Sykes, *Church and State in England in the 18th Century*. Cambridge 1934.
M.R. Watts, *The Dissenters*. Vol. 1. *From the Reformation to the French Revolution*. Oxford 1978.

19世紀の教会
O. Chadwick, *The Victorian Church*, 2 vols. Vol. 1. 3rd ed. London 1971. Vol. 2. 2nd ed. London 1972.
—— *The Secularization of the European Mind in the Nineteenth Century*. Cambridge 1975.
G. Faber, *Oxford Apostles. A Character Study of the Oxford Movement*. 2nd ed. London 1974.
E.E.Y. Hales, *Pio Nono. A Study in European Politics and Religion in the Nineteenth Century*. London 1954.
J.F.C. Harrison, *The Second Coming. Popular Millenarianism 1780–1850*. London 1979.
H. McLeod, *Religion and the People of Western Europe 1789–1970*. Oxford 1981.
—— *Religion and the Working Class in Nineteenth-Century Britain*. London 1984.
J. McManners, *Church and State in France 1870–1914*. London 1972.
E. Norman, *The English Catholic Church in the Nineteenth Century*. Oxford 1984.
A.R. Vidler, *The Church in an Age of Revolution*. The Pelican History of the Church. Vol. 5. Harmondsworth 1961.
—— *A Century of Social Catholicism 1820–1920*. London 1964.

アフリカの体験
J.F.A. Ajayi, *Christian Missions in Nigeria 1841–1891: The Making of a New Elite*. London 1965.
C.P. Groves, *The Planting of Christianity in Africa*. 4 vols. London 1948, 1954, 1955, 1958. Repr. 1964.
J. Guy, *The Heretic. A Study of the Life of John William Colenso 1814–1883*. Pietermaritzburg and Johannesburg 1983.
A. Hastings, *African Christianity: An Essay in Interpretation*. London 1976.
—— *A History of African Christianity 1950–1975*. Cambridge 1979.
M. Hope and J. Young, *The South African Churches in a Revolutionary Situation*. Maryknoll, N.Y. 1979.
T. Jeal, *Livingstone*. London 1973.
M.D. Markowitz, *Cross and Sword: The Political Role of Christian Missions in the Belgian Congo*. Stanford, Ca. 1973.
S. Neill, *A History of Christian Missions*. The Pelican History of the Church. Vol. 6. Rev. ed. Harmondsworth 1986.
R. Oliver, *The Missionary Factor in East Africa*. 2nd ed. London 1965.
A. Ross, *John Philip (1775–1851). Missions, Race and Politics in South Africa*. Aberdeen 1986.
F.B. Welbourn, *East African Rebels: A Study of some Independent Churches*. London 1961.

アジアへの宣教
C. Caldorola, *Christianity: The Japanese Way*. Leiden 1979.
J. Ch'en, *China and the West. Society and Culture 1815–1937*. London 1979.
P.A. Cohen, "Christian Missions and their Impact to 1900," in J.K. Fairbank (ed.), *The Cambridge History of China*. Vol. 10. Cambridge 1978.
R.H. Drummond, *A History of Christianity in Japan*. Grand Rapids, Mich. 1971.
N. Gunson, *Messengers of Grace. Evangelical Missionaries in the South Seas 1797–1860*. Melbourne 1978.
K.S. Latourette, *A History of Christian Missions in China*. New York 1929.
—— *Christianity in a Revolutionary Age*. Vols. 3 and 5. London 1961, 1963.
W.P. Morrell, *The Anglican Church in New Zealand: A History*. Dunedin 1973.
S. Neill, *A History of Christianity in India 1707–1858*. Cambridge 1985.
P.J. O'Farrell, *The Catholic Church in Australia: A Short History 1788–1967*. Melbourne 1968.
D. Potts, *British Baptist Missionaries in India 1793–1837*. Cambridge 1967.
B. Sundkler, *Church of South India. The Movement towards Union 1900–1947*. Rev. ed. London 1965.

東京正教会
G. Dédéyan (ed.), *Histoire des Arméniens*. Toulouse 1982.
P. Evdokimov, *L'Orthodoxie*. Paris 1959.
D.M. Lang, *The Armenians: A People in Exile*. London 1981.
Mother Mary and Kallistos (=T.) Ware (trans.), *Liturgy and Ritual: The Festal Menaion*. London 1977.
O.F.A. Meinardus, *Christian Egypt: Faith and Life*. Cairo 1970.
—— *Christian Egypt: Ancient and Modern*. 2nd ed. Cairo 1977.
J. Meyendorff, *The Orthodox Church*. New York 1981.
L. Ouspensky and V. Lossky, *The Meaning of Icons*. Olten 1952.
M. Rinvolucri, *Anatomy of a Church. Greek Orthodoxy Today*. London 1966.
S. Runciman, *The Great Church in Captivity*. Cambridge 1968.
A. Salaville, *An Introduction to the Study of Eastern Liturgies*. London 1938.
N. Struve, *Christians in Contemporary Russia*. London 1967.
B.H. Sumner, *Survey of Russian History*. 2nd ed. London 1947.
T. Ware, *The Orthodox Church*. London 1963.
—— *Eustratios Argenti: A Study of the Greek Church under Turkish Rule*. Oxford 1964.
—— *The Orthodox Way*. London 1981.

キリスト教と他の世界の宗教
S.G.F. Brandon (ed.), *A Dictionary of Comparative Religion*. London 1970.
M. Eliade, *Patterns in Comparative Religion*. London 1958.
H.H. Farmer, *Revelation and Religion*. London 1954.
J. Finegan, *The Archaeology of World Religions*. Princeton, N.J. 1952.
J. Hastings (ed.), *Encyclopaedia of Religion and Ethics*. 13 vols. Edinburgh 1908–26.
E.O. James, *Christianity and Other Religions*. London 1968.
S.C. Neill, *Christian Faith and Other Faiths*. London 1961.
G. Parrinder, *Comparative Religion*. London 1962.
R.C. Zaehner, *At Sundry Times*. London 1958.
—— *Concordant Discord*. Oxford 1970.

キリスト教，共産主義，および各国の特異性
S. Alexander, *Church and State in Yugoslavia since 1945*. Cambridge 1979.
T. Beeson, *Discretion and Valour, Religious Conditions in Russia and Eastern Europe*. Rev. ed. London 1982.
B.R. Bociurkiw and J.W. Strong (eds.), *Religion and Atheism in the USSR and Eastern Europe*. London 1975.
M. Bourdeaux, *Faith on Trial in Russia*. London and New York 1971.
—— *Land of Crosses (Lithuania)*. Keston 1979.
—— *Be Our Voice*. Keston 1984.
R. Boyes and J. Moody, *The Priest who had to Die. The Tragedy of Father Jerzy Popieluszko*. London 1986.
I. Ratushinskaya, *No I'm not Afraid*. Newcastle-upon-Tyne 1986.
M. Scammell, *Solzhenitsyn*. London 1984.
Cardinal S. Wyszynski, *A Freedom Within*. London 1985.
See also the journals *Religion in Communist-Dominated Areas* and *Religion in Communist Lands*.

キリスト教と世俗世界の現代性
P. Berger, *The Heretical Imperative*. New York 1979.
J. Billiet and K. Dobbelaere, *Godsdienst in Vlaanderen*. Leuven 1976.
K. Dobbelaere, "Secularization: A Multi-Dimensional Concept" in *Current Sociology*. Vol. 29. No. 2. Summer 1981.
M. Douglas and S. Tipton (eds.), *Religion and America*. Boston, Ma. 1983.

J. Hunter, *American Evangelicalism*. New Brunswick, N.J. 1983.
C. Lane, *Christian Religion in the Soviet Union*. London 1978.
H. McLeod, *Religion and the People of Western Europe 1789–1970*. Oxford 1981.
—— "Protestantism and the Working Class in Imperial Germany" in *European Studies Review*. Vol. 12. 1982.
W. McSweeney, *Roman Catholicism*. Oxford 1980.
G. Marsden, *Fundamentalism and American Culture*. New York 1980.
D. Martin, *A General Theory of Secularization*. Oxford 1978.
J. Whyte, *Catholics in Western Democracies: A Study of Political Behaviour*. Dublin 1981.

B. Wilson, *Magic and the Millennium*. London 1973.
—— *Religion in Sociological Perspective*. Oxford 1982.
W. Zdancewicz, *Religion and Social Life*. Poznan-Warsaw 1983.

エキュメニカル運動(教会一致運動)
Y.M.J. Congar, *Chrétiens désunis*. Paris 1937. (= *Divided Christendom*. London 1939.)
—— *Je crois en l'Esprit Saint*. Paris 1979–80. (Eng. tr. London 1983.)
—— *Essais oecumeniques*. Paris 1984.
U. Duchrow, *Konflikt um die Oekumene*. Munich 1980. (= *Conflict over the Ecumenical Movement*. Geneva 1981.)
A. Dulles, *The Catholicity of the Church*. Oxford 1985.

N. Goodall, *The Ecumenical Movement*. 2nd ed. Oxford 1964.
B. Leeming, *The Church and the Churches. A Study of Ecumenism*. 2nd ed. London 1963.
H. Meyer and L. Vischer, *Growth in Agreement*. New York and Geneva 1984.
J. Ratzinger, *Theologische Prinzipienlehre*. Munich 1982.
R. Rouse and S.C. Neill, *A History of the Ecumenical Movement*. 2 vols. London 1954, 1970.
W.G. Rusch, *Ecumenism, a Movement towards Church Unity*. Philadelphia, Pa. 1985.
B.G.M. Sundkler, *Church of South India*. London 1965.
J.D. Zizioulas, *Being as Communion*. New York 1985.
Annual surveys in the journals *Istina, Irenikon, Ecumenical Review, One in Christ, Midstream*.

監修者のことば

　本書の原題は『キリスト教会地図』(Atlas of the Christian Church.)であり，英国 Equinox 社企画の「図説世界文化地理大百科」の一巻として刊行された著作であるが，その記述はキリスト教世界2000年の歴史を，高度の学問的水準とグローバルな視野によって解説した新しいキリスト教文化論として，興味深く読み通すことができた．したがって，邦訳の書名をあえて『キリスト教史』とし，幅広い読者層の要望に応えたいと思っている．

　このシリーズの既刊『中世のヨーロッパ』の監修者としても述べたように，この企画では歴史叙述と歴史地図とが，質・量とも等分に配合されており，主題を時間の連続性と，共時的空間の二つの座標軸によって，総合的に捉え，過去の人々の生活を生き生きと再現できるような社会史的解説法が採られている．その編者で，中心的な執筆者のひとり，ヘンリー・チャドウィックは，兄のウィリアム・オーウェン・チャドウィックと共に，兄弟そろってイギリス歴史学界の第一人者であり，キリスト教の歴史を「…自己発見のための有力な手掛リ…」〔本書序文〕として繙きたいと望んでいる読者に対して，問題意識に富み，よく均整のとれた叙述によって提供することのできる最適任者であろう．

　すでに，チャドウィック兄弟はオックスフォード版『キリスト教会史』(Oxford History of the Christian Church.)を編纂し，この分野の世界的権威として知られているが，本書ではその専門的業績を踏まえつつ，信徒と否とを問わず，さらに広汎な人間社会の全体像の展望をめざす一般向けキリスト教史の試みに挑戦している．彼の指導のもとに，古代から現代にいたる諸文化圏の主要なキリスト教会の伝統が，それぞれの専門家の分担執筆によって，過不足なく叙述され，神学的・教義的解説にやや難解な部分も散見されるが，全体として統一のとれた多彩な文化史を描き出すことに成功している．

　総合的人間社会の歴史としてのキリスト教史という歴史観は，一見矛盾した観念のように思われるが，本書の編・著者たちの主張に従えば，「…キリスト教の根幹に見られる多様性と，中心となる継続性の両面を描き出す…」〔本書序文〕目的によく適合する歴史の観方であって，価値観の多極化した現代世界に生きる人々にとって，偏向のない目で，言語・文化・政治状況を異にする諸社会を観察し，異文化や他宗教への相互理解を深める最も正しい視座であるということになるのであろう．

　第二ヴァティカン公会議（1962—65）以来，カトリック教会ではキリスト教の「アジョルナメント」（現代化）ということが標語的に勧奨され，教会改革運動が実践されて，やがて四半世紀が過ぎようとしているが，本書の監修作業中の1989年には，ソ連，東欧・中欧諸国においてあいついで政治変革がおこり，共産主義とキリスト教の関係にも最も新しい現代化傾向が現われてきた．殊に，社会主義政権下のロシア正教教会では，ロシア革命以来70余年ぶりに，ウスペンスキー大聖堂における礼拝式の復活が許され，信教の自由が公的に認められた．また同じころ，「宗教改革」以来分離の道をたどってきた英国国教会が四世紀半の長い対立の溝を埋めて，ローマ教皇庁との和解に達したと報道されている．

　本書の第6部「今日のキリスト教世界」の記述は，まさにこのような瞠目すべき大変動が，起こり得べくして顕在化してくるキリスト教の現代性を適確に把握しており，今日眼前に展開される事態の歴史的解明に有益な知識を与えてくれる．特に，「アジョルナメント」の本質とも考えられる「エキュメニズム」（教会一致運動）の展開状況にも多くの紙幅が充当され，21世紀へ向けてのキリスト教の在るべき姿が意欲的に展望されている．

　このような原書の特色を邦訳の文体にも十分反映させ，かつ多岐にわたる歴史事象を細大洩らさず調査して，正しい訳語に移すことのできる翻訳者を求めるのは至難のことであるが，幸いにして上智大学と広島大学の両大学院で西洋教会史を専攻し，カトリック修道女として日々教会のために奉仕しておられるシスター渡辺愛子さんの貴重な時間を割いて頂くことができた．2年余にわたり，心血を注いで訳出と調査に没頭されたシスターと，彼女への惜しみない協力を提供された多くの方々に，ここで厚くお礼を申し述べる次第であるが，もとより全世界のすべてのキリスト教会について，当該教団内部の方々からご教示を受ける機会に乏しく，思いがけない誤りをおかしているとすれば，その責任は監修者の私が負うべきものと考えている．

1990年3月　橋口倫介

訳者のことば

　本書は Henry Chadwick と Gillian R. Evans を編者とする Atlas of Christian Church (1987, Macmillan, London) の全訳である．主編者のチャドウィック教授は1959年から69年までをオックスフォード大学で，79年からはケンブリッジ大学で，神学部の欽定講座担当教授として活躍している中世史家である．特に初代教会史をその研究領域とし，著書には Early Christian Thought and The Classical Tradition (1966), Origen contra Celsum (1980), The Early Church (1986), Augustine (1986) などがある．本書はこのチャドウィック教授が他の9人の執筆者をそれぞれの専門分野に配して，2000年におよぶキリスト教の歴史を多様な角度から捉え，42枚の地図・302葉の図版や写真をもって，明解に提示しようとしている．

　本文ではキリスト教の伝統の主要な部分の歴史が6章に分けて精確に述べられ，地図と図版によって視覚に訴える形で教会の姿が表示されている．本文にはそれぞれの執筆者の研究成果が豊かに盛り込まれ，密度の高い読みものとなっている．アジアへの宣教の項では，東洋の諸宗教の持つ堅固な基盤を相手に，西洋型キリスト教の単純な持ち込みが通用しなかった例として認識されており，日本の読者は著者たちの清新な歴史感覚に共感をおぼえることと思う．

　また同時に多種多様なキリスト教の諸形態や分派の姿も無視されることなく適確にその存在が記述されている．日本には馴染みの少ない東方正教会の種々の形態，北アメリカやアフリカに19世紀以来次々に登場してくるさまざまな新宗派の形態が簡潔明瞭に，しかもかなり細部にわたって紹介されているのは，キリスト教の多様性を知るうえで非常に役立つ．

　そのほかに26のトピックスが組まれており，このなかには中世のコンスタンティノーブル，中世のパリ，現代のラテン・アメリカ，現代のフィリピンなどが抽出され，その中に住むキリスト教徒たちの生活が細かく描写されていて興味深い．また教会建築・聖堂の内装・教会音楽・聖器具・教会暦も図版や写真によってわかりやすく示されている．

　今日キリスト教は，現代世界に見られる個人主義・世俗主義・実用本位の価値観などとの対決のなかで，ともすれば時代遅れの慣習として敬遠されるおそれなきにしもあらずである．しかし西方キリスト教文化のなかに住む著者たちは，教会を原則として超俗性をもつものとして捉え，信仰の遺産を多様性と継続性の両面から見据え，この正しい自己認識に立ち，希望をもって未来を担おうとする気迫を示してこの書を終えている．

　訳者がこの翻訳を手がけるようになったのは上智大学の橋口倫介教授のお勧めによる．自分だけではとても果たしえない大役であったが，先生はご多忙にもかかわらず，細部にわたって訳者の質問にお答えくださり，最後まで激励してくださった．積年の学恩に加えて，今回このように新たな勉強の機会を与えてくださり，懇切丁寧に訂正や改良をご指摘いただけた幸いを衷心より感謝している．橋口先生なしにはこの訳書は到底存在しえなかったであろう．

　翻訳にあたっては，内容を正確に表現すること，わかりやすい日本語にすることを主旨とした．原文の含蓄に富んだレトリカルな表現の味わいや，原著者たちの博識の奥行きを感じさせる部分が，うまく訳出できなくて残念に思う箇所も随所にあった．英文解釈上の問題点については広島学院のロバート・キエサ師にご教示いただいた．地名の発音についてはエリザベト音楽大学学長ホアキン・ベニテズ師が激務のさなかを根気強くご教示くださった．両師の惜しみないご援助をここに記して，謝意を表したい．

　また翻訳の実際的作業にあたっては，上智大学大学院で橋口先生門下でともに学んだ大塚信子氏が教職のかたわら惜しみなく翻訳の労をとってくださった寛大なご協力に感謝を表したい．また訳者の父は初稿よりすべての訳文に目を通し，読みやすい日本語にすることを旨に助言と激励をもって助けてくれた．私事ながらここに付記して感謝の意を表したい．

　作業上最も困難をおぼえたのは，人名・地名の表記であった．現地読みを原則としたが，時間的にも地理的にも広範囲にわたるので，表記の統一には細心の注意が要求された．2000年の教会史に登場するさまざまな教派によって異なる用語法も各教派の慣例によって，できうる限りの使い分けを試みたつもりである．しかしながら訳者の浅学未熟のために不統一や誤りのあることを恐れる次第である．多くの方々からのご教示をお願いしたい．

　最後に，本書の出版に至るまでの2年間，励し支えてくれた両親・妹たち・修道院の姉妹たちにも感謝したい．校務のかたわらの作業のために遅々として進まぬ訳業を忍耐強く待ち，完成まで付き合ってくださった朝倉書店編集部の方々に深く御礼を申し上げたい．

　広島の殉教者たちを記念する日にこの拙い訳業を完了できるのを嬉しく思っている．

1990年2月11日　　渡辺愛子

地名索引

*は小規模な単位領域(例:大公領・侯領・属州・小王国・地域など)を示す.

ア 行

アイオーナ(島)(イギリス) 56°20′N 6°25′W 28, 50
アイノス(トルコ) 40°44′N 26°05′E 33, 63
アイヒシュテット(西ドイツ) 48°54′N 11°13′E 89, 111
アインジーデルン(スイス) 47°08′N 8°45′E 69, 89
アイントホーベン(オランダ) 51°26′N 5°30′E 114
アヴァとペグー*(ビルマ) 119
アヴィニヨン(フランス) 43°56′N 4°48′E 70, 71, 86, 108
アヴェルサ(イタリア) 40°58′N 14°13′E 56
アウグスブルグ(西ドイツ) 48°21′N 10°54′E 89, 94, 100, 111
アヴロナ(アルバニア) 40°27′N 19°30′E 59
アエギナ(ギリシア) 37°45′N 23°26′E 16, 35
アカイア(ギリシア)* 16, 33, 63
アカディア(カナダ)* 118
アクアエ →エクス
アクイ(イタリア) 44°41′N 8°28′E 70
アクイノ(イタリア) 41°27′N 13°42′E 56
アクイレイア(イタリア) 45°47′N 13°22′E 25, 26, 28, 33, 46, 56, 67
アクセル(オランダ) 51°16′N 3°55′E 114
アグド(フランス) 43°19′N 3°29′E 46
アグリジェントゥム(イタリア) 37°19′N 13°35′E 46
アクレ(プトレマイス)(イスラエル) 32°55′N 35°04′E 17, 59, 89
アスコリ(イタリア) 42°52′N 13°35′E 56
アスティ(イタリア) 44°54′N 8°13′E 70
アストゥリアス(スペイン) 42°27′N 6°23′W 26
アスペレン(オランダ) 51°53′N 5°07′E 114
アスンシオン(パラグアイ) 25°15′S 57°40′W 118
アソス(トルコ) 39°32′N 26°21′E 17
アゾトゥス(イスラエル) 31°45′N 34°38′E 17, 89
アゾレス諸島 38°30′N 28°00′W 118
アダナ(トルコ) 37°00′N 35°19′E 35
アチュー(インドネシア) 5°35′N 95°20′E 156
アッシジ(イタリア) 43°04′N 12°37′E 56
アッタリア(トルコ) 36°53′N 30°42′E 17, 35, 59
アッピイ・フォルム(イタリア) 41°02′N 15°00′E 16
アテネ(ギリシア) 38°00′N 23°44′E 16, 33, 59, 63
アデレード(オーストリア) 34°56′S 138°36′E 161
アトス山(ギリシア) 40°10′N 24°19′E 28, 43, 45, 63
アードモア(アイルランド) 51°57′N 7°43′W 46
アドラミッティウム(現エドレミット)(トルコ) 39°34′N 27°01′E 59
アトランタ(アメリカ) 33°45′N 84°23′W 131
アドリアノープル(ハドリアノポリス)(トルコ) 41°40′N 26°34′E 25, 26, 33, 59, 63
アナザルボス(トルコ) 37°09′N 35°46′E 25, 27, 33, 35
アナーニ(イタリア) 41°44′N 13°10′E 56
アナプル(トルコ) 41°05′N 28°58′E 89
アバーディーン(イギリス) 57°10′N 2°04′W 71
アパメア(シリア) 35°31′N 36°23′E 25, 26, 33
アプリア(イタリア) 41°44′N 16°31′E 56
アブリスコラ(スペイン) 42°44′N 1°02′E 44
アーヘン(西ドイツ) 50°46′N 6°06′E 50, 89, 111
アポロニア(ギリシア) 36°59′N 24°43′E 17
アーマー(イギリス) 54°21′N 6°39′W 24, 67
アマセア(トルコ) 40°37′N 35°50′E 25, 26, 33
アマルフィ(イタリア) 40°37′N 14°36′E 45, 56
アミソス(トルコ) 41°18′N 36°22′E 33
アミダ(トルコ) 37°55′N 40°14′E 17, 25, 26, 33, 35
アミテモ(イタリア) 42°20′N 13°24′E 56
アムステルダム(オランダ) 52°21′N 4°54′E 71, 94, 111, 114
アムール*(中国) 156

アメルングスボルン(西ドイツ) 51°51′N 9°12′E 69
厦門(アモイ)(シアメン)(中国) 24°30′N 118°08′E 158
アモリウム(トルコ) 38°58′N 31°12′E 35
アヤクチョ(ペルー) 13°10′S 74°15′W 118
アラカン*(ビルマ) 156
アラゴン*(スペイン) 67, 86
アリススプリングズ(オーストラリア) 23°42′S 133°52′E 161
アリマテア(ヨルダン) 32°01′N 35°00′E 89
アルカラ(スペイン) 40°28′N 3°22′W 71
アルゴス(ギリシア) 37°38′N 22°42′E 35, 63
アルターティング(西ドイツ) 48°13′N 12°40′E 89
アルーチェ(イタリア) 41°35′N 13°35′E 56
アルバノ(イタリア) 41°44′N 12°40′E 56
アルビ(フランス) 43°56′N 2°08′E 70
アルビァック(フランス) 44°55′N 1°45′E 112
アルビーノ(イタリア) 41°38′N 13°37′E 56
アルメニア*(トルコ) 25, 33, 45, 59
アル(アレラーテ)(フランス) 43°41′N 4°38′E 25, 26, 28, 32, 46, 56, 67, 70, 71
アレ(フランス) 48°42′N 1°52′W 28
アレキパ(ペルー) 16°25′S 71°32′W 118
アレクサンドリア(メナポリス)(エジプト) 31°13′N 29°55′E 16, 25, 26, 28, 33, 35, 45, 59, 89
アレス(フランス) 44°08′N 4°05′E 46, 70, 112
アレッサンドリア(イタリア) 44°55′N 8°37′E 70
アレッツォ(イタリア) 43°28′N 11°53′E 25, 56, 71
アレラーテ →アルル
アンカラ(アンキュラ)(トルコ) 39°55′N 32°50′E 25, 26, 33, 35, 59, 63
アンキアルス(ブルガリア) 42°43′N 27°39′E 33
アンキュラ →アンカラ
アンコナ(イタリア) 43°37′N 13°31′E 56
アンジェー(フランス) 47°29′N 0°32′W 71
安慶(アンチン)(中国) 30°31′N 117°02′E 158
アンティヴァリ(ユーゴスラヴィア) 42°05′N 19°06′E 67
アンティオキア,シリア*(トルコ) 36°12′N 36°10′E 17, 25, 26, 28, 33, 35, 45, 59
アンティオキア,ピシディア*(トルコ) 38°18′N 31°09′E 17, 33
アンティピュルゴス(リビア) 32°07′N 24°09′E 33
アンティーブ(フランス) 43°35′N 7°07′E 70
アンデクス(西ドイツ) 47°59′N 11°11′E 89
アンデルレヒト(ベルギー) 50°50′N 4°18′E 89
アントベルペン(ベルギー) 51°13′N 4°25′E 94, 108, 114
アンドローナ(シリア) 35°51′N 37°42′E 33
アンナバ(ヒッポ・レギウス)(アルジェリア) 36°51′N 7°47′E 25, 28, 46
安南*(アンナン)(ベトナム) 156
アンフィポリス(ギリシア) 40°48′N 23°52′E 17
アンブラン(フランス) 44°34′N 6°30′E 67, 70
安徽*(アンホイ)(中国) 158

イェーナ(東ドイツ) 50°56′N 11°35′E 71
イェベル(ベルギー) 50°12′N 2°53′E 114
イェリコ(ヨルダン) 31°51′N 35°27′E 33, 89
イェルサレム(イスラエル/ヨルダン) 31°47′N 35°13′E 17, 25, 26, 28, 33, 35, 45, 59, 89
煙台(イェンタイ)(中国) 37°27′N 121°26′E 158
イオス島(ギリシア) 36°44′N 25°16′E 35
イコニウム(トルコ) 37°51′N 32°30′E 17, 25, 26, 33, 59
イスタンブール(コンスタンティノポリス,コンスタンティノープル)(トルコ) 41°02′N 28°57′E 25, 26, 28, 33, 35, 45, 59, 63, 89, 94
イスファハン(イラン) 119
イゼルニア(イタリア) 41°36′N 14°14′E 89
イモラ(イタリア) 44°22′N 11°43′E 56
イリリクム*(ユーゴスラヴィア) 46
イル・ド・ノワールムーティエ(フランス) 47°02′N 2°15′W 28
イングルシュタート(西ドイツ) 48°46′N 11°27′E 71, 108
インスブルック(オーストリア) 47°17′N 11°25′E 111

インディアナポリス(アメリカ) 39°45′N 86°10′W 131
インニヒエン(西ドイツ) 46°44′N 12°17′E 25
インブロス島(トルコ) 40°10′N 26°00′E 63
ヴァランシエンヌ(フランス) 50°21′N 3°32′E 114
ヴァランス(フランス) 44°56′N 4°54′E 71
ヴァリャドリド(スペイン) 41°39′N 4°43′W 71, 108
ヴァリル(フランス) 43°02′N 1°37′E 112
ヴァルヴァ(イタリア) 42°05′N 13°48′E 56
ヴァレンシア(スペイン) 39°28′N 0°22′E 67, 71, 108
ヴァローニュ(フランス) 49°31′N 1°28′W 112
ヴァロンブローザ(イタリア) 43°44′N 11°34′E 56, 89
ヴィアネン(オランダ) 51°43′N 5°51′E 114
ヴィヴァリウム(イタリア) 38°26′N 16°34′E 28
ヴィエンヌ(ヴィエンナ)(フランス) 45°32′N 4°54′E 25, 26, 67, 70
ヴィガン(フィリピン) 17°35′N 120°23′E 119
ヴィザーン(イギリス) 56°33′N 4°21′W 28
ヴィシェグラード(ハンガリー) 47°46′N 19°04′E 45
ヴィチェンツァ(イタリア) 45°33′N 11°33′E 56, 70, 71
ヴィッテンベルク(東ドイツ) 51°53′N 12°39′E 71, 111
ヴィディン(ブルガリア) 44°00′N 22°50′E 45
ヴィテルボ(イタリア) 42°24′N 12°06′E 56, 70, 89
ヴィテキウム(ユーゴスラヴィア) 44°43′N 21°12′E 25, 33
ヴィリュス(ソ連) 54°40′N 25°19′E 108, 202
ヴィルスナック(東ドイツ) 52°58′N 11°57′E 89
ウィーン(オーストリア) 48°13′N 16°22′E 50, 71, 94, 108, 111
ウィンスム(オランダ) 53°20′N 6°31′E 114
ウィンダム(オーストラリア) 15°29′S 128°05′E 161
ウェアマス(イギリス) 56°34′N 1°32′W 28, 71
威海衛(ウェイハイウェイ)(中国) 37°17′N 122°12′E 158
ウエスカ(スペイン) 42°08′N 0°25′W 71
ウェストファリア*(西ドイツ) 111
ヴェスプレーム(ハンガリー) 47°06′N 17°55′E 45
ヴェスレー(フランス) 47°28′N 3°43′E 69, 89
ヴェソンツィオ →ブザンソン
ヴェニオ(オランダ) 51°22′N 6°10′E 114
ヴェネツィア(イタリア) 45°26′N 12°20′E 45, 50, 56, 67, 86, 89, 94, 100, 108, 111, 135
上ファルツ*(西ドイツ) 108
ウェリントン(ニュージーランド) 41°17′S 174°47′E 161
ヴェルダン(フランス) 49°10′N 5°23′E 44, 69, 108
ヴェルチェルリ(イタリア) 45°19′N 8°25′E 28, 71
ヴェレフラード(チェコスロバキア) 49°06′N 17°24′E 202
ヴェローナ(イタリア) 45°27′N 11°00′E 56, 70
ヴォルイニア*(ポーランド) 135
ヴォルジンガム(イギリス) 52°54′N 0°52′E 89
ヴォルムス(西ドイツ) 49°38′N 8°23′E 71, 111
ウクライナ*(ソ連) 135
ウザルム(チュニジア) 37°12′N 9°55′E 89
ウジジ(タンザニア) 4°55′S 29°39′E 147
ウーダン(フランス) 48°47′N 1°36′E 112
武漢(ウーハン)(中国) 30°21′N 114°19′E 158
ウプサラ(スウェーデン) 59°52′N 17°38′E 67, 71
ヴュルツブルク(西ドイツ) 49°48′N 9°57′E 71, 108, 111, 135
ヴュルテンベルク*(西ドイツ) 111, 135
ウラディミル(ソ連) 56°08′N 40°25′E 64
ウラディミル,白ロシア(ソ連) 50°51′N 24°19′E 45, 64
ウラーンバートル(ウランバートル)(モンゴル) 47°54′N 106°52′E 158
ウルビーノ(イタリア) 43°43′N 12°38′E 56, 71
ウルムチ(中国) 43°87′N 87°38′E 158
ウンヤンイェンベ(タンザニア) 4°33′S 33°11′E

147
英領北西諸州*(インド) 156
エヴォーラ(ポルトガル) 38°34′N 7°54′W 71
エウカイタ(トルコ) 40°29′N 34°50′E 89
エーグ・ヴィーヴ(フランス) 42°59′N 3°52′E 70
エクス(アクアエ)(フランス) 43°31′N 5°27′E 26, 67, 70, 71
エステルゴム(グラン)(ハンガリー) 47°48′N 18°45′E 67, 89
エストニア*(ソ連) 67, 135
エソンヌ(フランス) 48°35′N 2°29′E 112
エディンバラ(イギリス) 55°57′N 3°13′W 71, 94
エデッサ(トルコ) 37°08′N 38°45′E 17, 25, 27, 28, 33, 35, 59
エビア(島)(ギリシア) 38°40′N 24°00′E 35, 59, 63
エビルス*(ギリシア) 16, 33, 63
エフェソス(トルコ) 37°55′N 27°19′E 17, 25, 26, 33, 35, 59, 63, 89
エフライム(ヨルダン) 31°57′N 35°17′E 89
エブラクム →ヨーク
エーベルスベルク(西ドイツ) 48°04′N 11°59′E 69
エミーリャ*(イタリア) 56
エメリタ →メリダ
エルヴィラ(スペイン) 37°17′N 3°53′W 24
エルガニ(トルコ) 38°17′N 39°44′E 35
エルサ →オーズ
エルヌ(フランス) 42°36′N 2°58′E 46
エルバ島(イタリア) 42°46′N 10°17′E 56
エルブルグ(ベルギー) 52°27′N 5°50′E 114
エルフルト(東ドイツ) 50°58′N 11°02′E 50, 71
エンマウス(ヨルダン) 31°50′N 34°59′E 89
オアハカ(メキシコ) 17°05′N 96°41′W 118
オヴィエド(スペイン) 43°21′N 5°50′W 71
オウド*(インド) 156
大阪(日本) 34°40′N 135°30′E 158
オーガスタ(アメリカ) 44°19′N 69°47′W 124
オークランド(ニュージーランド) 36°55′S 174°45′E 161
オジモ(イタリア) 43°29′N 13°29′E 56
オーシュ(フランス) 43°40′N 0°36′E 67
オーズ(エルサ)(フランス) 43°52′N 0°06′E 25, 26
オスタバ(フランス) 43°24′N 1°02′E 89
オスナブリュック(西ドイツ) 52°17′N 8°03′E 71
オーセール(フランス) 47°48′N 3°35′E 28, 69
オタキ(ニュージーランド) 40°45′S 175°08′E 161
オータン(フランス) 46°58′N 4°18′E 25
オックスフォード(イギリス) 51°46′N 1°15′W 71, 94
オディリエンベルク(西ドイツ) 48°17′N 7°13′E 89
オデッサ(ブルガリア) 43°12′N 27°57′E 33
オトラント(イタリア) 40°09′N 18°30′E 63
オバジーヌ(フランス) 45°04′N 1°34′E 69
オフリド(ユーゴスラビア) 41°06′N 20°49′E 33, 45, 59, 63, 202
オランジュ(イタリア) 44°08′N 4°48′E 70, 71
オリスタノ(イタリア) 39°45′N 8°36′E 67
オリュンポス山(トルコ) 39°55′N 29°11′E 28, 45
オルヴィエト(イタリア) 42°43′N 12°06′E 56, 70
オルテーズ(フランス) 43°29′N 0°46′W 71, 112
オールバニ(オーストラリア) 34°57′S 117°54′E 161
オールバニ(アメリカ) 42°39′N 73°45′W 124
オルミュッツ(チェコスロバキア) 49°38′N 17°15′E 71, 108
オルレアン(フランス) 47°54′N 1°54′E 71
オロズラモシュ(ハンガリー) 46°45′N 20°20′E 45
オロパ(イタリア) 45°36′N 7°59′E 89
オロロン(フランス) 43°12′N 0°35′W 112

カ 行

カイフォン(開封)(中国) 34°46′N 114°22′E

158
カヴァラ(クリストポリス,ネアポリス)(ギリシア) 40°56′N24°24′E 17, 63
カウダ島(ギリシア) 35°50′N24°06′E 16
カエサルアウグスタ →サラゴーサ
カエサレア(イスラエル) 32°30′N34°54′E 17, 25, 26, 33, 59, 89
カエサレア(トルコ) 38°42′N35°28′E 25, 26, 28, 33, 35, 59
ガエタ(イタリア) 41°13′N13°36′E 56
カオール(フランス) 44°27′N1°26′E 71
鹿児島(日本) 31°37′N130°32′E 158
ガザ(エジプト) 31°30′N34°28′E 28, 89
カシェル(アイルランド) 52°31′N7°54′W 67
カシュミール*(アフガニスタン) 156
カスティリャ王国*(スペイン) 67, 86
カストリア(ギリシア) 40°31′N21°15′E 59
カストル(フランス) 43°36′N2°15′E 112
カスル・イブン・ワルダン(シリア) 35°41′N37°25′E 33
カタニア(イタリア) 37°30′N15°06′E 71
ガダラ(ヨルダン) 32°39′N35°41′E 89
カチェオ(ギニア) 12°12′N,16°10′W 118
カッパドキア*(トルコ) 17, 33
カナ(イスラエル) 32°48′N35°15′E 89
カネフ(ソ連) 49°42′N31°25′E 64
カビンダ(アンゴラ) 5°34′S12°12′E 118
カプア(イタリア) 41°06′N14°12′E 56, 67
カブトヴァダ(チュニジア) 35°10′N11°06′E 32
カペルナウム(イスラエル) 32°53′N35°34′E 89
カマルドリ(イタリア) 43°43′N11°46′E 56
カメリーノ(イタリア) 43°08′N13°04′E 56
カラカス(ベネズエラ) 10°35′N66°56′W 118
カラチ(パキスタン) 24°54′N67°03′E 156
ガラティア*(トルコ) 17, 33
カラブリア*(イタリア) 35
カラレス →カリアーリ
カランタン(フランス) 49°18′N1°14′W 112
カリア*(トルコ) 33
カリアーリ(カラレス)(イタリア) 39°13′N9°08′E 16, 25, 26, 32, 71, 108
カリカット(インド) 11°15′N75°45′E 156
カリカル(インド) 10°58′N79°50′E 156
ガリシア*(ポーランド) 135
ガリチ(ソ連) 58°20′N42°12′E 64
カリニクム(シリア) 35°57′N39°03′E 33
ガリポリ(トルコ) 40°25′N26°41′E 59, 63
カルカソンヌ(フランス) 43°13′N2°21′E 46
カルナ(インド) 22°32′N88°22′E 156
ガルガノ山(イタリア) 41°43′N15°58′E 89
カルキス(シリア) 35°50′N37°03′E 28, 33
カルケドン(トルコ) 40°59′N29°02′E 25, 28, 89
カルタゴ(チュニジア) 36°51′N10°21′E 25, 26, 32, 46, 50
カルタゴ・ノヴァ →カルタヘナ
カルタヘナ(コスタリカ) 9°50′N83°52′W 118
カルタヘナ(カルタゴ・ノヴァ)(スペイン) 37°36′N0°59′W 24, 26, 32
カルナータ*(インド) 156
カルニオラ*(ユーゴスラヴィア) 100, 108, 111, 135
カルパントラス(フランス) 44°03′N5°03′E 46, 70
カルメル山(イスラエル) 32°45′N35°02′E 89
カロクサ(ハンガリー) 46°32′N18°59′E 67
カーン(フランス) 49°11′N0°21′W 71
ガン(中国) 49°44′N133°37′E 25, 33
甘粛[省]*(カンスー)(中国) 158
カンタベリー(イギリス) 51°17′N1°05′E 25, 28, 46, 50, 67, 71
カンディア(ギリシア) 35°20′N25°08′E 59
カンディドゥム(イギリス) 26°19′N31°58′E 28
広東(カントン) →広州(コワンチョウ)

キアラヴァリ(イタリア) 38°41′N16°25′E 69
キエティ(イタリア) 42°21′N14°10′E 56
キエフ(ソ連) 50°28′N30°29′E 28, 45, 64, 202
キエリ(イタリア) 45°01′N7°49′E 70
キオス島(ギリシア) 38°23′N26°09′E 35, 59, 63
ギーセン(西ドイツ) 50°35′N8°40′E 71
キオッジア(イタリア) 45°13′N12°17′E 56
北シルカル*(インド) 156
キタリゾン(トルコ) 38°36′N40°52′E 33
キト(エクアドル) 0°14′S78°30′W 118
キブセラ(トルコ) 41°02′N26°12′E 63
キャンベラ(オーストラリア) 35°18′N149°08′E 161
九州*(日本) 158
キュジコス(トルコ) 40°23′N27°12′E 25, 26, 33, 63
キュルス(シルフス)(トルコ) 36°33′N36°51′E 89

キュレネ(リビア) 32°48′N21°54′N 16, 33
キリキア*(トルコ) 17
キリキアの門(トルコ) 37°13′N34°51′E 35
キール(西ドイツ) 54°20′N10°08′E 71
キルケシウム(シリア) 35°10′N40°26′E 33

グアダラハラ(メキシコ) 20°30′N103°20′W 118
グアダルーペ(スペイン) 39°27′N5°19′W 89
グアテマラ(グアテマラ) 14°38′N90°22′W 118
貴州[省]*(クイチョウ)(中国) 119, 158
貴陽(クイヤン)(中国) 26°31′N106°39′E 158
桂林(クイリン)(中国) 25°20′N110°10′E 158
クウェリマネ(モザンビーク) 17°53′S36°57′E 147
クエンカ(エクアドル) 2°54′S79°00′W 118
グジャラート*(インド) 156
クスコ(ペルー) 13°32′S71°57′W 118
クックタウン(オーストラリア) 15°29′N145°15′E 161
クッテンベルク(チェコスロバキア) 49°57′N15°15′E 108
グッビオ(イタリア) 43°21′N12°35′E 56
グニェズノ(グネーゼン)(ポーランド) 52°32′N17°32′E 67, 89, 202
クニドゥス(トルコ) 36°40′N27°22′E 17
クネオ(イタリア) 44°23′N7°32′E 70
クライストチャーチ(ニュージーランド) 43°33′S172°40′E 161
グライフスバルト(東ドイツ) 54°06′N13°24′E 71
クラクフ(ポーランド) 50°03′N19°55′E 71, 89, 108, 202
グラスゴー(イギリス) 55°53′N4°15′W 67, 71
グラストンベリー(イギリス) 51°09′N2°43′W 50, 89
グラーツ(ポーランド) 50°27′N16°39′E 108
グラーツ(オーストリア) 47°05′N15°22′E 71, 108, 111
クラッセ(イタリア) 44°24′N12°13′E 69
グラナダ(スペイン) 37°10′N3°35′W 71, 86
グラン →エステルゴム
クランガンボル(インド) 10°12′N76°11′E 119
クランバニャ(フランス) 43°05′N1°26′E 70
クランマレ(フランス) 50°46′N2°18′E 69
クリーヴランド(アメリカ) 41°30′N81°41′W 131
クリストポリス →カヴァラ
クリュニー(フランス) 46°25′N4°39′E 44, 69, 71, 94
グルアロ(イタリア) 45°50′N12°55′E 70
グルノーブル(フランス) 45°11′N5°43′E 71, 112
クルマン(南アフリカ) 27°28′S23°25′E 147
クルムラウ(チェコスロバキア) 48°50′N14°14′E 108
クルランド*(ソ連) 100, 135
クレーヴェ*(西ドイツ) 111
クレタ島(ギリシア) 35°29′N24°42′E 16, 25, 26, 32, 35, 45, 59, 63, 89
グレーマス(ニュージーランド) 42°28′S171°12′E 161
クレモナ(イタリア) 45°08′N10°01′E 56, 70
クレールヴォー(フランス) 48°09′N4°47′E 69, 71
クレルモン(フランス) 49°23′N2°24′E 70, 89, 112
クレンボルク(ネーデルラント) 51°57′N5°14′E 114
クロアティア*(ユーゴスラヴィア) 50, 67, 135
グロセート(イタリア) 42°46′N11°08′E 56
グロッタフェラータ(イタリア) 41°47′N12°40′E 45
グロドノ(ソ連) 53°40′N23°50′E 64
クロナード(アイルランド) 53°27′N6°58′W 28, 46

ケーニヒスベルク(ソ連) 54°40′N20°30′E 71
ゲネザレト(イスラエル) 32°51′N35°32′E 89
ケファリニーア(島)(ギリシア) 38°28′N20°30′E 35, 59, 63
ケープヴェルデ諸島 16°00′N24°00′W 118
ケープタウン(南アフリカ) 33°55′S18°27′E 147
ケベック(カナダ) 46°50′N71°20′W 118
ゲラサ(ヨルダン) 32°17′N35°53′E 89
ケルソン(ケルソネソス)(ソ連) 44°31′N35°36′E 33, 45, 64
ケルン(西ドイツ) 50°56′N6°57′E 25, 67, 71, 89, 94, 111
ケルンテン*(オーストリア) 50, 100, 108, 111, 135
ケンクレアエ(ギリシア) 37°54′N22°59′E 16
ゲント(ベルギー) 51°02′N3°42′E 44, 69, 114
ケンネシュレ(シリア) 36°21′N38°29′E 35

ケンブリッジ(イギリス) 52°12′N0°07′E 71

ゴア(インド) 15°30′N74°00′E 119, 156
コインブラ(ポルトガル) 40°12′N8°25′W 71
神戸(日本) 34°41′N135°10′E 158
コス島(ギリシア) 36°50′N27°15′E 59, 63
コーチシナ(ベトナム) 119
コーチン(インド) 9°56′N76°15′E 119
コナエ →コロッサエ
コペンハーゲン(デンマーク) 55°41′N12°34′E 71, 94
コマッキオ(イタリア) 44°42′N12°11′E 56
コリア(スペイン) 39°59′N6°32′W 46
コリン(東ドイツ) 52°45′N13°53′E 69
コリント(コリントス)(ギリシア) 37°56′N22°55′E 16, 25, 26, 33, 35, 59, 63
コルヴァイ(西ドイツ) 51°47′N9°24′E 50, 71, 89
ゴルツェ(フランス) 49°03′N6°00′E 44, 69
ゴルテュナ(ギリシア) 35°07′N24°58′E 25, 26, 33
コルトナ(イタリア) 43°16′N11°59′E 56
コルドバ(スペイン) 37°53′N4°46′W 24, 50, 67
コルドバ(アルゼンチン) 31°25′S64°10′W 118
コルフ島(ギリシア) 39°38′N19°50′E 59, 63
コロッサエ(コナエ)(トルコ) 37°40′N29°16′E 17, 89
コロニア(トルコ) 40°30′N38°47′E 33
コロンバス(アメリカ) 39°57′N83°00′W 124
コワラン(コイラン)(フランス) 43°21′N2°55′E 70
広西[省]*(コワンシー)(中国) 158
広州(広東,カントン)(コワンチョウ)(中国) 23°08′N113°20′E 156, 158
広州湾(コワンチョウ湾)(中国) 20°30′N112°00′E 158
広東[省]*(コワントン)(中国) 158
コンク(フランス) 44°36′N2°24′E 89
コンコード(アメリカ) 43°12′N71°32′W 124
コンスタンティノーブル,コンスタンティノポリス →イスタンブール
コンセプシオン(チリ) 36°50′S73°03′W 118

サ 行

サアグーン(スペイン) 42°22′N5°02′W 69
サヴィニ(フランス) 48°33′N1°00′W 69, 71
サヴォア(サヴォイ)* 86, 135
ザキントス島(ギリシア) 37°52′N20°44′E 35, 59, 63
ザクセン*(東ドイツ) 111, 135
ザグレブ(ユーゴスラヴィア) 45°48′N15°58′E 202
ザゴルスク(ソ連) 56°20′N38°10′E 202
サーザヴァ(チェコスロバキア) 49°59′N15°01′E 45, 89
サタラ(トルコ) 40°07′N39°28′E 33
サッサリ(イタリア) 40°43′N8°34′E 67, 108
札幌(日本) 43°05′N141°21′E 158
サビーナ*(イタリア) 56
サフィ(モロッコ) 32°20′N9°17′W 118
サブラタ(リビア) 32°05′N12°29′E 33
サフロン(トルコ) 37°08′N40°54′E 35
サモス島(ギリシア) 37°42′N26°59′E 17, 35, 59, 63
サモトラケ島(ギリシア) 40°29′N25°32′E 63
サラ(ユーゴスラヴィア) 44°07′N15°14′E 67
サラゴーサ(カエサルアウグスタ)(スペイン) 41°38′N0°53′E 24, 26, 28, 67, 71, 89
サラマンカ(スペイン) 40°58′N5°40′W 71, 108
サラミス(キプロス) 35°10′N33°55′E 17, 25, 28, 33
サルケル(ソ連) 52°36′N42°06′E 45
ザルツブルク(オーストリア) 47°54′N13°03′E 50, 67, 71, 100, 108, 111, 135
サルデス(トルコ) 38°28′N28°02′E 17, 25, 26, 33, 35, 59
サレプタ(レバノン) 33°27′N35°18′E 89
サレルノ(イタリア) 40°40′N14°46′E 56, 71, 89
サロナエ →スパラト
ザンクト・ヴォルフガング(オーストリア) 47°43′N13°27′E 89
サンクト・ガレン(スイス) 47°25′N9°23′E 28, 71
サン・クロード(フランス) 46°23′N5°52′E 28
サン・サバ →マール・サバ
サンサルヴァドル(ブラジル) 12°58′S38°29′W 118
ザンジバル島(タンザニア) 6°00′S39°20′E 119, 147
サン・ジル(フランス) 43°40′N4°26′E 89
サンス(セノネス)(フランス) 48°12′N3°18′E 25, 26, 67
サン・セラン(フランス) 45°28′N0°42′W 112

サンタクルス(ボリビア) 17°45′S63°14′W 118
サンタ・マルタ(コロンビア) 11°22′N74°29′W 118
サンタマン(フランス) 50°26′N3°26′E 114
サン・タマン・モンロン(フランス) 46°44′N2°30′E 112
サン・タントナン(フランス) 44°09′N1°45′E 70
サンチアゴ(チリ) 33°27′S70°40′W 118
サンチアゴ(キューバ) 20°05′N75°49′W 118
サンチアゴ・デ・コンポステラ(スペイン) 42°53′N8°33′W 44, 67, 71, 89
サンチアゴ島(ヴェルデ岬) 15°07′N23°34′W 118
サント・トマス(ベネズエラ) 8°48′N63°06′W 118
サントドミンゴ(ドミニカ) 18°30′N69°57′W 118
サント・トメ(インド) 14°24′N80°00′E 119
ザント・ファースト(ベルギー) 50°27′N4°10′E 69
サントメール(フランス) 50°45′N2°15′E 108
サン・トロン(ベルギー) 50°49′N5°11′E 69
サンパウロ(ブラジル) 23°33′S46°39′W 118
サンフアン(プエルトリコ) 18°29′N66°08′W 118
サンフランシスコ(アメリカ) 37°48′N122°24′W 131
サン・ブリュ(フランス) 48°31′N2°47′W 28
サン・ブレーズ(フランス) 48°24′N7°10′E 69
サン・ポール(フランス) 43°42′N2°17′E 70
サン・マクシマン(フランス) 43°31′N5°54′E 89
サン・モリッツ(スイス) 46°14′N7°01′E 28, 89
サンルイス(ブラジル) 2°34′S44°16′W 118

シアトル(アメリカ) 47°36′N122°20′W 131
西安(シーアン)(中国) 34°11′N108°55′E 158
陝西[省]*(シャンシー)(中国) 119, 158
シエナ(イタリア) 43°19′N11°21′E 56, 67, 70, 71
ジェノヴァ(イタリア) 44°24′N8°56′E 25, 67, 70, 108, 135
ジェームズタウン(アメリカ) 37°12′N76°38′W 124
ジェラルトン(オーストラリア) 28°49′S114°36′E 161
シカゴ(アメリカ) 41°50′N87°45′W 131
シカル(ヨルダン) 32°14′N35°15′E 89
シグエンサ(スペイン) 41°04′N2°38′W 71
四国*(日本) 158
システロン(フランス) 44°16′N5°56′E 70
シデ(トルコ) 37°22′N27°42′E 25
シトー(フランス) 47°10′N5°05′E 28, 69, 71
シドニー(オーストラリア) 33°55′S151°10′E 156, 161
シドン(レバノン) 33°32′N35°22′E 17, 59, 89
シナイ山(エジプト) 28°33′N33°58′E 28, 89
シノペ(トルコ) 42°02′N35°09′E 25, 33, 59, 89
シビウ(ルーマニア) 45°47′N24°09′E 202
シメオン・ステュリテス(トルコ) 36°30′N37°12′E 28
シャルトル(フランス) 48°27′N1°30′E 71, 89
ジャルナック(フランス) 45°41′N0°10′W 112
ジャロウ(イギリス) 54°59′N1°29′W 28, 71
シャロン(フランス) 46°47′N4°51′E 46, 89
ジャワ島(インドネシア) 7°25′S110°00′E 119, 156
山西[省]*(シャンシー)(中国) 119, 158
シャンデルナゴル(インド) 22°52′N88°21′E 156
山東[省]*(シャントン)(中国) 158
上海(シャンハイ)(中国) 31°18′N121°50′E 156, 158
シュタイアーマルク*(オーストリア) 100, 108, 111, 135
シュトゥットガルト(西ドイツ) 48°46′N9°11′E 111
ジュネーヴ(スイス) 46°12′N6°09′E 94, 100, 111, 112
シュバイエル(西ドイツ) 49°18′N8°26′E 71
シュマルカルデン(東ドイツ) 50°43′N10°26′E 111
ジュルゴリェ(ユーゴスラヴィア) 43°26′N17°50′E 202
シュレージエン*(チェコスロバキア) 100, 108, 111, 135
シュンナダ(トルコ) 38°31′N30°29′E 26, 33, 59
ジョスラン(フランス) 47°57′N2°33′W 112
シラキューズ(アメリカ) 43°03′N76°09′W 124
シラクサ(イタリア) 37°04′N15°18′E 16, 25, 35, 45, 59
シリストラ(ドゥロストルム,ドリストラ)(ブルガリア) 44°06′N27°17′E 33, 45, 64

235

地名索引

シルミウム(ユーゴスラヴィア) 44°59′N 19°39′E 26, 45
シンガポール 1°20′N103°45′E 156
シンギドゥヌム →ベルグラード
シンシナティ(アメリカ) 39°10′N84°30′W 124
新疆[自治区]*(シンチャン)(中国) 156
シンチャンウィグル*(中国) 158
スーヴィニー(フランス) 46°32′N3°11′E 69
スキダヴァ(ブルガリア) 43°46′N24°31′N 33
ズクニン(トルコ) 37°39′N40°33′E 35
スクピ →スコピエ
スケティス(エジプト) 30°25′N30°38′E 28
スケリグ・マイクル島(アイルランド) 51°47′N 10°32′W 89
スコドラ(アルバニア) 42°03′N19°01′E 25, 26, 33
スコピエ(スクピ)(ユーゴスラヴィア) 42°00′N 21°28′E 25, 26, 33, 45, 59, 63, 202
スタブロ(ベルギー) 50°23′N5°56′E 69
四川[省]*(スーチュワン)(中国) 119, 158
蘇州(スーチョウ)(中国) 31°22′N120°45′E 158
ストゥリ(イタリア) 42°14′N12°14′E 56
ストックホルム(スウェーデン) 59°20′N 18°03′E 94
ストビ(ユーゴスラヴィア) 41°33′N21°59′E 25, 33
ストラスブール(フランス) 48°35′N7°45′E 71, 94, 111
スバラト(サロナエ)(ユーゴスラヴィア) 43°31′N16°30′E 25, 26, 33, 67
スピアイ(イタリア) 41°55′N13°06′E 28, 56, 69, 94
スヒーダム(オランダ) 51°55′N4°25′E 89
スプリングフィールド(アメリカ) 42°07′N 72°36′W 131
スヘルトゲンスボッシュ(オランダ) 51°42′N 5°19′E 114
スポレト(イタリア) 42°44′N12°44′E 56
スマトラ島(インドネシア) 2°00′S102°00′E 156
スミルナ(トルコ) 38°25′N27°10′E 17, 25, 33, 59, 63
スモレンスク(ソ連) 54°49′N32°04′E 64
スリ(フランス) 47°46′N2°22′E 112
汕頭(スワトウ)(中国) 23°22′N116°39′E 158
セヴィリア(ヒスパリス)(スペイン) 37°24′N 5°59′W 24, 26, 46, 50, 67, 71, 108
セウタ(スペイン) 35°53′N5°19′W 118
セッサアウルンカ(イタリア) 41°14′N13°56′E 56
セーニ(イタリア) 41°42′N13°02′E 56
ゼノビア(シリア) 35°41′N39°51′E 33
セバステア(トルコ) 39°44′N37°01′E 25, 26, 28, 33, 35
セバストポリス(ソ連) 42°30′N40°57′E 33
セブ(フィリピン) 10°17′N123°56′E 119
セプテム(セウタ)(スペイン) 35°53′N5°19′W 32
セラム島(インドネシア) 3°10′S129°30′E 156
ゼーラント*(オランダ) 114
セランポール(インド) 22°44′N88°21′E 156
セリムブリア(トルコ) 41°05′N28°15′E 33, 59
セルセオポリス(トルコ) 35°38′N38°43′E 33
セルディカ →ソフィア
セルビア*(ユーゴスラヴィア) 50, 59, 63, 67
セレウキア, キリキア*(トルコ) 36°22′N 33°57′E 25, 26, 28, 33, 35, 59, 89
セレウキア, シリア*(トルコ) 36°07′N35°55′E 17
セレス(ギリシア) 41°05′N23°32′E 63
セレーニ(イタリア) 45°39′N9°12′E 70
セレベス島(インドネシア) 2°00′S120°30′E 156
仙台(日本) 38°20′N140°50′E 158
セント・アンドルーズ(イギリス) 56°20′N 2°48′W 67, 71
セントオールバンズ(イギリス) 51°46′N 0°21′W 89
セント・キャサリンズ(聖カタリナ修道院)(エジプト) 28°33′N33°58′E 25, 33, 35, 45
セントルイス(アメリカ) 38°38′N90°11′W 131
ソウル(京城)(韓国) 37°30′N127°00′E 158
ソークシランジュ(フランス) 45°33′N3°22′E 69
ソノーラ(メキシコ) 30°23′N115°10′W 118
ソフィア(セルディカ)(ブルガリア) 42°42′N 23°18′E 25, 26, 33, 45, 59, 202
ソーラ(イタリア) 41°43′N13°37′E 56
ソールトレークシティ(アメリカ) 40°46′N 111°53′W 131

ソレント(イタリア) 40°37′N14°23′E 56

タ 行

タイユアン(太原)(中国) 37°48′N112°33′E 158
台湾 24°00′N121°00′E 156, 158
ダーウィン(オーストラリア) 12°23′S130°44′E 156, 161
タウキラ(リビア) 32°32′N20°35′E 33
ダウンパトリック(イギリス) 54°20′N5°43′W 89
タオルミナ(イタリア) 37°52′N15°17′E 35
タガステ(アルジェリア) 36°14′N8°00′E 32
タグリアコッツォ(イタリア) 42°04′N13°14′E 56
タスマニア(オーストラリア) 42°00′S147°00′E 156
タソス島(ギリシア) 40°46′N24°42′E 63
ダニッシュメンド首長領*(トルコ) 59
ダニディン(ニュージーランド) 45°52′S 170°30′E 161
ダブリン(アイルランド) 53°20′N6°15′W 50, 67, 71, 94
タベンニシ(エジプト) 26°13′N32°39′E 28
タボル山(イスラエル) 32°41′N35°24′E 89
ダマスカス(シリア) 33°30′N36°19′E 17, 25, 26, 33, 89
ダマン(インド) 20°25′N72°51′E 156
ダラ(トルコ) 37°19′N40°46′E 33
タラゴーナ(タラッコ)(スペイン) 41°07′N 1°15′E 25, 26, 67
ダラス(アメリカ) 32°47′N96°48′W 131
タラスコン(フランス) 42°51′N1°36′E 112
タランテーズ(フランス) 45°35′N6°53′E 67
タルソス(トルコ) 36°52′N34°52′E 17, 25, 26, 33, 35, 59
ダルマティア*(ユーゴスラヴィア) 17, 33, 100, 108
タンジール(モロッコ) 35°48′N5°45′W 118
タンヌリウム(シリア) 36°32′N40°43′E 33
チアパス(メキシコ) 16°30′N93°00′W 118
チェストホバ(ポーランド) 50°49′N19°07′E 202
チェリゴ(キティラ島)(ギリシア) 36°09′N 23°00′E 35, 63
チェルニゴフ(ソ連) 51°30′N31°18′E 64
チタンブ(ザンビア) 13°35′S30°40′E 147
チッタ・ディ・カステロ(イタリア) 43°27′N 12°14′E 56
チモール島(インドネシア) 9°30′S125°00′E 156
チャナ(トルコ) 37°48′N34°36′E 35
チャルカス(ボリビア) 19°02′S65°17′W 118
チャールストン(アメリカ) 32°48′N79°58′W 124
江西[省]*(チャンシー)(中国) 119, 158
チャンシャー(長沙)(中国) 28°15′N112°59′E 158
江蘇[省]*(チャンスー)(中国) 158
チュービンゲン(西ドイツ) 48°32′N9°04′E 71
チューリヒ(スイス) 47°23′N8°33′E 94, 100, 111
浙江[省]*(チョーチアン)(中国) 119, 158
重慶(チョンチン)(中国) 29°39′N106°34′E 158
チョントウ(成都)(中国) 30°39′N104°04′E 158
青島(チンタオ)(独領)(中国) 36°02′N120°25′E 158
青海*(チンハイ)(中国) 156
青海[省]*(チンハイ)*(中国) 158
ツァザッハ(スイス) 47°35′N8°17′E 89
ツムタラカン(ソ連) 45°17′N37°23′E 45, 64
ツーラン(ベトナム) 16°04′N108°14′E 156
テアノ(イタリア) 41°15′N14°04′E 56
ティーアム(アイルランド) 53°31′N8°50′W 67
ディウ(インド) 20°42′N70°59′E 156
ティヴォリ(イタリア) 41°58′N12°48′E 56
ティエール(フランス) 45°56′N1°05′E 89
天津(ティエンチン)(中国) 39°07′N117°08′E 158
ティエンツィン →ティエンチン(天津)
ディオカエサレア(レバノン) 32°46′N35°13′E 33
ディクスモイデ(ベルギー) 51°01′N2°52′E 114
ディジョン(フランス) 47°19′N5°01′E 44, 69
ティハニ(ハンガリー) 46°49′N17°52′E 45
ティベリアス(イスラエル) 32°48′N35°32′E 89
ティムガド(アルジェリア) 35°29′N6°28′E 32

ディラキウム →ドゥラツォ
ティラネ(アルバニア) 41°20′N19°50′E 202
ディリンゲン(西ドイツ) 48°34′N10°29′E 71, 108
ティルス →ティレ
ティレ(トゥロス)(レバノン) 33°16′N35°12′E 17, 26, 33, 89
ティロル*(オーストリア) 100, 111, 135
デヴェンテル(オランダ) 52°15′N6°10′E 94
テオドシオポリス(トルコ) 39°57′N41°17′E 33
テグシガルパ(ホンジュラス) 14°05′N87°14′W 118
テーゲルンゼー(西ドイツ) 47°43′N11°45′E 69
出島(デシマ)(日本) 33°04′N129°17′E 156
テッサリア*(ギリシア) 63
テッサロニカ(ギリシア) 40°38′N22°58′E 17, 25, 26, 33, 35, 45, 59, 63, 89, 94
デトロイト(アメリカ) 42°20′N83°03′W 131
テナセリム(ビルマ) 28, 59
テーベ(エジプト) 38°19′N23°19′E 28, 59
テュアティラ(トルコ) 38°54′N27°50′E 17, 25
テラモ(イタリア) 42°39′N13°42′E 56
デリー(インド) 28°40′N77°13′E 156
テル・エダ(シリア) 36°01′N37°03′E 35
デルグ湖(アイルランド) 52°40′N8°38′W 89
テルグテ(西ドイツ) 51°59′N7°47′E 89
デルフト(オランダ) 52°01′N4°23′E 114
デルベ(トルコ) 37°18′N33°25′E 17, 33
テルモビレ(ギリシア) 38°50′N22°35′E 33
テルラチナ(イタリア) 41°17′N13°15′E 56
デンヴァー(アメリカ) 39°43′N105°01′W 131
トイルナウ(チェコスロバキア) 48°35′N 17°28′E 71
東京(日本) 35°42′N139°46′E 158
ドゥミオ(ポルトガル) 41°35′N8°23′E 46
ドゥラツォ(ディラキウム)(アルバニア) 41°18′N19°28′E 25, 26, 33, 45, 59, 63
ドゥーランゴ(メキシコ) 24°01′N104°00′W 118
トゥール(フランス) 48°41′N5°54′E 44
トゥール(トゥロネス)(フランス) 47°23′N 0°41′E 25, 26, 28, 44, 46, 50, 67, 71, 89
トゥールーズ(フランス) 43°36′N1°26′E 67, 70, 71, 108, 220
トゥールダン(フランス) 48°32′N2°01′E 112
トゥールネ(ベルギー) 50°36′N3°23′E 46, 71, 114
トゥルンハウト(ベルギー) 51°19′N4°57′E 114
ドゥロストルム →シリストラ
トゥロネス →トゥール
トゥーロフ(ソ連) 52°04′N27°40′E 64
トゥーロン(フランス) 43°07′N5°56′E 46, 70
トスカナ*(イタリア) 56, 135
トーディ(イタリア) 42°47′N12°24′E 56
トビリシ(ソ連) 41°43′N44°48′E 202
トミ(ルーマニア) 44°12′N28°40′E 25, 33
トライアノポリス(ギリシア) 40°57′N25°56′E 26
トラヴァンコール*(インド) 156
トラキア*(ギリシア) 17, 33
ドラギニャン(フランス) 43°32′N6°28′E 70
トラペズ →トレビゾンド
トラヤヌス帝の橋(ルーマニア/ユーゴスラヴィア) 44°37′N22°40′E 33
トラレス(トルコ) 37°52′N27°50′E 17
トランケバル(インド) 11°04′N79°50′E 156
トランシルヴァニア* 135
トリエステ(イタリア) 45°50′N13°46′E 111
トリスタン・ダ・クーニャ島 37°50′S12°30′W 118
ドリストラ →シリストラ
トリノ(イタリア) 45°04′N7°40′E 71, 89
トリポリ(トリポリス)(レバノン) 34°27′N 35°50′E 25, 35, 59
トリポリタニア*(リビア) 33
ドリュレイオン(トルコ) 39°46′N30°30′E 35, 59
トリール(トレヴェリ)(西ドイツ) 49°45′N 6°38′E 25, 26, 44, 50, 67, 71, 89, 108, 135
ドル(フランス) 47°06′N5°30′E 71, 108
ドルチェ(イタリア) 46°26′N14°23′E 89
トルナーヴァ(チェコスロバキア) 48°23′N 17°35′E 108
トルヒーヨ(ペルー) 8°06′S79°00′W 118
トレヴィーゾ(イタリア) 45°40′N12°15′E 71
トレヴェリ →トリール
トレス・タベルネ(イタリア) 41°10′N14°50′E 16
ドレスデン(東ドイツ) 51°03′N13°44′E 111
トレド(トレトゥム)(スペイン) 39°52′N 4°01′W 24, 26, 46, 50, 67, 71, 108

トレビゾンド(トラベズス)(トルコ) 41°00′N 39°43′E 25, 33, 59
トレブニッツ(ポーランド) 51°19′N17°03′E 89
トロアス(トルコ) 39°45′N26°17′E 17, 33
トンキン*(ベトナム) 119
ドンゴ(イタリア) 46°08′N9°17′E 70
ドンフロン(フランス) 48°36′N0°39′W 112

ナ 行

ナイッスス →ニーシュ
ナイム(イスラエル) 32°38′N35°21′E 89
ナヴァラ*(スペイン) 50, 67
ナヴァラン(フランス) 43°20′N0°45′W 112
長崎(日本) 32°45′N129°52′E 119, 158
ナクソス島(ギリシア) 37°05′N25°30′E 35, 63
名古屋(日本) 35°10′N136°55′E 158
ナザレト(イスラエル) 32°41′N35°16′E 89
ナジャック(フランス) 44°17′N2°00′E 70
ナッソウ*(西ドイツ) 111
ナポリ(イタリア) 40°51′N14°17′E 50, 56, 67, 71, 86, 89, 94, 100, 108, 135
ナミュール(ベルギー) 50°28′N4°52′E 114
ナルニ(イタリア) 42°31′N12°31′E 56
ナルボンヌ(ナルボ)(フランス) 43°11′N3°00′E 25, 26, 32, 67, 70
ナンシー(フランス) 48°41′N6°21′E 71, 108
南昌(ナンチャン)(中国) 28°37′N115°57′E 158
南京(ナンチン)(中国) 32°02′N118°52′E 119, 158
ナント(フランス) 47°13′N1°33′W 71, 112
ニヴェール(ベルギー) 50°36′N4°20′E 89
ニエブラ(スペイン) 37°22′N6°40′W 46
ニケア(トルコ) 40°27′N29°43′E 25, 26, 33, 35, 59, 63
ニコバル諸島(インド) 8°00′N93°30′E 156
ニコポリス(ブルガリア) 43°41′N24°55′E 33
ニコポリス(ギリシア) 39°00′N20°43′E 25, 26, 33, 59
ニコポリス(トルコ) 40°12′N38°06′E 33
ニコメディア(トルコ) 40°47′N29°55′E 25, 26, 33, 59, 63
ニシビス(トルコ) 37°05′N41°11′E 25, 28, 33
ニーシュ(ナイッスス)(ユーゴスラヴィア) 43°20′N21°54′E 33, 45, 59
ニーデルアルタイヒ(西ドイツ) 48°36′N 13°02′E 69
ニーム(フランス) 43°50′N4°21′E 70, 112
ニャングウェ(ザイール) 4°15′S26°14′E 147
ニュー・アムステルダム →ニューヨーク
ニューオーリンズ(アメリカ) 29°58′N 90°07′W 118
ニューヨーク(ニューアムステルダム)(アメリカ) 40°43′N74°01′W 124, 131
ニューレンベルク(西ドイツ) 49°27′N11°05′E 94, 111
寧波(ニンボー)(中国) 29°56′N121°32′E 158
ヌヴェール(フランス) 47°00′N3°09′E 46
ヌエヴァ・カセレス*(フィリピン) 119
ヌミディア*(アルジェリア) 32, 46
ヌルシア*(イタリア) 42°47′N13°05′E 28, 56
ネー(フランス) 43°10′N0°16′W 112
ネアポリス(ヨルダン) 32°13′N35°16′E 33
ネアポリス(ギリシア) →カヴァラ
ネイビア(ニュージーランド) 39°29′S176°58′E 161
ネオカエサレア(トルコ) 40°35′N36°59′E 25, 26, 28, 33
ネボ山(ヨルダン) 31°46′N35°44′E 25
ネラック(フランス) 44°08′N0°20′E 112
ノイハウス(オーストリア) 46°52′N16°02′E 108
ノヴィオドゥヌム(ルーマニア) 45°10′N 28°50′E 33
ノヴゴロド(ソ連) 58°30′N31°20′E 64, 202
ノーフォーク(アメリカ) 36°40′N76°14′W 124
ノラ(イタリア) 40°55′N14°32′E 28

ハ 行

バイエルン*(西ドイツ) 100, 111, 135
ハイデラバード*(インド) 156
ハイデルベルク(西ドイツ) 49°25′N8°43′E 71
海南[島](ハイナン)(中国) 19°00′N109°30′E 156, 158
ハイファ(イスラエル) 32°49′N34°59′E 59
ハイルゲンブルート(オーストリア) 47°02′N 12°50′E 108
バインガルテン(西ドイツ) 47°48′N9°38′E 89
バヴィア(イタリア) 45°10′N9°10′E 70, 71

地名索引

ハーグ(オランダ) 52°05′N4°16′E 114
バグダッド*(イラク) 119
函館(日本) 41°46′N140°44′E 158
パース(オーストラリア) 31°58′S115°49′E 156, 161
バーゼル(スイス) 47°33′N7°35′E 71, 94, 100, 111
バタヴィア(インドネシア) 6°08′S106°45′E 156
ハダト(トルコ) 38°00′N36°30′E 35
パタニ(タイ) 6°51′N101°16′E 156
パタラ(トルコ) 36°06′N28°05′E 17, 33
バータン(中国) 30°02′N99°01′E 158
パダン(インドネシア) 0°55′S100°21′E 156
ハッセルト(ベルギー) 50°56′N5°20′E 114
パティリオン(イタリア) 39°38′N16°40′E 45
バーデルボルン(西ドイツ) 51°43′N8°45′E 71
バーデン*(西ドイツ) 111
バーデンバーデン(西ドイツ) 48°45′N8°15′E 111
バーテンブルク(オランダ) 51°46′N5°46′E 114
パドウヴァ(イタリア) 45°24′N11°53′E 56, 71, 89
バードジー(イギリス) 52°45′N4°48′W 28
パトモス島(ギリシア) 37°20′N26°33′E 25, 35, 63, 89
パトラス(ギリシア) 38°14′N21°44′E 35, 89
ハドリアノポリス →アドリアノープル
パドリオーネ(イタリア) 45°06′N10°46′E 45
ハドルメトゥム(チュニジア) 35°59′N10°45′E 32
パナマ(パナマ) 8°57′N79°30′W 118
バニョル(フランス) 44°14′N4°37′E 70
バネアス(シリア) 33°08′N35°42′E 89
ハバナ(キューバ) 23°07′N82°25′W 118
バハワルプール*(インド) 156
パフォス(キプロス) 34°45′N32°25′E 17
バーマンジー(イギリス) 51°30′N0°04′W 69
バユール(フランス) 50°44′N2°44′E 114
バラエトニウム(エジプト) 31°21′N27°14′E 33
ハラルシュテット(デンマーク) 55°35′N 11°48′E 89
バリ(イタリア) 41°07′N16°52′E 35, 59, 89
パリ(フランス) 48°52′N2°20′E 28, 50, 69, 71, 89, 94, 108, 112, 218
バルセロナ(スペイン) 41°23′N2°11′E 67, 71, 89, 94
バールタ(ポーランド) 50°48′N16°49′E 89
バルチスタン*(パキスタン) 156
バルデュルン(西ドイツ) 49°35′N9°22′E 89
ハルデルベイク(オランダ) 52°21′N5°37′E 71, 114
パルマ(スペイン) 39°55′N2°39′E 26, 71
パルマ(イタリア) 44°48′N10°19′E 56, 70, 71, 108, 135
ハルマヘラ(インドネシア) 0°45′N128°00′E 156
バルミュラ(シリア) 34°36′N38°15′E 25, 33
ハールレム(ネーデルランド) 52°22′N4°38′E 114
ハーレ(ベルギー) 50°44′N4°13′E 89
ハーレ(東ドイツ) 51°28′N11°58′E 71, 111, 135
パレストリーナ(イタリア) 41°50′N12°54′E 56
パレルモ(イタリア) 38°08′N13°23′E 35, 71, 108
バレンシア(スペイン) 41°01′N4°32′W 71
パロス島(ギリシア) 37°04′N25°06′E 35
漢口(ハンコウ)(中国) 30°45′N114°30′E 158
バンゴール(イギリス) 53°14′N9°44′W 46, 50
バンゴール・イスコエド(イギリス) 53°00′N 2°55′W 28
バンダバーグ(オーストラリア) 24°50′S 152°21′E 161
杭州(ハンチョウ)(中国) 30°14′N120°08′E 158
パンテレイモン →ベンテレ
ハンノンハルマ(ハンガリー) 47°28′N17°50′E 202
ハンブルク(西ドイツ) 53°33′N10°00′E 67, 89, 94
パンプローナ(スペイン) 42°49′N1°39′W 67
バンベルク(西ドイツ) 49°53′N10°53′E 71, 94, 108, 111

ピアチェンツァ(イタリア) 45°03′N9°41′E 56, 70, 71
ヒエラポリス,シリア*(トルコ) 37°18′N 36°16′E 33
ヒエラポリス,フリギア*(トルコ) 37°57′N 28°50′E 17
ピサ(イタリア) 43°43′N10°24′E 25, 56, 67, 70, 71
ヒスパニョーラ島 19°00′N71°00′W 118

ヒスパリス →セヴィリア
ピスビル(エジプト) 29°47′N31°44′E 28
ピーターパロ(イギリス) 52°35′N0°15′W 71
ピッツバーグ(アメリカ) 40°26′N80°00′W 124
ヒッポ・レギウス →アンナバ
ビティア(トルコ) 40°40′N29°25′E 33
ビティニア*(トルコ) 17
ビトゥリカエ →ブールジュ
ピュイローラン(フランス) 43°34′N2°00′E 112
ヒューストン(アメリカ) 29°46′N95°22′W 131
ヒルサウ(西ドイツ) 48°44′N8°44′E 69
ヒルデスハイム(西ドイツ) 52°09′N9°58′E 50, 69, 71
広島(日本) 34°30′N132°27′E 158
ピンディア*(トルコ) 17
ピンネベルク*(西ドイツ) 111

ファウンテンズ(イギリス) 54°07′N1°34′W 69
ファエンツァ(イタリア) 44°17′N11°53′E 56, 70
ファーノ(イタリア) 43°50′N13°00′E 56
ファマグスタ(キプロス) 35°07′N33°57′E 59
ファルファ(イタリア) 42°13′N12°40′E 56, 69
ファンジュー(フランス) 43°11′N2°02′E 70
フィアク(フランス) 43°42′N1°53′E 70
フィラデルフィア(トルコ) 38°22′N28°32′E 17, 25, 63
フィラデルフィア(アメリカ) 39°57′N75°07′W 131
フィリッポポリス →プロウディフ
フィリピ(ギリシア) 41°05′N24°19′E 17
フィールゼーンハイリゲン(西ドイツ) 50°08′N 11°02′E 89
フィレンツェ(イタリア) 43°46′N11°15′E 56, 67, 70, 71, 94
湖広*(フゥコワン)(中国) 119
湖南〔省〕*(フゥナン)(中国) 158
湖北〔省〕*(フゥベイ)(中国) 158
フェカン(フランス) 49°45′N0°23′E 69
フェニキア* 17
フェニックス(アメリカ) 33°27′N112°05′W 131
プエブラ(メキシコ) 19°03′N98°10′W 118
フェラーラ(イタリア) 44°50′N11°38′E 56, 71
フェルデン*(西ドイツ) 111
フェルナンド・デ・ノローニャ島 3°50′S32°25′W 118
フェルモ(イタリア) 43°09′N13°44′E 56
フォイクトヴァンゲン(西ドイツ) 49°10′N 10°20′E 69
フォッサノーヴァ(イタリア) 41°30′N13°05′E 69
フォルリ(イタリア) 44°13′N12°03′E 56
フォワ(フランス) 42°58′N1°36′E 70, 112
フォンディ(イタリア) 41°21′N13°25′E 56
フォントネー(フランス) 46°28′N0°48′E 69
フォンフロワド(フランス) 43°66′N2°59′E 69
ブカレスト(ルーマニア) 44°25′N26°06′E 202
福岡(日本) 33°39′N130°21′E 158
ブザンソン(ヴェソンツィオ)(フランス) 47°15′N6°02′E 25, 26, 67, 71
ブシェミシル(ポーランド) 49°48′N22°48′E 64
ブジーブラム(チェコスロバキア) 49°41′N 14°02′E 89
ブダペスト(ブダ)(ハンガリー) 47°30′N 19°03′E 71, 202
福建〔省〕*(フーチェン)(中国) 119, 158
福州(フーチョウ)(中国) 26°09′N119°21′E 158
プテオリ(イタリア) 40°49′N14°07′E 16
ブトナ(ルーマニア) 47°50′N25°33′E 202
ブトレマイス(リビア) 32°42′N20°55′E 25, 26, 33
プトレマイス(イスラエル) →アクレ
府内(日本) 33°14′N131°36′E 119
プファルツ*(西ドイツ) 111, 135
ブプレト(ポブレト)(スペイン) 38°56′N 3°59′E 67
フルフスベルク(西ドイツ) 41°38′N10°28′E 89
フライブルク(西ドイツ) 47°59′N7°51′E 71
ブラガ(ブラカラ)(ポルトガル) 41°33′N 8°26′E 24, 26, 46, 67
プラセンシア(スペイン) 40°02′N6°05′W 67
プラート(イタリア) 43°53′N11°06′E 56
フラネケル(オランダ) 53°13′N5°31′E 71
プラハ(チェコスロバキア) 50°05′N14°25′E 45, 67, 71, 89, 94, 108, 111, 202
ブラン(フランス) 44°29′N0°47′W 112
ブラン(フランス) 47°29′N1°46′W 112

フランクフルト(西ドイツ) 50°07′N8°40′E 94, 111
ブランスベルク(ポーランド) 54°24′N19°50′E 108
ブランデンブルク(東ドイツ) 111
フランドル(オランダ) 86
ブリウヴァ(フランス) 44°44′N4°36′E 112
ブリウード(フランス) 45°18′N3°23′E 89
フリギア*(トルコ) 17, 33
ブリーク(ポーランド) 50°52′N17°10′E 111
ブリスベーン(オーストラリア) 27°30′S 153°00′E 161
ブリズレン(ユーゴスラヴィア) 42°12′N 20°43′E 45
ブリュージュ(ベルギー) 51°13′N3°14′E 89, 114
ブリュッセル(ベルギー) 50°50′N4°23′E 94, 111, 114
フリュリー(フランス) 47°56′N1°55′E 69, 71
ブリル(オランダ) 51°54′N4°10′E 114
ブリンディジ(イタリア) 40°38′N17°56′E 35, 59
フール(スイス) 46°51′N9°32′E 50
ブール(フランス) 46°12′N5°13′E 112
ブルグンド*(フランス) 67, 70
ブルゴス(スペイン) 42°21′N3°42′W 67
ブルサ(トルコ) 40°12′N29°04′E 63
ブールジュ(ビトゥリカエ)(フランス) 47°05′N 2°24′E 25, 26, 67, 71, 108
フルダ(西ドイツ) 50°33′N9°14′E 50, 69, 71, 89, 108
ブルターニュ*(フランス) 46, 112
ブルッティウム*(イタリア) 46
フルットゥアリア(イタリア) 45°13′N7°37′E 69
ブルディガラ →ボルドー
ブル島(インドネシア) 3°30′S126°30′E 156
ブルン(チェコスロバキア) 49°13′N16°40′E 108
ブルンズウィック(西ドイツ) 52°15′N10°30′E 111
ブレスト(ソ連) 52°08′N23°40′E 202
プレスパ(ブルガリア) 42°35′N24°00′E 45
プレスブルク(ブラティスラヴァ)(チェコスロバキア) 48°10′N17°10′E 71
プレスラフ(ブルガリア) 43°09′N26°50′E 45
ブレダ(オランダ) 51°35′N4°46′E 114
ブレッシア(イタリア) 45°33′N10°15′E 56, 70
ブレーメン(西ドイツ) 53°05′N8°49′E 67, 111
プロイセン(ソ連) 67, 100, 135
プロヴァンス*(フランス) 50, 86, 112
プロヴィデンス(アメリカ) 41°50′N71°25′E 131
プロウディフ(フィリッポポリス)(ブルガリア) 42°08′N24°45′E 25, 26, 33, 45, 59, 63
ブロコンドル諸島(ベトナム) 8°42′N106°36′E 156
ブローニュ(フランス) 50°43′N1°37′E 89
ブローニュ(ベルギー) 50°23′N4°42′E 69
フローニンゲン(ネーデルランド) 53°13′N 6°35′E 71, 114
フンシャール(マデイラ) 32°40′N16°55′W 118
フンフキルヘン →ペーチュ

北京市*(ベイジーシ)(中国) 158
北京(ベイチン)(中国) 39°55′N116°26′E 119, 156, 158
ベイルート(レバノン) 33°52′N35°30′E 25, 59
ペカリ(ソ連) 49°42′N31°52′E 64
ペーザロ(イタリア) 43°54′N12°54′E 56
ベジェ(フランス) 43°21′N3°15′E 70
ベタニア(ヨルダン) 31°46′N35°14′E 89
ペーチュ(フンフキルヘン)(ハンガリー) 46°04′N18°15′E 71
ペック(フランス) 49°30′N0°49′E 71
ヘッセ*(西ドイツ) 111
ヘッセ・カッセル*(西ドイツ) 135
ベットブルン(西ドイツ) 48°54′N11°17′E 89
ベトサイダ(イスラエル) 32°53′N35°36′E 89
ベトファゲ(ヨルダン) 31°47′N35°13′E 89
ペトラ(ヨルダン) 30°20′N35°26′E 25, 26, 33
ペトラ(ソ連) 41°37′N41°36′E 33
ベトレヘム(ヨルダン) 31°43′N35°12′E 28, 33, 89
ペナン島(マレーシア) 5°24′N100°19′E 156
ベネヴェント(イタリア) 41°08′N14°45′E 56, 67
ベネヴェント(ベネヴェントゥム*)(イタリア) 46
ヘブロン(ヨルダン) 31°32′N35°06′E 89
ベーベンハウゼン(西ドイツ) 48°33′N9°05′E 69
ベーメン*(チェコスロバキア) 50, 67, 100, 108, 111, 135
ベラ(ヨルダン) 32°27′N35°37′E 17
ヘラクレア(イコニウムの)(トルコ) 37°40′N 34°10′E 59
ヘラクレア(トラキアの)*(トルコ) 41°02′N 27°59′E 25, 63
ヘラクレア(ニケアの)*(トルコ) 41°17′N 31°26′E 63
ペルガ(トルコ) 36°59′N30°46′E 17, 25, 33
ベルガムム(トルコ) 39°08′N27°10′E 17, 25, 33, 35, 63
ベルガモ(イタリア) 45°41′N9°43′E 70
ベルグラード(シンギドゥヌム)(ユーゴスラヴィア) 44°49′N20°28′E 33, 45, 94, 202
ベルゴロト(ソ連) 50°13′N30°10′E 64
ペルージア(イタリア) 43°07′N12°23′E 56, 71
ペルシア領アルメニア* 33
ヘルスフェルト(西ドイツ) 50°53′N9°43′E 69
ペルピニャン(フランス) 42°41′N2°53′E 71
ヘルムシュテート(西ドイツ) 52°13′N11°00′E 71
ヘルモント(オランダ) 51°28′N5°40′E 114
ベルラ(フランス) 43°40′N2°20′E 112
ベルリン(西ドイツ) 52°31′N13°24′E 94, 111, 202
ベルン(スイス) 46°57′N7°26′E 94, 100
ヘルンフート(東ドイツ) 51°01′N14°44′E 135
ベレナイセ(リビア) 32°10′N20°10′E 25, 33
ヘレノポリス(トルコ) 40°15′N29°12′E 33
ベレン(ブラジル) 1°27′S48°29′W 118
ベロエア(ブルガリア) 42°55′N25°37′E 33
ベロエア(ギリシア) 40°32′N22°11′E 17, 33, 63
ベロゼルスク(ソ連) 60°00′N37°49′E 64
ヘローナ(スペイン) 41°59′N2°49′E 89
ペロポニソス半島*(ギリシア) 45, 63
ベンガル*(インド) 156
ペンタポリス*(イタリア) 56
ベンテレ(バンテレイモン)(ハンガリー) 47°00′N18°57′E 45
ベンネ(イタリア) 42°27′N13°56′E 56

ホイスデン(オランダ) 51°44′N5°09′E 114
ホイットホーン(イギリス) 54°44′N4°25′W 89
ボーヴェ(フランス) 49°26′N2°05′E 71
ボーゲベルク(西ドイツ) 58°55′N12°40′E 89
ボゴダ(コロンビア) 4°38′N74°05′W 118
ボジ(フランス) 47°05′N2°43′E 112
ホスタイン(チェコスロバキア) 48°25′N 18°02′E 89
ボストラ(シリア) 32°30′N36°29′E 26, 33
ボストン(アメリカ) 42°21′N71°04′W 124, 131
ボスポラス(ソ連) 41°07′N29°04′E 33
ホスン・アル・アクルド(シリア) 34°43′N 36°28′E 59
北海道*(日本) 158
ボッビオ(イタリア) 44°46′N9°23′E 28, 50, 69
ポートアーサー(中国) 38°46′N121°15′E 158
ポドリア*(ソ連) 135
河南〔省〕*(中国) 158
ホバート(オーストラリア) 42°54′S147°18′E 156, 161
ポーペリンゲ(ベルギー) 50°51′N2°44′E 114
ポパヤン(コロンビア) 2°53′N76°53′W 118
ポマ(フランス) 42°57′N2°09′E 70
ポメラニア*(ポーランド) 67
ボルティモア(アメリカ) 39°18′N76°38′W 118, 124, 131
ボルドー(ブルディガラ)(フランス) 44°50′N 0°34′W 24, 26, 67, 71, 108, 112, 220
ボレイオン(リビア) 31°55′N20°10′E 33
ボレーヌ(フランス) 44°17′N4°45′E 70
ボロック(ソ連) 55°30′N28°43′E 64
ボローニャ(イタリア) 44°29′N11°20′E 56, 70, 71
ポワティエ(フランス) 46°35′N0°20′E 28, 50, 71
ボン(西ドイツ) 50°44′N7°05′E 94
香港 22°15′N114°15′E 158
本州*(日本) 158
ポンタムソン(フランス) 48°55′N6°03′E 71, 108
ポンティヴィ(フランス) 48°04′N2°59′W 71
ポンディシェリ(インド) 11°59′N79°50′E 156
ポンティニー(フランス) 47°55′N3°43′E 69
ポントス*(トルコ) 17
ポントルソン(フランス) 48°33′N1°31′W 112
ボンベイ(インド) 18°58′N72°50′E 119, 156

マ 行

マアレト・エン・ヌマーン(シリア) 35°38′N 36°40′E 59
マイアミ(アメリカ) 25°45′N80°15′W 131
マイソール*(インド) 156
マインツ(西ドイツ) 50°00′N8°16′E 50, 67, 71, 94, 108, 111

237

地名索引

マエ(インド) 11°41'N75°31'E 156
マカイ(オーストラリア) 21°09'S149°11'E 161
マカオ(ポルトガル) 22°10'N113°33'E 119, 156
マカッサル(インドネシア) 5°09'S119°28'E 156
マグデブルク(東ドイツ) 52°08'N11°38'E 50, 67, 71
マグネシア(トルコ) 37°46'N27°29'E 17
マグロンヌ(フランス) 43°30'N3°54'E 46
マケドニア*(ギリシア) 17, 33
マコン(フランス) 46°18'N4°50'E 46
マーストリヒト(オランダ) 50°51'N5°42'E 114
マッシリア →マルセイユ
マドラス(インド) 13°05'N80°18'E 156
マドリード(スペイン) 40°24'N3°41'W 94, 108
マナグア(ニカラグア) 12°06'N86°18'W 118
マニラ(フィリピン) 14°36'N120°59'E 119
マミストラ(トルコ) 37°07'N35°37'E 59
マームズベリー(イギリス) 51°36'N2°06'W 44, 50
マラシュ(トルコ) 37°50'N36°10'E 35, 59
マラッカ(マレーシア) 2°14'N102°14'E 156
マリア・ザール(オーストリア) 46°25'N 14°40'E 89
マリアシャイン(チェコスロバキア) 51°05'N 14°30'E 89
マリアシュタイン(スイス) 47°29'N7°30'E 89
マリアッツェル(オーストリア) 47°47'N 15°20'E 89
マリアナ(ブラジル) 20°23'S43°23'W 118
マリンディ(ケニア) 3°14'S40°08'E 119
マール・ガブリエル(トルコ) 37°30'N 40°20'E 35
マルク*(西ドイツ) 111
マール・サバ(サン・サバ)(ヨルダン) 31°41'N 35°22'E 35
マルシアノポリス(ブルガリア) 43°20'N 27°36'E 25, 26, 33
マルセイユ(マッシリア)(フランス) 43°18'N 5°22'E 25, 26, 28, 69, 70, 89, 220
マルタ島 35°55'N14°25'E 35, 100, 108
マルテュロポリス(トルコ) 38°09'N41°09'E 33
マール・バールサウマ(トルコ) 38°05'N37°35'E 35
マールブルク(西ドイツ) 50°49'N8°36'E 71
マルムーティエ(フランス) 48°42'N7°23'E 28
マルメディ(ベルギー) 50°25'N6°02'E 69
マロスヴァル(ハンガリー) 46°26'N20°38'E 45
満州*(中国) 156, 158
マントヴァ(イタリア) 45°10'N10°47'E 56, 70, 135
マント・ラ・ジョッリ(フランス) 48°59'N1°43'E 112

ミストラ(ギリシア) 37°04'N22°22'E 63
ミッデルブルク(オランダ) 51°30'N3°36'E 114
ミネアポリス(アメリカ) 44°59'N93°13'W 131
ミュティレネ(ギリシア) 39°06'N26°34'E 17
ミュラ(トルコ) 36°17'N29°58'E 17, 25, 28, 33, 59
ミュンスター*(西ドイツ) 111, 135
ミュンヘン(西ドイツ) 48°08'N11°35'E 94, 111
ミュンヘン・グラートバッハ(西ドイツ) 51°12'N6°25'E 69
ミヨー(フランス) 44°06'N3°05'E 112
ミラノ(メディオラヌム)(イタリア) 45°28'N 9°12'E 25, 26, 28, 32, 56, 67, 70, 71, 94, 108, 135
ミラボーレ(インド) 15°11'N70°59'E 119
ミレトス(トルコ) 37°30'N27°18'E 17, 25, 33, 63
ミンダナオ(島)(フィリピン) 7°30'N125°00'E 156
ミンデン(西ドイツ) 52°17'N8°55'E 111

ムスティスラヴリ(ソ連) 54°02'N31°44'E 64

メキシコ(メキシコ) 19°24'N99°10'W 118
メケレン(ベルギー) 51°01'N4°28'E 114
メスチャイ(トルコ) 35°45'N22°40'E 202
メッシナ(イタリア) 38°13'N15°33'E 59, 71, 108
メッツ(フランス) 49°07'N6°11'E 69, 71

メディオラヌム →ミラノ
メテオラ(ギリシア) 39°44'N21°38'E 63
メトーニ →モドン
メナド(インドネシア) 1°38'N124°40'E 156
メナポリス →アレクサンドリア
メニン(ベルギー) 50°48'N3°07'E 114
メリダ(メキシコ) 20°59'N89°39'W 118
メリディ(エメリタ)(スペイン) 38°55'N6°20'W 24, 26, 89
メリダ(ベネズエラ) 8°24'N71°08'W 118
メリテネ(トルコ) 38°22'N38°18'E 25, 26, 33, 35
メル・シュール・ベロンヌ(フランス) 46°13'N 0°09'W 112
メルセブルク(東ドイツ) 51°21'N11°59'E 69
メルボルン(オーストラリア) 37°45'S144°58'E 161
メンフィス(アメリカ) 35°08'N90°08'W 131

モアサック(フランス) 44°06'N1°05'E 69, 70
モエシア*(ブルガリア) 17
モエシア*(ユーゴスラヴィア) 33
モザンビーク(モザンビーク) 17°30'S35°45'E 119
モシノポリス(ギリシア) 40°22'N25°12'E 59
モスクワ(ソ連) 55°45'N37°42'E 64, 202
モスール(イラク) 36°21'N43°08'E 25
モデナ(イタリア) 44°40'N10°54'E 56, 70, 135
モドン(メトーニ)(ギリシア) 36°49'N21°42'E 35, 63
モネンヴァシア(ギリシア) 36°41'N23°03'E 59, 63
モブスエスティア(トルコ) 36°57'N35°35'E 25
モラヴィア*(チェコスロバキア) 45, 100, 108, 111, 135
モーリエンヌ(フランス) 45°16'N6°28'E 46
モリモン(フランス) 48°02'N5°41'E 69
モルスハイム(フランス) 48°32'N7°29'E 108
モルダヴィア*(ルーマニア) 135
モルッカ諸島 6°20'N73°00'E 156
モレリア(メキシコ) 19°40'N101°11'W 118
モロ諸島(インドネシア) 119
モン・サン・ミッシェル(フランス) 48°38'N 1°30'W 44, 71, 89
モンス(ベルギー) 50°28'N3°58'E 108, 114
モンスニ(フランス) 45°15'N6°54'E 112
モンセギュール(フランス) 44°39'N0°06'E 112
モンセラート(スペイン) 41°36'N1°48'E 89
モンテ・カッシーノ(イタリア) 43°21'N13°26'E 28, 45, 56, 69, 71
モンテネグロ*(ユーゴスラヴィア) 63, 135
モンテフェルトロ(イタリア) 43°50'N12°30'E 56
モンテリマール(フランス) 44°34'N4°45'E 70
モントー(フランス) 43°10'N1°37'E 112
モントーバン(フランス) 44°01'N1°20'E 112
モントリエ(フランス) 43°36'N3°53'E 70, 71
モントリオール(カナダ) 45°31'N73°34'W 118
モンベリャール(フランス) 47°31'N6°48'E 111
モンレアーレ(イタリア) 38°05'N13°17'E 71

ヤ 行

ヤナオン(インド) 16°39'N82°10'E 156
ヤロポルシュ・ザレスキ(ソ連) 56°21'N 38°54'E 64
揚州(ヤンチョウ)(中国) 32°22'N119°26'E 158

ユスティニアナ・プリマ(ユーゴスラヴィア) 42°49'N21°46'E 33
ユゼ(フランス) 44°01'N4°25'E 46, 112
ユトレヒト(オランダ) 52°04'N5°07'E 50, 71, 94, 114
ユリアス(イスラエル) 32°55'N35°36'E 89
ユレフ(ソ連) 49°38'N30°06'E 64
雲南〔省〕(ユンナン)*(中国) 156, 158

ヨアニナ(ギリシア) 39°40'N20°50'E 59, 63
ヨーク(イギリス) 53°58'N 1°07'W 25, 26, 28, 67, 71
ヨッパ(イスラエル) 32°05'N34°46'E 17, 89

ラ 行

ライデン(オランダ) 52°10'N4°30'E 71, 114
ライブチヒ(東ドイツ) 51°19'N12°20'E 71, 94

ライヘナウ(西ドイツ) 47°41'N9°03'E 50
ラヴァル(フランス) 48°04'N0°46'W 112
ラヴァンティー(フランス) 50°37'N2°46'E 114
ラヴェガ(ドミニカ) 19°15'N70°33'W 118
ラヴェンナ(イタリア) 44°25'N12°12'E 25, 26, 33, 46, 50, 56, 67, 71, 108
ラヴォール(フランス) 43°40'N1°58'E 70
ラエデストゥス(トルコ) 40°51'N27°11'E 33
ラオディケア(シリア) 35°31'N35°47'E 33, 35
ラオディケア(トルコ) 37°46'N29°02'E 17, 25, 26, 59
ラカディヴ諸島 11°00'N72°00'E 156
ラガルナシ(フランス) 47°00'N1°51'W 112
ラグーザ(ユーゴスラヴィア) 42°40'N18°07'E 67
ラサ(チベット) 29°39'N91°06'E 158
ラシェーズデュー(フランス) 45°19'N3°42'E 71
ラジカ*(トルコ) 33
ラシャリテ(フランス) 47°11'N3°01'E 69
ラーシュ(ユーゴスラヴィア) 43°17'N20°37'E 45
ラスヴェガス(アメリカ) 36°11'N115°08'W 131
ラスウェルガス(スペイン) 42°46'N2°57'W 69
ラスパルマス(カナリア諸島) 28°08'N15°27'W 118
ラセア(ギリシア) 34°56'N25°06'E 16
ラティアリア(ブルガリア) 43°49'N22°55'E 25, 33
ラディコファニ(イタリア) 42°54'N11°46'E 56
ラトモス山(トルコ) 37°33'N27°35'E 28, 45
ラパス(ボリビア) 16°30'S68°09'W 118
ラバディケア(トルコ) 40°08'N28°13'E 63
ラフェルテ(フランス) 46°43'N4°42'E 69
ラフェルテヴィダーム(フランス) 47°23'N 1°56'E 69
ラフレシュ(フランス) 47°42'N0°05'W 108
ラホール(パキスタン) 31°35'N74°18'E 156
ラマテュエル(フランス) 43°13'N6°37'E 70
ラリッサ(ギリシア) 39°38'N22°28'E 25, 26, 33, 59, 63
ラロシェル(フランス) 46°10'N1°10'W 112
ラン(フランス) 49°34'N3°40'E 46, 71
ランクヴァイル(オーストリア) 47°17'N9°40'E 89
ラングドック*(フランス) 70, 112
ランス(ルミ)(フランス) 49°15'N4°02'E 25, 26, 32, 67, 71, 108
蘭州(ランチョウ)(中国) 36°01'N103°46'E 158
ラントゥイット(イギリス) 51°25'N3°30'E 28, 46
ランプサクス(トルコ) 40°22'N26°42'E 33

リーヴォー(イギリス) 54°15'N1°07'E 69, 71
リヴォニア*(ソ連) 100, 135
リエージュ(ベルギー) 50°38'N5°35'E 69, 108, 114
リエティ(イタリア) 42°42'N12°51'E 56
リオデジャネイロ(ブラジル) 22°53'S43°17'W 118
リガ(ソ連) 56°53'N24°08'E 67
リギュジェ(フランス) 46°31'N0°20'E 28
リーグニッツ(ポーランド) 51°12'N16°10'E 111
リグリア*(イタリア) 46
リザエウム(トルコ) 41°10'N40°53'E 33
リスボン(ポルトガル) 38°43'N9°08'E 25, 50, 67, 71, 108, 118
リッダ(イスラエル) 31°57'N34°54'E 17, 89
リディア*(イタリア) 56
リトアニア*(ソ連) 67, 100, 135
リナレス(メキシコ) 24°52'N99°34'W 118
リニャンティ(ナミビア) 18°03'S24°02'E 147
リブリュ(ユーゴスラヴィア) 42°30'N 21°06'E 45
リボフ(ソ連) 49°50'N24°00'E 202
リマ(ペルー) 12°06'S77°03'W 118
リマソル(キプロス) 34°40'N33°03'E 59
リミニ(イタリア) 44°04'N12°34'E 25, 56, 70
リムー(フランス) 43°04'N2°14'E 70
リャザニ(ソ連) 54°37'N39°43'E 64
リュキアとパンフィリア(トルコ) 17
リュストラ(トルコ) 37°36'N32°17'E 17, 33
リューベック(西ドイツ) 53°52'N10°40'E 89

リヨン(ルグドゥヌム)(フランス) 45°45'N 4°51'E 25, 26, 50, 67, 70, 94, 108, 220
リラ(ブルガリア) 42°08'N23°38'E 45, 202
リール(フランス) 50°39'N3°05'E 114
リンツ(オーストリア) 48°19'N14°18'E 71
リンディスファーン(イギリス) 55°41'N 1°48'W 28, 50

ルアーヴル(フランス) 49°30'N0°08'E 112
ルーアン(ロトマグス)(フランス) 49°26'N 1°05'E 25, 26, 28, 44, 50, 67, 69, 71, 108, 112
ルアンダ(アンゴラ) 8°50'S13°20'E 147
ルイス(フランス) 50°53'N0°02'E 69
ルーヴァン(ベルギー) 50°53'N4°42'E 71, 114
ルカニア*(イタリア) 16
ルグドゥヌム →リヨン
ルソン島(フィリピン) 17°50'N121°00'E 156
ルッカ(イタリア) 43°50'N10°29'E 56, 89, 135
ルナ(イタリア) 44°05'N10°00'E 56
ルビュイ(フランス) 45°03'N3°53'E 89
ルブーザン(フランス) 44°45'N4°45'E 112
ルブリン(ポーランド) 51°18'N22°31'E 202
ルールマラン(フランス) 43°46'N5°22'E 112
ルンド(スウェーデン) 55°42'N13°10'E 67, 71

レーウァルデン(オランダ) 53°12'N5°48'E 114
レオン(スペイン) 42°36'N5°34'W 50, 67
レギウム →レッジョ・ディ・カラブリア
レーゲンスブルク(西ドイツ) 49°01'N12°06'E 50, 69, 71
レサイナ(トルコ) 36°52'N40°05'E 33
レサフラ(シリア) 35°38'N38°43'E 28
レシフェ(ブラジル) 8°06'S34°53'W 118
レスボス島(ギリシア) 39°00'N26°20'E 35, 59, 63
レッジョ(イタリア) 44°43'N10°36'E 56, 71
レッジョ・ディ・カラブリア(レギウム)(イタリア) 38°07'N15°39'E 16, 94
レニャーノ(イタリア) 45°36'N8°54'E 70
レニングラード(ソ連) 59°55'N30°25'E 202
レプティスマグナ(リビア) 32°38'N14°16'E 25, 33
レムノス島(ギリシア) 39°50'N25°05'E 35, 59, 63
レラン(フランス) 43°32'N7°03'E 28
レリダ(スペイン) 41°37'N0°38'E 70, 71
レンクム(オランダ) 51°59'N5°46'E 89

ロー(ベルギー) 50°57'N4°48'E 89
ロカマドゥール(フランス) 44°48'N1°36'E 89
ロサンゼルス(アメリカ) 34°00'N118°17'W 131
ロシュ(イギリス) 54°02'N1°32'W 69
ロスク(フランス) 44°18'N1°58'E 70
ロストック(東ドイツ) 54°05'N12°07'E 71
ロストフ(ソ連) 57°11'N39°23'E 64
ローゼンタール(東ドイツ) 50°51'N14°04'E 89
ロゾウ(フランス) 49°42'N4°08'E 112
ロッサーノ(イタリア) 39°35'N16°39'E 45
ロッテルダム(オランダ) 51°55'N4°29'E 114
ロードス(島)(ギリシア) 36°26'N28°14'E 17, 25, 26, 33, 35, 59, 63
ロトマグス →ルーアン
ローハン(フランス) 48°04'N2°44'W 112
ローマ(イタリア) 41°54'N12°29'E 16, 25, 26, 28, 33, 35, 45, 46, 50, 56, 67, 70, 71, 86, 89, 94, 108
ロマーニャ*(イタリア) 56
ロマノウポリス(トルコ) 39°00'N39°17'E 35
ヨモン(フランス) 34°05'N2°17'E 69
ロルシュ(西ドイツ) 49°39'N8°34'E 69
ロレト(イタリア) 43°26'N13°36'E 89
ロンコ(イタリア) 45°05'N9°56'E 70
ロンズ(ベルギー) 50°45'N3°36'E 114
ロンドン(イギリス) 51°30'N0°10'W 25, 50, 108
ロンバルディア*(イタリア) 56
ロンボン(フランス) 49°16'N3°14'E 69

ワ 行

ワシントン(アメリカ) 38°55'N77°00'W 131
ワディ・ナトゥルン(エジプト) 30°20'N30°10'E 28
ワラキア*(ルーマニア) 135
ワルシャワ(ポーランド) 52°15'N21°00'E 94, 202

索引

イタリック数字の頁は，図版または地図の説明文に対応する.

ア 行

愛徳姉妹会　107,191
アイルランド　51
アヴィニョン　86,87
アヴェロエス　196
アウグスティヌス(カンタベリーの)　48
アウグスティヌス(ヒッポの)　20,48,48,68,91
アウグスティヌス隠修士会　92,190
『アウグスブルク宗教和議』　111
『アウグスブルク信仰告白』　95
アカキオスの分離　54
アカデメイヤ学園　32
アシュラム　199
アステカ文明　121
アタナシウス　27,63
アッシジのフランチェスコ　189
アッセンブリー・オヴ・ゴッド　133
アテナゴラス　222
アテナゴラス1世　170
アドヴェンティスト　132
アトス山　163,167,196
アドリアノーブル　162
アナバプティスト　96
アパルトヘイト　154
アブラハム　16
アフリカ宣教会　149
アフリカ宣教師会(ホワイト・ファーザーズ)　149
アフリカ民族会議　154
アポリナリス(ラオディケアの)　30
アミダ　35
アメリカ教育協会　127
アメリカ聖書協会　127
アメリカ日曜学校組合　127
アラドウラ教会　152
アラリック　27
アリウス　27,46
アリウス主義　47
アリウス派　47
アリウス論争　27
アルカラ大学　103
アルセニオス　63
アルブレヒト(ブランデンブルク侯)　93
アルミニウス主義　116
アレクサンデル4世　190
アレクサンデル6世　86,118,183
アレクサンドル2世　167
アレクシオス1世コムネノス　52,59
按手　172
安息日　180
アントニウス　209
アンドロニコス2世　59,63
アンドロポフ，ユーリー　203
アンナ・コムネナ　61
アンブロシウス(ミラノの)　28,30,91
イェジ・ポビェウシュコ神父　204
イエズス会　107,115,122,134,146,159,191
イエス之御霊教会教団　160
イェニチェリ　164
イェルサレム　14,26,52,60,76,162
異教　122,196
異教徒　19,32,46,47,47,48,159,176,181,184,196
『イギリス国教会祈禱書』　102
イグナティウス(アンティオキアの)　24,122
イグナティオス(コンスタンティノーブルの)　37,54
イコノクラスム　100,166
イコノスタシス(聖像壁)　174
イコン　34,39,166
イスタンブール　162
イスラム教　152,196,198
イスラム教徒　157,200
イスラム苦行派修道者　163
イタロス，ヨアンネス　41
異端　25,106,205

異端審問　104,105,110
一神教　14,196,198
異邦人　16,47,196
イレネウス　21,21,21,21,91
イワン雷帝　165
インカ文明　121
インゴリ，フランチェスコ　123
インディオ　120,130,216
インノケンティウス3世　53,56,70,86
ヴァレンティニアヌス帝　20
ヴィギリウス　32
ヴィットビー宗教会議　51
ヴィヨー，ルイ　141
ウィリアム・ウォーパートン主教　135
ウィリアムズ，ロジャー　126
ウィリブロード　51
ウィルフリド　51
ヴィンセンシオ宣教会　107
ウィンチェスター　88
ウェスリアン協会　148
ウェズレー，ジョン　132,136,137
ヴェネツィア　86,91
ヴェロニカ　192
ウォード，ウィリアム　157
ヴォルテール　136
ウォルムス国会　94,95
ウバルド　209
ウルスラ会　191
ウルバヌス2世　60
ウルバヌス6世　53,86
英国国教会　102,125,127,213
英国国教会宣教会　146,148
英国国教会派　160
エイダン　51
エウゲニウス3世　70,73
エウゲニコス，マルコス　64
エクシグウス，ディオニュシウス　181
エゲリア　76
エセルベルト(ケント王)　48
エッセネ派　14
エディ，メアリー・ベイカー　133
エディンバラ会議　199
エドワード6世　100,102
エピファニ(神の出現)　181
エホバの証人　132,148
エラスムス　91,91,96,98,103,111
選ばれた者　102
エリオット，T・S　78
エリザベス　144
エレミアス1世　163,167
オーエン派　129
オキノ，ベルナルディーノ　101,105
オコンネル，ダニエル　141
オーストラララシアン　160
オーストラリア原住民　160
オスワルド(ノーサンブリアの)　51
オッカム　53
オックスフォード運動　141,142
オットー(フライジングの)　68
オットー1世　55,56,170
オットー2世　55
オットー3世　55,182
オットー，ルドルフ　199
オナイダ共産村　129
オフリドのテオフュラクトス　41,52,74
オランダ改革派教会　126,127
オールダム，J・H　151

カ 行

カイェタヌス　103
懐疑主義　157
解放の神学　216,218
回廊　175
科学者キリスト教会　133
科学的無神論　202
カサス，バルトロメ・デ・ラス　120
カタリ派　70
カッシアヌス　190

カーディー(裁判官)　164
カトリコス　169
カトリシズム　102
カトリック・アクション　161
カトリック労働問題研究会運動　161
カニシウス，ペトルス　107,112
カノッサ　67
カプチン会　156,190
神の幕屋教会　160
ガリア　47,48
カリストゥス2世　68
ガリラヤ　14
ガリレオ　116
カルヴィニスト　98
カルヴィニズム　98,100
カルヴィン主義　116
カルケドン派　34,35
カルメル会　190
カレカス，マヌエル　64
観想修道会　188
観想生活　188
キエフ公ウラディーミル　65
キクユ会議　153
義認論　103,105
キーブル，ジョン　141,142
ギボンズ，ジェームズ　129
キャスルズ，ウィリアム　159
キャンベル，アレグザンダー　129
救世軍　143,187
救世主　14
救貧院　89
キュドネス，デメトリオス　63,65
キュプリアヌス　24
キュリロス　30,30,41,202
キュリロス・ルーカリス　167
教会一致運動(エキュメニズム)　130,199,220
教会法　106,107
教区巡察　106
教皇　93
——の不可謬性　141
教皇権　110,141
教皇至上主義　141
教皇庁　141
教皇領　141
共産主義　161,203,204,215
共産党　205
教職位階制度　53,103
教理問答　106
共和主義　141,145
ギヨーム(ベニーニュの)　56
居留地　121
キリスト　14
——の降誕　181
——の受難　181
——の昇天　181
——の神性　193
——の誕生　181
——の磔刑　181,192
——の変容　181
キリスト教学校修士会　134
『キリスト教綱要』　98,111
キリスト教社会主義　144
キリスト教社会党　145
キリスト教民主主義　218
キリスト再臨待望運動　132
キリスト単性論者　32
『キリストに倣いて』　110
キリスト友会(フレンド派)　126
キリスト論　222
規律　98
義和団事件(義和団の乱)　159,159
禁書目録　105,110,112
キンバング，シモン　151
禁欲主義　198
グァラニ族　121
クエーカー派　125,126
クザース，ニコラウス　53,88
グノーシス主義，主義者，説，派　18,19,21,70

割礼　164,196
組合派教会　125,127,143
カーク，ジョン　126
クラバム派　139
クラーメル，トマス　102
クランマー，トマス　102
クランメル，ヘンドリク　199
グリゴリオス3世マンマス　64,162
クリシュナ・ヴィシュヌ(バクティ)神　198
クリストフォロス　91
クリュニー修道院　188
グレコ，エル　107
グレゴリウス　67
グレゴリウス1世　34,48
グレゴリウス2世　51
グレゴリウス7世　53,66,73
グレゴリオス5世　168
グレゴリオス(ニッサの)　53
グレゴリオ聖歌　178
グレーベル，コンラート　102
グレンフェル，ジョージ　147
クロウザー，サミュエル・アジャイ　149
グローザ，ペト　206
グロティウス，フーゴ　116
クロムウェル，トマス　102
ケアッダ　51
ケアリ，ウィリアム　157,157
敬虔主義　116,134,137,139,141
啓蒙主義　213
ゲオルギウス(リッダの)　184,209
ケルソス　19,26
ケルト人　51
ゲルマヌス　36
ケルラリオス，ミカエル　56,58
原罪　22
堅信　172
ケンプ，ヨハネス・ヴァン・デル　146
厳律シトー会　191
ゴア　121
「公会議首位説」運動　53
公現祭　208
合同ライン宣教会　155
合理主義　137
国際エディンバラ会議　151
国粋主義　215
告白　173
ゴシック様式　176
国家教会　215
国家主義　198
『誤謬表』　141
コプト教会　169
コプト教徒　146
コムネナ，アンナ　41
コムネノス1世，アレクシオス　40,64
コムネノス朝　40
コムネノス，マヌエル　40
コラール　178
コーラン　196
コリンズ，アンソニー　136
コルネリウス　25
ゴルバチョフ，ミハイル　207
ゴルフラム，イーヴ　223
コンコルダート　140
ゴンザガ，エルコレ　101
コンスタンツ公会議　86
コンスタンティナ(聖コンタンツァ)　21
コンスタンティヌス大帝　19,19,26,32,39,182,196
コンスタンティヌスの寄進状　55,66,66,74
コンスタンティノス5世　36,37,39,39
コンスタンティノス9世モノマコス　55,58
コンスタンティノス11世　64,65

コンスタンティノーブル　38,74
コンタリーニ，ガスパロ　103

サ 行

再洗礼主義，派　102,116
祭壇　174
サヴォナローラ　87,91
サウスコット，ジョアンナ　143
サドカイ派　14
サドレナ，ヤコボ　103
ザビエル，フランシスコ　121
サベリウス　25
サモサタのパウロス　26
サルのフランソワ　110,115
サレジオ会　191
サレジオの聖フランシスコ会　191
サン・ヴィクトル律修修道会　190
サンキ　143
産業革命　140
産銅地帯連合教会　151
賛美歌　178
三位一体の主日　208
シーア派イスラム教　200
ジェイムズ，ウィルアム　199
ジェマイエル，ピエール　201
ジェームズタウン　125
ジェルソン，ジャン　53
ジェルドフ，ボブ　219
シオニスト　155
死海写本　14
司教　24,26,34,51,52,66,67,72,77,88,105,106,110,216,173
司教高座(カテドラ)　175
司教座聖堂(カテドラル)　175,190
シクストゥス4世　86,87,183
死後の生命　133
ジーザス・ピープル　132
四旬節　208
シズネロ，ヒメネス・デ　103
シトー修道会　70
使徒的生活　190
至福千年説　149
ジベルティ，ジョヴァンニ・マテオ　103
詩編　178
社会主義　145,202,215
社会主義カトリシズム　145
社会民主主義　215
ジャコバン派　140
シャープヴィルの虐殺　154
シャール，アダム　122
シャルル禿頭王　51
シャルルマーニュ　56,66,182
ジャン・ウード　107
ジャン・ド・パリ　73
首位権　182
宗教科学教会　133
宗教戦争　135
宗教離れ　206,207
従軍司祭(牧師)　184
十字軍　184
自由主義　214,215
修道院制度　188
修道院長テオドロス　52
修道会　188
修道参事会　188,190
修道士　40,188
修道女　186,187,188
十分の一税　134
主教　101,102,135,142,149,162,167
儒教　122,157
祝日前夜祭　48
守護の聖人　208
シュタウフェン家　68
シュテッカー，アドルフ　145
シュトラウス　143
『種の起源』　142
シュペーナー，フィリップ　116,137
シュマルカルデン同盟　95
シュライアマハー　143,199
巡回制度　151
巡回福音主義　147
巡回福音伝道　159

239

索引

巡回牧師 137
巡礼 196
巡礼者 51
巡礼路 *176*
小ペパン 51
贖罪 18
贖宥 105
諸聖人 208
シルヴェステル *66*
シルヴェステル2世 182
神愛礼拝会 103
進化 142
辛亥革命 *159*
神学校 106
信仰復興運動 143
『信心生活入門』 110
神智論派 129
神殿騎士修道会 *186*
神道 157, 198
信徒使徒職 223
神秘主義 110, 117, 137
新プラトン主義 26, 91
人文主義 98, 101
心霊派(スピチュアリスト) 133
身廊 *175*, 176

枢機卿 53
過ぎ越しの祭 180
スコットランド長老派 158, 159
スコラリオス, ゲンナディオス 162
スターリン 202
スターリン主義 205
スタンレー, ヘンリー・モートン 148
ステファヌス1世 25
ステファヌス9世 58
ステファノ 14
ストア学派 21
ストウン, バートン 129
スピルー, ベルナデッタ *81*
スマラガ, ホアン・デ 120
スレイマン大帝 163
聖ヴァンサン・ド・ポール 107, 117, 191
聖ヴィンケンティウス・フェレリウス 88
聖画像 106
聖画像破壊主義 36
聖画像破壊主義者イコノクラスト 39
聖カタリナ修道院 38
清教徒 *107*
政教分離令 141
聖公会宣教協会 158
聖公会伝道協会 139
聖香油 173
静寂主義 137
聖週間 208
聖職者 24, 134, 167, *187*
聖職者任命権 137
聖職者民事基本法 140
聖職叙任(叙品・叙階) 172
聖職売買 106, 107
聖書朗読台 175
聖布教会 *156*
聖水器 *174*
聖水盤 *174*
聖水容器 *172*
聖戦 184
聖ソフィア大聖堂 162
聖体 174, *174*, *209*, 225
──の祝日 208
聖体会 106
聖体拝領 223
聖体拝領(聖餐式) 172, 173
聖体拝領台 *174*
聖体ランプ 174
聖地巡礼 110, 143
聖堂参事会 110
聖バルテルミーの虐殺 *212*
聖櫃 174
聖ペトロ 53, 91
聖務停止 107
生命の兄弟団 170
聖ヨゼフ外国宣教会 *152*
聖ヨハネ騎士修道会 *186*
聖霊 172
聖霊会 149
聖霊降臨 181
聖霊降臨祭 208
セヴェルス(アンティオキアの) 34
世界教会協議会 222
世界宗教会議 203
世界宣教会議 199, 222
世俗化 206, 214
世俗主義 199

説教 36
説教壇 *174*
セネカ 98
セブンスデー・アドヴェンティスト運動 132
セリム1世 163
セルギウス4世 55
全国カトリック中央協議会 *160*
全国福音派協議会 130
全実体変化 98, 105
千年至福説 143
選民 102
洗礼 172, 173, *175*, 181, 225
洗礼式 *172*
洗礼盤 174, *175*

総主教 40, 52, 74, 162, 163, 170, 203, 222
ソルジェニーツィン, アレクサンドル 203

タ 行

大学 186
第三のローマ 165
大主教ルウム 153
第二ヴァティカン公会議 130, 224
太平天国の乱 159, *159*
ダーウィン, チャールズ 142
托鉢修道士 188
ダッチ・リフォームド教会 154, 155
ダフ, アレクサンダー 158
ダマッス1世 20
ダランベール 136
単性論 35, 222
ダンテ 70, *70*

小さき兄弟会 191
チャウシェスク, ニコライ 206
チャーチ・オヴ・ゴッド 133
チャーチ・オヴ・ゴッド・イン・クライスト教会 133
「中国典礼」論争 122
中国内陸伝道団 159
柱頭行者聖シメオン 34, *35*
長老 157
長老派教会 126, 127, 131, 137, 141, 213
チョーサー 76
チルドレン・オヴ・ゴッド 132

ツアー 165
ツィンツェンドルフ, ニコラス・フォン 136, 137
ツヴィングリ, フルドライヒ 98
ツツ, デズモンド(大主教) *154*
償い 173
罪の赦し 173

テアティノ修道会 103, 106
ディオクレティアヌス 26, *57*
ディサイブル教会 129
定住 188
ディドロ 136
ティノス 77
ティンダル, マシュー 101, 136
テイラー, ジェームズ・ハドソン 159
テオドシウス1世 27, 32
テオドラ 39
テオドロス 30, 51
テオファネス 38, 167
テオファノ 55, *55*
テオフュラクトス(オフリドの) 41, 52, 74
デカルト 116
デタープル, ジャック・ルフェーヴル 91
デメトリオス 34, 65
デュバンルー司教 141
デューラー, アルブレヒト 91, *102*
デリンガー, ヨハネス・イグナーツ・フォン 141, *141*
テルトゥリアヌス 21, *21*, *21*, 24
テレジア(アヴィラの) 110
テレジア, マリア 139
天津条約 159
天津大虐殺 159
伝道志願者 151
伝道助手 148, 149
天皇崇拝 198

ドイツ改革派教会 127
道教 157

ドゥシャン, ステファン *63*
東方帰一教会 222
東方正教会 129, 131, 132
トゥールの司教グレゴリウス 46, 47
独立教会主義 116
ドナトゥス 27
ドナトゥス派 30
ドプチェク 205
トマス・アクィナス 178
ドミニコ会 120, 122, 186, 191
トラクト運動(派) *142*
トラピスト会 191
トラベズンティオス, ゲオルギオス 162
トリノの聖骸布 192
奴隷 186
トレルチ, エルンスト 199

ナ 行

ナザレ 14
ナザレン教団 132
ナチス 203
ナポリ司教カラッファ 103
ナポレオン 140
ナポレオン3世 141
南京条約 159
ナントの勅令 113

ニケア 54
ニケア公会議 39
ニケフォロス1世 52
ニケフォロス2世 40
ニコライ2世 167
ニコラウス1世 54
ニコラオス(メトネの) 53, 54
ニコン 166
日曜学校運動 139
ニッサのグレゴリオス 53
日本キリスト教団 160
ニュー・イングランド風 *127*
ニューマン, J・H 141

ヌルシアのベネディクトゥス 188, 189, 190

ネイティヴ・バプティスト教会 150
ネストリオス 30
ネストリオス主義 30
ノヴァティアヌス 25
ノーサンブリアのオスワルド 51
ノックス, ジョン 100
ノビリ, ロベルト・デ 122

ハ 行

ハインリヒ2世 55
ハインリヒ3世 55, 56, 58, 66
ハインリヒ4世 67
ハインリヒ5世 68
パウルス(サモサタの) 26
パウルス3世 103, 107
パウルス4世 103
パウロ 14, *16*, 91, 103
パウロ6世 221, *222*
ハクルート, リチャード 124
パコミオス 188
バジル3世 166
バシレイオス1世 37
バシレイオス2世 40
バーゼル伝道協会 148
バターフィールド, ウィリアム *142*
バーチャス, サミュエル 124
パテナ 172
バトラー主教 137
ハドリアヌス 51
ハドリアヌス6世 103
パトモス島 52, *52*
パトリック 51, *212*
ハニントン主教 *153*
バプティスト派教会 116, 127, 131, 143, 213
ハーモニー会派 129
破門 98, 107
パラディウス 51
パラマス, グレゴリオス 65
ハリス, ウィリアム 151
バルデス, ホアン 101
バルト, カール 199
バルトロメオ 87
反エラストゥス派(反国権至上主義) 141
反教権主義 136, 140
反宗教改革 119, 123, 213
ピウス4世 106
ヒエライア教会会議 37

ヒエロニムス 21, *48*, 91
ピオ7世 140
ピオ9世 141
ピオ11世 161
ピオ12世 205
ビザンティン人 41
ビザンティン帝国 32
ビザンティン様式 *193*
ビスマルク 141
秘跡 172
ビーチャー牧師 151
ヒッポリュトス 22, 25
ビトリア, フランシスコ・デ 184
ヒメネス 119
ビュージ, E・B *142*
ブシェ 145
ヒューム, デイヴィッド 136
ピューリタン *107*, 116
ピョートル大帝 166
ヒラリウス(ポワティエの) 30
ヒンドゥー教 157, *157*, 198, *199*

ファシスト 205
ファティマ *83*
ファナリオット 162, 163, 168
ファランジスト党 *201*
ファリサイ派 14
フィッシャー(ロチェスター司教) 101
フィニ, チャールズ 143
フィリップ1世 166
フィレンツェ 64, 90, 91
フィロテオス・コッキノス 65
フェナー地区 162
フェヌロン, フランソワ 117
フェラー, ニコラス 78
フェラーラ 64, 86
フェリクス, ミヌキウス 21
フェリペ2世 *107*, 114
フォティオス 37, 54
フォルトゥナトゥス, ヴェナンティウス 47
福音史家聖ヨハネ修道院 *52*
福音主義 220
福音主義復活運動 146
フス派 73
フス, ヤン 205
復活祭 181, 208
仏教 157
仏教徒 199
フニベロ・セラ神父 *130*
ブラザーズ, ロバート 143
プラティナ, バルトロメオ *87*
プラトン, プラトニズム 18
プラトン主義者 19
プラハの春 205
フランケ, アウグスト 137
フランシスコ(アッシジの) *189*
フランシスコ会 120, 121, 122, 186, 191
フランス革命 140, 213
フランソワ(サルの) 115
フランソワ1世 100
ブリエンヌ 135
フリードリヒ・ヴィルヘルム3世 141
フリードリヒ・バルバロッサ 68
フリードリヒ2世 70
フリードリヒ大王 139
プリマス・ブレズレン 132
フリーメーソン 215
ブリューゲル 114
フルシチョフ 203, 206
プール, レジナルド 102, 103
ブレイド, ギャリック 151
プレモントレ修道参事会 190
プロヴィデンス植民地 126
プロティノス 26
プロテスタンティズム 98, 102, *102*
プロテスタント主義 95, 100
プロレタリア 213
分離主義 151

平信徒 134, 139
ベイリ, ウィリアム 137
北京条約 159
ベクターシュ教団 163
ベケット, トマス 72, 76
ヘシカスム運動, 派 59, 63
ベシール *201*
ベーズ, テオドール・ド 113
ベーダ 48, 51, 181
ペトロ 20, 21, 53, 74, 91, 182
ベニーニュのギヨーム 56
ベネディクション(聖体降福式) 209
ベネディクトゥス(ヌルシアの) *189*, 190

ベネディクトゥス13世 *86*
ベネディクトゥスの戒律 188
ベネディクト会 188, 190
ペラギウス 30
ペラギウス主義 105
ベルナルディーノ(シエナの) 88
ベルナルドゥス(クレルヴォーの) 70, 73, *188*
ヘロデ大王 14
ペン, ウィリアム 126, 128
ペンテコステ派 133
ヘンリー2世 72, *76*
ヘンリー8世 *87*, 91, 100, 101, 186

ホアン3世 121
牧師 98
北米先住民教会 132
ボシュエ 117
ボッティチェリ 91
ホート 143
ボニファティウス 51
ホプキンズ, ジェラルド・マンリー 78
ホーフト, W・A・ヴィセルト 222
ポリカルポス 22
ホーリネス教会 132
ボルジア, ロデリーゴ 86, *87*
ホルティ 205
ボルドーのマリア会 191
ポルフュリオス 26
ボロメオ, カルロ 106, 117
ホワイトフィールド, ジョージ 137
ポワティエのヒラリウス 30

マ 行

マオリ族 160, *161*
マキアヴェリ 86
マーシュマン, ジョシュア 157
マゼラン, フェルディナンド 221
末日聖徒イエス・キリスト教会 131
マニ教, 教徒 30, 70
マリア 208, 216
マリア会 191
マリアニスト 191
マリスト会 191
マルキオン 18, 19
マルクス, カール 202, 207
マルクス主義 221
マルケリヌス, アンミアヌス 27
マルコス大統領, フェルディナンド 221
マルティル, ペドロ 105
マルティーレ, ピエトロ 101
マルテル, シャルル 51
マロン派カトリック *201*

ミカエル3世 41
ミカエル8世パレイオロゴス 63
ミケランジェロ 103, *107*
御言葉の聖ヨハネ修道院 *52*
ミサ 172
密儀宗教 18
ミッレト 163
ミュスティコス, ニコラオス 74
ミュンツァー, トマス 95, 102
ミラー, ウィリアム 132
ミラー, ルイス 128
ミンツェンティ, ヨゼフ 205

無教会主義 160
無神論 74, 213
無政府サンディカリズム 215
無政府主義 215, 219
ムーディ 143
ムハンマド(マホメット) 196

メアリ女王 102
メキシコ・アメリカ戦争 129
メソディスト派 127, 131, *134*, 136, 143, 213
メッカ 196
メディチ, ロレンツォ・ディ 86, *87*
メトキテス, テオドロス 62
メトネのニコラオス 53
メフメット2世 162
メーラー 143
メランヒトン, フィリップ 95, 105

モア, トマス 88, 91, 102, 120
黙示文学 18
モグロベッホ, トリビオ・デ 121
モスコス, ヨアンネス 35
モーセ 16, 19
モファット, ロバート 146
モラヴィア兄弟団 136, 137, 146

モラン枢機卿　*161*
モリス，F・D　144
モリスン，ロバート　157
モルモン教　129,131
モルモン教徒　218
モンタノス　21
モンタノス説　21
モンテ・カッシーノ　190
モンフォール修道会　*156*

ヤ　行

ヤンセン，コルネリウス　117
ヤンセン主義　117,139

ユグノー　*112*,113,115,212
ユスティニアヌス1世　21,32,36,54,57,*57*
ユスティニアヌス2世　36,38
ユスティノス　18,21,25
ユダヤ教　180,196
ユダヤ人　14,16,32,57
『ユートピア』　120
ユニヴァーシティ・ミッション　149

ユニティ・スクール・オヴ・クリスチアニティ　133
ユリアヌス　27
ユリウス2世　86,*87*,91,*107*,*183*
ユング，カール　199

ヨアキム　166
ヨアンネス(慈善家)　34
ヨアンネス2世コムネノス　*57*
ヨアンネス5世パライオロゴス　63,*63*
ヨアンネス6世カンタクゼノス　63
ヨアンネス8世パライオロゴス　64
ヨアンネス・クリュソストモス　28,167
幻児洗礼　175
様態論者　25
ヨーク　51
ヨーク大主教　*184*
翼廊　175,*176*
ヨゼフ2世　139
予定説　98
ヨハネ　52,76
ヨハネ(十字架の)　110

ヨハネス12世　*56*
ヨハネス19世　55,56
ヨハネ・パウロ2世　204,205,221,224

ラ　行

ライトフット　143
ラオディケアのアポリナリス　30
ラザリスト会　134
ラツィンガー枢機卿　224
ラッセル，チャールズ・テイズ　132
ラ・トゥール・デュ・パン　145
ラファエロ　86,103
ラムネー，フェリシテ・ロベール・ド　141,*141*
リヴィングストン，デイヴィット　146,148,*148*
理神論　135
理神論者　136
リッダの聖ゲオルギウス　*184*
リッチ，マテオ　122
リヨンのイレネウス　18

リヨンの貧者　70
リンディスファーン　51
リンディスファーン版福音書　48

ルイ8世　*96*
ルイ14世　139
ルター主義　95,101,116
ルター，マルティン　92,94,178,190
ルーテル派教会　93,127,131,159
ルルド　76,77,*81*

霊操　107,110
礼拝出席率　130
レオ1世　*19*,30,54
レオ3世　36,39,*39*,66
レオ6世　54
レオ9世　56,58
レオ10世　*87*,88,93,103
レオ13世　143
レカイ，ラズロ　206
レカベノス，ローマノス　74
レーニン　202
連帯　204,*204*,205

ロイヒリン，ヨハネス　91
ロシア革命　202,213
ロシア正教会　202,203
ロベスピエール　135
ローマ　16
　──の司教（教皇）　222
ローマ・カトリック教会　127,131,132,160,213
ロマネスク様式　*176*,*193*
ローマノス1世レカベノス　54
ロヨラ，イグナティウス　107,191
ロラード派　101
ロレート　83
ロワジー，アルフレッド　143
ロンドン伝道協会　139,146
ロンバルド族　47

ワ　行

ワルド派　70
ワレサ，レフ　204

監修者

橋口倫介
はしぐち とも すけ

- 1921年　東京に生まれる
- 1944年　東京帝国大学文学部西洋史学科卒業
- 1947年　東京帝国大学文学部大学院修了
- 現　在　上智大学名誉教授
- （専攻　西洋中世史・教会史）

訳　者

渡辺愛子
わた なべ あい こ

- 1939年　奈良県に生まれる
- 1967年　上智大学文学部史学科卒業
- 1971年　上智大学文学部大学院修了
- 1983年　広島大学文学部大学院修了
- 現　在　ノートルダム清心学園教諭
- 　　　　ナミュール・ノートルダム修道女会会員
- （専攻　西洋中世教会史）

図説 世界文化地理大百科
キリスト教史（普及版）

- 1990年 5月25日　初　版第1刷
- 1997年 9月20日　　　　第3刷
- 2008年11月20日　普及版第1刷

監修者	橋　口　倫　介
訳　者	渡　辺　愛　子
発行者	朝　倉　邦　造
発行所	株式会社 朝倉書店

東京都新宿区新小川町6-29
郵便番号　162-8707
電話　03(3260)0141
FAX　03(3260)0180
http://www.asakura.co.jp

〈検印省略〉

© 1990〈無断複写・転載を禁ず〉　　凸版印刷・渡辺製本

Japanese translation rights arranged with EQUINOX (OXFORD) Ltd.,
Oxford, England through Tuttle-Mori Agency Inc., Tokyo

ISBN 978-4-254-16869-3　C 3325　　Printed in Japan

CARTE DES CHEMINS DE S. JACQUES DE COMPOSTELLE
1648
CAMINO FRANCÉS DE SANTIAGO DE COMPOSTELA

- - - - Chemins de liaison
———— Chemin traditionnel